Du nouveau dans les sciences

Du nouveau dans les sciences

Recueil issu du séminaire
Lyon-Grenoble d'histoire et de philosophie des sciences

Sous la direction de Sarah Carvallo et Sophie Roux

SONJA BRENTJES
SARAH CARVALLO
HUGUES CHABOT
PIERRE CRÉPEL
MICHEL DUFOUR
JÉRÔME FATET
PHILIPPE JAUSSAUD
MAI LEQUAN
LOÏC PETITGIRARD
SOPHIE ROUX
JÉRÔME VIARD

RECHERCHES SUR LA PHILOSOPHIE ET LE LANGAGE
N° 24 – 2006

Ouvrage publié avec le soutien du Conseil Régional Rhône-Alpes

REGION RHÔNE-ALPES

Université Pierre Mendès France, Département de philosophie

1251 Avenue Centrale, BP 47, 38040 Grenoble cedex 9

Printed in France

ISSN 0754-331X

ISBN 2-7116-8388-5

Les Auteurs

Sonja BRENTJES	Université AGA KHAN, ISMC, Londres
Sarah CARVALLO	ÉCOLE CENTRALE DE LYON
Hugues CHABOT	Université LYON I
Pierre CRÉPEL	CNRS et Université LYON I
Michel DUFOUR	Université PARIS III
Jérôme FATET	Université LYON I
Philippe JAUSSAUD	Université LYON I
Mai LEQUAN	Université LYON III
Loïc PETITGIRARD	Conservatoire national des arts et métiers
Sophie ROUX	Université GRENOBLE II
Jérôme VIARD	Université LYON I

Introduction[1]

Sarah CARVALLO et Sophie ROUX

La nouveauté a aujourd'hui une valeur marchande : un nouveau produit se vend bien, l'innovation est un sésame publicitaire, de nouveaux marchés s'ouvrent pour être conquis. Les valeurs scientifiques semblent ici coïncider avec les valeurs sociales, quelle que soit la raison de cette coïncidence. Qui se tient tant soit peu au courant de l'actualité scientifique entend en effet parler jour après jour de la démonstration de nouveaux théorèmes, de la découverte de nouveaux virus ou de nouvelles galaxies, de l'émergence de nouvelles technologies ou de l'apparition de nouveaux champs de recherches. C'est à tort qu'on réduirait cette valorisation de la nouveauté au seul souci de promouvoir les sciences auprès de ceux qui en assurent le financement : la nouveauté de l'hypothèse, du résultat ou de la méthode constitue un critère décisif dans les rapports d'évaluation des travaux scientifiques[2]. Enfin, non

1. Merci à Hugues Chabot et Michel Dufour pour leurs remarques sur une première version de cette introduction.

2. Pour la mise en place de ces critères à l'Académie des sciences, voir R. Hahn, « L'Anatomie d'une institution scientifique », *L'Anatomie d'une institution scientifique. L'Académie des Sciences de Paris, 1666-1803*, Paris, Éditions Archives contemporaines, 1993, p. 311-313. H. Chabot, « Le tribunal de la science : les rapports négatifs à l'Académie des Sciences comme illustrations d'un scientifiquement (in)correct (1795-1835) », *Annales historiques de la Révolution française*, 320, 2000, p. 177-178. Pour une enquête quantitative sur l'évaluation de la nouveauté dans les articles

contente d'être une valeur marchande ou scientifique, la nouveauté est aussi, du moins à première vue, un objet pour les historiens et les philosophes des sciences : les uns décrivent l'émergence historique effective des nouveautés, les autres s'interrogent sur leurs conditions de possibilité ou sur leurs conséquences pour une théorie de la croyance et de la connaissance; les uns comme les autres remarquent que la production de nouveautés, et qui plus est de nouveautés cumulables, caractérise les sciences par rapport à d'autres productions humaines – c'est ce qu'on appelle usuellement le « progrès scientifique »[3]. Néanmoins, la valorisation sans nuance de la nouveauté est un phénomène historique récent, et l'historien sera souvent bien en peine d'assigner précisément les nouveautés dont il raconte la genèse. C'est pourquoi il faut nous arrêter à ce phénomène encore mal circonscrit, mais pourtant sensible à tous : le nouveau dans les sciences.

L'IDÉE COMMUNE DE NOUVEAUTÉ COMME PROGRÈS

Une idée commune est que l'appréhension de la nouveauté aussi bien dans les techniques que dans les sciences, voire dans les idées en général, est un phénomène historiquement daté. La « Révolution scientifique » que l'on place usuellement entre le XVIe et le XVIIIe siècles constituerait une sorte de point de départ historique, de matrice conceptuelle et de grille normative en ce qui concerne le nouveau dans les sciences : ce serait le moment décisif où l'on aurait

scientifiques d'aujourd'hui, voir L. Dirk, « A Mesure of Originality. The Elements of Science », *Social Studies of Science*, 1999, 29/5, p. 765-776.

3. Que l'histoire des sciences ait pour objet la nouveauté, c'est ce que déclare un des premiers historiens des sciences, A. Savérien, dans son *Histoire des progrès de l'esprit humain* : « Qu'on ne s'étonne donc point si des personnes qui se sont acquis une réputation dans les Sciences exactes, ne paraissent pas dans cette histoire. Je ne m'arrête qu'aux inventeurs et à leurs productions », *Histoire des progrès de l'esprit humain dans les sciences exactes et dans les arts qui en dépendent*, Paris, Lacombe, 1766, « Préface », p. X. Voir, plus près de nous, G. Bachelard, « L'Actualité de l'histoire des sciences » (1951), dans *L'Engagement rationaliste*, Paris, P.U.F., 1972, p. 138 : « Du fait même que la science évolue dans le sens d'un progrès manifeste, l'histoire des sciences est nécessairement la détermination des successives valeurs de progrès de la pensée scientifique. On n'a jamais vraiment écrit une histoire, une large histoire, d'une *décadence de la pensée scientifique* ».

à la fois fait certaines découvertes effectives, mis en place des schèmes décrivant le développement des sciences et valorisé l'innovation. Peut-être n'est-il pas inutile, ne serait-ce que pour prendre quelque distance par rapport à la valorisation spontanée de la nouveauté que nous rappelions à l'instant, d'indiquer quels sont les fondements de cette idée commune, mais aussi d'en marquer rapidement les limites.

Trois éléments semblent se rencontrer dans l'Europe à l'époque moderne, c'est-à-dire entre le XVIe et le XVIIIe siècles. En premier lieu, il s'agit d'une période foisonnante en découvertes effectives, qu'illustre, d'un point de vue historiographique, la notion de « Révolution Scientifique ». On se contentera ici de quelques exemples d'innovations techniques, si souvent évoquées aux XVIe et XVIIe siècles qu'elles pourraient passer pour des lieux communs relevant d'une rhétorique vide. En fait, ces innovations marquèrent les esprits car, aussi limitées qu'elles paraissent de prime abord, elles n'en avaient pas moins eu d'importantes conséquences intellectuelles et sociales. Ainsi en est-il de la poudre à canon, qui bouleversa l'art des fortifications, la conduite des échanges guerriers, voire la pratique politique; de la boussole, qui, facilitant les navigations lointaines, permit de découvrir de nouveaux mondes et modifia conséquemment les échanges commerciaux; de l'imprimerie, qui après avoir mis à disposition les livres des Anciens, répandit ceux des Modernes. A ces innovations techniques s'ajouteront au cours du XVIIe siècle deux découvertes qui, mettant en cause le savoir des Anciens, contribuèrent à cette fameuse Révolution Scientifique : Galilée observant des phénomènes célestes que personne n'avait encore vus était en mesure de répondre à certaines objections anticoperniciennes aussi bien que d'abolir la séparation aristotélicienne entre le sublunaire et le supralunaire; Harvey découvrant la circulation du sang infirmait une grande partie de la tradition galénique en médecine [4].

4. Selon I.B. Cohen, *Revolution in Science*, Cambridge Ma., Harvard University Press, 1985, p. 85-86, c'est à propos de la découverte de la circulation du sang que le terme « révolution » est employé pour la première fois pour désigner un bouleversement scientifique radical et brutal : « *Questa è la circulatione che fa il sangue in noi, osservata alli tempi nostri, e bastante a rivolgere tutta la medicina, si come l'inventione del*

En deuxième lieu, il s'agit d'une période où la nouveauté est affectée d'une valeur positive. Partout, dans toutes les langues et dans tous les domaines du savoir, la nouveauté s'affiche, qu'elle concerne une philosophie, un dispositif expérimental, une science, une expérience, une machine. Les ouvrages savants la revendiquent dans des titres si nombreux que la liste n'en finirait pas : la *Nova Stereometria doliorum* (Kepler), l'*Astronomia nova seu physica coelestis* (Kepler), *La Nova Scientia* (Tartaglia), la *Nova de universis Philosophia* (Patrizzi), la *Physiologia nova de magnete* (Gilbert), la *De Mundo nostro sublunari philosophia nova* (Gilbert), le *Novum Organon* (Bacon), la *New Atlantis* (Bacon), la *Geometria indivisibilibus continuorum nova quadam ratione promota* (Cavalieri), les *Discorsi e dimostrazioni matematiche intorno a due nuove scienze* (Galilée), les *Expériences nouvelles touchant le vide* (Pascal), les *Experimenta nova anatomica* (Pecquet), l'*Hypothesis physica nova* (Leibniz), les *New experiments (…) touching the spring of the air* (Boyle), la *Phonurgia nova de prodigiosis sonorum effectibus* (Kircher), les *Experimenta nova Magdeburgica de vacuo spatio* (Guericke) [5]. Là encore, on aurait tort de réduire le phénomène à une excroissance rhétorique à laquelle rien ne correspondrait dans les pratiques. Il est par exemple notable que, à partir du XVIe siècle, les pouvoirs politiques prennent comme critère la nouveauté, à côté de l'utilité et de l'ingéniosité, lorsqu'il s'agit attribuer des brevets aux ingénieurs pour leurs machines [6].

La troisième et dernière caractéristique de cette période est une conscience d'historicité où la nouveauté adopte le nom de

telescopio ha rivolta tutta l'astronomia, la bossola l'economia, e l'artigleria tutta l'arte militare », Raffaelo Magioti à Famiano Michelini, 25 avril 1637, in *Le Opere di Galileo Galilei*, A. Favaro e I. Del Lungo (ed.), Firenze, Barbèra, (cités ensuite EN) XVII, p. 65.

5. Le vocabulaire de la nouveauté dans les titres est noté et commenté dans L. Thorndike, « Newness and Novelty in Seventeenth-Century Science and Medecine », in *Roots of Scientific Knowledge. A Cultural Perspective*, P. P. Wiener et A. Noland (ed.), New York, Basic Books, 1960 ; V.P. Zoubov, « Les conceptions historico-scientifiques du XVIIe siècle », in *Actes du Symposium international des sciences physiques et mathématiques dans la première moitié du XVIIe siècle*, Florence-Paris, Vinci-Hermann, 1961, p. 74 ; I.B. Cohen, *Revolution in Science*, p. 80-81. R. Armogathe, « Postface », *La Querelle des Anciens et des Modernes*, Paris, Gallimard, 2001, p. 814-815.

6. M. Popplow, *Neu, nützlich und Erfindungsreich. Die Idealisierung von Technik in der frühen Neuzeit*, Munster-New York-München-Berlin, Waxmann, 1998, p. 47-94.

modernité et où la succession des temps nouveaux aux temps anciens est perçue comme un progrès. Pour prendre les choses d'assez haut, la Renaissance s'était attelée, dans les arts aussi bien que dans les savoirs, à redécouvrir les textes de l'Antiquité, à retourner à une *prisca sapientia* et, dans le cas de la Réforme, à retrouver l'Eglise primitive[7]. Ainsi, pour s'en tenir à des exemples bien connus, le *De Humani Corporis Fabrica* de Vésale ou le *De Revolutionibus orbium coelestium*, aujourd'hui perçus comme « révolutionnaires », avaient été présentés et conçus par leurs auteurs comme une restauration du savoir des Anciens[8]. Le milieu du XVIIe siècle, reconnaissant que les nouveautés d'aujourd'hui s'ajoutent aux nouveautés d'hier, en vient à thématiser l'idée de progrès, l'avancement des savoirs, voire l'amélioration des arts et des mœurs. C'est ce qu'indique en particulier l'analogie entre l'évolution de l'humanité et le développement d'un homme. L'expression « les Anciens », notent les textes qui emploient cette analogie, devrait se rapporter à nous, et non aux hommes de l'Antiquité : en fait, ce sont bien plutôt eux, les nouveaux-nés[9]. Surtout, si cette analogie est valable, une

7. Eugenio Garin a le premier mis en valeur cette conscience d'historicité propre à la Renaissance; cf. *L'Éducation de l'homme moderne. La Pédagogie de la Renaissance (1400-1600)*, trad. fr. J. Humbert, Paris, Fayard, 1968, ou encore *La Renaissance. Histoire d'une révolution culturelle*, trad. fr. M. Baudoux, Bruxelles, Marabout Université, 1970. Pour ses conséquences sur la manière de concevoir l'invention à la Renaissance, voir J. Céard, « Invention et inventeur selon Polydore Virgile », dans *Inventions et découvertes au temps de la Renaissance*, M. Th. Jones-Davies (éd.), Paris, Klinsieck, 1994, p. 109-121.

8. Sur les réticences de Copernic à défendre une opinion « absurde » et « nouvelle », voir *Des Révolutions des orbes célestes*, trad. fr. A. Koyré, Paris, Alcan, 1934, « Praefatio », particulièrement p. 37-38 et p. 43-44. Pour quelques indications sur la réception par les coperniciens de ces thèmes, voir l'introduction de M.-P. Lerner à Campanella, *Apologie de Galilée*, texte, trad. fr. M.-P. Lerner, Paris, Les Belles Lettres, 2001, p. CXIII-CXVI.

9. Outre les textes cités à la note suivante, voir G. Bruno, *Le Banquet des cendres*, trad. fr. Y. Hersant, Sommières, Combes, Éditions de l'Éclat, 1988, p. 29-30. F. Bacon, *Novum Organon*, I 84, trad. fr. M. Malherbe et J.-M. Pousseur, Paris, P.U.F, 1986, p. 144. P. Gassendi, *Exercitationes, Opera Omnia*, Stuttgart, Friedrich Fromman Verlag, 1964, tome III, p. 115b. F. Babin, *Journal ou relation fidèle de tout ce qui s'est passé dans l'université d'Angers au sujet de la philosophie de Des Chartes en l'execution des ordres du Roy pendant les années 1675, 1676, 1677 et 1678*, Angers, 1679, p. 1-2. A. Baillet, *Vie de Mr. Des-Cartes*, Paris, 1691, tome II, p. 531.

génération peut être vue comme reprenant la tâche là où la précédente l'avait laissée, et cela sans interruption, tant et si bien que « la suite des hommes, pendant tant de siècles, doit être considérée comme un même homme qui subsiste toujours et qui apprend continuellement »[10]. A la fin du XVIIe siècle, la Querelle des Anciens et des Modernes constitue comme le terme de cette nouvelle conscience d'historicité. Son enjeu était de savoir si le progrès constaté dans les sciences a un analogue en matière de goût : devons-nous considérer que les œuvres des Anciens constituent la norme du goût ou bien pouvons-nous trouver également chez les Modernes de quoi régler notre admiration[11] ?

Comme toutes les idées historiques communes, celle dont on vient d'esquisser les contours paraît conforme aux faits seulement à condition d'être vue d'assez loin. D'une part en effet, rien ne se fait jamais d'un coup : il est loin d'être établi que les innovations effectives, la valorisation de la nouveauté et la conscience historique de la modernité aient été le propre de l'Occident du XVIIe siècle[12], et, bien

10. Pascal, « Préface pour le *Traité du vide* », dans *Œuvres*, J. Chevalier (éd.), Paris, Gallimard, 1954, p. 533-534. Voir aussi Fontenelle, *Digression sur les Anciens et les Modernes*, dans *La Querelle des Anciens et des Modernes*, p. 307-308. Zilsel, (« The Genesis of the Concept of Scientific Progresss and Scientific Collaboration », in *The Social Origins of Modern Science*, D. Raven *et al.* (ed.), Dortrecht-Boston-London, Kluwer Academic Publishers, 2000), relevant ce thème chez des artisans qualifiés et des ingénieurs de la Renaissance, soutient que l'émergence d'un idéal de progrès scientifique et de collaboration désintéressée entre générations est la conséquence de l'apparition de cette nouvelle classe sociale. Sur ce thème, voir également P. Rossi, *Les Philosophes et les machines (1400-1700)*, trad. fr. P. Vighetti, Paris, P.U.F., 1996, p. 67-104.

11. La querelle est présentée dans Jauss, « La "modernité" dans la tradition littéraire et la conscience d'aujourd'hui », *Pour une esthétique de la réception*, trad. fr. C. Maillard, Paris, Gallimard, 1978. L'introduction circonstanciée de Marc Fumaroli au recueil *La Querelle des Anciens et des Modernes* permet de replacer cette querelle dans ses différents contextes historiques et pour ainsi dire institutionnels; elle montre en particulier que, en France, se rattacher aux Anciens garantissait une certaine autonomie par rapport au pouvoir monarchique absolu.

12. Pour le Moyen Âge latin, voir A.G. Molland, « Medieval Ideas of Scientific Progress », *Journal of the History of Ideas,* 1978, 39, p. 561-577. Pour la pensée arabe, voir F. Rosenthal, « Al-Asturlâbî and as-Samaw'al on Scientific Progress », *Osiris*, 1950, 9, p. 555-564 et l'étude de Sonja Brentjes dans ce volume.

sûr, on ne manque pas d'exemples où la remise en cause de l'autorité des Anciens est plus nuancée qu'on ne l'aurait imaginée [13]. D'autre part et surtout, nouveauté et innovation sont ambivalentes au XVIIe siècle : toujours et encore, les innovations techniques et scientifiques sont supposées entraîner à leur suite des nouveautés religieuses et politiques, soupçonnées de contribuer au développement d'une confiance indue dans les pouvoirs de l'intellect humain, accusées de conduire à la dissolution de l'ordre naturel et social [14]. En première approximation, l'époque classique a conjuré le spectre de l'innovation de deux manières.

En premier lieu, ceux qui sont accusés d'introduire indûment des nouveautés répondent qu'ils n'ont fait que reprendre des thèmes anciens, revenir à un état primitif que leurs accusateurs, justement,

13. Voir Mersenne : « A-t'on maintenant plus de cognoissance de quelque art ou de quelque science que les Anciens », *Questions inouyes*, A. Pessel (éd.), Paris, Corpus, 1985, question 32 , p. 87-88.

14. Parmi les textes classiques témoignant de la subversion potentielle introduites par les sciences nouvelles, voir par exemple J. Donne, *Anatomy of the World, First Anniversary*, in *Complete Poetry and Selected Prose,* J. Hayward (ed.), London-New York, Nonesuch press-Random House, 1946, p. 202 : « *New philosophy calls all in doubt, / The element of fire is quite put out; / The Sun is lost, and th'eart, and no mans wit/ Can well direct him where to looke for it. / (…) Tis all in peeces, all coharence gone; / All just supply and all Relation* ». Galilée, *Dialogo sopra i due massimi sistemi del mondo* dans *Le Opere di Galileo Galilei*, Edizione Nazionale, A. Favaro e I. Del Lungo (ed.), 20 tome en 21 vol., Firenze, Barbèra, 1890-1909, VII, p. 62 : « *Questo modo di filosofare tende alla sovversion di tutta la filosofia naturale, ed al disordinare e mettere in conquasso il ciel o e la Terra e tutto l'universo* ». Descartes, *Epistola ad P. Dinet*, dans *Œuvres de Descartes*, C. Adam et P. Tannery (éd.), nouv. prés. par B. Rochot et P. Costabel, Paris, Vrin, 1964-1974, (désormais citées AT) VII, p. 579 : « *(…) ne forte, imperitam multitudinem novitatis avidam ad se alliciendo, paulatim crescat et vires sumat, scholarum sive academiarum pacem et quietem perturbet, vel etiam in Ecclesia novas hareses adducat, [novam illam philosophiam] mature prohibendam atque extinguendam esse quidam contendunt* ». Pour des textes moins connus, voir l'opposition entre la prédictibilité de la nature et l'instabilité des choses politiques du *Del Bene* de Sforza Pallavicino, analysée dans C. Ginzburg, « High and Low : the Theme of Forbidden Knowledge in the 16th and 17th Centuries », *Past and Present*, 1976, 73 ; repr. in *Myths, Emblems, Clues*, London, Hutchinson, 1990, p. 37-38, et la comparaison des anciens et des modernes du *Comparationum Tractatu* d'Honoré Fabri, analysée par S. Roux, « La philosophie naturelle d'Honoré Fabri (1607-1688) », dans *Les Jésuites à Lyon. Actes du colloque (21-22 septembre 2002)*, E. Fouilloux et B. Hours (éd.), Presses de l'ENS-LSH, Lyon, p. 75-94.

auraient trahi. Les nouveautés sont alors niées et le changement, conçu comme un retour à l'ancien, une « réforme ». Le schème est parfaitement clair dans l'affrontement entre protestants et catholiques, mais il n'est pas spécifique aux questions touchant au dogme religieux[15]. Descartes réplique par exemple aux péripatéticiens qui lui reprochaient la nouveauté de sa philosophie qu'il n'y a rien de nouveau dans ses écrits, et qu'il n'a fait que revenir à un fond commun à toutes les philosophies que, quant à eux, ils auraient entre-temps oublié et abandonné[16]. Dans ce genre d'échanges, on s'en convaincra vite, la nouveauté est comme une de ces petites bombes qu'un personnage de dessin animé ne cesse de renvoyer dans le camp de l'adversaire, par crainte qu'elle n'explose dans le sien. Aujourd'hui, non seulement cette première stratégie nous est devenue totalement étrangère, mais elle semble prendre certaines habitudes mentales à rebours : en raison de la valorisation systématique de la nouveauté que nous évoquions pour commencer, la tendance générale serait plutôt de présenter de vieilles antiennes comme des chansons nouvelles. En revanche, la seconde stratégie qu'on peut repérer à l'âge classique a construit une certaine idée de la science, et tout aussi bien du partage entre la science et ce qu'on appellera pour faire bref le social, dont nous sommes sans doute encore les héritiers.

15. Calvin, « Epistre », *Institution de la religion chrétienne*, J. Pannier (éd.), Paris-Tours, Fischbacher Arrault, 1927, tome I, p. 15-16 : « Premièrement, en ce qu'ilz l'appelent [la religion réformée] nouvelle, ils font moult grand injure à Dieu, duquel la sacrée parolle ne méritoit point d'estre notée de nouvelleté (...). Ce qu'elle a esté long temps cachée et incogneuë, le crime en est à imputer à l'impieté des hommes ».

16. Descartes, *Epistola ad P. Dinet*, AT VII, p. 580 : « *Addo etiam, quod forte videbitur paradoxum, nihil in ea Philosophia esse, quatenus censetur Peripatica, et ab aliis diversa, quod non sit novum; nihilque in mea, quod non sit vetus* ». Voir également *Principia philosophiae*, IV 200, AT VIII-1, p. 523. Ces déclarations vont évidemment contre une image, qui semble se mettre en place à l'occasion d'un parallèle entre les frères ennemis que sont Gassendi et Descartes; voir Perrault, *Parallèle des Anciens et des modernes*, Paris, J.-B. Coignard, 1688-1697, vol. I, p. 63 : « L'un [Descartes] voulait que tous ceux qui l'avaient devancé n'eussent presque rien connu dans les choses de la Nature; L'autre tâchait à faire voir par de favorables interprétations, que les Anciens avaient pensé les mêmes choses qu'on regardait comme nouvelles ».

Cette stratégie consiste à instituer une distinction entre les nouveautés qu'on peut tolérer et celles qu'il faut écarter. On sépare tout d'abord, en des termes qui rappellent le thème stoïcien de la retraite intérieure, les audaces que chacun se permet par devers soi et l'expression publique d'un désir d'innovation, qui aurait pour objet la mise en place de nouvelles institutions. Réformer toutes ses idées, c'est bien, mais que chacun le fasse dans son for intérieur et pour lui-même, laissant aux grands de ce monde le soin de décider des réformes éventuellement nécessaires pour la chose publique [17]. On peut également séparer, du point de vue de leur méthode aussi bien que de leur objet, des domaines d'étude où l'innovation est autorisée et celle où elle doit être proscrite. Rappelons le fragment d'une préface que Pascal rédigea pour le *Traité du vide* : aux matières historiques, comme l'histoire, la géographie, la jurisprudence, et surtout la théologie, qui, reposant sur l'autorité, ne tolèrent pas l'innovation, il oppose les matières dogmatiques, où, l'expérience des sens et le raisonnement étant seuls maîtres, chacun a tout loisir d'inventer et de perfectionner les connaissances léguées par ses prédécesseurs [18]. Les techniques et les sciences se constituaient ainsi comme un empire dans un empire, un domaine réservé où l'innova-

17. Montaigne, *Essais*, A. Thibaudet (éd.), Paris, Gallimard, 1940, I 23, p. 131-132 : « Le sage doit au dedans retirer son ame de la presse, et la tenir en liberté et puissance de juger librement des choses; mais, quant au dehors, (...) il doit suivre entierement les façons et formes recues. La societé publique n'a que faire de nos pensées; mais le demeurant, comme nos actions, nostre travail, nos fortunes et nostre vie propre, il la faut préter et abandonner à son service et aux opinions communes (...). Je suis degouste de la nouvelleté, quelque visage qu'elle porte ». Voir également, *ibid.*, III 9, p. 928-929; tout cela est repris par Charron, *De la Sagesse,* II 8, p. 331-341. Descartes, *Discours de la méthode*, seconde partie, AT VI, p. 14-15 : « Je ne saurais aucunement approuver ces humeurs brouillonnes et inquiètes, qui, n'étant appelées ni par leur naissance, ni par leur fortune, au maniement des affaires publiques, ne laissent pas d'y faire toujours, en idée, quelque nouvelle réformation (...). Jamais mon dessein ne s'est étendu plus avant que de tâcher à réformer mes propres pensées, et de bâtir un fond qui est tout à moi ».

18. Pascal, « Préface pour le *Traité du vide* », dans *Œuvres*, p. 530-531. L'adjectif « dogmatique » a ici le sens qu'il a dans la philosophie antique, lorsque sont opposées philosophies dogmatique et pyrrhonienne : une matière « dogmatique », c'est une matière qui est susceptible de fournir des preuves. Pour l'application à la philosophie de ce principe, voir Malebranche, *Recherche de la vérité*, dans *Œuvres*, Paris, Gallimard, II, 2e partie, chap. 3, § 2, p. 212.

tion et le progrès étaient possibles, sans avoir, soutenait-on, quelque conséquence que ce soit, religieuse, politique ou sociale [19].

Ces quelques points de repère historiques auront suffi à le faire comprendre : l'attribution à la nouveauté d'une valeur positive constitue un phénomène historique récent, qui a instauré des partages qui sont peut-être encore à l'œuvre dans l'idée commune que chacun a du progrès des sciences. « Mais quoi ? » direz-vous. « Vous nous parlez d'époques lointaines. Les historiens et les philosophes d'aujourd'hui savent bien que, dans les sciences, les nouveautés s'enchaînent. Quelle pourrait être la tâche d'un historien des sciences sinon de raconter la genèse d'une découverte ? Un philosophe des sciences mériterait-il ce nom s'il ne reconnaissait, comme un fait, que les sciences progressent ? » Peut-être bien. Mais assigner précisément la nouveauté, cela ne va pas de soi.

COMMENT ASSIGNER LA NOUVEAUTÉ ? TROIS POSITIONS CLASSIQUES

Assigner une nouveauté scientifique, expliciter ce qui a été découvert et en quoi cela constitue un progrès, c'est une tâche délicate et complexe. C'est que, contrairement à des œuvres, artistiques par exemple, marquées du sceau d'une singularité irréductible, un résultat scientifique nouveau est plus ou moins rapidement l'objet d'une reprise cumulative et ainsi intégré dans l'édifice anonyme des sciences ; et, dès lors, il devient difficile de l'isoler, impossible de le ficher comme avec un clou. Il ne s'agit pas, une fois encore et de manière quelque peu scolastique, d'opposer épistémologies continuistes et discontinuistes en matière de progrès scientifique : que, d'un point de vue historique, tout se fasse petit à petit n'empêche pas l'institution de nouveautés épistémologiques.

Il s'agit bien plutôt de reconnaître que la nouveauté n'est pas naturellement donnée dans l'histoire des sciences entendue comme *res gestae*, mais qu'elle est construite par l'histoire des sciences entendue comme *historia rerum gestarum*. Un résultat peut en effet être considéré comme nouveau à un moment et non à un autre – un tel énoncé n'est pas une profession de foi de relativistes qui cherche-

19. Voir en particulier C. Ginzburg, « High and Low ».

raient à miner le travail de la science, c'est le travail même de la science qui l'impose. Les scientifiques font en effet œuvre historique lorsqu'ils situent leurs résultats par rapport à ceux qui précédaient, mettant en valeur ce qui n'avait pas forcément été originellement perçu comme remarquable, identifiant rétroactivement des précurseurs ou réactualisant des théories jusqu'alors considérées comme périmées [20]. Cette construction rétroactive qui est le fait des scientifiques mêmes peut être dénoncée comme illusoire par l'historien ou par le philosophe, mais il lui appartient en ce cas de rendre compte de la production de ce qui est selon lui une illusion, par exemple par l'analyse de la reconfiguration des contextes scientifiques. L'histoire des nouveautés dans les sciences doit en ce sens se doubler d'une interrogation sur les critères selon lesquels tous ceux qui s'occupent de sciences, historiens, philosophes... ou scientifiques, assignent la nouveauté, c'est-à-dire identifient comme nouveau un résultat, un théorème, une invention, un personnage, un instrument, une méthode, une discipline, etc. Que cette assignation de nouveauté n'aille pas de soi, on le comprendra par des remarques élémentaires.

Dénomination, nomenclature et terminologie semblent au premier abord constituer un signe tangible permettant de repérer les lieux d'apparition des nouveautés scientifiques. Imposer un nom à une molécule qui vient d'être synthétisée, à une espèce animale qui vient d'être décrite, à un appareil qu'on a construit ou à un théorème qui vient d'être découvert, cela peut être un moyen d'en signifier la nouveauté, et les nouveaux éléments que ne met pas en valeur une nouvelle terminologie peuvent passer inaperçus [21]. L'historien des sciences a cependant souvent le sentiment que l'imposition de nom ne fait que sceller une nouveauté acquise par ailleurs; de surcroît,

20. Outre l'étude de Loïc Petitgirard dans ce volume, voir sur ce point R. Staley, « On the History of Relativity : Participant Histories and the Development of Relativity », 1997, preprint 66, MPIWG, Berlin, et H. Chabot, « Une théorie fausse et ses avatars. L'explication cinétique de la gravitation de Lesage à la fin du XIXe siècle », *Sciences et Techniques en Perspective*, 2e série, vol. 7, n°1, 2003, p. 155-172.

21. Pour des aperçus sur la question de la terminologie, voir l'étude de Jérôme Viard dans ce volume, et, plus généralement, le recueil d'articles « La Dénomination », *Le Temps des savoirs*, Revue interdisciplinaire, n° 1, Paris, Editions Odile Jacob, 2000.

une innovation terminologique serait vide si elle n'était pas articulée à des concepts ou à des pratiques. Il pourrait alors être tentant de dire que la nouveauté des termes est « superficielle », eu égard à une nouveauté « profonde », qui serait celle des concepts et des pratiques. Mais jusqu'où pouvons-nous aller dans cette direction? Sommes-nous par exemple prêts à identifier la méthode des fluxions de Newton et le calcul différentiel de Leibniz et à dire que, malgré leur différence en tant que formalismes, ils sont, en fait et eût égard à la suite de l'histoire des mathématiques, « profondément » identiques? N'est-ce pas ouvrir la porte à toutes sortes de confusions, encourager la quête vaine des précurseurs?

D'ailleurs, si nous commençons à nous interroger sur l'assignation de la nouveauté, nous ne trouverons pas plus un point d'ancrage dans la signification que nous n'en avons trouvé un dans les termes. Nous ne pouvons pas faire comme si la signification d'un terme était logé en lui comme un poisson dans son bocal : la signification d'un terme, y compris scientifique, est en partie sensible au contexte théorique dans lequel il apparaît. Dès lors, deux énoncés qui sont « les mêmes » dans leur formulation littérale peuvent ne pas avoir la même signification dans deux contextes différents, et donc n'être pas vraiment « les mêmes ». Inversement, deux énoncés distincts dans leur formulation peuvent être considérés comme « les mêmes » parce qu'ils portent sur un seul et même résultat – c'est cette possibilité, et non l'ethos belliciste des savants ou leur caractère fier et ombrageux, qui constitue la condition de possibilité intellectuelle des querelles de priorité. Il y a là des évidences, mais elles permettent d'entrée de jeu de souligner la difficulté qu'il y a à localiser la nouveauté : dire ce qui est nouveau dans un résultat, c'est implicitement se prononcer sur ce qui fait qu'il est tel résultat et non tel autre, sur son identité, que celle-ci soit de formulation ou de signification[22].

Au-delà du prestige de la nouveauté dans les sciences et dans les techniques, les difficultés inhérentes à l'assignation de la nouveauté

22. Voir sur ce point l'étude de Sophie Roux dans ce volume, mais aussi K. Chemla, « Similarities between Chinese and Arabic Mathematical Writings (I) : root extraction », *Arabic Sciences and Philosophy*, vol. 4, n° 2, 1994, p. 207-266 ; C. Goldstein, *Un Théorème de Fermat et ses lecteurs*, Saint-Denis, Presses universitaires de Vincennes, 1995.

prouvent l'absence de définition systématique du nouveau, alors même que, force est de constater, il y a du nouveau. Ce décalage entre les faits et les idées tient notamment à l'impossibilité d'établir des critères objectifs et universels d'identification de la découverte, à la fois dans son objet, sa méthode, sa valeur : certaines découvertes sont prévisibles, voire prévues, d'autres non; certaines portent sur un concept ou un principe, d'autres sur une substance, une chose ou ses propriétés, d'autres encore sur la description d'un mécanisme; certaines demeurent irréversibles au cours du temps, d'autres se révèlent bientôt périmées par de nouvelles découvertes, etc. Selon qu'on privilégie tel ou tel critère, le sens même de la nouveauté change : continuité, reprise, rupture, évolution, révolution, émergence, etc.

Prenant acte de l'absence de définition pertinente du nouveau, l'épistémologie des sciences doit se faire elle-même historique, autrement dit elle doit reconnaître que les sciences créent leurs propres normes sans obéir à une idée préalable ni de leur identité ni de leur progrès. Du coup, ne leur préexiste plus aucune représentation *a priori* ni de l'objet qu'il faut découvrir, ni de la méthode à suivre. Et par, conséquent, la nouveauté s'inscrit tout entière, à la fois comme fait et comme valeur, dans ce développement contingent. Cette prise au sérieux de l'historicité scientifique n'annule pas pour autant le projet épistémologique d'expliquer pourquoi et comment prend forme le nouveau, mais elle met en évidence la diversité des points de vue possibles pour envisager la question de la découverte. Classiquement, la découverte prend sens dans une logique du progrès; ainsi nous pouvons rappeler brièvement trois positions théoriques fortes pour comprendre la nouveauté dans une telle perspective. La première soutenue par Gaston Bachelard définit le progrès comme sanction du phénomène scientifique par son histoire avançant vers la réalisation du noumène scientifique[23]; présentée magistralement par I. Bernard Cohen, la seconde interprète la nouveauté sous la figure de la révolution; dominante à l'heure actuelle, la troisième conçoit le nouveau comme émergence.

Pour sa part, Bachelard rejette l'idée de toute épistémologie fondationnelle qui édicterait les normes *a priori* de ce que doit être

23. *Le Nouvel Esprit scientifique*, p. 13.

la science ; seul le devenir effectif de la science révèle la nature de ce type de connaissance, et nulle prédiction ne peut anticiper sur ce que sera la science demain. Si l'histoire des sciences connaît un développement en rupture avec les autres formes du devenir historique humain, il s'agit alors de rendre compte de ce devenir parfois contrarié, souvent inattendu, constitué de reprises et d'oublis. En effet, à la différence des autres modalités historiques, le devenir scientifique tend aussi à cumuler des connaissances vraies en rejetant les fausses. Par conséquent, cette évolution transcende sa propre factualité pour ouvrir à des enjeux épistémologiques, qui se concentrent tout particulièrement dans l'idée de nouveauté : certes, la découverte fait date, mais sa logique dépasse la simple chronologie. C'est pourquoi il semble légitime que la lecture rétrospective ou récurrente de l'historien prononce un jugement sur la valeur du problème et de sa solution en fonction de leurs rapports à l'état des sciences contemporaines [24]. Dans le cas des sciences en effet, la rétrospection de l'historien ou du savant ne fonctionne pas comme une illusion, mais bien comme tri justifié entre le périmé et le sanctionné. Car le développement des sciences incarne un cheminement rationnel, dont le sens ne peut apparaître qu'après coup, sous sa double forme épistémologique et historique, dans la mesure où la connaissance humaine reste inachevée [25]. Ainsi la découverte réconcilie contingence et vérité ; attesté par les découvertes finalement sanctionnées, le progrès de la connaissance demeure en dépit des erreurs ou errances scientifique ponctuelles [26].

De son côté, Cohen propose de lire l'histoire des sciences d'après ses métaphores pour classifier les différents types d'inven-

24. Bachelard, *L'Activité rationaliste de la physique contemporaine*, Paris, P.U.F, 1965, p. 25.

25. Bachelard, *Essai sur la connaissance approchée*, Paris, Vrin, 1987, p. 292, commenté par Gayon, « Bachelard et l'histoire des sciences » dans *Bachelard et l'épistémologie française*, Paris, P.U.F., 2004.

26. Cette position forte reste encore féconde et est défendue par certains historiens ; voir J. Dhombres, « Une histoire de l'objectivité scientifique et le concept de postérité », dans R. Guesnerie, F. Hartog (éd.), *Des Sciences et des Techniques : un débat, Cahier des Annales n 45*, Paris, Éditions de l'École des Hautes Études en Sciences Sociales, 1998, p. 127-148.

tion selon leurs modalités historiques[27]. A l'inverse de Bachelard, il comprend alors l'idée de progrès comme une représentation extra-scientifique de l'histoire des sciences : la compréhension que nous avons du développement scientifique exprime d'abord un modèle d'ordre social ou politique. A cet égard, l'idée de nouveauté n'est pas neutre : elle ne traduit pas seulement un fait mais une valeur, qui s'exprime précisément à travers ses représentations métaphoriques. Ainsi Cohen nie la rupture supposée par Bachelard, qui obligerait à recourir à deux modes d'interprétation historique distincts, l'un s'appliquant aux sciences orientées vers le vrai soi-disant neutres et objectives, l'autre aux domaines socio-politiques dénués de prétention au vrai mais toujours porteurs de jugements de valeur; il montre au contraire que la compréhension de la nouveauté scientifique reflète fidèlement la représentation que se fait une société de l'histoire en général.

La dénomination du phénomène scientifique de la découverte comme révolution le prouve. Si le concept prend sa source dans des œuvres scientifiques, sa signification en tant que vocable d'histoire des sciences dépend d'abord de la référence socio-politique. Certes, le terme révolution apparaît d'abord dans le traité de Copernic, *de Revolutionibus orbium coelestium* (1543), contemporain du traité de Vésale sur l'anatomie, *de Fabrica humani corporis*. Il paraît banal aujourd'hui de qualifier cette date comme un événement intellectuel révolutionnaire : un nouvel homme dans un nouvel univers semble introduire la modernité. L'historiographie précise permet cependant de corriger cette illusion de perspective : en réalité, il revient au XVIIIe siècle de conférer à Copernic, et du coup à Vésale, une valeur de rupture radicale qui s'apparenterait, selon un anachronisme évident, au bouleversement politique qu'instaure la révolution française. Il faut distinguer l'œuvre de sa postérité, le traité scientifique de sa signification historique. Bien sûr, le traité copernicien introduit une césure dans la représentation du monde qui passe du géocentrisme à l'héliocentrisme, mais Kepler et Galilée furent encore nécessaires pour qu'il prenne cette valeur; et le parallélisme supposé entre les domaines astronomique et médical ne paraissait pas si clair à ses contemporains. La prétendue rupture suscitée par Vésale puis

27. Cohen, *Revolution in science*, Préface, p. XII.

Harvey dans la représentation du vivant présenté comme une machine s'avère à son tour une construction historique rétrospective [28]. Bien loin d'assister au transfert du terme révolution de l'astronomie à l'histoire des idées, Cohen montre comment la lecture des philosophes, scientifiques et historiens du XVIIIe siècle sur la science passée a injecté un contenu politique, donc aussi une valeur, à un concept astronomique neutre. D'ailleurs, la signification astronomique du terme « révolution » se réduit à décrire les trajectoires des orbites célestes sans indiquer nulle rupture, au contraire elle désigne plutôt la répétition d'un phénomène astronomique régulier. Au moment où Kant reprend l'idée de révolution pour présenter d'une part la physique et la chimie modernes, d'autre part la philosophie critique, le philosophe opère un transfert du champ politique vers le domaine rationnel : il salue en effet la révolution française comme avènement de la raison dans l'histoire politique, et compare cet événement historique au renversement conceptuel qu'effectuent les sciences et la philosophie en posant l'homme au centre de l'univers et de la connaissance. Le terme révolution gagne alors sa signification de rupture, valorisée comme un progrès historique de la raison dans le domaine pratique ou théorique [29].

Dans ces conditions, Cohen montre que, jusqu'au XVIIIe siècle, la nouveauté ne vaut que dans la mesure où elle reprend et prolonge les connaissances attestées par leur ancienneté. Certes, le nouveau constitue une valeur revendiquée par la plupart des titres, ouvrages et traités, mais il se comprend, somme toute, comme continuation et accomplissement des vérités antiques. En revanche, à partir de la « révolution copernicienne » interprétée par Kant et ses contemporains dans le contexte des révolutions françaises et américaines, le lexique révolutionnaire pénètre tous les champs de la découverte scientifique, comme seule vraie marque du progrès rationnel. Entre le domaine astronomique et les vicissitudes historiques s'instaure une identité structurale construite à partir de la signification politique du terme – et non l'inverse –, qui suppose à la fois la rationalité du réel et celle des affaires humaines. Cette métaphore du chan-

28. Canguilhem, « L'homme de Vésale dans le monde de Copernic : 1543 », *Études d'histoire et de philosophie des sciences*, Paris, Vrin, 1968, en particulier p. 27.

29. Cohen, *Revolution in science*, p. 237-253.

gement historique trouve des résonances récentes dans l'œuvre de Thomas Kuhn pour décrire à la fois un phénomène de psychologie collective dans la communauté des savants et ressaisir le phénomène scientifique de la nouveauté.

A la fin du XIXe siècle cependant, le prestige révolutionnaire disparaît progressivement du discours historiographique au profit d'un modèle biologique, dont la prégnance s'explique par le développement intense de cette discipline : l'émergence s'impose désormais comme paradigme du changement en histoire des sciences et en histoire de la vie [30]. A la continuité supposée par les Classiques, à la rupture promue par les Modernes, se substitue une nouvelle représentation de la découverte comme morphogenèse. Cette interprétation prétend resituer la question de la nouveauté scientifique dans le contexte général de l'apparition du nouveau : comment une chose différente apparaît-elle, qu'il s'agisse de la vie et de la pensée à l'égard de la matière, ou d'une découverte à l'égard d'anciennes connaissances [31] ? La question du progrès n'est plus tant celle de la vérité sanctionnée par le cheminement rationnel des sciences, ni celle de la révolution resituant la méthode scientifique dans une juste perspective, que celle du développement de nouvelles formes et significations. Comme la matière génère la vie, qui constitue la pensée par complexification et intégration successives [32], de nouvelles connaissances, voire de nouvelles disciplines, émergent à partir d'anciennes théories tout en restructurant profondément le domaine du savoir. De même que la théorie de l'évolution

30. A. Fagot-Largeault, « L'émergence », dans D. Andler, A. Fagot-Largeault, B. Saint-Sernin (éd.), *Philosophie des sciences*, Paris, Gallimard, 2002, p. 945. Ablowitz, « Theory of emergence », *Philosophy of science*, 1939, n°1, vol. 6, p. 2, montre que l'apparition du phénomène radicalement unique de la vie à partir de la matière constitue l'une des questions majeures concernant la nouveauté, que traite la théorie de l'émergence.

31. Un des premiers à décrire la fonction des combinaisons produisant un résultat imprévisible dans plusieurs domaines (physique, chimie, biologie) est John Stuart Mill, *Système de logique*, trad. fr. L. Peisse, Bruxelles, Mardaga, 1988, livre III, chap. 6, § 1.

32. G.F. Lewes, *Problems of Life and Mind*, (1875) ; Samuel Alexander, *Space, Time and Deity* (1920) ; C.B. Broad, *The Mind and its place in nature* (1925), cités par Ablowitz, « Theory of emergence », ou Fagot-Largeault, « L'émergence », p. 983-1007.

montre comment de nouvelles espèces ou singularités naissent de la réorganisation de la matière et d'un milieu, de même de nouvelles théories, méthodes et disciplines naissent de la réorganisation des idées scientifiques. Comment en serait-il autrement, puisque le cerveau émerge de la matière et résulte de cette histoire, au moment même où il construit notamment l'histoire des idées scientifiques ?

Prise à la rigueur, l'émergence gagne une valeur à la fois épistémologique et ontologique. La thèse émergentiste suppose en effet de prendre position vis-à-vis de problèmes fondamentaux qui suscitèrent un débat philosophique dans les années 1930[33] : le matériel et le mental émanent-ils tous deux d'une réalité neutre qui n'est ni matérielle, ni mentale ? le matériel n'est-il qu'une illusion de réalité, tandis que le mental constituerait déjà un trait émergent de la réalité ? ou encore, proviennent-ils tous deux d'une réalité première qui prendrait les figures successives de la matière, puis de l'esprit[34] ? En outre, se pose la question de savoir si l'on peut réduire le nouveau à ce qui le précédait, ou, au contraire, si l'on doit soutenir que le tout est plus que la partie, le nouveau plus que la simple somme de l'ancien. Dans le premier cas, la nouveauté devrait au mieux pouvoir être prédite, elle doit au moins être prévisible en droit ; la seconde hypothèse suppose au contraire une temporalité irréductible de la morphogenèse. Sauf à renoncer à toute rationalité ou à vouloir expliquer *obscurum per obscurius*, il s'agit pourtant de rendre compte du déterminisme qui rend possible à ce moment et en ce lieu l'apparition d'une forme différente. Ces débats entre holisme et réductionnisme, déterminisme ou non, renvoient à la limite à des positions métaphysiques, telles que Whitehead a essayé de les expliciter dans *Process and reality*[35]. En d'autres termes, la

33. A. Fagot-Largeault, « L'émergence », p. 982-1013, dresse le tableau de ces débats.

34. B. Cunningham, « The re-emergence of emergence », *Philosophy of science*, 2001, 68, p. 71-72.

35. Traitant de l'émergence de la nouveauté, et de la nécessité de l'erreur pour faire avancer la science, Whitehead commente : « toutes les difficultés ayant trait à des principes premiers ne sont que des difficultés métaphysiques camouflées. Ainsi la difficulté épistémologique elle-même ne peut se résoudre qu'en faisant appel à l'ontologie. », Whitehead, *Process and Reality. An Essay in Cosmology*, New York, Mac Millan Publishing, 1929 ; trad. fr., p. 312.

compréhension du progrès scientifique comme évolution dépend encore d'un transfert de concept, cette fois-ci des sciences de la vie vers l'histoire des idées, et suppose une vision du monde.

DU NOUVEAU DANS LES SCIENCES

Nous sommes les héritiers de ces lectures historicistes des structures de la découverte – tri entre le sanctionné et le périmé, révolution, émergence –, qui supposent en réalité la compréhension du nouveau comme progrès. De façon plus ou mois implicite, ces trois représentations de la nouveauté structurent encore souvent l'activité des historiens des sciences. Et par conséquent, la nouveauté n'apparaît pas comme un fait, mais comme une représentation, que l'historien, l'épistémologue ou le savant projette sur l'histoire. Sous l'apparence objective du fait nouveau, la variété de ces interprétations laisse suggérer qu'il porte toujours aussi une valeur. Quoiqu'il en soit, l'intrication du fait et de la valeur dans la compréhension de la nouveauté scientifique prouve que le phénomène de la découverte en science pose problème dans la mesure où elle interdit toute prétention à des critères objectifs. A l'encontre du programme poppérien[36], la logique de la découverte scientifique ne procède pas de façon univoque : elle informe simultanément l'identité de la science et son histoire tout en faisant évoluer et déplacer le critère de démarcation entre ce qui relève de la science ou non.

Mais les trois interprétations classiques évoquées suffisent à dégager quelques leçons et à justifier le choix de ce recueil. En premier lieu, l'histoire des sciences dépend étroitement des représentations assignées aux catégories historiques qu'utilise l'épistémologue ou l'historien dans sa lecture critique des faits ; à cet égard, l'idée de nouveauté s'avère cruciale, et la catégorie du progrès problématique. Deuxièmement, bien loin d'être neutre, le choix des cas étudiés résulte lui-même de ces représentations qu'ils sont censés valider. Troisièmement, décider pour telle ou telle hypothèse historique – sanction, révolution ou émergence – ne relève ni des

36. Popper, *La Logique de la découverte scientifique*, trad. fr. N. Thyssen-Rutten et Ph. Devaux, Paris, Payot, 1984. Dans sa préface, p. 3, Jacques Monod avoue reconnaître dans le livre de Popper « l'histoire vraie, rarement écrite, du progrès auquel il [le scientifique] a pu personnellement contribuer ».

sciences étudiées, ni du fait analysé, mais d'un choix méthodologique préalable, à la fois nécessaire pour écrire une histoire et pourtant fort contraignant. Prenant acte de ces conclusions, ce recueil d'études ne présuppose pas une thèse ni sur ce que fait l'histoire des sciences, ni sur l'idée de nouveauté ; au contraire, il déploie différentes manières d'écrire l'histoire des sciences, diverses représentations des questions que posent les découvertes scientifiques, plusieurs niveaux où penser la nouveauté. Il s'agit alors de présenter une histoire plurifactorielle écrite au cas par cas, où s'intriquent des enjeux techniques, sociologiques, linguistiques, épistémologiques et historiographiques, dont la part de contingence oblige en outre à renoncer à l'idée de progrès pour recenser d'autres phénomènes scientifiques associés à la nouveauté : les découvertes simultanées, la reprise d'idées anciennes dans un contexte théorique nouveau, les fausses découvertes, le jeu induit par ce qui est découvert et le contexte scientifique qu'il suppose, les crises suscitées dans la communauté scientifique, la relation entre la théorie et les instruments, par exemple. Abandonnant l'analyse des découvertes majeures – qu'on pense à Copernic ou Lavoisier –, l'étude de cas mineurs permet de faire jouer les différents paramètres qui se nouent dans l'assignation de la nouveauté.

Bien qu'elle puisse paraître insatisfaisante par le défaut d'une thèse interprétative qui fit la gloire de tel ou tel historien des sciences, cette lecture a l'avantage de prendre au sérieux la singularité de chaque cas historique en partant au premier abord de la simple désignation de ce cas comme scientifique, sans préjuger encore ni de sa rationalité ni de sa valeur. Elle permet en outre de transcender les frontières fictives entre disciplines : l'épistémologie, l'histoire des sciences et celle des techniques, la sociologie de la connaissance qui établit l'origine sociale des catégories de la pensée[37], la linguistique qui suit la construction des catégories scien-

37. Durkheim, *Formes élémentaires de la vie religieuse*, Paris, P.U.F., 1912 et *Les Règles de la méthode sociologique*, Paris, Flammarion, 1988. Plus près de nous, Hacking montre l'impossibilité de distinguer nettement la part du social et celle du « naturel » dans la construction des catégories scientifiques ; il critique à cet égard la tentation sociologique de tout réduire à des constructions : *The Social Construction of What?* Cambridge, MA, Harvard University Press, 1999.

tifiques à travers le langage[38], la sociologie des enjeux institutionnels de la science comme pratique collective distribuée et située[39] sont toutes convoquées pour comprendre le phénomène scientifique de la nouveauté. Si toute lecture historique suppose en effet une représentation de son objet – ici, le nouveau – qui, en tant que telle, ne peut recevoir ni preuve ni réfutation en dernière instance[40], cette représentation sous-jacente peut cependant être confrontée aux documents de l'époque, alors même qu'elle sert de fil conducteur pour construire ce que nous appelons histoire. Ainsi une lecture plurifactorielle du cheminement scientifique rend bien compte de l'irréductible historicité des sciences (il y a du nouveau et nous ne pouvons pas définir cette nouveauté) tout en obligeant à penser la découverte en termes de développement complexe au cas par cas, et, à interroger le statut des représentations qui permettent de construire une ou plusieurs histoires des sciences. A cet égard, la sociologie des sciences a fortement contribué à mettre au jour le travail des représentations, souvent dans le but de désacraliser la science et la raison[41]. Selon cette conception, l'objectivité scientifique constituerait elle-même une représentation sociale liée à des enjeux d'autorité de la communauté des savants face aux profanes; démasquer l'absence de fondement de cette soi-disant objectivité reviendrait à comprendre comment se fait la science, au même titre que Lévy-Bruhl cherchait à comprendre les croyances des Azandés[42]. S'il y a souvent une idéologie scientifique à l'œuvre dans

38. Sur l'usage du terme « scientifique » dans la langue française, voir Benveniste, « Genèse du terme scientifique », dans *Problèmes de linguistique générale*, Paris, Gallimard, 1974.

39. Shapin et Schaffer, *Léviathan et la pompe à air,* Paris, La Découverte, 1993. Latour, *La Science en action,* Paris, Gallimard, 1989. Brannigan, *Le Fondement social des découvertes scientifiques*, Paris, P.U.F, 1996.

40. Paul Veyne montre par exemple comment et pourquoi on ne peut distinguer sociologie et histoire. Reprenant certains points de la méthodologie de Max Weber, il montre que le récit historiographique obéit à des types-idéaux, *Comment on écrit l'histoire ?* p. 69.

41. Pour un panorama de la sociologie des sciences contemporaines, voir Dubois, *La Nouvelle sociologie des sciences,* Paris, P.U.F., 2001, et Raynaud, *Sociologie des controverses scientifiques*, Paris, P.U.F, 2003.

42. L. Lévy-Bruhl, *La Mentalité primitive*, Paris, P.U.F, 1922. Des thèses analogues peuvent s'appliquer aux controverses concernant la valeur de vérité et de

la décision de connaître scientifiquement les phénomènes[43], cette valorisation de la rationalité ne remet cependant pas en cause le savoir lui-même. Mais il faut tenir compte de son ambiguïté. Sans aller jusqu'à réduire la science à une croyance, la méthode sociologique alliée à l'épistémologie et à l'histoire des sciences et des techniques permet ainsi de comprendre certains aspects du phénomène scientifique de la nouveauté[44] : comment une théorie fausse peut s'imposer un temps, ou, symétriquement, comment une théorie vraie reste dans l'ombre à cause d'enjeux idéologiques[45] ou institutionnels; comment une découverte simultanée demeure imputée à seulement l'un de ses auteurs[46]; quel est l'impact d'un terme sur le développement de tel domaine scientifique[47]; comment se rencontrent des techniques et des savoirs pourtant *a priori* hétérogènes[48]; comment se construit le sens d'un énoncé scientifique dans un contexte théorique[49]; comment se légitime une lecture rétrospective

rationalité de la science à l'époque des Lumières; sur ce point, voir Crocker, « The Problem of Truth and Falsehood in the Age of Enlightenment », *Journal of the History of Ideas*, vol. 14, n°4, 1953.

43. Canguilhem montre que science et idéologie entretiennent des rapports à géométrie variable : parfois, la science se dégrade en idéologie qui devient un obstacle, parfois l'idéologie promeut la recherche et la créativité scientifique, « Sur l'histoire des sciences de la vie depuis Darwin », dans *Idéologie et rationalité dans l'histoire des sciences de la vie*, Paris, Vrin, 1993, p. 102-103 et « Qu'est-ce qu'une idéologie scientifique? », dans *Idéologie et rationalité dans l'histoire des sciences de la vie*, Paris, Vrin, 1993.

44. Boudon et Clavelin, *Le Relativisme est-il résistible?*, Paris, P.U.F., 1999.

45. Voir dans ce volume l'étude de Sarah Carvallo, « Histoire du tonus : ruptures ou continuité? ».

46. Voir dans ce volume l'étude d'Hugues Chabot, « Les origines d'un nouvel élément chimique : l'affaire du chlore ».

47. Voir dans ce volume l'étude de Jérôme Viard, « Les contributions de Clausius et Boltzmann à l'élaboration de la signification physique de l'entropie à partir du travail de Carnot ».

48. Voir dans ce volume les études de Philippe Jaussaud, « Découvertes multiples en chimie pharmaceutique et analytique » et de Jérôme Fatet, « Comment naît un instrument? Étude de l'invention de l'actinomètre ».

49. Voir dans ce volume l'étude de Sophie Roux, « Découvrir le principe d'inertie ».

de la découverte [50]; comment s'instaure une stratégie de la découverte scientifique dans un contexte social traditionnel hostile à la nouveauté [51].

Ces différents aspects répondent à une série de questions convergeant vers le phénomène de la nouveauté en sciences. En premier lieu, quel est l'objet de la découverte? Une théorie, une discipline, un principe, une loi, un élément chimique, une planète, une propriété particulaire semblent pouvoir constituer autant de réponses que de cas. Mais du coup, apparaissent d'autres questions : suffit-il d'énoncer, par exemple, un principe « vrai » en dépit d'une interprétation globale qui, rétrospectivement, pose problème, pour être considéré comme inventeur [52]? Ou bien, faut-il posséder l'ensemble de la théorie bientôt sanctionnée? Une découverte en sciences exactes s'apparente-t-elle à une invention en sciences humaines [53]? Peut-on, et comment, différencier une découverte irréversible et une découverte provisoire bientôt remise en cause à son tour? Y a-t-il des critères pour discerner intrinsèquement fausse et vraie découverte, ou faut-il nécessairement recourir au jugement de l'histoire qui différencie une science sanctionnée d'un savoir périmé [54]? La découverte est-elle prévisible, dans la mesure où elle répond et résout un problème théorique, par exemple en apportant une preuve expérimentale, ou constitue-t-elle une anomalie qui suscite alors une crise théorique et la possibilité – voire la nécessité

50. Voir dans ce volume les études de Pierre Crépel, « Qu'y a-t-il de nouveau dans l'œuvre scientifique de D'Alembert? » et de Mai Lequan, « Les nouveautés de Stahl et Lavoisier vues par Kant ».

51. Voir dans ce volume l'étude de Sonja Brentjes, « La nouveauté comme valeur culturelle : lieux, formes et normes des revendication de nouveauté chez les érudits des sociétés islamiques ».

52. Voir dans ce volume l'étude de Sophie Roux, « Découvrir le principe d'inertie ».

53. Voir dans ce volume l'étude de Michel Dufour, « La psychologie : une nouvelle science entre sens commun, physiologie et métaphysique? ».

54. Sur ces catégories, voir Bachelard, *Le Nouvel Esprit scientifique*, Paris, P.U.F, 1949 et *Essai sur la connaissance approchée.* Voir également dans ce volume l'étude de Loïc Petitgirard, « Poincaré, précurseur du chaos? ».

– de refondre l'ancienne discipline sur un nouveau schéma[55] ? Et si la découverte était imprévisible pour ses contemporains, que veut dire l'expliquer pour l'historien ? Cette explication suppose-t-elle un déterminisme de la connaissance ? Du coup, cette interrogation en induit deux autres. En premier lieu, une invention peut-elle se comprendre comme la reprise d'une idée oubliée, et pourtant attestée chez un « précurseur »[56] ? A cette représentation naïve, les historiens opposent aisément la contradiction inhérente à l'idée de précurseur, puisque les conditions posées pour qu'il y ait reprise à l'identique s'avèrent irréalisables : le contexte, les représentations, la communauté des savants et le système de concepts dans lesquels la « solution » prend sens ont changé. Et pourtant, certaines prémices annoncent bien le développement nécessaire de tel ou tel domaine de recherche. En second lieu, comment expliquer les découvertes simultanées[57] ? L'analyse sociologique des communautés scientifiques suffit-elle à justifier que, de deux savants découvrant le « même » phénomène, l'un puisse être oublié, l'autre reconnu ? Comment conjuguer, et jusqu'où, l'histoire internaliste et l'histoire externaliste pour comprendre les conditions de possibilité de la découverte[58] ?

Autant ces questions s'avèrent pertinentes pour interroger chaque cas, autant il est impossible d'y apporter des réponses générales transhistoriques : portées à un certain niveau d'abstraction et

55. Kuhn, « La structure historique de la découverte scientifique », *La Tension essentielle. Tradition et changement dans les sciences,* trad. fr. M. Biezunski, P. Jacob, A. Lyotard-May et G. Voyal, Paris, Gallimard, 1990.

56. H. Metzger, « Le rôle du précurseur dans l'évolution des sciences », *La Méthode philosophique*, en particulier p. 82-83. Canguilhem, « Sur l'objet de l'histoire des sciences », *Études*, p. 9-23, et « Sur l'histoire des sciences de la vie », dans *Idéologie et rationalité*, p. 109-110. Sur le cas exemplaire de Mendel, voir également Brannigan, « L'obscurcissement de Mendel », dans M. Callon et B. Latour (éd.), *La Science telle qu'elle se fait*, Paris, La découverte, 1985, p. 53-86.

57. Outre l'article classique de Kuhn, « Un exemple de découverte simultanée : la conservation de l'énergie », dans *La Tension essentielle. Tradition et changement dans les sciences,* trad. fr. M. Biezunski, P. Jacob, A. Lyotard-May et G. Voyal, Paris, Gallimard, 1990, voir dans ce recueil l'étude d'Hugues Chabot.

58. Sur l'insuffisance d'une telle dichotomie entre histoire externaliste et internaliste, voir Kuhn, *La Tension essentielle*, dont les différentes études conjuguent les différents paramètres.

de généralité, elles s'apparenteraient à des apories. Que signifie alors « faire de l'histoire des sciences », si le concept de nouveauté se révèle trop plurivoque pour désigner une réalité historique identifiable ? A l'histoire des sciences telle qu'elle fut ou est pratiquée pour répondre à des thèses (déterministe, fonctionnelle, significative, gestaltiste, etc.), ce recueil substitue des histoires de sciences et de savants. Sans prétendre à l'exhaustivité ni défendre une thèse forte sur la structure de la découverte scientifique, les différents articles indiquent autant de facettes du changement historique en sciences que de cas étudiés, comme si le concept de nouveauté jouait le rôle d'un prisme dont la fonction se révèle par contrecoup des effets observés. Ainsi apparaît l'histoire des sciences telle qu'elle se fait : plurielle, plurivoque, construction revisitée par les chercheurs et scientifiques, voire même les manuels de vulgarisation ou de transmission des savoirs, de façon concomitante et souvent divergente [59]. Bien loin de constituer une faiblesse, cette pluralité montre l'identité co-extensive et co-évolutive des sciences et de leur histoire : les sciences sanctionnent et reconstruisent rétrospectivement leur propre histoire, au moment même où l'histoire façonne de nouvelles réalités scientifiques.

Les études qu'on va lire sont présentées selon l'ordre alphabétique de leurs auteurs : Sonja Brentjes, Sarah Carvallo, Hugues Chabot, Pierre Crépel, Michel Dufour, Jérôme Fatet, Philippe Jaussaud, Mai Lequan, Loïc Petitgirard, Sophie Roux et Jérôme Viard. Elles ont fait l'objet d'interventions au séminaire Rhône-Alpes d'histoire et de philosophie des sciences de 2002 à 2004; nous remercions Sylvain Auroux, directeur de l'ENS-LSH, et Bernard Bouhet, directeur de la Maison des Sciences de l'Homme-Alpes, de nous avoir accueillis et de nous avoir permis d'inviter quelques intervenants extérieurs. Ces études sont un reflet infidèle du séminaire, puisque certains intervenants, qui ont généreusement nourri notre réflexion, n'ont pas souhaité participer à ce volume; il s'agit de Nicolas Aumonier, Sylvain Auroux, Caroline Bodolec, Luisa Dolza, Catherine Goldstein, Etienne Ghys, Sara Franceschelli, Alain Herreman, Thierry Hoquet, Jo Lajzerowicz, Jacques Lambert,

59. Pour un projet analogue, voir Guesnerie et Hartog (éd.), *Des Sciences et des techniques : un débat.*

Daniel Parrochia et Friedrich Steinle. Enfin, mention spéciale doit être faite de nos deux vétérans, Jo Lajzerowicz et Jacques Lambert : le séminaire n'aurait pas été le même sans leur enthousiasme et leur constance.

BIBLIOGRAPHIE

ABLOWITZ R., « Theory of emergence », *Philosophy of science*, 1939, n°1, vol. 6, p. 1-16.

ARMOGATHE J.-R., « Une ancienne querelle », dans *La Querelle des Anciens et des Modernes*, Paris, Gallimard, 2001, p. 801-849.

BABIN F., *Journal ou relation fidèle de tout ce qui s'est passé dans l'université d'Angers au sujet de la philosophie de Des Chartes en l'execution des ordres du Roy pendant les années 1675, 1676, 1677 et 1678*, Angers, 1679.

BACHELARD G., « L'Actualité de l'histoire des sciences » (1951), dans *L'Engagement rationaliste*, Paris, P.U.F., 1972, p. 137-152.

– *Essai sur la connaissance approchée*, (1928), Paris, Vrin, 1987.

– *Le Nouvel Esprit scientifique*, (1934), Paris, P.U.F, 1949.

– *L'Activité rationaliste de la physique contemporaine*, (1951), Paris, P.U.F, 1965.

BACON F., *Novum Organon*, (1620), trad. fr. par M. Malherbe et J.-M. Pousseur, Paris, P.U.F, 1986.

BAILLET A., *Vie de Mr. Des-Cartes*, 2 vol., Paris, D. Horthemels, 1691.

BENVENISTE E., « Genèse du terme scientifique », dans *Problèmes de linguistique générale*, Paris, Gallimard, 1974, p. 247-254.

BOUDON R. et CLAVELIN M., *Le Relativisme est-il résistible ?*, Paris, P.U.F., 1999.

BRANNIGAN A., « L'obscurcissement de Mendel », dans M. Callon et B. Latour (éd.), *La Science telle qu'elle se fait*, Paris, La Découverte, 1985.

BRANNIGAN A., *Le Fondement social des découvertes scientifiques*, Paris, P.U.F, 1996.

BRUNO, G., *Le Banquet des cendres*, (1584), trad. fr. par Y. Hersant, Sommières, Combes, Éditions de l'Éclat, 1988.

CALVIN, *Institution de la religion chrétienne*, (1541), 4 vol., J. Pannier (éd.), Paris-Tours, Fischbacher-Arrault, 1927.

CAMPANELLA T., *Apologie de Galilée*, texte, trad. et notes par M.-P. Lerner, Paris, Les Belles Lettres, 2001.

CANGUILHEM G., *Études d'histoire et de philosophie des sciences*, Paris, Vrin, 1968.

– « Le rôle de l'épistémologie dans l'historiographie des sciences contemporaine » (1976), dans *Idéologie et rationalité dans l'histoire des sciences de la vie*, Paris, Vrin, 1993, p. 10-29.

– « Qu'est-ce qu'une idéologie scientifique ? » (1969), dans *Idéologie et rationalité dans l'histoire des sciences de la vie*, Paris, Vrin, 1993, p. 33-45.

– « Sur l'histoire des sciences de la vie depuis Darwin » (1971), dans *Idéologie et rationalité dans l'histoire des sciences de la vie*, Paris, Vrin, 1993, p. 101-119.

CÉARD J., « Invention et inventeur selon Polydore Virgile », dans *Inventions et découvertes au temps de la Renaissance,* M. Th. Jones-Davies (éd.), Paris, Klinsieck, 1994, p. 109-121.

CHABOT H., « Le tribunal de la science : les rapports négatifs à l'Académie des Sciences comme illustrations d'un scientifiquement (in)correct (1795-1835) », *Annales historiques de la Révolution française*, 320, 2000, p. 173-182.

– « Une théorie fausse et ses avatars. L'explication cinétique de la gravitation de Lesage à la fin du XIX e siècle », *Sciences et Techniques en Perspective*, 2 e série, vol. 7, n°1, 2003, p. 155-172.

CHARRON P., *De la Sagesse. Trois livres*, (1601), Paris, Chaignieau, 1797.

CHEMLA K. « Similarities between Chinese and Arabic Mathematical Writings (I) : root extraction », *Arabic Sciences and Philosophy*, vol. 4, n° 2, 1994, p. 207-266.

COHEN I. B., *Revolution in Science*, Cambridge Ma., Harvard University Press, 1985.

COPERNIC N., *Des Révolutions des orbes célestes* (1543), trad. fr. par A. Koyré, Paris, Alcan, 1934.

CROCKER L. G., « The Problem of Truth and Falsehood in the Age of Enlightenment », *Journal of the History of Ideas*, vol. 14, n°4, 1953, p. 575-603.

CUNNINGHAM B., « The re-emergence of emergence », *Philosophy of science*, 2001, 68, p. 62-75.

DESCARTES R., *Œuvres de Descartes*, C. Adam et P. Tannery (éd.), nouv. prés. par B. Rochot et P. Costabel, 11 vol. Paris, Vrin, 1964-1974.

DHOMBRES J., « Une histoire de l'objectivité scientifique et le concept de postérité », dans R. Guesnerie, F. Hartog (éd.), *Des Sciences et des Techniques : un débat, Cahier des Annales n° 45*, Paris, Éditions de l'École des Hautes Études en Sciences Sociales, 1998, p. 127-148.

DIRK L., « A Mesure of Originality. The Elements of Science », *Social Studies of Science*, 1999, 29/5, p. 765-776.

DONNE J., *Anatomy of the World, First Anniversary* (1611), in *Complete Poetry and Selected Prose,* J. Hayward (ed.), London-New York, Nonesuch press-Random House, 1946.

DUBOIS M., *La Nouvelle sociologie des sciences,* Paris, P.U.F., 2001.

DURKHEIM E., *Formes élémentaires de la vie religieuse*, Paris, P.U.F., 1912.

– *Les Règles de la méthode sociologique* (1 re éd. 1894), Paris, Flammarion, 1988.

FAGOT-LARGEAULT A., « L'émergence », dans D. Andler, A. Fagot-Largeault, B. Saint-Sernin, *Philosophie des sciences*, Paris, Gallimard, 2002, p. 939-1048.

FUMAROLI M., « Les abeilles et les araignées », dans *La Querelle des Anciens et des Modernes*, Paris, Gallimard, 2001, p. 7-220.

GALILEI G., *Le Opere di Galileo Galilei*, Edizione Nazionale, A. Favaro e I. Del Lungo (ed.), 20 tomes en 21 vol., Firenze, Barbèra, 1890-1909 (réimpr. 1929-1939, 1964-1968).

GARIN E., *L'Éducation de l'homme moderne. La Pédagogie de la Renaissance (1400-1600)*, trad. fr. par J. Humbert, préf. Ph. Ariès, Paris, Fayard, 1968.

GARIN E., *La Renaissance. Histoire d'une révolution culturelle*, trad. fr. par M. Baudoux, Bruxelles, Marabout Université, 1970.

GASSENDI P., *Exercitationes, Opera Omnia*, 6 vol., Lyon, 1658 ; repr. Stuttgart, Friedrich Fromman Verlag, 1964.

GAYON J., « Bachelard et l'histoire des sciences », *Bachelard et l'épistémologie française*, Paris, P.U.F., 2004, p. 51-112.

GINZBURG C., « High and Low : the Theme of Forbidden Knowledge in the 16th and 17th Centuries », *Past and Present*, 1976, 73, p. 28-41 ; repr. in *Myths, Emblems, Clues*, London, Hutchinson, 1990, p. 60-76.

GOLDSTEIN C., *Un Théorème de Fermat et ses lecteurs*, Saint-Denis, Presses universitaires de Vincennes, 1995.

HACKING I., *The Social Construction of What?* Cambridge, MA, Harvard University Press, 1999.

HAHN R., *L'Anatomie d'une institution scientifique. L'Académie des Sciences de Paris, 1666-1803* (1971), Paris, Éditions Archives contemporaines, 1993.

JAUSS H.-R., « La "modernité" dans la tradition littéraire et la conscience d'aujourd'hui », *Pour une esthétique de la réception*, trad. fr. par C. Maillard, préf. de J. Starobinski, Paris, Gallimard, 1978.

La Dénomination, Le Temps des Savoirs, Revue interdisciplinaire, n° 1, Paris, Odile Jacob, 2000.

La Querelle des Anciens et des Modernes, intr. de M. Fumaroli, avec une postface de J.-R. Armogathe, Paris, Gallimard, 2001.

KUHN T. S., « La structure historique de la découverte scientifique » (1962), *La Tension essentielle. Tradition et changement dans les sciences,* trad. fr. par M. Biezunski, P. Jacob, A. Lyotard-May et G. Voyal, Paris, Gallimard, 1990, p. 231-243.

– *La Structure des révolutions scientifiques* (1962, 1970), trad. fr. par L. Meyer, Paris, Flammarion, 1983.

LATOUR B., *La Science en action,* Paris, Gallimard, 1989.

LÉVY-BRUHL L., *La Mentalité primitive*, Paris, P.U.F, 1922.

LICOPPE C., *La Formation de la pratique scientifique. Rapporter, éprouver, convaincre*, Paris, La Découverte, 1996.

MALEBRANCHE N., *Recherche de la vérité* (1674), *Œuvres*, G. Rodis Lewis (éd.), Paris, Gallimard, 2 volumes, 1979-1992.

MARGOLIN J.-C., « Inventer et découvrir à la Renaissance », dans *Inventions et découvertes au temps de la Renaissance*, M. Th. Jones-Davies (éd.), Paris, Klinsieck, 1994, p. 123-145.

MERSENNE M., *Questions inouyes* (1634), A. Pessel (éd.), Paris, Corpus, 1985.

MERTON R. K., *Eléments de théorie et de méthode sociologique*, Paris, Plon, 1965.

METZGER H., *La Méthode philosophique en histoire des sciences*, Paris, Fayard, 1987.

MILL J. S., *Système de logique* (1843), trad. fr. par L. Peisse, Bruxelles, Mardaga, 1988.

MOLLAND A. G., « Medieval Ideas of Scientific Progress », *Journal of the History of Ideas,* 1978, 39, p. 561-577.

MONTAIGNE M. (de), *Essais* (3 e éd., 1595), A. Thibaudet (éd.), Paris, Gallimard, 1940.

PASCAL B., « Préface pour le *Traité du vide* » (1647), *Œuvres*, J. Chevalier (éd.), Paris, Gallimard, 1954.

PERRAULT C., *Parallèle des Anciens et des modernes*, 4 vol., Paris, J.-B. Coignard, 1688-1697.

POPPER K. R., *La Logique de la découverte scientifique*, (1959), trad. fr. par N. Thyssen-Rutten et Ph. Devaux, Paris, Payot, 1984.

POPPLOW M., *Neu, nützlich und Erfindungsreich. Die Idealisierung von Technik in der frühen Neuzeit*, Munster-New York-München-Berlin, Waxmann, 1998.

RAYNAUD D., *Sociologie des controverses scientifiques*, Paris, P.U.F, 2003.

ROSENTHAL, F., « Al-Asturlābī and as-Samaw'al on Scientific Progress », *Osiris*, 1950, 9, p. 555-564.

ROSSI, P., *Les Philosophes et les machines (1400-1700)* (1962), trad. de l'italien par P. Vighetti, Paris, P.U.F., 1996, p. 67-104.

ROUX S., « La philosophie naturelle d'Honoré Fabri (1607-1688) », dans *Les Jésuites à Lyon. Actes du colloque (21-22 septembre 2002)*, E. Fouilloux et B. Hours (éd.), Presses de l'ENS-LSH, Lyon, p. 75-94.

SAVÉRIEN A., *Histoire des progrès de l'esprit humain dans les sciences exactes et dans les arts qui en dépendent*, Paris, Lacombe, 1766.

SHAPIN S., et SCHAFFER, S., *Léviathan et la pompe à air,* Paris, La Découverte, 1993.

STALEY R., « On the History of Relativity : Participant Histories and the Development of Relativity », 1997, preprint 66, MPIWG, Berlin.

THORNDIKE L., « Newness and Novelty in Seventeenth-Century Science and Medecine », in *Roots of Scientific Knowledge. A Cultural Perspective*, P. P. Wiener et A. Noland (ed.), New York, Basic Books, 1960, p. 443-457.

VEYNE P., *Comment on écrit l'histoire ?* Paris, Seuil, 1971 ; rééd. 1978.

WHITEHEAD A. N., *Process and Reality. An Essay in Cosmology*, New York, Mac Millan Publishing, 1929.

ZILSEL E., « The Genesis of the Concept of Scientific Progresss and Scientific Collaboration » (1945), in *The Social Origins of Modern Science*, D. Raven *et al.* (ed.), Dortrecht-Boston-London, Kluwer Academic Publishers, 2000, p. 128-168.

ZOUBOV V. P., « Les conceptions historico-scientifiques du XVIIe siècle », *Actes du Symposium international des sciences physiques et mathématiques dans la première moitié du XVIIe siècle*, Florence-Paris, Vinci-Hermann, 1961, p. 74-97.

La nouveauté comme valeur culturelle : lieux, formes et normes des revendications de nouveauté dans les sociétés islamiques[1]

Sonja BRENTJES

Lorsqu'il est question du Moyen Âge latin, l'idée selon laquelle la démarche scientifique dans les sciences médiévales aurait été d'une nature foncièrement différente de la démarche des nouvelles sciences qui se développèrent à partir du XVIe siècle a incontestablement perdu de son autorité. Mais lorsqu'il s'agit de sociétés islamiques, cette croyance demeure tenace. On cite souvent l'originalité, la nouveauté, l'ouverture méthodologique, la critique et l'autocritique, les preuves rationnelles, les expériences partagées, les innovations technologiques, la flexibilité sociale et une nouvelle façon d'appréhender Dieu, comme autant de facteurs importants ayant conditionné la rupture avec l'ancien et l'émergence du nouveau dans l'Europe protestante et catholique de l'Europe du XVIe et du XVIIe siècles[2]. Les historiens des sciences d'autres époques et d'autres régions persistent à croire que, dans les sociétés islamiques, presque tous ces facteurs étaient absents, et que, par conséquent, de

1. Je remercie Sophie Roux, David A. King et Ulrich Rebstock pour leur aide et leurs précieuses remarques. Mark Naimark a traduit de l'anglais cette étude ; Sarah Carvallo et Sophie Roux en ont assuré la relecture finale.

2. P. R. Rossi, *The Birth of Modern Science*, Oxford, Blackwell Publishers, 2000, p. 3-6.

nouvelles sciences ne pouvaient pas se développer. Une autre conviction répandue est que même les sciences anciennes avaient disparu des sociétés islamiques après l'an 1100, chassées par la stigmatisation religieuse de la *bid'a* (innovation), la dénonciation de la *falsafa* (philosophie) comme hérétique par l'éminent théologien musulman soufi Abū Ḥamīd al-Ghazālī (mort en 1111), et l'exclusion des sciences anciennes de la *madrasa*, principale institution d'enseignement sunnite soutenue par les gouvernements à partir de la deuxième moitié du XIe siècle [3].

Depuis plusieurs décennies, les historiens des sciences des sociétés islamiques ont prouvé que, étant donné la production continue d'instruments et de textes scientifiques dans ces sociétés jusqu'au début du XXe siècle, ces prétendus obstacles à la vie scientifique n'en étaient pas. Ils ont démontré qu'entre 750 et 1550 de nombreux savants ont produit des résultats originaux et novateurs en mathématiques, c'est-à-dire en géométrie, dans la théorie des nombres, en astronomie et dans la théorie musicale, mais aussi dans un nombre significatif de sous-disciplines comme l'algèbre, l'optique, l'arpentage, l'arithmétique ou l'étude des carrés magiques [4].

3. Voir, par exemple, T.E. Huff, *The Rise of Early Modern Science : Islam, China and the West*, Cambridge University Press, 1993, ou H.F. Cohen, *The Scientific Revolution : A Historiographical Inquiry*, University of Chicago Press, 1994. Les avis de ces auteurs se caractérisent non seulement par un grand manque de familiarité avec les sources originales, mais parfois même par un manque surprenant de familiarité avec les recherches les plus récentes dans ce domaine. Par conséquent, ils ne comprennent d'habitude pas le contenu scientifique des modèles ou théories des auteurs des sociétés islamiques.

4. J.P. Hogendijk, « Greek and Arabic Constructions of the Regular Heptagon », *Archive for History of Exact Sciences,* 30, 1984, p. 197-330 ; D.A. King, *Islamic Mathematical Astronomy*, London, Variorum Reprints, 1986 ; King, *Astronomy in the Service of Islam*, Aldershot, Brookfield, Variorum, 1993 ; King, « On the Role of the Muezzin and the Muwaqqit in Medieval Islamic Society » in *Tradition, Transmission, Transformation*, S. Livesey, F. J. Ragep and S. P. Ragep (ed.), Leiden-New York-Köln, E.J. Brill, 1996, p. 285-346 ; King, *In Synchrony with the Heavens – Studies in Astronomical Timekeeping and Instrumentation in Islamic Civilization*, 2 vols., Leiden, E.J. Brill, 2004, 2005 ; F.J. Ragep, « Freeing Astronomy from Philosophy : An Aspect of Islamic Influence on Science », *Osiris* 2001/16, p. 49-71 ; Sabra, *The Optics of Ibn al-Haytham* ; G. Saliba, *A History of Arabic Astronomy : Planetary Theory during the Golden Age of Islam*, New York University Press, 1994 ; J. Samsó, *Islamic Astronomy and Medieval Spain*, Aldershot, Brookfield, Variorum, 1994 ; J. Sesiano, *Un*

Ils ont montré que des éléments importants de la nouvelle astronomie de Copernic résultaient de siècles de débats critiques sur la théorie planétaire entre les érudits des sociétés islamiques [5]. Bien que ces preuves reçoivent une audience limitée auprès des historiens des sciences et du public en général, il n'y a pas lieu, dans le présent article, de répéter ce genre de travail. En revanche, l'histoire des sciences mathématiques dans les sociétés islamiques manque encore d'une étude systématique des valeurs que les savants ont associé à leur travail, et des formes qu'a prise l'expression de ces valeurs.

Dans le présent article, nous traiterons de la valeur accordée à la nouveauté par des mathématiciens dans des sociétés islamiques d'avant 1700. Cette date limite a été fixée pour tenir compte des modifications substantielles qu'ont connues les diverses sociétés islamiques, aussi bien de façon interne que dans leurs rapports avec les pays catholiques ou protestants d'Europe à partir du début du XVIIIe siècle. Sauf dans le premier paragraphe, nous nous focaliserons sur la période cruciale qui va du IXe au XIVe siècles. Pour alimenter cette discussion, nous aurons recours à des sources souvent négligées par les historiens des mathématiques dans les sociétés islamiques. Parmi ces sources, on trouve des titres et des préfaces d'ouvrages mathématiques, des anecdotes et des histoires sur les praticiens de ces sciences, enfin, des remarques trouvées dans les textes mathématiques et dans les marges de leurs manuscrits. Les normes culturelles du début des sciences modernes dans l'Europe catholique et protestante nous induisent à rechercher les revendications des savants à propos de leurs réalisations, leurs objectifs et leurs intentions dans des lieux bien définis : les intitulés, les en-têtes

traité médiéval sur les carrés magiques. De l'arrangement harmonieux des nombres, Lausanne, Presses polytechniques et universitaires romandes, 1996.

5. A. Dallal, *An Islamic Response to Greek Astronomy. Kitāb Ta'dīl Hay'at al-Aflāk of Ṣadr al-Sharī'a*, edited with Translation and Commentary, Leiden, E.J. Brill, 1995; E.S. Kennedy and I. Ghanem, *The Life and Works of Ibn al-Shatir,* Aleppo, Aleppo University, 1976; F.J. Ragep, *Nasir al-Din al-Tusi's « Memoir on Astronomy » (al-Tadhkira fi 'ilm al-hay'a)*, 2 vol., New York-Berlin et al., Springer Verlag, 1993; Ragep, « 'Alī Qushjī and Regiomontanus : Eccentric Transformations and Copernican Revolutions. », *Journal for the History of Astronomy,* 36, 2005, forthcoming; Saliba, *A History of Arabic Astronomy*, p. 291-305; Saliba, « A Sixteenth-Century Arabic Critique of Ptolemaic Astronomy : The Work of Shams al-Din al-Khafri », *Journal for the History of Astronomy,* 25, 1994, p. 15-38.

et les introductions d'ouvrages scientifiques. Dans les travaux scientifiques persans et arabes, les introductions et les préfaces de travaux scientifiques jouent bien un tel rôle, mais les titres, les en-têtes et les certificats de transmission, qui occupent une fonction analogue à celle des privilèges dans l'édition imprimée du début de la période moderne occidentale, reçoivent un traitement différent[6]. En fait, ils expriment rarement des prétentions à la nouveauté. Comme toute autre activité humaine, les modes culturels de la diffusion scientifique diffèrent d'une société à l'autre, et jouissent de leurs histoires propres et spécifiques. Ainsi l'expression et la valorisation de la nouveauté dans les sciences des sociétés islamiques méritent leur propre analyse historique. D'ordinaire, ces éléments formels ne sont relevés que de manière anecdotique. Le plus souvent, les revendications de nouveauté sont ignorées ; elles passent pour des lieux communs, sans intérêt pour l'historien des sciences[7]. Parfois, l'historien prétend mesurer la véracité des prétentions à la nouveauté de façon qualitative : il tâche alors d'apprécier le degré d'innovation atteint par tel ou tel auteur[8]. Pour notre part, nous étudions de façon systématique les modes et formes qui revendiquent la nouveauté, l'innovation théorique ou technique. Quelle valeur leur accorder ? Comment ces modes et ces formes ont-ils évolué dans le temps ? Quels autres objectifs que la nouveauté et l'innovation les savants se proposaient-ils ? Quelle importance respective accordaient-ils à tous ces objectifs ?

LES MISSIONNAIRES DU DÉBUT DE LA PÉRIODE MODERNE ET LA QUESTION DE *BID'A*

Des missionnaires catholiques de l'Italie, de l'Espagne, du Portugal et de la France envoyés dans l'Iran du XVIIe siècle, et notamment Gabriel de Chinon (mort en 1668) ou Raphaël du Mans (mort en

6. Nous rendons par « certificat de transmission » le terme « ijāza », qui désigne la permission écrite qu'un professeur donnait à un de ses étudiants pour qu'il transmette l'enseignement qu'il avait reçu à d'autres étudiants.

7. J. Sesiano, *Un traité médiéval sur les carrés magiques. De l'arrangement harmonieux des nombres*. Lausanne, Presses polytechniques et universitaires romandes, 1996.

8. L.J. Berggren, J.P. Hogendijk, *The Fragments of Abū Sahl al-Kūhī's Lost Geometrical Works in the Writings of al-Sijzī,* Utrecht, Universiteit Utrecht, Department of Mathematics, Preprint, nr. 1226, February 2002, p. 4-18.

1696), affirmaient participer à l'échange de savoirs mathématiques ou astrologiques afin de pousser la cour safavide à accepter leurs objectifs religieux. Il existe peu de preuves que leurs affirmations correspondent à autre chose qu'à des débats occasionnels sur des sujets mathématiques ou astrologiques, mais ils ont rédigé des dictionnaires qui rassemblent un nombre significatif de termes savants : certains ont rapport aux mathématiques et à l'astrologie. Ces dictionnaires fournissent des informations qui dépassent les seules préoccupations des missionnaires[9]. Ils reflètent aussi – par le choix de mots persans utilisés comme correspondant des termes latins ou italiens – les connaissances, les intérêts et les valeurs de leurs traducteurs. Selon l'origine ethnique, religieuse et culturelle des traducteurs, les traductions persanes sont susceptibles d'exprimer les attitudes de parties différentes de la société safavide[10]. Mais, même dans un contexte si complexe et si hétérogène, nous pouvons trouver dans certains de ces dictionnaires des mots qui vont droit au cœur de la question posée : les savants des sociétés islamiques du début de la période moderne, dans le cas de l'Iran safavide, étaient-ils foncièrement opposés à l'innovation, à la fois de manière générale, et, de façon plus particulière, au sein des sciences mathématiques ? Prenons un dictionnaire italo-perso-turc, comprenant quelques notes en arménien, recueilli dans la capitale safavide d'Ispahan au XVIIe siècle, et considérons les entrées pour les équivalents italiens de « invention », « inventer » et « inventeur », ainsi que leur traduction en *ikhtirā'* (*inuentione*), *ikhtirā' konande* (*inuentare*), *az nav peydā konande* (*inuentare*), *mukhtari'* (*inuentore*)[11]. Bien entendu, les termes utilisés dans ce dictionnaire n'ont pas le même sens aujourd'hui qu'au XVIIe siècle, même lorsqu'on continue de les utiliser et de les traduire de la même manière. Aussi vaut-il la peine de tenter d'établir ce que voulait dire *ikhtirā'*.

9. Un exemple est le dictionnaire utilisé pour cet article, MS Cité du Vatican, Biblioteca Apostolica, Borg. Pers. 14.

10. Les traducteurs étaient le plus probablement des Arméniens d'éducation catholique ou orthodoxe. Il est possible que certains Iraniens shiites, secrètement convertis au Catholicisme, aient également participé à certains de ces projets. Les origines sociales des traducteurs peuvent également avoir différé sensiblement.

11. MS Borg. Pers. 14, ff 88a, 1-4 ; 131a, 20 + 22 ; 131b, 2 ; 183b, 18-19 ; 185a, 10 + 11.

Le substantif *ikhtirā'* ne se retrouve pas dans l'arabe classique, mais l'on trouve le verbe *ikhtiara'* dans de grands dictionnaires arabes tels que le *Ṣiḥāḥ* d'al-Jawharī (mort en 1007), l'*Abwāb* d'al-Ṣaghānī (mort en 1262), ou le *Qamūs* d'al-Fīrūzābādī (mort en 1409). Dans le *Ṣiḥāḥ*, il a déjà le sens : « créer, inventer, concevoir, excogiter, innover, faire, agir, produire, causer à être ou à exister, amener à l'existence, nouvellement, pour la première fois, n'ayant jamais été ni existé auparavant, et n'étant pas semblable à n'importe quoi de préexistant »[12]. Aux débuts de la période moderne, le substantif *ikhtirā'* était également utilisé. On le retrouve, par exemple, dans un texte persan composé dans l'Empire safavide, et dans un autre texte persan apparemment écrit en Inde. Le texte safavide s'intitule *Dar sharḥ-i ikhtirā'-i ālatī keh navvāb-i Irān-madārī namūdeh and* (*De l'explication de l'invention d'un instrument que son Excellence, le Pinacle de l'Iran, a fait*) ; il fut probablement composé vers le milieu du XVIIe siècle[13]. Si le mot *ikhtirā'* figure en effet dans le titre, dans le texte, en revanche, la fabrication d'un instrument est désignée par *vaḍ'*. L'auteur reconnaît qu'aux yeux de l'homme *vaḍ'* provient du *gharīb* et de la *nādira* – l'*étrange*, le *curieux*, et le *rare*. Et l'auteur commente : cela paraîtra moins merveilleux à l'expert, savant dans les sciences astronomiques, expérimenté dans les disciplines géométriques et capable de rassembler des idées et soutenu par de (sages) conseils[14]. Ainsi *ikhtirā'* et *vaḍ'* sont utilisés tous les deux dans ce texte pour caractériser une invention humaine récente, qui semble à première vue demeurer hors de la portée des hommes, mais qui, à y regarder de plus près, pourrait être réalisée par quelques hommes aux dons rares.

12. E.W. Lane, *An Arabic English Lexicon*, 1985, Part I, p. 724.

13. Ce texte est attribué à Muḥammad Ṭāhir que M. T. Bahār a identifié comme étant l'auteur d'une histoire de 'Abbās II, à laquelle ce commentaire était attaché dans la marge (Bahār, *Sabk-i shenāsī-ye tārīkh-i taṭavvur-i nathr-i fārsī*. Tehrān, s.d., Jild-i sevvom, p. 277, voir la remarque entre les parenthèses et la note de bas de page 1). Je remercie B. et F. Ḥāshimī, d'Ispahan de leur assistance dans la traduction et interprétation de *navvāb-i Irān-madārī*.

14. *har cand az fiṭrat-i insān vaḍ'-i ālatī-i cenān az gharā'ib va-navādir ast, ammā bā vujūd-i tamrīn be-'ulūm-i hay'at wa-mumārasat-i funūn-i handasī va-talāḥuq-i afkār va-ta'ḍīd-i ārā' cendān gharīb nīst.* Bahār, *Sabk-i shenāsī- ye tārīkh-i taṭavvur-i nathr-i fārsī*, p. 278.

Le texte indien s'intitule *'Uqūl-i 'ashare* et a été écrit en 1673 par Muḥammad Barānī Ummī Qāqshāl[15]. Le neuvième chapitre porte sur les nouveautés, les inventions et les merveilles *('aql-i nahom dar vaḍ' va- ikhtirā' va-'ajā'ib)* et on y trouve la même ambivalence que dans le texte safavide. L'auteur décrit *ikhtirā'* comme des faits humains héroïques ou semi-divins[16]. Les nouveautés, inventions et merveilles sont néanmoins censées résulter du *'aql* (la raison ou l'intellect). Elles complètent la longue liste de choses accessibles à la raison humaine comme la sphère des astres, l'astrolabe, la sphère de la terre, la médecine, les montagnes, les animaux, les plantes, les pierres, les mers, ou le temps et l'espace[17]. Qui plus est, *ikhtirā'* ne concerne pas uniquement la fabrication d'un instrument, mais aussi de nombreuses autres inventions : l'instauration de la monarchie, la production du fer à partir du minerai, la fabrication d'armes, la production de la soie, l'application de la fourrure au tissu, l'invention de la roue de navigation, de l'écriture, de la composition d'airs musicaux, etc. Alors que des énumérations semblables se trouvent dans certaines œuvres historiques ou littéraires, la liste ne rentre pas dans la tradition générale de classification des arts et sciences. Aussi, selon le point de vue de cet auteur indo-persan, *ikhtirā'* partage avec les disciplines mathématiques et les disciplines « rationnelles » un ancrage dans la raison, tout en étant d'un genre distinct. Les activités dans les disciplines mathématiques et rationnelles exigent une formation, de l'attention et une soumission aux maîtres et aux textes faisant autorité; grâce à cette obéissance, des hommes ordinaires peuvent acquérir des connaissances et produire des choses utiles pour leurs contemporains et leurs successeurs. En revanche, les activités dignes d'êtres appelées *ikhtirā'* proviennent le plus souvent d'actes uniques d'individus extraordinaires, capables de former toute une culture.

L'étude d'autres domaines, comme la calligraphie ou la peinture, indique que cette restriction ne concerne pas tous les secteurs d'activité. Dans les arts du XVIe siècle, il était possible de revendiquer l'invention et la nouveauté, et ceci non seulement pour des

15. Ms Vienne, ÖNB, Mixt. 271, f 376b, 8.

16. *Ibid.*, ff 378a, 4-379b, 1.

17. *Ibid.*, ff 6b, 61b, 87a, 240b, 348b, 354a, 372b, 380b.

héros, mais pour des hommes ordinaires. Il est alors convenable d'écrire des livres sur les inventions et les nouveautés passées ou présentes. Si certaines inventions comme l'écriture ou même l'algèbre sont attribuées à des héros, en particulier à 'Alī, le gendre du Prophète [18], d'autres inventions concernant par exemple certaines formes spécifiques de calligraphie sont fièrement assignées à des artistes connus. Vers 1596-1597, le calligraphe et peintre safavide Qāḍī Aḥmad b. Mīr-Munshī (mort vers 1606) écrit un traité dans lequel il promet d'examiner « la première apparition du *qalam* [de la plume] et l'invention de l'écriture, retraçant l'origine de cette dernière à sa Sainteté le Shah [c'est-à-dire 'Ali b. a. Ṭālib] » [19]. Il souhaite présenter des « biographies de tous les maîtres, artistes et hommes de talent qui sont liés à cette compagnie glorieuse et cette excellente classe, ou aux livres et aux bibliothèques » [20].

Peut-on conclure de ces éléments que les auteurs du début de la période moderne dans les sociétés islamiques se sentaient libres d'écrire des livres sur les innovations dans n'importe quel domaine d'activité humaine ? Et si c'était le cas, cette attitude trouvait-elle son origine au sein de leurs propres sociétés ? Il existe au moins trois raisons pour hésiter à répondre sans réserve de façon affirmative à cette question.

1) Autant que nous le sachions, en dehors des arts et de la production d'instruments, et au-delà du cercle des hommes extraordinaires, peu d'auteurs émettent explicitement des prétentions à la nouveauté ou à l'innovation.

2) Les européanistes ont souvent soutenu qu'au cours des XVIe et XVIIe siècles, une nouvelle attitude par rapport à la nouveauté émerge dans l'Europe catholique et protestante. Pour soutenir leur thèse, ils ont dressé des listes de titres comprenant les adjectifs « novus », « neuf » ou « new », retrouvé la formulation d'un idéal du progrès scientifique dans les œuvres de Francis Bacon et Blaise

18. King, « A Medieval Arabic Report on Algebra Before al-Khwārizmī », *Al-Masāq*, 1, 1988, p. 25-32. Voir notamment la note de bas de page 5 du présent article.

19. Traduit de Minorsky, *Calligraphers and Painters, A Treatise by Qadi Ahmad, Son of Mir Munshi, Translated from the Persian*, Washington, 1959, p. 44.

20. *Ibid.*

Pascal, étudié la Querelle des Anciens et des Modernes[21]. Les éléments présentés ici ayant été rédigés à la même période, alors que les échanges entre différents pays européens et asiatiques augmentent en volume et que les textes arabes reprennent dans leur titre la nouveauté, on peut se demander si l'introduction de termes exprimant la nouveauté dans l'Iran ou l'Inde du début de la période moderne ne provient pas également de ces échanges culturels.

3) L'entrée du dictionnaire italo-perso-turc susmentionné qui suit celle de *inventione* est *inventione malo*. Son interprétation nous amène à notre dernière, mais non à la moindre, raison d'hésiter[22]. Les traductions persanes et turques du terme sont identiques : le mot arabe *bid'a*. *Bid'a* a une histoire haute en couleurs. D'après un *ḥadīth* prêté à Muḥammad :

> les pires choses sont celles qui sont des nouveautés, toute nouveauté est une innovation, toute innovation est une erreur, et toute erreur mène aux feux de l'Enfer.

Bid'a était, comme l'indique le *ḥadīth* du Prophète, et comme le confirme le dictionnaire italo-perso-turc, effectivement dépréciée. Associée à une accusation d'apostasie, elle pouvait devenir une arme puissante pour dénoncer et pour critiquer. Elle était souvent utilisée contre des nouveautés cultuelles et rituelles comme la transformation de l'anniversaire du Prophète en fête ou l'installation d'eunuques à titre de gardiens des deux sanctuaires de la Mecque et de Médina. Elle pouvait aussi être dirigée contre des modifications dans les coutumes juridiques, comme la correction de l'orientation de la prière dans une mosquée alignée sur une position astronomiquement incorrecte, ou contre des normes intellectuelles comme l'emploi de la logique dans la jurisprudence. De ce fait, les écrits sur la nouveauté ou l'innovation avaient le potentiel de susciter l'accusation de *bid'a*.

La puissance inhérente au terme *bid'a* implique-t-elle que les savants engagés dans les sciences mathématiques aient été effectivement attaqués, jugés et condamnés pour ce motif, lorsqu'ils

21. Sur le traitement de la nouveauté à l'époque classique, voir l'introduction à ce volume, p. 8-16.

22. Ms Borg. Pers. 14, f 131b, 1 + 3. Dans ce cas l'inventeur est appelé *inventore di cosa mala*.

évoquaient leurs nouveaux résultats ? Prévint-elle la production de la nouveauté ou l'innovation ? Huff, sur la base du seul *ḥadīth* évoqué ci-dessus, tire la conclusion que l'innovation scientifique n'était ni permise institutionnellement ni tolérée culturellement dans les sociétés islamiques médiévales [23]. En revanche, Abdelhamid Sabra souligne que « le concept d'innovation dans les entreprises intellectuelles s'exprime par des termes comme *istikhrāj* ou *istinbāṭ* (découverte), qui désignent des réalisations dépassant le simple fait d'élucider, d'amender ou de compléter des contributions antérieures à la connaissance ; en outre, une attitude critique se manifeste clairement dans la composition assez fréquente de *shukūk* (aporie, dubitations), une forme d'argumentation dans laquelle des difficultés ou des objections sont soulevées à l'encontre d'autorités anciennes » [24]. En un sens, ces deux analyses sont complémentaires : Huff souhaitait discuter du rapport de la société, ou de certains groupes sociaux, à l'innovation scientifique, alors que Sabra se focalisait sur le langage de savants exprimant ce qu'ils considéraient comme nouveau. Confronter leurs analyses nous amène à deux questions cruciales pour notre propos : était-il possible de revendiquer la nouveauté dans une société qui dénonce culturellement l'innovation, et quelles formes prenait cette revendication ? Y avait-il un rapport – direct ou indirect – entre *bid'a* considérée par rapport à la religion et les attitudes envers l'innovation que nous pouvons trouver dans des traités scientifiques ?

Ces questions n'ont jamais vraiment fait l'objet d'un examen approfondi par les historiens des sciences dans les sociétés islamiques, qui ont tendance à ne pas y prêter attention, ou bien à les considérer comme de simples questions de rhétorique. Afin d'y répondre, nous procéderons en trois étapes. Dans un premier temps, nous examinerons le statut des autorités anciennes parfois mises à mal dans certaines pratiques intellectuelles telles que *shakk* (*doute*), *radd* (*réfutation*) et *mushkila* (*difficulté*). Nous considérerons ensuite la forme des titres de traités scientifiques. Enfin, nous analyserons les introductions, notes de marge et colophons.

23. Huff, *The Rise of early modern Science,* p. 234.

24. Traduit de Sabra, *The Optics of Ibn al-Haytham*, London, The Warburg Institute, 1989, p. 133.

UNE ATTITUDE CRITIQUE ENVERS LES ANCIENS

Que les grandes autorités anciennes, comme Aristote, Euclide, Ptolémée et Galien, aient fait l'objet de critiques écrites par des érudits du monde islamique, constitue désormais un fait bien connu. Deux types de critique se remarquent principalement. L'une rejette les autorités anciennes en alléguant leurs croyances religieuses et leur appartenance à une culture différente. L'autre vise des théories, méthodes, prétentions, paramètres ou résultats d'observations précis ; elle souligne des lacunes – réelles ou apparentes – pour engager un débat érudit avec les anciens. La plupart des critiques du deuxième type se présente sous l'une de trois formes littéraires normées : dans le *shakk*, on soulève le doute sur les opinions d'auteurs notamment anciens ; dans le *radd*, les opinions de tout opposant, ancien ou moderne, sont réfutées ; dans la *mushkila*, les difficultés soulevées ou évoquées par un auteur ancien sont résolues. Ces critiques sont développées dans les textes, mais les intentions des auteurs transparaissent d'emblée à travers la formulation spécifique des titres.

1) Des commentateurs de l'Antiquité tardive ont pu créer des précédents pour des œuvres intitulées *Kitāb Shukūk ʻalā Uqlīdis* ou *Baṭlāmiyūs* ou *Arisṭūṭālīs* (*Livre de doutes contre Euclide ou Ptolémée ou Aristote*). Le premier auteur connu d'un tel texte dans l'époque islamique était le Chrétien Qusṭā b. Lūqā de Baalbek (mort vers 910). Sa critique d'Euclide a été perdue. Une critique des théories d'Aristote sur la vue et les comètes fut écrite à la fin du xᵉ ou au début du xiᵉ siècle par ʻAlī al-Ḥāshimī (mort vers 1030) : *Taʻdīd shukūk … (?) maqālat Arisṭūṭālīs fī baṣar wa-taʻdīd shukūk fī kawākib al-dhanab* (*Énumération des doutes dans … (?) le livre d'Aristote sur la vue et Enumération de doutes sur les comètes*). Les deux auteurs les mieux connus de textes *shukūk* sont le Musulman Ibn al-Haytham (mort vers 1041) et le Juif Maimonide (1135-1204). Le premier a écrit des dubitations contre Euclide et Ptolémée, le second contre Aristote et Galien[25].

25. Ibn al-Haytham, *Ḥall shukūk fī Kitāb Uqlīdis*; *Al-Shukūk ʻalā Baṭlāmiyūs*. A. I. Sabra et N. Shehaby (ed.), Le Caire, Dār al-Kutub, 1971 ; Maimonide, *Commentary on Hippocrates' Aphorisms*; *Fuṣūl Mūsā*; Langermann, « Criticism of

2) Le genre du *radd* se limite surtout aux textes religieux et philosophiques, mais il a été appliqué au moins une fois au débat sur l'univers et la terre. Il est dû à al-Ḥasan b. Mūsā al-Nawbakhtī (mort vers 920), théologien, philosophe, et astronome ; on peut présumer que les intérêts théologiques et philosophiques ont pu contribuer au choix de ce genre critique. Des deux œuvres aujourd'hui disparues, l'une était dirigée contre Ptolémée : *Kitāb al-Radd 'alā Baṭlāmiyūs fī hay'at al-falak wa'l-arḍ* (*Livre de la réfutation de Ptolémée sur la forme de l'univers et de la terre*) ; l'autre s'opposait, sur la base de la philosophie naturelle d'Aristote, aux croyances néo-platoniciennes selon lesquelles l'univers constitue un être vivant rationnel *Ḥujaj ṭabī'iyya mustakhraja min kutub Arisṭāṭālīs fī 'l-radd 'alā man za'ama anna l-falak ḥayy nāṭiq* (*Arguments de philosophie naturelle pris des livres d'Aristote contre celui qui prétend que l'univers est vivant et rationnel*).

3) Certains auteurs ont affirmé régler des difficultés non résolues, qu'elles se trouvent dans les œuvres d'autrui ou dans l'un de ses propres traités précédents. C'est le cas notamment de Muḥammad b. a. Bakr al-Fārisī dans son ouvrage *Ma'ārij al-fikr al-wahīj fī ḥall mushkilāt al-zīj* (*L'Ascension de la pensée ardente sur la solution des difficultés de Zījes*), ou de Nāṣir al-Dīn al-Ṭūsī dans son œuvre *Ḥall mushkilat al-Mu'iniyya* (*Résoudre les difficultés de la Mu'iniyya*) ou encore Niẓām al-Dīn al-Nīshābūrī dans son traité *Ḥall mushkilat al-Majisṭī*.

Outre ces formes normalisées pour exprimer le doute, la dissidence et la supériorité par rapport aux travaux des prédécesseurs ou contemporains – qu'ils viennent de sociétés occidentales ou islamiques –, les titres d'œuvres mathématiques et astronomiques renferment une variété d'expressions individuelles indiquant des erreurs, des fautes et d'autres insuffisances. Ainsi Aḥmad b. Muḥammad b. al-Sarī (mort en 1153) s'en prend vivement à Ibn al-Haytham, Jābir b. Ibrāhīm al-Ṣābī', Aristote, al-Fārābī, et Ptolémée pour leurs erreurs, mauvais calculs et fantaisies (*ghalaṭ, khaṭā', wahm*). Il se sent personnellement en mesure de corriger toutes leurs fautes et promet de fournir une explication valable aux lecteurs dubitatifs quant au théorème XIV, 12 des *Éléments* d'Euclide. Pour

Authority in the Writings of Moses Maimonides and Fakhr al-Dīn al-Rāzī. », *Early Science and Medicine* VII. 3, 2002, notamment p. 256-265.

sa part, Al-Samaw'al al-Maghribī accuse les géomètres d'être passés trop vite sur certaines choses, et les astronomes d'avoir commis des erreurs dans leur prédiction de manifestations célestes. Abd al-Laṭīf al-Baghdādī (1162-1231), reconnu pour son savoir des mathématiques, de la médecine, de la philologie, de la philosophie et de l'histoire, a reproché à Ibn al-Haytham ses déclarations sur l'espace par un terme emprunté à la célèbre critique de la philosophie d'al-Ghazalī, *Tahāfut qawl Ibn al-Haytham fī l-makān* (*L'Effondrement de la parole de Ibn al-Haytham sur l'espace*).

Tous ces titres indiquent l'assurance que les érudits islamiques des sciences anciennes possèdent; ils n'hésitent pas à s'en prendre à tous ceux qu'ils estiment mériter critique, célèbres ou non. A partir de ce constat, nous pourrions être tentés d'en déduire que la nouveauté a trouvé une place dans les titres des traités scientifiques. Plusieurs mots se prêtent en effet à exprimer, voire proclamer, la nouveauté d'un résultat. Certains ont déjà été évoqués : *ikhtirā'* (*appareil/invention*), *istikhrāj* (*détermination/découverte*), *istinbāṭ* (*découverte*), *ibtikār* (*invention*), *ḥadutha* (*être nouveau ou jeune*), *ḥadatha* (*avoir lieu*), *aḥdatha* (*créer, produire*), *istaḥdatha* (*introduire nouvellement, rénover, créer*), et des déclinaisons de *jadda* (*être nouveau, avoir eu lieu récemment, être important, être sérieux*). On trouve cependant rarement ces termes dans les titres des œuvres scientifiques, à l'exception de quelques ouvrages astronomiques ou philosophiques : Ibn Kammūna (mort en 1284), savant juif, Ibn al-Shāṭir (mort en 1375), astronome et principal *muwaqqit*, c'est-à-dire garde-temps, de la mosquée umayyade, ou le souverain timuride Ulugh Beg (mort en 1449) et ses collaborateurs savants utilisent le mot *jadīd* (*nouveau*) dans les titres de leurs œuvres [26]. En revanche, on retrouve ces termes inscrits sur des instruments scientifiques. Certaines de ces inscriptions indiquent clairement qu'il ne s'agissait pas de proposer des variations sur un instrument déjà produit ou déjà fabriqué, mais de revendiquer effectivement leur nouveauté. Sur un instrument astronomique construit par le fabricant d'astrolabes Hibat Allāh b. al-Ḥusayn

26. Ibn Kammūna, *Al-jadīd fī l-ḥikma*; Ibn al-Shāṭir, *Kitāb zīj al-jadīd*; Ulugh Beg, *Zīj-i jadīd-i sulṭānī*. Ce dernier portait également d'autres titres. Une nouvelle et stimulante discussion sur la signification du titre du livre de Ibn Kammūna et de son contenu se trouve dans Y. T. Langermann, « Ibn Kammūna and "New Wisdom" of the Thirteenth Century », Arabic Sciences and Philosophy, 15, 2005, p. 277-327.

al-Asṭurlābī au XIIe siècle, par exemple, on lit plusieurs inscriptions concernant la forme de l'astrolabe, l'une indiquant que Hibat Allah a réalisé (*ṣana'a*) l'instrument, alors que l'astronome, mathématicien et ambassadeur Abū Ja'far al-Khāzin (Xe siècle) l'a inventé (*istanbaṭa*) [27]. Les fabricants d'instruments revendiquent encore la nouveauté au XIVe siècle. En général, on ne s'attend pas à trouver des revendications de nouveautés à cette époque, ni dans les réalisations effectives, ni dans la rhétorique culturelle. Or ces instruments indiquent que nos attentes doivent être remises en question et modifiées. Par exemple, lorsqu'Ibn al-Shaṭir réalise son *Ṣandūq al-Yawāqīt* (boîte de saphirs) – un instrument astronomique composé comprenant une aiguille de boussole –, l'un des exemplaires aujourd'hui disparu porte une inscription indiquant le titre de l'instrument, le public auquel il est destiné, le nom de l'érudit qui l'a fait (*ṣana'a*) et inventé (*ibtakara*), à savoir Ibn al-Shaṭir, ainsi que sa date de production (767h/1366) [28]. Les astronomes professionnels (*muwaqqits*) répètent ces revendications de nouveauté dans leurs traités sur les instruments. Parfois, ils avouent même avoir appris qu'ils n'étaient pas les premiers à avoir conçu un nouvel instrument particulièrement complexe, élaboré ou fantaisiste. Tel est le cas de la description faite par Ibn al-Sarrāj (XIVe siècle) de sa (ré)invention (*istinbāṭ*) de l'astrolabe universel construit d'abord au XIe siècle par l'astronome de Tolède 'Alī b. Khalaf al-Shakkāz [29].

TITRES

Pour comprendre le vocabulaire utilisé dans les titres, il faut connaître les codes rhétoriques qu'ils mettent en œuvre, d'autant plus que ceux-ci n'ont évolué qu'à partir du IXe siècle et qu'ils ont changé de manière significative au cours des trois ou quatre siècles suivants. Au cours des tout premiers siècles où fleurit la culture scientifique dans les sociétés islamiques, les textes étaient rarement,

27. D.A. King, « New Light on the Zīj al-Ṣafā'iḥ of Abā Ja'far al-Khāzin », *Centaurus* 23, 1980, surtout p. 109-110.

28. J. Janin, D.A. King, « Ibn al-Shāṭir's Ṣandūq al-Yawāqīt : An Astronomical "Compendium" », *Journal for the History of Astronomy,* 1, 1977, p. 190, planche 6.

29. King, *Islamic Astronomical Instruments,* IX, planche 1.

voire jamais, dotés de titres ; c'est le cas bien connu du livre d'al-Khwārizmī sur l'algèbre. Aux siècles suivants, les titres deviennent plus courants, mais ils acquièrent une forme spécifique, inspirée par des titres littéraires fleuris, courants dans les autres savoirs.

1) A supposer qu'au moins certains des titres des manuscrits existants d'œuvres scientifiques anciennes ou citées dans la littérature médiévale ont bien été choisis par les auteurs de ces œuvres, nous devons conclure que des titres simples, directs et parfois explicatifs, ont dominé jusqu'au Xᵉ siècle. Ainsi le *Tarkīb al-aflāk* (*Composition des orbes/des cieux*) conçu par l'astronome-astrologue du VIIIᵉ siècle Ya'qūb b. Ṭarīq (mort vers 796) et cité par le polymathe du XIᵉ siècle Abu Rayḥān al-Bīrūnī (mort en 1048) ; le *Kitāb ittifāq al-falāsifa wa-'khtilāfihim fī ḥuẓūẓ al-kawākib* (*Le Livre de l'accord entre les philosophes et leur désaccord sur les joies des étoiles*) rédigé par l'astronome-astrologue 'Umar b. Farrukhān al-Ṭabarī (mort vers 815) et cité par le marchand de livres et bibliographe Ibn al-Nadīm (mort en 993) ; les *Ziyādāt fī'l-maqāla al-khāmisa min kitāb Uqlīdis* (*Ajouts au cinquième fascicule du livre d'Euclide*) dont on retrouve aujourd'hui au moins cinq exemplaires écrit par le courtisan, astronome et mathématicien al-'Abbās b. Sa'īd al-Jawharī (première moitié du IXᵉ siècle) ; le *Ḥisāb al-aqālīm al-sab'a* (*Le Calcul des sept climats*) par l'astronome et ingénieur Aḥmad b. Muḥammad al-Farghānī (IXᵉ siècle) ; ou la *Risāla fī anna quṭr al-murabba 'lā yushāriku al-ḍil' min ghayr handasa* (*Traité sur [la prétention] que [le fait que] la diagonale du carré soit incommensurable avec le côté [ne relève] pas de la géométrie*) par le médecin et philosophe Muḥammad b. Zakariyyā al-Rāzī (865-925).

2) Un style plus littéraire se manifeste au début du Xᵉ siècle dans les écrits géographiques et historiques, mais il reste encore bien sobre par rapport au style fleuri qui le suivra. Aḥmad b. Rustam prétend avec modestie avoir écrit un *Kitāb al-a'lāq al-nafīsa* (*Livre sur la préciosité exquise*), qui traite de la géographie et de l'histoire. L'un des premiers mathématiciens à suivre cette piste est Abu Kāmil al-Miṣrī (environ 850 – environ 930), qui intitule l'une des ses œuvres sur la théorie des nombres et l'algèbre *Ṭarā'if al-ḥisāb* (*Les Raretés de l'arithmétique*). L'autre auteur connu pour avoir choisi un qualificatif extérieur au strict parler scientifique est le mathématicien, astronome et courtisan Abū Ja'far al-Khāzin (mort en entre 961 et 971). Il

intitule l'une des ses œuvres *al-Ālāt al-'ajība al-raṣdiyya* (*Les Instruments d'observation merveilleux/étonnants*).

Il faut encore plus de cinquante ans avant que les érudits des sciences anciennes ne commencent à utiliser des titres en rime. C'est l'un des écrivains musulmans des sciences mathématiques et scientifiques les plus célèbres, créatifs et productifs, à savoir Abū Rayḥān al-Bīrūnī, qui a fini par adopter un tel style pour plusieurs de ses œuvres. Il intitule son œuvre sur la chronologie et les calendriers *al-Āthār al-bāqiya min al-qurūn al-khāliya* (*Les Monuments restants des siècles précédents*). Ecrite pour une jeune femme, son introduction à l'astrologie porte le titre *Kitāb al-Tafhīm li-awā'il ṣinā'at al-tanjīm* (*Le Livre de compréhension pour les débuts de l'art de l'astrologie*). Son œuvre sur la projection se nomme *Risāla fī tasṭīḥ al-ṣuwar wa-tabṭīḥ al-kuwar* (*Traité sur la projection de constellations et la représentation du sphère sur le plan*). Le titre de son œuvre célèbre sur la géodésie suit le même style : *Kitāb taḥdīd nihāyāt al-amākin li-taṣḥīḥ masāfāt al-masākin* (*Livre de la détermination des limites de lieux pour la correction de distances de localités habitées*). Les éléments disponibles dans des catalogues semblent indiquer qu'al-Bīrūnī est vraiment l'un des premiers des savants musulmans à donner des titres en rime à ses œuvres[30].

L'introduction de titres littéraires rimés dans les traités scientifiques a pour conséquence le recours à une terminologie non technique – phénomène occulté par les traductions habituelles des titres d'al-Birūnī. L'intitulé de son œuvre sur la projection indique littéralement : *Traité sur l'aplatissement des images [ou bien : formes] et la lancée par terre de sphères*. Alors que, dans la première partie du titre, *tasṭīḥ* est bien établi comme terme technique pour désigner la projection à l'époque où écrit al-Birūnī, dans la deuxième partie du titre, *tabṭīḥ* n'a jamais acquis ce statut. Selon les normes antérieures, la deuxième partie du titre s'avère d'ailleurs complètement superflue. Au cours des siècles suivants, la préférence pour des titres littéraires et en rimes pour tout type de livre s'accroît. Bien que l'on continue

30. Al-Bīrūnī fut l'un des savants les plus novateurs de toutes les sociétés islamiques. Ses innovations représentent des réalisations bien plus substantielles que le fait éventuel d'avoir été le premier à utiliser les titres en rime. C'est notamment le cas dans en mathématiques, en astronomie et en histoire. Mais, comme nous l'avons dit au début de cet article, notre propos est d'analyser les modes et les formes de revendications de nouveauté, non l'innovation elle-même.

parallèlement à donner des titres courts et directs à des textes mathématiques et astronomiques, les titres rimés, souvent verbeux, deviennent de plus en plus à la mode. Au cours du XIIIe siècle, qu'ils soient célèbres ou médiocres, plusieurs savants mathématiciens choisissent des titres partiellement ou complètement en rime. Les titres fleuris sont devenus la norme.

3) L'imagerie utilisée dans les titres rimés ou fleuris prend plusieurs formes[31]. Des titres de livres sur l'histoire naturelle, et dans une certaine mesure la géographie, réunissent souvent des expressions d'émerveillement, d'excitation, d'étrangeté et de rareté face à la création et l'existence. Le premier titre du genre que l'on connaisse est *'Ajā'ib al-makhlūqāt wa-gharā'ib al-mawjūdāt* (*Les Merveilles de créatures et les raretés d'êtres*) dans un ouvrage du XIIe siècle rédigé par Muḥammad b. Maḥmūd al-Ṭūsī sur la géographie et la cosmographie. Le même titre se retrouve le siècle suivant pour un livre plus célèbre et influent composé par Zakariyyā b. Muḥammad al-Qazwīnī (1203-1283), un géographe, astronome, cosmographe, juriste, et imam qui travailla à Damas, Hilla et Wasit. Dans les sciences mathématiques, les auteurs utilisent des marqueurs culturels similaires dans des titres qui évoquent le brillant, le splendide ou le merveilleux. Un bon nombre d'œuvres avec de tels titres étincelants possède un contenu que nous décririons comme partiellement ou entièrement « nouveau ». C'est le cas, par exemple, dans des œuvres comme *al-Badī' fī l-ḥisāb* (*Le Merveilleux [livre] sur l'arithmétique*) écrit par Muḥammad al-Karajī (mort vers 1030), *al-Bāhir fī 'ilm al-ḥisāb* (*L'Éclatant [livre] sur la science d'arithmétique*) par al-Samaw'al al-Maghribī (mort vers 1175), ou *Nihāyat al-idrāk fī dirayat al-aflāk* (*Limite de la perception dans la compréhension des sphères*) par Quṭb al-Dīn al-Shīrāzī (1236-1311). Si, dans les sociétés islamiques, la nature des textes et des disciplines scientifiques était nettement délimitée et distincte des autres domaines d'enquête et des autres genres littéraires, certaines formes – notamment les titres fleuris ou en rime, ou divers types de poésie – sont donc largement partagés à travers tous les champs de la connaissance, et ceci dès le XIe siècle. Néanmoins

31. Nous ne connaissons pas d'étude sur la question de savoir si l'imagerie utilisée pour les textes scientifiques différait de manière marquée de celle employées dans la poésie, la médicine, le droit, la philosophie, *ḥadīth*, *kalām*, ou l'histoire.

tous les titres fleuris ou rimés ne mettent pas l'accent sur des qualités extraordinaires comme dans les exemples cités ci-dessus. Nous pouvons donc en conclure que, si la nouveauté et l'innovation ne sont pas directement revendiquées dans ces titres, le choix de substantifs se rapportant à l'extraordinaire peut constituer une alternative culturelle pour annoncer la fierté et l'ambition de l'auteur, sans risquer de s'aventurer dans le champ de mines qu'était la *bid'a*.

INTRODUCTIONS, NOTES DE MARGE, ET COLOPHONS

Les introductions, les notes de marge et les conclusions des textes et des inscriptions gravées sur les instruments scientifiques présentent aussi des éléments significatifs pour mieux comprendre les attitudes et les croyances des érudits dans les sociétés islamiques : s'agissait-il de créer de nouvelles idées, méthodes, théories et pratiques ou de conserver ce que leur prédécesseurs avaient cru ou chéri ? Une fois encore, une évolution a eu lieu entre le IXe et XIVe siècles.

1) Au IXe siècle, le texte scientifique courant n'a pas d'introduction. Tout au plus, il s'ouvre par une courte *basmala*, récitant : « Au nom de Dieu le Plus Gracieux et Toujours Miséricordieux », avant d'entrer dans le vif du sujet. Un bon exemple est le texte *Sur la mesure de la parabole* de Thābit b. Qurra (mort en 901). Tel qu'il est édité par Rushdi Rashed, le texte arabe commence par *bismillāhi l-raḥmān al-raḥīm*. Suit un titre, dont la forme démontre qu'il s'agit d'un rajout ultérieur : *Fī misāḥat al-mujassamāt al-mukāfiyya li-Thābit b. Qurra* (*Sur la mesure des corps paraboliques par Thābit b. Qurra*). Entre parenthèses, l'éditeur identifie le texte qui suit comme des *Définitions* en utilisant le néologisme *ta'rīfa*. Commence alors la première définition : « Les figures solides que j'appelle paraboloïdales sont de deux sortes »[32].

On trouve cependant des exceptions à cette règle générale; par exemple, les introductions à l'*Algèbre* de Muḥammad b. Mūsā al-Khwārizmī', ou la traduction des *Coniques* d'Apollonius. L'*Algèbre*

32. R. Rashed, *Les Mathématiques infinitésimales du IXe au XIe siècle*, 3 tomes, London, al-Furqan Islamic Heritage Foundation, 1416/1996, tome I, p. 321, trad. fr., p. 320.

d'al-Khwārizmī' porte une préface de plus d'une page. Le texte commence par la *basmala* suivie d'une remarque brève : « ce livre a été composé par Muḥammad b. Mūsā al-Khwārizmī qui l'a ouvert en écrivant… »[33]. Cette partie est évidemment un ajout ultérieur. Mais ce qui suit peut bien provenir d'al-Khwārizmī lui-même, bien que les énoncés religieux soient très atypiques dans les traités mathématiques de l'époque. Dans cette longue introduction, al-Khwarizmī formule en quelque sorte les caractéristiques générales du sens de la recherche. D'après lui, les érudits et nations anciens avaient péniblement œuvré pour dévoiler les secrets de la connaissance et éclairer ses parties obscures. L'un après l'autre, ils ont écrit des livres à l'intention de leurs successeurs, dans l'espoir que leurs héritiers pourraient accumuler et mémoriser le savoir et reconnaître la part de leurs aïeux dans la découverte de la vérité. Al-Khwarizmī considère que les savants contemporains ont accompli trois choses :

> Si un homme arrive à ce qui n'avait pas été découvert avant lui, il le lègue à son successeur. Si un homme commente ce qu'ont laissé d'incompréhensible les Anciens, il clarifie le chemin, simplifie l'approche et se rapproche de la méthode. Et si un homme trouve une lacune dans des livres, il y remédie, prête main-forte [à l'auteur] et exprime l'opinion juste de [ce dernier] sans le contredire et sans se vanter de celui-ci [le résultat] comme de son propre acte[34].

2) Au Xᵉ siècle, se généralisent les introductions plus longues pour expliquer les intentions et projets de l'auteur, comme en témoignent des textes écrits par le petit-fils de Thābit b. Qurra, Ibrāhīm b. Sinān, et par Abū Sahl Wayjān b. Rustam al-Kūhī. Ce processus relève en partie d'une tendance de l'auteur à situer son travail dans le contexte de ses propres recherches et des ouvrages des érudits antérieurs. A la différence d'al-Khwārizmī, l'approche choisie ne porte plus sur les grandes lignes des objectifs de recherche, mais insiste davantage sur des sujets spécifiques, sur les motifs précis du texte, sur les mérites propres de l'auteur et de ses contributions.

33. *Kitāb al-jabr wa'l-muqābala*, Taqdīm wa-ta'līq 'Alî Muṣṭafā Musharrafa, Muḥammad Murshī Aḥmad, al-Qāhira, Dār al-Kitāb al-'arabī li'l-ṭibā'a wa'l-nashr, 1968, p. 15.

34. *Ibid.*

Dans l'introduction à son traité sur la mesure de la parabole, Ibrahīm b. Sinān relate l'histoire très personnelle de son texte. Après avoir déjà rédigé un livre sur le thème, il avait changé d'avis et modifié l'un de ses théorèmes. Malheureusement, les deux versions sont perdues. C'est pourquoi il s'est senti contraint à écrire de nouveau son traité et à expliquer à ses lecteurs les raisons pour lesquelles ils pourraient éventuellement tomber sur des variantes de son livre qui différeraient de ce nouveau traité. Il ajoute que son grand-père Thābit b. Qurra et l'un de ses contemporains al-Māhānī avaient déjà écrit des ouvrages sur le même sujet[35]. La situation historique que décrit Ibrāhīm b. Sinān demeure encore très approximative et imprécise, et il ne mentionne pas de titres ni n'exprime de jugement.

Dans l'œuvre d'al-Kūhī sur la détermination du volume des paraboloïdes, la narration est encore plus complexe. L'auteur commence par caractériser ses compétences personnelles et ses méthodes de travail : elles sont soigneuses, méticuleuses, épuisant toutes les possibilités. Suit une comparaison orgueilleuse des contributions de l'auteur comparées à celles des Anciens aussi bien que des Modernes. Le rang de l'auteur paraît relevé par la renommée des Anciens en géométrie et l'infériorité relative de l'érudition contemporaine comparée à celle des Anciens. Comme troisième élément, al-Kūhī se présente lui-même comme un savant motivé, encouragé par son succès dans la résolution de problèmes nouvellement inventés. D'une certaine manière, al-Kūhī se présente comme un Capitaine Kirk du xe siècle – avec la mission d'aller avec audace là ou nul n'est jamais allé auparavant. Al-Kūhī maintient ce thème dans la suite de l'introduction. Il rappelle aux lecteurs qu'il n'avait qu'un seul prédécesseur, Thabit b. Qurra, qui a écrit un célèbre livre bien connu sur le sujet. Mais aux yeux d'al-Kūhī, cette œuvre reste profondément défectueuse – trop longue, trop lourde, avec trop de propositions et de lemmes pour atteindre un objectif unique ; trop de domaines mathématiques interviennent : arithmétique, géométrie etc. Pire encore, le traité paraît presque incompré-

35. R. Rashed, *Les Mathématiques infinitésimales*, tome I, p. 719 ; trad. fr., p. 718. Ibn al-Haytham a employé une stratégie analogue dans son traité *Fī uṣūl al-misāḥa* (*Sur les éléments de l'arpentage*). R. Rashed, *Les Mathématiques infinitésimales,* tome III, p. 539, trad. fr., p. 538.

hensible, alors que le livre pourtant difficile d'Archimède, *Sur le sphère et le cylindre,* avec ses objectifs multiples, semble bien plus facile à comprendre. L'auteur présente alors sa propre œuvre, qui tire son origine des défauts du traité de Thābit ; du coup, cet ouvrage s'avère supérieur, puisqu'il propose une méthode accessible qui dispense de tous les lemmes. Dans son autoportrait, al-Kūhī souligne qu'il n'aurait jamais pris la peine de discuter les œuvres de ses prédécesseurs, si ses propres recherches ne l'avaient obligé à traiter un problème mathématique particulier qu'ils avaient déjà abordé. Il présente une double explication de cette attitude insolite envers le savoir existant. D'une part, il a suffisamment confiance pour parvenir à se focaliser uniquement sur ce qu'il est lui-même capable de faire : s'occuper de ce que d'autres avaient fait avant lui, « ceci n'est pas dans nos habitudes ». D'autre part, « les voies de cette science » de la géométrie « sont multiples et vastes », chacun peut ainsi trouver son propre chemin[36]. Les paroles d'al-Kūhī suggèrent qu'un auteur n'a besoin de prétendre ni à la nouveauté ni à la supériorité. Un savant véritable, compétent et novateur ferait plutôt le contraire – il garderait le silence sur ses rivaux, ne se vanterait pas de ses nouveautés, et laisserait parler d'eux-mêmes ses résultats[37].

Certains mathématiciens du Xe siècle, parmi lesquels al-Kūhī, non seulement expriment leurs ambitions personnelles et discutent leurs résultats, mais ils situent la volonté de produire de nouveaux résultats mathématiques dans le contexte social et culturel plus large de leur époque. A cette époque, ces explications s'intègrent indéniablement dans une rhétorique qui insiste sur l'importance d'un mécène à la cour pour le travail du savant ; par la suite, tout en honorant leurs bienfaiteurs royaux d'abondants louanges, les érudits ne prétendent plus que les nouveaux développements de leurs recherches manifestent une tendance générale vers l'innovation dans

36. R. Rashed, *Les Mathématiques infinitésimales*, tome I, p. 851 et 853 ; trad. fr., p. 850 et 852.

37. Une telle attitude était apparemment courante à l'époque d'al-Kuhī'. David King nous a informé que l'astronome Ibn Yūnus commence son guide astronomique en indiquant que les célèbres *Mumtaḥan Zīj* (*Le Zīj vérifié*) préparé pour le Caliphe abbaside caliph al-Ma'mūn (règne 813-833) l'étaient par un groupe de savants, alors que son propre travail était réalisé par un érudit supérieur travaillant seul, à savoir lui-même.

les arts, la technologie, la littérature et les sciences. Ce climat général d'innovation, écrivait al-Kūhī, résulte de la préoccupation du souverain bouyide pour la justice, la prospérité, la qualité de vie et la sécurité. Grâce à ces conditions de vie, les savants peuvent désormais s'attaquer avec succès à des problèmes insolubles pour les Anciens [38].

3) Au cours du XIe siècle, les introductions aux textes mathématiques s'allongent et prennent une structure plus normalisée. Au début se trouve une expression beaucoup plus longue de sentiments ou de formules religieux. Suivent alors l'explication du but de l'œuvre, le motif de sa rédaction, éventuellement son titre et son auteur, et une description de ses chapitres et sous-chapitres. Des variations sur ce schéma sont possibles et multiples, mais la convergence vers une telle structure unifiée est indéniable. Une énumération des composants d'un nouveau type d'introduction normalisée de ce genre se trouve, par exemple, dans le livre sur l'astronomie et l'astrologie intitulé *Kifāyat al-ta'līm fī ṣinā'at al-tanjīm wa-ma'rifat al-hay'a wa'l-aḥkām* (*La Suffisance de l'instruction sur l'art de l'astrologie et la connaissance de la forme [de l'univers] et les règles [suivies par les étoiles]*) d'Abū l-Maḥāmid Muḥammad al-Ghaznawī (XIIIe siècle) [39].

Une question reste à étudier davantage : de telles tendances vers une normalisation expriment-elles ou contribuent-elles à la formation de nouvelles attitudes plus sévères envers la nouveauté et l'innovation ? Au premier abord, ce ne semble pas être le cas. Des textes mathématiques du XIe siècle continuent à faire état de nouveautés réelles ou prétendues découvertes par leurs auteurs. Un auteur anonyme sur les carrés magiques et leurs fondements

38. Rashed, *Les Mathématiques infinitésimales*, tome III, p. 765 et 767 ; trad. fr., p. 764 et 766.

39. MS Berlin, Staatsbibliothek, Preussischer Kulturbesitz, Wetzstein 1154, f 1b, 14-19 : « Chaque auteur doit introduire au début de son œuvre huit choses. A) Une détermination précise quant au type de science auquel appartient son travail, puisque chaque science est une recherche et un résultat. B) Dénomination de son livre par quelque chose qui correspond à chacune de ses intentions. C) Mention de son propre nom pour le savant, pour qu'il sache s'il en est l'auteur ou pas. D) Explication de l'objectif du texte. E) Explication de l'utilité du texte. F) Mention du style de ses paroles. G) Mention du temps de l'étude. H) Indication des parties du livre ».

mathématiques, par exemple, ne laisse aucun doute sur le fait qu'il voulait que son œuvre soit vue avant tout comme le résultat de ses propres réflexions, son ingéniosité, sa recherche de des résultats nouveaux. La réflexion et l'ingéniosité lui ont révélé les singularités de son domaine et lui ont permis de découvrir des merveilles et des subtilités. L'imagination a fini par l'amener à l'innovation [40].

COMPARAISON D'EXEMPLES DE DIFFÉRENTS DOMAINES MATHÉMATIQUES

Afin de comprendre quelles attitudes envers la nouveauté s'expriment dans les introductions aux textes mathématiques du XIe siècle, nous étudierons deux types d'introduction tout à fait différents, mais qui se conforment tous les deux à la norme récemment formalisée. Le premier type figure dans le livre de 'Alī b. al-Khiḍr b. al-Ḥasan al-Qurashī (mort en 1067-8) sur l'arithmétique et le calcul des parts d'héritage, *Kitāb al-Tadhkira bi-uṣūl al-ḥisāb wa'l-farā'iḍ wa-'aulihā wa-taṣḥīḥihā* (*Livre des mémoires sur les éléments d'arithmétique et des parts d'héritage et l'augmentation [de leur dénominateurs] et leur correction*) ; l'autre type apparaît dans les introductions à certaines des œuvres écrites par le mathématicien Ibn al-Haytham. Ceci nous amènera à examiner les commentaires ajoutés par Ibn al-Sarī aux œuvres de Ibn al-Haytham.

Dans l'introduction à son livre sur l'arithmétique et sur le calcul des parts d'héritage, après quelques phrases pieuses, al-Qurashī explique pourquoi il a écrit le texte, dans quel style il l'a composé, en quelles parties il l'a divisé, quels en sont les aspects utiles pour divers groupes de professionnels, qui étaient ses prédécesseurs dans le domaine, quelles sont les bases de l'arithmétique, quel type de preuves est appliqué, et quelles sources sont utilisées. L'introduction se termine par un bref autoportrait et la demande de ne pas censurer d'éventuelles erreurs. L'auteur de ce livre n'est pas, à la différence des exemples précédents, un représentant des mathématiques théoriques. C'est au contraire un érudit juriste, également connaisseur de '*ilm al-farā'iḍ*, une branche de jurisprudence où la connaissance de l'arithmétique, de l'algèbre et de la géométrie élémentaire était nécessaire ou considérée comme utile. Par conséquent il se place

40. Sesiano, *Les Carrés magiques dans les pays islamiques*, p. 13.

avant tout dans une lignée d'érudits juristes ayant écrit sur le calcul des parts d'héritage. Alors qu'il reconnaît que les calculateurs, les débutants, les juristes, les secrétaires et les secrétaires du département des certificats peuvent profiter de son livre, il le destine néanmoins surtout à ceux qui traitent de la détermination des parts d'héritage ; c'est pourquoi al-Qurashī mentionne quelques prédécesseurs choisis, parmi lesquels Muḥammad b. Mūsā al-Khwārizmī. A la différence du point de vue d'al-Khwārizmī sur les places respectives de prédécesseur et de successeur dans les sciences, al-Qurashī insiste sur la tradition comme motif principal de lecture de ces travaux, et donc de conservation :

> Le calculateur des parts d'héritage en a également besoin (c'est-à-dire de l'arithmétique) comme outil méthodologique qui simplifie l'accès à ceux qui souhaitent pénétrer les livres des prédécesseurs, aux calculateurs et aux enseignants. Muḥammad b. 'Abdallāh al-Baṣrī dit Ibn Labbān en a composé une introduction et un bon résumé très complets et de la plus grande utilité. Ayyūb b. Sulaymān al-Baṣrī a également mentionné quelque chose de beau sur le savoir du calcul des parts d'héritage et l'a commenté par rapport aux règles de division des parts d'héritage. Parmi ceux qui ont exprimé des avis sur les héritages et testaments, personne n'a surpassé Abu Bakr Muḥammad b. Mūsā al-Khwārizmī [41].

Ce rapprochement avec une branche spéciale de la jurisprudence et ses représentants est lié à une référence à Euclide et à trois ou quatre grands représentants islamiques de l'arithmétique et l'algèbre – Abu Yūsuf al-ūqlīdisī, Abū Kāmil, Abū l-Wafā', et, de nouveau, al-Khwārizmī. C'est ici que l'auteur insiste sur ses propres efforts en deux sens : d'une part, la recherche continuelle de nouvelles méthodes qui donnent des résultats rapides et, d'autre part, la fidélité aux mathématiques euclidiennes :

41. Traduit de U. Rebstock, *Al-Tadkira bi-uṣūl al-ḥisāb wa-l-farā'iḍ (Buch über die Grundlagen der Arithmetik und der Erbteilung)* von *'Alī ibn al-Khiḍr al-Qurashī (st. 1067)*, Frankfurt am Main, Institut für Geschichte der Arabisch-Islamischen Wissenschaften, 2001, p. 18. La kunyā d'al- Khwārizmī n'est cependant pas l'ordinaire Abū Ja'far, mais plutôt d'un autre al-Khwarizmī qui avait écrit une œuvre encyclopédique sur tous les champs du savoir au xᵉ siècle. L'utilisation d'Abu Bakr comme kunyā d'al- Khwārizmī n'était pas rare parmi les auteurs du Yemen. Voir King, « A Medieval Arabic Report on Algebra Before al-Khwārizmī », p. 26-28.

> J'expliquerai ceci sur la base des déclarations que mes prédécesseurs ont faites sur ce que l'honorable Euclide a dit sur (cette question) – en tant qu'il appartient aux figures des *Eléments* et à ce qu'il avait déterminé par les nombres – avec mes (propres) mots et aussi bien que je puisse le faire. Je noterai quelles notions j'ai reprises d'Abū Yūsuf al-Ūqlīdisī, Abū Kāmil Shujāʿ b. Aslam, Abā l-Wafā' Muḥammad b. Muḥammad b. Lakhmī al-Muhandis, et Abū Bakr Muḥammad b. Mūsā al-Khwārizmī. Ce sont les maîtres de cet art autant que je puisse le juger. Je n'ai jamais arrêté d'essayer de trouver de nouvelles réponses rapides. Je suis resté un élève sur le chemin de la rédemption [42].

D'autres auteurs de livres sur le calcul de parts d'héritage ont formulé des positions semblables, convenant de la bienséance de préserver la tradition de leur domaine. Cette attitude ne les a pas empêchés d'introduire de nouveaux noms, concepts, méthodes et exemples. C'était néanmoins une attitude plus en phase avec la discipline mère de la jurisprudence qu'avec les mathématiques théoriques. Comme le montre l'exemple d'al-Qurashī, les professions qui voulaient appliquer le savoir mathématique à des domaines extérieurs aux mathématiques proprement dites se trouvaient face à un autre ensemble d'exigences et devaient satisfaire un autre public. La présentation de leurs attitudes intégrait des éléments que l'on ne trouve pas dans les textes sur les mathématiques théoriques. L'introduction d'al-Qurashī montre aussi que la nouveauté pouvait prendre divers sens et valeurs. Dans son cas, il s'agit de réponses plus rapides à des problèmes connus. A la différence d'al-Kūhī, pour al-Qurashī la nouveauté ne se justifie que si elle se fonde sur les travaux de ses prédécesseurs, anciens et modernes. C'est cette continuité et cette ancienneté qui assurent aux innovations d'al-Qurashī une place digne de respect.

Alors qu'al-Qurashī est un érudit juriste, prétendant ne pas lire uniquement des livres de sa propre discipline, mais aussi les œuvres écrites par des mathématiciens, Ibn al-Haytham est un mathématicien, astronome, philosophe, médecin, et ingénieur, qui, dans sa jeunesse, a également écrit sur des thèmes religieux et théologiques,

42. Traduit de Rebstock, *Al-Tadkira bi-uṣūl al-ḥisāb wa-l-farâ'iḍ*, p. 18. Encore une fois, la kunyā du mathématicien, astronome, géographe et historien du IXe siècle est celle du secrétaire du Xe siècle.

aussi bien que sur l'arithmétique du commerce. Les introductions à ses écrits mathématiques diffèrent sensiblement de ceux d'al-Qurashī. Elles sont souvent beaucoup plus courtes ; elles incorporent des formules religieuses dans le texte au lieu de les placer avant ou après ; elles ne donnent pas tant des informations bibliographiques, que des remarques sur les raisons pour lesquelles l'auteur en est venu à penser à l'objet de son travail. Dans cette présentation explicative, Ibn al-Haytham situe son domaine d'intérêt et y détermine sa propre valeur et son propre succès. Il reprend des problèmes formulés mais non résolus par les Anciens. Il admire leurs propriétés merveilleuses et leurs notions étranges. Enfin, il dévoile ses solutions à son souverain afin de l'induire à acquérir de nouvelles connaissances, à y réfléchir, puis à les exploiter pour indiquer les vertus de la science de la géométrie et ses notions cachées. On ne peut manquer de remarquer, nous semble-t-il, le parallélisme avec le langage utilisé dans l'histoire naturelle. Des choses merveilleuses, étonnantes et étranges ont lieu dans les deux types de science. Le désir de dévoiler la vérité cachée constitue un autre élément partagé par les auteurs des deux disciplines. Ibn al-Haytham a peut-être eu recours à ce type de langage, afin de faire référence aux idéaux partagés par la géométrie et les croyances religieuses de celui auquel il a dédié son traité *Fi l-hilāliyāt* (*Sur les Lunules*)[43]. Un emploi similaire de rhétorique et d'imagerie religieuses peut se

43. Rashed, *Les Mathématiques infinitésimales*, tome II, p. 71 ; trad. fr., p. 70. Rashed prétend que le destinataire anonyme de la dédicace d'Ibn al-Haytham était un homme de lettres ou de science, d'une classe aisée sans être celle du pouvoir, sans doute un ami, car dans un deuxième traité sur les lunules, Ibn al-Haytham a écrit qu'il avait rédigé un texte antérieur sur le sujet à la suite d'une demande d'un de ses « frères » (*ikhwān*), un terme utilisé le plus souvent par les érudits pour décrire leurs collègues (*ibid.*, p. 32). Néanmoins, les formules employées par Ibn al-Haytham pour décrire le destinataire de ce texte ne correspondent pas à l'informalité du deuxième texte. Dans la dédicace d'un texte écrit par un mathématicien de l'époque d'Ibn al-Haytham et dédié au Grand Vizir al-Mu'ayyad al-Manṣūr Fakhr al-Mulk Abū Ghālib, les formules sont de surcroît identiques à celles d'Ibn al-Haytham. Aussi paraît-il plus probable que le traité d'Ibn al-Haytham était dédié à un personnage de la cour fatimide ou de son entourage plutôt qu'à un collègue savant. Sur ce point, voir Sāmī Shalhūb, *Al-Kāfī fi l-ḥisâb li-Abī Bakr Muḥammad b. al-Ḥasan al-Karajī*. Ḥalab, Jāmi'at Ḥalab, Ma'ḥad al-turāth al-'ilmī al-'iarabī, 1406/1986, p. 35.

deviner dans l'*Algèbre* d'al-Khwārizmī, mais cette fois-ci il se rapporte aux principes chers au Calife al-Ma'mūn, tels que le débat sur le trône de Dieu et les propriétés divines [44]. Tendre vers la vertu et servir la collectivité par des contributions utiles est une maxime courante invoquée par les auteurs dans la plupart des entrées des dictionnaires biographiques. Dans l'application que fait Ibn al-Haytham de cette rhétorique, le seul élément spécifique réside dans son extension du domaine de l'érudition vers la discipline qu'il sert.

Dans un deuxième traité sur les lunules présenté comme exhaustif, Ibn al-Haytham applique une figure rhétorique analogue à celle qu'utilise al-Qurashī. Il prétend avoir écrit un texte antérieur sur la quadrature des lunules pour quelques amis : du fait qu'il était pressé, il avait résolu les problèmes par des méthodes « particulières ». Depuis lors, il a eu le temps de réfléchir de plus près à la question. Il possède une idée (nouvelle) sur la manière de résoudre le problème (d'une meilleure façon), par des méthodes « scientifiques ». En appliquant ces méthodes, il a réussi à trouver de nouveaux types de lunules et leur quadrature. On ne peut développer ici le contraste fort intéressant des méthodes particulières et scientifiques.

Dans un troisième texte encore existant qui traite d'un problème similaire – la quadrature du cercle – Ibn al-Haytham s'en prend aux philosophes anciens et modernes pour avoir discuté en vain de la possibilité de trouver un polygone de même surface que le cercle par une méthode exacte. Convaincu d'avoir trouvé ce que les Anciens n'avaient pu réaliser, Ibn al-Haytham n'y va pas par quatre chemins pour exprimer sa fierté, utilisant à nouveau un langage qui évoque la religion et qui transforme le savant en parent du prophète : il a réfléchi sur un problème d'une manière profonde; sa solution lui a été révélée; il a montré que la croyance (*i'tiqād*) de ceux qui supposent que le cercle ne peut être carré était erronée [45].

Le scribe qui a copié le texte d'Ibn al-Haytham s'intéressait lui-même à la géométrie. Il recherche des commentaires critiques et en trouve dans les œuvres d'un auteur dont il ne peut préciser l'identité, mais qu'il croit pouvoir être le médecin 'Alī b. Riḍwān (mort en

44. *Kitāb al-jabr wa'l-muqābala*, p. 16.

45. Rashed, *Les Mathématiques infinitésimales*, tome II, p. 93 et 95; trad. fr., p. 92 et 94.

1067). Laissant de côté la première partie de la critique de l'auteur qui laisse croire que ses connaissances mathématiques ne sont pas très solides, reste la deuxième partie de son objection, plus pertinente par rapport à notre sujet. Ici l'auteur s'en prend aux déclarations qu'Ibn al-Haytham expose sur l'objectif de son traité : montrer qu'il est possible de carrer le cercle, mais non de trouver le carré lui-même dont la surface égale celle d'un cercle donné. D'une certaine manière, cette critique de l'auteur ressemble assez à la critique que les mathématiciens constructivistes du XXe siècle adresse aux méthodes infinies et aux théorèmes d'existence. En l'occurrence, l'auteur médiéval reproche à son prédécesseur l'inutilité de son résultat : le fait de prouver l'existence possible d'un carré dont la surface égale celle d'un cercle donné sans donner la méthode pour le construire n'ajoute rien au savoir des Anciens. Et comme si cette attaque n'était pas assez forte, l'auteur résume sa position épistémologique ainsi :

> L'inaccessible est ce que nous ne pouvons pas connaître, et notre conviction que sa connaissance est possible n'est d'aucun profit. Si nous voulons rendre clair [notre opinion] sur ces notions, elles se divisent en trois cas, qui sont : la notion est connue, ce qui veut dire qu'elle a été établie par démonstration, c'est-à-dire qu'elle est connue; sa connaissance est impossible, ce qui veut dire qu'il ne peut être établi par une démonstration qu'elle est connue; ou [il ne peut pas] non plus [être établi] que sa connaissance est impossible. [Par exemple, la connaissance de] la corde d'un neuvième de cercle ou la connaissance de la corde d'un degré; et il y a maints exemples analogues à ces deux derniers dans le [troisième] cas [46].

Quel que soit l'auteur de ce rajout au traité d'Ibn al-Haytham, ce n'était pas le seul lecteur à soumettre ces œuvres mathématiques à des objections sévères. Mieux connue est la série d'œuvres courtes d'Ibn al-Sarī (mort en 1154), toutes destinées à élucider les erreurs d'Ibn al-Haytham.

Dans son texte intitulé *À propos de l'explication de l'erreur d'Abu 'Alī b. al-Haytham dans le premier théorème du Livre X des « Éléments » d'Euclide,* Ibn al-Sarī rédige une introduction d'un autre type que ceux discutés jusqu'ici. La différence est due à deux faits : d'une

46. Rashed, *Les Mathématiques infinitésimales*, tome II, p. 100-101 ; trad. modifiée.

part, le sujet unique et précis du texte et, d'autre part, le fait qu'Ibn al-Sarī ne se contente pas de situer son propre travail dans un champ de prédécesseurs et contemporains, mais vise à exposer les erreurs substantielles d'un érudit célèbre du siècle précédent. Ibn al-Sarī commence par détailler le sujet sur lequel Ibn al-Haytham a écrit, les objectifs qu'il espérait atteindre, et la manière dont il a présenté ses résultats. Il souligne qu'Ibn al-Haytham était en désaccord avec le point de vue de plusieurs de ses prédécesseurs, qu'il croyait que les concepts mathématiques devaient être formulés en accord avec les besoins d'un mathématicien pour un but concret mathématique, que leur validité devait être prouvée, et qu'ils pouvaient par la suite être éventuellement généralisés, produisant ainsi diverses sortes de connaissances nouvelles[47]. Ibn al-Sarī avance ensuite sa propre histoire. Son élément principal ressemble fort à la façon d'Ibn al-Haytham de se représenter : Ibn al-Sarī a médité sur l'objectif de son prédécesseur, et, dans ses investigations, il a découvert des erreurs. Alors que les auteurs que nous avons évoqués font des remarques générales sur l'histoire des problèmes mathématiques, Ibn al-Sarī énumère en détail les erreurs rencontrées dans le texte d'Ibn al-Haytham :

> En premier lieu, dans la compréhension du sens de l'universel et du particulier; en second lieu, dans la compréhension du sens du théorème d'Euclide [c'est-à-dire la prop. 1 du livre X] et du théorème dans lequel il a appliqué ce théorème, et dans la croyance que son théorème peut remplacer le théorème d'Euclide; en troisième lieu, dans l'exigence de se borner au sujet de ce théorème, tel qu'il est exposé par Euclide, dans le seul livre d'Euclide, en rappelant alors le besoin de ce théorème et en négligeant tous les autres[48].

Pour finir, Ibn al-Sarī érige des défenses pour se prémunir contre toute attaque à venir en indiquant à l'élève futur son devoir d'exposer ces erreurs. Nul étudiant ne doit douter que l'objectif d'Ibn al-Haytham était erroné, que le théorème d'Euclide n'était pas une vérité universelle mais seulement une vérité particulière, qui était néanmoins l'outil pour résoudre tous les problèmes géométriques dans le domaine des surfaces et volumes non-homogènes. De cette

47. Rashed, *Les Mathématiques infinitésimales*, tome II, p. 502-503.

48. *Ibid.*, p. 503, trad. modifiée.

façon, Ibn al-Sarī se révèle un conservateur pour ce qui est du fond, mais un rebelle pour ce qui est de la forme. Il inclut dans son attitude rebelle la vision de l'histoire d'Ibn al-Haytham en indiquant les auteurs et écrits soit que, selon Ibn al-Sarī, Ibn al-Haytham les ait ignorés, soit qu'il en ait déformé les propos [49].

Avec le temps, plusieurs styles alternatifs d'introduction émergent. Dans les trois principaux, il s'agit de satisfaire une demande faite par des amis, collègues, élèves ou souverain, d'offrir une connaissance à un mécène, de répondre au désir de poursuivre le chemin montré par ses aînés. Ces types en viennent progressivement à constituer la norme. Les textes où l'auteur revendique explicitement la nouveauté reculent doucement vers l'arrière-plan.

CONCLUSIONS

Durant les quatre ou cinq premiers siècles de vie scientifique florissante dans les sociétés islamiques, le champ des découvertes, inventions et modifications de connaissances antérieures ne se réduit pas aux mathématiques. Une attitude visant à réaliser de nouveaux objectifs et à explorer de nouveaux territoires de connaissance transparaît déjà au IXe siècle. Elle s'exprime le plus souvent dans les écrits philosophiques. Au Xe siècle, les adeptes des sciences mathématiques paraissent confiants dans leur valeur. Les spécialistes de géométrie, d'arithmétique, de théorie des nombres, d'algèbre, d'astronomie et d'astrologie ont confiance dans la certitude de leurs outils, de leurs méthodes et de leurs théories. Ils sont prêts à défier les auteurs anciens et à proposer leurs propres travaux comme des innovations.

Il n'y a cependant pas de lien obligatoire entre la rhétorique de la nouveauté et l'existence de résultats novateurs en mathématiques. Des auteurs revendiquant des nouveautés peuvent, au bout du compte, avoir surestimé leurs propres réalisations. A l'inverse, des auteurs qui ne prétendent pas innover peuvent en réalité proposer des découvertes, parce qu'ils sont extrêmement sûrs de leurs propres capacités ou parce qu'ils ne pensent pas que l'innovation

49. Rashed, *Les Mathématiques infinitésimales*, tome II, p. 505-506.

soit le but de leur texte. La rhétorique de la nouveauté fait partie d'une culture plus large fondée sur le défi, l'argumentation et la critique. Cette culture a continué d'informer des parties de la rhétorique scientifique, médicale et philosophique, alors que la rhétorique de la nouveauté devenait plus éparse. De même, l'espace dans lequel la rhétorique de la nouveauté pouvait s'articuler a varié.

A la différence des textes latins, italiens, français, néerlandais, allemands ou anglais qui, au XVIe et XVIIe siècles, font appel à la nouveauté dès le titre et la page de couverture, dans les sociétés islamiques, les innovations, les inventions et les découvertes se trouvent le plus souvent évoquées à l'intérieur d'un texte ou parfois d'un instrument ou d'une carte. Les titres étaient rarement considérés comme un lieu convenable pour de telles revendications, surtout après l'émergence du style rimé dans d'autres domaines et son adoption par les scientifiques. Les introductions et les remarques à l'intérieur d'un traité paraissent avoir été les lieux privilégiés pour ces revendications. Mais, même lorsque des revendications de nouveauté n'occupent qu'une très petite partie du discours scientifique dans les sociétés islamiques ultérieures, cela ne signifie pas qu'on avait cessé d'étudier les sciences dans ces sociétés, ni ou de rechercher la nouveauté. Malgré son importance, la *bid'a* n'eut pas le pouvoir d'exterminer le besoin et la volonté de changement.

BIBLIOGRAPHIE

Sources

BAHĀR M. T., *Sabk-i shenāsī- ye tārīkh-i taṭavvur-i nathr-i fārsī*. Tehrān, s.d., Jild-i sevvom.

DALLAL A., *An Islamic Response to Greek Astronomy. Kitāb Ta'dīl Hay'at al-Aflāk of Ṣadr al-Sharī'a*, edited with Translation and Commentary, Leiden, E.J. Brill, 1995.

IBN AL-HAYTHAM, *Al-Shukūk 'alā Baṭlāmiyūs*, A. I. Sabra et N. Shehaby, (ed.), Le Caire, Dār al-Kutub, 1971.

RASHED R., *Les Mathématiques infinitésimales du IXe au XIe siècle,* tome I : *Fondateurs et commentateurs : Banu Musa, Thabit ibn Qurra, Ibn Sinan, al-Khazin, al-Quhi, Ibn al-Samh, Ibn Hud*, London, al-Furqan Islamic Heritage Foundation, 1416/1996.

– *Les Mathématiques infinitésimales du* IXe *au* XIe *siècle*, tome II : *Ibn al-Haytham*, London, al-Furqan Islamic Heritage Foundation, 1993.
– *Les Mathématiques infinitésimales du* IXe *au* XIe *siècle*, tome III : *Ibn al-Haytham : Théorie des coniques, constructions géométriques et géométrie pratique*, London, al-Furqan Islamic Heritage Foundation, 1421/2000.
IN AL-KHIḌR AL-QURASHĪ A., *Al-Tadkira bi-uṣūl al-ḥisāb wa-l-farā'iḍ (Buch über die Grundlagen der Arithmetik und der Erbteilung) (st. 1067)*, U. Rebstock (ed.), Übersetzt, kommentiert und in Faksimile herausgegeben, Frankfurt am Main, Institut für Geschichte der Arabisch-Islamischen Wissenschaften, 2001.
IBN AL-HAYTHAM, *The Optics of Ibn al-Haytham*, A. I. Sabra (ed.), 3 vol., London, The Warburg Institute, 1989.

MS Berlin, Staatsbibliothek, Preussischer Kulturbesitz, Wetzstein 1154.
MS Cité du Vatican, Biblioteca Apostolica, Borg. Pers. 14.
MS Vienne, ÖNB, Mixt. 271.

Littérature secondaire

BERGGREN L. J., HOGENDIJK J. P., *The Fragments of Abū Sahl al-Kūhī's Lost Geometrical Works in the Writings of al-Sijzī*, Utrecht, Universiteit Utrecht, Department of Mathematics, Preprint, nr. 1226, February 2002, p. 4-18.
COHEN H. F., *The Scientific Revolution : A Historiographical Inquiry*, Chicago, The University of Chicago Press, 1994.
HOGENDIJK J. P., « Greek and Arabic Constructions of the Regular Heptagon », *Archive for History of Exact Sciences*, 30, 1984, p. 197-330.
HUFF T. E., *The Rise of Early Modern Science : Islam, China and the West*, Cambridge, Cambridge University Press, 1993.
JANIN L., D. A. King, « Ibn al-Shāṭir's Ṣandūq al-Yawāqīt : An Astronomical "Compendium" », *Journal for the History of Astronomy*, 1, 1977, p. 187-256.
KENNEDY E. S., I. Ghanem, *The Life and Works of Ibn al-Shatir*, Aleppo, Aleppo University, 1976.
KING D. A., « New Light on the *Zīj al-Ṣafā'iḥ* of Abū Ja'far al-Khāzin », *Centaurus*, 23, 1980, p. 105-117.
– *Islamic Mathematical Astronomy*, London, Variorum Reprints, 1986.
– « The Astronomical Instruments of Ibn al-Sarrāj : A Brief Survey », *in* D. A. King, *Islamic Astronomical Instruments*, Aldershot, Brookfield, Variorum, 1987.
– « A Medieval Arabic Report on Algebra Before al-Khwārizmī », *Al-Masāq*, 1, 1988, p. 25-32.

– *Astronomy in the Service of Islam*, Aldershot, Brookfield, Variorum, 1993.
– « On the Role of the Muezzin and the Muwaqqit in Medieval Islamic Society », in *Tradition, Transmission, Transformation*, F. J. Ragep, S. P. Ragep, S. Livesey (ed.), Leiden-New York-Köln, E.J. Brill, 1996, p. 285-346.
– *In Synchrony with the Heavens – Studies in Astronomical Timekeeping and Instrumentation in Islamic Civilization.* 2 vols., tome I : *The Call of the Muezzin.* tome II : *Instruments of Mass Calculation.* Leiden, E.J. Brill, 2004, 2005.
Kitāb al-jabr wa'l-muqābala. Taqdīm wa-ta'līq 'Alā Muṣ afā Musharrafa, Muḥammad Murshī Aḥmad, al-Qāhira, Dār al-Kitāb al-'arabī li'l-ṭibā'a wa'l-nashr, 1968.
LANE E. W., *An Arabic English Lexicon,* VIII Parts, (Reprint 1869 Edn.). 1985.
LANGERMANN Y. T., « Criticism of Authority in the Writings of Moses Maimonides and Fakhr al-Dīn al-Rāzī », *Early Science and Medicine*, VII, 3, 2002, p. 255-275.
– « Ibn Kammūna and "New Wisdom" of the Thirteenth Century », Arabic Sciences and Philosophy, 15, 2005, p. 277-327.
MINORSKY V., *Calligraphers and Painters, A Treatise by Qadi Ahmad, Son of Mir Munshi, Translated from the Persian,* Washington, 1959.
RAGEP F. J., *Nasir al-Din al-Tusi's « Memoir on Astronomy » (al-Tadhkira fi 'ilm al-hay'a)*, 2 vols., New York-Berlin *et al.*, Springer Verlag, 1993.
– « Freeing Astronomy from Philosophy : An Aspect of Islamic Influence on Science », *Osiris* 16 (2001), 49-71.
– « 'Alī Qushjī and Regiomontanus : Eccentric Transformations and Copernican Revolutions », *Journal for the History of Astronomy,* 36, 2005, forthcoming.
ROSSI P., *The Birth of Modern Science,* Oxford, Blackwell Publishers, 2000.
SABRA A. I., *Optics, Astronomy and Logic : Studies in Arabic Science and Philosophy.* CS 444, Aldershot, Brookfield, Variorum, 1994.
SALIBA G., *A History of Arabic Astronomy : Planetary Theory during the Golden Age of Islam*, New York, New York University Press, 1994.
– « A Sixteenth-Century Arabic Critique of Ptolemaic Astronomy : The Work of Shams al-Din al-Khafri », *Journal for the History of Astronomy,* 25, 1994, p. 15-38.
SAMSÓ J., *Islamic Astronomy and Medieval Spain*, Aldershot, Brookfield, Variorum, 1994.
SESIANO J., *Un Traité médiéval sur les carrés magiques. De l'arrangement harmonieux des nombres,* Lausanne, Presses polytechniques et universitaires romandes, 1996.

– « Une compilation arabe du XIIe siècle sur quelques propriétés des nombres naturels », *SCIAMVS*, 4, 2003, p. 137-189.

– *Les Carrés magiques dans les pays islamiques,* Lausanne, Presses polytechniques et universitaires romandes, 2004.

SHALHŪB S., *Al-Kāfī fī l-ḥisāb li-Abī Bakr Muḥammad b. al-Ḥasan al-Karajī*. Ḥalab, Jāmi'at Ḥalab, Ma'ḥad al-turāth al-'ilmī al-'arabī, 1406/1986.

Histoire du tonus : ruptures ou continuité?[1]

Sarah CARVALLO

Au XXe siècle, Sherrington mentionne Stahl comme le véritable inventeur du tonus; au XVIIIe siècle, lorsqu'il baptise la notion centrale de son système médical du nom antique de τόνοσ, Stahl se réfère aux Anciens, à Galien en particulier. Deux siècles après Jésus Christ, Galien lui-même reprenait ce nom à Rufus, médecin du premier siècle après Jésus Christ, auteur hypothétique qui se démarquait des Stoïciens pour établir la première définition anatomique des τόνοι. Sous la permanence d'un même nom, ces trois étapes marquent-elles trois reprises de la même notion, ou trois découvertes irréductibles l'une à l'autre? Certes, à chaque fois, le contexte théorique de la médecine change : vitalisme, animisme ou physiologie. La définition du tonus varie en conséquence, et pourtant répond à une même fonction : distinguer le vivant du cadavre grâce à une qualité globale de l'organisme. Ce concept proprement médical sans équivalent purement physique éclaire la constitution historique de la médecine, qui, telle Janus, se souvient de son passé au moment où elle progresse. Il reste à décider du statut de ces connaissances à la fois nouvelles et anciennes : constituent-elles des découvertes ou des reprises? La médecine évolue-t-elle par ruptures ou continuité?

En 1919, Sherrington présente une lecture rétrospective de l'histoire du tonus. Dans son œuvre scientifique, il recourt à ce

1. Je remercie Jacques Lambert pour avoir amendé ce texte.

concept pour asseoir sa théorie de la rétroaction, qui garantit l'unité, la totalité, la posture et l'équilibre de l'organisme vivant dans son environnement. Dans son œuvre historique, Sherrington montre comment les vicissitudes de ce concept médical illustrent la logique spécifique de la médecine, d'une part diachroniquement, d'autre part, dans la nécessité de se démarquer des autres sciences. Sherrington mentionne particulièrement deux « précurseurs » : Stahl et Galien.

En 1692, Stahl cherche à réfuter l'hypothèse heuristique de l'animal – machine, posée par Descartes, reprise par Leibniz. Un de ses arguments majeurs réside dans la notion de tonus, qui relève exclusivement de la médecine sans équivalent mécanique. Fruit de l'observation clinique mais ignoré de l'anatomie, le tonus caractérise l'essence même de la vie ; irréductible à la transmission physique de mouvements ou à des opérations chimiques, il révèle une dimension proprement vitale du fonctionnement organique. La démonstration stahlienne procède en trois temps : en premier lieu, elle explique pourquoi nul modèle mécanique ne peut rendre raison de cette observation clinique et en déduit la nécessité de nouveaux concepts proprement médicaux ; en second lieu, elle établit une physiologie du tonus ; enfin, elle en induit des conséquences épistémologiques concernant la nature et le but de la médecine, en lien avec la tradition antique. La théorie stahlienne exige en conséquence de poser le problème dans son contexte historique : Stahl se démarque de l'iatromécanisme et renoue avec la tradition galénique. A cet égard, son invention est aussi une reprise.

A son tour, Galien reprend le concept anatomique de tonus-cordes établi par Rufus pour lui donner une pertinence physiologique : dans le contexte du vitalisme, Galien décrit le tonus comme un mouvement invisible mais efficace de tension, qui garantit la posture musculaire du vivant dans le monde. Autant les autres formes de mouvement (contraction, allongement, mouvement passif) correspondent à des phénomènes physiques, autant le tonus constitue une propriété du vivant. Ainsi cette notion peut servir simultanément de critère pour distinguer l'inerte du vivant, et de marque pour qualifier l'identité de la connaissance médicale. De nouveau, la compréhension de la notion s'avère indissociable du contexte conceptuel de la médecine galénique.

En dépit des variations contextuelles, Sherrington suppose une continuité conceptuelle dénotée par la permanence d'un même terme, qui, malgré son caractère vague et variable, permet de caractériser la médecine vis-à-vis des autres sciences de la nature. Cette hypothèse historique l'autorise à lire cette histoire comme un progrès, dont les différentes phases trouveraient leur aboutissement et leur vérité dans sa propre découverte. En particulier, il insiste sur l'héritage stahlien pour prouver la permanence d'un fil conducteur, alors même que la théorie animiste s'oppose strictement aux fondements de la médecine du XXe siècle. Le but de cet article consiste à interroger justement cette lecture continuiste de l'histoire de la médecine en reprenant les trois moments où apparaît une nouvelle interprétation du tonus. Plus particulièrement, une étude attentive des théories de Stahl et de Sherrington interdit d'identifier strictement leurs découvertes, même si un certain nombre de passeurs intermédiaires explique comment l'un prétend reprendre à l'autre son concept, au prix des distorsions imposées par une lecture rétrospective.

POSITION DU PROBLÈME ANTIQUE

Bien que son statut fût l'objet de débats, la médecine antique se définit progressivement comme science : aux yeux de Galien, elle doit concilier l'art et la raison, et donc promouvoir une théorie rationnelle de l'homme. La notion anatomique et physiologique de tonus participe au projet d'une telle connaissance.

La médecine antique comme science

Jusqu'à Rufus d'Ephèse (Ier-IIe siècles après Jésus Christ), l'anatomie antique confond en une seule et même catégorie les différentes « cordes » du corps humain. Issu du verbe τεíνω, le substantif τóνοσ désigne, littéralement, la corde de l'arc tendu; appliqué à l'anatomie, le nerf ou le tendon indistinctement; par extension, il caractérise la tension des câbles, l'intensité de la voix ou d'un affect tel que la colère, le ton musical ou pictural. La taxinomie des cordes dans le corps repose alors sur la seule apparence de la chose, qui, en tant que telle, se différencie des organes, des tissus, des humeurs, des os, des cartilages et des autres parties de l'organisme. Au contraire, Rufus différencie les nerfs et les ligaments, en dépit de leur ressemblance :

> Parmi les nerfs qui proviennent du cerveau et de la moelle épinière, les uns actifs (moteurs, πρακτικά) ou sensitifs (αἰσθητικά) sont dits volontaires et cordons (καὶ προαιρετικὰ καὶ τόνοι) ; les autres qui entourent les articulations sont appelés ligaments (tendons, συνδετικὰ) [2].

Rufus distingue donc deux parties semblables à cause de leurs fonctions différentes : les cordons tirent et relient deux extrémités, les tendons entourent, contiennent et lient ensemble. Les premiers suscitent motricité et sensibilité; les seconds conditionnent le bon fonctionnement des articulations. Le critère d'identification des parties du corps humain ne réside plus seulement dans leur configuration apparente, mais dans l'usage fonctionnel (ἡ χρεία), qui seul permet de rendre raison [3] de l'identité morphologique d'une partie. C'est en ce sens que la médecine devient une science : elle ne se contente pas de décrire un fait empirique, elle construit son objet théorique et l'explique.

Le traité *Du Nom des parties du corps humain* vise à comprendre les parties internes en relation avec leur fonction (δύναμις), selon une nouvelle conception de la méthode médicale. En effet, Rufus prétend jeter les fondements de la médecine scientifique : comme le flûtiste commence par apprendre les noms des différentes parties de la lyre, le médecin doit savoir désigner les parties et outils qu'il manipule [4]. Seule la langue grecque [5], de savoir et de culture, s'avère

2. *Œuvres de Rufus d'Ephèse*, trad. Ch. Daremberg, Paris, 1879, p. 163.

3. M. Tallmadge May traduit en effet ἡ χρεία par raison, sauf dans le titre. Elle justifie ce choix dans la préface *On the Usefulness of the parts of the body*, trad. M. Tallmadge May, Ithaca, New York, Cornell university press, 1968.

4. Dans le contexte grec, la comparaison avec la musique souligne d'emblée la prétention scientifique de la médecine. Paul Tannery souligne que la première loi de physique mathématique découverte par les Grecs concerne les intervalles musicaux. La théorie des rapports (λόγοι) provient donc de la considération des accords musicaux; lorsqu'Aristoxène établit le rapport entre des hauteurs sonores respectives, la définition du logos ressemble fort à celle qu'on lit dans les *Eléments* d'Euclide livre V, troisième définition, bien que celui-ci accorde peu de place à la théorie des rapports musicaux dans son ouvrage. Voir Tannery, « Du rôle de la

habilitée à nommer; cependant, la médecine peut non seulement dire, mais aussi montrer. Rufus démontre donc sa taxinomie grâce à l'anatomie comparée du singe, puisque les lois interdisent la dissection humaine [6]. En ce sens, Rufus prétend appliquer à la médecine la méthode géométrique. Il invente et définit des noms pour réduire la part des choses anonymes [7] : de cordes, il fait des nerfs ou des tendons, exclusivement, selon leur usage final. Il relie les parties à des fonctions; il explique la raison d'être des parties en identifiant leur fonction, il prouve ainsi la vérité de ses notions. Rufus est à la médecine, ce qu'Euclide est à la géométrie, et leur nom symbolise l'invention d'une nouvelle méthode scientifique commune dans deux domaines différents.

A son tour, Galien (131-201 environ) reprend et prolonge ce programme contre les écoles dogmatique, empirique et méthodique [8]. Il y développe précisément la notion de tonus, qui constitue un principe fondamental pour comprendre les fonctions musculaires et occupe une place critique dans la polémique contre les Stoïciens [9]. Au delà de l'identification propre du tonus, il s'agit par conséquent de définir ce que fait et sait la médecine [10]. L'étude de

musique grecque dans le développement des mathématiques pures », *Mémoires scientifiques* III, Toulouse, Privat, 1915.

5. La même doctrine se retrouve chez Galien qui compare la langue à la monnaie : seule la Grecque vaut quelque chose, *De pulsuum differentiis* II, 5, cité par Paola Manuli, « Galen and Stoicism », *Galen und hellenistische Erbe*, Kollesch J. et Nickel D. (eds.), Stuttgart, Sudhoff Archiv Beihefte, 32, 1993.

6. « Dans les temps anciens, c'est sur l'homme qu'on enseignait hardiment l'anatomie, et avec plus de succès. », *Œuvres*, p. 134.

7. *Œuvres*, p. 152.

8. Galien, « Des sectes aux étudiants », *Œuvres anatomiques, physiologiques et médicales*, trad. Ch. Daremberg, Paris, 1854, tome 2, p. 376-397. Sur le contexte doctrinal, voir *Les Écoles médicales à Rome*, Mudry et Pigeaud (éd.), Acte du colloque international sur les textes médicaux latins antiques, Lausanne, septembre 1986, Droz, Genève, 1991.

9. « après avoir découvert les premières notions, et comme les *éléments* du mouvement des muscles… », *Du Mouvement des muscles*, dans *Œuvres anatomiques*, livre II, chap. 1, tome 2, p. 352, [je souligne l'allusion aux *Eléments* d'Euclide].

10. « les phénomènes ne sont pas les principes de l'art (…). Tout théorème est général et inébranlable. Ils se trompent donc ceux qui soutiennent que l'art est conjectural, pour la raison que les théorèmes seraient également entachés de

cette controverse générale sur le statut de la connaissance médicale, et plus précisément sur la nature du tonus, implique la notion de πνεῦμα ; sans développer ce thème central de la médecine antique et classique, il s'agit de comprendre les relations qu'entretiennent le *pneuma* et le tonus. Par le *pneuma*, les Stoïciens désignent un même fluide sous trois états différents, selon qu'il provient du cerveau, du cœur ou du foie. Sous ces trois formes, le *pneuma* constitue l'agent du mouvement, dont le principe est l'*hegemonikon*. Or tout mouvement exprime une tension (*tonos*) ; ainsi le *pneuma* entretient une relation d'agent envers le tonus et constitue le substrat matériel de la vie [11]. Au contraire, Rufus assigne l'origine de la vie non au *pneuma*, dont il critique la définition, mais au cœur : « le principe de la chaleur, de la vie et du pouls, est le cœur »[12]. A l'opposé des Stoïciens, il attribue donc une priorité au cœur sur le sang ou le *pneuma*, à l'organe sur le mouvement. Pour conforter cette assertion, Rufus montre, contre Erasistrate, que les veines et les artères contiennent du *pneuma* et du sang [13] : le sang ne constitue donc pas un état du *pneuma* caractérisé par une simple différence de degré,

conjectures; car on ne dit pas que l'art est conjectural à cause des théorèmes, puisqu'ils sont inébranlables, mais à cause de la pratique et de l'intervention des médecins. », *De la meilleure méthode, à Thrasybule,* dans *Œuvres anatomiques*, tome 2, 402.

11. « Zénon assure que la chaleur et le *pneuma* sont même chose; les médecins font une distinction : ils appellent *pneuma* l'air respiré, et chaleur ce qui résulte du frottement du *pneuma*; d'autres prétendent que la chaleur est un certain principe de vie. », *Œuvres*, p. 166. Sur les notions stoïciennes en lien avec le *tonos*, E. Bréhier : *Chrysippe et l'ancien stoïcisme*, Paris, 1950, p. 115. Galien critique aussi Asclépiade et Epicure, qui considèrent que l'âme ou la nature consistent en des particules fines comme le *pneuma* mélangées avec de la chaleur. Identifier le *pneuma* à l'air permet de libérer l'âme de toute matière, au contraire des Stoïciens. *De usu partium*, VII, 14. Voir aussi G. Verbecke, *L'Évolution de la doctrine du pneuma du stoïcisme à Saint Augustin,* Paris-Louvain, Desclée de Brouwer, 1945.

12. *Œuvres*, p. 155. Sur les résurgences du modèle stoïcien à l'âge classique, B. Joly, *La Rationalité de l'alchimie au XVIIe siècle*, Paris, Vrin, 1992, p. 81-95. Sur le pneuma galénique, O. Temkin, « On Galen's pneumatology », *The Double face of Janus*, Baltimore, John Hopkins University Press, 1977; A. Debru, *Le Corps respirant. La Pensée physiologique chez Galien*, Leiden, E.J. Brill, 1996.

13. Erasistrate considère que les artères ne contiennent que du pneuma, les veines du sang, cf. L.G. Wilson, « Erasistratus, Galen and the pneuma », *Bulletin of the history of medicine*, 4, 1959, p. 298.

mais un fluide de nature différente, parce que d'origine distincte, dans la mesure où il provient du cœur ou du foie, non du cerveau. Ainsi, Rufus esquisse une distinction entre le *pneuma*-fluide, et le tonus-partie.

Sans entrer dans l'analyse historique de la pneumatologie telle qu'elle fut pensée par Galien ou systématisée par ses successeurs, il s'agit de comprendre comment Galien reprend la distinction établie par Rufus : le *pneuma* désigne soit l'air inspiré, soit les esprits ou la substance très subtile (psychique, vitale ou animale) véhiculée par les nerfs ; à chacun de ces stades, il se distingue du sang. Plus précisément, Galien relie directement le *pneuma* à la contraction musculaire, donc au tonus :

> Elaboré dans le cerveau et collecté dans ses ventricules, le *pneuma* psychique voyage à travers les nerfs et se distribue à toutes les parties du corps afin de leur fournir sensation et mouvement. Toutes ces parties, à l'exception des yeux [qui ont besoin de beaucoup de *pneuma*], requièrent de petites quantités de *pneuma* ; c'est pourquoi les canaux le convoyant dans les nerfs sont si petits qu'ils sont imperceptibles. En effet, les plus petits, de la taille d'une toile d'araignée, peuvent entièrement manquer de *lumen* [14].

La notion galénique du tonus

A son tour, Galien définit les nerfs [νευρώδεα σώματα] comme « des cordes [τόνοι], ligaments, muscles et tendons » [15]. Cependant, il évoque ailleurs une tension innée à chaque partie [τόνος ὑμφυτος] qui exerce une action propulsive [προστίκη], sécrétoire [ἀποκριτική] ou excrétoire [εκκριτική] [16]. Galien institue ainsi une ambiguïté

14. *De usu partium*, VI, 15 [je traduis à partir de Tallmadge May (1968), p. 316], repris dans *De marcore*, chap. 3. Fondateur de la physiologie au IIIᵉ siècle av. J.C., Erasistrate suppose que les artères contiennent seulement du pneuma, non du sang. Galien le critique, *De usu partium* V, 5 (1968), p. 256. Il faut reconnaître cependant à Erasistrate le mérite d'avoir distingué les veines et les artères.

15. *Commentaires sur les aphorismes hippocratiques*, Kühn (éd.), *Opera omnia*, Leipzig, 1821-1833, vol. 17B, p. 783.

16. Galien, *Des Facultés naturelles* III, 13. Sur l'ambiguïté galénique : Temkin, « The classical roots of Glisson's theory of irritation », *The double face*, en particulier

correspondant à son projet d'établir une physiologie du nerf et du muscle, parties nécessairement liées dans la médecine antique. Cette ambiguïté entre une nature nerveuse et une fonction musculaire grève la notion de tonus pour longtemps ; elle se redouble dans le fait de savoir si le tonus désigne soit une partie, soit une fonction, et si l'on peut identifier la partie et la fonction [17].

Si le tonus caractérise une fonction musculaire, il demeure inaccessible à l'observation directe, et requiert un détour par la mesure du pouls. Celui-ci manifeste justement la propulsion du *pneuma* par le cœur *via* les artères, ou, à partir du cerveau *via* les nerfs. Or la mesure du pouls décalque la métrique. On peut ainsi distinguer dans le souffle le rythme, la grandeur, la rapidité, la plénitude ; celle-ci caractérise des degrés d'intensité, qui correspondent à des états déterminés du tonus. Cette intensité constitue alors une passerelle entre les deux opérations physiologiques cardiaque et nerveuse en reliant l'évaluation directe du pouls à l'estimation indirecte du tonus. Par conséquent, la mesure du pouls peut révéler les caractéristiques du tonus d'un individu : par exemple, comme le remarquait déjà Rufus chez les malades, le pouls intermittent « indique une absence de tonicité (ὅταν δὲ ἐπὶ νοσούντων εὑρεθῇ οὐδένα τόνον σηγαίνει) » [18]. En d'autres termes, l'intensité du pouls

p. 309 ; G. Canguilhem, *La Formation du concept de réflexe aux XVIIe et XVIIIe siècles,* Paris, Vrin, 1977, p. 17.

17. « Les nerfs, qui jouent par conséquent le rôle de conduits, apportent aux muscles les forces qu'ils tirent du cerveau comme d'une source... », Galien, *Du Mouvement des muscles,* dans *Œuvres anatomiques,* tome 2, p. 323-324. Sur l'ambiguïté du terme appliqué soit aux nerfs, soit aux muscles, cf. Sherrington, « Note on the history of the word "tonus" as a physiological term », *Contributions to medical and biological research, dedicated to Sir William Osler in Honour of his seventieth birthday,* NY, Hoeber, 1919, vol. 1, p. 261.

18. *Traité abrégé sur le pouls,* attribué à Rufus, dans *Œuvres,* p. 230. Sur l'explication galénique du pouls, *De l'anatomie des parties du corps,* dans *Œuvres anatomiques,* p. 183-184. Pouls est le mot latin qui traduit exactement le *tonos* grec ; pulsare équivaut à τείνω ; le « pulsum », traduit ὁ σφυγμός tiré de σφύξω· battre, τὰ σφύξοντα : les artères ou les veines. La mesure du pouls reprend la métrique poétique : l'enfant manifeste un pouls sur le mètre pyrrhique (la systole et la diastole valent chacune un temps court) ; les jeunes gens ont un pouls analogue au trochée (la diastole a deux temps, la systole un) ; les adultes à un spondée (deux temps longs) ; les vieillards à un iambe (trois temps, un court, deux longs).

signifie la qualité du tonus ; résultat de l'activité cardiaque, le premier manifeste le degré du second, c'est-à-dire l'état des nerfs, leur tension et leur contraction, émanant du cerveau. Cette relation signifiante entre le pouls et le tonus, qui paraissaient pourtant de natures distinctes, s'avère possible, parce qu'elle repose désormais sur la réalité unifiée de l'air-*pneuma* à travers ses différents stades d'élaboration par opposition au sang. Il en découle donc que le tonus résulte du *pneuma* comme son effet ; il désigne un *impetus*, élan, force ou mouvement, qui correspond à la fois à une fonction musculaire et à un tonus de posture.

Dans ce contexte général, l'observation physiologique permet de distinguer plus précisément quatre modifications dans l'action musculaire : soit le muscle est actif, soit il est passif, soit il se meut, soit il demeure immobile. L'action propre d'un muscle est la contraction, sa passion l'extension ; la contraction exprime une propriété intrinsèque du muscle, compensée par la traction qu'effectuent les muscles antagonistes doués de la même propriété contractile. Le mouvement d'un muscle résulte de son action ou de sa passion ; il consiste à tirer les os, auxquels il se rattache, ou la peau qui le recouvre. Son immobilité caractérise un équilibre entre des forces antagonistes issues de muscles distincts. Or les relations entre ces quatre modifications sont paradoxales : en effet, « il est possible de découvrir un mouvement pendant lequel tous les muscles du membre sont inactifs, et un repos pendant lequel un très grand nombre sont en activité »[19].

La comparaison entre deux mouvements : se coucher ou tomber, illustre suffisamment ce paradoxe. Se coucher est un mouvement volontaire, maîtrisé, qui implique donc une action musculaire :

> On n'a pas même en dormant tous les muscles complètement au repos (…). Il y a donc de la témérité à prétendre que, dans le sommeil, l'âme repose, à moins que par repos, on n'entende non pas une tranquillité complète mais une cessation de la tension [contraction][20].

19. Galien, *Du Mouvement des muscles*, dans *Œuvres anatomiques,* tome 2, p. 338, et tome 2, p. 334 ; 344.

20. Galien, *Du Mouvement des muscles*, dans *Œuvres anatomiques,* p. 7, 2, 359 ; 361.

Tomber consiste à « [relâcher] tous les muscles tendus et [permettre] au poids du corps de se porter du côté duquel il se couche ». A travers cette différence, Galien discerne donc une cinquième catégorie de modification musculaire, qui permet d'expliquer pourquoi le corps ne s'effondre pas, pourquoi l'oiseau plane au lieu de tomber[21]. A la différence des quatre modifications musculaires précédentes, cette cinquième catégorie ne s'observe pas directement sur un muscle ; elle est induite de l'attitude globale du vivant dans le monde. Galien passe ainsi du tonus comme fonction musculaire incarnée dans une partie, au tonus comme posture globale. Le corps en général, le muscle en particulier résistent en permanence à la chute. En l'absence d'une théorie de la pesanteur, il faut laisser à cette résistance une valeur qualitative ; en revanche, les débuts de l'hydrostatique suffisent à lui donner une consistance. Or cette résistance ne définit ni une action, ni une passion, ni un mouvement : elle caractérise un équilibre, qui s'actualise à chaque moment et permet à l'animal d'exister comme une totalité. Elle unifie la disparité des parties multiples en un corps, comme elle rassemble la multiplicité des fibres et membranes en un muscle.

Le tonus définit par conséquent une propriété précise du muscle : sa capacité à former une totalité grâce à un équilibre entre des parties multiples. Au niveau de l'organisme entier, cette potentialité se traduit par une position spécifique du vivant[22], qui se maintient même dans le sommeil. Ainsi Galien produit un critère suffisant pour distinguer l'inerte et le vivant : comment en effet pouvons-nous dormir sur le côté, si ce n'est par une résistance permanente quoiqu'inconsciente ?

21. L'oiseau « est mû par un mouvement vers les régions supérieures, autant que le poids du corps le pousse en bas. Supposez l'oiseau privé de la vie ou de la tension des muscles, vous le voyez descendre rapidement à terre. On constate par là que le penchant à tomber, naturel au corps pesant, était précisément contrebalancé par l'effort vigoureux de la tension psychique pour s'élancer dans l'air. », Galien, *Du Mouvement des muscles*, dans *Œuvres anatomiques*, tome 2, p. 341.

22. Sur cette position, Galien se réfère aux analyses d'Hippocrate dans le traité *des Fractures*, cf. *Du Mouvement des muscles*, dans *Œuvres anatomiques*, tome 2, p. 346-350. Il présente les preuves de sa spécificité vitale à travers 1) le besoin de changer de position même au repos ; 2) la fatigue ; 3) l'ivresse ; 4) le sommeil ; 5) la mort. Il analyse plus particulièrement la position de la mâchoire inférieure, la position des membres, le contrôle des excrétions.

> Vous saurez parfaitement quelle activité existe dans le décubitus latéral, si vous couchez un cadavre de cette façon. Il ne restera pas dans cette position un seul instant, il retombera immédiatement sur le dos ou sur le ventre, selon que son poids l'entraînera [23].

Puissance d'unification et de résistance, le tonus désigne une réalité vitale, qui dépasse les seules descriptions anatomiques et physiologiques. Il gagne un statut épistémologique nouveau dans la connaissance de la vie, puisqu'il sert de critère pour spécifier la nature des mouvements vitaux par opposition aux lois de la matière inerte. « Il nous suffit pour le moment d'avoir découvert ce fait : c'est qu'une espèce d'activité de cette nature a lieu, peu importe qu'on l'appelle tonique ou de tel autre nom qu'il vous plaira » [24].

Pour résumer, la tradition antique établit le programme d'une médecine scientifique ; à cet égard, le tonus s'avère indispensable à une juste connaissance de la vie, capable de ressaisir la différence entre l'organique et l'inerte. Quinze siècles plus tard, le postulat iatromécaniste moderne nie cette originalité organique du tonus et prétend réduire les τονικαὶ κίνησειͅσ à des notions physiques ; Stahl essaie au contraire de les justifier à la lumière de nouvelles observations cliniques.

LA DÉCOUVERTE STAHLIENNE DU TONUS

Fort de ses dissections anatomiques, Descartes établit l'hypothèse de l'animal machine comme méthode heuristique pour comprendre la physiologie, c'est-à-dire le fonctionnement des parties, débarrassée de toute téléologie. Cet artifice méthodologique se résume en trois points : les organismes se composent de la même matière que le reste du monde et fonctionnent donc selon les mêmes lois. L'explication des fonctions vitales ne requiert nulle âme ou principe externe à l'étendue. La fiction d'une machine imitant tous les comportements animaux s'avère légitime pour comprendre la vie.

23. *Du Mouvement des muscles*, dans *Œuvres anatomiques,* tome 2, p. 360.

24. Galien, *De placitis Hippocratis et Platonis* VII 3-4. *De usu partium* VI, 13, *On the usefulness...*, p. 311 ; VII, 8, p. 346. Sur la fonction nerveuse, J. Walsh, « Galen's discovery and promulgation of the function of the recurrent laryngeal nerve », *Annals of medicine history* VIII, 1926, p. 176-184.

D'ailleurs, les vivants sont construits par Dieu comme les machines sont fabriquées par les hommes, à un degré de perfection près [25].

> [...] ces fonctions suivent toutes naturellement, en cette Machine, de la seule disposition de ses organes, ne plus ne moins que font *les mouvements d'une horloge*, ou autre automate, de celle de ses contrepoids et de ses roues ; en sorte qu'il ne faut point à leur occasion concevoir en elle aucune autre Ame végétative, ni sensitive, ni aucun autre principe de mouvement et de vie, que son sang et ses esprits, agités par la chaleur du feu qui brûle continuellement dans son cœur, et qui n'est point d'autre nature que *tous les feux qui sont dans les corps inanimés* [26].

Georg Ernst Stahl (1659-1734) montre que cette hypothèse grève toute entreprise médicale dans ses fondements, dans la mesure où elle nie l'objet même de cette science en annulant la différence entre l'inerte et le vivant. Il convient donc de faire la part des choses. Certes, le vivant synthétise des effets mécaniques et des opérations chimiques, mais il y ajoute une énergie proprement vitale, qui le distingue radicalement des corps inertes. Plus exactement, la présence de cette énergie oblige à renverser l'ordre des raisons et l'ordre des choses établis par la *mathesis universalis* cartésienne : ces deux ordres logique et ontologique n'aboutissent pas à la vie comme à leur résultat, mais émanent de cette vie-*logos*. Celle-ci constitue une double origine : d'une part, comme source des épiphénomènes physico-chimiques de l'organisme, et d'autre part, comme intuition première d'où découle ensuite le raisonnement (*logismos*) selon les causes efficientes caractérisant la connaissance physique ou chimique [27]. Stahl substitue par conséquent à la machine cartésienne la série suivante : la vie engendre l'énergie, qui génère le mouvement tonique, puis toutes les fonctions organiques (en particulier,

25. M. Schneider, *Das mechanistische Denken in der Kontroverse*, Studia leibnitiana Suppl. 29, Stuttgart, 1993, p. 155. Sur le projet iatromécaniste, F. Duchesneau, *La Physiologie des Lumières. Empirisme, modèles et théories*, La Haye, London, Boston, Nijhoff, 1973.

26. Descartes, *La Description du corps humain*, dans *Œuvres complètes*, C. Adam et P. Tannery (éd.), Paris, Vrin, 1964-1974, (désormais citées AT XI, p. 202. Je souligne. Les feux désignent la fermentation).

27. G.E. STAHL, *De differentia logou kai logismou*, dans *Œuvres médico-philosophiques et pratiques*, trad. Th. Blondin, Paris, 1859-1864, VI, p. 445-452.

sécrétion, excrétion, circulation), enfin les mécanismes physiques et opérations chimiques (par exemple, la fermentation requise par la digestion). Parallèlement l'explication médicale expose la série des causes « surdéterminant » les phénomènes physiques et chimiques en leur conférant une nouvelle dimension proprement organique; bien loin de s'ajouter à des descriptions anatomiques ou chimiques comme le prétend Descartes, la médecine les précède tout en les dépassant. Cette hiérarchie conceptuelle correspond à la réalité des faits : la vie n'émerge pas comme une conséquence des fermentations chimiques, elle ne se réduit pas non plus au fonctionnement mécanique des parties agencées, mais elle organise et structure ces niveaux physico-chimiques en fonction de sa fin propre. Ce que nous traduisons par « sur – déterminer ».

La critique stahlienne ne porte donc pas sur une thèse métaphysique, mais bien sur une thèse médicale : « ce qui me choquait par-dessus tout, c'est que dans cette théorie physique du corps humain, la vie même dès le début était passée sous silence, et que je n'en voyais nulle part une définition logique » [28]. Il ne s'agit pas de discuter directement de l'action de l'âme sur le corps, mais de défendre l'identité de la médecine irréductible de droit à la physique ou la chimie. Cette identité repose sur la spécificité d'un certain type d'action : le tonus. Or l'hypothèse cartésienne se condamne à rester aveugle au mouvement tonique. La réfutation stahlienne revient alors à prouver, d'une part, son efficacité réelle dans l'organisme, d'autre part, son antériorité à l'égard des phénomènes physico-chimiques. Comme le souligne Charles Sherrington, le tonus devient alors une pierre de touche de la vie elle-même.

La thèse stahlienne et son enjeu épistémologique

L'ordre des choses impose l'ordre des raisons : la vie-*logos* en constitue l'unique source. Du côté des raisons, elle hiérarchise médecine, physique, chimie. Mais au sein de la première discipline, elle agence localement encore les différentes branches : la médecine

28. *Paroenesis, ou exhortation sur la nécessité d'éloigner de la doctrine médicale tout ce qui lui est étranger*, dans *Œuvres* II, p. 224. Tissot, *L'Animisme et ses adversaires*, *ibid.*, VI, 371. Sur la postérité de cette force vitale irréductible à la mécanique ou à la chimie, Temkin, « The philosophical background of Magendie's physiologie », p. 317-339.

surplombe la pathologie et la physiologie, c'est à peine si l'anatomie et la chirurgie y ressortissent encore : « nous nions que l'anatomie soit une partie intégrante de l'art médical, qu'elle lui appartienne en propre et qu'elle lui soit enfin d'une utilité effective »[29]. Cette nouvelle classification des disciplines s'oppose au modèle arborescent des *Principia.* Elle maintient, au moins par provision, l'originalité irréductible de chaque discipline, et surtout celle de la médecine. Stahl adhère aux hypothèses mécanistes en physique, mais il en restreint l'application au seul domaine des matériaux en mouvement pour en exclure le mélange chimique et l'organisme.

Ce débat taxinomique traverse l'histoire de la médecine et se traduit sous les termes suivants : la connaissance de la vie peut elle supporter le réductionnisme – ne fût-il qu'heuristique – de la description anatomique ? Stahl le nie et développe la notion de tonus comme preuve de sa thèse. Face aux revendications cartésiennes de faire table rase du passé, Stahl assume au contraire la reprise d'un concept antique, dont il modifie pourtant le statut, puisqu'à ses yeux, le tonus ne constitue plus une propriété de l'organisme au même titre que la motricité, la sensation ou la nutrition, mais la source même de toutes les propriétés vitales, chimiques ou mécaniques. Si Stahl reconnaît sa dette à l'égard des Anciens, il souligne néanmoins la nouveauté de sa théorie :

> le ton était appliqué par les Anciens à l'acte animal volontaire, et non à une action vitale (…) ils étaient donc bien loin de penser qu'il fallût en déduire cette foule d'effets qui donnant lieu à diverses translations, congestions, expressions (d'une partie) et compressions (vers une autre) de la masse humorale, sont en réalité la cause de nombreuses et fréquentes affections de toutes sortes. (…) assurément d'après les paroles mêmes de Galien, j'admets que dès la plus haute antiquité, on a reconnu dans telle ou telle partie de l'économie générale du corps une certaine énergie, une certaine vigueur, une certaine force[30].

Il s'agit de comprendre en quel sens Stahl réinvestit l'héritage antique pour définir et accomplir une anthropologie médicale radicalement différente de « l'homme » de Descartes. Reprenant des

29. *Paroenesis*, dans *Œuvres* II, p. 157.

30. *Du Mouvement tonique vital*, dans *Œuvres* VI, p. 532-533.

écrits dispersés, Stahl présente en 1708 la *Vraie Théorie médicale* comme une synthèse physiologique et thérapeutique décrivant les opérations administrant la nature humaine (au sens aristotélicien, le principe du mouvement et du repos dans l'homme) et leurs perturbations.

> Je montre que le principe qui agit et dirige est d'une nature radicalement différente du corps en tant que corps ; que la vie est une structure, une action [*usus*] constante de ces choses et au service de ces choses, qu'elle n'est pas tant une activité que la nécessité d'agir, qu'elle n'est pas simplement physique – causée par la matière ou le corps – mais morale, finale – à cause de l'action non du corps ou pour le corps, mais de l'âme, qui est entendement et volonté [31].

De même, la maladie ne dépend pas tant de la structure physique ou du mélange chimique, que des perturbations vitales. Dans un premier temps, Stahl établit systématiquement la différence de nature entre le vivant et l'inerte à travers quatre livres polémiques envers l'iatromécanisme et l'iatrochimisme : *Exposé sur la différence entre le mécanisme et l'organisme*, *Exhortation à séparer la doctrine médicale des éléments étrangers*, *Démonstration de la vraie diversité entre le mixte et le corps vivant ; Défense et indications sur ses écrits*. Dans un deuxième temps, Stahl présente les deux aspects théorique et thérapeutique de la médecine en deux parties, physiologique et pathologique. Selon ces contextes, le tonus apparaît sous différentes figures : comme un argument polémique contre la réduction iatromécanique ou iatrochimique, dans la mesure où notamment il permet seul d'expliquer véritablement la circulation sanguine [32] ; comme une

31. Stahl, Préface de l'auteur à l'édition de 1737, *Theoria medica vera*, (je traduis).

32. *Vindiciae et indicia de scriptis suis* § 39, in *Theoria medica vera*, p. 152 & *Physiologia*, « De organismo motus humorum », § 7, *ibid.* p. 229. Etablie en 1628 par Harvey grâce à des expériences physiologiques (mesure du débit sanguin) et anatomiques (position des valvules dans les veines), la circulation sanguine se trouve confirmée en 1661 par l'observation de Marcelo Malpighi qui identifie, dans les poumons et le mésentère de la grenouille, des capillaires qui font passer le sang des artères vers les veines. Stahl nie l'existence de ces capillaires ; il suppose alors que le sang passe directement des artères aux veines par des pores, dont la taille se trouve régulée par une tension provenant du mouvement tonique. Stahl écrit : « j'ai rejeté les spéculations plus modernes sur les obstructions capillaires, avec d'autant plus de raison surtout qu'elles ont évidemment une base d'argile. », *Du Mouvement*

notion théorique, puisqu'il articule la vie-âme-énergie-logos au corps et se manifeste par le pouls; comme un problème pathologique, puisque les maladies les plus graves émanent de sa perturbation[33]. A vrai dire, cette notion concentre et résume tout le projet médical de Stahl; à la suite de Sherrington, Georges Canguilhem en souligne l'importance, sans la développer pour elle-même[34]. En effet, on ne peut comprendre l'action vitale si l'on ne comprend pas le mouvement tonique actif : cette intuition apparaît dès 1692 dans une *dissertation sur le mouvement tonique vital* que Stahl écrit dans un but principalement thérapeutique et clinique à partir de cas examinés. Rédigé en 1692 à l'attention du Docteur Sleevogt, Professeur à Iéna, ce traité est imprimé en 1702, au moment où, installé à la cour du Duc de Saxe Weimar, Stahl affine ses études sur la mécanique et l'hydraulique. A la même période, il s'intéresse tout particulièrement au pouls dans son travail : *Examen pulsi celeritatis et frequentiae* (1698). Il développe ensuite sa conception du tonus dans la *Dissertation sur les marées de la mer microcosmique*, et en donne les applications thérapeutiques dans l'*Étude sur l'étiologie des fièvres*. Bref, cette notion constitue un fil directeur en un double sens : diachronique dans l'élaboration historique de la pensée animiste; synchronique, puisqu'elle opère la synthèse théorique des différentes parties de la « médecine vitale ». Parallèlement, en tant qu'il assume cette nouvelle fonction explicative, le tonus désigne désormais une opération vitale globale.

tonique vital, dans *Œuvres* VI, 539. Voir Bauer, « Der Körper als Marionette? Georg Ernst Stahl und das Wagnis einer psychosomatischen Medizin », *Acta historica Leopoldina* 30, 2000, en particulier p. 88. La métaphore avec les marées se trouve chez Galien, *De usu partium* VI, dans *Œuvres anatomiques…*, p. 30. Elle fait fortune au XVIIe siècle dans le cadre d'une théorie généralisée de la circulation conçue comme un exemple de tourbillon, cf. Leibniz : « le mouvement de l'océan sur la terre est analogue à la circulation du sang dans le corps, et encore au mouvement de l'air ou du vent. », *Theoria motu concreti*, § 59 (1671) que Stahl reconnaît avoir lu; *De la végétation des plantes*, Mariotte (1677); *Eclaircissements de la circulation de la sève des plantes*, Claude Perrault (1680). Stahl la reprend et la déplace dans le traité *De aestu maris microcosmici*.

33. « *Pathologia, de tonicis praeter naturalem mensuram variationibus, de spasmis, de convulsionibus, de defectibus motuum, etc.* », in *Theoria medica vera*, p. 647-700.

34. Canguilhem, *La Formation du concept de réflexe*, p. 113.

L'enjeu critique du tonus

Les Anciens restreignaient le tonus aux qualités nerveuses ou musculaires ; Stahl le considère comme le premier acte vital s'exprimant dans l'organisme [35], et, son lien avec le pouls trouve une nouvelle signification. Le point commun entre ces deux contextes philosophiques, antique et moderne, tient dans l'affirmation d'une spécificité absolue de la vie, associée à une énergie [36], dont il incombe au médecin de découvrir les signes physiologiques les plus directs. Or cette notion d'énergie connaît un déplacement parallèle aux deux évolutions sémantiques du tonus en médecine, du mouvement en physique puis dynamique. Stahl cherche précisément à concilier l'activité vitale avec les notions mécaniques, tout en maintenant une différence de nature entre elles. Dans sa controverse – en partie posthume dans le *Negotium otiosum* (1720) – avec Leibniz, il définit effectivement les caractéristiques du mouvement. En conformité avec Descartes, Stahl sépare le mouvement de l'extension : le concept de corps simple n'implique pas le mouvement, qui cependant désigne bien une réalité – autrement l'activité du corps viendrait de nulle part et resterait sans raison. Au contraire de Descartes, Stahl en induit que le mouvement est incorporel et ressortit à l'âme. Il caractérise une activité appliquée à la passivité du corps ; il possède des degrés, qui ne se réduisent pas à des grandeurs quantitatives ; il régule le temps, plutôt qu'il n'en dépend. Bref, il manifeste une énergie vitale. Stahl s'oppose alors à la dynamique leibnizienne, qu'il avoue ne pas comprendre ; en effet, Leibniz suit Descartes en considérant le mouvement comme propriété du corps, mais il s'en démarque en lui conférant une activité en termes d'énergie : « les Actions des corps requièrent un principe non seulement matériel mais aussi formel, que j'ai appelé ailleurs Entéléchie primitive et dont la modification engendre le mouvement… » [37]. Fort de

35. *Du Mouvement tonique vital*, dans *Œuvres* VI, p. 528.

36. Duchesneau, « G.E. Stahl : antimécanisme et physiologie », *Archives internationales d'histoire des sciences*, 26, 1976, p. 14.

37. Leibniz, *Stahl-Leibniz, Controverse sur la vie, l'organisme et le mixte*, Paris, Vrin, 2004, p. 73 ; King, *The Philosophy of medicine, the early eighteenth century*, Cambridge Ma., Harvard University Press, 1978, p. 149 ; Duchesneau, « Leibniz et Stahl : divergences sur le concept d'organisme », *Studia leibnitiana*, 27, 1995, p. 185-191.

sa nouvelle dynamique, Leibniz peut penser une matière déjà active, dont l'organisme ne serait que le développement; selon Stahl, cette nouvelle signification de l'énergie tend à réduire la spécificité du vivant par rapport à l'inerte. L'énergie conserve-t-elle alors un sens proprement médical, ou son essence s'épuise-t-elle dans la mécanique? Cette interrogation concentre la polémique moderne entre animistes et iatro-mécaniciens.

Pour y répondre, Stahl reprend les résultats de l'essai sur *le Mouvement tonique vital et le mouvement particulier du sang qui en provient*, dont la parution en 1692 avait eu valeur de manifeste moderne pour la théorie animiste. L'auteur distingue deux types de mouvement au sein du vivant : d'une part, le mouvement vital désigne l'expression fondamentale de la vie dans le corps et prend la figure d'une tension; d'autre part, le mouvement animal caractérise l'effort musculaire[38], qui engendre des contractions, extensions ou translations, donc des états de tension des fibres musculaires, que leur origine émane du mouvement vital ou qu'elle résulte du simple effet mécanique de la matière. Reliant ces deux types de mouvement actif et passif, certaines activités comme la respiration constituent un mouvement mixte[39]. Ainsi Stahl applique au vivant une forme de mouvement trop méconnue par la mécanique moderne, qui se contente souvent de translation, d'accélération et de pression : cette figure du mouvement est la tension. Si Huygens développe cette notion en lien avec l'oscillation et les vibrations à travers une théorie des cordes[40], Stahl lui donne un sens médical différent et la promeut, sous certaines conditions, au statut de mouvement tonique vital. Dans le vivant, la tension des pores, des fibres ou des nerfs surdétermine et conditionne tous les autres mouvements : l'organisme instrumente l'agrégat mécanique, le tonus surdétermine

38. Sur la théorie stahlienne du mouvement musculaire, cf. *Theoria medica vera*, Livre II, chap. 2, 1737.

39. « quoique la continuation ordinaire de ce mouvement soit purement vitale et spontanée, elle est néanmoins subordonnée à l'action animale, au point que nous pouvons à volonté en modifier l'acte. », *Du Mouvement tonique*, dans *Œuvres* VI, p. 482.

40. Pour une analyse des enjeux scientifiques de la théorie musicale des tons, voir A. Charrak, « Huygens et la théorie musicale », *Expérience et raison. La Science chez Huygens (1629-1695)*, Revue d'histoire des sciences, n°56 (1), janvier-juin 2003.

l'irritabilité de Glisson, la tension de Huygens ou l'élasticité de Leibniz. A partir de l'étude des fièvres, Stahl conçoit en effet le mouvement tonique comme la synthèse de deux mouvements organique (vital) et mécanique (matériel), qui agissent principalement au niveau des excrétions et des sécrétions, afin de préserver l'économie sanguine, plus précisément la circulation. A cet égard, il critique l'interprétation chimique des fièvres, qui leur assigne comme seule cause une fermentation, c'est-à-dire une origine purement matérielle.

> L'observation sérieuse de ces divers phénomènes [les fièvres] m'a clairement démontré que le fondement universel de l'affaire en question est, en réalité, le mouvement, non le mouvement propre du cœur ou du pouls, mais bien celui des parties poreuses en elles-mêmes. Ce mouvement, sous l'influence d'une douce quoique assez énergique tonicité ou tension, doit s'exécuter de manière que, quand le ton devient plus prononcé, les fibres des parties se trouvant plus étroitement comprimées entre elles expriment nécessairement le sang contenu dans leurs interstices mutuelles et le poussent dans ses propres méats, c'est-à-dire dans les vaisseaux sanguifères. En outre, comme ces vaisseaux eux-mêmes sont comprimés par une semblable constriction des parties, il en résulte qu'ils laissent refluer ce qu'ils contiennent d'humeurs dans les conduits les plus capaces de leur système. Lorsque, au contraire, je voyais le ton se relâcher outre mesure dans quelque partie du corps, je reconnaissais sans peine que la conséquence quasi spontanée de ce relâchement était un grand afflux de sang à travers la contexture spongieuse du système fibreux [41].

Ainsi Stahl définit une propriété spécifique de la vie au sein de la matière : le tonus caractérise une tension des fibres aux différentes échelles de l'organisme.

La notion théorique du tonus, ses trois figures organiques

Stahl cherche à déterminer la nature et le statut de trois fonctions fondamentales : la circulation sanguine, la sécrétion et l'excrétion, dont le point commun consiste dans la fermeture et l'ouverture de pores. Déterminant l'état de tension des différents pores, ces trois mouvements (circulation, sécrétion, excrétion) expriment, en effet,

41. *Du Mouvement tonique*, dans *Œuvres* VI, p. 520.

selon Stahl, les principes de la vie organique. Relèvent-ils de la vie ou de la matière, si tant est qu'une différence radicale oppose ces deux natures ? Enoncée en des termes plus classiques, cette question oblige à décider si les esprits vitaux (*pneumata*) dépendent d'une essence immatérielle, ou s'ils se réduisent au produit d'une fermentation chimique, donc purement matérielle, comme le suppose Harvey :

> Les esprits qui se répandent dans les artères et dans les veines ne se distinguent pas du sang plus que la flamme ne se distingue de l'éclat brûlant qui l'entoure. Le sang et les esprits du sang signifient la même chose, comme le vin généreux et ses esprits ; car le vin n'est plus du vin quand il a perdu ses esprits, mais du liquide ou du vinaigre ; de même le sang sans esprits n'est plus du sang, mais, si vous voulez, du *cruor*. Comme une main de pierre ou de cadavre n'est plus une main, de même le sang sans esprits n'est plus du sang ; mais il est altéré et corrompu dès qu'il a perdu ses esprits. Ainsi les esprits qui se trouvent principalement dans les artères et le sang artériel peuvent être regardés comme la puissance qui fait agir le sang, comme l'esprit-de-vin et l'eau-de-vie dans le vin. On peut dire encore qu'il vit en se nourrissant de sa propre substance, comme la flamme vit de l'esprit-de-vin qui brûle [42].

Il s'agit bien de produire un critère de distinction entre le cadavre et l'organisme ; faute d'observations probantes, les médecins recourent à des concepts explicatifs. Pour sa part, Harvey propose une distinction chimique justifiée par une analogie avec le feu ; la notion d'esprit permet d'instaurer une continuité entre les phénomènes psychiques et les opérations chimiques ; elle suffit à décrire le fonctionnement organique en termes physico-chimiques. Au contraire, Stahl critique cette continuité et rejette la théorie des esprits comme une hypothèse *ad hoc* : il lui suffit de penser le mouvement comme intermédiaire joignant les deux entités distinctes de l'âme et du corps. Même s'il accorde à Harvey la nature musculaire du cœur contre Galien, il réfute le concept d'esprits, qu'Harvey estime

42. « Seconde dissertation anatomique sur la circulation du sang adressée à Jean Riolan, fils », *De Motu cordis*, Paris, Christian Bourgois, 1990, p. 213. Harvey confère ainsi une définition proprement chimique aux esprits.

complémentaire. Le risque est grand, comme le souligne Leibniz d'un point de vue épistémologique :

> je crains alors que l'âme ne soit réduite à un corps mortel et ne se transforme en ce que d'autres appellent esprits (sous entendu, corporels), alors que justement cet homme célèbre [Stahl] défend une différence entre les esprits et l'âme et nie précisément la réalité des esprits (...) il tient au contraire le mouvement pour une chose incorporelle, et davantage encore, l'âme pour l'unique source du mouvement [43].

Mais Stahl justifie suffisamment sa critique d'un point de vue strictement médical, et non philosophique : en effet, la thèse harvéenne suppose la répartition homogène du sang dans le corps, la circulation mécanique du sang induit que le sang se distribue uniformément à travers tout le corps sans s'arrêter jamais en nulle partie. Or Stahl observe cliniquement l'accumulation de sang dans certaines parties : le saignement de nez, les hémorragies, la suspension des menstrues, les tumeurs provoquées chez les personnes habituées à la saignée lorsqu'elles l'omettent, prouvent, selon Stahl, que la quantité de sang varie. Que la théorie surdétermine l'observation ou que celle-ci pose des questions à celle-là, Stahl donne comme preuve d'une activité non mécanique de la vie un fait clinique, qu'il ne mesure certes pas, mais qui révèle une différence quantitative entre le débit sanguin normal et l'accumulation sanguine occasionnelle en une partie du corps humain, comme si « la vie » s'élançait vers l'organe en danger. Comment concilier alors le mouvement mécanique du cœur, qui bat régulièrement et suggère une répartition homogène du sang à travers le corps, avec ce mouvement spécial suscité lors de risques pathologiques, comme si le vivant réagissait pour protéger et maintenir la santé ?

Stahl l'interprète comme l'intervention d'un mouvement spécial, le tonus, qui ne se manifeste sensiblement qu'en temps de danger pathologique, mais qui constitue pourtant la tonalité fondamentale du vivant.

> De tout cela, on doit évidemment conclure que l'excès de tonicité du mouvement n'est pas universel et absolu, mais qu'il y a un

43. Leibniz, *Stahl-Leibniz, Controverse,* Doute XXIX, p. 101. Sur la discussion des esprits en lien avec l'irritation, cf. Temkin, *The double face,* p. 310.

> mouvement spécial, plus considérable vers la partie qui en est le siège que vers les autres. Ce mouvement ne doit pas être regardé comme constitutionnel, d'après la constitution passive du corps, mais bien comme habituel, d'après l'habitude du moteur et à cause de son but final, je veux dire en vue de l'évacuation [44].

Ainsi la circulation et l'excrétion relèvent effectivement du même acte vital; or l'excrétion – comme d'ailleurs, la sécrétion – régule la circulation et différencie la quantité sanguine selon les besoins des parties. La somme de ces trois mouvements fondamentaux caractérise par conséquent l'équilibre dynamique des humeurs, qui s'ajuste sans cesse et conditionne la santé. La vie cherche à préserver cet équilibre, soit en suppléant au manque, soit en évacuant l'excès. Elle suppose donc un acte orienté par une fin, qui se superpose à l'action purement mécanique et hydraulique des fluides circulant automatiquement à travers les veines et les artères. Cet acte finalisé définit le mouvement tonique.

La notion clinique et théorique de tonus permet alors de confirmer l'insuffisance de l'interprétation mécaniste, qui méconnaît la spécificité organique. Le mouvement tonique constitue la première forme d'activité dans le corps, en deçà des mouvements locomoteurs. Stahl tend à l'associer au système végétatif, dans la mesure où le tonus qualifie l'excrétion, la sécrétion, la circulation des humeurs. Il confère ainsi aux nerfs une nouvelle forme d'activité : ils entretiennent un mouvement condensatoire et relaxatoire. Méthodologiquement, et de façon complémentaire, la définition du concept de tonus se démarque explicitement de l'anatomie, de la physique et de la chimie, pour s'exprimer en des termes proprement médicaux, en l'occurrence physiologiques. Il ne s'agit pas d'expliquer, au sens où la physique et la chimie analysent leurs phénomènes respectifs, mais de comprendre selon la cause finale ou fonctionnelle :

> Non seulement le sang peut être dirigé et distribué d'une manière spéciale dans les divers organes du corps en particulier, mais ce phénomène s'opère habituellement au moyen d'un *mouvement* accordé à ces mêmes organes : mouvement qui, loin d'être *animal* et

44. *Du Mouvement tonique*, dans *Œuvres* VI, p. 528. Duchesneau, *Les Modèles du vivant de Descartes à Leibniz*, p. 291.

> de dépendre d'une direction de notre volonté, s'exécute au contraire, en dehors de notre volonté *raisonnable*, dans le sens strict du mot, et prend par là-même la dénomination générale de mouvement *vital*; mouvement, dis-je, qui, sans que nous portions sur lui notre pensée ou notre réflexion externe, s'opère néanmoins, d'après des causes légitimes en un temps et dans un degré convenables; mouvement, enfin, que je n'ai trouvé jusqu'ici désigné nulle part, d'une manière ouverte, sous ce titre (loin qu'on en ait étudié les innombrables et remarquables effets), et que j'appelle, moi, *mouvement tonique*. Je l'appelle ainsi, parce qu'il n'est autre chose que la tension des parties fibreuses et que l'augmentation ou le décroissement de cette tension, suivant la circonstance; en second lieu, parce qu'il est identique avec ce phénomène que les Anciens ont désigné par les mots de *vigueur, ton et atonie* (*robur*, τόνοσ, ἀτονια) [45].

Le mouvement tonique caractérise la vie, en ce que, de façon négative, elle s'oppose à la tendance corruptrice de la matière physique et chimique. Il possède comme fonction positive [ou énergie] d'entretenir la consistance et la vigueur vitale en régulant trois modalités dynamiques : la circulation, la sécrétion, l'excrétion, qui interagissent et, normalement, s'équilibrent. Souvent confondu avec le mouvement animal, parce que leurs intensités demeurent identiques en cas de santé, il s'en distingue cependant en cas pathologique, puisqu'alors il tend à rétablir le mouvement animal dans sa juste modération, « si bien que toutes les parties molles solides du corps sont perpétuellement mues par ce mouvement tonique, en raison directe de leur densité et de leur souplesse avec un ton, une tonicité tantôt croissante ou intense, tantôt décroissante ou faible » [46]. Seule l'anthropologie médicale peut donc reconnaître l'effectivité du tonus, tandis que l'anthropologie physique, réduite à des lois hydrauliques, mécaniques ou statiques, méconnaît cette autre dimension du mouvement qu'est le tonus.

Comment se manifeste le tonus cliniquement ? Là encore, Stahl réinvestit les catégories antiques en faisant appel au pouls. Le pouls surdétermine la circulation en tonus, comme la vie surdétermine l'agrégat physico-chimique en un vivant. La vie en général, le pouls en particulier, transforment alors la matière en instrument orga-

45. *Du Mouvement tonique*, dans *Œuvres* VI, p. 542.

46. *Ibid.*, p. 519-520.

nique, qui suffit à définir, comme par redondance (instrument / ὀργανον), la spécificité du vivant orientée par une fin. Stahl conçoit donc le tonus comme manifestation du pouls, lui-même expression de la durée proprement vitale de l'organisme :

> le mouvement tonique est ce mouvement spécial à l'aide duquel le sang est dirigé, sous l'impulsion universelle qu'il reçoit du pouls, vers une partie déterminée de préférence à d'autres [47].

Le vivant n'obéit pas seulement aux lois mécaniques et aux opérations chimiques de la matière, qui le mènent d'ailleurs irrésistiblement vers la mort, mais aussi et surtout aux lois spécifiquement organiques. Il conjoint le règne de l'efficience, en tant que mixte et composé, avec le règne des fins, en tant qu'organisme. La symbiose de ces deux régimes caractérise la santé; leur conflit engendre la maladie, voire la mort, lorsque l'efficience contredit la finalité. Ces deux règnes ne sont pas parallèles, mais interagissent sans cesse l'un sur l'autre. Ainsi Stahl retrouve les descriptions et les relations établies par la médecine antique tout en les déplaçant. L'animisme prétend que la connaissance de la vie exige un saut qualitatif et méthodologique, qui requiert l'intuition, seule capable d'identifier l'essence absolument hétérogène du phénomène organique, et plus particulièrement humain [48]; au contraire, les iatromécaniciens réduisent cette spécificité, en concevant la vie comme une différence de degré ou une morphogenèse de la matière.

Pathologie clinique du tonus

A cette description physiologique du mouvement tonique, le médecin de Halle adjoint une pathologie; à cet égard, il confère un statut médical nouveau à la pathologie, puisqu'elle offre une méthode analytique pour observer les phénomènes vitaux. Lors de

47. *Du Mouvement tonique*, dans *Œuvres* VI, p. 519.

48. *De differentia* λόγου καὶ λογισμου, dans *Œuvres* VI, p. 445-452. Duchesneau résume la rupture épistémologique que Stahl introduit dans la connaissance des choses vivantes ou inertes : « Aux yeux de Stahl, il ne saurait y avoir place pour une science unitaire de *(sic)* réel, qui déterminerait *a priori* les lois gouvernant l'économie de la Nature, ou qui ferait abstraction des données de l'expérience, quand celles-ci suggèrent l'hétérogénéité des différentes réalités. », « G. E. Stahl : antimécanisme et physiologie », p. 10.

son séjour à Weimar, Stahl propose en effet l'ouverture d'un cours de pathologie et la création d'une Société pathologique. Stahl conçoit la maladie comme particulièrement révélatrice de l'énergie vitale, en ce qu'elle se sur-active pour contrer les attaques corruptrices. Bien loin d'être strictement négative, la pathologie peut exprimer une réaction positive en vue de restaurer l'équilibre mis en danger, tant que la vie assure son statut de principe. Au delà d'un certain seuil en revanche, la pathologie caractérise la corruption de la matière tendant vers la mort, et non plus l'organisation vitale. Appliqué au tonus, ce schème se traduit par la description clinique suivante : « La surexcitation du mouvement tonique dans les parties musculeuses constitue le spasme ; son irrégularité la convulsion ; son extinction et son manque absolu la paralysie »[49].

Stahl développe alors la pathologie du tonus et renverse l'ordre d'interprétation habituel.

> (...) on a l'habitude de prendre pour des affections des symptômes des variations et des déviations du degré naturel du mouvement tonique ; tandis que ces diverses manifestations étudiées d'après notre principe fondamental paraissent au contraire instituées ou entreprises d'une manière complètement active, et loin d'être les effets ou les productions d'une maladie, elles sont plutôt dirigées et employées par la nature contre cette maladie elle-même. (...) *Le mouvement tonique est l'unique principe fondamental au moyen duquel on pourra rétablir dans leur entier l'historique et la pathologie des fièvres*[50].

Interprétant la pathologie positive autrement que ne le fera Broussais, Stahl énumère alors les symptômes d'un mouvement tonique défectueux : de façon générale, ils concernent des manifestations physiologiques et cutanées en lutte contre les perturbations pathologiques, en particulier le décubitus, l'horripilation[51], la

49. *Du Mouvement tonique*, dans *Œuvres* VI, p. 519 (*idem*, p. 543).

50. *Ibid.*, p. 545 [je souligne]. Stahl décrit ainsi l'horripilation : « la contraction a pour résultat l'expression de l'humeur (c'est-à-dire du sang) hors des pores de la partie, et l'empêchement d'une nouvelle arrivée ; le relâchement a pour conséquence, au contraire, une irruption plus forte et plus abondante de ce même fluide. », *ibid.*, p. 541.

51. « Je démontre qu'il se produit, dans les parties poreuses externes du corps, des contractions on ne peut plus manifestes et palpables (...) Après avoir mis en avant le double fait de l'augmentation contractive et du relâchement successif du

modification clinique du pouls, les convulsions toniques qui peuvent aller jusqu'au *raptus ad caput*. Ces signes cliniques marquent suffisamment l'efficacité des actions vitales sur la matière corporelle ; à l'inverse, la mort marque la négation de la vie par la matière.

Le contexte animiste ne doit pas aveugler : en premier lieu, cette hypothèse dénonce l'incapacité du mécanisme de l'époque à connaître la vie, et, critique l'illégitimité de la réduction du vivant à la matière conçue simplement comme étendue ou force. En second lieu, sous l'étrangeté du dogme, transparaît, en réalité, un réseau d'observations cliniques très précis, qui obligera les successeurs de Stahl à reconnaître la justesse de ces notions médicales, alors même qu'ils critiquent radicalement l'hypothèse animiste et réduisent l'organisme à une organisation matérielle. Dans ce contexte, Stahl identifie la nature du tonus à trois fonctions vitales :

> le mouvement tonique est un mouvement condensatoire et relaxatoire des parties solides molles, mouvement vital qui n'a aucune relation avec les os, dont le but final est :
> 1. de diriger vers et à travers ces parties la circulation du sang et de toutes les autres humeurs,
> 2. de seconder le mouvement des humeurs particulières,
> 3. enfin de faciliter l'expulsion graduée des solides non naturels et anormaux adhérents à ces humeurs [52].

LECTURES DE STAHL

Cette troisième partie parcourt brièvement la postérité de l'invention stahlienne en l'articulant à un enjeu épistémologique. En reprenant la manière dont les médecins et philosophes ont compris et repris la notion stahlienne de tonus, il s'agit de montrer comment se conjuguent à la fois rupture et continuité dans le projet médical moderne. D'une part, la notion de tonus se conserve jusqu'à la

ton dans l'économie générale corporelle, j'appuie comme preuve sur ces contractures toniques qui envahissent une partie considérable du corps, les membres par exemple, ou le tronc avec tous ses viscères, la tête seule n'éprouvant pas de constriction, mais subissant plutôt un épanchement copieux de sang, qui, partant des autres parties poreuses comprimées, se congestionne vers cette région. », *Du Mouvement tonique*, dans *Œuvres* VI, p. 537.

52. *Du Mouvement tonique*, dans *Œuvres* VI, p. 520.

clinique contemporaine, d'autre part elle subit certaines variations révélant les priorités de la médecine de chaque époque. Ainsi les lectures critiques des médecins postérieurs illustrent leurs propres débats contemporains sur l'identité de la discipline, mais construisent aussi, par cette lecture rétrospective, une définition de la médecine en tension entre histoire et prospection, entre ancien et nouveau, telle Janus [53]. Ce statut critique du tonus marque la pertinence de la polémique concernant la nature et la méthode médicales, d'une part en la différenciant des autres sciences de la nature, d'autre part en octroyant ou non une spécificité au vivant parmi les êtres.

Les contemporains de Stahl et la postérité immédiate

Deux contemporains adversaires de Stahl reconnaissent le génie du médecin, lorsqu'il invente la notion de tonus ; mais Leibniz et Hoffmann cherchent du même coup à traduire la notion animiste en termes mécanistes. En premier lieu, dans sa controverse avec Stahl, Leibniz tente de traduire cette notion en la transposant dans un champ dynamique. Il en propose deux interprétations potentielles : la première en termes d'élasticité, la deuxième en termes de vibrations.

> la raison des choses ne peut expliquer que seule l'âme produise l'*impetus* (force impulsive) dans le corps. En outre, on constate la présence d'*impetus* même dans les choses dépourvues de vie (...). [le mouvement tonique] n'est rien d'autre que l'exercice de cette force élastique, qu'on constate naître du mouvement des éléments environnants [54].

La critique leibnizienne procède en deux temps : d'une part, la notion stahlienne suppose une interaction impossible entre l'action de l'esprit et les effets corporels. Cette confusion résulte de l'ambiguïté du terme d'« esprits », qui concentre les enjeux du débat médical depuis les Stoïciens et Galien. D'autre part, la physique fournit des explications suffisantes pour comprendre le fonction-

53. Temkin, *The double face*, p. 16 ; p. 128.

54. Leibniz, *Stahl-Leibniz, Controverse*, Doute XXXI, p. 101 ; Réplique 9, p. 109. Sur les échanges entre Stahl, Hoffmann et Leibniz, cf. A. G. Debus, *Chemistry and medical debate : van Helmont to Boerhaave*, Science history publications, 2001, p. 207-220.

nement organique ; selon le principe du rasoir d'Occam « *non multiplicanda sunt entia* », il ne convient donc pas de faire appel à de nouvelles forces. Ainsi les notions conjuguées de pression et d'élasticité, développées notamment par Robert Boyle, suffisent.

Dans un autre texte, Leibniz propose une deuxième voie interprétative, qui se réfère sans doute davantage à l'irritabilité qu'au tonus ; elle consiste à complexifier et confirmer l'analogie entre le corps et l'horloge grâce aux découvertes récentes.

> Les médecins prirent le terme oscillation de l'horloge oscillante de Huygens, titre sous lequel il écrivit son livre. D'autre part, il comprend les variations du poids du pendule. D'où encore de telles vibrations qui se trouvent encore dans une corde tendue commencèrent à être dites oscillations. Et tel que je penserais être dans les fibrilles de notre corps… [55]

Bref, dans les deux cas, Leibniz condamne Stahl pour des raisons épistémologiques et ontologiques, plus que médicales [56]. Commentant la médecine stahlienne à Grimarest, Leibniz écrit : « tout Physique dépend du Méchanique dans le fond, mais nous ne saurions encore arriver à ce fond là » [57]. Par conséquent, « Medici theoremata petunt ex physicis et mathematicis » [58]. La spécificité de la médecine n'induit pas des forces hétéronomes agissant dans le corps, mais seulement leur complexité.

Disciple de Leibniz, Friedrich Hoffmann (1660-1742) reprend les prémisses philosophiques de l'harmonie préétablie ; sur le terrain strictement médical, il critique en général les thèses stahliennes mais il reconnaît la validité médicale de la notion de tonus :

> Outre le pouls, le mouvement du cœur et des artères, qui consiste en systole et diastole, il [Stahl] a identifié un autre phénomène de

55. *Lettre à Schelhammer*, 19 novembre 1715, § 11 (1768) II-2, p. 73 (je traduis). Sur les théories musicales et mathématiques de Christiaan Huygens, dans *Œuvres complètes*, La Haye, Martinus Nijhoff, 1888-1950, tome XVI à XX.

56. L.J. Rather and J.B. Frerichs, « The Leibniz-Stahl Controversy. I. I. Leibniz' Opening objections to the Theoria medica vera, *Clio Medica*, III, *1968*, p. 21-40; « The Leibniz-Stahl Controversy. II. Stahl survey of the principal points of doubt », *Clio Medica*, V, 1970, p. 58-67.

57. *Lettre à Grimarest*, 21 février 1712 (1768) V, p. 63.

58. A VI, 2, p. 397.

> même nature, mais d'un degré plus subtil, qui s'exprime surtout dans les parties solides, dans les fibres musculaires et nerveuses des pores relaxatoires ou constricteurs. Il l'a nommé mouvement tonique, alors que les Anciens l'appelaient tonus [59].

Pour sa part, Hoffmann conserve la notion de mouvement et rejette la spécificité vitale; plus précisément, il y substitue une interprétation compatible avec le postulat mécaniste et traduit le tonus en un « mouvement intestin ». Distincte de la pression, circulation, fermentation, ou autres notions claires de la mécanique et chimie contemporaines, la notion de mouvement interne concentre la difficulté grevant le modèle mécanique du vivant. Mais cet artifice ne résout pas le problème, comme le souligne Llester S. King :

> The concept of intestine motion revealed the defect in any simple reductionism. The primacy of motion as an explanatory principle was indeed maintained, but a special kind of motion had to be postulated, even though it could not be specifically demonstrated or measured. (...) The larger problem concerns the explanation of specificity, a topic basic in philosophy of medicine [60].

Le commentateur insiste à juste titre sur l'aporie du débat médical qui oppose les mécanistes et les animistes, dans la mesure où il suppose la définition d'un principe du mouvement :

> the great defect of the mechanical philosophy, a defect that was particularly influential in the animist-mechanist controversy, was the failure to give « texture » or relationship a sufficiently commanding place in the analysis of matter. It is the thesis of this study that « texture » is a concept very close to the « form » of the schoolmen, with the difference that « texture » is metaphysically secondary, « form » is metaphysically primary (i.e. shares the nature of substance) [61].

59. Hoffmann, *Commentarius de differentia...* § 34, *Operum omnium supplementum* (1749), p. 17 (Je traduis).

60. L.S. King, *The Philosophy of medicine, the early eighteenth century*, Cambridge Ma., Harvard University Press, 1978, p. 120.

61. King, « Stahl & Hoffmann : A study in eighteenth century animism », *Journal of the history of medicine and allied sciences*, April 1964, n°19, p. 128. Dans le prolongement de son article, « Basic concepts of early 18th – century animism »,

Pour résumer l'opposition, Hoffmann et Leibniz accordent à Stahl la notion clinique de tonus. Tous deux admettent aussi que cette notion concerne une cause invisible en l'état actuel des moyens d'observation, puisqu'elle s'exerce au niveau des textures des organes et membranes. Mais Hoffmann et Leibniz prétendent la fonder sur des explications compatibles avec la mécanique réformée en dynamique ; s'ils récusent la simplification outrancière de Descartes qui tend à un quasi matérialisme, ils confèrent néanmoins à la texture invisible des capacités analogues à celles qu'observe le physicien, tandis que Stahl revendique au contraire une spécificité de la texture du vivant[62]. Faute d'arguments d'observation, le débat renvoie à une discussion métaphysique concernant la différence de nature ou de degré entre l'inerte et le vivant. Ce renvoi d'une discussion médicale à une instance métaphysique montre la difficulté d'établir l'identité de la connaissance de la vie.

La reprise vitaliste

Aux entrées « tonique », « ton » ou « effort », le Dictionnaire de Trévoux[63], comme l'Encyclopédie[64] reprennent la description stahlienne en la simplifiant ; ils la présentent ainsi comme une notion commune en médecine. Ecrit dans le courant de l'École de Montpellier, ces articles établissent une continuité directe avec Stahl et semblent présenter une doctrine médicale unifiée. Ces dictionnaires entérinent la définition du tonus, qui se retrouve encore chez les médecins compagnons de l'Encyclopédie, comme Théophile de

(*The American Journal of Psychiatry*, 124, 6, December 1967), la discussion souligne la pertinence actuelle de cette polémique en psychiatrie.

62. K. Rotschuh, Erster Teil, « F. Hoffmann und die Medizingeschichte. Das Hoffmannsche System und das Aetherprinzip », Heft 2, p. 162-193 ; Zweiter Teil : « Hoffmann, Descartes und Leibniz », Heft 3, p. 235-270, *Studien zu Friedrich Hoffmann*, *Südhoffs Archiv*, 1976, Band 60.

63. *Dictionnaire universel français-latin vulgairement appelé Dictionnaire de* Trévoux, Paris, Genève, Slatkine Reprints, 2002, tome VIII, p. 85.

64. L'article « Tonique », qui comprend une entrée musicale, est signé de Jean-Jacques Rousseau ; l'article « Effort » est signé par Antoine-Joseph Dezallier d'Argenville dans *Encyclopédie ou Dictionnaire Raisonné des Sciences, des Arts et des Métiers*, respectivement, tome XXXIII, p. 623 & tome XI, p. 952-954.

Bordeu (1722-1776) pour expliquer l'excrétion des glandes, la fonction nerveuse, la différence entre le vivant et le cadavre [65].

Au contraire, Xavier Bichat (1771-1802) se démarque face à cette continuité ; il cherche à trouver une troisième voie. Bichat réinvestit alors la notion centrale de tonus pour élaborer une nouvelle doctrine médicale [66]. Ce projet alternatif s'exprime de façon particulièrement claire dans l'interprétation du tonus : tout en s'opposant à la réduction mécanique de l'organisme, tout en reconnaissant la clairvoyance stahlienne au sujet du tonus, Bichat veut construire une physiologie sur le modèle des sciences physiques newtonniennes en rapportant les lois vitales à un principe unificateur ; plus précisément, il s'agit de dériver la digestion, la circulation et les sensations, de la contractilité. Certes, Stahl

> sentit la discordance des lois physiques avec les fonctions des animaux : c'était le premier pas pour la découverte des lois vitales ; il ne fit pas cette découverte. L'âme fut tout pour lui dans les phénomènes de la vie : c'était beaucoup de négliger l'attraction, l'impulsion, etc. Stahl sentit ce qui n'était pas le vrai ; le vrai lui-même lui échappa. (…) Etrangères aux anciens, les lois de la vie n'ont commencé à être bien connues que dans le siècle passé. Stahl avait déjà remarqué les mouvements toniques ; mais il n'en avait point généralisé l'influence [67].

Il ne s'agit donc pas de réduire le tonus à un phénomène mécanique, comme ont pu le prétendre Hoffmann et Leibniz, mais d'organiser

65. Th. Bordeu (de), *Recherches anatomiques sur la position des glandes*, Paris, 1751, CXXX note, cité par Boury, *La Philosophie médicale de Théophile de Bordeu*, Paris, Honoré Champion, 2004, p. 89.

66. « le vitalisme se définit lui-même par opposition au mécanicisme dominant en médecine depuis le XVIIe siècle et aussi par opposition à l'animisme de Stahl. (…) L'étiquette même de « vitalisme » apparaît en 1800 pour définir rétrospectivement un courant qui s'est défini bien plus tôt… », Rey, « L'âme, le corps et le vivant », *Histoire de la pensée médicale en occident*, Paris, Seuil, 1997, tome 2, p. 118. Voir aussi King, « Basic concepts of early 18th – century animism », *the American Journal of Psychiatry*, 124, 6, December 1967.

67. X. Bichat, *Recherches sur la vie et la mort, Anatomie générale*, M. Magendie (éd.), Paris, « Vrin reprise », 1981 ; A. Pichot (éd.), Paris, Flammarion, 1995, p. 220. E. Haigh, *Xavier Bichat and the Medical theory of the XVIIIth Century*, London, Medical History, sup. 4, 1984, en particulier p. 22-31.

la connaissance de la vie selon une méthode scientifique axiomatique, capable de conserver sa spécificité au tonus.

> (…) on conçoit aussi combien sont vides toutes les hypothèses empruntées de l'hydraulique, laquelle n'offre presque jamais d'application réelle à l'économie animale, parce qu'il n'y a nulle analogie entre une suite de tuyaux inertes et une série de conduits vivants, dont chacun a une somme de sensibilité propre, qui le met en rapport avec tel ou tel fluide, et repousse les autres, qui peut en augmentant ou diminuant par la moindre cause changer de rapport, admettre le fluide qu'ils rejetaient et rejeter celui qu'ils admettaient [68].

Cette différence de nature permet de distinguer nettement l'irritabilité observée par Haller du tonus théorisé par Stahl [69]. On perçoit la première (mécanique), la seconde (vitale) demeure insensible. De même qu'on ne prend conscience d'une force que par ses effets, on ne connaît le tonus que par ses effets.

> Barthez pour faire sentir la différence qui les [l'irritabilité, le tonus] sépare prend la comparaison d'une montre dont l'aiguille à secondes parcourt d'une manière très apparente la circonférence et dont l'aiguille à heure se meut aussi quoiqu'on ne distingue pas sa marche [70].

Comme dernier argument envers cette différence de nature entre le physique et l'organique, Bichat mentionne enfin l'existence ou non de phénomènes pathologiques :

> L'histoire des phénomènes, dans lesquels les forces vitales ont leur type naturel, nous mène comme conséquence à celle des phénomènes, où ces forces sont altérées. Or dans les sciences physiques, il n'y a que la première histoire : jamais la seconde ne se trouve. (…) Les ouvrages de Stahl offrent bien l'avantage réel de négliger tous

68. Bichat, *Recherches sur la vie*, p. 140.

69. Sur cette distinction et l'esquisse d'une différenciation entre deux systèmes nerveux, Rey, *Histoire de la douleur*, 1993, Paris, La découverte, 2000, p. 141-144.

70. Bichat, *Recherches sur la vie*, p. 150. Bichat insiste sur la différence entre les deux concepts. Temkin tend à confondre les deux : « The classical roots of Glisson's theory of irritation », *The double face*.

> ces prétendus secours accessoires, qui écrasent la science en voulant la soutenir[71].

Il existe bien une pathologie du tonus, dont ne peuvent rendre compte les concepts dynamiques; Stahl l'avait souligné contre Leibniz. Bichat réinvestit donc les catégories stahliennes; tout en reconnaissant la validité de la physique newtonienne dans son champ d'application propre, il préconise une théorie médicale analogue *mutatis mutandis* capable de rendre compte de l'originalité de la vie sans faire appel à l'âme.

La reprise neurologique

Au XIXe siècle, le perfectionnement des connaissances neurologiques oblige à reprendre la question du tonus. Si Jean Martin Charcot ne cite pas directement Stahl, il se réfère néanmoins à Hoffmann[72] et ses descriptions du tonus montrent de nombreuses similarités avec la description des symptômes établie par Stahl à partir de la pathologie clinique, puisqu'elles reprennent les notions associées d'horripilation, de décubitus, de spasme, de sécrétion, de température. En outre, Charcot s'inscrit dans le débat concernant l'identité de la médecine, discussion désormais orchestrée par la nouvelle méthode expérimentale introduite par son contemporain Claude Bernard : son objet exige-t-il la spécificité radicale ou supporte-t-il la réduction méthodologique ? Charcot souligne la difficulté de la question et condamne le réductionnisme[73].

La notion de tonus révèle tout particulièrement la connaissance spécifique du médecin, puisque seul, en effet, le médecin patho-

71. Bichat, « Anatomie générale appliquée à la physiologie et à la médecine », *Recherches sur la vie,* p. 232 – 233.

72. J. M. Charcot, *Leçons sur les maladies du système nerveux*, Paris, 1875, p. 333.

73. « Il devient démontré par là que l'exploration à travers la peau ne peut fournir que des données relatives, qu'elle ne révèle pas l'état réel de la contractilité électrique, mais telles qu'elles sont ces données n'en sont pas moins exactes, en somme, et de la plus haute importance, car il est impossible de ne pas reconnaître que la perte apparente ou la diminution très marquée de la contractilité accusée par une exploration à travers la peau correspond à une diminution ou tout au moins à une modification très réelle de cette propriété. », Charcot, *Leçons sur les maladies*, p. 43.

logiste peut accéder à la connaissance des troubles du tonus. A l'égard des analyses stahliennes, les *Leçons professées à la Salpêtrière sur les Maladies du Système nerveux* changent la stratégie explicative, mais conservent la structure clinique et le raisonnement pathologique. Comme son prédécesseur, Charcot énumère les faits pathologiques caractérisés par le même syndrome, pour en induire l'efficacité d'une action, qui, normalement, vise la survie, mais qui, dans certains cas, réagit à outrance, et, cause des symptômes morbides comme le zona ou le décubitus. Sur ce point, Charcot et Stahl s'accordent donc : le syndrome du tremblement, de l'horripilation et de la sécrétion, révèle une sur-activité vitale, et non un affaiblissement : l'étiologie des troubles toniques concerne l'irritation des fibres nerveuses, qui, stimulées à l'excès, engendrent des manifestations périphériques (musculaires, cutanées, glandulaires, excrétoires) pathologiques. Les deux médecins s'approchent même à l'extrême, lorsque Charcot souligne la valeur positive de la cause :

> le développement des troubles trophiques survenant à la suite des lésions du système nerveux n'est pas au moins en général – contrairement à une opinion très répandue – la conséquence de l'absence d'action des diverses parties de ce système, loin de là, ces affections résulteraient le plus souvent de l'irritation que subissent dans certaines conditions soit les nerfs périphériques, soit les centres nerveux eux-mêmes [74].

Dans un contexte doctrinalement opposé, Charcot retrouve par conséquent la notion médicale de tonus en lien avec les troubles trophiques. Il reprend et déplace cet héritage animiste et vitaliste vers une théorie neurologique, qu'il veut matérialiste. A propos de l'observation des mêmes signes, l'hypothèse fondamentale et la méthode expérimentale se transforment profondément et se démarquent simultanément du vitalisme et du post-newtonisme, puisqu'en

74. Charcot, *Leçons sur les maladies*, p. 100-101. Charcot cite le priapisme, les convulsions cloniques, les convulsions toniques; il distingue les eschares et les zona, *ibid.*, p. 100. Stahl parle de fièvre; Charcot utilise le critère de la température pour spécifier les troubles toniques, *ibid.*, p. 177. La physiopathologie de la résistance musculaire concerne l'hypotonie et l'hypertonie (rigidité, spasticité); selon Charcot et Sherrington, les dystonies et les crampes n'y ressortissent pas, tandis que Thomas et Ajuriaguerra les y intègrent. Charcot distingue aussi deux sortes de pathologie musculaire, liée à deux maladies distinctes, *ibid.*, p. 245.

expliquant l'hypersécrétion, Charcot critique conjointement le recours à l'âme et l'idée d'attraction[75].

La reprise physiologique

Au XXe siècle, Sherrington effectue une synthèse magistrale de la notion de tonus ; elle conjoint une étude historique et une description physiologique cohérentes et complémentaires. Lorsqu'il propose une nouvelle théorie générale du tonus, Sherrington éprouve le besoin de rédiger une note justifiant le choix du terme et mentionne Stahl, comme point critique de l'histoire du concept[76]. Par ce geste, Sherrington intègre l'histoire de la discipline à la médecine, par une mise en abyme de son identité. Plus particulièrement, l'histoire du tonus sert de fil directeur pour ressaisir la définition de la connaissance médicale et reconnaître la série de déplacements qui mènent du projet universel et inaugural de guérison à la médecine contemporaine. Sherrington propose alors une définition nouvelle du tonus capable d'intégrer toutes les approximations anciennes, comme leur point d'aboutissement véritable : le tonus ne caractérise plus le système végétatif de façon indifférenciée, mais désigne une valeur correspondant à la tenue posturale de l'individu, qui dépense une certaine énergie, notamment lorsqu'il se tient en position debout, pour lutter contre la pesanteur ; cette tenue posturale globale se décline ensuite dans le tonus local des membres, efficace au niveau des différents muscles, lié aux propriétés visco-élastiques proprement musculaires par opposition à leur innervation[77]. A cette

75. Charcot, *Leçons sur les maladies*, p. 144-145. Charcot mentionne à ce sujet une expérimentation de Cl. Bernard sur l'hypersécrétion salivaire.

76. « Note on the history of the word "tonus" as a physiological term », p. 261-268.

77. Sherrington pose le problème de façon fondamentale : « *In the multicellular animal, especially for those higher reactions which constitutes its behaviour as a social unit in the natural economy, it is nervous reaction which par excellence integrates it, wells it together from its components, and constitutes it from a mere collection of organs an animal individual. This integrative action in virtue of which the nervous system unifies from separate organs an animal possessing solidarity, an individual, is the problem before us in these lectures.* », Sherrington, *The integrative Action of the nervous system*, 1906, New Haven, Yale University Press, 1920, p. 2. Puis il le spécifie : « *a posture of the animal as a whole – a total posture – is as much a complex built up of postures of portions of the animal – segmental postures (Bonnier) – as is the*

définition devrait donc correspondre une technique de mesure ; à l'époque, l'espoir d'y accéder semble justifié par les découvertes de l'électricité physiologique, qui rend possible et réaliste l'idée de mesurer des potentiels d'actions. La suite de l'histoire obligera pourtant à renoncer à une mesure directe du tonus même, tout comme les Anciens devaient déjà passer par la médiation du pouls.

Vulpian et Charcot associaient le tonus à une activité permanente contractile du muscle, qui correspond à une activité réflexe déclenchée soit par des stimulations cutanées, soit par l'étirement du muscle. Ils réactualisaient ainsi les observations de Galien et de Stahl, mais les détachaient de leur contexte vitaliste, lorsqu'ils liaient le tonus à une détermination nerveuse et réflexe du muscle. Sherrington prolonge cette définition génétique du concept en introduisant une description physiologique précise : à cet égard, il prétend accomplir le même geste médical qu'Harvey[78]. Lorsque le physiologiste découvre la circulation sanguine, il explique un ensemble d'observations, dont il prouve la cohérence par une hypothèse commune fondée sur une description mécanique du cœur ; il met en outre fin à l'autre hypothèse rivale, de sorte qu'on évoque bientôt des funérailles du foie, puisque cet organe se trouve détrôné de son statut d'origine de la sanguification. De même, Sherrington effectue la synthèse des études neurologiques en décrivant la fonction intégrative du système nerveux en général, et en particulier du tonus[79] ; il met fin aux tentations vitalistes de la médecine, tout en expliquant et préservant la spécificité de la vie parmi tous les autres mouvements de la matière. Fonction intégrale de l'organisme, le tonus vaut aussi comme pierre de touche de la spécificité médicale.

En effet, le tonus désigne un mouvement en boucle, qui maintient le membre ou le corps entier dans une attitude qui résiste

total movement of animal – its locomotion – compounded of segmental movements. », *ibid.*, p. 342. « Le tonus postural s'observe principalement dans les muscles extenseurs des membres, au niveau des muscles du tronc, du cou, du masséter. C'est par son intermédiaire que se détermine la posture la plus habituelle, la station debout. Une exagération caricaturale du tonus postural apparaît chez l'animal décérébré, comme l'a montré Sherrington. », Massion, « Fonctions motrices ».

78. Sherrington, *The integrative Action*, p. 232.

79. Swazey, « Sherrington's concept of integrative action », p. 57-89.

à la gravité[80]. Activité nerveuse normale, le tonus dépend d'une proprioception musculaire, exercée par le biais de deux boucles réflexes élémentaires : le réflexe myotatique et le réflexe myotatique inverse, qui tendent à compenser les changements de longueur et de tension du muscle par servomécanisme. Sherrington remarque en effet qu'à l'encontre du modèle mécanique des cordes élastiques, la propriété musculaire d'adopter différentes longueurs tout en gardant le même degré de tension prouve le découplage entre tension et longueur. Comme le pressentait Stahl, le mécanisme classique ne suffit pas à expliquer le tonus; il faut introduire une nouvelle logique dans l'ordre du vivant : l'organisation par rétroaction, l'asservissement. Sherrington conçoit le tonus dans le prolongement de l'étirement passif du muscle, comme résistance du muscle à l'étirement : selon cette hypothèse, le tonus des membres représente une expression particulière du mécanisme général intervenant dans le tonus postural, au niveau de l'encéphale. Il s'assimile alors à l'activité de la boucle du réflexe d'étirement. De toute façon, il joue un rôle décisif dans l'organisation centrale du contrôle de l'équilibre, dans la mesure où il participe à centraliser les informations afférentes d'origine labyrinthique, visuelle, proprioceptive et cutanée, en les corrélant à des réponses motrices au sein d'un schéma corporel postural, qui tient compte, à la fois, de l'orientation du corps par rapport à la verticale gravitationnelle (puisqu'en condition statique, la projection au sol du centre de gravité paraît la valeur de référence pour le maintien de l'équilibre), de la position relative des segments musculaires entre eux, et, de leurs propriétés dynamiques. Le tonus postural intègre ainsi une chaîne de réflexes, qui prennent naissance au niveau des récepteurs localisés en différents points du corps (oreille interne, appui, vision, centre de gravité).

La notion de tonus s'avère par conséquent essentielle au projet médical de Sherrington, puisqu'elle constitue le degré zéro de la fonction intégrative du système nerveux : l'animal se constitue en tant qu'individu, d'abord parce qu'il résiste à la gravitation, effort que seuls les vivants peuvent effectuer. En assurant la posture de l'animal, le tonus définit négativement l'unité vivante, comme une

80. D. Forest, « Le concept de proprioception », *Revue d'histoire des sciences*, 2004, 57/1, p. 5-31.

contradiction ou une opposition à la pesanteur. Il caractérise donc suffisamment la différence entre l'organique et l'inerte. A l'égard de cette capacité intégrative caractéristique du vivant, Sherrington suppose que l'anatomie a atteint un développement suffisant pour décrire l'organisme, mais il souligne l'absence d'explication physiologique. Pour la combler, Sherrington nourrit le projet d'approfondir « les sciences de l'énergie »[81], en ce qu'elles déterminent le système nerveux, dont la fonction principale consiste à garantir l'intégrité des multiples parties en un individu. Aux sciences de l'énergie dans l'ordre des raisons correspond, dans l'ordre organique, « une économie de maintenance », qui s'exprime comme téléologie fonctionnelle. Cette intégration s'effectue notamment grâce à l'arc-réflexe tonique, dont la fonction consiste à contrôler la contraction posturale du squelette globalement et des muscles localement. Si ses prédécesseurs n'ont pas saisi l'importance physiologique du tonus, c'est qu'il constitue un bruit de fond de la vie, un réflexe si fondamental qu'il en devient difficile à détecter.

> Les réflexes toniques de l'attitude sont habituellement de faible intensité ; ils sont facilement interrompus et temporairement supprimés par des réflexes interférant avec eux, si ceux-ci sont plus intenses. Mais ces derniers souffrent assez vite de fatigue, tandis que les réflexes toniques de la posture peuvent persister durant des heures avec pas ou peu de signes de fatigue. Nous pensons y reconnaître un autre agencement travaillant à l'alternance plastique des activités, plasticité qui caractérise la vie et qui augmente au fur et à mesure qu'on avance dans l'échelle animale[82].

81. L'expression est de Sherrington ; elle se réfère au développement de la thermodynamique, qui introduit en physique une nouvelle conception du système, de l'ordre et du temps. Plusieurs modes de mesure énergétiques sont étudiés pour déterminer le coût énergétique du tonus : production de chaleur, quantité de produits oxydés, vitesse d'apparition de la fatigue, quantité de travail mécanique, en lien avec une « économie de la maintenance », Sherrington, « Postural activity muscle nerve », *Brain,* n°38, 1915, p. 227-229.

82. Sherrington, *The integrative Action*, p. 232 (je traduis). L'échelle animale réfère explicitement à la théorie darwinienne. J'appelle bruit de fond ce que Sherrington nomme « background », *ibid.,* p. 231. Sur le tonus plastique, cf. « Postural activity of muscle and nerve », p. 200.

Grâce à son interprétation neurologique du tonus, Sherrington retrouve donc la caractéristique plastique du vivant, qui consiste désormais à varier graduellement et ajuster « pas à pas » l'élongation musculaire, locale ou globale, selon les circonstances; dans un contexte matérialiste, déterminé par le schème darwinien de l'explication et la téléologie fonctionnelle de la physiologie, Sherrington réinvestit ainsi l'intuition fondamentale que les Stoïciens thématisaient à travers le *pneuma*-démiurge, que Galien identifiait dans l'action musculaire, ou que Stahl reconnaissait en instituant le mouvement tonique comme la première figure organique de la vie. A cet égard, il établit explicitement la notion de « posture active » comme un héritage des analyses galéniques de l'action tonique musculaire [83] : elle englobe toutes les réactions statiques agissant dans les tissus contractiles pour préserver la configuration du corps et de ses parties en dépit des forces perturbatrices exercées sur le vivant, qu'il soit mollusque, invertébré, vertébré ou mammifère.

Dans cette perspective, le parallélisme entre Stahl et Sherrington s'avère particulièrement significatif, puisque Sherrington souligne la nouveauté des analyses de Stahl eu égard à la tradition galénique, et, prétend apporter la même rupture épistémologique que son prédécesseur grâce à ses études systématiques sur le tonus. Le médecin de Halle systématisait les postulats animistes de la médecine classique en reprenant la tradition des natures plastiques de l'École de Cambridge : l'âme informe la matière en organisme – néologisme apparu précisément à l'orée du XVIIIe siècle – parce qu'elle surdétermine l'agencement physico-chimique en un vivant, *via* le tonus qui manifeste la présence d'un principe actif capable de finaliser les lois de la nature en vue de son propre but. Selon le médecin londonien, le tonus dépasse la simple juxtaposition de parties physico-chimiques en les intégrant en un individu capable de résister paradoxalement aux lois de la pesanteur, capable d'imposer de nouvelles lois à la matière. Ce paradoxe s'accroît, dans la mesure où la posture active ne suscite pas de fatigue musculaire notable, à la différence de tout effort moteur. D'un système inerte soumis sans distinction aux lois physico-chimiques, l'organisme passe ainsi à un

83. « *Note on the history of the word « tonus » as a physiological term* », p. 262. Sur la posture active, cf. « Postural activity muscle nerve », 1915, p. 191-234.

système centralisé et clos sur lui-même, instituant des boucles de rétroaction et de contrôle, qui lui assurent une posture dans le monde et une économie de maintenance. Si les principes d'explication divergent à ce point, Sherrington maintient néanmoins sa dette envers Stahl comme auteur moderne du concept.

Une autre difficulté apparaît à ce propos. Le système tonique détermine l'attitude du vivant; mais, d'une certaine façon, il s'oppose à son mouvement. Galien avait déjà repéré ce problème. Sherrington l'explique et radicalise l'opposition entre mouvement et posture [84] : cette dualité interne à l'animal révèle une double source d'innervation. D'une part, le cerveau centralise les informations multiples pour en construire une unité; il garantit notamment la position du vivant dans l'espace à partir des messages sensoriels, il assure son « attitude » en tenant compte des lois de la gravité. De l'autre, le cervelet annonce le mouvement aux membres et disperse les informations vers les muscles multiples : il détermine la « posture », qui consiste à garder le monde « à l'endroit » en maintenant en réalité l'organisme « à l'endroit », c'est-à-dire bien positionné au sein du monde en fonction de ses informations musculaires internes [85]. D'un côté, la réaction corticale opère au niveau global à partir de l'organe central cérébral, qui reçoit et traite

84. « *In standing, walking, running, the limbs would sink under the body's weight but for contraction of the extensors of hip, knee, ankle, shoulder, elbow; the head would hang but for the retractors of the neck; the tail and jaw would drop but for their elevator muscles. These muscles counteract a force (gravity) that continually threatens to upset the natural posture. The force acts continuously and the muscles exhibit continued action,* tonus. *We seem to have here a field of muscles combined as a physiological entity. A characteristic reaction yielded by muscles of this field is the jerk, the* tendon phenomenon, *itself a sign of highly maintained reflex tonus.* », Sherrington, *The integrative Action*, Lecture 8, p. 302.

85. Sherrington, *The integrative Action*, p. 341. L'intégration synthétique des informations n'est pas toujours possible d fait de la différence de point de vue entre le cervelet et le cerveau : l'antagonisme peut se manifester de façon brutale et obliger l'individu à choisir entre les deux signaux. Par exemple, lorsqu'on glisse sur une plaque de verglas, il y a une contradiction soudaine entre le message cérébral et le message cérébelleux; l'individu doit choisir lequel est vrai; il doit décider si le cerveau ou le cervelet a raison. Cette décision préalable détermine sa réaction. André-Thomas et Ajurieguerra nieront cette opposition, pour concevoir une différence de degré.

des informations externes comme un central téléphonique[86]; de l'autre, les réflexes spinaux locaux suggèrent une relative autonomie des parties, qui échangent des messages endogènes au cervelet et répondent ainsi à une première forme d'intégration, que Sherrington caractérise comme une proprioception s'effectuant dans le cervelet[87]. Bref, l'animal alterne entre attitude et posture, résistance à la pesanteur et positionnement équilibré dans le mouvement; et sa posture globale dépend directement de la proprioception induite par les nerfs musculaires contrôlant la réaction anti-gravitationnelle. En effet, l'étude du mouvement animal montre un perpétuel risque de déséquilibre; elle suggère donc, entre le cervelet et le cerveau, « une co-opération antagoniste » ou un « antagonisme coopératif ». Le cervelet sur-détermine, équilibre et corrige l'intégration effectuée au niveau du cerveau : le premier régule l'autre[88]. Naturellement, cette correction permanente s'effectue rarement de manière brutale – sauf lors de mouvements brusques pour éviter la chute –, mais elle s'opère au fur et à mesure, de façon continue et insensible, par

86. Cette célèbre métaphore, qu'utilise aussi Bergson se trouve dans Sherrington, *The integrative Action*, p. 233.

87. On peut supposer que le message nerveux cérébelleux (ou plus exactement d'origine labyrinthique : le « labyrinthe – tonus » interfère alors avec le signal cérébral, qu'il l'inhibe, s'y substitue et s'exprime à sa place, de sorte que l'animal abandonne son attitude anti – gravitationnelle pour prendre le risque de marcher, voire de tomber, dans la mesure où le système labyrinthique lui assure un autre repérage ego – centré, défini comme une règle à niveau, par rapport à l'horizontale « *Stimulation of the labyrinth must in preponderant measure be given not by external agents directly but by the reaction of the organism itself. Posture and movement of the head are the immediate causes which stimulate the labyrinth, whether or not they be part of a total movement or posture of the whole individual. Such movement is most frequently an active one on the part of the animal itself. (…) an animal's active movement is in its turn usually traceable as a reaction to an environmental stimulus affecting the receptors at the surface of the animal. Thus the labyrinthine receptors like the proprio-ceptors in other segments, are stimulated by the animal itself as agent, though secondarily to stimulation of the animal itself via some extero-ceptor.* », Sherrington, *The integrative Action*, p. 337-338. Sur cette double stimulation externe et interne, qui implique les muscles et les nerfs, cf. Sherrington, « Postural activity of muscle and nerve », p. 191-233; en particulier, p. 208.

88. Sur cette fonction régulatrice, cf. Sherrington, *The integrative Action,* p. 348.

compensation ou renforcement. Cet équilibrage [« tense quietude », « active equilibrium »] se réalise par le biais du réseau neuronal[89].

La question devient alors de savoir, si le tonus relève d'une origine réflexe ou d'une origine labyrinthique, du cerveau ou du cervelet[90]. En fait, il faut distinguer, d'une part, un réflexe tonique au niveau d'un membre qui agit de sorte que ce membre puisse contrer la pesanteur afin de maintenir la posture habituelle de l'animal, et, d'autre part, un tonus postural global qui dérive de la proprioception s'effectuant au niveau labyrinthique. Le tonus s'exprime donc à deux niveaux. Dans le premier cas, on peut supposer que le cerveau prend acte du réflexe local qu'il tend à renforcer; dans le second cas, le cervelet assure un effet global. La conjonction de ces deux effets, local et global, se manifeste à partir d'expériences effectuées sur le chat ou le chien décérébrés[91] : elles montrent que le « cortex cérébral augmente la solidarité motrice de la créature ». Ainsi le cortex renforce la proprioception des mouvements dirigés à la fois vers l'intérieur (dans la cavité pulmonaire et digestive) et vers l'extérieur, de sorte que le vivant puisse contrôler globalement sa musculature et se diriger comme un tout. Il y a donc une redondance entre le cerveau et le cervelet pour garantir la posture, même en mouvement. Cette redondance caractérise le tonus comme système en boucle, ou arc-réflexe, à la fois local et global.

A son tour, Sherrington confère donc une description matérialiste à l'intuition vitaliste, puisqu'il reconnaît dans le tonus la présence d'une unité fondatrice du vivant par différence avec le reste de la matière. Galien ou Stahl nommaient ce principe unitaire

89. Sherrington, *The integrative Action*, p. 341 ; p. 344 ; p. 231.

90. Sur les controverses concernant le réflexe, voir Canguilhem, « Le concept de réflexe au XIXe siècle », p. 295-304.

91. André-Thomas et Ajurieguerra critiquent cet usage de l'expérimentation animale pour comprendre les phénomènes humains, puisqu'ils concernent les fonctions les plus différentes entre l'homme et la bête, liées au développement du cortex, dans l'*Étude sémiologique du tonus musculaire*. Sherrington souligne la fonction vitale du tonus et décrit la destruction du système labyrinthique garant du tonus comme un retour du vivant à l'inerte : « *the "knock-out blow", where the lower jaw conveys concussion to the otocyst, reduces in a moment a vigorous athlete to an unstrung bulk of flesh whose weight alone determines its attitude, if indeed a reactionless mass can be described as possessing attitude at all.* », Sherrington, *The integrative Action*, p. 343.

« l'âme », et ils la posaient comme antériorité radicale ; Sherrington nomme ce mécanisme « proprioception » et ne détermine pas le fait de savoir s'il résulte des réflexes locaux en en effectuant la synthèse, ou si, au contraire, il précède la multiplicité des mouvements. Quoiqu'il en soit, Sherrington admet la nécessité de hiérarchiser les mouvements, comme le réclamait Stahl : les mouvements n'entretiennent pas seulement une relation d'ordre temporel, mais aussi d'ordre vital. Au sein du vivant, les mouvements ne se réduisent pas aux descriptions purement physico-chimiques de l'inerte, mais gagnent une teneur vitale. Au fondement, se trouve la proprioception, qui détermine l'attitude tonique du vivant, puis ses mouvements.

Or l'ordre des découvertes physiologiques évolue à l'inverse de l'ordre vital, parce que les réactions à la douleur et les informations sensorielles s'avèrent plus manifestes. En effet, la nociception interrompt ce bruit de fond, que constitue la proprioception ; de fait, les sens déterminent les mouvements volontaires et trouvent une représentation consciente, tandis que la proprioception demeure infra-consciente et ne suscite pas de mouvement volontaire. Cet ordre d'apparition révèle une différence de seuils critiques. En dépit des apparences, il faut cependant affirmer la priorité vitale de la proprioception, qui conditionne en réalité toutes les autres activités du vivant : elle s'avère certes de moindre intensité que la nociception ou la sensorialité, puisqu'elle peut être interrompue par elles, mais elle réapparaît, dès que le signal douloureux ou sensoriel s'achève. Cette priorité se trouve encore confirmée par le fait que la proprioception dépend moins des stimuli externes que la nociception et la sensorialité, mais davantage des stimuli internes ou égocentrés [92]. Outre le niveau global de son efficacité, la proprioception

92. « *The proprio-ceptors and the labyrinthine receptors seem to have in common this, that they both originate and maintain tonic reflexes in the skeletal muscles. And they, at least in some instances, reinforce one another in this action.* », *The integrative Action*, p. 339. Sherrington décrit ainsi l'organe récepteur adapté à des stimuli mécaniques : « *it consists of two parts, both endowed with low receptive threshold and with refined selective differentiation. One part, the otolith organ, is adapted to react to changes in the incidence and degree of pressure exerted on its nerve-endings by a little weight of higher specific gravity than the fluid otherwise filling the organ. The other part, the semicircular canals, reacts to minute mass movements of fluid contained within it. These two parts constitute the labyrinth.* », *ibid.*, p. 336-337. Sur ce repérage,

se décline au niveau local de chaque membre, qui possède lui même un propriocepteur capable de déterminer son orientation spatiale ; cette proprioception locale caractérise le réflexe tonique du membre, qui vient confirmer et compléter dans le détail le tonus postural global. Par conséquent, « ce système peut être considéré en tant que tout et désigné sous le seul et même terme de proprioceptif »[93].

Par la suite, la notion de tonus continue à évoluer, mais une césure entre l'historien de la médecine et le médecin s'établit au détriment d'une mémoire explicite du long terme, même si le travail du passé continue son œuvre implicite à travers les mots et les notions. Après la seconde guerre, au sujet du tonus, André-Thomas et Julian de Ajuriaguerra reconnaissent les intuitions décisives de Sherrington mais tendent à dissocier la notion de tonus de celle de réflexe, pour associer le premier à la propriété purement visco-élastique du muscle. Ils distinguent le tonus permanent (de repos) et le tonus d'activité ; entre ces deux pôles, le tonus se décline selon une variation graduelle, puisqu' « on peut se représenter le mouvement comme une série de poses, d'attitudes, d'états toniques »[94]. Le mouvement (réflexe, automatique ou volontaire) et la posture (« l'attitude ») se distinguent par une simple différence de degré, non de nature comme le supposait Sherrington. En outre, si ces deux pôles répondent effectivement en partie aux proprioceptions traitées par le labyrinthe, le cervelet et le cerveau, ces deux formes toniques dépendent d'abord des propriétés musculaires, avant de se déterminer en fonction des influx émanant du système nerveux central, nouvelle « âme » des temps modernes.

André-Thomas et J. Ajurieguerra, *Étude sémiologique du tonus musculaire,* Paris, Flammarion, 1949, p. 73-89, et, plus proche de nous, A. Berthoz, *Le Sens du mouvement*, Paris, Odile Jacob, 1999.

93. *The integrative Action*, p. 341.

94. *Étude sémiologique*, p. 13. Les auteurs développent ces continuités sans solution : « L'entrée du muscle en action aboutit à deux ordres d'état : l'attitude ou le mouvement. L'attitude correspond à un état tonique du muscle ; mais pour passer d'une attitude à une autre attitude, ou du repos à une attitude, c'est-à-dire d'un état tonique à un état tonique, le déplacement peut être à peine sensible ; il le devient davantage si le déplacement est plus rapide. Le tonus passe par une variation progressive en plus ou en moins, et, par suite, détermine un déplacement plus ou moins rapide ».

Ces deux auteurs effectuent donc un pas supplémentaire, en détachant le tonus du système nerveux central. Sherrington l'avait dissocié du mouvement physique et le caractérisait comme une activité réflexe du muscle ou de l'animal, activité supportée par la fusion progressive des voies nerveuses entre elles[95]. André-Thomas et Ajuriaguerra rapatrient le tonus dans le muscle seul, assez indépendamment de son innervation. « Quel que soit l'acte exécuté, quelle que soit l'attitude maintenue, le tonus est commandé par la pesanteur, par la direction, et on peut y ajouter par l'expression »[96]. Immanent aux fibres musculaires, le tonus exprime une activité proprement musculaire, en partie libre vis-à-vis de son innervation. Dernier avatar de la notion de tonus qui tend à désigner une entité physiologique autonome ne s'identifiant pas immédiatement à un support neuronal, cette activité demeure obscurément à la source du fonctionnement vital, ainsi que le montre la permanence de son statut purement qualitatif et son importance sémiologique[97].

La notion de tonus traverse l'histoire de la médecine en filigrane, comme le tonus anime le vivant. Bruit de fond de la vie, sa familia-

95. « *For integrative co-ordination of that kind the synaptic nervous system affords in the animal economy the only instrument. Only by the formation of common paths can due advantage be reaped from a specially refined recipient path (private path) of locally restricted situation.* » (…) « *And each synapse is an apparatus for co-ordination; it introduces a* common-path. », Sherrington, *The integrative Action,* p. 346, p. 351.

96. *Étude sémiologique*, p. 69. Il y a trois modalités du tonus, local et global : le tonus statique ou d'attitude, le tonus d'orientation (en lien avec les afférences labyrinthiques et cérébrales et avec les sensations), le tonus d'expression.

97. Sherrington remarquait à son sujet : « *the tonus of skeletal muscles is an obscure problem. Its mode of production, its distribution in the musculature, its purposive significance are all debateable.* », *The integrative Action*, p. 339. André-Thomas, J. de Ajuriaguerra soulignent la même difficulté ; ils affirment l'impossibilité de donner une définition précise du tonus, *Étude sémiologique*, p. 18, la diversité des symptômes liés au tonus, la disparité de leurs causes. A cette définition précise qui permettrait aussi une évaluation déterminée, il faut donc substituer une pathologie clinique, attentive aux détails, aux caractéristiques individuelles. C'est pourquoi après avoir décrit les propriétés du tonus (Première partie : « Méthodes d'examen et propriétés du tonus », *ibid.,* p. 25-116), le traité développe une « Sémiologie du tonus », Deuxième partie, *ibid.,* p. 117-821. La disparité de longueur entre les deux parties est éloquente.

rité explique sa paradoxale occultation, comme si son évidence vitale empêchait d'en faire un objet théorique au même titre que la circulation sanguine ou la respiration. En outre, l'impossibilité de l'intégrer dans une description mécaniste du fonctionnement organique justifie que son statut scientifique demeure controversé. Néanmoins son introduction dans la connaissance du vivant scelle la distinction entre le nerveux et le musculaire, même si cette démarcation continue à évoluer et à se déplacer. L'histoire du tonus offre ainsi un point d'entrée dans l'histoire de la médecine et dans la représentation du corps humain qu'elle véhicule, représentation spécifique qui se démarque des représentations physiques ou chimiques des corps en général. Le tonus permet en effet de qualifier une propriété vitale susceptible de transformer la multiplicité des parties en une unité proprement organique capable de résister aux forces purement physiques, telles que la gravité. Thématisé par Rufus et Galien, ré-inventé par Stahl dans un contexte polémique, puis repris à nouveaux frais par Charcot, Sherrington, André-Thomas et Ajuriaguerra, il se détache du contexte animiste ou vitaliste, tout en restant un sujet de controverse.

Les arguments pour une vision continuiste de son histoire résident dans la permanence du terme, la description clinique, la distinction entre le nerveux et le musculaire, la volonté de démarquer la médecine de la physique, le besoin qu'éprouvèrent tour à tour ses théoriciens de relire l'histoire de leur discipline à travers la lunette de cette notion physiologique. Les arguments pour une interprétation en termes de rupture proviennent surtout des variations historiques du contexte médical qui, à chaque fois, modifie profondément l'explication de cette propriété vitale. A chaque période en effet, les nouveaux théoriciens reconnaissent une part d'héritage, mais soulignent la part d'invention qui implique une rupture. Une nouvelle conceptualisation du tonus n'est possible que dans le cadre d'une nouvelle théorie médicale qui s'avère largement incommensurable avec la précédente. A cet égard, la découverte du tonus ne peut équivaloir à celle de la circulation sanguine par Harvey, puisque celle-ci ne fut jamais remise en cause, tandis que celle-là de par sa nature qualitative subit sans cesse des métamorphoses. L'histoire des sciences doit donc distinguer des statuts différents de la découverte. Ainsi l'histoire du tonus incarne une discipline en tension entre l'ancien et le nouveau. La lecture rétrospective de sa découverte et de ses reprises illustre la difficulté d'assigner un auteur et une date à l'invention d'une nouveauté, tout en interdisant une lecture téléologique de la pensée qui aboutirait après des tâtonnements à la vérité.

BIBLIOGRAPHIE

Sources

ANDRÉ-THOMAS et AJURIEGUERRA J., *Étude sémiologique du tonus musculaire,* Paris, Flammarion, 1949.

BERTHOZ A., *Le Sens du mouvement*, Paris, Odile Jacob, 1999.

BICHAT X., *Recherches sur la vie et la mort, Anatomie générale*, A. Pichot (éd.), Paris, Flammarion, 1995.

– *Recherches sur la vie et la mort, Anatomie générale*, M. Magendie (éd.), Paris, « Vrin-Reprise », 1981.

BORDEU Th. de, *Recherches anatomiques sur la position des glandes*, Paris, Quillau Père, 1751.

CHARCOT J. M., *Leçons sur les maladies du système nerveux*, Paris, Delahaye, 1875.

DESCARTES R., *Œuvres complètes*, C. Adam et P. Tannery (éd.), nouv. prés. par B. Rochot et P. Costabel, 11 vol., Paris, Vrin, 1964-1974.

Dictionnaire universel français-latin vulgairement appelé Dictionnaire de Trévoux, Paris, Compagnie des libraires associés, 1771, Genève, Slatkine Reprints, 2002.

Encyclopédie ou Dictionnaire Raisonné des Sciences, des Arts et des Métiers, Genève, Pellet, 1778.

GALIEN, *On the Usefulness of the parts of the body*, trad. M. Tallmadge May, Ithaca, New York, Cornell university press, 1968.

– *Œuvres anatomiques, physiologiques et médicales*, trad. Ch. Daremberg, Paris, Baillière, 1854.

– *Opera omnia*, C.G. Kühn (ed.), Leipzig, 1821-1833.

HARVEY W., *De Motu cordis*, Paris, Christian Bourgois, 1990.

HOFFMANN Fr., *Operum omnium supplementum*, Genève, Fratres de Tournes, 1749.

HUYGENS Ch., *Œuvres complètes*, La société hollandaise des sciences (éd.), La Haye, Martinus Nijhoff, 1888-1950, tome XVI à XX.

LEIBNIZ G. W., *Sämtliche Schriften und Briefe*, Berlin-Darmstadt, Akademie Verlag, 1923…

– Stahl-Leibniz, *Controverse sur la vie, l'organisme et le mixte*, Paris, Vrin, 2004.

– *Opera omnia*, (éd.) L. Dutens, Genève, Fratres de Tournes, 1768.

MASSION J., « Fonctions motrices », *Encyclopédie Médico-chirurgicale, Neurologie*, Paris, Editions techniques 17 002 D-10, 1994.

RUFUS D'EPHÈSE, *Œuvres de Rufus d'Ephèse*, trad. Ch. Daremberg, Paris, Baillière, 1879.

SHERRINGTON Ch. S., « Note on the history of the word "tonus" as a physiological term », Contributions to medical and biological research, dedicated to Sir William Osler in Honour of his seventieth birthday, vol. 1, NY, Hoeber, 1919.

– *The integrative Action of the nervous system,* 1906, New Haven, Yale University Press, 1920.

– « Postural activity muscle nerve », *Brain* n°38, 1915.

STAHL, G. E., *Œuvres médico-philosophiques et pratiques*, Paris, Baillière, 1859-64, trad. Th. Blondin, 6 vol.

– *Theoria medica vera, physiologiam et pathologiam tanquam doctrinae medicae partes vere contemplativas e naturae et artis veris fundamentis intaminata ratione et inconcussa experientia sistens*, Halle, 1737, 2 e éd.

Littérature secondaire

BAUER A. W., « Der Körper als Marionette? Georg Ernst Stahl und das Wagnis einer psychosomatischen Medizin », *Acta historica Leopoldina* 30, 2000, p. 81-95.

BOURY D., *La Philosophie médicale de Théophile de Bordeu*, Paris, Honoré Champion, 2004.

BRÉHIER E., *Chrysippe et l'ancien stoïcisme*, Paris, 1950, 5 e édition.

CANGUILHEM G., *La Formation du concept de réflexe aux* XVII*e* *et* XVIII*e* *siècles*, Paris, Vrin, 1977.

– « Le concept de réflexe au XIX e siècle », *Études d'histoire et de philosophie des sciences*, Paris, Vrin, 1968, rééd. 1983, p. 295-304.

DEBRU A., *Le Corps respirant. La Pensée physiologique chez Galien*, Leiden, E.J. Brill, 1996.

DEBUS A. G., *Chemistry and medical debate : van Helmont to Boerhaave*, USA, Science history publications, 2001.

DUCHESNEAU F., *La Physiologie des Lumières. Empirisme, modèles et théories*, La Haye, London, Boston, Nijhoff, 1973.

– « G.E. Stahl : antimécanisme et physiologie », *Archives internationales d'histoire des sciences*, 26, 1976.

– « Leibniz et Stahl : divergences sur le concept d'organisme », *Studia leibnitiana*, 27 1995, p. 185-191.

– *Les Modèles du vivant de Descartes à Leibniz*, Paris, Vrin, 1998.

FOREST, D., « Le concept de proprioception », *Revue d'histoire des sciences*, 2004, 57/1, p. 5-31.

GRMEK M. D., et BERNABEO R., *Histoire de la pensée médicale en occident*, Paris, Seuil, 1997.

HAIGH, E., *Xavier Bichat and the Medical theory of the XVIIIth Century*, London, Medical History, sup. 4, 1984.

Expérience et raison. La Science chez Huygens (1629-1695), Revue d'histoire des sciences, n°56 (1), janvier-juin 2003.

JOLY B., *La Rationalité de l'alchimie au XVIIe siècle*, Paris, Vrin, 1992.

KING, L.S., *The Philosophy of medicine, the early eighteenth century*, Cambridge Ma., Harvard University Press, 1978.

– « Stahl & Hoffmann : A study in eighteenth century animism », *Journal of the history of medicine and allied sciences*, April 1964, n°19.

– « Basic concepts of early 18th – century animism », *the American Journal of Psychiatry*, 124, 6, December 1967.

MANULI P., « Galen and Stoicism », *Galen und hellenistische Erbe*, J. Kollesch et D. Nickel (eds.), Stuttgart, Sudhoff Archiv Beihefte, 32, 1993, p. 53-62.

MUDRY Ph. et PIGEAUD J. (éd.), *Les Écoles médicales à Rome*, Acte du colloque international sur les textes médicaux latins antiques, Lausanne, septembre 1986, Droz, Genève, 1991.

RATHER L. J. and FRERICHS J. B., « The Leibniz-Stahl Controversy. I. Leibniz'Opening objections to the Theoria medica vera, *Clio Medica* III, 1968, p. 21-40 ; « The Leibniz-Stahl Controversy. II. Stahl survey of the principal points of doubt » *Clio Medica*, V, 1970, p. 58-67.

REY R., « L'âme, le corps et le vivant », *Histoire de la pensée médicale en occident*, Paris, Seuil, 1997, tome 2, p. 117-156.

– *Histoire de la douleur*, 1993, Paris, La découverte, 2000.

ROTSCHUH K., Erster Teil, « F. Hoffmann und die Medizingeschichte. Das Hoffmannsche System und das Aetherprinzip », Heft 2, p. 162-193 ; Zweiter Teil : « Hoffmann, Descartes und Leibniz », Heft 3, p. 235-270, *Studien zu Friedrich Hoffmann, Südhoffs Archiv*, 1976, Band 60.

SCHNEIDER M., *Das mechanistische Denken in der Kontroverse*, Studia leibnitiana Suppl. 29, Stuttgart, F. Steiner Verlag, 1993.

SWAZEY J. P., « Sherrington's concept of integrative action », *Journal of the history of biology*, 1, 1968, p. 57-89.

TANNERY P., « Du rôle de la musique grecque dans le développement des mathématiques pures », *Mémoires scientifiques* III, Toulouse, Privat, 1915.

TEMKIN O., *The double face of Janus*, Baltimore, John Hopkins University Press, 1977.

VERBECKE G., *L'Évolution de la doctrine du pneuma du stoïcisme à Saint Augustin*, Paris-Louvain, Desclée de Brouwer, 1945.

WALSH J., « Galen's discovery and promulgation of the function of the recurrent laryngeal nerve », *Annals of medicine history* VIII, 1926, p. 176-184.

WILSON L. G., « Erasistratus, Galen and the pneuma », *Bulletin of the history of medicine*, 1959, vol. 33, n°4, p. 293-314.

*Les origines d'un nouvel élément chimique : l'affaire du chlore**

Hugues CHABOT

> Tout ce que nous ne pouvons décomposer est un élément pour nous ; et chaque fois que nous rencontrons une matière rebelle à notre analyse, nous nous croyons en droit de l'inscrire sur la liste des substances simples, [étant] bien entendu que nous ne les considérons comme telles que relativement à l'état actuel de nos connoissances [1].

L'attribution d'une découverte ou d'une invention à un savant participe d'un véritable genre en histoire et philosophie des sciences. Il ne se justifie que dans la mesure où, du seul point de vue de la postérité, on prétend réduire à un événement historique isolable l'apparition d'une nouvelle idée théorique, un principe physique par exemple [2], ou l'identification d'un nouvel objet naturel, comme une

* L'écriture de cet article a bénéficié des remarques de Bernadette Bensaude-Vincent, en particulier sur le rôle de Berthollet, ainsi que des compétences chimiques de Jean-Pierre Millet.

1. G. Cuvier, *Rapport historique sur les progrès des sciences naturelles depuis 1789, et sur leur état actuel*, Paris, imprimerie impériale, 1810, p. 93. Dans ce rapport sur le progrès des sciences naturelles commandé à l'Institut par l'Empereur, Cuvier rappelle ici la définition, ancienne et toute pragmatique, de la notion d'élément adoptée par Lavoisier dans son *Traité élémentaire de Chimie* publié en 1789.

2. On en trouvera deux illustrations dans cet ouvrage à travers les articles de Sophie Roux sur le principe d'inertie et de Jérôme Viard sur la notion d'entropie.

substance chimique. Dans ce dernier cas, le caractère matériel de la découverte suffit à justifier aux yeux de nombreux auteurs l'établissement d'un palmarès sous la forme d'une listes de dates et de noms [3]. Une substance se donne tout à coup à voir là où elle était jusqu'alors restée inaperçue. La nouveauté se réduit à la perception soudaine et définitive d'un corps qui attendait qu'on le découvre.

SCHEELE ET LA DÉCOUVERTE DU CHLORE

Dans le cas du chlore, une enquête historiographique pour le seul XXe siècle entérine cette réification de la découverte. On trouvera en annexe de cet article un échantillon de récits issus de quelques ouvrages d'histoire de la chimie, courants ou spécialisés, qui relatent ou citent la découverte de la nouvelle substance. Presque tous créditent Carl Wilhelm Scheele (1742-1786) d'en être l'auteur, ou parfois de façon plus précise comme le premier à l'avoir isolée. Tout se passe comme si la matérialité de la substance suffisait à lui conférer une identité acquise une fois pour toutes, alors que dans le même temps on reconnaît que la description de sa nature exacte suscite encore des débats en 1810. Or, c'est précisément le problème de l'interprétation de l'objet découvert qui rend illusoire une telle attribution rétrospective aux yeux d'un Thomas S. Kuhn. Selon ce dernier, une découverte implique non seulement la désignation et l'isolement d'un objet spécifique, mais en outre une représentation et une conceptualisation de cet objet :

> […] la découverte d'un type nouveau de phénomènes est forcément un événement complexe, qui implique le fait de reconnaître à la fois qu'il y a quelque chose et ce que c'est. […] Mais si les deux aspects du problème, observation et conceptualisation, fait et assimilation à une théorie, sont inséparablement liés dans la découverte, il nous faut considérer celle-ci comme un processus qui demande du temps. C'est seulement dans le cas où les catégories conceptuelles adéquates sont prêtes d'avance (et dans ce cas le phénomène n'est pas

3. Deux exemples parmi d'autres, A. J. Ihde, *The Development of Modern Chemistry*, New York, Dover, 1984, p. 747-749 et 824, dresse un tableau chronologique de découvertes, tandis que R. Luft, *Dictionnaire des corps purs simples de la chimie*, Nantes, Cultures et Techniques, 1997, tente d'en restituer l'histoire.

> d'un genre nouveau) qu'il est possible de découvrir sans effort, ensemble et en un instant, l'*existence* du phénomène et sa *nature*[4].

Paradoxalement, le caractère simultané et inséparable de l'observation et de l'interprétation rendrait vaine l'assignation d'une nouveauté en tant que telle. Ce point de vue sur les conditions d'apparition d'une découverte est bien sûr à mettre en relation avec la notion de « paradigme » forgée par Kuhn. Comme on le sait, le terme désigne l'horizon d'attente d'une communauté savante, qui est engagée dans une pratique scientifique normée et dédiée à l'exploration de phénomènes prévisibles. Dans cette perspective, il ne pourrait y avoir de véritables découvertes, de véritables nouveautés factuelles, qu'après une « révolution scientifique », c'est-à-dire un changement de « paradigme », fût-il cantonné à un domaine limité de connaissances[5].

Entée sur le seul terrain phénoménologique, la question de la nouveauté, prise au sens fort et absolu d'inattendu, n'aurait pas de légitimité. C'est au niveau de la théorie (ou plus largement du paradigme) qu'il faudrait la poser. On comprend dès lors que la découverte d'une substance chimique, tributaire des concepts et méthodes destinés à la caractériser, soit dépendante ou même conséquente de l'établissement d'un paradigme. La nouveauté résiderait alors plutôt dans l'invention du cadre théorique et expérimental qui autorise, anticipe, ou plutôt crée les conditions favorables de production des phénomènes. Si bien que l'attribution d'une découverte résulterait d'abord d'un choix rétrospectif, celui d'un cadre de référence considéré comme adéquat *aux yeux de celui qui écrit l'histoire*[6]. Pour

4. T. Kuhn, *La Sstructure des révolutions scientifiques*, trad. fr. L. Meyer, Paris, Flammarion, 1983, p. 87. On trouve un décalque de ce passage dans un article écrit à la même époque (réédité dans Kuhn, *La Tension essentielle, Tradition et changement dans les sciences*, Paris, Gallimard, 1991, p. 238). Sur l'exemple de l'oxygène, Kuhn réfute les prétentions de tous les candidats-découvreurs en raison du caractère erroné de leurs conceptions quant à la nature ou aux propriétés de cet élément.

5. T. Kuhn, *La Tension essentielle*, p. 245 : « j'affirme que toute découverte de cette nature nécessite, de la part de ceux qu'elle concerne au premier chef, des réajustements du type que ceux que nous assimilons, là où ils sont les plus visibles, à une révolution scientifique ».

6. Précisons que pour Kuhn les conceptualisations anciennes peuvent toujours être considérées comme fausses au regard de nos interprétations modernes : notre

reprendre des expressions bachelardiennes, l'historien peut par exemple décider de faire abstraction de la science « sanctionnée » et adopter une neutralité théorique bienveillante vis-à-vis d'un corpus de connaissances « périmées ». Assigner la nouveauté reviendrait finalement à traquer la première manifestation théorico-expérimentale d'un objet naturel, sans tenir compte de sa postérité[7]. La primauté deviendrait ainsi le seul critère valable pour identifier le découvreur authentique de telle ou telle substance, fût-elle mal conçue.

De ce point de vue, l'attribution à Scheele de la découverte du chlore pourrait se justifier par la caractérisation en termes de phlogistique d'une substance encore jamais décrite : de couleur jaune, d'odeur vive et pénétrante, le nouveau gaz exerce une action décolorante sur les fleurs et sur les plantes vertes et donne des sels avec les terres et les alcalis, sels identiques à ceux donnés par l'acide marin dont il est issu. À la suite de Stahl, Scheele considère que la combustion ou la calcination d'un métal en une chaux s'accompagne de la libération d'un principe dénommé phlogistique et, à l'inverse, qu'il est possible de convertir une chaux en un métal par l'action d'une substance riche en phlogistique, comme le charbon par exemple. Dans les expériences sur la magnésie, c'est l'acide muriatique qui joue ce dernier rôle et c'est pourquoi il dénomme acide muriatique déphlogistiqué la substance gazeuse dégagée lors de la transformation[8].

Nous avons déjà fait remarquer cependant que la substance isolée par Scheele est aujourd'hui désignée sous un autre nom, forgé au début XIXe siècle. Cela n'est pas sans jeter un certain trouble, car

oxygène n'est pas celui de Scheele, ni de Priestley, ni même de Lavoisier. Pour examiner les critères de la découverte et de la nouveauté, Carl Djerassi et Roald Hoffmann se sont essayés à une mise en scène rétrospective d'une querelle d'antériorité (qui n'a jamais eu lieu!) entre les trois chimistes par le biais d'une savoureuse fiction théâtrale, *Oxygène,* Pièce en 1 acte, préface de B. Bensaude-Vincent et B. Van Tiggelen, Toulouse, Presses Universitaires du Mirail, 2003.

7. C'est ce que propose Robert G. Hudson, dans « Discoveries, When and By Whom? », *British Journal for the Philosophy of Science*, 52, 2001, p. 75-93, en réaction à la thèse de Kuhn.

8. Scheele, « Mémoire sur l'oxyde de manganèse », *Mémoires de l'Académie Royale de Stockholm* pour l'année 1774 ; trad. fr. Mme Guyton de Morveau, *Mémoires de Chimie*, Paris, 1785.

cette appellation désigne de nos jours un corps simple, ce qui n'est précisément pas « perçu » par Scheele et ses contemporains. Même si on peut s'accorder sur le fait que Scheele a isolé et caractérisé un objet chimique particulier, le terme de chlore lui ajoute des caractéristiques qui n'étaient pas présentes dans la découverte initiale. En dépit des précautions oratoires dont les historiens entourent leurs récits[9], l'attribution à Scheele de la découverte du chlore trahit une intrusion de la postérité dans la qualification même du nouvel objet. Or, l'invention d'un nouveau terme, pour une substance déjà connue signale dans le cas présent que celle-ci n'est plus tout à fait la même. La neutralité théorique de façade qui consiste à attribuer au chimiste suédois la paternité du chlore nous semble dénaturer la signification et l'impact réels d'une autre découverte : la nature élémentaire de cette substance.

La création terminologique retenue par l'historiographie cristallise une interprétation qui relève jusqu'à aujourd'hui de la science « sanctionnée ». Mais elle ne constitue que le point final d'un processus, qui part de la mise en évidence d'une substance par Scheele, passe par diverses reformulations et s'achève par une stabilisation conceptuelle. Pour le dire autrement, si Scheele a découvert l'acide marin déphlogistiqué, le travail d'élucidation de sa véritable nature constitue une seconde découverte à part entière, précisément désignée par le terme de chlore, et place l'historien dans l'obligation de rendre compte d'une nouveauté supplémentaire qui vient transfigurer le déjà connu.

Nous souhaitons maintenant poursuivre l'enquête depuis ce fait historique inaugural attribué à Scheele de mise en évidence concrète et théorisée d'une substance chimique nouvelle jusqu'à sa caractérisation comme corps simple. Cette histoire conceptuelle, mais aussi sociale, de la découverte du chlore passe par la théorie des acides de Lavoisier, défendue par Berthollet, pour déboucher sur une controverse franco-britannique entre Gay-Lussac et Thenard d'une part, Davy d'autre part. Nous consacrerons enfin un long développement à un personnage méconnu, Curaudau, dont les travaux sur le même

9. En voici un échantillon : « suivant les idées de son époque », « il ne le regarda pas comme un corps simple », « it was believed to be a compound », « [it] was considered to be oxygenated muriatic acid »…

sujet ont été rejetés par l'Académie des sciences. Cet ultime épisode éclaire le processus de reconnaissance sociale de la nouveauté scientifique.

BERTHOLLET ET L'INTERPRÉTATION LAVOISIENNE

En 1785, Claude-Louis Berthollet (1744-1822), formé à la chimie phlogisticienne, entreprend d'étudier les propriétés du gaz mis en évidence par Scheele. Ses recherches le convainquent de la supériorité explicative d'une nouvelle théorie proposée par Lavoisier, dans laquelle l'oxygène joue un rôle exactement inverse de celui du phlogistique. Il est ainsi amené à admettre que, lors de la préparation de l'acide marin déphlogistiqué, de l'oxygène est dégagé par la magnésie et se combine avec l'acide marin, si bien que l'hypothèse du phlogistique devient superflue. C'est pourquoi il rebaptise la substance obtenue acide muriatique oxygéné[10], tandis que le chimiste irlandais Kirwan[11], lui aussi phlogisticien converti à la théorie des acides de Lavoisier, forgera le terme oxymuriatique. Pour Berthollet, la substance constitue donc le prototype sur lequel se fonde son adhésion à la théorie de Lavoisier[12]. Dans les années qui suivent, presque tous les chimistes d'Europe adoptent cette théorie selon laquelle les acides sont composés d'oxygène[13].

10. Sur l'adhésion définitive de Berthollet à la doctrine de Lavoisier, voir M. Goupil, *Le Chimiste Claude-Louis-Berthollet (1748-1822). Sa vie, son œuvre*, Paris, Vrin, 1977, p. 126. Étymologiquement, « oxygène » veut dire *générateur d'acide.* L'acide muriatique ordinaire (ou marin) est donc lui aussi censé contenir de l'oxygène.

11. Richard Kirwan (1733-1822) est l'auteur du célèbre ouvrage *An Essay on Phlogiston and the Constitution of Acids.* Sur l'histoire de la théorie du phlogistique, voir J.H. White, *The Phlogiston Theory.* Sur la substitution du concept d'oxygène à celui de phlogistique, voir A.-C. Déré, *La Mise en évidence du rôle chimique de l'oxygène du XVIII*e *au XIX*e *siècle : faits et concepts*, Nantes, 1996.

12. Sur ce point précis, voir M. Goupil, « Claude-Louis Berthollet, collaborateur et continuateur (?) de Lavoisier », dans *Lavoisier et la révolution chimique*, SABIX, École Polytechnique, 1992, p. 39.

13. Sur plus d'une centaine d'auteurs, H.E. Legrand, « Claude-Louis Berthollet's *Essai de statique chimique* and Acidity », *Isis*, 67, 1976, p. 232 (en note), en recense seulement cinq exprimant leurs plus grandes réserves sur la théorie des acides de Lavoisier pour la période 1790-1807. Sur la théorie des acides au début du

Berthollet travaille en particulier sur les propriétés décolorantes du gaz oxymuriatique en solution. Le procédé de blanchiment issu de ces recherches, connu sous le nom d'eau de Javel, assoit sa réputation de chimiste et contribue à renforcer sa conviction quant à la nature oxygénante du gaz oxymuriatique en solution [14]. D'autres observations sur les combinaisons du gaz muriatique oxygéné le confortent dans cette opinion, notamment un fait rapporté par Fourcroy, qu'il cite en ces termes :

> J'ai découvert qu'en faisant passer le premier de ces gaz (le gaz ammoniac) dans le second (le gaz oxymuriatique), il y avait inflammation et lumière blanche dégagée pendant l'union de l'oxigène avec l'hydrogène de l'ammoniaque; l'eau qui se forme en même temps présente une vapeur blanche très-épaisse : elle dissout l'acide muriatique et il reste du gaz azote (*Système des connaissances chimiques*, tome II, p. 243) [15].

Aux yeux de Berthollet, Fourcroy avait donc constaté la formation d'eau par l'action du gaz ammoniac sur le gaz oxymuriatique et par

XIXe siècle, voir M. Crosland, *The Society of Arcueil. A View of French Science at the Time of Napoleon I*, Cambridge, Harvard University Press, 1967, ainsi que Legrand, « Lavoisier's Oxygen Theory of Acidity », *Annals of Science*, 29, 1972.

14. J.G. Smith, *The Origins and Early Developments of the Heavy Chemical Industry in France*, Oxford, Clarendon Press, 1979, p. 117-119 et p. 137-143, analyse les liens entre les recherches théoriques de Berthollet et le développement de l'industrie du blanchiment par le chlore. Dans le cas de l'eau de Javel, la méprise de Berthollet sur la présence d'oxygène dans le gaz oxymuriatique provient de la réaction du chlore avec l'eau qui donne de l'acide chlorhydrique et des hypochlorites acteurs de la décoloration par oxygénation : $Cl_2 + H_2O \rightarrow HCl + HOCl$.

15. Berthollet, « Note sur la composition de l'acide oximuriatique » (10 avril 1816), *Mémoires de la Société d'Arcueil*, III, Paris, 1817, p. 603-604. Aujourd'hui, on sait que deux réactions se déroulent successivement : $NHv_3 + 3/2Cl_2 \rightarrow 3HCl + 1/2N_2$ et $HCl + NH_3 \rightarrow NH_4Cl$. La seconde étape, qui mène à la production de chlorure d'ammonium sous forme de « vapeur blanche très-épaisse », nécessite une présence d'eau, au moins sous forme de traces comme l'indique G. Massieu, *Chimie minérale*, Paris, Baillière, 1966, p. 289 : « Le gaz ammoniac se combine avec HCl gazeux à froid, *à condition que les gaz n'aient pas été rigoureusement desséchés*; il se forme des fumées blanches de chlorure d'ammonium » (c'est nous qui soulignons). L'eau « qui se forme en même temps » doit par conséquent déjà être présente à l'état hygroscopique. Elle joue le rôle d'une impureté nécessaire à la réaction (sur ce point voir P. Laszlo, *La Parole des choses ou le langage de la chimie*, Paris, Hermann, 1993, p. 150).

conséquent prouvé la présence d'oxygène au sein de ce dernier. En outre, on observe à cette époque que le gaz oxymuriatique dissous dans l'eau et exposé aux rayons du soleil dégage lentement de l'oxygène pour donner de l'acide muriatique[16]. Ce faisceau de preuves en faveur de la thèse d'une substance oxygénée s'articule parfaitement avec l'interprétation héritée de Lavoisier. Si l'on reprend la terminologie de Kuhn, la théorie des acides joue le rôle d'un « paradigme » qui permet de voir l'oxygène dans les circonstances où on l'attend. Au même titre que Scheele, Berthollet pourrait alors être considéré comme le découvreur d'une substance, car intrinsèquement nouvelle quant à ses propriétés et quant à sa nature supposée. Une convergence expérimentale et théorique lui permet de la classer parmi les acides et de la considérer comme composée d'oxygène.

Une « anomalie » pourtant persiste : on ne parvient pas à décomposer le gaz oxymuriatique, c'est-à-dire à isoler le corps qui, outre l'oxygène, le constitue. Les chimistes se trouvent d'ailleurs dans le même embarras pour l'acide muriatique ordinaire.

GAY-LUSSAC ET THÉNARD : L'HYPOTHÈSE DU CORPS SIMPLE

L'identification du chlore comme élément s'inscrit dans toute une prolifération de nouveaux corps simples découverts dans les premières années du XIXe siècle. La chimie connaît à cette époque une activité que l'on pourrait presque qualifier de routinière. En application du programme analytique issu de la réforme de la nomenclature introduite par Lavoisier, les chimistes isolent et décrivent les éléments qui constituent les substances composées[17]. Après 1789, la table des éléments s'enrichit ainsi de 11 métaux et de

16. La réaction, concurrente de celle citée plus haut, est la suivante : $Cl_2 + H_2O \rightarrow 2HCl + 1/2O_2$. Elle a lieu pour de l'eau à l'état vapeur, alors que la précédente fait intervenir l'eau sous forme liquide.

17. Pour une vue d'ensemble sur la révolution chimique, on se reportera à M. Crosland, « Chemistry and the chemical revolution ». Sur Lavoisier, voir H. Guerlac, *Antoine-Laurent Lavoisier : Chemist and Revolutionary*, New York, Scribner, 1975 ; F.L. Holmes, *Lavoisier and the Chemistry of Life : An Exploration of Scientific Creativity*, University of Wisconsin Press, 1981 ; B. Bensaude-Vincent, *Lavoisier, Mémoires d'une révolution*, Paris, Flammarion, 1993.

4 terres, auxquels il faut ajouter les découvertes que Davy réalise au moyen de la pile de Volta[18].

C'est dans ce contexte que deux jeunes chimistes prometteurs, Gay-Lussac et Thenard, présentent en 1809 des recherches sur l'acide oxymuriatique à la Société d'Arcueil[19] puis à l'Académie des Sciences. Ils suggèrent une hypothèse inédite et hétérodoxe : tous les phénomènes observés peuvent s'expliquer si l'on considère le gaz muriatique oxygéné comme un élément simple. Le caractère indécomposable de la substance, et donc sa nature élémentaire, semble en particulier s'imposer lorsque l'action du plus puissant réducteur connu, le charbon chauffé à blanc, ne donne aucun résultat. Dans le mémoire lu à l'Institut le 27 février 1809, et publié dans les *Mémoires de la Société d'Arcueil* la même année, une phrase curieuse et ambiguë clôt pourtant leur travail :

> Le gaz muriatique oxigéné n'est pas en effet, décomposé par le charbon, et on pourrait d'après ce fait et ceux qui sont rapportés dans ce Mémoire, supposer que ce gaz est un corps simple. Les phénomènes qu'il présente s'expliquent assez bien dans cette hypothèse; nous ne chercherons point cependant à la défendre, parce qu'il nous semble qu'ils s'expliquent encore mieux en regardant l'acide muriatique oxigéné comme un corps composé[20].

18. On trouvera un tour d'horizon de ces découvertes chez M. Crosland, *In the Shadow of Lavoisier*: *The* Annales de Chimie *and the Establishment of a New Science*, British Society for the History of Science, 1994, p. 193-201. Ce sont, pour les métaux, l'urane (en réalité un oxyde d'uranium), le titane, le tellure, le chrome, le palladium, l'osmium, l'iridium, le rhodium, le columbium (rebaptisé plus tard niobium), le cerium, le tantale, et, pour les terres rares, la zircone, la strontiane, la glucine (futur béryllium), l'ittria. En 1807 et 1808, Davy isole successivement le sodium, le potassium, le strontium, le baryum, le calcium, le magnésium et le bore.

19. Née de rencontres informelles organisées dans la maison de campagne de Berthollet, cette société fonctionne jusqu'en 1814 et publie ses propres mémoires. Tournée vers le lancement de nouveaux talents, ses réunions sont l'occasion d'exposer l'état d'avancement des travaux de jeunes savants et de les soumettre à une critique collective, avant d'être présentés à l'Institut. Sur la Société d'Arcueil, voir Crosland, *The Society of Arcueil. A View of French Science at the Time of Napoleon I*, Cambridge, Harvard University Press, 1967.

20. Gay-Lussac et Thenard, « De la nature et des propriétés de l'acide muriatique et de l'acide muriatique oxigéné », *Mémoires de la Société d'Arcueil*, II, Paris, 1809, p. 357-358. Par la suite, Gay-Lussac et Thenard regretteront leur frilosité

L'audace intellectuelle des jeunes chimistes semble avoir été censurée par Berthollet. C'est en tout cas ce que ce dernier reconnaît quelques années plus tard :

> […] je combattis fortement l'opinion de MM. Gay-Lussac et Thénard lorsque le premier lut à notre réunion d'Arcueil, le mémoire dans lequel étaient exposées les raisons qui les décidaient à considérer le gaz muriatique oxigéné comme un corps simple, et je les engageai à ne présenter cette opinion qu'avec beaucoup plus de circonspection [21].

L'attitude de Berthollet est d'autant plus paradoxale qu'il a lui-même nourri des doutes sur le rôle de l'oxygène comme principe d'acidité. Tout au long de sa carrière, il a insisté sur quelques cas d'acides réfractaires à sa mise en évidence. Dès 1787, l'année même de la réforme de la nomenclature chimique qui baptise l'air vital oxygène, il marque un désaccord avec ses confrères sur la nécessité de la présence du dit oxygène dans la formation de l'acide prussique. En 1796, il trouve en l'acide sulfhydrique (hydrogène sulfuré) une autre exception à la théorie de Lavoisier [22]. Dans les cours de l'École normale de l'an III, il consacre entièrement sa neuvième leçon à l'acide muriatique oxygéné. Il souligne à cette occasion que l'acide muriatique ordinaire, n'ayant pu être décomposé, doit être considéré, au moins provisoirement, comme une substance simple. Dans la douzième et dernière leçon, il critique plus franchement la théorie de l'acidité de Lavoisier. Il évoque l'eau et l'oxyde de fer qui, bien que composés d'oxygène, ne sont pas des acides, tandis que des substances identifiées comme telles n'en contiennent pas (acides muriatique ordinaire, fluorique et boracique). Dans son maître ouvrage publié en 1803, *l'Essai de statique chimique*, Berthollet est cependant plus ambigu. Dans un premier temps, il propose une théorie opératoire de l'acidité et de l'alcalinité, caractérisées comme se neutralisant l'une l'autre sans que cela soit nécessairement lié à la

(*Mémoires de l'Institut*, 1812, 2ᵉ partie, p. 121). Gay-Lussac, plus engagé que son collègue, poursuit seul des recherches qu'il publie dans le *Journal de Physique*, LXX, 1810, p. 104-105. C'est dans ce même périodique que deux autres acteurs de notre histoire, Davy et Curaudau, publieront leurs revendications d'antériorité.

21. Berthollet, « Note sur l'acide oximuriatique ».

22. Goupil, *Berthollet*, p. 135-136 et p. 278, note 74.

présence d'un principe. Rejetant la corrélation entre propriétés chimiques et composition chimique, contestant en outre l'idée selon laquelle la force d'un acide est liée à la proportion d'oxygène qu'il contient, Berthollet ajoute même que des substances dépourvues d'oxygène mais possédant une affinité pour les alcalis peuvent être considérés comme des acides. Dans un second temps cependant, il relativise et minimise les exceptions à la théorie de Lavoisier qu'il a lui-même mises en évidence. Revenant sur l'argument du degré d'acidité relativement à la proportion d'oxygène, il fait intervenir l'état de combinaison de cet oxygène comme facteur limitant de l'acidité. Il ajoute enfin que l'hydrogène sulfuré ne présente peut-être pas toutes les propriétés des acides, pas plus que l'acide prussique.

Sans doute faut-il voir une influence directe de cette valse-hésitation théorique du maître sur Gay-Lussac et Thenard. Deux ans après le coup d'éclat d'Arcueil, ils publient un recueil de travaux communs sous le titre de *Recherches physico-chimiques*, dans lequel ils restent équivoques sur la question de la nature de l'acide oxymuriatique. Dans la centaine de pages qu'ils consacrent à l'étrange substance, ils citent vingt-et-un faits nouveaux qui plaident en faveur de l'hypothèse d'un corps simple. À la fin de leur travail cependant, les deux chimistes disent encore considérer que l'hypothèse est sujette à caution. Sans renier cette dernière, ils affichent toujours une préférence pour l'explication orthodoxe :

> […] la question de savoir si l'acide muriatique oxigéné est un être simple ou composé n'est point résolue, […] nous ne sommes pas plus avancés dans la solution de cette question que nous ne l'étions il y a près de deux ans, immédiatement après nos expériences à cet égard. Par conséquent, nous donnerons encore aujourd'hui comme à cette époque, par des raisons d'analogies, la préférence à l'hypothèse dans laquelle on regarde cet acide comme formé d'oxigène et d'un autre corps. […] Qu'on ne croye pas, pourtant, que nous rejetions l'hypothèse dans laquelle on regarde l'acide muriatique oxigéné comme un être simple. Il ne faut point l'exclure, puisqu'elle représente assez bien les phénomènes; mais nous disons aujourd'hui, comme il y a près de deux ans, lorsque nous avons établi ces deux hypothèses, qui ont depuis fixé l'attention de M. Davy : « dans l'état actuel de nos connoissances, les faits s'expliquent mieux en regardant l'acide muriatique oxigéné comme

un être composé que comme un être simple, et par conséquent nous préférons la première hypothèse à la seconde »[23].

Il est fort probable que les « raisons d'analogies » évoquées leur aient été une fois de plus soufflées par Berthollet. Dans un long rapport rédigé au nom de l'Académie et publié à la fin de leur ouvrage, leur mentor se fait en effet l'écho de l'ensemble des réactions inhabituelles qu'il faut imaginer si l'on adopte l'hypothèse du corps simple, c'est-à-dire l'absence d'oxygène dans la substance. Il faudrait par exemple admettre que le dégagement d'oxygène observé lors de l'addition de gaz oxymuriatique sur une chaux réputée sèche proviendrait de l'eau qui y resterait combinée à l'insu des chimistes. De nombreuses explications *ad hoc* de ce type deviendraient nécessaires pour réinterpréter les réactions chimiques qui impliquent le gaz oxymuriatique. Et c'est sur la base d'une argumentation épistémologique que Berthollet estime qu'il faut s'en garder :

> Il n'est pas inutile de remarquer que, lorsqu'il s'agit de la nature des corps, du mode de leurs combinaisons, et des changements qui peuvent se faire dans les élémens qui viennent les composer, ou dans ceux qui résultent de leur décomposition, il est facile de multiplier les hypothèses ; mais celles qui s'appuyent le plus *sur l'analogie*, et qui exigent le plus petit nombre de suppositions pour enchaîner les faits, de manière que l'esprit en saisisse facilement les rapports, doivent être maintenues, sans confondre toutefois leurs applications avec les faits eux-mêmes, constatés par la balance et la mesure, et avec les inductions qui en dérivent immédiatement[24].

Berthollet plaide ici la prudence en matière d'hypothèses, les soumettant (en même temps qu'aux résultats quantitatifs de la pratique chimique dans le droit fil de Lavoisier) à un principe

23. Gay-Lussac et Thenard, *Recherches physico-chimiques, faites sur la pile, sur la préparation chimique et les propriétés du potassium et du sodium, sur la décomposition de l'acide boracique, sur les acides fluorique, muriatique et muriatique oxigéné, sur l'action chimique de la lumière, sur l'analyse végétale et animale, etc.*, 1811, p. 171-174. La dernière phrase justifie une position exactement inverse de celle de Cuvier citée au début de cet article.

24. Berthollet, « Rapport fait à la Classe des Sciences mathématiques et physiques de l'Institut, par M. Berthollet, au nom d'une commission composée de MM. Laplace, Monge, Chaptal, Haüy et Berthollet », sur l'ouvrage de Gay-Lussac et Thenard, 1811, vol. 2, p. 402-403 (souligné par nous).

d'économie et d'analogie. De ce point de vue, il n'existe nulle controverse entre le maître et ses disciples, puisque Gay-Lussac et Thenard disent finalement préférer l'hypothèse d'un gaz oxymuriatique composé pour « des raisons d'analogies ». Les nouvelles propriétés qu'ils ont mises en évidence servent l'interprétation du corps simple, mais celle-ci a le défaut d'être en contradiction avec la théorie des acides. Son adoption exigerait un réajustement conceptuel majeur dans ce domaine de la chimie, autrement dit une « révolution scientifique » à l'échelle du « paradigme » des acides en vigueur.

Au cœur de l'épistémologie de Berthollet, l'analogie est donc un critère opératoire de la pratique chimique au même titre que l'analyse quantitative. Elle explique peut-être le caractère apparemment désinvolte de ses prises de position contradictoires sur la nature des acides. Surtout elle doit guider le chimiste dans le choix d'une hypothèse qui, bien que seulement probable, n'en reste pas moins nécessaire à la mise en œuvre d'une expérience. La valeur et la fécondité d'une telle hypothèse se mesure précisément à l'aune des analogies qu'elle permet de mettre en évidence entre les substances et leurs propriétés, un souci de plus en plus prégnant avec la question émergente de la classification des nouveaux éléments.

La leçon ne sera pas oubliée. Dans son célèbre *Traité* publié à partir de 1813 et qui connaîtra de multiples éditions, Thenard reprend le credo de Berthollet en proposant trois principes d'ordonnancement des corps : passer du simple au complexe, aller du connu à l'inconnu, recourir à l'analogie.

DAVY, INVENTEUR DE L'APPELLATION CHLORE

Les récits de l'identification du chlore comme substance simple mettent souvent en relief la compétition entre Gay-Lussac et Humphry Davy (1778-1829) [25]. Le chimiste français a pris toute la mesure du talent de son rival anglais dès l'année 1807, lorsqu'il rédige le rapport de l'Académie qui lui attribue le prix destiné à

25. Par exemple M. Delacre, *Histoire de la Chimie*, Paris, Gauthier-Villars, 1920, p. 280-291, et M. Crosland, *Gay-Lussac, Savant et bourgeois*, trad. fr. J.-P. Bardos, « Un savant une époque », Paris, Belin, 1991, p. 118-120, mais ce dernier insiste davantage sur la question des influences réciproques que sur celle de l'antériorité.

récompenser la meilleure expérience faite sur l'électricité galvanique. À l'aide de la pile de Volta, Davy s'est engagé dans un programme de recherches systématique utilisant l'électrolyse comme méthode de décomposition des substances chimiques. De ce jour, une course s'engage des deux côtés de la Manche. Cette chasse aux nouveaux éléments a aussi comme conséquence la mise à jour de nouveaux réactifs et, pour Gay-Lussac et Thenard, le potassium isolé par Davy constitue bientôt le nouvel outil d'investigation chimique par excellence. Chimistes français et anglais se retrouvent en concurrence directe pour l'identification des radicaux des acides boracique et fluorique[26], mais aussi muriatique.

Davy a pris connaissance du travail de Gay-Lussac et Thenard sur les acides muriatique et oxymuriatique publié dans les *Mémoires de la Société d'Arcueil*[27]. Lui aussi constate l'absence de décomposition du gaz oxymuriatique par du carbone chauffé à blanc dans un arc électrique produit au moyen de la pile de Volta[28]. Il s'efforce par ailleurs de le décomposer directement en le soumettant à des décharges électriques pendant plusieurs heures, mais sans plus de succès. Contrairement aux deux chimistes français, il adopte sans réserve l'hypothèse de l'élément simple. Il l'étaye par de nouvelles expériences et communique ses résultats le 12 juillet 1810 à la *Royal Society*. Publiés en français dans les livraisons d'octobre et novembre 1810 des *Annales de Chimie*[29], les arguments de Davy contre l'hypothèse de l'acide oxymuriatique composé s'accompagnent d'une concession quant à l'antériorité de l'hypothèse du corps simple chez Gay-Lussac et Thenard, mais c'est pour en souligner le caractère timoré :

> Ces habiles chimistes semblent bien avoir prévu qu'une semblable explication peut être donnée; car, dans la conclusion de leur mémoire, ils conviennent qu'on *pourroit*, d'après les faits qui y sont

26. Le fluor ne sera isolé qu'en 1886 par Moissan.

27. Crosland, *Gay-Lussac*, p. 118, indique que le chimiste anglais avait reçu un exemplaire de ce recueil.

28. Davy prétend à une antériorité de l'expérience dans le cas de l'acide muriatique, cf. Crosland, *Gay-Lussac*, p. 386, note 23.

29. et en partie divulgués dès le mois de mai précédent dans le *Journal de Physique*.

> rapportés, considérer le gaz acide oximuriatique comme étant un corps simple [30].

En dépit d'une admiration réelle pour la chimie française– il a en partie étudié la chimie sur une édition française du *Traité élémentaire de chimie* – Davy lui a toujours reproché un caractère trop dogmatique. Il dénonce en particulier la nouvelle nomenclature comme chargée de théorie. À ce titre, le cas du vocable oxygène est particulièrement révélateur. En effet, la découverte quelques années plus tôt par Davy lui-même de la nature oxygénée des alcalis (potasse et soude) constituent un véritable paradoxe, puisque l'oxygène est réputé constituer le principe d'acidité. L'acide muriatique oxygéné lui apparaît tout autant comme un cas d'espèce : l'existence de l'oxygène dans le gaz oxymuriatique est, écrit-il, « une présomption qui a encore besoin de preuves ». Il considère même que Scheele, dans la façon dont il a envisagé la substance qu'il a obtenue, se tient plus près des faits que Lavoisier :

> [...] la manière de voir, adoptée par l'École française de chimie, et qui, jusqu'à ce qu'elle ait été plus attentivement examinée, paroît si satisfaisante, ne repose encore dans l'état actuel de nos connoissances, que sur des bases hypothétiques [31].

Davy n'est pas homme à adhérer à quelque système que ce soit, la seule valeur qu'il reconnaît aux hypothèses est de susciter de nouvelles expériences. D'une certaine manière, il applique de façon plus sévère que Lavoisier lui-même le critère selon lequel tout substance non décomposée doit se ranger parmi les corps simples jusqu'à plus ample informé. En classant l'acide oxymuriatique parmi les éléments, à côté de et comme analogue à l'oxygène, il revendique une expression de faits libre de toute interprétation théorique :

> Il est peu de substances, peut-être, qui donnent moins lieu que l'acide oximuriatique à être considérées comme acide; mais comme nous ne sommes pas encore en droit de dire qu'il a été décomposé,

30. Davy, traduit par Riffaut : « Recherches sur l'Acide oximuriatique, sa nature, ses combinaisons, et sur les élémens de l'acide muriatique, accompagnées de quelques expériences sur le soufre et le phosphore », *Annales de Chimie*, tome 76, octobre et novembre 1810, p. 122-123, souligné dans le texte.

31. *Ibid.*, p. 124.

> et comme sa tendance de combinaison le porte à s'unir avec les matières inflammables pures, il peut se faire qu'il appartienne à la même classe de corps que l'oxigène. Dans le fait, ne peut-il pas être un principe *particulier* acidifiant et dissolvant, capable de former avec les corps combustibles des composés analogues aux acides contenant l'oxigène, ou aux oxides, dans leurs propriétés et pouvoirs de combinaison; mais différents d'eux, comme étant, pour la plupart, décomposables par l'eau? Dans cette hypothèse, l'acide muriatique peut être considéré comme ayant l'hydrogène pour base, et l'acide oximuriatique pour son principe acidifiant [32].

En novembre 1810, à la suite de nouvelles expériences, Davy propose de rebaptiser la substance sous le nom de *chlorine* :

> Après avoir consulté quelques-uns des chimistes les plus distingués d'Angleterre, on a cru que le parti le plus convenable était de fonder le nom sur une des plus évidentes propriétés caractéristiques de la substance, savoir sa couleur [33].

Par cette création terminologique, il se défend pourtant de se poser en champion d'une hypothèse qui serait celle du corps simple :

> Ce nom ne pourrait induire en erreur, et ne nécessiterait aucun changement, quand bien même l'on viendrait à découvrir que la substance est composée, et même qu'elle contient de l'oxigène [34].

Adoptant une stratégie comparable à celle de Newton en son temps, il dit suspendre son jugement et exige d'une dénomination idéale qu'elle soit la simple expression d'une vérité de fait, celle de « quelque propriété simple et invariable des corps », épargnant ainsi une réforme de la nomenclature quelles que soient les idées nouvelles à venir quant à leur nature :

> [...] les noms devraient exprimer les choses, et non pas des opinions [35].

32. *Annales de Chimie*, tome 76, octobre et novembre 1810, p. 135.

33. Davy, « Sur quelques combinaisons du gaz oximuriatique et de l'oxigène, et sur les rapports chimiques de ces principes avec les corps combustibles », *Annales de Chimie*, tome 78, tome 79, juin et juillet 1811, p. 29-30.

34. *Ibid.*, p. 30.

35. *Ibid.*, p. 33, note.

Davy revendique donc une indépendance totale des faits vis-à-vis des théories qu'il considère comme spéculatives. Et lorsqu'un confrère conteste ses conclusions quant à l'absence d'oxygène dans la substance isolée par Scheele, il force encore le trait :

> […] cet ingénieux chimiste s'est mépris sur mes vues, en les supposant hypothétiques; j'ai simplement dit ce que j'ai vu et découvert [36].

Davy semble ici rejouer un distinguo épistémologique souligné de façon récurrente par l'historiographie comparée de la science française et de la science britannique. La première se caractériserait par un tropisme théorique, poussant à chercher dans le monde des phénomènes la démonstration d'une thèse, tandis que la seconde s'accommoderait de la relation et de l'accumulation des faits, laissant ouvert le champ des interprétations [37]. Mais il faut insister sur une autre différence, d'ordre social, qui vient se superposer à cette opposition méthodologique. L'organisation des deux communautés scientifiques pèse elle aussi sur la destinée des recherches qui sont menées des deux côtés de la Manche. En France, l'Académie des sciences se caractérise par un système de rapports destinés à évaluer la qualité d'une contribution, ce qui n'existe pas sous cette forme à la *Royal society*. Dans le contexte national qui est le sien, Davy n'est en effet pas concerné par un examen officiel des résultats qu'il avance, contrairement à ses collègues français soucieux d'une sanction institutionnelle de leur travail pour en tirer tous les mérites.

36. *Ibid.*, p. 35, note. L' « ingénieux chimiste » est Murray.

37. J. Golinski, « "The Nicety of Experiment" : Precision of Measurement and Precision of Reasoning in Late Eighteenth Century », *in* Norton Wise (ed), *The Values of Precision*, Princeton University Press, 1995, illustre cette opposition sur le cas de la réception en Angleterre des idées antiphlogistiques de Lavoisier dans les années 1780-1790. Le contraste serait sans doute à nuancer, notamment pour la période qui nous occupe dans le domaine de la chimie. On verra que l'attitude de Berthollet, en accord avec les principes du programme de recherche de la société d'Arcueil, rejoint les préoccupations de Davy.

L'INSTITUTION SCIENTIFIQUE, JUGE DE LA NOUVEAUTÉ

Depuis ses origines, l'Académie des sciences assume une fonction de direction et de creuset de la science nouvelle, inscrite dans ses statuts et règlements. Les questions mises au concours sont ainsi destinées à orienter et à stimuler la recherche scientifique[38]. L'institution scientifique constitue surtout une formidable tribune pour faire connaître et reconnaître une découverte. Les savants qui soumettent leurs travaux au jugement de l'Académie sollicitent en fait une accréditation de la qualité et de l'originalité de leurs recherches, afin de leur donner l'écho le plus large et le plus prestigieux possible. Dans son étude de l'Académie d'Ancien Régime, Roger Hahn a mis en évidence que les rapports académiques s'attachent tout particulièrement au critère de la nouveauté pour juger de la valeur d'un mémoire[39]. Ce facteur d'appréciation reste prégnant au XIXe siècle, période pour laquelle Maurice Crosland identifie comme tâche majeure des académiciens un travail de *referees* avant la lettre, leurs rapports assurant une véritable fonction d'enregistrement de la nouveauté[40]. Dans une étude destinée à caractériser la scientificité « officielle » que construisent en creux les rapports négatifs de l'Académie entre 1795 et 1835, nous avons montré que l'exigence d'actualité était précisément une des causes d'exclusion de la science « sanctionnée ». Au vu d'un corpus de connaissances et de pratiques constituées, des travaux sont rejetés car jugés triviaux, sans originalité, dépassés. N'apportant rien de nouveau en matière d'idées

38. On se reportera à l'ouvrage publié sous la direction de Ch. Demeulenaere-Douyère et É. Brian, *Règlement, usages et science dans la France de l'Absolutisme*, (Actes du colloque du troisième centenaire du règlement instituant l'Académie royale des sciences, Paris, 8-9-10 juin 1999, Paris, Tec et Doc Lavoisier, 2002) qui contient plusieurs contributions consacrées à ce rôle de patronage de l'Académie.

39. R. Hahn, *L'Anatomie d'une institution scientifique, L'Académie des Sciences de Paris, 1666-1803*, Paris, Éditons Archives contemporaines, 1993, p. 311-313.

40. M. Crosland, *Science Under Control, The French Academy of Sciences 1795-1914*, Cambridge University Press, 1992.

théoriques, de méthodes de calcul ou de résultas expérimentaux, ils n'offrent que peu d'intérêt pour la science en train de se faire[41].

L'exigence de nouveauté est précisément retenue par le sociologue des sciences Robert K. Merton comme une des valeurs cardinales de la communauté scientifique. Selon lui, elle exacerbe la compétition entre chercheurs, donc les querelles de priorité, jusqu'à entrer en conflit avec d'autres normes de l'*éthos* de la science (comme le désintéressement) et explique certains cas d'erreurs scientifiques, voire de fraudes ou de plagiats. Surtout, elle procède d'une pression sociale, institutionnelle, plus que de caractéristiques individuelles qui seraient liées à la psychologie du chercheur[42].

Dans le cadre de notre problématique se pose alors la question de la dimension sociale de la découverte scientifique, c'est-à-dire encore de la reconnaissance officielle par les pairs d'une contribution originale à l'entreprise scientifique. Comme institution garante de la scientificité, l'Académie des sciences de Paris a joué de ce point de vue un rôle essentiel dans l'assignation de la nouveauté de l'hypothèse du corps simple et de sa démonstration. Dans les procès-verbaux de l'Institut, outre les contributions de Berthollet, Gay-Lussac, Thenard et Davy, on trouve la trace d'un auteur très peu connu, le pharmacien et chimiste François-René Curaudau[43] (1765-1813) qui tente précisément de faire valoir ses droits quant à la paternité de l'hypothèse du corps simple et à son exactitude.

Après avoir étudié la pharmacie et la chimie au Collège des Apothicaires de Paris avec un démonstrateur déjà très réputé,

41. H. Chabot, « Le tribunal de la science : les rapports négatifs à l'Académie des Sciences comme illustrations d'un scientifiquement (in)correct (1795-1835) », *Annales historiques de la Révolution française*, n°320, avril-juin 2000.

42. R.K. Merton, « Priorities in Scientific Discovery : A Chapter in the Sociology of Science », *American Sociological Review*, vol. 22, 1957. Ajoutons que les travaux des trois dernières décennies en sociologie des sciences confirment largement le caractère intéressé de l'activité scientifique, mettant à mal le modèle d'une scientificité idéale incarnée dans une éthique de la recherche au service de la vérité et du partage du savoir.

43. On trouvera des informations biographiques chez Cadet de Gassicourt, Nécrologie de Curaudau parue dans le *Bulletin de Pharmacie*, mars 1813 et « Notice Curaudau », *Biographie Universelle Michaux*, tome 9, Paris, 1852 ; ainsi que chez Cl. Viel, « Le Normand François René Curaudau (1765-1813), pharmacien, chimiste méconnu », *Revue d'Histoire de la Pharmacie*, 326, 2000.

Nicolas Deyeux (1744-1837), Curaudau se consacre à plein temps à la chimie et à ses applications industrielles[44] à partir de 1800. Ses inventions et procédés lui valent les encouragements de l'Institut et lui ouvrent la porte de plusieurs sociétés savantes, parmi lesquelles la Société d'encouragement pour l'industrie nationale et l'Athénée des arts où il enseigne la pyrotechnie. Il n'en va pas de même pour les recherches théoriques qu'il communique de façon privilégiée à la Société libre des pharmaciens de Paris. Ses recherches sur la constitution des alcalis, du soufre, du phosphore, du gaz oxymuriatique, ou du bore, essuient en effet toutes des rapports défavorables à l'Académie. Même s'ils sont controversés, les résultats de Curaudau n'en sont pas moins régulièrement publiés, dans le *Journal de Physique* en particulier qui, sous la houlette de son rédacteur De Lamétherie, fait volontiers la promotion de travaux hétérodoxes, mais aussi dans les *Annales de Chimie* dont le comité éditorial, composé de tous les chimistes français de première envergure, accueille aussi des pharmaciens comme Vauquelin dans le souci d'établir des liens étroits entre chimie et pharmacie[45]. Très tôt dans sa carrière, Curaudau en vient à endosser la défroque du chercheur « exclu », qui se considère en but à l'incompréhension voire à l'hostilité de l'*establishment* scientifique, tandis que ses critiques estiment qu'il s'enferre dans l'erreur[46].

Le pharmacien entre sur la scène de l'affaire du chlore le 5 mars 1810 en soumettant à l'Académie un mémoire intitulé *Considérations générales sur les propriétés du gaz muriatique oxigéné, suivies d'expériences qui prouvent que ce gaz ne contient pas d'oxigène*[47], exactement un an après que l'hypothèse de sa nature élémentaire ait été suggérée, avec beaucoup de réserve, par Gay-Lussac et Thenard (Davy n'a encore rien publié sur le sujet). Dans l'historiographie du chlore, il n'est

44. Smith, *Heavy Chemical Industry in France*, p. 308-309, le crédite d'un alun synthétique considéré par ses contemporains comme parmi les meilleurs.

45. Sur ce point, on se reportera à Crosland, *In the shadow of Lavoisier*, p. 55-63 et p. 137-151.

46. Nous avons consacré une étude de cas aux démêlées de Curaudau avec l'Académie dans Chabot, *Enquête historique sur les savoirs scientifiques rejetés à l'aube du positivisme (1750-1835)*, Nantes, 1999, p. 330-388.

47. Le mémoire, daté du 29 janvier 1810, se trouve dans la pochette de séance du 5 mars 1810. Les principaux résultats en sont annoncés dans le cahier de mars 1810 du *Journal de Physique* (p. 256-257).

jamais fait mention du rôle qu'aurait pu jouer Curaudau dans son identification. Seule exception en forme de réhabilitation, une étude de Pierre Lemay soutient :

> Il était réservé à François-René Curaudau, pharmacien et chimiste méconnu, de montrer d'une façon certaine que ce gaz ne contient pas d'oxygène [48].

Lemay appuie son appréciation sur les conclusions, exactes au regard de la postérité, auxquelles est parvenu le pharmacien : absence d'oxygène au sein du gaz oxymuriatique; incrimination de l'eau dans les phénomènes d'oxygénation qui lui sont attribués; identification correcte de l'acide muriatique comme hydracide; description correcte de la composition des sels métalliques, issus de la combinaisons du métal avec le radical muriatique et non pas avec l'acide (obtention d'un chlorure au lieu d'un chlorate). Le jugement rétrospectif positif qu'il porte sur les résultats annoncés par Curaudau l'incite à qualifier les attendus du rapport académique d'« aussi faux que peu courtois » [49].

Il semble que Lemay, en désignant Curaudau comme le véritable identificateur du chlore sur la base de conclusions ensuite avérées, ait fait de cette substance une entité non problématique *a posteriori*, sans analyser les arguments des académiciens commis pour juger la recevabilité de la découverte [50]. La fonction sociale de légitimation (ou plutôt ici de discrédit) d'un rapport académique est bien sûr sa principale raison d'être. Mais il n'en reste pas moins que les jugements d'erreur, d'impossibilité et d'absence d'originalité prononcés contre Curaudau reposent sur la mise en œuvre effective de

48. P. Lemay, « Berthollet, le pharmacien Curaudau et l'identification du chlore », *Revue d'Histoire de la Pharmacie*, 145, avril 1955, p. 81.

49. Moins catégorique, Lemay écrivait une dizaine d'années plus tôt : « The report [...] contained statements *that Curandau* [sic] *believed to be* erroneous and couched in discourteous fashion », (P. Lemay, Ralph E. Oesper, « Claude-Louis Berthollet (1748-1822) », *Journal of Chemical Education*, 23, April and May 1946, p. 160; c'est nous qui soulignons).

50. Dans l'article qu'il consacre à Curaudau un demi-siècle après Lemay, Viel reprend à la lettre la thèse du chercheur incompris, rejeté sous le prétexte d'erreurs passées, mais sans avoir davantage examiné les rapports de l'Académie.

véritables procédures d'évaluation qu'il faut examiner en tant que telles, en même temps que le processus social d'invalidation.

Pour ce faire, nous allons analyser dans le détail les deux rapports académiques qui rejettent la découverte de Curaudau, ainsi que les arguments échangés entre le réprouvé et ses juges. Dans le premier, les académiciens se sont donnés pour objet de juger la valeur démonstrative des expériences destinées à valider la nouvelle hypothèse, dans le second de trancher sur la question de l'originalité de la contribution de Curaudau.

LA NOUVEAUTÉ À L'ÉPREUVE DE LA RÉPLICATION

La première commission nommée pour examiner le travail de Curaudau en fait le compte rendu le 18 juin 1810. Le rapport présente l'ensemble des expériences sur lesquelles Curaudau appuie sa thèse, puis annonce que la dernière a été retenue pour être contrôlée[51]. Son auteur l'aurait en effet qualifiée de « si positive qu'elle doit nécessairement dissiper tous les doutes et mettre fin à toutes les objections »[52]. L'expérience semble déterminante, car susceptible de démontrer sans ambiguïté l'absence d'oxygène dans la substance litigieuse :

> [...] pour prouver d'une manière incontestable que le gaz muriatique oxigéné ne contient pas d'oxigène, il me restait à trouver une expérience à la faveur de laquelle on pût combiner immédia-

51. Rédigé par Deyeux, au nom de Vauquelin, Guyton et Chaptal, le rapport original se trouve dans la pochette de séance du 18 juin 1810. Curaudau en réalise une édition annotée qui constitue une sorte d'appel de ce jugement et qu'il distribue à la Classe le 13 août 1810. Deyeux y est crédité (ou plutôt dénoncé) comme auteur principal sinon unique : « Je dois déclarer que MM. Chaptal, Guyton-Morveau n'ont pris aucune part aux expériences dont on parle dans le Rapport, je dois dire aussi que M. Vauquelin s'en est rapporté à son collègue M. Desyeux [sic] pour la rédaction du Rapport; ainsi, trois des membres de la Commission ont signé le rapport avec la confiance qu'il était le procès-verbal exact des expériences que nous avions faites. », Fr.-R. Curaudau, *Considérations générales sur les propriétés du gaz muriatique oxigéné*, Paris, impr. D. Colas, 1810, p. 50.

52. *Procès-verbaux des séances de l'Académie des Sciences* (désormais cité *PVAS*), Paris, Hendaye, 1910-1922, vol. IV, p. 358. Sans doute s'agit-il de propos de vive voix, car ces termes ne figurent pas dans le mémoire de Curaudau.

> tement le gaz muriatique oxigéné avec un oxide métallique sans qu'il en résultât aucun dégagement d'oxigène, ni une sur-oxidation de l'oxide métallique. […] Comme le gaz muriatique oxigéné a la propriété de décomposer le nitrate d'argent, j'examinai les phénomènes qui accompagnent cette décomposition. J'avais d'autant plus lieu de compter que cette expérience satisferait à toutes les conditions du problème, que, d'après la théorie de l'oxigénation du gaz muriatique, celui-ci ne pouvait entrer en combinaison avec l'oxide d'argent sans qu'il laissât dégager l'oxigène qu'on admet dans la composition du gaz muriatique oxigéné, et que dans le cas où il n'y aurait pas d'oxigène produit, on retrouverait cet oxigène dans l'excédent de poids d'argent obtenu [53].

L'opération consiste donc à mettre en contact du gaz oxymuriatique avec une solution de nitrate d'argent afin de démontrer que le gaz oxymuriatique se combine avec l'argent sans dégagement d'oxygène ni suroxydation du métal. Une répétition de cette expérience cruciale est tentée. Curaudau est invité à y assister et même à y participer. Selon les propres mots du rapporteur, il est investi des rôles de « témoin et juge » du travail de la commission. Malheureusement, la reproduction de l'expérience « cruciale » est un échec pour Curaudau, puisqu'il y a émission d'oxygène :

> Dans plusieurs séances, nous avons répété cette expérience très en grand en présence de M. Curaudau, et nous l'avons rendu témoin et juge des résultats obtenus, afin de le mettre dans l'impossibilité de nous accuser de partialité. […] au moment où nous avons mis en contact le gaz acide mutriatique oxigéné sec avec le nitrate d'argent, il s'est bien formé un précipité abondant, mais en même tems il s'est séparé un dixième du gaz que nous avions employé, gaz qui, après avoir été examiné, a paru jouir de toutes les propriétés qui appartiennent au gaz oxigène. Cette expérience terminée, nous

53. Curaudau, *op. cit.*. Le nitrate d'argent est aujourd'hui utilisée pour le dosage pondéral des ions chlorures en solution. La méthode, précise mais longue et délicate, s'applique à l'acide chlorhydrique. Curaudau étudie quant à lui une eau de chlore. Dans celle-ci, le dichlore ne se décompose que très faiblement selon une réaction de dismutation : $Cl_2 + H_2O \rightarrow HClO + H^+ + Cl^-$ (Massieu, *Chimie minérale*, p. 282). Pour précipiter l'ensemble du chlore, il faut donc en outre envisager une réduction de l'acide hypochloreux (HClO) par le nitrate d'argent : $HClO + AgNO_3 \rightarrow AgCl + HNO_3 + 1/2O_2$. Remarquons que cette dernière réaction s'accompagne d'un dégagement d'oxygène.

> avons fait passer dans la dissolution d'argent surnageant le précipité, une nouvelle quantité de gaz acide muriatique oxigéné pur dans l'intention d'opérer la décomposition complète d'une partie de la dissolution d'argent qui étoit restée intacte. Un nouveau précipité s'est formé accompagné d'une effervescence continuelle, et comme nous opérions dans un appareil au moyen duquel nous pouvions séparer le gaz qui se dégageoit, nous l'avons recueilli dans un récipient. Ce gaz analysé contenoit 96 centièmes d'oxigène pur. [...] Ces faits, que M. Curaudau ne peut pas désavouer puisqu'il les a reconnus vrais en notre présence, ne sont pas d'accord avec ceux qu'il a annoncés dans son Mémoire. On est donc en droit de conclure qu'il s'est trompé en citant, pour appuyer son opinion sur la non existence de l'oxigène dans le gaz acide muriatique oxigéné, une expérience qui prouve tout à fait le contraire [54].

La commission voit donc dans cette expérience négative une nouvelle preuve de l'oxygénation du gaz oxymuriatique. C'est fort de cette réplication avortée que le rapport conclut à la réfutation de la thèse de Curaudau et au caractère anecdotique d'autres expériences qu'il avait décrites :

> Mais si cette expérience, que l'auteur regardait comme décisive est décidément fausse, il doit en résulter que tous ses raisonnements pour se refuser à admettre de l'oxigène dans le gaz acide muriatique oxigéné n'ont aucune valeur, et qu'enfin tout son travail peut être considéré comme ne pouvant en aucune manière faire changer l'opinion généralement reçue, tant sur la composition du gaz acide muriatique oxigéné que sur ses différentes propriétés. [...] les faits qu'il a cités sur la propriété non oxigénante du gaz acide muriatique oxigéné par rapport à certains corps, ne sont que des exemples d'anomalies qui tiennent sans doute à des causes particulières encore inconnues [55].

54. *PVAS*, IV, 359. Cette réplication négative, avec dégagement d'oxygène, pourrait s'expliquer par la réaction citée dans la note précédente.

55. *PVAS*, IV, 359 et 360. Curaudau avait en effet débuté son mémoire par une revue des propriétés oxygénantes pour le moins irrégulières du gaz oxymuriatique : « Ainsi, par exemple, après avoir vu que ce gaz oxide tous les métaux, qu'il enflamme le gaz hydrogène par la seule action de l'étincelle électrique ou par le simple contact des rayons solaires, comme l'ont prouvé MM. Thenard et Gay-Lussac, on ne sait pas ensuite pourquoi ce gaz n'a aucune action oxigénante sur le phosphore, sur le soufre, sur le gaz nitreux, ni même sur le carbone incandescent.

Curaudau rejette cette interprétation. Selon lui, si l'expérience a échoué, c'est qu'il existe entre l'eau et le gaz oxymuriatique une réaction qui libère l'oxygène contenu dans l'eau. L'exposition au soleil du gaz oxymuriatique en présence d'humidité est en effet une condition favorable à la formation d'oxygène bien connue à l'époque[56]. Le phénomène est même invoqué pour illustrer la présence d'oxygène au sein du gaz oxymuriatique ! Pour Curaudau, c'est le soin apporté aux manipulations et la qualité des produits utilisés qui sont à mettre en cause, pas ses résultats, et il fait retomber la responsabilité de l'échec sur la commission. Quant au caractère d'exception à la règle de ses autres observations, l'argument suscite le commentaire ironique suivant :

> Avouer que la propriété non oxygénante du gaz muriatique oxigéné par rapport à certains corps, offre des exemples d'anomalies qui tiennent à des causes encore inconnues, c'est tout ce que je pouvais demander ; car, du moment où l'on convient qu'on ne connaît pas les causes de la propriété non oxigénante du gaz muriatique par rapport à certains corps, c'est déclarer formellement que la théorie est insuffisante pour en donner l'explication. Sous ce rapport la théorie qui satisfait à tout, qui n'offre aucun exemple d'anomalies, qui rend compte de tous les phénomènes, et qui en un mot ne laisse aucune incertitude sur les causes de différents effets dont on avait pu encore donner l'explication, cette théorie, dis-je, est la vraie, ou du moins celle qui approche le plus de la vérité, si en chimie on peut se flatter d'arriver à ce but. C'est donc en cela sur-tout que ma théorie est préférable à celle que je combats, puisque je défie qu'on me cite aucun exemple d'anomalie[57].

[…] Par exemple, comment concevoir que l'acide muriatique oxigéné dans l'état de gaz ou dans l'état de liquide, en portant son action sur l'hydrogène sulfuré ou phosphoré, ne puisse oxyder le soufre ou le phosphore, ni les convertir en acide ? Peut-on admettre que l'oxigène épargne ainsi des substances qui sont alors dans l'état le plus oxigénable, et que ce soit toujours l'hydrogène qu'il leur préfère ? », Curaudau, *Sur les propriétés du gaz muriatique oxigéné*.

56. Il s'agit de la réaction de dismutation du chlore déjà évoquée. Elle se fait en deux étapes : $Cl_2 + H_2O \leftrightarrow HClO + HCl$ et $HClO \rightarrow 1/2O_2 + HCl$. La seconde étape est facilitée par la lumière, cf. Massieu, *Chimie minérale*, p. 282.

57. Curaudau, *Sur les propriétés du gaz muriatique oxigéné*, note 12.

D'un point de vue épistémologique, les postures quasi-symétriques adoptées par la commission d'une part, par Curaudau d'autre part, pourraient être qualifiées de « falsificationnisme naïf ». Les académiciens considèrent que l'expérience réfute la thèse de l'absence d'oxygène, tandis que Curaudau juge au contraire que les anomalies observées du gaz oxymuriatique constituent autant de réfutations de la thèse de l'oxygénation. Les arguments de la commission pour réfuter les preuves de Curaudau, comme ceux employés par ce dernier pour les désavouer, pourraient être interprétés comme un cas typique de la « régression des expérimentateurs », telle qu'elle a été théorisée en sociologie des sciences pour l'étude des controverses. Cette métaphore mathématique d'un jeu infini d'expériences et de contre-expériences est destinée à illustrer le caractère insoluble des controverses scientifiques par les faits. Les résultats négatifs ou défavorables produits par une équipe concurrente sont attribués à des anomalies causées par des facteurs inaperçus ou bien à une mauvaise maîtrise du protocole expérimental. Et plutôt que de contrôler les « réfutations » qui leur sont opposées, les chercheurs préfèrent monter de nouvelles expériences en vue de renforcer leur propre thèse. Invoquer en guise de démenti aléas, erreurs, voire incompétences, serait la conséquence logique d'une allégeance théorique exclusive qui, incompatible avec celle du parti adverse, exigerait de recourir à des justifications *ad hoc* déniant toute valeur aux arguments expérimentaux gênants pour la thèse que l'on défend[58].

Cette grille de lecture ne s'applique pourtant pas sans nuance au cas qui nous préoccupe. En effet, le travail d'une commission académique consiste spécifiquement à évaluer la qualité et la fiabilité des expériences et des preuves avancées. Même si la réticence des académiciens pour l'hypothèse défendue par Curaudau est patente[59],

58. Cette thèse est en particulier défendue par H. Collins et T. Pinch, *Tout ce que vous devriez savoir sur la science*, trad. fr. Th. Piélat, Paris, Seuil, 1994, p. 27 : « Aux yeux des défenseurs, le nombre des raisons pour lesquelles le chercheur inexpérimenté risque de rencontrer des difficultés au cours de ses travaux augmente d'autant, alors que pour les adversaires, si quelque chose se multiplie, ce sont les excuses susceptibles d'être invoquées lorsque d'autres ne parviennent pas à obtenir les résultats espérés ».

59. De ce point de vue, la qualification d'« anomalie » utilisée par les académiciens pourrait être qualifiée de « régressive ».

leur jugement s'appuie sur une répétition effectivement menée d'une expérience considérée comme cruciale. Et c'est de cette mise à l'épreuve par les faits qu'ils s'autorisent pour juger des compétences et des motivations de Curaudau :

> La Classe verra sans doute avec déplaisir que M. Curaudau qui est animé du désir de contribuer aux progrès de la science chimique et à qui on est redevable de quelques travaux utiles et intéressans, ne prend pas assez de précautions pour faire ses expériences et s'assurer de leur exactitude; que le plus souvent il se laisse entraîner par son imagination et saisit avec trop de promptitude des idées qu'il abandonneroit bientôt si, plus constant dans ses recherches, il ne croyoit pas qu'un simple aperçu doit lui suffire pour émettre des opinions qui ne tendent qu'à renverser celles qui sont le mieux accréditées. La Classe enfin regrettera que ce chimiste ne fasse pas un meilleur emploi de ses talens[60].

Le reproche d'hétérodoxie systématique est une allusion transparente à des travaux plus anciens, qui avaient eux aussi essuyé des blâmes de méthode. Les dernières lignes du rapport original, raturées et non reproduites dans les procès-verbaux de l'Académie, sont d'ailleurs plus explicites à ce propos :

> Sans doute il seroit ridicule de prétendre que parmi les faits qui paroissent bien constatés, il n'y en ait pas qui soient susceptibles d'être rectifiés et contestés; mais quand on se permet de faire des objections, il faut qu'elles soient la conséquence d'expériences suivies et faites avec beaucoup de soins. C'est peut-être parce que monsieur Curaudau n'est pas bien convaincu de cette vérité que plusieurs de ses mémoires n'ont pas obtenu l'approbation de la classe[61].

60. *PVAS*, IV, 360.

61. Au dire de Curaudau, l'Académie aurait censuré la conclusion du rapport pour le ménager : « j'ai appris avec satisfaction que plusieurs membres très-distingués de la classe, en improuvant la manière avec laquelle on me donnait des avis, avaient fait supprimer quelques passages du rapport bien plus forts, m'a-t-on dit, que ceux dont j'ai à me plaindre. Sans doute personne n'a plus que moi besoin d'avis; mais était-on fondé à me donner ceux par lesquels on a terminé le rapport… ? », Curaudau, *Sur les propriétés du gaz muriatique oxigéné*, n. 13.

Associés à une image de pharmacien et d'industriel s'adonnant à la chimie théorique par goût du sensationnel plus que par vocation, les rapports négatifs rendus sur les recherches passées de Curaudau ont de toute évidence nui d'emblée à sa crédibilité et suscité une sévérité renforcée chez les commissaires chargées d'examiner ses expériences [62].

NOUVEAUTÉ ET REVENDICATION D'ANTÉRIORITÉ

Le 8 juillet 1811, Curaudau présente à l'Académie de nouvelles recherches sur le gaz oxymuriatique [63] et revendique la paternité de la découverte de son caractère élémentaire. Le facteur déclenchant de la revendication de Curaudau est la parution des *Recherches physico-chimiques* de Gay-Lussac et Thenard. Les deux chimistes y analysent en effet longuement les travaux de Davy (publiés l'année précédente) pour faire ressortir l'originalité et la priorité de leurs propres recherches sur la nature du gaz oxymuriatique. Dans une courte note, ils dénient toute valeur à celui de Curaudau :

> Environ un an après que nous avons eu annoncé qu'on pouvait regarder le gaz muriatique oxigéné comme un être simple, M. Curaudau a lu un mémoire à l'Institut, dans lequel il adopte cette hypothèse, et il essaye de prouver que l'hypothèse contraire ne peut point être soutenue. Ce mémoire ne contenant aucun résultat nouveau qui ne soit faux, nous n'en ferons pas l'analyse [64].

62. D'autres affaires peuvent être invoquées comme à la source d'une prévention de principe chez les académiciens pour les contributions hétérodoxes de pharmaciens chimistes. Chargé en 1807 de l'examen d'une théorie de la nitrification proposée par le pharmacien Longchamp, Vauquelin n'avait pas eu le temps d'en vérifier les attestations. Il les avait laissées à l'appréciation de Gay-Lussac qui prononça favorablement, mais elles se révélèrent fausses. La compétence de la commission avait alors été mise en cause (A. Queruel, *Vauquelin et son temps (1763-1829)*, Paris, L'Harmattan, 1994, p. 141-142).

63. Elles sont aussi imprimées par leur auteur et font en outre l'objet d'une publication dans le tome 73 du *Journal de Physique* (Curaudau, *Mémoire pour faire suite à celui ayant pour titre* : « *Considérations générales sur les propriétés du gaz muriatique oxigéné* », Paris, impr. Vve Courcier, s.d.).

64. Gay-Lussac, Thenard, *Recherches physico-chimiques, faites sur la pile, sur la préparation chimique et les propriétés du potassium et du sodium, sur la décomposition de l'acide*

L'appréciation est pour le moins accablante. C'est la raison pour laquelle Curaudau réclame dans une lettre imprimée adressée à Berthollet un nouvel examen de ses travaux. Il reproche en particulier aux deux jeunes chimistes d'écarter sa contribution dans le seul but de se réserver une querelle avec Davy :

> Pour expliquer le motif qui a pu engager les *Auteurs* à donner une telle qualification à mes expériences, il faut que l'on sache que leur intention était de garder le silence à mon égard, afin de ne discuter mon opinion qu'avec M. *Davy*, qui l'a adoptée plusieurs mois après que je l'eus émise, et afin aussi d'être moins contredits dans les preuves qu'ils cherchent à lui donner, que la priorité de l'idée leur appartient[65].

Curaudau dénonce en outre le rapport qui avait discrédité l'ensemble de ses expériences sur la foi de l'échec d'une seule d'entre elles. Il exige aussi que l'Académie établisse la priorité de ses découvertes sur celles de Davy, qu'il soupçonne de plagiat :

> Ainsi, j'ai donc dû être surpris que M. Davy, qui, lui -même a été dans le cas de recourir à la voie de ce même *Journal de Physique*, à l'effet d'établir sa priorité pour une découverte qu'il prétendoit qu'on lui avoit ravie, j'ai dû, dis-je, être surpris que ce chimiste, d'ailleurs si riche de son propre fonds, ait traité, plusieurs mois après moi la même question, sans me citer en aucune manière. Il le devoit d'autant plus que la Note insérée dans le *Journal de Physique* est assez précise pour ne lui laisser aucun moyen de justification à cet égard. Au surplus, ce n'est pas seulement par la voie du *Journal de Physique* que M. Davy a pu être instruit de mon Mémoire : il a dû encore en être informé, ainsi que de la sensation qu'il fit, par M. Berger son ami, alors en France[66].

boracique, sur les acides fluorique, muriatique et muriatique oxigéné, sur l'action chimique de la lumière, sur l'analyse végétale et animale, etc., Paris, Deterville, 1811, vol. 2, p. 176, note.

65. Curaudau, *Lettre imprimée datée du 15 juin 1811 adressée à Monsieur Berthollet, Comte de l'empire et Membre de l'institut*, Pochette de séance du 8 juillet 1811, p. 2.

66. Curaudau, *Lettre à Delamétherie*. Cette seconde lettre, publiée dans le cahier du mois de juillet 1811 du *Journal de Physique* (Lettre datée du 25 juin 1811, *Journal de Physique*, tome 73, p. 54-57), est distribuée à 60 exemplaires à l'Institut le 12 août 1811.

Si l'Académie prend à nouveau le soin d'examiner les recherches de Curaudau, c'est sans doute parce que les publications récentes de Davy en Angleterre et de Gay-Lussac et Thenard en France donnent corps à l'hypothèse de l'élément simple, mais aussi parce que les réclamations publiques de Curaudau mettent en cause l'impartialité et la régularité de la procédure d'examen de l'Académie. La réputation de l'institution et de ses membres pourrait bien avoir été en jeu comme le suggèrent plusieurs faits notables, à commencer par cette lettre adressée à Berthollet qui se termine par une véritable mise en demeure :

> Les différentes explications que je viens d'avoir l'honneur de vous donner, MONSIEUR, ont pour objet de ne pas rendre publique une discussion qui, portée au point où elle est, pourrait affaiblir l'autorité et la considération des deux Chimistes qui, en cherchant à me mettre en défaut, s'y sont mis eux-mêmes à l'excès. Je déclare au reste, par respect pour l'Institut, et pour leur caractère de membres de cette illustre société, que je suis tout disposé à oublier tout ce qui s'est passé, même les erreurs qu'à tort ils m'ont imputées; mais en annonçant des dispositions aussi pacifiques, je leur demande qu'ils me rendent justice; car sans cette condition j'en appellerais à l'opinion publique, seul moyen de faire triompher la vérité qu'ils veulent empêcher d'être connue [67].

Le recours à l'opinion publique pour arbitrer une controverse scientifique est une donnée culturelle à prendre en compte dans le processus social de validation ou plutôt de certification des connaissances scientifiques par l'Académie. Curaudau et les membres de l'Institut n'en sont pas à leur première escarmouche dans cette prise à témoin de la société par voie de presse [68]. Mais, chose qui reste

67. Curaudau, *Lettre à Berthollet*, p. 6.

68. Dans un article publié dans le *Mercure de France* à la fin de l'année 1808, l'académicien Jean-Baptiste Biot s'en prend violemment aux médecins charlatans qui abusent de la crédulité publique. En comparaison, il souligne l'innocuité des thèses de Curaudau sans le nommer explicitement : « Qu'un homme s'annonce pour avoir décomposé le fer, le soufre et le phosphore, et qu'après les chimistes les plus habiles et les plus justes lui ont déclaré publiquement son erreur, il y persiste et qu'il continue seul à proclamer ses prétendues découvertes, cela ne fait de mal personne », J.-B. Biot, *Mélanges scientifiques et littéraires*, Paris, vol. 2, « Sur le charlatanisme », p. 87.

assez remarquable pour être signalée, le très long rapport lu devant l'Académie les 23 et 30 septembre 1811 est imprimé dans les *Annales de Chimie*, ce qui lui donne un large écho, au moins dans la communauté scientifique, et sonne comme une mise au point publique[69]. Il a un triple objet. C'est tout d'abord une confirmation du rapport rendu l'année précédente, qui « a éprouvé des réclamations virulentes que l'auteur a fait rejaillir sur plusieurs membres de la Classe ». C'est ensuite une réponse à l'accusation de plagiat porté à l'encontre de Davy. C'est enfin une expertise qui fait le point sur les connaissances admises quant à la nature du gaz oxymuriatique.

Le rapport se présente comme une réfutation en règle de toutes les prétentions de Curaudau. Berthollet en est le rédacteur et très probablement l'auteur principal. Il débute par un réexamen du premier mémoire de Curaudau destiné à y relever toutes les contradictions. La volonté de discréditer le travail de Curaudau est d'autant plus évidente que Berthollet met en doute la valeur de ses résultats expérimentaux sur la base d'une méprise… En effet, dans la brochure imprimée qui reprend le premier mémoire de 1810, Curaudau abrège systématiquement le nom de gaz muriatique oxygéné en *gaz* muriatique (l'appellation d'*acide* muriatique lui servant à désigner la substance « ordinaire »). Cette élision du préfixe oxy- souligne sa préférence théorique. C'est cette terminologie ambiguë que Berthollet reprend, mais sans s'apercevoir semble-t-il de l'abus de vocabulaire de son auteur. Ce qui le conduit, prenant Curaudau au mot, à attribuer à l'acide muriatique ordinaire des propriétés que celui-ci attribue en fait au gaz oxymuriatique ! Berthollet n'hésite pas à qualifier d'entièrement inexactes les propriétés du gaz « muriatique » décrites car elles sont en contradiction totale avec celles admises par tous les chimistes[70]. Toutes ces objections tombent en fait d'elles-mêmes si l'on rajoute le qualificatif « oxygéné » à chaque

69. Berthollet, « Rapport Sur un Mémoire de M. Curaudau », et « Suite Du Rapport Sur un Mémoire de M. Curaudau », *Annales de Chimie*, 1811, tome 80, p. 54-80 et p. 121-139.

70. Il s'agit pour l'essentiel de l'état dans lequel se trouve l'eau qu'il contient. Elle est combinée intimement au gaz muriatique ordinaire, tandis que le gaz muriatique oxygéné en contient à l'état hygrométrique, autrement dit en dissolution. Sur l'eau combinée ou à l'état hygrométrique dans les gaz, on pourra se reporter à Gay-Lussac et Thenard, *Recherches physico-chimiques*, vol. 2, p. 73-93.

mention du gaz muriatique. Tout se passe comme si Berthollet s'était persuadé que Curaudau, soucieux de montrer que le gaz oxymuriatique ne contient pas d'oxygène, aurait au préalable souhaité prouvé que l'acide muriatique ordinaire n'en contenait pas davantage. Les ellipses qui trahissent les options de Curaudau constituent donc un obstacle supplémentaire à la réception et à la compréhension de résultats controversés.

Le malentendu ne peut pourtant plus être invoqué lorsque Berthollet s'en prend à la troisième expérience proposée dans ce premier mémoire. Curaudau annonce que la dissolution d'eau au sein du gaz muriatique correctement qualifié d'oxygéné cette fois-ci est de 1 gramme d'eau pour 1,37 litres de gaz. Berthollet rappelle qu'à la température de 15°C on ne peut dissoudre que 5,84 décigrammes d'eau dans 34,277 litres d'air et que « les physiciens admettent que tous les gaz se conduisent de même, relativement à la vapeur d'eau qui peut s'y former à une température donnée ». La disproportion avec les faits connus est telle que le discrédit est total :

> Cette troisième expérience ne mérite donc pas plus de confiance que les deux premières : elle est impossible [71].

Berthollet revient enfin sur l'expérience « cruciale » de Curaudau pour lui dénier toute valeur conclusive. Il fait observer que l'oxygène dégagé dans cette réaction peut toujours être interprété comme provenant de l'argent [72] sur lequel réagit le gaz oxymuriatique. La nature « élémentaire » ou « oxygénée » de cette dernière substance est donc indifférente au résultat de l'expérience :

> La théorie indique clairement dans l'une et l'autre hypothèse, quelle est la proportion de gaz oxigène qui se dégage dans cette expérience si débattue. Dans l'hypothèse que le gaz muriatique oxigéné est un être simple, ce gaz se combine avec l'argent, et tout l'oxigène qui constituait l'oxide du nitrate d'argent se dégage. Pour le gaz muriatique [ordinaire], il donne son hydrogène à l'oxigène qui était combiné dans l'oxide d'argent pour former de l'eau, et son radical se

71. Berthollet, « Rapport Sur un Mémoire de M. Curaudau », p. 58.

72. Ou plus exactement de la forme oxydée que Berthollet suppose (à tort) être la sienne dans la solution de nitrate d'argent. Le même argument vaut pour une réaction avec l'acide muriatique ordinaire, comme l'indique la citation de Berthollet qui suit.

> combine avec l'argent. Dans l'autre hypothèse, le gaz muriatique oxigéné a dans sa combinaison tout l'oxigène qui est nécessaire pour former des muriates métalliques; lors donc qu'il se combine avec l'argent du nitrate d'argent, il déplace tout l'oxigène que contenoit l'oxide du nitrate d'argent; le gaz muriatique [ordinaire] se combine avec l'oxide d'argent, et il abandonne l'eau qu'il contenait. Ainsi, les faits s'expliquent également par l'une et l'autre hypothèse; mais dans l'une et l'autre, l'oxigène qui constituait l'oxide d'argent est chassé par le gaz muriatique oxigéné, comme les commissaires l'ont fait voir [73].

Que l'on envisage la réaction entre le gaz oxymuriatique et l'(oxyde d')argent ou celle du gaz muriatique ordinaire avec l'(oxyde d')argent, l'interprétation de Berthollet rend compte du fait que le muriate d'argent obtenu est le même et s'accorde avec l'hypothèse de la nature élémentaire comme avec celle de l'oxygénation.

Ce n'est qu'après cette réfutation en règle du premier mémoire de Curaudau que le rapport aborde les nouvelles expériences soumises en 1811. Une première est qualifiée d'inutile car elle n'apporte aucun résultat qui ne soit déjà connu. Curaudau livre en effet des valeurs presque identiques à celles données récemment par Berzelius. L'expérience suivante consiste à peser le gaz oxymuriatique qui se fixe pour former le muriate d'argent. Berthollet la juge dépourvue d'intérêt :

> [...] il n'y a pas de chimiste qui doute que, lorsqu'on combine le gaz muriatique oxigéné avec un métal, la combinaison qui se forme n'égale le poids du gaz muriatique oxigéné et du métal [74].

De même, il estime qu'une troisième expérience destinée à mesurer la quantité d'hydrogène présente dans l'acide muriatique n'apporte rien de neuf. Lorsque Berthollet commente les résultats quantitatifs

73. Berthollet, « Rapport Sur un Mémoire de M. Curaudau », p. 61-62. Pour rendre plus clair le raisonnement, en voici une présentation symbolique qui ne prétend pas à être correcte du point de vue moderne. Dans l'hypothèse de l'élément simple, $X + AgO \rightarrow AgX + 1/2O_2$ et $HX + AgO \rightarrow AgX + HO$. Dans l'autre hypothèse, $XO + AgO \rightarrow AgXO + 1/2O_2$ et $HXO + AgO \rightarrow AgXO + HO$. X représente le radical de l'acide muriatique et HO l'eau. Rappelons que le dégagement d'oxygène est en réalité le résultat de l'oxydation de l'eau par l'acide hypochloreux (HClO) issu de la dismutation du chlore.

74. Berthollet, « Sur un Mémoire de M. Curaudau », p. 69.

produits par Curaudau en vue de déterminer la proportion de l'élément controversé, le thème de la probabilité des hypothèses prend le relais de celui de la nouveauté :

> [...] or tous les calculs de ce genre que l'on peut faire, sont des applications fort simples de l'hypothèse que l'on défend, mais ils n'ajoutent rien à sa probabilité [75].

Le rapport dénonce en outre certaines expériences de Curaudau comme impossibles, jugement qui s'autorise de résultats expérimentaux obtenus par des chimistes aux allégeances théoriques opposées. Sont citées en effet contre les assertions de Curaudau les analyses de Chenevix (un des rares opposants à la théorie des acides de Lavoisier), Davy (partisan de la nature élémentaire du gaz oxymuriatique) ou Berzelius (fidèle à la nature oxygénée des acides). L'incompatibilité des faits allégués par Curaudau avec ces travaux issus d'horizons différents joue un rôle primordial dans leur révocation en doute.

Aucune des expériences de Curadau n'est donc jugée nouvelle, utile, fiable, ou même possible, au regard des connaissances acquises. Le verdict sonne comme un leitmotiv : pas de nouveau fait qui permette de résoudre la duplicité du gaz oxymuriatique. Ce déni répété de nouveauté dans l'argumentation est l'indice du caractère crucial pour une communauté scientifique de la reconnaissance d'un résultat comme original, car acquérant par là même force de preuve inédite. Berthollet en vient d'ailleurs aux réclamations d'antériorité. Il défend la contribution de Gay-Lussac et Thenard et insiste sur la longue série d'expériences des deux jeunes chimistes qui précède l'hypothèse émise à la fin de leur mémoire de 1809. Il souligne en comparaison le manque d'envergure des travaux de Curaudau. De même, il vante, par contraste, ceux de Davy sur le même sujet :

> Il compare, et il balance souvent les deux hypothèses, et ses recherches sont enrichies d'un grand nombre d'observations précieuses pour la science, indépendamment de toute opinion [76].

Berthollet oppose donc le pharmacien, qui tente d'accréditer sa thèse favorite sur la base de quelques expériences choisies, et le

75. Berthollet, « Sur un Mémoire de M. Curaudau », p. 70.

76. Berthollet, « Suite Du Rapport Sur un Mémoire de M. Curaudau », p. 123.

chimiste anglais, engagé dans une étude systématique des propriétés du gaz oxymuriatique et revendiquant une indifférence de principe quant à la théorie. Autrement dit, il fait la leçon à Curaudau qui, coupable d'embrasser une hypothèse à l'exclusion de toute autre, réduit le champ des phénomènes signifiants. À trop vouloir prouver, Curaudau oublie de faire œuvre de chimiste, c'est-à-dire de multiplier et varier les épreuves et les analyses. Passant en revue les principaux phénomènes qui impliquent le gaz oxymuriatique, le rapport insiste au final sur la parfaite équivalence des deux explications tout en affichant une préférence :

> Nous conviendrons avec M. Davy, ainsi qu'avec MM. Gay-Lussac et Thenard, que jusqu'à présent aucune expérience ne prouve incontestablement que le gaz muriatique oxigéné contient de l'oxigène ; mais il faut voir si l'hypothèse qui l'admet n'est pas plus naturelle, et n'entre pas mieux dans le système des connaissances chimiques, que celle qui le rejette [77].

Cette position prudente en matière d'interprétation théorique reflète la philosophie scientifique de Berthollet, en cohérence avec le programme de la Société d'Arcueil qui plaçait au-dessus des opinions individuelles l'expérience comme dénominateur commun et premier de la pratique scientifique. C'est dans cet état d'esprit qu'il fixe des limites à la théorie :

> L'essentiel des théories est de lier les faits de manière que les phénomènes puissent être expliqués sans obscurité et prévus sans incertitude ; [...] Le vaste système des connaissances chimiques embrasse nécessairement des hypothèses qui n'ont qu'un certain degré de probabilité avec les théories qui repoussent toute espèce de doute [78].

Sous un rapport d'utilité, une hypothèse, quoiqu'incertaine, doit donc être évaluée à l'aune des services qu'elle a rendus par le passé et qu'elle peut continuer à rendre [79]. La probabilité d'une hypothèse

77. *Ibid.*, p. 126.

78. *Ibid.*, p. 137.

79. Cette épreuve d'utilité des hypothèses est un des traits essentiels de la philosophie scientifique de Berthollet « sur laquelle repose toute sa démarche scientifique

est d'ailleurs pondérée en fonction de l'accord qu'elle présente avec les théories en vigueur :

> Cette hypothèse [du gaz muriatique oxygéné] eût-elle beaucoup moins de probabilité, il nous paraît qu'elle devrait être conservée dans le système général, pour éviter toutes les incertitudes qui résultent de la dernière hypothèse [de l'élément simple], sur la classification des différentes combinaisons, sur le passage inaperçu d'une espèce de combinaison à une autre, et sur leurs analogies dont la chaîne se rompt si souvent [80].

Ce nouveau rapport de l'Académie réfute donc les prétentions de Curaudau sur la paternité de l'hypothèse du chlore élémentaire, ainsi que sur sa démonstration expérimentale, et affiche une préférence pour l'ancienne explication. Censeur des faits scientifiques, l'Académie sanctionne aussi les hypothèses qui se réclament directement de résultats produits par l'expérience. En outre, dans cette affaire, la commission défend la réputation de l'institution et de ses membres, autant que la thèse du gaz oxymuriatique composé. C'est une des raisons pour lesquelles, chose assez exceptionnelle, elle prend position sur un point de théorie. De ce point de vue, la conception lavoisienne de la nature des acides a joué un rôle essentiel dans la réception teintée de scepticisme de l'hypothèse du chlore élémentaire. Alliée aux préceptes épistémologiques évoqués plus haut, elle justifie la prévention pour les explications singulières quant aux réactions de l'acide muriatique et du gaz oxymuriatique.

DU REJET À L'ACCEPTATION DE LA NOUVEAUTÉ

Près de trente ans après ceux qui ont fait sa réputation, Berthollet reprend ses travaux sur l'acide muriatique oxygéné, mais c'est pour mieux persister dans son opinion première. En 1812, il présente ainsi devant l'Académie des recherches sur les différents degrés d'oxydation du gaz oxymuriatique [81]. En France, la cohabitation

pour fonder ou réfuter une théorie », Goupil, *Du Flou au clair? Histoire de l'affinité chimique de Cardan à Prigogine*, Paris, 1991, p. 192.

80. Berthollet « Suite du Rapport », p. 138.

81. Berthollet, « Observations sur l'acide oximuriatique ». Le mémoire imprimé porte en sous-titre la mention : « Lu à l'Institut le 24 mars 1811 », Goupil, *Berthollet*,

entre l'hypothèse du gaz oxymuriatique et celle du corps simple subsiste au moins jusqu'en 1813. C'est par exemple le cas dans le premier tome du *Traité de chimie* publié cette année-là par Thenard. Le chimiste dit préférer l'ancienne à la nouvelle « par des raisons que nous nous proposons de développer dans le quatrième volume et qu'on trouvera d'ailleurs exposées dans les Recherches physico-chimiques »[82]. Mais en 1816, dans le quatrième volume de son traité, Thenard ne répète pas l'argumentation des *Recherches physico-chimiques*. Au contraire, le chimiste y donne l'explication des phénomènes que présente le gaz muriatique oxygéné « dans les suppositions que ce gaz est un corps simple ». C'est qu'entre-temps la nouvelle hypothèse a eu gain de cause. Dans la seconde édition de son cours, dont le premier volume paraît en 1817, Thenard explique ce revirement en faveur de la thèse du chlore élémentaire :

> [...] presque tous les chimistes la préfèrent maintenant à l'ancienne, surtout depuis la découverte de l'iode, corps qui a la plus grande analogie avec le chlore[83].

La découverte par Gay-Lussac de l'iode[84] pourvu de propriétés comparables à celles du chlore (en particulier l'existence d'un hydracide, l'acide iodhydrique, pendant de l'acide muriatique) rendait tout à coup l'existence du chlore plus probable.

p. 266 (note 134), conteste cette date en se référant aux Procès-Verbaux de l'Institut qui indiquent pour la séance du 18 mai 1812 : « M. Berthollet lit des observations sur la Composition de l'acide oximuriatique », *PVAS*, V, p. 57. Berthollet n'apportera un correctif à ces travaux qu'en 1816 (Berthollet, « Note sur l'acide oximuriatique »).

82. Thenard, *Traité de chimie élémentaire, théorique et pratique*, Paris, 1813, vol. 1, p. 562n. En février 1813, dans un compte rendu du Rapport à l'Empereur de Cuvier, le *Bulletin de Pharmacie* se fait l'écho de ce consensus français : « M. Davy de Londres pense que l'acide muriatique oxigéné est un corps simple qui ne contient pas d'oxigène; il a déjà publié plusieurs Mémoires sur ce sujet, mais MM. Berthollet, Thénard et Gay-Lussac pensent que l'opinion généralement reçue est encore la plus admissible. », *Bulletin de Pharmacie*, février 1813, p. 73 n.

83. Thenard, *Traité de chimie élémentaire, théorique et pratique*, Paris, 1817, vol. 1, p. 188.

84. Gay-Lussac, « Mémoire sur l'iode », *Annales de Chimie*, 91, 31 juillet 1814. Pour établir sa priorité sur Davy quant à la découverte de l'iode, Gay-Lussac avait publié une note dès le 12 décembre 1813 dans le *Moniteur* le présentant comme un corps simple *analogue* au chlore.

Berthollet quant à lui se rend à la nouvelle hypothèse vers 1816, mais par un autre cheminement. En effet, John Davy, frère de Humphry, a refait et pris en défaut l'expérience de Fourcroy sur laquelle reposait, à ses dires, sa conviction intime que le gaz oxymuriatique ne constituait pas une exception à la théorie des acides de Lavoisier. Berthollet reconnaît dès lors le caractère erroné de cette preuve :

> Pour moi, depuis que M. John Davy a fait voir que l'action du chlore, et celle de l'acide hydrochlorique sur l'ammoniaque ne donnait lieu à aucune production, à aucun dégagement d'eau, et que je me suis assuré de la réalité de ses résultats par des expériences auxquelles j'ai mis le plus grand soin, j'ai abandonné mon opinion, et j'ai regardé la simplicité du chlore comme une hypothèse que l'on pouvait opposer à celle de la composition du gaz oxymuriatique, avec l'avantage toutefois de s'accorder avec ce grand principe qui doit guider pour déterminer la nature des corps ; de regarder comme simple toute substance dont l'analyse ne peut prouver clairement la composition [85].

Ce serait donc une réplication avortée tardive et menée personnellement de l'expérience de Fourcroy qui aurait convaincu Berthollet d'abandonner l'idée d'acide muriatique oxygéné.

CONCLUSION

La découverte du chlore est un événement multiple. Selon qu'on privilégie la substance matérielle, l'idée que l'on se fait de cette substance, ou la réception de cette idée, on attribuera la nouveauté à Scheele en 1774, à Gay-Lussac et Thenard, à Davy, ou même à Curaudau, en 1810, enfin à l'ensemble de la communauté chimique qui la reconnaît et la consacre comme telle dans la décennie qui suit. De ce dernier point de vue, la nouveauté pourrait être considérée comme un fait social construit par la communauté scientifique.

85. Berthollet, « Note sur l'acide oximuriatique », p. 604-605.

C'est la thèse que défend Augustine Brannigan à travers une explication sociologique de la découverte scientifique dans laquelle l'assignation de la nouveauté est essentielle [86]. Cette interprétation en termes sociaux s'oppose à des lectures épistémologiques et historiques « naturalistes » qui renvoient au moins implicitement à une réalité considérée comme extérieure, indépendante et à laquelle le discours scientifique est asymptotique. Dans le cadre d'une approche strictement sociologique, les seules références considérées comme objectives sont en effet les pratiques concrètes et les manifestations rhétoriques des acteurs de la recherche, pas les faits « naturels » qu'ils sollicitent. C'est pourquoi Brannigan ajoute que ce qui distingue une découverte authentifiée d'une erreur, d'une fraude ou d'un plagiat, tient essentiellement à des appréciations portées par les chercheurs eux-mêmes (et qui peuvent être périodiquement révisées) [87]. De ce point de vue, l'analyse historique ne pourrait porter que sur les conditions et les procédures proprement sociales de l'apparition ou plutôt de la construction des découvertes scientifiques.

La procédure d'examen mise en place par l'Académie est bien sûr exemplaire de ce processus de socialisation de la découverte, comme de son corollaire en négatif, l'exclusion. L'explication du rejet des travaux de Curaudau ne devrait-elle alors reposer que sur la description et l'analyse de la fonction rhétorique des rapports produits par l'Académie ? Contrairement à Brannigan, nous pensons que les jugements d'erreur, d'impossibilité et d'absence d'originalité prononcés à l'encontre Curaudau peuvent donner lieu à davantage qu'une interprétation sociologique assimilant la découverte (ou la nouveauté) à un seul processus de reconnaissance sociale. Juge-

86. Brannigan, *Le Fondement social des découvertes scientifiques*, trad. fr. Ch. Puech, Paris, P.U.F., 1996, propose trois autres critères d'intelligibilité de la découverte : la possibilité (compatibilité avec le « paradigme » admis ou « anomalie » considérée comme digne d'intérêt), la validité (exactitude au regard des procédures d'évaluation en usage) et la scientificité (insertion dans un programme de recherche légitime au vu des travaux en cours).

87. « C'est *leur* travail qui médiatise le statut d'un événement, *i.e.* qui détermine si une réalisation est une découverte, une réplique, une doctrine vide de sens, une pieuse croyance, un pillage intellectuel ou quoi que ce soit d'autre », Brannigan, *Fondement social des découvertes*, p. 103.

ments de valeur aux yeux du sociologue, les rapports établis par l'Académie ne s'en revendiquent pas moins jugements de faits. Outre la dimension sociale de la procédure académique d'évaluation, la mise à l'écart des prétentions de Curaudau illustre aussi une forme d'épistémologie en acte, avec ses passages obligés pour les opérations intellectuelles et gestuelles associées à la pratique chimique du début du XIXe siècle. À ce titre, les arguments d'un rapport académique négatif ne nous semble pas se réduire pas à une rhétorique de la preuve qui ne demanderait pas d'autre élucidation que celle de son usage. Approfondir la compréhension des conditions de possibilité, de validité et de nouveauté propres à la science chimique contemporaine de Curaudau apporte du sens au rejet de sa contribution. La découverte annoncée par Curaudau, puis ses revendications d'antériorité, se sont ainsi vues déniées toute valeur pour cause d'expériences singulières, non reproductibles ou controuvées.

Pourtant, dira-t-on, même s'il n'a pu mettre en œuvre les moyens suffisants pour étayer une thèse allant à l'encontre des idées couramment admises, Curaudau avait vu juste ! Mais en désignant Curaudau comme le véritable identificateur du chlore sur la base de conclusions ensuite avérées, on fait de cette substance une entité non problématique *a posteriori*, et on tombe ainsi dans le travers de type « naturaliste » dénoncé par les sociologues des sciences. C'est la raison pour laquelle pour comprendre le revirement de la communauté scientifique qui, du refus d'une idée nouvelle, passe à son acceptation, notre enquête historique s'est appuyée sur les arguments échangés par les chercheurs *in situ*, mais aussi sur des données scientifiques modernes, en vue d'évaluer la tenue et le contenu des contributions scientifiques dans leur contexte et en fonction d'éléments que fournit la science actuelle [88].

Le plus étonnant reste que des chimistes aux allégeances opposées finissent par évoluer et s'accorder sur les faits et les théories, ou plus précisément sur le nouveau et le périmé. Trouver la solution de cette énigme dans une construction sociale propre à la communauté scientifique ne nous semble, là encore, pas suffisant pour expliquer ce phénomène de *convergence* tel qu'il est vécu par les

88. C'est ce que nous avons tenté de faire en explicitant en notes les réactions mises en jeu telles qu'on les comprend et les décrit aujourd'hui.

chercheurs. C'est précisément cette autre multiplicité de la découverte du chlore que nous avons cherché à suggérer dans cet article. Tout se passe comme si tous les acteurs de la chimie des années 1810-1820, de Gay-Lussac à Berzélius[89] en passant par Davy et Berthollet, avaient découvert *personnellement* le chlore, c'est-à-dire s'étaient enquis et convaincus à titre individuel du caractère élémentaire de la substance controversée. Pour Gay-Lussac et Thenard, qui sont les premiers à détenir explications et preuves sans pourtant se résoudre à adhérer à la nouveauté, c'est la découverte de l'iode aux propriétés proches du gaz oxymuriatique qui, par analogie, rend moins exotique, moins hétérodoxe l'idée de chlore élémentaire. Pour Berthollet, c'est une manipulation menée à titre personnel qui le convainc de la simplicité du gaz oxymuriatique. Ce n'est pas tant la simultanéité de ces découvertes qui nous importe ici que leur caractère singulier. La nouveauté factuelle et conceptuelle s'inscrit d'abord dans des trajectoires de recherche propres à chaque savant. S'il y a « construction sociale » de la nouveauté, c'est aussi dans le sens d'une élaboration conjointe d'une nouvelle signification à donner à des phénomènes jusque-là réputés connus et compris. C'est l'accumulation et la convergence de preuves multiples qui naturalisent et socialisent, simultanément, la découverte. La reconnaissance, l'acceptation ou l'appropriation de la nouveauté se fait chez les chimistes impliqués au prix de choix théoriques qu'ils éprouvent ou réprouvent, d'analogies revues et corrigées, de réplications avortées mais effectivement tentées, de probabilités réévaluées. La stabilisation des faits scientifiques ne se réduit pas au seul fait social de leur officialisation, de leur institutionnalisation par le biais d'une instance comme l'Académie des sciences de Paris. Selon nous, ils ne tombent à proprement parler dans le domaine public de la recherche que lorsque chaque savant se les réapproprie. Une étude suivant au plus près le développement personnel de l'activité scientifique peut contribuer à élucider comment une trajectoire singulière de recherche enrichit, suit de conserve ou rejette la nouveauté.

89. Jöns Jacob Berzelius (1779-1848) contribua avec Davy à la découverte de plusieurs éléments en perfectionnant la pile de Volta. Il sera le dernier grand chimiste à admettre le caractère élémentaire du chlore en 1820 dans le cadre d'un programme de recherche qui lui est propre. Sur cette conversion éclairée, voir Delacre, *Histoire de la Chimie*, p. 291 et 331-340.

De ce point de vue, les catégories du nouveau et du périmé sont aussi les indices de ruptures et de continuités dans un itinéraire de recherche individuel.

BIBLIOGRAPHIE

Sources

BERTHOLLET Cl.-L., « Mémoire sur l'acide marin déphlogistiqué » (1785), *Mémoires de l'Académie Royale des Sciences pour 1785*, Paris, 1788, p. 276-285.

– « Rapport fait à la Classe des Sciences mathématiques et physiques de l'Institut, par M. Berthollet, au nom d'une commission composée de MM. Laplace, Monge, Chaptal, Haüy et Berthollet », sur l'ouvrage de Gay-Lussac et Thenard [1811, vol. 2, p. 351-424].

– « Rapport Sur un Mémoire de M. Curaudau; Par MM. Chaptal, Vauquelin et Berthollet », *Annales de Chimie*, 1811, tome 80, p. 54-80 (livraison d'octobre 1811). Ce rapport se trouve dans les Procès-verbaux de l'Académie des Sciences aux séances des 23 et 30 septembre 1811 (t. IV, p. 541).

– « Suite Du Rapport Sur un Mémoire de M. Curaudau; Par MM. Chaptal, Vauquelin et Berthollet », *Annales de Chimie*, 30 novembre 1811, tome 80, p. 121-139.

– « Observations sur la composition de l'acide oximuriatique », *Mémoires de la Société d'Arcueil*, III, Paris, 1817, p. 171-179.

– « Note sur la composition de l'acide oximuriatique » (10 avril 1816), *Mémoires de la Société d'Arcueil*, III, Paris, 1817, p. 603-611.

BIOT J.-B., *Mélanges scientifiques et littéraires*, Paris, Michel Lévy Frères, vol. 2, « Sur le charlatanisme », 1858, p. 69-87.

GASSICOURT Cadet de, Nécrologie de Curaudau parue dans le *Bulletin de Pharmacie*, 5 e année, n°III, mars 1813, p. 134-139.

– Notice Curaudau, *Biographie Universelle Michaux*, 2nde édition, tome 9, A. Thoisnier Desplaces, Paris, 1852, p. 573-574.

CURAUDAU Fr.-R., *Considérations générales sur les propriétés du gaz muriatique oxigéné, suivies d'expériences qui prouvent que ce gaz ne contient pas d'oxigène*, Paris, impr. D. Colas, 1810, 50 p. Cette édition à compte d'auteur contient le texte du mémoire lu à l'Institut dans la séance du 5 mars 1810 (le manuscrit original daté du 29 janvier 1810 se trouve dans la pochette de séance) et celui du rapport Deyeux [1810] annoté par Curaudau.

– *Lettre imprimée datée du 15 juin 1811 adressée à Monsieur Berthollet, Comte de l'empire et Membre de l'institut*, Pochette de séance du 8 juillet 1811.
– *Lettre de F.-R. Curaudau, … à M. J.-C. Delamétherie, rédacteur du « Journal de physique »*, insérée dans le cahier de juillet 1811, Paris, impr. de Courcier, s. d., 7 p. Lettre datée du 25 juin 1811. Journal de Physique, tome 73, 1811, p. 54-57.
– *Mémoire pour faire suite à celui ayant pour titre : « Considérations générales sur les propriétés du gaz muriatique oxigéné »*, Paris, impr. Vve Courcier, s. d., 8 p. Édition à compte d'auteur du mémoire lu à l'Institut dans la séance du 8 juillet 1811. *Journal de Physique*, tome 73, 1811, p. 121-127.
CUVIER G., *Rapport historique sur les progrès des sciences naturelles depuis 1789, et sur leur état actuel*, Paris, imprimerie impériale, 1810, (Reprint : Culture et Civilisation, Bruxelles, 1968). Réédité en 1989 chez Belin avec des commentaires de Yves Laissus.
DAVY H., « Researches on the Oxymuriatic Acid, its nature and combinations; and on the elements of the muriatic acid : with some experiments on sulphur and phosphorous made in the Laboratory of the Royal Institution », *Phil. Trans.*, 1810, c, 231-57. Traduit par Riffaut : « Recherches sur l'Acide oximuriatique, sa nature, ses combinaisons, et sur les élémens de l'acide muriatique, accompagnées de quelques expériences sur le soufre et le phosphore », *Annales de Chimie*, tome 76, p. 112-128 et 129-158, octobre et novembre 1810.
– « Sur quelques combinaisons du gaz oximuriatique et de l'oxigène, et sur les rapports chimiques de ces principes avec les corps combustibles », *Annales de Chimie*, tome 78, p. 298-333, tome 79, p. 5-35, juin et juillet 1811.
– *The collected works of Sir Humphry Davy*, T. V, Bakerian Lectures and miscellaneous papers from 1806 to 1815, London, Smith, Elder and Co. Cornhill, 1840.
DEYEUX N., « Rapport sur les propriétés du gaz muriatique oxygéné », dans Procès-verbaux des séances de l'Académie des Sciences, tenues depuis la fondation de l'Institut jusqu'au mois d'août 1835, publiés conformément à une décision de l'Académie par MM. les secrétaires perpétuels, Paris, Hendaye, 1910-1922, 10 volumes. Séance du 18 juin 1810, vol. 4, p. 356-360.
GAY-LUSSAC L.-J., « Mémoire sur l'iode », *Annales de Chimie*, 91, 31 juillet 1814, p. 95-118.
— THENARD L.-J., « De la nature et des propriétés de l'acide muriatique et de l'acide muriatique oxigéné », *Mémoires de la Société d'Arcueil*, II, Paris, 1809, p. 357-358.

— THENARD Louis-Jacques, *Recherches physico-chimiques, faites sur la pile, sur la préparation chimique et les propriétés du potassium et du sodium, sur la décomposition de l'acide boracique, sur les acides fluorique, muriatique et muriatique oxigéné, sur l'action chimique de la lumière, sur l'analyse végétale et animale, etc.*, Paris, Deterville, 2 vol., 1811.

SCHEELE, « Mémoire sur l'oxyde de manganèse », *Mémoires de l'Académie Royale de Stockholm* pour l'année 1774 ; édition française : *Mémoires de Chimie*, Paris, 1785, traduit par Mme Guyton de Morveau.

THENARD L.-J., *Traité de chimie élémentaire, théorique et pratique*, Paris, 4 vol.

– 1817, *Ibid.*, 2e édition, 1813-1816.

PVAS, *Procès-verbaux des séances de l'Académie des Sciences, tenues depuis la fondation de l'Institut jusqu'au mois d'août 1835, publiés conformément à une décision de l'Académie par MM. les secrétaires perpétuels*, Paris, Hendaye, 10 volumes, 1910-1922.

Littérature secondaire

BENSAUDE-VINCENT B., *Lavoisier, Mémoires d'une révolution*, Paris, Flammarion, Figures de la Science, 1993.

BRANNIGAN A., *Le Fondement social des découvertes scientifiques*, trad. fr. par Ch. Puech, « Sciences modernités philosophies », Paris, P.U.F., 1996.

CHABOT H., *Enquête historique sur les savoirs scientifiques rejetés à l'aube du positivisme (1750-1835)*, Thèse de doctorat, Université de Nantes, Centre François Viète, 1999.

– « Le tribunal de la science : les rapports négatifs à l'Académie des Sciences comme illustrations d'un scientifiquement (in)correct (1795-1835) », *Annales historiques de la Révolution française*, n°320, avril-juin 2000, p. 173-182.

COLLINS H., PINCH T., *The Golem*, Cambridge, Cambridge University Press, 1993 ; édition citée : *Tout ce que vous devriez savoir sur la science*, trad. fr. par Th. Piélat, Paris, Seuil, 1994.

CROSLAND M., The Society of Arcueil. A View of French Science at the Time of Napoleon I, Cambridge, Harvard University Press, 1967.

– « Theories of Acidity in the Early Nineteenth Century », *Proceedings of the XIIIth International Congress of the History of Science*, Moscou, 1971, section 7, p. 67-74.

– « Lavoisier's Theory of Acidity », *Isis*, 64, 1972, p. 306-325.

– *Gay-Lussac, Scientist and Bourgeois*, Cambridge, Cambridge University Press, 1978 ; édition citée : *Gay-Lussac, Savant et bourgeois*, trad. fr. par J.-P. Bardos, Paris, Belin, 1991.

– « Chemistry and the Chemical Revolution » *in* G. S. Rousseau et R. Porter (eds), *The Ferment of Knowledge*, Cambridge University Press, Cambridge, 1980.

– *Science Under Control, The French Academy of Sciences 1795-1914*, Cambridge, Cambridge University Press, 1992.

– *In the Shadow of Lavoisier : The* Annales de Chimie *and the Establishment of a New Science*, BSHS Monographs, British Society for the History of Science, 1994.

DAMIENS A., *Halogènes et composés oxygénés du chlore, Mémoires de Scheele, Berthollet, Gay-Lussac et Thenard, H. Davy, Balard, Courtois, H. Moissan, Millon,* Paris, Gauthier-Villars, 1938.

DELACRE M., *Histoire de la Chimie*, Paris, Gauthier-Villars, 1920.

DEMEULENAÈRE-DOUYÈRE Ch. et BRIAN É. (dir.), *Règlement, usages et science dans la France de l'Absolutisme*, Actes du colloque du troisième centenaire du règlement instituant l'Académie royale des sciences, Paris, 8-9-10 juin 1999, Paris, Tec et Doc Lavoisier, 2002.

DÉRÉ A.-C., *La Mise en évidence du rôle chimique de l'oxygène du XVIIIe au XIXe siècle : faits et concepts*, Thèse de doctorat, Université de Nantes, 1996.

DJERASSI C., HOFFMANN R., *Oxygène, Pièce en 1 acte*, préface de Bernadette Bensaude-Vincent et Brigitte Van Tiggelen, Toulouse, Presses Universitaires du Mirail, 2003.

GOLINSKI J., « "The Nicety of Experiment" : Precision of Measurement and Precision of Reasoning in Late Eighteenth Century », *in* M. Norton Wise (ed), *The Values of Precision*, Princeton University Press, Princeton, 1995, p. 72-91.

GOUPIL M., *Le Chimiste Claude-Louis-Berthollet (1748-1822). Sa vie, son œuvre*, Paris, Vrin, 1977.

– *Du Flou au clair? Histoire de l'affinité chimique de Cardan à Prigogine*, Paris, Éditions du Comité des Travaux Historiques et Scientifiques, 1991.

– « Claude-Louis Berthollet, collaborateur et continuateur (?) de Lavoisier », dans *Lavoisier et la révolution chimique*, SABIX, École Polytechnique, 1992, p. 35-53.

GUÉRIN H., Article « Chlore », *Encyclopédie Universalis*, vol. 5, 2002, p. 648-653.

GUERLAC H., *Antoine-Laurent Lavoisier : Chemist and Revolutionary*, New York, Scribner, 1975, (réédition de l'article « Lavoisier » du Dictionary of Scientific Biography).

HAHN R., *L'Anatomie d'une institution scientifique, L'Académie des Sciences de Paris, 1666-1803*, Paris, Éditons Archives contemporaines, 1993 ; édition originale : University of California Press, 1971.

HOLMES F. L., *Lavoisier and the Chemistry of Life : An Exploration of Scientific Creativity*, Madison, Wis., University of Wisconsin Press, 1981.

HUDSON Robert G., « Discoveries, When and By Whom ? », *British Journal for the Philosophy of Science*, 52, 2001, p. 75-93.

IHDE A.J., *The Development of Modern Chemistry*, New York, Dover, 1984.

KUHN Thomas S., *La Structure des révolutions scientifiques*, trad. fr. par L. Meyer, Paris, Flammarion, 1983.

– « The Historical Structure of Scientific Discovery », *Science*, 136, p. 760-764 ; trad. fr. dans *La Tension essentielle, Tradition et changement dans les sciences*, Paris, Gallimard, 1991.

LASZLO P., *La Parole des choses ou le langage de la chimie*, Paris, Hermann, 1993.

LEGRAND H.E., « Lavoisier's Oxygen Theory of Acidity », *Annals of Science*, 29, 1972, p. 1-18.

– « Claude-Louis Berthollet's *Essai de statique chimique* and Acidity », *Isis*, 67, 1976, p. 229-238.

LEMAY P., ŒSPER Ralph E., « Claude-Louis Berthollet (1748-1822) », *Journal of Chemical Education*, vol. 23, p. 158-165 et 230-236, April and May 1946.

LEMAY P., « Berthollet, le pharmacien Curaudau et l'identification du chlore », *Revue d'Histoire de la Pharmacie*, n° 145, avril 1955, p. 80-83.

LUFT R., *Dictionnaire des corps purs simples de la chimie*, Nantes, Cultures et Techniques, 1997.

MASSAIN R., *Chimie et chimistes*, Paris, Magnard, 1966.

MASSIEU G., *Chimie minérale*, Paris, Baillière, 1966.

MERTON R.K., « Priorities in Scientific Discovery : A Chapter in the Sociology of Science », *American Sociological Review*, vol. 22, 1957.

PARTINGTON J.R., *A History of Chemistry*, London, Macmillan & Co Ltd., 1964.

POIRIER J.-P., *Lavoisier*, Paris, Pygmalion, 1993.

QUERUEL A., *Vauquelin et son temps (1763-1829)*, Paris, L'Harmattan, 1994.

SMITH J.G., *The Origins and Early Developments of the Heavy Chemical Industry in France*, Oxford, Clarendon Press, 1979.

STRATHERN P., *Mendeleyev's Dream, The Quest for the Elements*, London, Hamish Hamilton, 2000.

VIEL Cl., « Le Normand François René Curaudau (1765-1813), pharmacien, chimiste méconnu », *Revue d'Histoire de la Pharmacie*, n° 326, 2000, p. 221-236.

WEEKS M. E., *Discovery of the Elements*, 1968.

WHITE J.H., *The History of the Phlogiston Theory*, London, Arnold, 1932.

WOJTKOWIAK B., *Histoire de la chimie*, Paris, Tec & Doc Lavoisier, 1984.

Annexe
Extraits d'ouvrages d'histore de la chimie

« Scheele, qui avait découvert le chlore, l'appelait suivant les idées de son époque *acide muriatique déphlogistiqué.* »

Delacre, *Histoire de la Chimie*, p. 283.

« C'est ainsi que le chlore, contenu en forte proportion dans l'eau de la mer à l'état de chlorure de sodium, a été obtenu pour la première fois, en 1774, par Scheele, qui traitait par le bioxyde de manganèse l'acide chlorhydrique préparé par action de l'acide sulfurique sur le sel marin. On doit à cet observateur la description de ses propriétés les plus sensibles ; toutefois, il ne le regarda pas comme un corps simple, au sens actuel de cette expression, mais comme de l'« acide muriatique déphlogistiqué ». [...] Gay-Lussac et Thénard en France, Humphry Davy en Angleterre observèrent, en 1810, que cette substance était irréductible par le carbone et les métaux, ce qui conduisit Gay-Lussac à la considérer comme un corps simple.
Il s'écoula donc un temps assez long – 36 années – avant que fût fixée la véritable nature du premier halogène connu, et c'est à cette date – 1810 – que commence vraiment la connaissance exacte de sa nature, qui sera aussi celle des métalloïdes qui constitueront avec lui une famille homogène. »

Damiens, *Halogènes et composés du chlore*, p. VII-VIII.

« *Scheele (1774), who discovered chlorine, regarded it as the 'acid of salt' (which the French chemists called muriatic acid) deprived of phlogiston, which, following Cavendish (1766), he identified with hydrogen; hence* chlorine=hydrochloric acid–hydrogen ».

Partington, *A History of Chemistry*, vol. 4, p. 52.

« On peut citer comme exemple son Mémoire sur l'oxyde de manganèse, dont l'étude l'a conduit à découvrir le manganèse, le chlore, la baryte et peut-être l'oxygène. [...] Parmi les corps simples, il en est plusieurs que Scheele a découverts et isolés, et plusieurs dont il rendu l'existence probable, en étudiant leurs composés et les montrant aux chimistes comme des êtres distincts. C'est à lui qu'appartient la découverte du chlore. »

Massain, *Chimie et chimistes*, p. 294 et 295.

« *Although Scheele prepared chlorine in 1774 by the action of manganese dioxide on hydrochloric acid, it was believed to be a compound until after 1810, when Sir Humphry Davy gave convincing proof of its elementary nature.* »

Weeks, *Discovery of the Elements*, p. 701.

« *Chlorine gas was considered to be oxygenated muriatic acid. [...] Davy's failure to extract oxygen from chlorine actually was no proof of the elemental nature of chlorine, but only a strong suggestion that it was not an oxygen compound.* »

Ihde, *The Development of Modern Chemistry*, p. 158.

« En passant en revue ses travaux, on est étonné qu'un seul homme ait pu en seize ans faire tant de découvertes : le chlore (acide muriatique déphlogistiqué) [...] ».

Wojtkowiak, *Histoire de la chimie*, p. 54.

« Successivement on découvre le dioxyde de carbone (Joseph Black, 1756), l'hydrogène (H. Cavendish, 1762), le chlore (C.W. Scheele, 1774), l'oxygène (J. Priestley et Scheele, 1774) [...] ».

Goupil, *Histoire de l'affinité*, p. 147.

« *Unfortunately, for once Scheele's chemical intuition let him down. He didn't recognize chlorine as an element, remaining convinced that the gas he had produced was a compound containing one of the gases in the air. Only thirty years later did the English chemist Humphry Davy (inventor of the miner's lamp) realize that this gas was an element. Indeed, it was Davy who first named it chlorine (from the Greek for 'light green') on account of its appearance.* »

Strathern, *The Quest for the Elements*, p. 195.

« C'est le suédois C. W. Scheele qui, dès 1774, découvrit le chlore par action de l'acide chlorhydrique sur le bioxyde de manganèse : on le considérait comme l'acide marin (HCl) déphlogistiqué, c'est-à-dire contenant de l'oxygène ; ce n'est qu'après de longues discussions entre L. J. Gay-Lussac, L. J. Thenard et H. Davy qu'il fut défini comme un élément, auquel Davy donna le nom de chlore (1810), à cause de sa couleur verte (du grec λωρός, vert). »

Guérin, « Chlore », *Encyclopédie Universalis*, vol. 5, p. 649b.

Qu'y a-t-il de nouveau dans l'œuvre scientifique de D'Alembert ?[1]

Pierre CRÉPEL

D'Alembert (1717-1783) est un enfant naturel, moitié abandonné, moitié entretenu par ses parents « biologiques » de la bonne société. Après des études au Collège des Quatre Nations, un peu de droit et un peu de médecine, il se consacre aux mathématiques. Il est élu à l'Académie des sciences en 1741 et rédige, au cours de la décennie qui suit, au moins six ou sept traités (dont le *Traité de dynamique*, 1743) et divers mémoires remarquables et remarqués. A partir du milieu du siècle, il se lance à corps perdu dans l'aventure encyclopédique, publiant notamment le « Discours préliminaire » et environ 1700 articles, surtout scientifiques. Proche de Voltaire, il diversifie son activité et ses œuvres, entre à l'Académie française en 1754 et en devient secrétaire perpétuel en 1772, sans pour autant abandonner les mathématiques.

Alors que les autres articles de ce volume sont consacrés à cerner la nouveauté de découvertes particulières, celui-ci vise à évaluer

1. Cet article est lié à l'édition des *Œuvres complètes* de D'Alembert. Je remercie ici tous ceux qui participent à cette édition (et qui trouveront quelquefois dans ce texte les mots mêmes qu'ils ont employés dans diverses conversations ou proposés dans des relectures), en particulier U. Bottazzini, B. Bru, M. Chapront-Touzé, F. Chambat, A. Coste, F. Ferlin, C. Gilain, A. Guilbaud, G. Jouve, Th. Martin, I. Passeron, N. Rieucau, J. Souchay, J. Viard. Ils ne sont pas responsables de mes erreurs ou omissions, ni de mes interprétations hasardeuses.

globalement la nouveauté de l'œuvre d'un savant. Cette entreprise comporte au moins deux versants : l'un, local, regarde point par point de quels nouveaux concepts, théorèmes, principes, théories, etc., on peut raisonnablement le créditer; l'autre, global, examine le personnage dans son ensemble, l'unité ou non de sa pensée, son style, ses méthodes. Plus précisément, il s'agira de répondre aux questions :

– De quelles « nouveautés », découvertes ou inventions, dans les domaines des mathématiques pures ou mixtes, peut-on le créditer sans discussion?

– Comment trancher les querelles de priorité dans lesquelles il a été impliqué, quel avis donner sur les découvertes simultanées auxquelles il a participé?

– Comment évaluer son implication dans l'aventure collective des sciences de son époque?

– Sa « nouveauté » tient-elle à « quelque chose d'autre », à un style à part, à un bouillonnement inclassable?

– Et si sa nouveauté est identifiable, possède-t-elle une unité, peut-on caractériser son évolution?

Parodiant D'Alembert lui-même, je n'oserois me flatter de répandre des lumières définitives sur tous ces problêmes, mais je livrerai au Lecteur quelques observations détachées, quelques doutes et objections, sur lesquels je demanderai son indulgence.

Cette tentative d'évaluation a de fortes chances d'être plus délicate pour D'Alembert que pour la plupart des auteurs des siècles passés. En effet, quelles que soient les interprétations diverses des historiens et des scientifiques, les apports mathématiques ou physico-mathématiques reconnus usuellement à Pascal, à Descartes, à Newton, à Leibniz, aux Bernoulli, à Euler, à Lagrange, à Laplace, ne sont pratiquement plus, depuis assez longtemps, objet de discussions. En revanche, les avis même purement « scientifiques » sur D'Alembert recouvrent à peu près tout l'arc-en-ciel des imaginables, et cela du XVIIIe siècle au XXIe inclus : rarement, on a vu une telle diversité, voire une telle opposition, de jugements immédiats, à moyen(s) terme(s), à long(s) terme(s).

En outre, D'Alembert partage avec Pascal ou Condorcet, mais pas avec Euler ou Lagrange, la spécificité d'être considéré comme un auteur à la fois « littéraire » et « scientifique ». Dès le milieu du

Siècle des Lumières, il est connu pour le « Discours préliminaire », les articles « Collège » et « Genève » de l'*Encyclopédie*, pour ses *Mélanges d'histoire, de littérature et de philosophie*, puis pour ses éloges d'académiciens [2]. Et, selon les commentateurs, c'est tantôt le poids de ses interventions « philosophiques » et polémiques, tantôt celui de ses traités ou mémoires scientifiques, qui fait pencher le plateau de la balance de son prestige.

On procédera en deux temps, d'abord en décrivant les jugements scientifiques des anciens : l'auteur lui-même, ses proches, les auteurs des XIXe et XXe siècles; puis en rendant compte des « nouvelles tentatives de visite » de ces dernières décennies. En conclusion, nous tenterons de voir dans quelle mesure ces « dalembertiades » répondent aux questions initiales ou les laissent encore ouvertes.

JUGEMENTS SCIENTIFIQUES...

Venons-en donc à l'examen des jugements qui ont été portés sur l'œuvre physique et mathématique de D'Alembert. Celui-ci est intervenu dans presque tous les domaines des mathématiques pures ou mixtes (sauf, disons, la géométrie et la théorie des nombres, qu'il ne cultive guère) : analyse, mécanique, fluides, astronomie, figure de la Terre, optique, probabilités et même mathématiques élémentaires.

... par lui-même

Des précautions sont indispensables.

D'Alembert est obsédé par ses « crédits » et ses querelles de priorité. Certes, il n'est pas le seul, non seulement parce que l'orgueil des savants est une des choses les mieux partagées (songeons à leurs défis du XVIIe siècle), mais peut-être aussi parce que les institutions, notamment avec le système des prix académiques, aiment mettre les

2. Nous renvoyons à la bibliographique en fin d'article. Nous utilisons en général des titrés abrégés, notamment pour les ouvrages les plus connus de D'Alembert, dont on peut trouver une bibliographie presque exhaustive sur le site http://dalembert.univ-lyon1.fr. Lorsque, pour une citation ou une référence, l'auteur et l'ouvrage sont clairs à partir du contexte, nous nous contentons d'indiquer éventuellement la page exacte entre parenthèses; sinon nous précisons en note.

gens en concurrence. Sur le papier, les concours académiques sont l'archétype de la justice, du mérite et de l'impartialité : anonymat des pièces envoyées, interdiction de concourir pour les membres de l'Académie, etc. Mais chacun sait que les concurrences libres et non faussées n'existent que dans la propagande : ici, l'anonymat est souvent un secret de Polichinelle ; les sujets sont choisis plus d'une fois en fonction de qui on souhaite récompenser ; on prépare ou arrange les concours de l'Académie de Paris pour primer les amis de l'Académie de Berlin et ceux de l'Académie de Berlin pour les amis de l'Académie de Paris ; ceux qui ont un accès privilégié à l'information via un académicien en place sont avantagés [3]. D'Alembert en a été à la fois un acteur et une victime. Cela dit, à partir de 1750, l'affaire du prix de l'Académie de Berlin sur les fluides semble avoir décuplé les obsessions de notre savant. Rappelons les faits : D'Alembert envoie à Berlin en 1749 une pièce, où se trouvent des idées nouvelles et remarquables pour un traitement analytique du mouvement des fluides, avec des équations aux différentielles partielles, mais sa théorie est un peu lacunaire et expliquée de façon quelquefois obscure ; Euler fait obstacle à ce que le prix lui soit décerné, mais s'inspire de ses idées, les complète, les expose (fort bien) et les publie sous son seul nom ; D'Alembert est furieux et on le comprend. Evidemment, force est de comparer les griffes des deux savants : chez D'Alembert, cela fourmille de nouveautés, de calculs menés à terme mêlés à des anticipations inabouties et, même quand la rédaction est structurée (ce qui va être de moins en moins le cas, à partir des années soixante et soixante-dix), elle reste accessible à peu de gens ; chez Euler, esprit d'une puissance mathématique hors du commun, c'est toujours propre, lumineux, efficace, utilisable même pour l'enseignement.

D'Alembert ne cesse alors partout, dans l'*Encyclopédie* (1751-1765), dans ses *Opuscules* (tomes I-VIII, 1761-1780), dans sa correspondance, de se livrer à une défense et illustration de son œuvre. Certes, il apporte des éléments nouveaux, mais il ne peut se

3. Il suffit de parcourir, même cinq minutes, les correspondances entre savants pour s'en convaincre : voir, parmi cent exemples, celle de Lagrange et D'Alembert, dans Lagrange, dans *Œuvres*, tome XIII, ou, sur un cas particulier instructif, de Cousin et Bicquilley, dans C.F. Bicquilley, *La Croisade*, Lyon, Aléas, 1998, p. 269-277.

retenir de mettre en avant ses travaux précédents. L'historien aurait peut-être alors tendance à s'en réjouir, à se croire aidé par l'auteur pour identifier ce que celui-ci pense de sa « nouveauté », d'autant plus que l'auteur édite souvent ses idées « comme elles lui viennent », donc assez spontanément, surtout quand il prend des « coups de sang » contre Euler, D. Bernoulli, Clairaut, Lalande, Bailly, etc. Ses revendications sont largement vraies, mais leur profusion exige qu'on fasse le tri entre des réclamations circonstancielles ou de détail et l'expression d'aspects fondamentaux ; en outre, quand sa priorité n'est pas contestée, D'Alembert n'a pas besoin de réclamer, et il ne réclame pas, ou guère. Il convient donc d'interpréter ces écrits avec prudence.

Surtout à partir du tome VI des *Opuscules* (1773), l'auteur se livre de temps à autre, au sein d'un mémoire, à une récapitulation partielle de ses revendications de priorité sur tel ou tel sujet. Mieux, dans le tome IX, encore inédit, dont la mort du savant a empêché la publication, figurent deux documents manuscrits exceptionnels ayant pour unique objectif de donner de façon carrée et condensée la liste de ces revendications. Le premier traite de l' « astronomie physique » au sens large, c'est-à-dire de la figure de la Terre, de la mécanique céleste (théories de la Lune, de Jupiter et de Saturne, des comètes, précession des équinoxes) et des lunettes achromatiques, importantes pour les instruments d'astronomie : l'auteur y mentionne très explicitement 26 revendications, classées par thèmes et référencées par des notes bibliographiques précises à la page près [4] ; l'intérêt de ce petit texte tient aussi au fait qu'il concerne essentiellement, non les mémoires et les ouvrages les plus connus des années 1740, mais surtout ceux ultérieurs, en particulier les travaux éparpillés dans les *Opuscules*. Le second, qui semble malheureusement inachevé, est relatif à la théorie des fluides [5].

4. *Opuscules*, tome IX, Mémoire 59 § XIX : Bibliothèque de l'Institut, MS 1792, ff 300-306 et 340-363. Voir P. Crépel, « Les dernières perfidies de D'Alembert », dans J. Sakarovitch (éd.), *25 ans d'histoire des probabilités. Mélanges offerts à Bernard Bru*, où les circonstances de rédaction (contre Bailly) sont exposées. La partie relative à la figure de la Terre a été étudiée plus précisément dans Nesme, « D'Alembert et la figure de la Terre ».

5. Mémoire 59 § XL (2) : MS 1793, ff 553-556. Voir A. Coste et M. Massot, « La notion de fluide chez D'Alembert à la lumière des Opuscules mathématiques

Après correction des variations saisonnières, nous dirons que se détachent alors deux pôles dans l'ensemble de ses revendications. L'un, attendu, concerne ses résultats « positifs », ceux que nous venons d'évoquer mais surtout son principe de dynamique et l'application de celui-ci, notamment pour démontrer le principe de conservation des forces vives : nous en parlerons plus au long aux § 1 et 2 de la seconde partie de cet article. L'autre, plus inattendu, regarde la pertinence de ses doutes et objections, voire de ses propositions plus ou moins entortillées sur l'optique et les probabilités : nous y reviendrons abondamment au § 3 de la seconde partie.

... par ses proches

Nous allons maintenant consulter les amis et disciples de D'Alembert : Bossut, Condorcet et Montucla. Les deux premiers sont des savants sensibles à l'histoire des sciences, au point d'avoir écrit des ouvrages ou de longues préfaces sur le sujet, le troisième, sans être lui-même mathématicien de métier, est le premier historien des mathématiques en tant que tel et sa fameuse *Histoire des mathématiques*[6] reste largement une référence aujourd'hui même, au moins à certains égards : c'est dans la seconde édition, posthume, que l'œuvre de D'Alembert est examinée. Nous soulignerons ce qui nous semble soit fondamental, soit original, dans leurs appréciations, sans insister sur le reste.

Bossut

L'abbé Charles Bossut (1730-1814), l'un des rares disciples et proches de D'Alembert, a constellé les préfaces de ses traités de considérations historiques, puis il a repris de façon plus systématique une histoire des mathématiques, d'abord dans le « Discours préliminaire » de l'*Encyclopédie méthodique. Mathématiques* (t. I, 1784), ensuite dans un *Essai d'une histoire générale des mathématiques* publié à part en deux volumes en 1802, enfin dans une nouvelle édition de même titre en 1810. Nous nous concentrerons ici sur le « Discours

et de la correpondance », dans U. Köllving et I. Passeron (dir.), *Sciences, musique, Lumières*, p. 83-91.

6. 1 re éd., 1758 ; 2 e éd., ans VII-X.

préliminaire » où les caractéristiques de l'appréciation de Bossut se trouvent déjà stabilisées.

L'auteur a choisi de ne pas parler des vivants (Lagrange, Laplace, Condorcet, Monge, lui-même...) ; mais D. Bernoulli, Euler et D'Alembert viennent de mourir en 1782 et 1783, Bossut peut donc se permettre de juger leurs travaux de façon nominale. Il reconnaît et vante, comme tout le monde, le principe de D'Alembert en mécanique et la supériorité de ses applications, en particulier à la précession des équinoxes; il souligne l'invention d'un nouveau calcul aux différences partielles dans ses mémoires sur les cordes vibrantes et dans les *Recherches sur la cause des vents*. En revanche, plusieurs aspects inattendus (surtout par leur absence) se dégagent du relevé de ce savant et historien.

En hydrodynamique, domaine que Bossut a lui-même beaucoup travaillé, sur les plans tant théorique que pratique, il reste vague, n'explicite pas les différences entre Euler et D'Alembert, ne dit mot des insuffisances des équations de D'Alembert concernant la notion de pression dynamique; il évoque les écarts entre la théorie et les expériences, mais sans insister, et ne cite rien des innovations des volumes tardifs des *Opuscules* à ce sujet.

En ce qui concerne les mathématiques proprement dites, il ne dit à peu près rien sur les imaginaires, sur les racines des équations, sur les méthodes nouvelles introduites par D'Alembert pour calculer les intégrales, sur les résolutions des équations et systèmes différentiels. A l'égard des débats de D'Alembert avec Euler sur la notion de fonction et avec D. Bernoulli sur les probabilités, il se garde bien de prendre parti et se contente d'affirmer que sur de telles questions métaphysiques chacun est bien libre d'avoir l'opinion qu'il veut.

En résumé, Bossut, qui était pourtant l'un des mieux placés pour faire ressortir dans l'histoire presque immédiate les points saillants de l'œuvre de son maître, nous paraît ici assez décevant; en outre, il semble ne porter que peu d'intérêt aux œuvres tardives de D'Alembert, qu'il connaissait bien entendu, ne serait-ce que pour en avoir été commissaire à l'Académie.

L'*Essai d'une histoire générale des mathématiques*, près de vingt ans plus tard, n'apporte pas grand chose de plus, sinon sur les querelles entre Clairaut et D'Alembert à propos de diverses questions d'astronomie. En particulier, il est difficile de résister au plaisir de citer intégralement le double portrait des deux hommes :

> Clairaut, bien moins fécond en découvertes analitiques [que D'Alembert], mais plus adroit à saisir les moyens d'exciter les applaudissemens publics dont il était fort avide, dirigeait ordinairement ses travaux vers des objets dont un grand nombre de personnes pouvaient apprécier, sinon la théorie, au moins les résultats. Il travaillait ses ouvrages avec le plus grand soin, et presque toujours il leur donnait toute la perfection dont ils étaient susceptibles. Aussi a-t-il joui, de son vivant même, de la plus haute réputation. Son caractère doux, sa politesse, et l'extrême attention qu'il avait de ne blesser l'amour-propre de personne, le faisaient rechercher de tous côtés dans le monde. Par malheur pour les sciences, il se livra trop à cet empressement : engagé à des soupers, à des veilles, et à un genre de vie qu'il voulait et ne pouvait concilier avec ses travaux ordinaires, sa santé s'altéra, et il mourut, jeune encore, quoiqu'il fût d'ailleurs d'une bonne constitution physique. D'Alembert, fort de sa propre supériorité, dédaignait les louanges de tradition, et non senties. Excellent homme, ami tendre et compatissant, bienfaiteur généreux, il eut toutes les vertus essentielles. Les défauts qu'on lui a reprochés avaient leur source dans un fond de gaité et de plaisanterie, auquel il s'abandonnait quelquefois, sans garder les mesures de la modération et de la prudence. Il éconduisait par un accueil glacial les flatteurs ou les importuns qui venaient l'obséder : j'aime mieux, disait-il, être incivil qu'ennuyé. Ne demandant jamais rien aux hommes en place, il s'était réservé le privilège, qu'il possédait au plus haut degré, de leur donner finement des ridicules, quand ils le méritaient. Avec de tels principes et une telle conduite, il se fit un monde d'ennemis. Quelques gens de lettres, bas et jaloux, ne lui pardonnaient point de vouloir partager leurs travaux et leurs lauriers : ils auraient respecté en lui le grand géomètre seul ; il [sic] cherchaient à rabaisser le littérateur devenu leur rival ; et parce qu'il n'était peut-être pas au premier rang dans cet ordre des facultés humaines, l'envie tentait de faire croire qu'il n'y était pas non plus dans l'autre : raisonnement sophistique et insignifiant ; on aurait dû au contraire plutôt conclure que ce passage des épines de la haute Géométrie aux fleurs de la littérature,

> marquait la flexibilité d'un génie du premier ordre, dont le talent principal se portait aux sciences exactes [7].

Condorcet

Au XVIIIe siècle, au plus fort de l'antagonisme entre les Philosophes et leurs ennemis divers, ses adversaires surent accuser D'Alembert d'être presque aussi mauvais en sciences qu'en lettres. Ainsi l'abbé Sabatier de Castres, dès la 2e édition, en 1773, de son *Dictionnaire des trois siècles*, se repentait-il déjà, à propos de notre encyclopédiste,

> d'avoir traité avec trop d'indulgence [dans la première édition] ses Mélanges de Littérature : de n'avoir pas assez insisté sur les défauts de sa métaphysique souvent obscure, imperceptible, entortillée; sur les inégalités de son style, tantôt foible, tantôt plein de morgue, & presque toujours froid & bourgeois; de n'avoir pas mis sous les yeux du Lecteur le contraste qui résulte de la médiocrité de ses productions, & du ton de mépris qu'il affecte, dans toutes les occasions, pour ce qu'il appelle le bas peuple des Poëtes, des Orateurs, des Historiens.

Et, à propos des sciences, il ajoutait perfidement :

> qu'on le regarde comme un des plus habiles Geometres parmi ceux qui n'ont pas eu le génie de l'invention.

Cette petite phrase déclencha l'ire de Condorcet, le « volcan sous la neige », qui répondit en 1774, dans la *Lettre d'un théologien* :

> Vous assurez que M. D'Alembert n'a point en géométrie le don de l'invention; cependant il a trouvé le premier un principe général de dynamique. Il a donné le premier le moyen d'appliquer ce principe au mouvement des fluides et des corps d'une figure déterminée. Il a résolu le premier d'une manière générale et satisfaisante le problème des cordes vibrantes et de la précession des équinoxes; il a inventé enfin le calcul des différences partielles, calcul sans lequel on ne peut établir une bonne théorie du mouvement des fluides ou des corps, soit élastiques, soit flexibles. Voilà, Monsieur, bien des découvertes, et les plus grandes qui aient été faites dans ce siècle (…).

7. P. 273-275.

Nous voilà donc en plein dans le sujet : en quelques lignes, Condorcet a résumé de façon percutante, du vivant même de D'Alembert, ce que les mathématiciens du moment retiennent de sa nouveauté. Mais il est intéressant d'aller plus loin et d'examiner le jugement plus systématique, et plus serein, qu'il a porté dix ans plus tard.

Condorcet (1743-1794) a lu de très près les écrits scientifiques de son maître et il a beaucoup discuté de vive voix avec l'auteur du *Traité de dynamique*. De plus, il lui doit beaucoup sur le plan institutionnel, en particulier sa place de secrétaire de l'Académie des sciences. A ce titre, Condorcet dut en 1783, à la mort de d'Alembert, faire l'éloge de celui-ci, et par suite se poser explicitement la question de la nouveauté dans l'œuvre de ce savant. On doit donc lire avec attention le long « Eloge de M. D'Alembert » par Condorcet. Certes, les cinquante pages de ce texte confirment les points contenus dans la page d'humeur de 1774 que nous avons citée plus haut, mais l'auteur s'y exprime plus précisément ; en outre, il s'attache à ce qu'il appelle les « objets entièrement nouveaux » contenus dans les *Opuscules*, c'est-à-dire dans les textes tardifs. Reprenons ces aspects sous cinq rubriques factuelles.

Dans un premier temps, le secrétaire insiste sur le caractère unificateur du principe de D'Alembert, ses applications, puis sur l'invention d'un « nouveau calcul », celui « des différences partielles ». Jusque là, rien que l'opinion générale. Il passe ensuite à l'*Essai sur la résistance des fluides* (1752), « un de ses ouvrages où l'on trouve le plus de choses originales & neuves » ; mais on notera avec étonnement que Condorcet ne dit pratiquement rien des nombreuses recherches ultérieures importantes de son maître sur le sujet, en particulier ni du « paradoxe de D'Alembert », ni de la nouvelle théorie des fluides élaborée dans les années 1770-1780. Le troisième point sur lequel nous voudrions insister concerne le relevé précis et pertinent des progrès que D'Alembert a fait faire au calcul intégral dans la première partie de son œuvre, c'est-à-dire dans les décennies 1740 et 1750 : non seulement, Condorcet évoque les mémoires connus publiés à l'Académie de Berlin, identifiant les nouvelles méthodes, les résultats sur les imaginaires, les points de rebroussement de seconde espèce, ce que nous appelons les intégrales elliptiques, ainsi que la résolution des équations différentielles linéaires d'ordre quelconque, mais il souligne aussi à quel point les recherches de mécanique générale, céleste ou des fluides fourmillent de résultats remarquables (mais cachés) d'analyse pure. Quatrièmement, Condorcet dégage quelques points importants autour des *Recherches sur le système du monde*, concernant les perturbations des planètes, le mouvement de la Lune, les hypothèses plus générales sur la forme de la Terre et la stabilité de cet équilibre. Enfin, comme nous l'avons dit plus haut – et Condorcet est à peu près le seul à le faire pour longtemps –, il rend compte des résultats contenus dans les œuvres tardives du savant encyclopédiste : alors que la plupart des commentateurs ont considéré D'Alembert comme scientifiquement « en roue libre » dans les décennies 1760 à 1780, Condorcet soutient, à juste titre[8], le contraire. Après un survol rapide de l'ensemble, il se concentre sur les « objets entièrement nouveaux », à savoir : a) les questions qui nécessitent « le secours quelques fois dangereux de la Métaphysique » et dépendent alors « de la finesse, de la justesse naturelle de l'esprit », par exemple ceux sur les logarithmes des quantités négatives ou sur la discontinuité des fonctions arbitraires ; b) le lien entre la démonstration des principes de la mécanique et ce que nous appelons les équations fonctionnelles ; c) les doutes et objections de D'Alembert sur les probabilités et leurs applications, dont on sait qu'ils sont à la base des célèbres travaux de Condorcet ; d) enfin, les « morceaux dispersés » sur le calcul intégral qui « peuvent échapper à un lecteur inattentif ou peu instruit »... et qui ont échappé à la plupart des savants ![9]

Cet éloge très appuyé de son ami et maître n'empêche pas Condorcet de développer au même moment, avec justesse, les apports mathématiques d'Euler dont il ne partage pas les options idéologiques. Plus qu'une longue comparaison, cette remarque de l'académicien Cousin à son ami Bicquilley, le 7 avril 1785, nous en convaincra :

8. Nous expliciterons cela dans la seconde partie. Voir aussi en bibliographie les études de J. Chêne, A. Coste et M. Massot, P. Crépel, C. Deponge, F. Ferlin, A. Guilbaud, G. Jouve, S. Matte, S. Nesme.

9. Notons au passage que Condorcet évoque diverses questions générales liées à la « nouveauté », et qui sont le thème de cet ouvrage : sur le génie et la nouveauté, p. 82, sur les querelles de priorité, p. 92, sur les découvertes simultanées, p. 109-110.

> Nous avons eu un éloge d'Euler fort long, puisqu'il a duré plus d'une heure; mais il m'a beaucoup intéressé. On ne s'attendoit pas que Condorcet mettroit Euler si fort au dessus de d'Alembert, et le public lui en a su gré [10].

Montucla et al.

J.E. Montucla (1725-1799) est très proche de D'Alembert dans les années cinquante. Lorsqu'il rédige sa première édition de l'*Histoire des mathématiques* (1758), les deux hommes se voient tous les jours, avec quelques autres, chez le libraire Jombert. Au point que cet ouvrage de Montucla est cité dans l'*Encyclopédie* avant même sa parution. Mais l'érudit est passé à d'autres activités, administratives notamment, et c'est surtout sur la fin de sa vie, dans les années quatre-vingt-dix, qu'il revient à l'histoire des sciences. Il meurt avant d'avoir achevé la seconde édition de l'*Histoire des mathématiques*. Or, dans cet ouvrage, le XVIIIe siècle n'est évoqué que dans la seconde édition et précisément dans les tomes III et IV que l'auteur a préparés mais n'a pu terminer : ceux-ci ont été publiés par Lalande, qui n'aimait pas D'Alembert, lui-même aidé par Lacroix et Fortia d'Urban, qui l'aimaient davantage, mais jugeaient avec des critères quelquefois différents de ceux de Montucla. C'est une histoire ouverte, vivante, elle n'est pas limitée aux « mathématiques pures ». L'examen des appréciations portées ici sur l'œuvre scientifique de D'Alembert exige de notre part prudence et finesse de jugement.

Bien sûr, l'auteur (les auteurs) exalte(nt) chez le savant encyclopédiste son principe de dynamique, son application au mouvement des corps de figure quelconque et en particulier à la précession des équinoxes, l'invention du calcul aux différentielles partielles, mais pour les autres questions, nous allons constater des différences importantes avec Bossut et des différences importantes parmi ceux qui prennent effectivement la plume dans le livre même.

D'abord, les travaux de D'Alembert en mathématiques pures sont relativement précisés [11], même si l'auteur, probablement

10. Voir la lettre de J.A.J. Cousin dans Bicquilley, *La Croisade*, p. 273.

11. tome III, Livre I.

Montucla lui-même ici, n'entre pas dans les détails de la technique : on y explique très bien que

> quelque compliquée que soit une quantité imaginaire, multipliée, divisée &c. par une autre quantité imaginaire, élevée même à une puissance dont l'exposant seroit imaginaire, elle est toujours réductible à une quantité de la forme [usuelle] [12];

on y souligne aussi la multiplicité de méthodes astucieuses de D'Alembert pour l'intégration des différentielles et des équations différentielles. Sur les probabilités, les idées provocatrices du savant français sont présentées avec une certaine bienveillance.

Le compte rendu des recherches sur l'hydrodynamique[13] nous paraît assez faible, mais les équations générales sont attribuées à l'encyclopédiste sans même mentionner les résultats d'Euler ! On a une description assez juste des interventions de D'Alembert en optique[14], tant sur la vision que sur les lunettes achromatiques, bien plus étendue qu'usuellement, du moins quand ce sont Montucla et Fortia d'Urban qui rédigent (parce que les passages dus à Lalande sont beaucoup plus distants).

En revanche, dès qu'il touche à l'astronomie et à la figure de la Terre, D'Alembert est « descendu en flammes » par Lalande (t. IV) : aucune occasion n'est manquée de dire ou d'insinuer que le savant ne connaît pas bien les astronomes, méprise les observations, élabore des théories abstraites sans lien avec la réalité, le tout émaillé de notes de bas de page sur sa mauvaise foi envers Clairaut, Boscovich, etc. Même les aspects de mécanique céleste purement théoriques habituellement reconnus à D'Alembert ne sont pas soulignés ici avec enthousiasme.

En d'autres termes, les travaux de mathématiques « pures », de mécanique et d'optique sont mis en valeur (même si peu d'attention est portée aux *Opuscules*, surtout aux plus tardifs), le reste beaucoup moins, surtout dès que c'est Lalande qui rédige.

Bien entendu, nous aurions pu évoquer les analyses ou opinions d'autres savants de la fin du XVIIIe siècle, par exemple Lagrange. Il

12. p. 39.

13. tome III, Livre III, § X.

14. tome III, Livre II.

aurait été intéressant et original de mentionner un personnage peu connu, Duval-Leroy, qui a étudié avec précision D'Alembert (et Euler) à propos des fluides et de l'optique, respectivement dans l'*Encyclopédie méthodique. Marine* et dans son « Appendice » à la traduction de l'*Optique* de R. Smith. Mais il suffit d'avoir donné un bon échantillon de « grands connaisseurs », sans viser à une exhaustivité inutile à notre propos. Les points communs qui sont universellement reconnus à D'Alembert ont déjà été soulignés plusieurs fois, de même que le caractère déroutant et négligé de son style, que son peu de proximité avec les observateurs et les expérimentateurs, nous n'y reviendrons pas. Les variations dans les appréciations dépendent bien entendu des préoccupations des auteurs, elles concernent surtout les mathématiques pures, l'optique et les probabilités, voire l'astronomie et la mécanique céleste.

Nous conclurons ce passage en citant l'appréciation mesurée de Lacroix (1765-1843), l'un des hommes qui assurent la transition entre le XVIIIe siècle et le XIXe, disciple de Condorcet, premier doyen de la Faculté des sciences de Paris en 1808, auteur d'un grand traité de mathématiques, clair et complet, pour l'enseignement supérieur, sachant exposer et écrire sans obscurité, et ayant lu crayon en main les œuvres de D'Alembert :

> Il partagea avec Euler l'honneur d'être un des plus célèbres géomètres de son siècle ; peut-être même le placerait-on au premier rang, quand on considère les difficultés qu'il a vaincues, la valeur des méthodes qu'il a inventées, et la finesse de ses aperçus, si son exposition était toujours lumineuse et facile, si son style était en harmonie avec ce qu'il écrit, si la trop grande finesse de ses aperçus ne le jetait souvent dans des voix détournées, et s'il avait soigné les détails de ses ouvrages mathématiques. Aussi les découvertes de d'Alembert ont pris dans les écrits de ses successeurs une forme nouvelle, qui détourne de plus en plus de la lecture des traités où elles ont parues pour la première fois ; et ses œuvres mathématiques, peu recherchées, n'ont pas été réunies en collection [15].

15. Cité par F. X. Feller, *Biographie Universelle*, 1847, tome I, p. 117.

... par les auteurs des XIXe et XXe siècles

Dans la première moitié du XIXe siècle, paraissent deux éditions des *Œuvres* dites complètes de D'Alembert (1805 et 1821-1822). Toutes deux excluent totalement les écrits scientifiques : témoignage indirect du relatif désintérêt où ces derniers étaient alors tombés, mais aussi de l'aura littéraire de l'encyclopédiste. Mieux, en 1853, paraît une édition de ses « Œuvres » en un seul petit volume, où il est affirmé dans la préface :

> Le vrai d'Alembert n'existe aujourd'hui, et n'a jamais existé que par le Discours préliminaire de l'Encyclopédie, le Système des mondes, et les Eléments de philosophie, dont nous avons pris toutes les pages dignes de survivre.

Puis les courbes s'inversent partiellement : à la fin du XIXe siècle et au XXe, on méprise plutôt son style et son œuvre non scientifique ; mais ceci n'empêche pas les historiens de la littérature, en général respectueux des équations qu'ils n'ont pas la prétention d'avoir lues, de le qualifier de « mathématicien illustre »[16].

Il serait déraisonnable de procéder à une recension plus ou moins exhaustive de ce que les savants et les historiens des sciences ont dit de D'Alembert aux XIXe et XXe siècles : ils sont trop nombreux, se recopient souvent sans recourir vraiment aux textes originaux, et reproduisent en général partiellement Bossut, Condorcet, Lagrange, Montucla ou Lacroix, quitte à ajouter une petite appréciation personnelle, soit intelligente, soit superficielle. Il est vrai qu'on pourrait évoquer à cet égard divers auteurs originaux, comme Chasles à propos des relations entre géométrie et mécanique, comme Prony ou Barré de Saint-Venant à propos de l'hydraulique,

16. Témoin G. Lanson, pape de l'histoire de la littérature française pendant un bon demi siècle : « (...) Dalembert, mathématicien illustre, esprit indépendant, au-dessus de l'ambition et de l'intérêt, ami de son repos jusqu'à l'égoïsme, et jusqu'à renoncer à l'expression publique de ses idées, excitant les autres sous main à se compromettre, et gardant lui-même un silence prudent : critique étroit, fermé à l'art, à la poésie, philosophe intolérant, affolé de haine contre la religion et les prêtres ; écrivain lourd et pâteux, sans tact, d'une inélégance innée, et d'une sécheresse qui se dissimule mal par l'emphase et la fausse noblesse. Son œuvre littéraire paraît mince aujourd'hui, et ira, je crois, s'amoindrissant de jour en jour. », *Histoire de la littérature française*, Paris, 1894, p. 719.

comme Tisserand à propos de la mécanique céleste, en particulier de la théorie de la Lune[17], comme Marie dans sa volumineuse *Histoire des sciences mathématiques et physiques*[18], comme Daumas dans son histoire des instruments scientifiques, etc. mais cela nous conduirait bien au-delà du cadre de cet article. Nous nous contenterons d'en examiner quatre, pour des raisons très différentes, qui seront expliquées au fur et à mesure : nous choisirons, dans l'ordre chronologique, Cournot, Todhunter, Bertrand et Truesdell.

Cournot

Antoine Augustin Cournot (1801-1877), mathématicien et philosophe critique toujours remarquable, a d'abord rédigé une thèse de mécanique, puis il a travaillé, entre autres choses, comme on sait, le calcul des probabilités, les liens entre économie et mathématiques. Il a alors été conduit à diverses reprises à lire, avec son habituel regard perçant, de nombreux ouvrages et mémoires de D'Alembert. Nous n'étudierons pas ses commentaires éparpillés[19], nous nous contenterons d'évoquer ici la notice scientifique synthétique, rédigée dans le *Dictionnaire des sciences philosophiques* d'A. Franck, dont nous extrayons cette appréciation.

> Du vivant de d'Alembert, l'esprit de parti n'a pas manqué de vouloir rabaisser en lui le géomètre; mais les juges les plus compétents, ceux qui se tenaient le plus à l'écart des coteries philosophiques et littéraires, n'ont jamais méconnu l'originalité, la profondeur de son talent, l'importance de ses découvertes. Émule de Clairaut, d'Euler et de Daniel Bernoulli, souvent plus juste à leur égard qu'ils ne l'ont été au sien, il n'a sans doute ni l'élégante synthèse de Clairaut, ni la parfaite clarté, ni surtout la prodigieuse fécondité d'Euler; mais quand on a donné le premier, après les tentatives infructueuses de

17. Tome I, p. 60-64.

18. Tome VIII, p. 172-236. On pourrait aussi citer l'*Histoire des mathématiques* de F. Hoefer, qui consacre les p. 540-547 à D'Alembert. L'auteur, qui est – comme on sait – le metteur en scène de la monumentale *Nouvelle Biographie générale* parue chez Firmin-Didot, n'a pas la prétention de s'être livré à des recherches originales sur D'Alembert, mais il a beaucoup étudié l'histoire des sciences et son ouvrage est assez représentatif des idées ambiantes relatives à notre encyclopédiste.

19. Th. Martin nous en a communiqué un relevé (non publié), nous l'en remercions.

> Newton, la théorie mathématique de la précession des équinoxes, quand on a attaché son nom à un principe qui fait de toute la dynamique un simple corollaire de la statique, on a incontestablement droit à un rang éminent parmi les génies inventeurs. [...]
> Il faut pourtant le dire : le nom de d'Alembert est resté et restera dans la science ; mais, quoiqu'il n'y ait guère plus d'un demi-siècle entre lui et nous, déjà l'on ne lit plus ses écrits, tandis que ceux de Clairaut, d'Euler et surtout de Lagrange demeurent comme des modèles du style mathématique. Chose singulière ! trois géomètres de la même école, tous trois écrivains élégants, membres de l'Académie française, tous trois adeptes zélés de la philosophie du XVIIIe siècle, d'Alembert, Condorcet et Laplace, ont eu tous trois dans leur style mathématique une manière heurtée, obscure, qui rend pénible la lecture de leurs ouvrages, et les a fait ou les fera vieillir promptement.

Dans la suite de cette notice, Cournot évoque plus en détail le principe de dynamique, le problème des cordes vibrantes et la discussion entre Euler et D'Alembert sur les fonctions, mais il ne souffle mot ni du théorème fondamental de l'algèbre, ni des fluides, ni des probabilités. On sera peut-être étonné à cet égard que D'Alembert ne soit guère cité explicitement dans l'*Exposition de la théorie des chances et des probabilités*, alors qu'une bonne partie de cet ouvrage constitue un essai de réponse aux doutes de D'Alembert, concernant par exemple la dualité entre possibilité métaphysique et possibilité physique [20].

Todhunter

Isaac Todhunter (1820-1884) est, quant à lui, un véritable historien des mathématiques, mais à la mode du XIXe siècle : il a lu en détail et avec beaucoup de sérieux les auteurs qu'il commente, il dégage avec perspicacité et surtout clarté de nombreux points saillants des textes étudiés, mais il les juge de façon rétrospective avec les connaissances de son temps et avec une vision rigide, voire étroite, peu ouverte aux aspects sociaux et philosophiques. Ses ouvrages ont continué à servir de référence à tous ceux qui veulent parler d'histoire des sciences sans s'astreindre à la tâche austère et

20. Voir Martin, *Probabilités et critique philosophique selon Cournot*, Paris, Vrin, 1996, p. 176-194.

délicate de lire eux-mêmes les originaux, il a ainsi permis la connaissance mais, en même temps, contribué à glacer des auteurs qu'il n'a pas vraiment compris, ne serait-ce que parce qu'on ne pouvait guère en apprécier la saveur avec l'esprit de 1860 ou 1870. Les deux livres où Todhunter examine en détail les travaux de D'Alembert concernent les probabilités et la figure de la Terre.

Dans son histoire des probabilités, l'auteur consacre la totalité du chapitre XIII à notre encyclopédiste. Il donne un aperçu assez honnête, du moins de son point de vue : il dégage les doutes et objections de l'auteur sur la règle de l'espérance, sur le problème de Petersbourg, sur l'indépendance, sur les cas inégalement possibles, sur la prise en compte du temps, etc. Et s'il les juge en général erronés, il en reconnaît parfois l'exactitude partielle et l'ingéniosité. Certes, au bout du compte, l'appréciation est négative et des attributs comme « *inconsistent* », « *fallacious* », « *unintelligible and inconclusive* » émaillent ce chapitre. Voici un exemple caractéristique de jugement : « *any person who wishes to see all that a great mathematician could produce on the wrong side of a question should consult the original memoir* ».

Au sujet de l'attraction et de la figure de la Terre, l'historien britannique consacre cette fois deux chapitres entiers à D'Alembert : sur les traités des années quarante et cinquante [21], sur l'*Encyclopédie* et les *Opuscules* [22]. Il suit la même ligne de conduite que pour les probabilités. On ne peut qu'être admiratif face au caractère systématique de son étude, à sa volonté de refaire les calculs et de dégager les points cruciaux des 700 pages du savant. Contentons-nous ici de rendre compte de l'article terminal (658) du chapitre XVI, qui constitue un bilan des recherches de D'Alembert sur ce domaine. Pour Todhunter, les résultats ne sont pas en proportion du nombre de pages. Certes, les *Recherches sur le système du monde* et le tome VI des *Opuscules* contiennent beaucoup de matières intéressantes, mais elles sont « plutôt de type spéculatif que d'importance physique ». Il résume ainsi ce qu'il estime être les contributions principales : calculs des attractions pour un corps presque sphérique non ellipsoïdal, existence de plusieurs formes d'équilibre pour une vitesse angulaire donnée, considération de l'action à distance des corps sur une

21. Chap. XIII, p. 249-304.

22. Chap. XVI, p. 365-423.

masse fluide en rotation en équilibre relatif. C'est évidemment moins que ce que revendique D'Alembert dans son petit mémoire, cité plus haut, du tome inédit des *Opuscules*, moins que ce qu'on lui reconnaît aujourd'hui, mais à peu près ce qui est resté dans l'histoire habituelle au XXe siècle. Soit dit en passant, l'appréciation générale n'est pas entièrement fausse mais, en se limitant aux aspects « positifs » confirmés par les mesures physiques ultérieures, elle passe à côté de questions intéressantes soulevées par D'Alembert. Enfin, *in cauda venenum*, Todhunter termine par toutes sortes de critiques destructrices : « *numerous and striking faults* », manque de clarté (faute plus grave, d'après lui, pour un Français que pour un Anglais ou un Allemand !), incapacité à enrichir ses vues à partir des travaux des autres, et spécialement de Clairaut. Il conclut par un paquet cadeau englobant ses deux ouvrages historiques : « *On the whole the blunders revealed in the* History of the Mathematical Theory of Probability, *and in the present History, constitues an extraordinary shade on a fame so bright as that of d'Alembert* ». Nous verrons que ceci reste plutôt aimable par rapport à ce qu'on lira un peu plus loin de la part de Truesdell.

Bertrand

Nous évoquerons maintenant le mathématicien Joseph Bertrand, membre de l'Académie française et secrétaire perpétuel de l'Académie des sciences (1822-1900), parce qu'il avait, en tant que double académicien, que mathématicien et qu'esprit critique, toutes les raisons de s'intéresser à D'Alembert et de nous le présenter sous un jour original.

En 1889, il publie un petit ouvrage sur D'Alembert, écrit pour le « monde » avec beaucoup de talent. Ce n'est pas toujours très exact, mais peu importe ici. Le chapitre II vise à faire connaître aux non spécialistes l'essentiel de l'œuvre scientifique, c'est-à-dire ce qu'il faut retenir quand on a tout oublié.

Bertrand évoque alors le principe de dynamique, qui ramène la dynamique à la statique et il l'explique en termes imagés ; il donne à propos de l'ouvrage sur la cause des vents un point de vue proche de celui de D. Bernoulli et de Charles, en admirant l'habileté mathématique de l'auteur et en constatant que ce travail ne donne aucune lumière sur le problème physique en question. Il loue au contraire totalement l'application du principe de dynamique à la précession des équinoxes : « son livre sur ce sujet difficile suffirait pour le rendre immortel ». Il souligne la contribution, de fait collective, de D'Alembert, Clairaut et Euler à la théorie de la Lune. L'œuvre de D'Alembert en mécanique et en astronomie est alors présentée comme l'inspiration et « en quelque sorte le prologue de la mécanique analytique, chef d'œuvre de Lagrange », comme la source de la mécanique céleste de Laplace. Quant aux travaux proprement mathématiques du savant, ils sont « innombrables » et l'auteur se contente de citer l'invention des équations aux dérivées partielles pour le problème des cordes vibrantes. Face à D. Bernoulli, Bertrand donne entièrement tort à D'Alembert sur les probabilités[23] et entièrement raison sur l'inoculation[24]. Nous indiquerons dans le paragraphe sur les « doutes et objections » en quoi consistent ces positions des deux auteurs, mais rappelons tout de suite que Bertrand a longtemps enseigné, avec esprit critique, le calcul des probabilités à l'École polytechnique et au Collège de France et qu'il a publié un ouvrage toujours plein de verve et de finesse sur le sujet. Enfin, il regrette le style mathématique qui « manque d'élégance et de clarté »[25], attribuant probablement ce défaut au fait que D'Alembert n'a jamais enseigné. On notera que J. Bertrand ne souffle mot ni du théorème fondamental de l'algèbre ni des travaux sur les fluides.

Truesdell

Clifford Truesdell (1915-2000), célèbre mécanicien du XXe siècle, l'un des éditeurs des *Opera Omnia* d'Euler et auteur de travaux historiques sur la mécanique des solides et des fluides du XVIIIe siècle, développe un point de vue assez analogue à celui de Todhunter : précis et souvent très perçant du point de vue purement scientifique, mais cassant, anachronique et finalement fort peu historique quant à la compréhension de l'époque. Nous nous concentrerons ici sur ses très longues introductions historiques aux volumes 11, 12 et 13 de la série II des Œuvres d'Euler, qui constituent de vrais essais d'histoire de la mécanique rationnelle.

23. « il se trompe complètement et sur tous les points », p. 49-53.

24. « ce rôle qui lui fait honneur », p. 53-55.

25. p. 55-57.

L'édition des *Opera Omnia*, dont le premier volume parut en 1911, reproduit les mémoires d'Euler avec fort peu de notes explicatives. En revanche, les volumes sont souvent précédés de longues études historiques et de « tables analytiques » des mémoires. Ceux de la seconde série (œuvres mécaniques et astronomiques) qui nous intéressent ici sont relatifs aux corps élastiques et flexibles et aux fluides.

La présentation de Truesdell pour le tome 11 est si longue que les éditeurs ont dû scinder celui-ci en deux parties et réserver tout le volume 11-2 au seul commentateur. D'Alembert est certes cité à de nombreuses reprises dans ce volume, non seulement à propos de ses travaux pionniers sur l'introduction des équations aux dérivées partielles pour les cordes vibrantes, mais aussi quant aux *Opuscules* et à sa correspondance avec Lagrange. Il ne nous est pas possible de relater ici la totalité des avis, en général acerbes, que Truesdell porte sur D'Alembert à ce sujet : pour montrer son état d'esprit, nous nous étendrons un peu plus longuement sur les fluides. Disons seulement que le jugement global est sans enthousiasme, comme le montre le résumé synthétique consacré à l'encyclopédiste, et qui est pourtant l'un des passages les plus cléments [26] !

Pour les fluides, c'est un peu plus compliqué, le volume 12 est consacré, disons, aux mémoires divers jusqu'en 1765 et le volume 13 à ce que Truesdell appelle « le traité des fluides de 1766 » (celui-ci étant lu en 1766, mais publié sous forme de mémoires à suivre, et non comme un « livre »). Chaque volume contient une introduction d'environ cent pages : pour le tome 12, elle s'appelle « Rational fluid mechanics, 1687-1785 » et couvre les pages IX-CXXV ; pour le tome 13, elle jouit du titre moins poétique « Editor's introduction », p. IX-CV. Mais, en fait, ces deux introductions sont difficilement dissociables et il y a, au reste, un index commun des noms cités dans

26. « *To d'Alembert belongs certain priority for deriving the wave equation by 1746 and for obtaining its formal solution. These results once derived, however, d'Alembert strove with might and main to prevent their application except subject to limitations which now, at least, seem merely arbitrary. Though some of d'Alembert's criticisms of the work of others were sound, most were merely destructive in the context of the times, devoid of insight into the mechanical principles or analytical concepts whereby the pitfalls may be bridged or outflanked, and had his objections been heeded, they would have but let the progress of mechanics.* » (p. 296). Nous avons supprimé de cette citation les numéros des équations.

ces deux introductions et figurant uniquement dans le tome 13. On peut y trouver en particulier une mention de tous les nombreux passages qui évoquent D'Alembert.

En fait, Truesdell se contente d'étudier l'*Essai sur la résistance des fluides* et le tome I des *Opuscules* (1761), il ne dit presque rien du *Traité des fluides* (1744-1770), il survole tout juste le tome V des *Opuscules* (1768) et ignore à peu près complètement le tome VIII (1780)[27]. Il a lu sérieusement certains passages et y a même constaté divers points importants que les autres lecteurs n'avaient pas ou guère notés, ce qui lui permet d'en créditer l'auteur, certes comme à regret. Explicitons un peu ce que Truesdell reconnaît à D'Alembert et les principaux points qu'il lui conteste.

A la fin de la partie VIII, relative à l'*Essai*, Truesdell, après toutes sortes de réserves, de critiques et même d'attaques, lui reconnaît quelques avancées techniques[28]. On pourrait induire de cette citation que Truesdell accepte de donner une image plutôt positive des travaux de D'Alembert, c'est exactement le contraire, comme nous allons le voir. Avant cela, il avait relevé (à juste titre) la faiblesse de D'Alembert sur la notion de pression et minimisé l'apport de l'auteur à ce que nous appelons le « paradoxe de D'Alembert »... qu'il attribue essentiellement à Euler (et Robins) dix ans plus tôt.

Sur le Mémoire 4 du tome I des *Opuscules* (le seul des *Opuscules* qu'il ait eu la patience d'essayer de comprendre, au moins en partie, tant il est exaspéré par le style de l'auteur), Truesdell insiste sur la question centrale discutée, à savoir « dans quels cas peut-on ou non

27. Voir tome 12, aux parties VIII (p. L-LVIII, consacrée à l'*Essai sur la résistance des fluides*) et XVI (p. CXII-CXVIII, sur les *Opuscules*) et le tome 13 à la partie III-D (p. LXXXV-XC, relative à la correspondance D'Alembert-Lagrange) ; mais il y a d'autres passages éparpillés, dont nous dirons un mot à l'occasion.

28. « *Nevertheless, despite its many defects, the Essay is a turning point in mathematical physics. For the first time, a theory is put (however obscurely) in terms of field satisfying partial differential equations. The distinction between pressure and weight is clearer than in any previous treatment. In addition there are certain definite new results : the continuity equation in special cases ; the acceleration components and a partial generalization ; the conditions for circular-preserving motion and their generalization ; and the solution in term of complex variables. In addition, there is the claim that all flows are potential flows, which, as we shall see, began a controversy that lasted for a century. The explanation of resistance arising from cavitation due to a free surface is a valuable addition to the physics of fluids.* » (p. LVII). Nous avons supprimé de cette citation les numéros des équations.

résoudre le problème analytiquement? ». En gros, D'Alembert y répond de façon pessimiste et Euler de façon optimiste. Truesdell a remarqué dans ce mémoire deux points qu'on attribue d'habitude à des auteurs plus tardifs [29].

Pour le reste des mémoires de l'encyclopédiste sur les fluides (plusieurs centaines de pages), Truesdell accepte juste un seul point « nouveau », en hydrostatique, au Mémoire 30 du tome V des *Opuscules*, et estime que tout le reste n'est que du réchauffé sans intérêt. Ce qui ne l'empêche pas de noter un peu plus loin, sans le dire vraiment ainsi, que dans le Mémoire 33 du tome V, § II, art. 6-7, D'Alembert démontre la nullité du laplacien de la fonction de courant, résultat usuellement attribué à Laplace!

Dans les vingt pages consacrées à D'Alembert, nous avons noté ci-dessus exclusivement les quelques lignes présentées positivement. Dans tout le reste, D'Alembert est exécuté avec une hargne dont on trouvera difficilement les équivalents dans un ouvrage d'histoire des mathématiques. C'est une succession ininterrompue, non seulement de « *tortuous and lengthy* », « *intricate* », « *inaccurate* », « *incomprehensible* », mais aussi de « *of course [...] false* », « *recourse to a logical fallacy* », « *with rather vague reflections or with obscure manipulations leading to no particular end* », « *not only unproved but untrue* », etc. Pire, dès que Truesdell reconnaît quelque chose à D'Alembert, c'est immédiatement pour le rabaisser. L'un des plus beaux passages est la note 2 de la page XCIII du tome 13 : Truesdell vient d'être obligé de reconnaître que le « impulse theorem » et le « *velocity-potential theorem* » de Lagrange figuraient déjà dans D'Alembert, mais c'est tout de suite pour dire que ce dernier ne s'en était lui-même quasiment pas aperçu. Au lieu de noter que Lagrange a trouvé sa source d'inspiration dans D'Alembert, comme le savant turinois ne cesse de le dire honnêtement, Truesdell tente de nier ce fait et suggère ici et ailleurs que les louanges de Lagrange vis-à-vis de son ami ne seraient que politesse,

29. « *In modern terms, d'Alembert has shown that in steady plane circulation-preserving flow of an incompressible substance, the vorticity is constant on each stream-line. This theorem is usually attributed to Stokes or to Helmholtz.* » (p. CXIV)

« *D'Alembert has here introduced the stream-function, usually attributed to Lagrange (1781). While Euler's equation (135) includes (178) as special case, Euler did not state it, and it is a very important discovery.* » (p. CXIV)

hypocrisie ou affaire de clan[30] à seule fin de cacher que Lagrange suivrait de fait Euler et non D'Alembert. Le mécanicien américain s'auto-présente néanmoins comme infiniment juste, à défaut d'être infiniment bon, avec celui qu'il n'aime pas[31].

Truesdell n'a pas vu que la gaucherie et – c'est vrai – les obsessions de priorité de D'Alembert cachaient aussi l'intuition de nombreux aspects dont certains furent repris, clarifiés, prolongés, voire lissés par Euler et Lagrange, dont d'autres mettaient justement le doigt sur des immaturités de l'époque. En particulier, sans doute agacé par la lecture des premiers volumes des *Opuscules*, Truesdell est passé totalement à côté du « troisième traité des fluides » de d'Alembert, c'est-à-dire du volume VIII des *Opuscules*, qui prend au sérieux la crise de l'hydrodynamique et tente de répondre astucieusement aux objections de Borda sur l'écart entre théorie et pratique : nous évoquerons cela dans la seconde partie.

Il est difficile de tirer un bilan des appréciations données entre 1800 et 1960 sur D'Alembert savant. Mis à part Joseph Bertrand, aucun scientifique ou historien n'a tenté une synthèse sur le savant des Lumières : certains d'entre eux se sont livrés à des études précises mais limitées à leur spécialité. D'ailleurs la difficulté de lecture de l'auteur interdit pratiquement toute autre ambition, sauf pour un programme de recherche collectif … et qui aurait pu en avoir vraiment envie ? En outre, les uns et les autres ont jugé selon des critères incommensurables entre eux : Todhunter et Truesdell en scientifiques rétrospectifs, Cournot en inclassable … ; les historiens des mathématiques du XXe siècle ont plutôt regardé les mathématiques au sens strict du terme, ce qui exclut l'essentiel de la mécanique, de l'astronomie, de l'optique, voire des probabilités[32].

30. « *D'Alembert's coterie…* », p. LXXVI.

31. « *So far as I know, these somewhat uncertain anteriorities of d'Alembert were first noticed in my recent studies. It was d'Alembert's fate in hydrodynamics to stumble over jewels but heedlessly kick them beneath the dungheap of his endless and meaningless manipulations and philozophing.* » (p. CXIII) Et dans la même page : « *D'Alembert had offered only metaphysics, incomprehensible manipulations, and Olympian pronouncements to support his contention…* ». Ce ne sont que des exemples, dont nous arrêterons ici la liste.

32. Voir par exemple M. Kline, *Mathematical Thought from Ancient to Modern Times* (Oxford University Press, 1972 ; 1990), où l'on pourra noter les nombreuses occurrences de D'Alembert à partir de l'index, mais un bilan finalement assez maigre.

Mais il nous reste un autre type de jugement de l'histoire, qui n'a pas de prétention épistémologique mais qui n'est peut-être pas plus mauvais qu'un autre, malgré toutes ses imperfections : ce sont les habitudes d'appellations des scientifiques.

… par les « noms qui restent »

Une façon à peine indirecte d'estimer la nouveauté d'un auteur consiste aussi à relever les théorèmes, postulats, principes, critères, etc. qui ont porté ou portent son nom dans les traités de référence. Le terrain est miné. Jusqu'au milieu du XIXe siècle, on n'attribue guère de nom aux théorèmes et aux autres objets mathématiques. Ce sont partiellement les besoins de l'enseignement qui provoquent cette floraison d'attributions dans la seconde moitié du siècle; mais on notera également que ces décennies voient se répandre l'attribution de noms de rues à des savants, des écrivains et des hommes politiques. Comme toutes les découvertes mathématiques ont leur part de collectif et de simultané, comme les arrière-pensées nationalistes sont rarement totalement absentes, il serait hasardeux d'identifier ces baptêmes à des prises de position épistémologiques et historiques. En outre ces attributions ne sont pas stables dans le temps et dans l'espace. Il n'empêche… Une multitude de « choses » porte le nom de notre encyclopédiste. Le théorème fondamental de l'algèbre s'appelle, surtout en France, théorème de D'Alembert, ou de D'Alembert-Gauss; l'opérateur différentiel issu de la théorie des cordes vibrantes est universellement nommé « d'alembertien »; le principe qui apparaît dans le *Traité de dynamique* est connu sous le nom de « principe de D'Alembert », même si tout le monde est loin d'entendre la même chose par là; on parle du « paradoxe de D'Alembert » sur la résistance des fluides; tout étudiant doit apprendre le « critère de D'Alembert » relatif au rapport de deux termes consécutifs pour la convergence des séries; même en Allemagne vers 1900, on nomme « équation de D'Alembert » une équation différentielle linéaire en x et en y, c'est-à-dire de la forme $y=xf(y')+g(y')$; on parle de la « condition de d'Alembert » pour la correction des aberrations dans les lunettes achromatiques[33]; on

33. Voir par ex. A. Danjon et A. Couder, *Lunettes et télescopes. Théorie-Conditions d'emploi-Description-Réglage*, Paris, A. Blanchard, 1999, p. 239-246.

désigne souvent par « martingale de D'Alembert » la stratégie probabiliste qui consiste à doubler sa mise en cas de perte et à cesser de jouer au premier gain.

Ceci témoigne sans aucun doute de la reconnaissance des générations ultérieures : le savant des Lumières est clairement considéré comme ayant imprimé sa marque dans un grand nombre de domaines des mathématiques pures ou mixtes. Mais, comme nous le verrons, point par point, dans la partie qui suit, plusieurs de ces attributions sont douteuses et d'autres aspects dont on devrait lui faire crédit sont absents de cette liste.

NOUVELLES TENTATIVES DE VISITE

D'Alembert est certainement un des savants dont l'étude a été la plus bouleversée depuis une trentaine d'années. Ce changement est certes lié aux « nouvelles façons de faire de l'histoire des sciences », mais moins aux théories historiographiques et épistémologiques modernes qu'à un retour aux textes oubliés (à cause de leur difficulté et de leur obscurité) et à la volonté de mieux s'imprégner des motivations d'un auteur, de ses audaces inabouties, des vertus de son esprit critique. Signalons, à titre d'exemples, l'ouvrage de Thomas L. Hankins sur la mécanique, des articles de Lorraine Daston et de Michel Paty sur les probabilités, puis tout ce qui est sorti du bicentenaire de la mort du savant en 1783-84.

La revalorisation des travaux de D'Alembert était donc entamée avant la mise en route de l'édition critique et commentée des *Œuvres Complètes*, mais il est clair qu'elle ne pouvait qu'être ponctuelle avant cette entreprise. Cette édition, destinée à couvrir une bonne cinquantaine de volumes, comporte les ouvrages, articles et mémoires scientifiques (séries I-III), les travaux plus littéraires (série IV) et la correspondance (série V). Il ne s'agit pas d'abord d'interpréter ces œuvres mais surtout de les mettre à disposition des lecteurs sous forme fiable et avec les instruments de travail appropriés. Les recherches collectives préparatoires nécessaires ont permis de se faire une idée d'ensemble des contributions du savant encyclopédiste : c'est ce qui rend possible le présent texte. Rien de tel que d'éditer les œuvres dites « complètes » d'un savant pour être obligé d'examiner en détail tout ce qui semble rebutant et inintéressant!

Cela permet d'abord de retrouver les écrits oubliés ou démodés, voire passés inaperçus du vivant même de l'auteur parce qu'inédits ou trop mal expliqués ou peu en phase avec les préoccupations de son époque. Bien sûr, quand on veut discuter de la « nouveauté » d'une œuvre, on ne peut dissocier totalement son évaluation de sa diffusion ; l'étude d'un auteur doit prendre en compte ses écrits peu ou non connus, tout en les appréciant de façon différente selon leur impact, tâche quelquefois délicate.

Tentons sinon de faire le point sur les réexamens de l'œuvre de D'Alembert dans les vingt-cinq dernières années, du moins d'en évoquer ici quelques-uns. Nous procéderons en trois temps, distinguant d'abord les mathématiques « pures » des sciences physico-mathématiques (même si cette distinction est discutable et exige l'introduction de nuances, comme nous allons le voir), présentant enfin les « doutes et objections » sur toutes sortes de sujets, ce dont D'Alembert s'est fait une spécialité.

La patte de D'Alembert en mathématiques « pures »

Comme on l'a vu plus haut, l'histoire usuelle des XIXe et XXe siècles insiste peu sur les apports de D'Alembert en mathématiques pures, si ce n'est sur la construction des équations aux dérivées partielles. On le crédite aussi, mais essentiellement dans les us et coutumes pédagogiques des mathématiques françaises, avec hésitation et en général sans retour aux textes, du « théorème de D'Alembert ou de D'Alembert-Gauss » et du « critère de D'Alembert » pour la convergence des séries.

Or les études récentes plus précises nous montrent un paysage beaucoup plus vaste. Voici au moins trois points importants dont on peut créditer D'Alembert à propos du calcul intégral des fonctions d'une variable (et de l'algèbre) :

– un résultat général sur la nature de l'intégrale (indéfinie) d'une fonction rationnelle ; avec pour cela des résultats sur la théorie des imaginaires (tous les imaginaires sont des nombres « complexes », ce qui inclut notamment la première démonstration sérieuse du théorème fondamental de l'algèbre) ; en termes anachroniques, bien sûr, on peut y entrevoir une certaine manière de considérer la structure de corps dans les nombres complexes ;

– une première étude analytique systématique de l'intégration des fonctions algébriques irrationnelles ;

– une étude des systèmes d'équations différentielles linéaires comme nouvel objet du calcul intégral et réduction de toute équation différentielle linéaire à un système d'équations du premier ordre[34].

On pourra noter aussi l'explicitation des conditions pour qu'une fonction P(x, y) + i Q(x, y) ait les bonnes propriétés des fonctions de la variable complexe x+iy, soit en termes d'aujourd'hui le lien entre les équations de Cauchy-Riemann (*sic*) et les fonctions holomorphes (re-*sic*) : c'est D'Alembert qui a montré cela le premier, et même Truesdell, qui ne l'aime pas, reconnaît que c'est une contribution fondamentale du géomètre français à l'histoire des sciences.

Parmi les aspects liés aux mathématiques pures où le nom de D'Alembert est souvent prononcé de façon positive, mais imprécise, figure l'introduction de la « rigueur », notamment dans le calcul infinitésimal. L'affaire n'est pas si simple ! Pour plusieurs raisons. D'abord, D'Alembert n'a écrit aucun traité d'algèbre, ni d'analyse. Ensuite, il ne suffit pas d'aller chercher ses idées dans ses mémoires explicitement consacrés à ces thèmes ; il faut aussi naviguer parmi les articles de l'*Encyclopédie*, éventuellement à des mots qu'on n'aurait pas imaginés (ex. : « cas irréductible ») ou pas forcément sélectionnés pour l'objet en question : par exemple, on en apprendra plus sur la conception des « limites » en lisant « différentiel », où l'auteur en montre l'utilisation, qu'en lisant « limite » qui, d'ailleurs pour l'essentiel, n'est pas de lui mais de l'abbé de la Chapelle[35]. Mais ce

34. Il n'est pas possible d'indiquer ici la liste de tous les mémoires de D'Alembert où ces nouveautés apparaissent, car ils sont trop nombreux et éparpillés, on renverra donc pour cela aux articles de C. Gilain signalés en bibliographie, ainsi qu'à son « Introduction générale » du volume I-4 des *Œuvres complètes*. On peut aussi trouver une partie importante des résultats de D'Alembert dans le *Traité* de Bougainville, écrit sinon sous la dictée de l'encyclopédiste, du moins sous son inspiration.

35. Signalons, à cet égard, un document instructif, le « Mémoire de D'Alembert sur lui-même » dont nous rappelons ici le passage relatif à l'*Encyclopédie*, passage qui indique quels articles D'Alembert estimait les plus importants : « Il a revu toute la partie de mathématiques et de physique générale de l'Encyclopédie, et il a même refait en entier, ou presque en entier, plusieurs articles considérables relatifs à ces sciences, et qui contiennent, sur des objets élémentaires, des choses nouvelles qu'on

n'est pas tout : les réflexions sur la rigueur de l'algèbre ou de l'analyse doivent aussi être cherchées dans les lemmes, notes ou appendices de mémoires des *Opuscules* consacrés à d'autres questions physico-mathématiques, et ceci sans que notre attention soit attirée par quelque mot du titre. Le tome VI des *Opuscules* regorge, sans prévenir, de telles remarques dans des écrits sur les principes de la dynamique et sur la figure de la Terre, à propos des équations fonctionnelles, des imaginaires, des comparaisons asymptotiques entre fonctions! Sous certains aspects, il n'est pas étonnant qu'il ait fallu attendre l'édition des *Œuvres complètes*, ses inventaires, ses enquêtes systématiques, pour dégager divers points importants, qui en général n'étaient cependant pas dans des textes inédits[36].

D'Alembert découvre le fait que la régularité d'une fonction ne va pas de soi, qu'il peut y avoir des problèmes de détermination et de continuité (même s'il confond plus ou moins les deux) de certaines dérivées en certains points. A partir du 1er Mémoire des *Opuscules* (sur les cordes vibrantes, 1761), il parle notamment de « sauts de courbure » pour désigner ce type de problèmes sur les différentielles secondes. Dans le cas des cordes vibrantes, il détaille même les impacts de ces irrégularités d'un point de vue analytique puis physique, chaque étape étant dissociée de manière assez claire. Nous reviendrons partiellement sur ces questions plus loin, dans le passage sur les « doutes et objections ».

Chercher à définir d'une phrase, sur le fond, l'essence de la contribution de D'Alembert aux mathématiques pures, est un piège … On sait à quel point il est difficile de donner une caractéristique de D'Alembert qui ne rencontre pas immédiatement un contre-exemple. En voici une illustration : il joue un rôle indiscutable dans l'algébrisation du calcul intégral, mais n'hésite pas à utiliser la géométrie si cela lui est utile.

chercherait inutilement ailleurs ; on peut citer les articles, tels que cas irréductible, courbe, équation, différentiel, figure de la terre, géométrie, infini, etc., et un grand nombre d'autres ». Ce « Mémoire » est réédité en entier avec ses variantes par I. Passeron dans *Recherches sur Diderot et sur l'Encyclopédie*, 38, avril 2005, p. 17-31.

36. Voir aussi les mémoires et thèses de G. Jouve, S. Nesme, J. Chêne, ainsi que P. Crépel, G. Jouve, « Peut-on lire du vieux D'Alembert? » et les instruments de travail en cours dans l'édition des *Œuvres Complètes*.

Victoires dans les sciences physico-mathématiques

Globalement, la contribution de D'Alembert aux sciences physico-mathématiques est reconnue, sa priorité concernant l'introduction des équations aux dérivées partielles, voire son traitement victorieux de problèmes physiques par cette voie, ne sont pas contestés, en tout cas pour les cordes vibrantes, un peu moins pour les *Recherches sur la cause des vents* et l'*Essai sur la résistance des fluides.* Dans ces deux derniers cas, les critiques de Daniel Bernoulli sur les vents [37], et la supériorité mi-réelle mi-apparente des mémoires d'Euler sur les fluides, ont souvent rabaissé la valeur de ces deux ouvrages ; chacun reconnaît néanmoins que, malgré leur mauvaise finition et leur caractère inutilisable pour l'enseignement, ils ont apporté un élan décisif qui a permis à Euler et à Lagrange de développer leurs théories lumineuses et applicables par le commun des mathématiciens. Nous en redirons un mot un peu plus loin.

Mécanique

L'autre nouveauté importante toujours reconnue à notre auteur, c'est le « principe de D'Alembert », parce que c'est un principe d'économie de pensée, comme le dit Mach. Il est nécessaire de creuser cet aspect. Ce principe, que l'auteur publie en 1743 dans le *Traité de dynamique*, pourrait sembler n'en être qu'un parmi d'autres au cours de la « décennie des principes de la dynamique » qui s'écoule de 1735 à 1745. Vu de loin, Euler, Daniel Bernoulli, Fontaine, Clairaut, Montigny, voire Maupertuis… ont proposé, énoncé ou utilisé des principes qui nous semblent souvent voisins, à peu près en même temps, à une époque où ces préoccupations sont celles de tout le monde savant. D'où vient alors que D'Alembert, dont les priorités sont souvent si contestées, se voie ici encensé, même par ses adversaires et ses détracteurs ? Il y a certes eu quelques accrochages avec Clairaut dès 1742-1743 et avec Fontaine [38] un peu plus tard, mais ils ont vite été ravalés au rang

37. Lettre du 29 juin 1746 à Euler, dans P.H. Fuss, *Correspondance mathématique et physique de quelques géomètres célèbres du* XVIIIe *siècle*, Saint-Pétersbourg, 1863, tome II, p. 601-606.

38. Lors de la préparation du récent colloque Fontaine, les manuscrits mathématiques de ce savant ont été retrouvés. Le manuscrit de Fontaine de 1739,

d'anecdotes. Cette question a souvent été abordée depuis deux siècles et demi et, même si elle exigerait encore quelques éclaircissements, nous nous contenterons ici de renvoyer à quelques ouvrages récents comme ceux de T. Hankins, V. Le Ru, M. Paty, A. Firode, qui consacrent explicitement des chapitres à ce principe.

Ce qui est novateur c'est l'application de son principe, au moins autant que le principe lui-même. Lagrange dit certes que le principe de D'Alembert c'est très bien… quand on a déjà la solution par ailleurs… Mais dans la *Mécanique analytique*, il dit aussi que, si les problèmes du *Traité de dynamique* sont difficiles à suivre, son application dans les *Recherches sur la précession des équinoxes* est au contraire lumineuse. Il ajoute également que c'est en lisant D'Alembert qu'il a compris ce que nous appelons les angles d'Euler. En d'autres termes, le savant français apporte tous les ingrédients pour traiter dans tous les cas le mouvement des corps de figure quelconque, le mouvement du centre de gravité, et celui autour du centre de gravité, et il les utilise lui-même jusqu'au résultat final à propos d'une question que personne n'avait résolue et qui avait arrêté Newton. Il prolonge d'ailleurs ces travaux au cours des décennies suivantes dans les *Recherches sur le système du monde* (1754-1756), notamment dans le cas de la dissimilitude des méridiens, et dans divers mémoires des *Opuscules*[39].

D'Alembert a donc ici permis des progrès considérables en mécanique céleste, contribuant à la confirmation du système de Newton; mais il s'agit, tant pour la précession et la nutation que pour le problème des trois corps (théorie de la Lune, comètes, Jupiter et Saturne…) d'un travail difficile de mécanique rationnelle et de calcul intégral (mises en équations, quelquefois résolutions exactes, quelquefois résolutions par approximations) plus que d'astronomie. Toutefois, comme il le précise lui-même dans son petit mémoire tardif du tome IX des *Opuscules* déjà évoqué, ces

sur les principes de la dynamique, est assez différent des textes de D'Alembert, même si ceux-ci sont voisins du mémoire publié par Fontaine (seulement en 1764, mais garanti bien antérieur par l'auteur). Bien entendu, l'existence d'autres manuscrits aujourd'hui perdus reste possible.

39. Cf. tome I, Mémoire 2; tome IV, Mémoires 21, 22, etc. On se reportera aux présentations et notes de R. Nakata dans les volumes III-1 et III-4 des O.C. de D'Alembert, correspondant aux *Opuscules*, tome I et IV.

recherches ne se cantonnent pas forcément à de la virtuosité mathématique, elles débouchent aussi sur des résultats concrets et numériques, par exemple le rapport de la masse de la Lune à celle de la Terre. Nous avons choisi de ne pas développer ici toutes ces questions, car elles sont détaillées dans les deux premiers volumes parus de l'édition des Œuvres Complètes de D'Alembert, qui concernent précisément la mécanique céleste dans la décennie 1740 : I-6 et I-7. On trouvera également, dans les « Introductions générales » de ces ouvrages, l'état des querelles de priorité, en particulier avec Euler[40], ainsi que de nombreuses élucidations de questions délicates de mécanique et d'équations différentielles.

Mais il y a aussi d'autres aspects, qui sont passés beaucoup plus inaperçus. Par exemple ce que nous appelons « la conservation du moment cinétique », sorte d'invariant de la mécanique, aujourd'hui reconnu, est généralement attribué à D. Bernoulli et à Euler (1746), même par Lagrange ! Or, ce résultat figurait déjà dans les problèmes (que personne n'a lus) de la première édition du *Traité de dynamique* (1743). Il est vrai que c'était moins formalisé, construit pour les besoins de la cause, et non dégagé comme un théorème à part[41]. On retrouve ici un phénomène analogue à celui constaté plus haut à propos des mathématiques pures : un inventaire systématique des innovations éparpillées et non mises en évidence s'impose si l'on veut évaluer lucidement la nouveauté de D'Alembert[42].

Fluides

Sans jeu de mots, voici une situation bien paradoxale. Le nom de D'Alembert y est essentiellement célèbre par son « paradoxe » sur

40. On notera également que D'Alembert, pourtant si pointilleux sur ces priorités, ne semble pas réclamer certains aspects qu'on lui reconnaît aujourd'hui : v. I-7, p. LXXXIII.

41. V. J. Viard, « Le principe de D'Alembert et la conservation du "moment cinétique" d'un système de corps isolés dans le *Traité de dynamique* », *Physis*, XXXIX, 2003, p. 1-40.

42. Les apports ultérieurs de D'Alembert à la mécanique céleste sont en cours d'étude dans l'édition des O.C. et les explications se trouveront dans les tomes I-9 et I-10 (*Recherches sur le système du monde*), III- 2 et III-5 (*Opuscules*, tomes II et V), ainsi qu'au III-9 dans la publication commentée du § XIX du tome IX des *Opuscules*.

l'absence de résistance que rencontrerait un solide se déplaçant dans un fluide si on s'en tenait à la théorie habituelle. Reprenons, sous une forme un peu différente, ce que nous avons dit plus haut. On reconnaît que le savant encyclopédiste a été pour beaucoup à l'origine des équations aux dérivées partielles qui représentent le mouvement des fluides parfaits, et qu'on appelle les « équations d'Euler ». Il était plus ou moins accepté jusqu'à une date récente, mais parfaitement établi aujourd'hui par la thèse de G. Grimberg, qu'Euler a profité de façon indélicate des travaux de son concurrent pour mettre au point, de façon certes totalement satisfaisante et fort bien rédigée, des idées qui pour l'essentiel appartiennent à D'Alembert. Il est vrai qu'il a toujours manqué au savant français, même dans ses derniers écrits, la notion de pression dynamique et que ses équations sont donc incomplètes dans le cas général, alors qu'Euler a en revanche parfaitement intégré la pression dans ses calculs. Les jugements de l'histoire à cet égard sont assez étonnants : ses contemporains, même proches comme Bossut, Condorcet et Montucla, restent vagues ou très incomplets et, toujours paradoxalement, c'est Truesdell, comme on l'a vu plus haut, qui, tout en détestant D'Alembert et en faisant ce qu'il peut pour minimiser son rôle, pointe ses apports principaux, du moins en ce qui concerne le traitement analytique contenu dans l'*Essai sur la résistance des fluides* et le tome I des *Opuscules !*

Mais l'œuvre de l'auteur sur l'ensemble des problèmes de statique et de dynamique des fluides, compressibles ou non, prenant en compte ou non les phénomènes d'attraction, est immense et beaucoup plus diversifiée que ce que nous venons de dire : elle comporte trois phases au sujet du mouvement des fluides et un égrenage impressionnant et varié au sujet de la figure de la Terre[43]. Donnons une vue rapide de la chronologie de ces ensembles.

43. Comme on l'a dit plus haut à plusieurs reprises, nous sommes aidés par l'auteur, puisque, pour des raisons contingentes, à l'extrême fin de sa vie, celui-ci a dressé dans le tome inédit des *Opuscules* la liste de ses revendications : § XIX pour la figure de la Terre et § XL-2, inachevé, pour le mouvement des fluides. Ces petits textes très denses ont été analysés, nous renvoyons aux études correspondantes : S. Nesme, « D'Alembert et la figure de la Terre », Actes du Congrès de la Société française d'histoire des sciences et des techniques, Poitiers, 2004. Coste et Massot, « La notion de fluide ».

A propos du mouvement (on dit souvent « l'écoulement ») des fluides, D'Alembert expose, dans une première phase, c'est-à-dire dans le *Traité des fluides* (1744), sous l'hypothèse de D. Bernoulli du parallélisme des tranches, comment on peut appliquer aux fluides son principe de dynamique et déterminer le mouvement en démontrant (et non en admettant) le principe de conservation des forces vives. Le second temps, c'est la phase analytique débarrassée de l'hypothèse précédente et dont nous avons abondamment parlé en mentionnant les examens et interprétations de Truesdell, donc l'*Essai sur la résistance des fluides* (1749, 1752) et le Mémoire du tome I des *Opuscules* (1761). Mais il y a une troisième phase, régulièrement ignorée et que nous allons évoquer plus bas : ce sont les tentatives de réponse à la crise de l'hydrodynamique à partir de la fin des années soixante.

En ce qui concerne, maintenant, les vents, les marées et l'équilibre d'un fluide en rotation, D'Alembert publie les *Recherches sur la cause des vents* (1746, 1747), un chapitre des *Recherches sur la précession des équinoxes* (1749), une partie des *Recherches sur le système du monde* (1754-1756), de nombreux mémoires des *Opuscules* (en particulier la majeure partie du tome VI, 1773) : en tout un millier de pages ! Même si les arguments de Lalande, à propos des hypothèses d'école de D'Alembert, ne sont pas tous faux, on doit reconnaître le nombre des apports de l'encyclopédiste.

Nous dégagerons en particulier pour tout cet ensemble les points suivants :

– la démonstration du principe de conservation des forces vives à partir de son principe de la dynamique (ce qui se trouve déjà partiellement dans le *Traité de Dynamique*)

– l'introduction des équations aux dérivées partielles pour la mise en équation générale du mouvement des fluides,

– l'introduction de la variable temps dans l'approximation des trajectoires de courant par l'hypothèse du parallélisme des tranches,

– l'énoncé et l'étude du paradoxe de D'Alembert,

– la distinction phase stationnaire / phase transitoire en hydrodynamique,

– des essais de calcul de l'attraction des corps qui ne sont pas ellipsoïdes de révolution (ellipsoïdes à trois axes inégaux, et corps quelconques mais voisins de la sphère), en se demandant explicitement si ces corps sont des figures d'équilibre,

– le calcul du mode propre d'oscillation elliptique de l'atmosphère.

Nous voudrions insister ici sur un point important passé inaperçu dans les recherches historiques relatives à D'Alembert et mis au jour récemment[44], à savoir la crise de l'hydrodynamique. Le « pessimisme » de D'Alembert concernant la difficulté de résoudre analytiquement les problèmes sur les fluides a contribué à fomenter cette crise ; les expériences de Bossut, Borda, Thévenard, Marguerie, etc. et le mémoire théorique de Borda de 1766 l'ont explicitement déclenchée, si besoin était, tant elle nous paraît aujourd'hui inévitable. Dit brutalement, on a de jolies équations, mais 1) on ne sait pas les résoudre, 2) les observations contredisent une grande partie de la théorie, 3) on est dans le flou total sur la nature physique des fluides. Divers auteurs de la fin du XVIIIe siècle l'ont bien explicité, tel Duval-Leroy dans ses remarquables articles de l'*Encyclopédie méthodique. Marine*. Les réponses que les deux siècles suivants y ont apportées, comme l'élucidation des « conditions aux limites », la prise en compte de la viscosité dans les équations, la théorie des sillages, puis toutes les méthodes très contemporaines pour obtenir des approximations efficaces des équations aux dérivées partielles, nous font toucher du doigt la montagne qui se dressait devant ces savants des années 1770 et qu'ils ne pouvaient évidemment franchir. Les subtilités des interactions entre les progrès physiques et les progrès mathématiques dans les sciences physico-mathématiques réservaient des surprises. Tout est lié, mais tout ne marche pas au même rythme chez un même auteur ou à une même époque, la conception physique et mathématique d'une mécanique des milieux continus pour les fluides, en germe dans le travail de D'Alembert, ne pouvait être que brouillonne (et cela d'autant plus que l'état de son stress vis-à-vis d'Euler l'empêchait visiblement de profiter des avancées de ce dernier !). Malgré cela, D'Alembert, dès la fin des années soixante et surtout le début des années septante, propose une nouvelle théorie, dont les grands traits sont esquissés dans le

44. Voir en bibliographie les études d'A. Coste et M. Massot, ainsi que d'A. Guilbaud.

tome VI de *Opuscules* (1773) au Mémoire 51 § IV, puis développés sur près de deux-cents pages dans le tome VIII (1780) au Mémoire 57, ce qui constitue un vrai « troisième traité » sur les fluides. Si l'auteur ne comble toujours pas sa lacune sur le gradient de pression, en revanche il introduit ce que nous appellerions des trajectoires quasi-stationnaires et il est parfaitement lucide sur l'importance de sa découverte, comme il le dit lui-même à un endroit bien caché de l'Appendice du tome VI des *Opuscules*, au titre peu évocateur : « Addition pour le LI. Mémoire, § IV, art. 23, page 390. », p. 440-441 et que nous reproduisons ci-dessous :

> Cette maniere de considérer les particules du fluide comme se mouvant, non-seulement dans des tuyaux différens & très-petits, (ainsi que je l'ai supposé le premier, tome I Opusc. p. 157 [lire : Mémoire 4]) mais ce qui n'est pas moins essentiel, & que personne n'a fait encore, dans des tuyaux infiniment petits qui changent d'un instant à l'autre, peut donner, comme l'on voit, un résultat très-différent de celui qu'on auroit en supposant que ces tuyaux demeurent les mêmes pendant deux instans consécutifs. […]

L'auteur flirte d'ailleurs dans la suite de ce petit appendice avec la difficulté liée au gradient de pression, mais ne parvient pas à la surmonter[45].

Optique

Terminons cette revue des sciences physico-mathématiques par l'optique. 1000 pages ! Et pourtant D'Alembert a un peu disparu des histoires de l'optique, mais il est davantage évoqué dans celles des instruments scientifiques. Nous aborderons dans le paragraphe suivant les quelques mémoires de « doutes et objections » (concernant essentiellement la vision) et nous parlerons ici des neuf dixièmes restants de ses interventions, lesquelles sont relatives aux lunettes achromatiques et présentent des résultats « positifs ». Dans le tome IX des *Opuscules*, l'auteur a rappelé ses revendications sur les lunettes achromatiques (§ XIX). Une recension de ses recherches sur ce sujet fait apparaître des solutions plus complètes que celles de

45. Tout ceci est précisé dans la thèse d'A. Guilbaud, *D'Alembert et la conservation des forces vives en hydrodynamique*, ainsi que le lien avec la « loi de continuité ». Attendons la soutenance, sans dévoiler trop vite ces secrets.

ses prédécesseurs (prenant en compte les aberrations de sphéricité et de réfrangibilité) pour les combinaisons de deux lentilles, puis les étendant aux combinaisons de trois lentilles. Ses mémoires comportent beaucoup de calculs (élémentaires), mais aucune innovation particulière sur les intégrales et les équations différentielles. Sont-ils passés inaperçus ? Non, les *Opuscules* ont bénéficié d'une diffusion non négligeable ; en outre, divers mémoires ont été publiés dans les recueils de l'Académie des sciences et évoqués dans les journaux ; ils ont été recensés et décrits assez longuement par Duval-Leroy en complément à la traduction française de l'*Optique* de Smith.

D'Alembert n'arrive que dans la seconde vague de ceux qui ont travaillé sur l'achromatisme (après 1764), bien après Dollond, Euler, Klingenstierna et même Clairaut, donc après « l'effet de surprise » provoqué par la démonstration pratique et théorique de l'existence, niée par Newton, de lunettes achromatiques. Il fait preuve d'une grande volonté de précision, ses formules sont longues et peu maniables, même pour deux lentilles. Il n'est guère lié aux constructeurs d'instruments (contrairement à Clairaut) et, même si quelques échantillons ont pu, semble-t-il, être faits à Berlin à partir de ses propositions, l'auteur reconnaît lui-même, à quelques mois de sa mort, dans le § XXXII de son tome inédit des *Opuscules* qu'il « invite » les constructeurs à fabriquer des lunettes conformes à ses théories. Il ne s'agit pas vraiment ici de mépris envers les « artistes » ni d'utilisation de données hypothétiques erronées pour les indices de réfraction, mais plutôt d'un manque de liens avec les praticiens. Toutefois, les constructeurs d'instruments se sont intéressés jusqu'au XXᵉ siècle à cette remarque importante de D'Alembert : l'aberration sphérique n'est pas la même pour les différentes couleurs, donc si elle est supprimée pour l'une, elle ne l'est pas exactement pour les autres ; l'auteur a donné une condition, dite « de D'Alembert », servant à déterminer la forme d'un objectif mince pour lequel l'aberration de sphéricité est annulée pour deux couleurs différentes et, par suite, faible pour toutes les autres. L'étude systématique et bénédictine des contributions de D'Alembert à l'optique étant en cours, on ne peut préjuger exagérément des conclusions qui en résulteront, tant sur l'examen des textes théoriques que de leurs utilisations éventuelles par les praticiens [46].

Perversions des doutes et objections

Quand on demande à un spécialiste actuel de D'Alembert s'il y a une spécificité, une saveur particulière qui traverse les interventions de cet auteur, il répond invariablement : son esprit critique (et de critique).

On ne peut manquer d'être frappé par le contraste, chez ce savant, entre son agressivité sur ses priorités et sa modestie dans nombre de ses affirmations sur toutes sortes de questions scientifiques. Est-ce seulement par esprit de chicane, de vengeance, par volonté de se singulariser, par goût du paradoxe et de la provocation ? Pourquoi cet « esprit critique (et de critique) » prend-il une telle intensité ? Cela touche-t-il essentiellement aux rapports entre mathématiques et physique, voire à la métaphysique, ou aussi aux mathématiques pures ? Bien entendu, on peut et doit apporter à ces questions un certain nombre de réponses psychologiques, sociologiques ou institutionnelles : on en trouvera de nombreuses, très documentées et fouillées, dans les derniers ouvrages d'E. Badinter, auxquels nous renvoyons, nous contentant ici des aspects plus strictement scientifiques.

Avant de dresser un pré-inventaire des doutes et objections pour tenter d'en dégager le « nouveau », nous devons procéder à quelques rappels du contexte.

Mise en contexte

Bien sûr, après les *Principia*, utiliser les mathématiques pour traiter les questions de mécanique, d'astronomie, d'optique, n'est pas nouveau : les Bernoulli, Euler, Clairaut ne cessent de procéder ainsi. Prendre des précautions, insister sur toutes sortes de restrictions dans l'application de la géométrie et de l'algèbre à une bonne partie de la « physique », non plus : c'est ce que font tous les savants un peu lucides et scrupuleux ! Chacun a conscience, avec plus ou moins

46. Sur toutes ces questions, on consultera en particulier les présentations et notes de F. Ferlin et A. Mayrargue dans l'édition en cours des *Opuscules*, tomes I, III, IV et IX.

de vivacité, qu'il existe des écarts entre les petits modèles construits et les réalités physiques elles-mêmes, qu'on peut introduire des solutions parasites par la mise en équations. Chacun se rend compte que les moyens d'observation ne sont pas à la hauteur pour trancher sur la pertinence des systèmes de particules très petites, et de leurs interactions, supposées être à la base de phénomènes comme le mouvement des fluides, les frottements, etc.

En outre, les interrogations et les débats sur la cohérence et la rigueur des nouvelles mathématiques, c'est-à-dire du calcul différentiel et intégral, font également partie du paysage, notamment à partir du brûlot de Berkeley contre l'analyse infinitésimale[47] et de la réponse de Maclaurin[48].

Le « savoir attendre et douter » de D'Alembert n'est donc pas nouveau en tant que tel, mais il est plus explicite, systématique, il arrive à point à cette époque parce que cela n'aurait guère eu de sens avant Newton et que, plus tard, c'est une exigence permanente. Mais D'Alembert n'est pas seulement l'homme d'un moment, il a aussi un sel particulier. S'il n'a pas toujours la puissance technique d'un Euler, il pose des questions, il met très souvent le doigt sur des points délicats, sur de vraies difficultés, que les auteurs de son temps, même les plus grands, même Euler et Lagrange, ignorent, contournent, lissent, cachent ou éludent. Cependant, presque toujours, il ne se contente pas de détruire, il suggère (certes sans aller au bout) des pistes destinées à surmonter la crise et, quand on y regarde bien, en général, ces pistes (certes modifiées, et avec d'autres moyens, souvent sans connaissance explicite des réflexions de notre encyclopédiste) ont été empruntées de nombreuses décennies plus tard avec fécondité et succès.

Essai d'inventaire des doutes

Donnons maintenant un aperçu des doutes de D'Alembert dans les sciences physico-mathématiques, puis dans les mathématiques elles-mêmes.

47. Berkeley, *The Analyst*, 1734.

48. Maclaurin, *The Treatise of Fluxions*, 1742. Voir à ce propos la thèse d'O. Bruneau, *Pour une biographie intellectuelle de Colin Maclaurin (1698-1746) : ou l'obstination mathématicienne d'un newtonien.*

Chez l'auteur, ces préoccupations apparaissent dès le début de son œuvre. Bien entendu, c'est surtout à partir de quelques articles célèbres de l'*Encyclopédie* (notamment « croix ou pile »), puis des *Opuscules mathématiques* (les Mémoires 9 et 10, respectivement sur l'optique et les probabilités), que le géomètre inaugure ce genre systématique qu'il ne quittera plus ; mais comme nous le verrons, cet état d'esprit était en germe bien avant.

Parmi les doutes les plus explicites de D'Alembert figurent ceux concernant l'*optique*. L'auteur s'est peu prononcé sur la nature de la lumière, il est resté prudent, même à l'article « émission » de l'*Encyclopédie* où il envisage quelques modèles. En revanche, il discute les théories de la vision, il s'y livre à des calculs d'optique géométrique (car l'œil est aussi une succession de lentilles d'indices différents) afin de chercher à déterminer en particulier les lieux et grandeurs apparents des objets, et il constate que ça ne coïncide pas avec les observations. Ceci est la trame du Mémoire 9 dans le tome I des *Opuscules* (1761), mais ces doutes transparaissent aussi à d'autres endroits. Rétrospectivement, on comprend bien aujourd'hui que les angoisses de ce pressentiment « anticipateur » de D'Alembert sont liées de près à l'impossibilité alors de prendre en compte divers aspects physiologiques, voire neurologiques des phénomènes de la vision. Soulignons toutefois que, là encore, l'auteur ne se contente pas de mettre en évidence les défauts et incapacités de la théorie, il apporte quelques résultats partiels, notamment sur ce qu'est vraiment pour la vision le parallélisme des allées d'arbres, et suggère plusieurs pistes de recherche.

L'appréciation des doutes et questions de D'Alembert sur les *probabilités* constitue un des revirements les plus spectaculaires de l'historiographie. On a vu plus haut que, sauf Condorcet, et dans une moindre mesure Laplace ou Poisson, les savants et historiens des sciences ont oscillé, à ce propos, entre la prudence de jugement très distante et l'accablement pur et simple ; les seules grâces qu'on ait accordées à l'encyclopédiste jusqu'aux années 1970 concernaient sa critique du caractère trop sommaire des calculs de Daniel Bernoulli sur l'inoculation que l'auteur bâlois ne conduisait qu'en fonction des intérêts de l'État. Depuis lors[49], on insiste au contraire sur le fait que D'Alembert a soulevé des lièvres, qu'il a indiqué des points aveugles des théories usuelles et surtout des conditions d'application du calcul (mais en général sans vraiment donner de solutions alternatives). Alors qu'on faisait démarrer habituellement cette ère des doutes avec l'article « croix ou pile » de l'*Encyclopédie*[50], E. Brian a montré que les germes en étaient antérieurs chez l'auteur[51]. D'autre part, dans leurs thèses d'économie, J.N. Rieucau, de façon générale, et P.C. Pradier, à propos de la théorie du risque, ont montré la fécondité des remarques probabilistes de D'Alembert pour les théories économiques. Ces études sont maintenant devenues assez classiques, nous y renvoyons, en nous contentant de souligner que les doutes de D'Alembert portent notamment, en utilisant les termes d'aujourd'hui, sur les questions suivantes : place de l'indépendance ou de la dépendance tant dans les évaluations probabilistes que dans la statistique mathématique (ce qui débouchera sur les théories de l'estimation et des tests), prise en compte du temps dans les phénomènes liés au hasard, discussion sur les hypothèses d'additivité qui sont à la base de la théorie ordinaire, pertinence ou non de remplacer une variable aléatoire par son espérance mathématique et plus généralement réflexion sur la (ou les) moyenne(s), nécessité implicite de considérer les événements par classes et non dans l'absolu, interrogations sur les conditions

49. Ce changement d'attitude (qui n'est d'ailleurs pas universel chez tous les historiens) ne doit pas être daté de façon univoque, il est d'ailleurs lié à celui concernant la « mathématique sociale » de Condorcet, et qui prend son essor à partir des années 1950; mais c'est essentiellement dans la décennie 1980 qu'il se développe, même si l'article de Yamazaki de 1971 est considéré par certains comme ayant donné le signal de départ. On consultera notamment à cet égard les travaux de L. Daston, de M. Paty, de B. Bru et les contributions aux volumes collectifs *Jean d'Alembert*, et *Dix-Huitième Siècle* 16. Profitons de cette note furtive pour signaler qu'on trouvera dans ces recueils, ainsi que dans *Recherches sur Diderot et sur l'Encyclopédie* 21 et 38, et dans *Sciences, musique, Lumières*, de nombreuses études originales sur D'Alembert, qui ont imprégné notre article sans pour autant y être explicitement citées.

50. *Encyclopédie*, tome IV, 1754.

51. D'ailleurs, D'Alembert dit lui-même dans le tome IV des *Opuscules* (1768), p. 284, qu'il a formé ses doutes « depuis près de trente ans », c'est-à-dire avant même 1740.

concrètes de l'égale possibilité des événements élémentaires, etc. D'ailleurs, les recherches récentes sur Condorcet, Laplace ou Cournot, etc[52]. ont, dans le même état d'esprit, montré à quel point ces grands auteurs probabilistes ont pris au sérieux les doutes de D'Alembert et ont consacré une grande partie de leur œuvre à tenter des constructions qui y répondent. Condorcet, en particulier, a construit l'ensemble de son œuvre probabiliste sur la volonté de surmonter les obstacles mis en avant par son maître, auquel il a seulement reproché de peut-être « trop resserrer le champ où l'esprit humain peut s'exercer »[53].

Disons maintenant quelques mots des doutes de notre savant en matière de *mécanique* générale, céleste, des solides, des fluides. En faire un inventaire complet ne serait pas une tâche aisée, tant ils sont éparpillés, mais voici quelques exemples. Nous en avons indirectement dit quelque chose à propos des fluides : c'est typiquement le cas du fameux « paradoxe de D'Alembert » en hydrodynamique. Mais il y en a bien d'autres, par exemple sur les chocs et l'élasticité : l'auteur les éparpille dans le *Traité de dynamique*, dans plusieurs articles de l'*Encyclopédie*, mais il y revient dans divers mémoires des *Opuscules*[54]. Il insiste sur le fait que nous ne connaissons pas les mécanismes de ce qui se passe pendant le choc : la surface de contact et son évolution dans le temps, les mouvements intestins, ce que nous appellerions les bilans énergétiques, etc. et il propose divers modèles, tout en reconnaissant leurs caractères partiellement arbitraires. Ailleurs, il ose même révéler la fragilité de la statique, discipline considérée comme rigoureusement fondée depuis Archimède : au tome VIII des *Opuscules* (1780), dans le Mémoire 56 § II, que nous pourrions appeler « le paradoxe des chaises à quatre pieds », il montre que, lorsqu'on cherche à calculer les forces qui s'appliquent en chaque point d'appui d'un corps, les lois de la

52. Renvoyons, parmi les auteurs possibles, à l'édition des œuvres d'arithmétique politique de Condorcet, ainsi qu'aux travaux de B. Bru et Th. Martin, trop nombreux pour être cités ici.

53. « Eloge de M. D'Alembert », *Histoire de l'Académie royale des sciences*, pour 1783 (1786), p. 97.

54. Tome V, Mémoire 36 § I; tome VII, Mémoire 52 § I; et surtout dans l'un des plus gros mémoires inédits du tome IX, le § XIV de ce volume.

mécanique conduisent à un problème indéterminé où il y a plus d'inconnues que d'équations (problème hyperstatique). Or, ceci est parfaitement exact et a occupé divers savants des siècles ultérieurs. Nous n'avons fait ici qu'indiquer quelques exemples.

Les doutes de D'Alembert portent aussi sur les *mathématiques pures*, ils concernent principalement ce qui touche à l'infini et aux nombres dirons-nous « peu naturels » : différents types d'infini, possibilité ou non de retrancher deux quantités infinies, signification des limites, « loi de continuité » et problèmes de discontinuités (avec des sens divers pour ce terme), difficultés liées à l'utilisation de séries divergentes, statuts des quantités négatives et imaginaires qui arrivent au débotté dans les calculs alors qu'elles n'étaient pas au départ du problème…

Là encore, sans chercher le moins du monde à faire passer D'Alembert pour un mathématicien plus performant qu'Euler ou Lagrange, on doit reconnaître que ces derniers sont moins scrupuleux quand « ça marche » dans les calculs. Ils semblent beaucoup moins tiraillés par ce que nous appellerions la distinction entre les séries formelles et les séries numériques et d'autres interrogations de ce type qui intéressent aujourd'hui la préhistoire des séries de Fourier et de domaines voisins. Bien sûr, on peut penser que l'équilibre entre « science » et « philosophie » dans l'œuvre de D'Alembert, sa participation à l'*Encyclopédie* où la question des définitions et de leur discussion vient, pourrait-on dire, par nécessité, de l'extérieur même de l'auteur, y sont pour quelque chose. Mais ces explications restent insuffisantes, il est probable qu'il y a aussi plus profondément chez l'auteur une espèce de bouillonnement intérieur, une volonté de ne pas se satisfaire de justifications commodes, et que cela nuit souvent à la clarté de son propos : la façon dont D'Alembert, dans les *Opuscules*, à l'occasion de toutes sortes de questions, écrit d'abord un mémoire, puis un supplément, puis des notes, puis des appendices, n'est pas seulement le fruit d'une paresse rédactionnelle et de sa désinvolture, c'est aussi son mode de recherche, sa curiosité insatiable et forcément sans fin.

Doutes transversaux

Autre point qu'il faut mettre en avant dans la catégorie « doutes et objections » : le fait que D'Alembert soit conscient certes à regrets que chaque approche, dirait-on « disciplinaire », y compris entre les différentes branches mathématiques pures, a ses limites. L'analyse n'explique pas la cessation des vibrations…, la physique de D. Bernoulli évacue certaines solutions. Et en même temps l'auteur lutte contre les imperfections de son Analyse en tentant d'ajuster son équation aux dérivées partielles (incluant des résistances diverses …), on peut y voir les prémices de la théorie du contrôle (stabilisation interne). De même, les doutes sur le principe de proportionnalité des causes aux effets est transversal, on le retrouve chez lui tant dans les probabilités qu'en mécanique, dans ses critiques de la loi « f = m gamma » [55], ou dans les réflexions sur les divers modèles d'élasticité [56]. Quant aux réflexions sur la loi de continuité, on en retrouve des passages tant à propos des cordes vibrantes que des fluides, de l'attraction ou de questions de mathématiques pures [57].

L'avenir des doutes

Nous, qui avons vu une partie de la suite du film, devons enfin noter qu'aucun de ces doutes n'a été résolu simplement, « comme ça », au XIXe siècle, voire au XXe. Le paradoxe de D'Alembert, l'introduction du temps dans les probabilités, la théorie mathématique du risque, la nature des frottements… ont vu renoncer, puis tâtonner, des générations de mathématiciens, avant que des solutions assez satisfaisantes (souvent encore incomplètes aujourd'hui) ne soient dégagées [58].

Pour développer des théories surmontant ces difficultés, il est clair qu'il faut de nouvelles générations, avec des idées neuves, des

55. *Opuscules*, tome VI, Mémoire 51 § III.

56. *Ibid.*, tome IX, Mémoire 59 § XIV, etc.

57. Voir A. Guilbaud et G. Jouve, « Le statut de la loi de continuité dans le *Traité de dynamique* et le *Traité des fluides* de D'Alembert ».

58. Voir Crépel, « Les dernières perfidies », où est esquissée une présentation générale du tome IX inédit des *Opuscules*.

audaces, un recul par rapport à l'enseignement suivi et à la culture ambiante. Un peu anachroniquement et rétrospectivement, un obstacle rencontré par D'Alembert pour triompher de ses doutes réside dans l'absence de notion de « structure », voire de théorie des ensembles (sic) ou simplement d'essai de synthèse autour d'une notion, d'un problème. Il utilise les nombres négatifs et les discute, mais ne les conçoit pas comme un ensemble et encore moins comme un anneau « Z »; il montre à peu près que les nombres complexes forment un corps algébriquement clos, mais sans vraiment la structure de corps ni même l'évocation de ce que nous appellerions « C »; il montre dans ses derniers écrits que pour les équations aux dérivées partielles, on doit utiliser des fonctions éventuellement raccordées à condition que ce soit « sans saut de courbure », mais il n'introduit pas de notion comme des « classes de fonctions » C^k ; il ressent en mécanique la nécessité de « vecteurs », voire de « champs de vecteurs », mais rien ne ressemble à des espaces vectoriels ni à des champs de vecteurs un peu formalisés; il développe des considérations importantes sur l'utilisation des séries convergentes et divergentes, mais (contrairement à ce qu'on croit en général) il n'introduit pas de théorie des « critères de convergence des séries »; il montre comment utiliser ce que nous appelons les « valeurs propres » pour résoudre les systèmes d'équations différentielles, mais ne dégage ni théorie autonome, ni terme pour cela. Voici un autre exemple : dans l'appendice du Mémoire 56 § I[59], après avoir étudié les inversions de dérivations partielles pour les fonctions de plusieurs variables, il déplore que les livres élémentaires se contentent, pour la multiplication usuelle, de démontrer que ab=ba et admettent sans preuve qu'on puisse effectuer un produit de plusieurs nombres dans n'importe quel ordre, puis il en donne une justification que tout mathématicien d'aujourd'hui considérerait comme une variation autour des notions de commutativité et d'associativité… La réflexion sur l'interaction entre les différentes branches des mathématiques (géométrie, algèbre, analyse – dirions-nous) est plus « sentie et vécue » qu'explicitée.

59. *Opuscules*, tome VIII, 1780.

CONCLUSION

Crédits individuels

En matière de « crédits » accordés à un mathématicien, la leçon de deux siècles et demi nous invite à la prudence et à la modestie : la science n'emprunte pas un cheminement linéaire ni même « totalement ordonné », chaque époque « sur-valorise » ses propres préoccupations, ne se rend pas compte de ses renoncements tacites et juge souvent les savants passés à l'aune de cela. Il faut se pénétrer mieux du fait que les processus scientifiques fourmillent de bifurcations, de pistes de recherches inabouties mais qui ne sont pas nécessairement vouées à rester indéfiniment des impasses : quand les capacités d'observation et d'expérimentation se développent, quand les moyens de calcul changent, quand les bases encore fragiles d'une époque sont mieux acquises et qu'une nouvelle génération peut se jucher sur les épaules de la précédente, alors il est bon de faire l'inventaire des suggestions apparemment sans lendemain des décennies passées.

Néanmoins, sans croire que notre jugement actuel est celui de l'éternité, on peut avancer plusieurs acquis des recherches historiques récentes sur la « nouveauté » de D'Alembert.

Ainsi donc, il nous semble qu'à ce que tout le monde lui reconnaît (et que Condorcet soulignait déjà dans la *Lettre d'un théologien*), à savoir un grand principe de dynamique, et surtout la capacité à l'appliquer, l'invention des équations aux dérivées partielles et la résolution du problème des cordes vibrantes et de la précession des équinoxes, on doit ajouter en particulier les points suivants.

En mathématiques pures, il convient de réévaluer la contribution de D'Alembert au calcul intégral : elle apparaît beaucoup plus systématique et diversifiée qu'on ne le pensait, même si elle est trop éparpillée et mal rédigée, même s'il n'a pas écrit de traité.

Pour les fluides, dont le problème de la figure de la Terre et les marées atmosphériques, non seulement il faut dépasser l'injustice d'Euler et reconnaître mieux le rôle pionnier de D'Alembert, malgré ses lacunes, mais surtout on doit mettre en avant la nouveauté des écrits tardifs que les savants et les historiens avaient presque tous renoncé à lire.

De façon plus globale et transversale, il est important de souligner la fécondité des très nombreux doutes et objections sur toutes sortes de sujets : on assiste, à cet égard, dans ce second XVIIIe siècle, à un mélange étonnant d'audaces et de crises de pessimismes, de perspicacité à pointer les questions délicates, et quelquefois de pragmatisme à identifier ce qui est accessible et à le résoudre.

Crédits collectifs

Jusqu'ici, nous avons essentiellement abordé l'évaluation individuelle de l'auteur, mais comment évaluer la contribution « collective » aux sciences de quelqu'un qui n'a (pratiquement) pas de disciples ? D'Alembert n'a jamais enseigné et les deux seuls savants français de la génération ultérieure qu'on puisse considérer comme vraiment des amis sont Bossut et Condorcet. Des mathématiciens tels que Bézout, Cousin, Laplace, etc., même s'ils en ont été relativement proches à leurs débuts, ont plus ou moins rapidement préféré leur indépendance [60].

Par exemple, D'Alembert sert de détonateur pour Lagrange, ce dernier a souvent innové en partant des mémoires un peu abscons de son ami, mais en les comprenant *à sa façon*... Ainsi donc la *Mécanique analytique* de Lagrange, mais aussi la *Mécanique céleste* de Laplace ou la « Mathématique sociale » de Condorcet, doivent-elles plus qu'on ne croit à D'Alembert. Ce qu'il y a de nouveau chez D'Alembert, c'est donc aussi... *ce qui ne s'y trouve pas* vraiment !

Mais qu'en est-il des voies de communication de D'Alembert avec les générations futures ? Ce géomètre presque sans disciple, qui rédigeait le plus fréquemment fort mal, a-t-il été lu ? Ses idées originales, mais un peu cachées, ont-elles eu un impact direct sur d'autres que ses quelques proches ou seulement l'effet d'exciter la curiosité bien tardive d'historiens des sciences ? L'enquête est loin d'être terminée sur ce point et nous nous contenterons ici d'une réponse dite de normand. D'Alembert n'a rien d'un isolé, il est lu, même à l'étranger, il est assidu aux séances de l'Académie, il participe toute sa vie à des rencontres informelles (dans les salons,

60. Sur ces questions, voir tout spécialement la thèse de L. Alfonsi, *Etienne Bézout (1730-1783), mathématicien, académicien et professeur au siècle des Lumières,* et les travaux d'A. Coste.

chez les libraires, autour de l'*Encyclopédie*, avec des amis), il fait recruter des jeunes scientifiques tant à Paris qu'à Berlin, il juge des prix et imprime sa marque à toute une génération; ses quelques disciples et les disciples des disciples, comme Lacroix, rédigent des traités bien faits, lesquels permettent une certaine diffusion de ses idées, même s'il ne s'agit pas toujours des plus avant-gardistes. Et puis, au XIXe siècle, la lecture de D'Alembert n'est pas totalement abandonnée par les scientifiques, comme le montrent divers exemples tels ceux de Prony, Cournot, Barré de Saint-Venant, Tisserand. Reste que seule une étude systématique permettra de mesurer sa postérité réelle.

Il est temps de conclure pour de bon : lisez Condorcet.

BIBLIOGRAPHIE

Sources

D'ALEMBERT, *Œuvres Complètes*, Paris, CNRS-Editions, en cours : volumes parus ou en voie d'être imprimés :

I-6, Premiers textes de mécanique céleste (1747-1749), éd. M. Chapront-Touzé, 2002.

I-7, *Précession et nutation*, éd. M. Chapront-Touzé, J. Souchay, sous presse

I-4, *Calcul intégral*, éd. C. Gilain.

III-1, *Opuscules mathématiques*, tome I, éd. P. Crépel et al.

III-2, *Opuscules mathématiques*, tome II, éd. M. Chapront-Touzé, J.N. Rieucau et al.

III-4, *Opuscules mathématiques*, tome IV, éd. G. Jouve et al.

III-8, *Opuscules mathématiques*, tome VIII, éd. A. Guilbaud et al.

V-1, *Inventaire de la correspondance générale*, éd. A.M. Chouillet, I. Passeron, J.D. Candaux.

Recueils d'œuvres, éditions anciennes (littéraires seulement)

1805, *Œuvres philosophiques, historiques et littéraires de d'Alembert*, Paris, Bastien, 18 vol.

1821-22, *Œuvres de D'Alembert*, Paris, Belin, 5 vol.

1853, *Œuvres de D'Alembert*, Paris, Eugène Didier.

Ouvrages originaux (titres abrégés, éditeurs omis)

Traité de dynamique, 1743 ; 2e éd. 1758.

Traité des fluides, 1744 ; 2e éd. 1770.

Réflexions sur la cause générale des vents, 1746, 1747.
Recherches sur la précession des équinoxes, 1749.
Essai sur la résistance des fluides, 1749, 1752.
Recherches sur le système du monde, 3 vol., 1754-1756.
Opuscules mathématiques, 8 vol. parus, 1761-1780.
Mélanges d'histoire, de littérature et de philosophie, 5 vol. dans l'édition de 1759-1767.

Les titres complets des ouvrages et les références des mémoires ne sont pas précisés ici, le lecteur se reportera aux études thématiques citées dans la littérature secondaire et au site de l'édition des *Œuvres Complètes* : http : //dalembert.univ-lyon1.fr

BAILLY J.S., *Histoire de l'astronomie moderne*, tome III, Paris, de Bure, 1785.
BICQUILLEY C.F., *La Croisade*, Lyon, Aléas, 1998.
BOSSUT C., « Discours préliminaire », dans *Encyclopédie méthodique. Mathématiques*, tome I, Paris, Panckoucke, 1784.
BOSSUT C., *Essai d'une histoire générale des mathématiques*, Paris, 1802.
BOUGAINVILLE L.A., *Traité du calcul intégral pour faire suite à l'Analyse des infiniment petits de Mr le Marquis de l'Hopital*, 2 vol., Paris, 1754-1756.
CHARLES (dit « le Géomètre »), art. « Théorie », *Encyclopédie méthodique. Mathématiques*, tome III, 1789, p. 127-129.
[CONDORCET], *Lettre d'un théologien à l'auteur du Dictionnaire des trois siècles*, Paris, 1774. Cité d'après Condorcet, *Œuvres*, Paris, Firmin-Didot, tome V, 1847, p. 273-341.
CONDORCET, « Eloge de M. D'Alembert », *Histoire de l'Académie royale des sciences*, pour 1783 (1786), p. 76-120.
– *Arithmétique politique. Textes rares ou inédits, 1767-1789*, Paris, INED, 1994.
– *Tableau historique des progrès de l'esprit humain. Projets, Esquisse, Fragments et Notes, 1772-1794*, Paris, INED, 2004.
Encyclopédie méthodique. Marine, Paris, Panckoucke, 3 vol., 1784-1787.
FONTAINE A., *Mémoires donnés à l'Académie royale des sciences, non imprimés dans leur temps*, Paris, Imprimerie royale, 1764.
FUSS P.H., *Correspondance mathématique et physique de quelques géomètres célèbres du XVIIIe siècle*, Saint-Pétersbourg, tome I-II, 1863.
LACROIX S.F., *Traité élémentaire du calcul des probabilités*, Paris, Courcier, 1816.
– *Traité du calcul différentiel et du calcul intégral* (…), 3 vol., Paris, Duprat, 1797-1800.
LAGRANGE, *Correspondance entre Lagrange et D'Alembert*, *Œuvres*, tome XIII, Paris, Gauthier-Villars, 1882.

MONTUCLA J.E., *Histoire des mathématiques*, tome III et IV, Paris, Agasse, an X (mai 1802), éd. complétée par Lalande.

SABATIER DE CASTRES abbé, *Les Trois siècles de la littérature françoise*, Paris, 2e éd., 1773. Cité d'après la 6e éd., Paris, 1801.

SMITH R., *Traité d'Optique*, trad. de l'anglais par Duval-Leroy, Brest, Malassis, 1e éd., 1767 ; 2e éd. avec Supplément, 1800.

Littérature secondaire

ALFONSI L., *Etienne Bézout (1730-1783), mathématicien, académicien et professeur au siècle des Lumières*, Thèse, Université Paris 6, 2005.

BADINTER E., *Les Passions intellectuelles*, Paris, Fayard, tome I : *Désirs de gloire, 1736-1751*, 1999 ; t II : *Exigence de dignité, 1751-1765*, 2002.

BARRÉ DE SAINT-VENANT A., *Résistance des fluides : Considérations historiques, physiques et pratiques relatives au problème de l'action dynamique mutuelle d'un fluide et d'un solide, spécialement dans l'état de permanence supposé acquis par leurs mouvements*, Paris, Mémoire de l'Institut de France, 1886.

BERTRAND J., *D'Alembert*, Paris, Hachette, 1889.

– *Calcul des probabilités*, 2e éd., Paris, Gauthier-Villars, 1907.

BRIAN E., « L'objet du doute. Les articles de D'Alembert sur l'analyse des hasards dans les quatre premiers tomes de l'*Encyclopédie* », *Recherches sur Diderot et sur l'*Encyclopédie, 21, octobre 1996, p. 163-178.

BRU B., « Des fraises et des oranges », dans U. Köllving et I. Passeron (dir.), *Sciences, musique, Lumières*, p. 3-10.

BRUNEAU O., *Pour une biographie intellectuelle de Colin Maclaurin (1698-1746) : ou l'obstination mathématicienne d'un newtonien*, Thèse, Université de Nantes, 2005.

CHASLES M., *Aperçu historique sur l'origine et le développement des méthodes en géométrie, Bruxelles*, Hayez, 1837.

CHÊNE J., *Le Son dans les* Opuscules *de D'Alembert*, Mémoire de DEA « Construction des savoirs scientifiques », Université Lyon 1, 2004.

Colloque Fontaine, Cuiseaux (Saône-et-Loire), 3-4 septembre 2004, non publié. Inventaire de ses manuscrits mathématiques (ronéoté).

COSTE A., CRÉPEL P., « Comment imaginer un mathématicien du XVIIIe siècle ? », *Matapli*, 39, juillet 1994, p. 43-49.

— MASSOT M., « La notion de fluide chez D'Alembert à la lumière des Opuscules mathématiques et de la correpondance », dans U. Köllving et I. Passeron (dir.), *Sciences, musique, Lumières*, p. 83-91.

COURNOT, « D'Alembert », dans *Dictionnaire des sciences philosophiques* d'Adolphe Franck, Paris, Hachette, tome I, 1844, p. 55-57.

CRÉPEL P., « Les dernières perfidies de D'Alembert », dans J. Sakarovitch (éd.), *25 ans d'histoire des probabilités. Mélanges offerts à Bernard Bru*, à paraître.

— JOUVE G., « Peut-on lire du "vieux" D'Alembert? », Exposé non publié, ENS Lyon.

DANJON A., Couder A., *Lunettes et télescopes. Théorie – Conditions d'emploi – Description – Réglage*, Paris, 1935 ; réédition, Paris, A. Blanchard, 1999.

DASTON L., « D'Alembert's critique of probability theory », *Historia Mathematica*, 6, 1979, p. 259-279.

– *Classical Probability in the Enlightenment*, Princeton University Press, 1988

DAUMAS M., *Les Instruments scientifiques aux XVIIe et XVIIIe siècles*, Paris, P.U.F., 1953.

DEPONGE C., *Doutes sur la vision et relations D'Alembert – Dutour de Salvert*, Mémoire de DEA « Construction des savoirs scientifiques », Université Lyon 1, 2002.

DHOMBRES J., RADELET DE GRAVE P., « Contingence et nécessité en mécanique. Étude de deux textes inédits de Jean d'Alembert », *Physis*, 1991, p. 35-114.

Dix-Huitième Siècle, 16, 1984 (numéro spécial D'Alembert).

FELLER F.X., *Biographie Universelle*, tome I, Paris etc., éditeurs divers, 1847.

FIRODE A., *La Dynamique de d'Alembert*, Montréal-Paris, Bellarmin-Vrin, 2001.

GILAIN C., « Sur l'histoire du théorème fondamental de l'algèbre : théorie des équations et calcul intégral », *Archive for History of Exact Sciences*, 42, 1991, p. 91-136.

– « D'Alembert et l'intégration des expressions différentielles à une variable », dans A. Michel, M. Paty (dir.), *Analyse et dynamique* …, p. 207-235.

– « Mathématiques mixtes et mathématiques pures chez d'Alembert : le cas des systèmes différentiels linéaires », dans *Mélanges à la mémoire de A.P. Yushkevich*, à paraître.

GRIMBERG G., *D'Alembert et les équations aux dérivées partielles en hydrodynamique*, Thèse, Université Paris 7, 1998.

GUILBAUD A., *D'Alembert et la conservation des forces vives en hydrodynamique*, Mémoire de DEA « Construction des savoirs scientifiques », Université Lyon 1, 2003.

— JOUVE G., « Le statut de la loi de continuité dans le *Traité de dynamique* et le *Traité des fluides* de D'Alembert », à paraître.

HANKINS T., *Jean d'Alembert. Science and the Enlightenment*, Oxford University Press, 1970; réimpresion, Gordon and Breach, 1990.

HOEFER F., *Histoire des mathématiques*, Paris, Hachette, 3e éd., 1886.

Jean d'Alembert savant et philosophe : Portrait à plusieurs voix, Paris, Editions des Archives Contemporaines, 1989.

JOUVE G., « Les cordes vibrantes du second D'Alembert », Actes du Congrès de la Société française d'histoire des sciences et des techniques, Poitiers, 2004.

KLINE M., *Mathematical Thought from Ancient to Modern Times*, Oxford University Press, 1972 ; réédition, 1990, 3 volumes.

KÖLLVING U., PASSERON I., *Sciences, musique, Lumières. Mélanges offerts à Anne-Marie Chouillet*, Ferney-Voltaire, CIEDS, 2002.

LANSON G., *Histoire de la littérature française*, Paris, 1894.

LE RU V., *Jean Le Rond d'Alembert philosophe*, Paris, Vrin, 1994.

MAHEU G., *La Vie et l'œuvre de Jean d'Alembert. Étude bio-bibliographique*, Thèse, EHESS, 3 vol., 1967.

MANSUY R., « Histoires de martingales », *Mathématiques et sciences humaines*, 169, 2005, p. 105-113.

MARIE M., *Histoire des sciences mathématiques et physiques*, tome VIII, Paris, Gauthier-Villars, 1886.

MARTIN Th., *Probabilités et critique philosophique selon Cournot*, Paris, Vrin, 1996.

MATTE S., *Autour d'une polémique entre d'Alembert et Euler sur les aberrations optiques dans les années 1760*, Mémoire de DEA « Construction des savoirs scientifiques », Université Lyon 1, 2002.

MICHEL A., PATY M. (dir.), *Analyse et dynamique. Études sur l'œuvre de d'Alembert*, Presses de l'Université Laval (Québec), 2002.

NESME S., *D'Alembert et la convergence des séries*, Mémoire de DEA « Construction des savoirs scientifiques », Université Lyon 1, 2003.

– « D'Alembert et la figure de la Terre », Actes du Congrès de la Société française d'histoire des sciences et des techniques, Poitiers, 2004.

PASSERON I., « L'invention d'une nouvelle compétence : géomètre au XVIIIe siècle », dans A.F. Garçon, L. Hilaire-Perez (dir.), *Les Chemins de la nouveauté : innover, inventer, au regard de l'histoire*, Paris, CTHS, 2003, p. 139–152.

– « Le mémoire de D'Alembert sur lui-même », *Recherches sur Diderot et sur l'*Encyclopédie, 38, avril 2005, p. 17-31.

PATY M., « La critique par d'Alembert des conditions d'une théorie des probabilités physiques », *Fundamenta Scientiae*, 8, 1987, p. 257-282.

– « D'Alembert et les probabilités », dans R. Rashed (dir.), *Sciences à l'époque de la Révolution française. Recherches historiques*, Paris, A. Blanchard, 1988, p. 203-265.

– *D'Alembert*, Paris, Les Belles Lettres, 1998.

PRADIER P.C., *Concepts et mesures du risque en théorie économique. Essai historique et critique*, Thèse, ENS de Cachan, 1998.

PRONY, *Recherches sur le mouvement d'un fluide incompressible et pesant qui s'écoule dans un vase, par un orifice horisontal : avec quelques observations sur la solution que D'Alembert a donnée de ce problème dans son traité des fluides*, Paris, [École des Ponts et chaussées], 1801.

*Recherches sur Diderot et sur l'*Encyclopédie, 21, octobre 1996 et 38 (« La formation de D'Alembert »), avril 2005.

RIEUCAU J.N., *Nature et diffusion du savoir dans la pensée économique de Condorcet,* Thèse, Université de Paris I, 1997.

TISSERAND F. F., *Traité de mécanique céleste*, Paris, Gauthier-Villars, 3 vol., 1889-1894.

TODHUNTER I., A *History of the Mathematical Theory of Probability*, London, Macmillan, 1865.

– *A History of the Mathematical Theories of Attraction and the Figure of the Earth*, London, Macmillan, 1873.

TRUESDELL C., « The rational mechanics of flexible or elastic bodies (1638-1788) », *in* Euler, *Opera omnia*, s. II, tome 11-2, Bâle, Birkhäuser, 1960.

– « Rational fluid mechanics, 1687-1765 », *in* Euler, *Opera omnia*, s. II, tome 12, p. IX-CXXV.

– « Editor's introduction », *in* Euler, *Opera omnia*, s. II, tome 13, p. IX-CXVIII.

VIARD J., « Le principe de D'Alembert et la conservation du 'moment cinétique' d'un système de corps isolés dans le *Traité de dynamique* », *Physis*, XXXIX, 2003, p. 1-40.

YAMAZAKI E., « D'Alembert et Condorcet : Quelques aspects de l'histoire du calcul des probabilités », *Japanese Studies in the History of Science*, 10, 1971, p. 60-93.

La psychologie, une nouvelle science entre sens commun, physiologie et métaphysique ?

Michel Dufour

L'étude proposée ici porte sur les conditions permettant de qualifier une discipline scientifique comme étant nouvelle. Nous allons pour cela nous intéresser à une suite de controverses ayant eu lieu en France lors des premières décennies du XIXe siècle et concernant une possible apparition de la psychologie. Le choix de l'une des sciences humaines nous a paru bienvenu pour plusieurs raisons. D'abord, dans la mesure où ces disciplines ont la réputation d'être jeunes, on peut, du point de vue de la recherche historique, espérer trouver suffisamment de documents explicites à propos de l'apparition de la discipline concernée. Ensuite, parler de discipline jeune peut laisser supposer qu'existe une délimitation permettant d'envisager un avant et un après. On s'attend alors à ce que ce partage temporel soit étayé par des critères légitimant d'assigner à ce moment nouveauté et scientificité de la discipline. Or, comme nous allons le voir, sous l'indétermination de ce « on » se cachent des difficultés déjà au cœur des controverses étudiées.

En effet, qui est en droit de décider qu'il y a une discipline et, qui plus est, qu'elle est nouvelle et scientifique ? Qui peut légitimement prétendre pouvoir trancher dans un contexte échappant aux domaines disciplinaires convenus et, du même coup, aux savoirs reconnus ? S'il y a nouveauté radicale et si une discipline se caractérise, entre autres, par un arsenal conceptuel et méthodologique, quelle compétence peut faire valoir celui qui se lève et prétend pouvoir identifier et qualifier la discipline nouvelle ? Arbitrer entre l'ancien et le nouveau, entre ce qui est scientifique et ce qui ne l'est pas en faisant appel au jugement d'une « communauté de pairs » ne parait pas non plus une stratégie très sûre. Car s'en remettre à un tel arbitrage présuppose que la prétendue communauté soit constituée et susceptible de parvenir à un consensus, ou du moins de s'accorder sur des critères d'arbitrage.

Quelle nouvelle science ?

Mais d'abord, quelle raison a-t-on de supposer qu'il y a bien un « moment d'origine », pour reprendre l'expression de L. Petitgirard dans l'article de ce recueil consacrée au chaos ? Acceptant qu'une science puisse émerger simultanément en plusieurs lieux – possibilité envisagée dans diverses études présentées ici – quel motif a-t-on de croire qu'un certain milieu et un certain moment français ont été féconds ? Nous nous en remettons simplement au fait qu'à ce moment et en ce lieu des hommes de savoir prétendirent poser les jalons d'une nouvelle science, la psychologie. Certes, on peut estimer que ce type de revendication fait un bien maigre critère, mais elle nous semble toutefois fournir une piste acceptable. En tout cas, comme nous l'avons suggéré, il était alors vain de s'en remettre à l'arbitrage d'une communauté de psychologues – faute de son existence – et d'autant plus que la revendication de nouveauté eut lieu dans le cadre de litiges durables dont les enjeux mobilisèrent des intervenants issus d'horizons divers.

Un autre intérêt du choix d'une science humaine pour traiter de la nouveauté d'une discipline est que l'usage de l'adjectif « scientifique » peut y sembler encore plus embarrassant que dans les sciences dites « dures », ayant notoirement pignon sur rue en matière de scientificité. Ce point se répercute sur l'identification de la nouveauté, car même si ce n'est pas le cas pour toutes les sciences humaines, dans celui de la psychologie il semble bien ne pas y avoir unanimité sur ce qui la rend scientifique. L'une des raisons possibles de cette situation pourrait être que, selon une expression d'Auguste Comte – d'ailleurs acteur dans notre affaire –, elles traitent de phénomènes « directement intéressants pour l'homme ». Un aspect de cet embarras, dira le moraliste, vient de ce que l'homme a tendance à donner son avis sur ce qui l'intéresse directement même quand on ne le lui demande pas. Et peut-être est-ce pour cela qu'une discipline telle que la psychologie se trouve confrontée – et aujourd'hui sans doute plus que jamais – à des avis, opinions, théories constituant des réseaux de croyance, voire de certitude, par rapport auxquels elle est amenée à se situer, et même à rendre des comptes. On imagine le poids de ce genre de contrainte lors de débuts que l'on imagine volontiers fragiles et instables, surtout dans un domaine particulièrement « intéressant pour l'homme ».

Enfin, un autre intérêt des débuts présumés d'une discipline telle que la psychologie est de remettre en question les facilités de pensée offertes par des notions devenues routinières telles que « la communauté scientifique », « l'arbitrage des pairs », ou par des partages tels que ceux tracés entre « sens commun » et « esprit scientifique » ou encore entre « science » et « société ». Les problèmes soulevés par la longue controverse dans laquelle nous allons nous plonger se prêtent mal à la mise en œuvre d'oppositions binaires telles qu'anciens et modernes, experts et profanes, ou encore continu et discontinu. Au contraire, l'épisode étudié a ceci de caractéristique que rôles et positions ne sont pas assignés *a priori* mais constamment redéfinis et contestés. L'un des seuls points sur lesquels semblent s'entendre les partis en présence est ce qui caractérise une discipline : objet et méthode en seraient les deux constituants essentiels ; avoir le dernier mot sur eux devrait suffire pour être maître en la matière. Nous allons découvrir au fil de cette controverse sur la constitution d'une psychologie scientifique que le principal de ses enjeux avoués fut en effet de parvenir à une définition identifiant un objet et une méthode, ou des méthodes, qui lui seraient propres.

Quant aux acteurs, si l'on cherche à les identifier d'après leur statut socio-professionnel, annonçons déjà que l'on va croiser des philosophes et des savants (avec toute la latitude que ces termes peuvent avoir alors), mais aussi des représentants de cette catégorie caractéristique de l'époque et assez flottante : des « publicistes ». Le débat est donc socialement ouvert. Et d'autant plus que cette confrontation entre « psychologistes », physiologistes, philosophes et publicistes laisse clairement entendre des résonances académiques, politiques, et religieuses.

Est-il bien vrai que nous allons assister à l'apparition d'une nouvelle discipline ? Il serait rassurant de croire que passée une enfance tumultueuse, la psychologie connaîtrait aujourd'hui, selon un modèle peut-être familier dans les sciences « dures », un confinement disciplinaire avec ses objets, ses méthodes, ses techniques, ses concepts, mais aussi, sa « communauté » de spécialistes, sa reconnaissance institutionnelle, ses ouvrages et ses journaux.

Or tel n'est pas le cas. Et cette situation ne fait qu'apporter un doute supplémentaire sur l'authenticité de l'acte de naissance et de la filiation. Certes, formes et signes institutionnels façonnent notoirement la positivité de la psychologie : professionnels, laboratoires, reconnaissance académique, journaux, tout est là. Il n'empêche qu'elle demeure plurielle et que cette pluralité n'est pas qu'une banale ramification en sous-disciplines compatibles entre elles car centrées sur des objets ou des problèmes différents. Aujourd'hui encore, la psychologie est une discipline dont l'unité est problématique et il n'y a pas lieu de croire que les dissensions allant jusqu'à sa définition même sont en passe d'être résolues. Nous ne contesterons pas que quelques aspects de la controverse étudiée sont dépassés et peuvent même prêter à sourire. Il n'empêche que certains de ses enjeux s'avèrent toujours d'actualité – en particulier à propos des objets et des méthodes de la psychologie – et contribuent au maintien d'une certaine instabilité disciplinaire. Du coup, le rattachement de l'épisode étudié ici à la discipline constituée reste problématique : ne serait-il pas qu'un vague prélude et non pas un épisode central, voire fondateur ? Le statut qu'on lui accordera, en particulier quant à son caractère inaugural est directement lié à l'idée que l'on se fait des caractéristiques scientifiques de la discipline : faute d'unité ou de consensus disciplinaires il n'y a pas accord quant à l'assignation de nouveauté. On verra ce point illustré dans la toute dernière partie de l'étude, consacrée aux jugements divergents que des psychologues patentés portèrent quelques décennies plus tard sur les controverses supposées initiales.

On pourrait encore faire valoir que le texte qui suit témoigne de l'émergence laborieuse, non pas d'une discipline mais d'une branche de la psychologie, science particulièrement ramifiée au XIXe siècle.

Malheureusement le XXe siècle ne semble pas mieux loti et le problème n'est pas spécifique à une sous-discipline. Sous un titre qui peut faire illusion, *L'Unité de la psychologie*, D. Lagache [1] prend acte de la diversité de sa discipline, pour ne pas dire de son éclatement, vers le milieu du XXe siècle. On y apprend d'abord que « la distinction entre psychologies naturalistes et psychologies humanistes permet une première simplification » [2] au sein d'un écheveau encore ramifié. Bien que Lagache prétende que « naturalisme » et « humanisme » sont des « concepts mouvants » et que les divers courants de la psychologie en chevauchent la division, on peut douter que la dite « simplification » ait le statut d'évidence partagée. Certes, dans l'épisode examiné ici le terme « humanisme » n'apparaît pas alors que celui de « naturalisme », ou plutôt de « naturaliste » est omniprésent. Mais malgré cette absence, force est de reconnaître que la controverse examinée ici témoigne bien de l'antagonisme et surtout des prétentions hégémoniques de l'une et de l'autre des deux approches.

A la fin du XXe siècle, la situation constatée par Lagache ne semble pas avoir changé de façon significative. Dans une veine savoureuse, J. F. Le Ny note que « la notion d'« unité de la psychologie » est ainsi, pour une part, une réponse apportée sous forme de modus vivendi, par des gens raisonnables et pacifiques, à un état de choses potentiellement conflictuel » [3]. Plus loin, il confirme que c'est « la situation de fait depuis plusieurs décennies » et qu'il y a « au moins un débat, toujours une compétition, au pire une totale ignorance mutuelle, voire une hostilité déclarée, entre cette "psychologie l" et cette "psychologie 2" », la première étant la psychologie clinique que Lagache qualifie de « psychologie dans un fauteuil », alors que la seconde, « psychologie à visée scientifique », aurait une prédilection pour le laboratoire. La ligne de partage semble assez bien coïncider avec la ligne de partage autour de laquelle s'organise

1. D. Lagache, *L'Unité de la psychologie*, 3e éd., Paris, P.U.F, 1990. Voir aussi, à ce sujet, G. Canguilhem, « Qu'est-ce que la psychologie », *Études d'histoire et de philosophie des sciences*, Paris, Vrin, 1983.

2. Lagache, *L'Unité de la psychologie*, p. 69.

3. J. F. Le Ny, « La psychologie est durablement duale », *Bulletin de psychologie*, tome 52/2, 440, mars-avril 1999, p. 273-280.

notre controverse du début du XIXe siècle. En psychologie, la guerre, froide ou non, serait la norme et elle s'étend jusqu'aux conditions d'appréciation des débuts de la discipline.

Ce que l'on dit aux novices

Comme les professionnels d'une discipline n'ont ni le temps et quelque fois ni le goût de son histoire, ils sont contraints à s'en tenir aux rudiments. Or, que dit-on aux novices? Si l'on en croit la plupart des ouvrages historiques ou des manuels consacrant quelques pages à son histoire, la psychologie se serait affirmée comme discipline indépendante vers le milieu du XIXe siècle. Mais aucun auteur n'évoque d'événement singulier – découverte, travail, publication – permettant de faire date et, à défaut d'un commencement, de marquer, comme nous l'avons suggéré, un avant et un après. Pourtant, selon L. Freuler[4], la seconde moitié du siècle témoigne d'une tentative de redéfinition de la philosophie l'orientant vers une psychologie empirique et dans les années 1840 débute déjà la publication d'une multitude de traités ou de manuels se réclamant de ce type de psychologie.

Mais, par ailleurs, une certaine latitude interprétative semble laissée à l'historien quant au début de la psychologie, surtout si on ne la réduit pas à telle ou telle branche. Ce trait serait imputable, selon M. Reuchlin, à son objet même : « Si la psychologie était restée cette branche de la philosophie consacrée à l'« âme », son histoire commencerait avec les premières traces de la pensée humaine »[5]. Reste à comprendre pourquoi et comment elle n'est pas restée « cette branche de la philosophie ».

Et d'abord, jusqu'où faire remonter cette branche ancienne? Ici encore une certaine liberté d'appréciation semble autorisée. Dans *A History of Psychology*[6], J.G. Benjafield évoque Pythagore, Platon, Aristote, Lao-Tseu et saint Thomas d'Aquin avant de mentionner quelques ténors de la philosophie moderne dont Descartes, Locke, Berkeley, Hume et même Newton. Une variante de cette filiation est

4. L. Freuler, *La Crise de la philosophie au XIXe siècle*, Paris, Vrin, 1997, p. 167-168.

5. M. Reuchlin, *Histoire de la psychologie*, Paris, P.U.F., 1989, p. 5.

6. J.G. Benjafield, *A History of Psychology*, Needham Heights, Alkyn & Bacon, 1996.

proposée par J.F Braunstein[7] et E. Pewzner. Leur *Histoire de la psychologie* débute en effet par un voyage dans la Grèce de Homère inaugurant une « préhistoire » de la psychologie s'étirant jusqu'au XIXe siècle. Ils justifient ce détour par la racine grecque par le fait qu'en un sens banal et non spécifique « on a toujours fait de la psychologie » même si le mot « *psyché* a longtemps, en particulier dans l'Antiquité, recouvert une réalité différente de ce qu'aujourd'hui nous nommons "psychisme" ». La partie historique de l'*Introduction à la psychologie*[8] de R. Huot s'ouvre, elle aussi, par un hommage aux Anciens, à commencer par les présocratiques.

Un autre point mérite d'être souligné. Dans son *Histoire de la psychologie*[9], S. Nicolas nous apprend que « les historiens ont généralement coutume de faire débuter l'histoire de la psychologie moderne avec René Descartes (1596-1650), tout en soulignant que la psychologie contemporaine émerge au XIXe siècle ». Evoquer Descartes dans une histoire de la psychologie n'est pas une exclusivité française, mais on peut néanmoins se demander si la coutume d'enraciner la psychologie « contemporaine » dans l'œuvre d'un philosophe français ne reflète pas une inclination nationale dont l'équivalent pourrait bien exister au pays de Newton. A ce sujet, notons que le petit livre de S. Nicolas consacre plusieurs pages à l'épisode que nous allons examiner, et donc aux figures centrales de Théodore Jouffroy et Victor Cousin, alors que ces messieurs n'ont guère droit à plus d'une dizaine de lignes chacun dans l'histoire de la psychologie en trois volumes de l'Anglais G.S. Brett[10].

En somme, la tolérance est de mise quant à l'objet et aux critères organisant l'histoire de la psychologie avant un tournant assez bien reconnu, mais mal identifié, ayant lieu au XIXe siècle. Ce qui est acquis, en revanche, c'est qu'en fin de ce siècle la psychologie est

7. J.-F. Braunstein, E. Pewzner, *Histoire de la psychologie*, Paris, A. Colin, Paris, 2001. Merci à J.-F. Braunstein pour ses commentaires sur notre article et pour nous avoir indirectement conforté dans notre impression à l'occasion d'une communication personnelle. Il semble en effet que les deux auteurs de cette *Histoire de la psychologie* aient longuement discuté du lieu et du moment de ses débuts.

8. R. Huot, *Introduction à la psychologie*, Québec, Gaëtan Morin, 1994.

9. S. Nicolas, *Histoire de la psychologie française*, Paris, InPress, 2002, p. 7.

10. G.S. Brett, *A History of Psychology*, London, Thoemmes Press, 1998.

institutionnalisée : la plupart de ses courants ont une reconnaissance académique, une presse, des conférences et, pour reprendre l'image de Lagache, des fauteuils et/ou des laboratoires, inexistants à la fin du siècle précédent. Mais des institutions suffisent-elles à définir une discipline ? Non, dira-t-on avec l'ensemble des personnages de notre étude.

Le flottement entourant les débuts de l'histoire de la psychologie permet d'expliquer aussi bien régularités qu'irrégularités dans la présence de certains noms propres selon les ouvrages historiques. Il conforte également le thème d'une filiation entre psychologie et philosophie, filiation que tous les auteurs paraissent accorder. Alors que certains professionnels des sciences « dures » prétendent pouvoir démarquer nettement l'histoire de leurs disciplines du marais de « la philosophie », la psychologie contemporaine assumerait sa filiation sans vergogne.

Selon M. Reuchlin, ce qui fait à première vue l'objet de la psychologie – disons l'âme – serait la principale raison du flottement entourant ses débuts comme discipline scientifique. Cet avis peut être interprété d'au moins deux façons assez différentes. L'une, posant que la notion d'« âme » est passablement confuse, fera valoir que ce vague est l'occasion d'une diversité d'acceptions se soldant par une certaine latitude dans la définition et donc dans l'histoire de la discipline. L'autre interprétation, moins focalisée sur le concept d'âme – jugé peut-être suffisamment clair – insistera plutôt sur la diversité des méthodes d'étude admissibles. Selon certains auteurs le virage du XIXe siècle correspondrait ainsi au début d'une étude « rigoureuse » ou « scientifique » de l'âme, ce qui reste, une fois encore, bien vague. Cependant cette distinction permettrait de distinguer deux périodes : l'une aux contours flous et méthodologiquement peu exigeante, alors que l'autre – rigoureuse parce qu'exclusive – pourrait donner lieu à une étude historique plus stricte car délimitée par des critères méthodologiques ou définitionnels stricts. Malheureusement ces deux interprétations ne semblent convenir qu'à des extrémistes. Ainsi, le développement au XIXe siècle de la psychologie expérimentale, au sens de psychologie « de laboratoire » plutôt que « de fauteuil », suggère que pour certains auteurs « scientifique » équivaut à « expérimental ». Mais qui est en droit de l'affirmer ? Certainement pas « la communauté des experts » – les psychologues – puisqu'ils ne sont pas d'accord sur ce point. Faut-il alors s'en remettre à l'avis de J.F Le Ny et compter sur la courtoisie pour faire de la psychologie une science ?

L'argument formel cherchant à juger du début d'une discipline par l'apparition du terme la baptisant n'est pas ici d'un grand secours. Depuis des décennies la date d'apparition du terme « psychologie » ne fait que reculer. Rudolf Göckel (1547-1628), moins mal connu sous le nom latin de Goclenius, professeur à l'université de Marbourg, détint longtemps l'acte de baptême pour sa *Psychologia hoc est de hominis perfectione, anima, ortu* datant de 1590. Mais il dut supporter la concurrence – non étayée textuellement – de Philipp Melanchton, supposé être le premier à avoir employé le terme. Aujourd'hui, il semble que ce soit à l'humaniste dalmate Marko Marulic [11], que revienne la paternité du terme « psychologie », vers 1506, pour l'intitulé : *Psichiologia de ratione animae humanae liber I*. Quoi qu'il en soit, ce baptême nous entraîne loin du prétendu tournant du XIXe siècle. Comme le note fort justement S. Nicolas, le terme est remarquablement absent des écrits des grands noms de la philosophie classique, à commencer par nombre de ceux mentionnés comme précurseurs par les histoires générales de la psychologie. Une occurrence est toutefois bien connue chez Leibniz en 1696, mais c'est surtout son disciple Ch. Wolff (1679-1754) qui semble lui avoir donné ou redonné du prestige avec sa *Psychologie empirique* de 1732 et sa *Psychologie rationnelle* de 1734, publiées en latin et consacrant l'existence de deux psychologies.

Pour ce qui est du domaine français – désormais central ici – le terme « psychologie » est déjà usité au XVIIIe siècle, par exemple dans l'*Encyclopédie* comme « partie de la philosophie qui traite de l'âme humaine » ou dans *l'Essai de psychologie* (1754) du genevois Ch. Bonnet. A quelles conditions la psychologie pourrait-elle s'affranchir de la philosophie et se poser comme nouvelle science ou nouvelle discipline indépendante ? C'est la question centrale des débats que nous allons désormais examiner.

11. K. Krstic, « Marko Marulic – The Author of the Term "Psychology" », *Acta Instituti Psychologici Universitatis Zagrabiensis*, n°36, 1964, p. 7-13.

LA SCIENCE PREMIERE DE MAINE DE BIRAN

Maine de Biran (1766-1824) est une figure incontournable, d'abord pour avoir plaidé la cause d'une psychologie conçue comme science première et autonome, ensuite pour avoir été à la croisée de deux courants dont les adeptes vont s'opposer dans les polémiques à venir. Il s'inscrit, on le verra, dans le sillage de la tradition empiriste française des Lumières, fédérant ceux que l'on baptisa « sensualistes » ou « matérialistes ». Mais il est aussi une référence revendiquée par le courant « spiritualiste » et « éclectique » français qui s'abreuvera aussi à des sources telles que la philosophie écossaise inspirée par Th. Reid (1710-1796) et l'idéalisme allemand de la fin du XVIIIe et du début du XIXe siècle.

Fils de médecin, Maine de Biran envisagea d'abord une carrière de professeur de mathématique mais se consacra finalement à la politique. Administrateur, sous-préfet puis député de la Dordogne, il eut aussi des responsabilités nationales dont celle de conseiller d'État. Malgré ces charges, il garda sa réputation de solitaire attaché à la province et défendit son goût pour la solitude et la réflexion, loin des affaires du monde.

Familier du salon de madame Helvétius, Maine de Biran entretint une correspondance assidue avec Destutt de Tracy et Cabanis, fut un lecteur appliqué de Bichat, fonda et présida une société médicale. Ses premiers écrits révèlent l'influence de Condillac, des Idéologues, et le montrent attentif aux avancées de l'une des sciences les plus actives et les plus en vogue de son temps : la physiologie. Par ailleurs, ses œuvres témoignent amplement de sa familiarité avec les philosophes « classiques », en particulier Descartes, Malebranche, Locke et surtout Leibniz. C'est en effet celui-ci qu'il revendique comme influence majeure quand il discute et conteste la théorie condillacienne de la connaissance. En outre, il s'intéresse à la nouvelle « métaphysique » à Kant et présente au cœur de sa correspondance avec son ami Ampère.

Ainsi, Maine de Biran n'est pas l'homme d'une tradition unique ou d'une monoculture, mais savant encyclopédique et influent malgré la rareté de ses publications : avant 1817, le seul de ses travaux aboutissant à une publication est le *Mémoire sur l'habitude* primé en 1812 par l'Institut. Critique issu des rangs d'un courant scientifique et philosophique français influent, il n'a rien du novateur exotique ou marginal. Sa remise en cause d'une certaine conception de la Science et de la classification qui en découle, ainsi que sa vision nouvelle de la psychologie n'en auront que plus de répercussions.

En 1813, Biran dispute déjà avec Royer-Collard d'une éventuelle distinction à établir entre sentir et percevoir. Alors que Royer-Collard rejette la sensation condillacienne comme étant une « pure abstraction », Biran juge Condillac irréfutable si l'on refuse d'accorder cette distinction. Selon lui, il faut donc reconnaître une double nature de l'homme, l'une animale, l'autre intellectuelle, comme en témoigne la sortie du sommeil où l'on perçoit des impressions qui ne commencent pas mais sont déjà établies dans « l'âme sensitive »[12]. De même, ajoute-t-il, « il me semble, lorsque j'observe le jeu intérieur de mes affections, de mes appétits, et de tous ces modes variables qui correspondent aux fonctions vitales, que tout cela se fait sans *moi* [...] ».

En se livrant à ces analyses, Biran ne pense pas fonder une nouvelle science, d'autant qu'il est de ceux qui estiment que la psychologie existe déjà et que c'est à Descartes que l'on en doit l'existence. Locke et Condillac n'ont fait qu'exploiter un fond d'idées dues au philosophe français, Bacon ne paraissant même pas les avoir soupçonnées. La position de Biran sur l'acte de naissance de la psychologie est sans appel : « C'est Descartes, en effet, qui a le premier cherché dans les faits primitifs de conscience, le principe de la connaissance humaine et créé ainsi la vraie psychologie »[13].

Dans l'introduction de son ouvrage resté inachevé, *Rapports des sciences naturelles avec la psychologie ou la science des facultés de l'esprit humain* (1813), Biran propose une réorganisation de l'ordre des sciences nourrie de ses thèses psychologiques. Une rupture s'annonce. En effet, passée l'ouverture assez convenue rendant hommage à Bacon pour la fécondité de sa méthode expérimentale et inductive, se

12. Maine de Biran, « Promenade au Luxembourg avec M. Royer-Collard », dans *Mémoire sur les perceptions obscures*, rééd. P. Tisserand, Paris, Armand Colin, 1920, p. 42.

13. Maine de Biran, « Défense de la philosophie », dans *Œuvres de Maine de Biran*, Paris, Alcan, 1939, tome XII, p. 115.

profile immédiatement la menace de divorce. Car, bien que la rupture ne soit pas complète dans la mesure où sa classification s'apparente à celle de Bacon par son fondement dans une théorie des facultés de l'esprit humain, s'annonce une remise en cause des principes sur lesquelles celle-ci repose. L'examen révèle que la classification baconienne fondée sur le principe de l'unité des procédés de l'esprit depuis l'observation jusqu'à la connaissance n'est pas appropriée à la diversité des branches de nos connaissances. Selon Biran, chacune repose sur des facultés de l'esprit différentes auxquelles sont donc associées des modalités d'observation différentes. Il faut alors rétablir la diversité et l'ordre des facultés humaines, ce qui va justifier la place royale devant être assignée à la psychologie.

A une époque où classer les sciences est un exercice très au goût du jour, une nouvelle classification aurait pu passer inaperçue. Il n'en fut rien car dans les années 1810 gravite autour de Biran une société philosophique comptant De Gérando, Ampère, Royer-Collard, les frères Cuvier, Guizot et, à partir de 1816, le jeune Victor Cousin suppléant de Royer-Collard à la Sorbonne. Aussi, même si l'œuvre de Biran n'est pas immédiatement publiée, elle est appréciée et sera même explicitement revendiquée par les défenseurs d'une psychologie « nouvelle » car autonome en raison de l'originalité de sa méthode. En 1834, à l'occasion de sa publication de l'œuvre de Biran, Victor Cousin rendra ainsi hommage à celui qu'il reconnaissait comme l'un de ses trois maîtres, le qualifiant de « plus grand métaphysicien qui ait honoré la France depuis Malebranche » et d'« homme sans égal en France pour le talent de l'observation intérieure, la finesse et la profondeur du sens psychologique ».

De la pluralité des facultés de l'esprit, Biran déduit donc une pluralité de méthodes scientifiques :

> 1) Que s'il y a plusieurs facultés de l'esprit humain, et non pas une seule, comme on a prétendu l'établir [...] il doit y avoir avant tout plusieurs méthodes et non pas une seule, pour donner à chacune de ces facultés l'emploi et la direction qui leur conviennent.
> 2) Qu'ainsi cette unité de méthode ne saurait être conçue comme praticable, s'il est vrai qu'en appliquant aux choses extérieures certains moyens ou certains sens [...] notre esprit est disposé d'une toute autre manière, que lorsqu'il s'applique à se reconnaître lui-même par l'emploi d'autres moyens ou d'autres sens appropriés ; si

> l'entendement humain a pour ainsi dire telle face dirigée vers le monde extérieur, et telle autre concentrée sur ses propres modifications ou actes, etc ; [*sic*]
> 3) Enfin qu'on prétendrait vainement transporter à la philosophie première ou à la science des phénomènes de l'esprit humain, les procédés de la méthode expérimentale, si l'observation intérieure diffère essentiellement par ses moyens et son objet de celles qui sert de base aux sciences naturelles [...] [14].

Notons, explicitement posées ici, deux « faces » de l'entendement humain associées chacune à un mode d'observation propre : externe ou interne. Biran identifiant, comme la plupart de ses contemporains, observation et expérience, « l'heureuse méthode d'*expérience* et d'*induction* » que l'on doit au « célèbre restaurateur des sciences naturelles » est préservée dans son principe. En revanche, il est désormais clair que les méthodes des sciences naturelles et celles de « la science des phénomènes de l'esprit humain » sont deux espèces du même genre, à savoir « l'observation » et qu'il faut se garder de les identifier. Et ceci vaut également, selon Biran, pour les notions de fait, de loi et de cause.

Dans la vulgate baconienne la notion d'« observation » va de pair avec celle de « fait ». La doctrine de Biran préserve le caractère central de cette deuxième notion qu'il lie, par définition, à celle d'observation dont il admet deux modes distincts – sensation et perception – selon qu'il y a séparation ou non de toute « aperception ou conscience ». Tout comme Leibniz, le maître dont il revendique l'influence, Biran admet donc que l'homme puisse être sensible à un élément, extérieur ou non, sans pour autant en être conscient. Ce type de sensation serait tout particulièrement le lot de l'animal, de l'enfant qui vient de naître, du fou ou du dormeur. L'existence de ces sensations inconscientes, que Biran baptise *affections simples* ou *intuitions* assure que dans tout « fait » la distinction de deux termes n'est pas arbitraire, mais fondée sur une réalité positive.

La classification des sciences va alors reposer sur une classification non pas des diverses méthodes d'observation mais des divers types de faits. Elle se résoudra finalement en trois termes :

14. Maine de Biran, « Rapports des sciences naturelles avec la psychologie ou la science des facultés de l'esprit humain (1813) », *Nouvelles œuvres inédites de Maine de Biran,* publiées par Alexis Bertrand, Paris, 1887, p. 127-288.

> I) Tout ce qu'un être pensant ou sentant aperçoit ou sent actuellement en lui ou hors de lui par quelques sens externe ou interne, devient pour cet être ce qu'on appelle un *fait.*
> II) Tout fait a un caractère de relation essentielle ; c'est un rapport à deux termes ou un composé de deux éléments distincts et non séparés l'un de l'autre, savoir d'un sujet qui perçoit et d'un objet qui est perçu.
> III) Sous le titre d'objet, on peut renfermer tout ce que l'être pensant perçoit comme actuellement distinct du sentiment de son existence individuelle, identique et permanente. Ainsi une modification, même intérieure, peut être un objet par rapport au moi, s'il la distingue du sentiment qu'il a de lui-même ou de son durable [*sic*].

Le point le plus lourd de conséquences pour les débats à venir est certainement l'insistance de Biran sur le fait que sujet et objet peuvent être tous deux « intérieurs ». La voie est ainsi ouverte non seulement à la notion de « fait interne » mais aussi, puisqu'un fait est par définition double, à la possibilité d'un « regard interne » de l'âme sur un fait lui-même interne, autrement dit à une introspection au sens littéral du terme. Nous verrons cette thèse âprement disputée dans les débats ultérieurs sur la psychologie et devenir un enjeu crucial quant à la possibilité même de la constituer en science autonome.

> IV) Une modification ne peut se distinguer du *moi* et s'objectiver par rapport à lui, qu'en se référant soit à un sujet permanent d'inhérence, si elle est constante et fixe, soit à une cause productive, si elle est variable ou passagère. [...]
> V) Comme cette cause et ce sujet sont ou le *moi* lui-même ou autres que le *moi*, il y a deux sortes de faits essentiellement distincts : des faits extérieurs que nous ne pouvons nous représenter que hors de nous, ou comme des êtres étrangers à nous, et des faits intérieures que nous ne pouvons sentir ou apercevoir qu'en nous-mêmes. [...]
> VI) Si d'un fait quelconque externe ou interne nous abstrayons le phénomène, il nous restera le concept pur de cause ou de substance. Ce concept ne sera sans doute qu'un être logique, une catégorie, une abstraction sans réalité tant qu'on ne la ramènera pas à sa véritable et unique origine, savoir, au fait primitif de la conscience ou de l'existence du moi.

Après les « faits externes » en principe peu problématiques pour des héritiers de Bacon, après les « faits internes », plus litigieux, l'affirmation d'un troisième type de fait est censée rendre compte de la façon dont les faits internes peuvent faire l'objet d'une perception. Composé puisque c'est un fait, il est cependant « primitif » de par son caractère irréductible :

> VII) Comme j'ai appelé intuition ou affection le phénomène qui reste, quand on en sépare le concept de cause ou de substance, je nommerai *aperception interne immédiate* ce qui reste du même fait quand on en sépare tout élément phénoménique. L'aperception interne est le seul fait qui soit primitif en sa nature, elle ne peut être résolue en phénomène et emporte avec elle la réalité des deux éléments subjectif et objectif qui s'y trouvent indivisiblement unis en restant toujours distincts l'un de l'autre.

Plus loin, Biran précise que ce rapport irréductible constitutif du fait primitif peut également être caractérisé ainsi : « le sujet et le mode actif se trouvent unis indivisiblement dans le même sentiment ou la même perception d'effort (*nisus*) dont les muscles soumis à la volonté sont les organes propres. C'est de cette impression originelle d'un effort que dérivent toutes les idées de forces ou de causes »[15].

La notion de fait étant maintenant répartie en trois classes, Biran peut distinguer trois sciences se démarquant les unes des autres par leurs objets et « peut-être aussi », écrit-il, par leurs méthodes.

Aux faits extérieurs, composés d'une *intuition* qui en serait comme la matière alors que « la notion d'un sujet substantiel ou cause permanente » en serait la forme, est associé la physique :

> La physique, ou science de la nature, est la science des faits extérieurs représentés par intuition. Ces faits y sont d'abord considérés en eux-mêmes, comme s'ils étaient simples et absolus, et sans relation au sujet qui les perçoit, à la substance à qui ils sont inhérents ou à la cause efficiente qui les produit[16].

La science des faits intérieurs, composés des « phénomènes de la vie animale » et de « la notion d'un sujet substantiel ou d'une *cause*

15. *Ibid.*, p. 135.

16. *Ibid.*, p. 134.

intérieure qui les effectue dans un temps » est la physiologie dont il précise clairement qu'elle est une branche de la physique :

> La science de ces phénomènes intérieurs organiques, connue sous le titre de *physiologie*, est la science de la nature *vivante*. Suivant les procédés de la physique dont elle est une branche, cette science s'attache également d'une manière exclusive aux affections ou aux *phénomènes* de la vie et de l'organisation en faisant abstraction ou confusion du sujet identique et permanent qui les perçoit, et en même temps de la cause interne qui les effectue, comme de la volonté qui peut concourir quelquefois à les produire et toujours à les modifier [17].

Les deux sciences précédentes – physique et physiologie – opèrent donc une abstraction, une mise à l'écart du sujet, autorisée par la possibilité de résoudre un fait en ses deux constituants. Maintenant, la science dont l'objet est le fait primitif, irréductible, est la psychologie :

> On appelle *psychologie* la science qui, s'attachant d'abord à ce fait primitif et à ses dérivés immédiats, se propose de faire l'analyse complète des *faits* externes, en y distinguant la part phénomènique de l'objet et la part réelle du sujet; d'y reconnaître ainsi les véritables éléments formels de ces faits, de rappeler à leur source primitive les notions de cause et de substance; de justifier la réalité absolue que nous leur attribuons; de donner ainsi une base à la science des phénomènes et d'en garantir la solidité en l'appuyant sur le fait évident et irrécusable de la conscience ou de l'existence du *moi* [18].

De plus, la psychologie n'est pas une science monolithique puisqu'elle admet une subdivision. Il convient de distinguer d'une part la psychologie synthétique ou rationnelle qui envisage d'abord le fait primitif « hors de son association » avec des phénomènes internes ou externes, et d'autre part la psychologie analytique ou expérimentale qui considère les faits sur lesquels elle s'appuie comme élémentaires. L'analyse des sensations, des idées, ou des rapports aux signes font partie de cette psychologie analytique dont Locke fut un explorateur.

17. Maine de Biran, *op. cit.*, p. 134-135.

18. *Ibid.*, p. 136.

La psychologie est ainsi la « science première » dans la mesure où toutes les autres en dérivent, en particulier la physique. Mais à partir d'elle il est aussi possible d'aboutir à une autre science, à condition de faire abstraction des phénomènes « variables et particuliers » et en s'attachant en toute généralité aux concepts de substance, de cause ou d'être. Il s'agit de la « métaphysique pure, ou la science des formes qui flottent dans une sorte de vague intellectuel jusqu'à ce qu'elles aient trouvé un fond ou une base solide où elles puissent se rattacher »[19]. Pour avoir privilégié une approche purement conceptuelle, Descartes, Leibniz, Kant et leurs disciples se seraient engagés dans la voie de la métaphysique. Négligeant le recours à un quelconque « fait originel », ils ont pris la « certitude logique pour la certitude métaphysique qu'ils avaient en vue. »

Synthétisant cette brève analyse, le schéma suivant esquisse l'ordre des sciences selon Biran, à ceci près qu'il paraît difficile de concilier sa définition de la physiologie avec son autre affirmation la présentant comme une branche de la physique. Ceci reviendrait en effet à faire des faits intérieurs une subdivision des faits extérieurs :

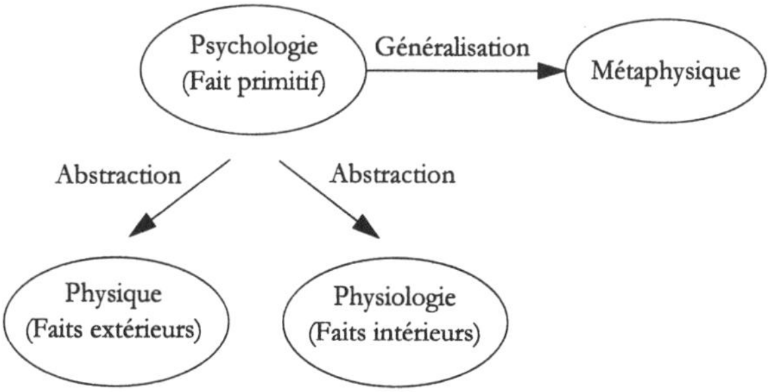

La psychologie est-elle désormais une science autonome? Sans doute, et même « cette science pourrait bien fournir des moyens d'explication ou d'analyse aux sciences dérivées qui ont un objet extérieur, mais non en recevoir d'elles ». De surcroît, les phénomènes simples qui sont les objets de la physique et de la physiologie « ne sauraient avoir rien de commun entre eux, ni s'expliquer ou s'éclairer les uns par les autres ». Ceci confirme au passage que la physiologie n'est pas une branche de la physique, à moins de

19. *Ibid.*, p. 136

prendre « physique » au sens très large de science des faits naturels et non pas seulement de science des faits extérieurs. D'ailleurs, Biran souligne lui-même que « ce que l'on entend par l'explication d'un ordre de faits par un autre se prend dans une latitude beaucoup plus grande [...] et peut se fonder sur d'autres rapports d'analogie ou de causalité »[20].

Mais la psychologie est-elle pour autant une nouvelle science? Certainement pas si l'on en croit Biran qui, comme nombre de ses contemporains, voit déjà en Descartes et en Locke des psychologues. Trouver une science baptisée « psychologie » en tête d'une classification des sciences fondée sur les facultés de l'esprit humain n'est d'ailleurs guère étonnant. Et si l'on ne s'arrête pas aux effets de dénomination, on peut même voir dans la psychologie de Biran une héritière directe de l'Idéologie. En effet, dans son *Mémoire sur la Faculté de Penser*[21], où il forge d'ailleurs le terme d'« idéologie », Destutt de Tracy proclame que l'unique science est celle de l'entendement humain et que toutes les autres ne sont que des applications de cette science générale. Au moment de baptiser cette science première, Destutt exclut « psychologie », qui pourrait suggérer « la recherche vague des causes premières », ainsi que « métaphysique », terme « cruellement discrédité ». La proximité entre psychologie et métaphysique dans la classification de Biran n'est donc pas radicalement nouvelle, tout comme ne l'est pas la recherche de rapports entre cette science première et celles étroitement liées à l'organisation des facultés humaines : l'Idéologie établissait déjà un rapprochement systématique entre l'analyse – au sens de ce terme dans les théories empiristes de la connaissance (Locke, Condillac) – et les méthodes propres aux diverses sciences. La psychologie de Biran révèle encore d'autres signes de filiation, ou du moins de parenté, avec l'Idéologie : on se souvient, par exemple, que la « psychologie expérimentale » dont Locke fut un héros est, selon Biran, essentiellement « analytique ». Quant à la subdivision de la science première

20. Maine de Biran, *op. cit.*, p. 138. Nous savons toutefois que cette dissociation radicale de la physiologie et de la physique semble aller à l'encontre de l'affirmation antérieure faisant de la physiologie une branche de la physique.

21. Destutt de Tracy, « Mémoire sur la Faculté de Penser », dans *Mémoire sur la Faculté de Penser – De la Métaphysique de Kant*, Fayard, Paris, 1992, p. 35-177.

en « rationnelle » et « expérimentale », sans remonter à Wolff on peut noter que Biran n'innove pas. Destutt écrit ainsi :

> En parlant de la sensibilité et des facultés qui en dérivent, je n'ai point osé rechercher leurs causes physiologiques [...] je laisse ces profondes et utiles recherches à ceux de nos collègues qui sont plus capables que moi de sonder de pareils mystères. C'est ainsi que l'idéologie me semble se partager en physiologique et rationnelle : la première [...] ne pouvant guère se promettre d'autres résultats [...] que la destruction de beaucoup d'erreurs et l'établissement de quelques vérités précieuses, mais encore éparses et peu liées entre elles ; la seconde, l'idéologie rationnelle, exigeant moins de science [...] mais possédant des faits suffisamment liés [...] a l'avantage d'être susceptible d'applications plus directes, et de former déjà un système complet. C'est à celle-là que je me borne. Je prends nos facultés telles qu'elles sont, et ne m'occupe que de leurs effets [22].

Dans ses *Rapports du Physique et du Moral de l'Homme*, Cabanis adopte un point de vue symétrique de celui de Destutt. Affirmant vigoureusement l'interdépendance de ces deux aspects de l'homme et excluant toute ligne de démarcation qui ne fluctuerait donc qu'au gré des « hypothèses métaphysiques » [23], il ne se livre à des considérations morales qu'en raison « des lumières qu'elles peuvent emprunter de l'étude des phénomènes physique, [...] uniquement parce qu'elles sont une partie essentielle de l'histoire naturelle de l'homme » [24]. Envisagé sous l'angle de l'analyse des idées, de la physiologie, ou bien de la morale, l'objectif demeure le même : réunir ces trois approches en « une seule et même science, qui peut s'appeler, à juste titre, *la science de l'homme* » [25].

En somme, l'originalité de Biran en matière de psychologie est moins à chercher dans une classification révolutionnaire des sciences que dans ses thèses sur la structure de l'esprit humain. Or,

22. Destutt de Tracy, « Mémoire sur la Faculté de Penser », II, 4, dans *Mémoire*, p. 89.

23. P.J.G. Cabanis, *Rapports du Physique et du Moral de l'Homme*, *Œuvres Philosophiques de Cabanis*, Paris, P.U.F, 1956.

24. Cabanis, « Préface » aux *Rapports du Physique et du Moral de l'Homme*, dans *Œuvres Philosophiques*, p. 109-121.

25. *Ibid.*, p. 115.

celles-ci ouvrent la voie à un objectif que, lui, ne revendique pas explicitement, contrairement à certains de ses disciples spiritualistes, et qui est aux antipodes du projet de Cabanis : rendre possible une science de l'âme humaine qui ne soit pas liée, et encore moins subordonnée, à la physiologie.

ENTRE PHILOSOPHIE ET PSYCHOLOGIE

Parmi les psychologistes français du premier tiers du XIXe siècle, Théodore Jouffroy (1796-1842) est répertorié comme l'avocat le plus spécifique de l'autonomie d'une psychologie se prétendant nouvelle. Afin de mieux cerner le cadre d'un débat dont certains enjeux dépassent largement la seule question du statut de la psychologie, il importe de retracer filiations et thèses centrales du courant de pensée dans lequel ce philosophe psychologue s'inscrit. Déjà, bien que le débat de l'époque sur la psychologie soit parfois évoqué sous une forme que l'on peut dire réduite car focalisée sur l'opposition entre Jouffroy et Broussais, ce sont bien deux systèmes philosophiques qui s'affrontent. Un indice supplémentaire que la controverse entre Jouffroy et Broussais n'oppose pas seulement deux personnes mais au moins deux écoles, est le fait qu'ils ne se répondent pas explicitement l'un à l'autre, mais que les critiques du « psychologiste » visent explicitement les « physiologistes » ou « naturalistes », tandis que celles du « physiologiste » dénoncent les erreurs ou abus des « psychologistes », « métaphysiciens » ou encore « spiritualistes ». Certaines attaques sont cependant nominatives : Broussais, par exemple, vise explicitement Maine de Biran, Royer-Collard, ou Victor Cousin qu'il qualifie de « kanto-platonicien ». Voyons donc les figures principales, les options philosophiques et les positions institutionnelles du courant de pensée fédérant les psychologistes.

Le nom de Royer-Collard (1763-1843) est étroitement associé à la réaction de l'Université impériale contre le sensualisme de Condillac et des Idéologues. Cette réaction, Napoléon s'en réjouit, espérant qu'elle allait contribuer à le débarrasser d'adversaires dont la liberté de parole, l'attachement à l'esprit des Lumières, et les sympathies souvent républicaines étaient irritantes. Selon son mot devenu fameux, la nouvelle philosophie devait « les clouer sur place par le raisonnement ».

Issu d'un milieu marqué par le jansénisme, membre dès avant la Révolution de la congrégation enseignante des Frères de la Doctrine chrétienne, Royer-Collard étudie les mathématiques avant de s'orienter vers le barreau. Partisan modéré de la Révolution, il siège au conseil des Cinq-Cents après thermidor, défend la liberté de culte et soutient que toute saine philosophie doit marcher de pair avec la religion. Renouant avec la monarchie, il est conseiller secret du futur Louis XVIII mais se rallie à Bonaparte après Brumaire. Constant défenseur de l'autel et du trône, une série d'articles publiés anonymement dans le *Journal des Débats* en 1806 exprime son aversion pour la pensée du siècle passé, « aussi orgueilleuse qu'elle fut stupide et féroce »[26]. Il dénonce une philosophie « *tolérante* qui, dans les jours de sa tout-puissance, a voulu anéantir jusqu'à la pensée religieuse et n'a pas dédaigné pour auxiliaires les proscriptions et les massacres », fustige « cet esprit *philosophique* qui infecta toute les parties de la littérature »[27] et ces philosophes pour qui « le mensonge était un principe autant qu'une habitude »[28]. Royer-Collard est donc de ceux qui voient dans la philosophie du siècle passé une cause majeure de la Révolution, d'autant que philosophie, morale, religion et politique sont étroitement associées à ses yeux. Selon lui, en effet, « la vraie philosophie ne méprise rien de ce qui intéresse l'humanité » et « assigne dans l'histoire le premier rang à la morale et à la politique »[29].

Fin 1810, il est nommé doyen de la Faculté des lettres et professeur d'Histoire de la philosophie. Quatre ans plus tard il enseigne l'Histoire de la philosophie moderne à la Sorbonne et à l'École normale. Selon une anecdote fameuse, mais fausse, rapportée par Taine, ce professeur peu qualifié mais hostile à tout ce

26. P.P. Royer-Collard, « La folie de l'incrédulité », dans A. Schimberg, *Les Fragments philosophiques de Royer-Collard.*

27. Royer-Collard, « Les Déformations introduites par l'esprit philosophique dans les études historiques », dans Schimberg, *op. cit.*, p. 282.

28. Royer-Collard, « La folie de l'incrédulité », dans Schimberg, *op. cit.*, p. 300.

29. Royer-Collard, « Les Déformations introduites par l'esprit philosophique dans les études historiques », dans Schimberg, *op. cit.*, p. 283.

qui rappelle Condillac aurait acheté par hasard, chez un bouquiniste, un ouvrage d'un obscur philosophe écossais, Thomas Reid, intitulé *Recherches sur l'entendement humain, d'après les principes du sens commun*. Y trouvant une réfutation du sensualisme, il aurait accepté de dépenser quelques sous pour fonder la nouvelle philosophie officielle de l'université française, enfin délivrée des errances du siècle passé. Quoi qu'il en soit, les premiers cours de Royer-Collard furent effectivement consacrés à une lecture de Reid qui ne fut cependant pas sa seule influence. Il écrivit ainsi que Maine de Biran, « C'est notre maître à tous »[30], maître qu'il eut cependant pour auditeur à ses leçons de 1813. Par ailleurs, dés le discours d'ouverture de son cours de 1811 il déclare, après avoir rendu hommage aux Ecossais, qu'un motif majeur de gloire philosophique pour la nation française est que l'on ait pu dire que « toute la philosophie n'est que l'esprit de Descartes »[31]. Enfin, Royer-Collard revendique un troisième maître, Platon, exemple moral et politique dont il oppose la philosophie sans complaisance à celle du XVIIIe siècle où il discerne nettement l'empreinte du sophiste Protagoras. Si Platon avait été populaire, au lieu de susciter le mépris des « étourdis » nombreux d'un siècle qui s'annonce « grossier », « nous n'aurions pas vu la cupidité prendre un empire si général et si absolu sur l'esprit des hommes, ni le zèle du bien public regardé comme une noble extravagance parmi ceux qui passent pour la portion du genre humain la plus rusée aussi bien que la plus avide »[32].

Chez tous ses maîtres Royer-Collard trouve un antidote aux deux thèses de la philosophie du siècle passé qu'il juge les plus pernicieuses, à savoir le scepticisme et le nihilisme, « nés de la satiété, de la fatigue de croire quelque chose, du besoin de simplifier tout pour diminuer le travail de l'intelligence, de la concentration de toutes les facultés dans la sensibilité, et de celle-ci dans le goût si vif et si

30. Aveu rapporté par Schimberg, *op. cit.*, p. XLVII.

31. Royer-Collard, « Discours d'ouverture du Cours de l'Histoire de la philosophie », 1811, dans Schimberg, *op. cit.*, p. 8.

32. *Ibid.*, p. 106.

universel des jouissances »[33]. Ce n'est donc pas un hasard si la philosophie de Reid est à ce titre exemplaire, puisque l'un de ses objectifs explicites est de combattre le scepticisme de son compatriote Hume et de défendre la religion.

En particulier, Royer-Collard va trouver dans la réévaluation du sens commun opérée par Reid un allié contre le sensualisme. Ainsi, Reid souligne déjà que dans l'usage courant le mot « sens » n'a pas la même signification que dans la langue des philosophes puisque dans celui-là « le mot sens implique toujours le jugement ». Il précise même que « le *sens commun* est ce degré de jugement qui est commun à tous les hommes avec qui on peut converser et contracter dans les occurrences les plus ordinaires de la vie »[34]. Et Reid souligne deux points : d'abord que dans les langues anciennes et probablement toutes les langues européennes, des termes tels que « sentire, sententia, sensa, sensus » dont dérive le mot sens « expriment le jugement ou l'opinion », ensuite que « cette lumière intérieure du bon sens n'est pas accordée à tous dans la même mesure ».

Un thème central des cours de Royer-Collard rejoint la question de la capacité de jugement des sens et recoupe préoccupations et conclusions de Maine de Biran : il s'agit de la distinction entre sensation et perception. Ainsi que Reid l'a déclaré, Royer-Collard affirme que « ce n'est pas la sensation qui perçoit, qui se souvient, qui juge, raisonne, imagine » et que ce n'est pas davantage en elle que l'on peut trouver « la règle éternelle des droits et des devoirs »[35]. Identifier sensation et perception reviendrait à faire de la connaissance, de l'étendue, de la solidité, des sensations. Or il faut choisir, et le sens commun viendrait heureusement conforter l'avis de Royer-Collard :

> Quoi de plus absurde que des affections ou des pensées solides, étendues et contigües? Le sens commun *recule épouvanté* devant un

33. Royer-Collard, « Cours de la deuxième année (1812-1813) : De la substance : Origine des erreurs des philosophes sur la substance », dans Schimberg, *op. cit.*, p. 107-108.

34. Th. Reid, « Essais sur les facultés de l'esprit humain », tome III, Essai VI, chap. 2, p. 29-30 dans *Œuvres complètes*, trad. fr. Th. Jouffroy, tome V, Paris, 1829.

35. Royer-Collard, « Discours d'ouverture du Cours de l'Histoire de la philosophie », 1811, dans Schimberg, *op. cit.*, p. 10.

> système qui aboutit là. Oui, le sens commun, mais non pas le philosophe qui a créé ce système[36].

Entre le philosophe qui a « le malheureux talent d'obscurcir les choses les plus claires », à savoir Condillac, et le sens commun, le choix de Royer-Collard est sans hésitation : le philosophe obscur a tort. La conséquence est immédiate : « Si l'étendue et la solidité sont de pures sensations, il n'y a point de dehors [...] »[37]. Fort heureusement, le sens commun refuse cette conséquence.

Celui-ci a donc pour fonction remarquable d'assurer la distinction entre le dehors et le dedans et surtout vient confirmer la thèse de l'existence de deux types de faits, internes et externes, radicalement divers. Or, même sans adhérer à toutes les thèses de Biran, les psychologistes qui vont s'inscrire dans son sillage et dans celui de Royer-Collard vont asseoir la possibilité même de l'autonomie de la psychologie dans la distinction entre ces deux types de faits, distinction qui paraît agréer au sens commun qui se trouve donc être l'allié d'une psychologie autonome et non pas servante de la physiologie.

Nous avons suggéré en introduction que l'une des particularités des sciences humaines, et en particulier de la psychologie, était, selon l'expression d'A. Comte, « leur proximité à l'homme » et, qu'en conséquence, elles ont à se situer par rapport à l'avis attribué au commun. Dans le cas de Royer-Collard – et il en sera de même avec ses disciples – le choix semble fait, mais sous réserve de ne pas confondre « avis général » ou « opinion publique » et « sens commun ». Or, l'équivoque pourra éventuellement être levée à l'aide de la thèse proprement aristocratique de Reid : la lumière intérieure n'est pas, en fait, accordée à tous dans la même mesure. « Savant » parce que professeur, Royer-Collard opte donc pour un sens commun raffiné permettant à la fois de se tenir à distance du vulgaire et de s'opposer à l'avis des « savants » sensualistes.

Comme Royer-Collard est le premier à le souligner, il ne s'agit pas seulement ici de querelles philosophiques mais bien d'un affrontement politique, religieux et scientifique. L'émergence d'une

36. Royer-Collard, « Cours de la deuxième année (1812-1813) : Origine et conséquence de la confusion de la sensation et de la perception », dans Schimberg, *op. cit.*, p. 35.

37. *Ibid.*, p. 27.

psychologie autonome a, dans les années 1820, partie étroitement liée avec l'ancien projet napoléonien, réitéré par la Restauration, de clouer sur place par le raisonnement la philosophie fraîchement qualifiée de « sensualiste ».

Pour en revenir à l'accord avec le sens commun, soulignons qu'il s'appuie sur une caractéristique de l'esprit humain. Reid rappelle que Descartes avait déjà souligné que l'on ne peut dire « j'existe » sans concevoir ce qu'est l'existence en général et sans pouvoir distinguer ce qui existe de ce qui n'est qu'imaginaire[38]. Royer-Collard paye lui aussi sa dette à Descartes en rappelant que le philosophe français avait insisté sur le fait que le rapport entre penser et exister n'est pas établi par raisonnement et que le fameux *ergo* est superflu car être et penser sont simultanés[39]. Le même genre de procédé nous donne la certitude d'être distincts de l'univers et place hors de nous les objets de nos perceptions. Ce procédé, Royer-Collard l'appelle induction et le juge infaillible. Il convient donc de le distinguer de l'induction à la manière des sciences naturelles dont Bacon a fixé les règles et qui n'est jamais que probable. L'induction opérée par le sens commun dans la perception est tout autre car « indépendante de l'expérience comme du raisonnement, et libre du joug des hypothèses, elle ne permet à la pensée aucune incertitude : ses jugements universels et absolus ont la force de la nécessité »[40].

S'esquisse donc ici une voie d'investigation qui, par une expérience infaillible s'oppose au sensualisme au nom du sens commun et de l'indépendance du *moi*, et affirme possible de rendre compte de « l'extérieur » à partir de « l'intérieur », de l'ontologie à partir de la psychologie. A. Schimberg nous semble synthétiser ceci justement en écrivant que Royer-Collard « fonde cette sévère méthode psychologique qui prétend procéder par analyses complètes [...et] que Cousin et Jouffroy opposeront à la méthode ontologique allemande.

38. Reid, « Essais sur les facultés de l'esprit humain », tome III, Essai VI, chapitre 1, p. 15.

39. Royer-Collard, « Cours de la deuxième année (1812-1813) : De la substance », dans Schimberg, *op. cit.*, p. 81.

40. Royer-Collard, « Discours d'ouverture du cours de 3e année », dans Schimberg, *op. cit.*, p. 185.

Au nom de l'expérience, Royer-Collard proclame contre Condillac la distinction des phénomènes psychologiques [...] »[41].

Place de la psychologie dans l'éclectisme de V. Cousin

Reçu major à l'École normale en 1810, Victor Cousin (1792-1867) y reçoit l'enseignement de Royer-Collard et de Laromiguière, disciple modérément critique de Condillac. Dès après ses études, il enseigne dans son école et devient suppléant de Royer-Collard à la Sorbonne en 1815. Un an plus tard, il participe aux réunions philosophiques de Maine de Biran dont le journal intime mentionne une conversation datée de janvier 1821 avec ce jeune professeur à la tête « trop ardente » mais plein de sagacité en ce qui concerne « la psychologie et la haute métaphysique ». Les deux hommes auraient « cherché ensemble le passage du subjectif à l'objectif, d'accord sur la personnalité du moi, qui est leur point de départ commun »[42].

A partir de 1817, une série de voyages en Allemagne permettent à Cousin de rencontrer les figures majeures de la nouvelle philosophie d'outre Rhin : Schelling, Hegel, Goethe, Schleiermacher, Jacobi, ainsi que des disciples immédiats de Kant et de Fichte. Si Royer-Collard fut en quelque sorte l'importateur des philosophes de l'école de Reid, le nom de Cousin est plutôt attaché à la philosophie germanique. Mais quand on l'accusera de plagiat, Cousin saura faire valoir, sans renier pour autant ceux qu'il présente comme ses pairs allemands, que ses influences les plus marquantes sont dans la philosophie française, de Descartes jusqu'aux disciples de Condillac.

Partisan de la monarchie constitutionnelle, Cousin est frappé par le durcissement politique de 1820 consécutif à l'assassinat du duc de Berry, neveu de Louis XVIII. Son enseignement à la faculté est suspendu et sa situation s'aggrave encore avec la fermeture de l'École normale cette même année. Il met à profit cette disponibilité forcée pour séjourner en Allemagne où il sera emprisonné quelques temps et se consacrer à l'édition des œuvres de Proclus, Descartes et Platon. En 1828, il réintègre sa chaire à la Sorbonne et la reprise de ses cours draine à nouveau un auditoire souvent jeune et enthou-

41. Schimberg, « Introduction », *op. cit.*, p. 185.

42. Maine de Biran, *Journal intime*, édité par A. de Valette-Monbrun, Paris, Plon, 1931, tome II, p. 243.

siaste devant lequel il ne fait pas mystère de ses sympathies politiques. Comme pour Royer-Collard et même ses amis allemands, enjeux philosophiques, scientifiques, religieux et politiques de sa pensée ne sont pas dissociables. Les cours emphatiques de Cousin constituent un événement mondain dont la presse se fait l'écho mais n'excitent parfois guère plus que la curiosité. Son verbe généreux et ses poses sont en effet diversement appréciés, certains de ses détracteurs y trouvant surtout gesticulations et propos convenus.

Passé 1830, Cousin se rallie à la monarchie de Juillet. Commence pour lui une période marquée par un relatif déclin de sa production philosophique mais l'essor de sa carrière administrative et politique, l'éclectisme se fondant parfaitement dans la politique dite du juste-milieu. Conseiller d'état, pair de France, membre de l'Académie française et de l'Académie des Sciences morales et politiques, directeur de l'École normale, membre du conseil royal de l'Instruction publique, il devient ministre de l'Instruction publique et des cultes en 1840, pendant huit mois. Cousin va ainsi dominer durablement l'institution philosophique française, son influence perdurant même après 1848 où il redevient uniquement professeur et académicien[43].

Un aspect de ce règne est la mise en application, dès 1832, d'un nouveau programme d'enseignement de la philosophie, élaboré avec Laromiguière et Jouffroy. La psychologie y fait une entrée remarquable car placée en tête de ce programme soucieux d'expliquer « la nécessité de commencer l'étude de la philosophie par la psychologie »[44].

Dans la dernière leçon de son *Cours* de 1828, Cousin retrace son parcours philosophique et expose les principes de l'éclectisme, la doctrine qu'il a élaborée[45]. Dans les années 1816-1817, il aurait déjà été « tout occupé de méthode et de psychologie ». Suivant une expression fameuse que l'on retrouve dans la première Préface à ses

43. Sur l'ensemble des enjeux de la philosophie et de la carrière de Cousin, voir P. Vermeren, *Victor Cousin, le jeu de la philosophie et de l'État*, Paris, L'Harmattan, 1995.

44. Voir le texte de ce programme dans Nicolas, *Histoire de la psychologie française*, p. 62-63.

45. Cousin, *Cours de philosophie, Introduction à l'histoire de la philosophie*, Pichon et Didier, 1828 ; rééd. Paris, Fayard, 1991, 13 e leçon.

Fragments philosophiques de 1826, il voit déjà dans la psychologie « le vestibule » de la philosophie. Peu après, écrit-il, de cet « antichambre de la science, nous arrivâmes jusque dans le sanctuaire, c'est-à-dire la métaphysique ». Sa « pâle tentative de conciliation » de 1816-1817 devint alors un vaste projet englobant « la métaphysique, la logique, l'ontologie tout entière, et un peu de cosmologie ». Cette doctrine de la maturité, ajoute-t-il, aurait depuis présidé à tout son enseignement et se caractériserait par son unité : « son unité n'est qu'une harmonie, l'harmonie de tous les contraires ». Cette formule est même le principe de son système, l'éclectisme, dont les thèses directrices sont exposées en de multiples endroits de son œuvre. Ainsi, dans la sixième leçon du *Cours*, il affirme que « L'histoire est une succession de vérités et une succession d'erreurs [...] », mais que « toute erreur n'est qu'une apparence et implique une vérité ». Ceci valant aussi pour les systèmes philosophiques, aucun n'est radicalement faux, et de chacun d'eux il est donc possible d'extraire du vrai. La démarche éclectique consiste alors à exclure les faussetés des doctrines passées pour n'en garder que le vrai en vue d'une synthèse générale.

En s'annonçant ainsi, l'éclectisme – qui se prétend doctrine scientifique – prend position sur la question de la nouveauté scientifique, du moins en ce qui concerne sa propre genèse. Ce point est d'importance car nous avons souligné en introduction que le critère nous ayant autorisé à examiner cet épisode historique au titre de la nouveauté dans les sciences est justement cette revendication exprimée par les « psychologistes » de l'École normale et de la Sorbonne. Or, l'éclectisme se présente non pas comme un système radicalement nouveau parce qu'ayant rompu d'une façon ou d'une autre avec le passé, mais comme une composition originale nourrie des vérités des doctrines passées. Du coup, il ne faut pas s'étonner de trouver dans les doctrines éclectiques et en particulier dans la « nouvelle » psychologie, la reprise ou le développement de positions ou d'arguments déjà exposés et répertoriés. En bref, l'éclectisme revendique de faire du neuf avec du vieux et n'annonce donc pas de rupture radicale.

Il n'empêche que la doctrine se présente comme un progrès historique, et plus exactement comme un dépassement donnant raison au présent – synthèse harmonieuse et heureuse de tous les contraires – contre un passé marqué par l'erreur et par une partialité enracinée dans le caractère partiel de toutes ses doctrines. L'éclectisme, lui, se veut impartial parce que totalisant. Et ceci vaut en politique comme en religion, Cousin ayant une indiscutable prétention dans ces domaines. Il déclare ainsi voir tous les contraires conciliés dans la Charte, la monarchie constitutionnelle synthétisant, en les dépassant, la monarchie et la république, vestiges du passé. Du haut de son belvédère philosophique et historique, Cousin revendique n'appartenir « à aucun parti et à aucune coterie » hormis sa patrie, et se déclare « satisfait de son siècle, de son pays et de l'ordre actuel des choses ». Il juge que l'avènement de sa philosophie est une nécessité historique :

> [...] je demande si, quand tout autour de nous est mixte, complexe, mélangé, quand tous les contraires vivent et vivent très-bien ensemble, il est possible à la philosophie d'échapper à l'esprit général ; je demande si la philosophie peut n'être pas éclectique quand tout l'est autour d'elle [...] ? L'éclectisme n'est si vivement attaqué par le double passé philosophique qui se débat encore au milieu de nous, que précisément parce qu'il est un pressentiment et un avant-coureur de l'avenir. L'éclectisme est la modération dans l'ordre philosophique [...] L'éclectisme est la philosophie nécessaire du siècle, car elle est la seule qui soit conforme à ses besoins et à son esprit, et tout siècle aboutit à une philosophie qui le représente.

Même si la psychologie ne doit être que le vestibule de cette philosophie, on comprend l'ampleur et les résonances que les questions psychologiques peuvent avoir par delà le cercle d'une hypothétique communauté de savants, et *a fortiori* de spécialistes, difficile à identifier.

Outre le primat de la psychologie, cette philosophie novatrice dans la modération retient de ses maîtres deux principes méthodologiques cruciaux et durables.

Le premier est la fidélité au sens commun, entendu à la fois comme guide du jugement et comme lieu dans lequel doit s'enraciner tout saine philosophie : « il faut partir du sens commun, et il faut revenir au sens commun, sous peine d'extravagance » écrit Cousin dans sa treizième leçon. Le second principe est une fidélité, constamment réaffirmée, à l'expérience et à l'observation.

Ces deux principes sont liés car, selon la Préface à la première édition des *Fragments philosophiques*, n'avoir foi qu'en l'observation et l'expérience « c'est se réduire à la nature humaine »[46], ce qu'on ne saurait blâmer puisqu'il s'agit d'une nécessité. Cousin ne revendique toutefois pas cette seule méthode qui a pourtant sa préférence puisque, éclectisme oblige, l'harmonie des contraires doit être respectée pour que la quête de la connaissance aboutisse. Aussi, le goût de l'analyse, des recherches *a posteriori*, ne sera pas seul fécond car « la vieille synthèse donne à l'analyse pour support une synthèse primitive » faisant office de matière sur laquelle s'exercer. Il n'empêche qu'en 1833, sous le feu des critiques, en particulier allemandes, et en réponse à l'accusation de plagiat, Cousin réaffirme son attachement à une tradition philosophique expérimentaliste et fondée sur la nature humaine. Et donc, malgré son souci avoué de ruiner les thèses associées au siècle passé, il rappelle que la méthode qui lui est propre s'enracine dans la philosophie du XVIIIe siècle « qu'elle continue en la modifiant ». Elle demeurerait ainsi héritière de celle inaugurée par Descartes et Locke, n'admettant que l'expérience comme méthode et « plaçant la science de la nature humaine à la tête de la science philosophique »[47]. En rectifiant le tort majeur de « l'ancienne philosophie française du XVIIIe siècle » qui était de « n'observer que les faits qui lui conviennent » et ainsi « de corrompre d'abord la méthode expérimentale par des vues systématiques », Cousin peut inscrire à son programme philosophique l'observation des faits internes. Il peut dès lors proposer une philosophie expérimentale se démarquant en particulier des maîtres allemands qu'il n'aurait pas plagiés puisque, écrit-il, Hegel et Schelling, ses « deux illustres amis se placent d'abord au faîte de la spéculation; [alors que] moi, je pars de l'expérience »[48].

En quoi consiste alors l'expérience psychologique selon Cousin?

> C'est l'observation lente, patiente, minutieuse des faits cachés dans le fond de la nature humaine, à l'aide de la conscience. Ces faits sont

46. Cousin, « Préface à la première édition (1826) », *Fragments philosophiques*, Paris, Ladrange, 1833, p. 6.

47. Cousin, « Préface à seconde édition (1833) », *Fragments philosophiques*, p. X.

48. *Ibid.*, p. XLII.

> compliqués, fugitifs, obscurs, presque insaisissables par leur intimité même; la conscience qui s'y applique est un instrument d'une délicatesse extrême : c'est un microscope appliqué à des infinimens petits [49].

Pour comprendre les enjeux de la psychologie cousinienne il convient de garder à l'esprit qu'en 1821 Cousin et Biran cherchaient ensemble une voie de « passage du subjectif à l'objectif ». Dans son cours de 1828, Cousin l'a manifestement trouvée, probablement en s'inspirant d'au moins une des philosophies d'outre Rhin. La solution serait en fait notoire dans la mesure où il prétend l'identifier chez Platon et Leibniz, des maîtres qu'il revendique également. Suivons maintenant les grandes lignes de sa démonstration.

L'erreur à ne pas commettre serait de croire que l'introspection, parce qu'intérieure, serait condamnée à ne dévoiler que des éléments subjectifs. Il n'en est rien puisqu'elle est aussi un exercice de la raison. Or, « la raison humaine de quelque manière qu'elle se développe, quoi qu'elle aborde [...] ne conçoit toute chose que sous la raison de deux idées » : quel que soit son sujet d'investigation, il sera conçu selon une paire d'idées complémentaires et simultanées. Ainsi il est impossible de concevoir la pluralité sans l'unité, la contingence sans la nécessité, le fini sans l'infini, etc. De plus, une « analyse savante » – que Cousin déclare vouloir épargner à son auditeur – permet de regrouper les termes de ces paires, les premiers entre eux et les second entre eux, et d'identifier ainsi infini, éternité, substance absolue, cause absolue, etc. d'une part, finitude, relatif, phénoménal, imparfait, d'autre part. Et bien que dans l'ordre de la connaissance, ces deux séries apparaissent en même temps, une rapide introspection ne peut manquer d'y déceler une hiérarchie « dans l'ordre intrinsèque des choses, dans l'ordre en soi ». C'est pourquoi le « vice fondamental » des théories passées sur les catégories, dont celle de Kant, est de n'avoir pas saisi la relation interne hiérarchisant chaque paire d'idées selon un processus causal, le premier terme engendrant le second. Ainsi, l'unité engendre la multiplicité, la substance engendre le phénomène, etc. Se révèle ainsi un troisième « élément intégrant de la raison », la faisant à la fois une et triple.

49. Cousin, *Cours de philosophie*, p. 43.

La psychologie de Cousin est une psychologie rationnelle en ce sens que son objectif n'est pas d'explorer les jardins secrets de particuliers mais d'accéder à une structure générale de la raison humaine et de son exercice. Du coup, le passage du subjectif à l'objectif, de la psychologie à l'ontologie peut être enfin accompli : « votre raison ne vous appartient pas » car « si elle était individuelle, elle serait personnelle » et « nous la maîtriserions comme nous maîtrisons nos résolutions et nos volontés ». Obligeant tous les individus, la raison est universelle et absolue ; ce qui fait, précise Cousin, « qu'elle n'est pas humaine » et révèle la manifestation en l'homme de l'intelligence divine, unité de cette « triplicité » et triplicité de l'unité de la raison. Parti de la psychologie humaine, le cheminement de Cousin aboutit, comme annoncé, à une ontologie de l'Etre suprême, des caractéristiques divines, dont la célèbre trinité, « passant nécessairement dans ses créations »[50].

Une conséquence décisive de cette marque de la trinité dans les créatures est que l'introspection n'est pas la seule voie offerte à une investigation à visée universelle puis ontologique, et même si la psychologie conserve une dignité primordiale où se manifestent les enjeux religieux entourant son statut :

> L'étude de la conscience est l'étude de l'humanité. L'étude de la conscience dans le dictionnaire philosophique s'appelle psychologie. Or, Messieurs, si l'homme résume le monde entier, comme le monde entier réfléchit Dieu, si tous les moments de l'essence divine passent dans le monde, et reviennent dans la conscience de l'homme, jugez du haut rang de l'homme dans la création et par conséquent de la psychologie dans la science. L'homme est un univers en abrégé : la psychologie est la science universelle concentrée[51].

L'étude de l'histoire permet alors elle aussi d'accéder aux faits cachés de la nature humaine puisque « si la nature humaine se manifeste dans l'individu, elle se manifeste aussi dans l'espèce » et que l'histoire est l'expression du développement de l'espèce humaine dans l'espace et dans le temps. Analyse psychologique et analyse

50. Ce cheminement fait l'essentiel de la cinquième leçon du *Cours de philosophie*, p. 119-145.

51. Cousin, *Cours de philosophie*, 5e leçon, p. 139.

historique vont donc de pair, l'étude de l'une pouvant servir de « contre-épreuve décisive » de l'autre [52].

Cet enrichissement de la méthode psychologique est assez heureux car Cousin ne dit somme toute pas grand chose de l'introspection psychologique. L'essentiel vient même d'être dit. Du coup, ne reviennent plus guère que quelques conseils et constats, comme la nécessité de s'isoler de « tout autre monde que celui de la conscience » [53], le caractère fugace des objet observés et donc la difficulté d'observer le fond spécifique de la nature humaine. Soulignons qu'étroitement liée à l'exercice du sens commununiversel mais inégalement réparti, l'observation psychologique est, en droit, possible à quiconque mais praticable, en fait, seulement par quelques uns. Et alors que le journal intime de Biran témoigne de ce qu'a été pour lui la pratique de l'introspection, il faut croire Cousin sur parole quand il prétend l'avoir beaucoup pratiquée et réussie. Quant à son accessibilité au commun des mortels, reconnaissons que Cousin est en pratique moins pessimiste qu'il peut sembler à première lecture puisqu'il appelle fréquemment ses étudiants ou lecteurs à « rentrer en eux-mêmes » [54], à se « replier sur eux-mêmes » afin que chacun puisse « rentrer dans sa conscience » [55] afin d'observer ou d' « étudier les phénomènes » [56] et ainsi confirmer l'enseignement de leur maître.

Plaidoyer de Jouffroy pour une science autonome

Le troisième homme décisif dans l'affirmation d'une psychologie autonome est Théodore Jouffroy (1796-1842) [57]. D'accord avec Cousin sur le rôle instrumental de la psychologie dans le cadre d'un

52. *Ibid.*, 2 e leçon, p. 44.

53. Voir ce que Cousin dit aussi dans la première Préface aux *Fragments philosophiques*, p. 12; et dans le *Cours de philosophie*, 6 e leçon, p. 139.

54. Cousin, *Cours de philosophie*, 5 e leçon, p. 126; 4 e leçon, p. 111.

55. *Ibid.*, 6 e leçon, p. 148.

56. Voir « Préface » de 1826, dans *Fragments philosophiques*, p. 12.

57. Voir à ce sujet, l'article « Jouffroy » de Garnier dans *Dictionnaire des sciences philosophiques*, p. 822-832.

projet ontologique plus grandiose[58], il va cependant revendiquer pour cette discipline le statut de science jeune, encore largement à faire et surtout indépendante de la physiologie.

Normalien en 1813, Jouffroy eut Laromiguière et Royer-Collard pour maîtres, puis Cousin dont il fut le répétiteur à l'École normale. Victime comme celui-ci de la fermeture de l'école, il se fit journaliste, en particulier au *Globe* et donna des cours privés chez lui. Réintégré à l'École normale à sa réouverture en 1828, il est nommé, deux ans plus tard, professeur adjoint à Royer-Collard à la chaire d'histoire de la philosophie moderne. Professeur au Collège de France, il boude à plusieurs reprises le ministère de l'Instruction publique. En 1838 il succède pour une année à Laromiguière à la chaire de philosophie. Même s'il souscrit à la vision où la psychologie n'est qu'une étape dans un vaste projet ontologique et moral, c'est bien à elle que Jouffroy consacra l'essentiel de son œuvre. Ce fut lui le plus psychologue des éclectiques, et c'est sur lui que se focalisèrent les critiques visant le plus proprement la psychologie « éclectique », au point de faire de sa controverse avec la psycho-physiologie défendue par Broussais un épisode pouvant relever d'une histoire interne de la psychologie, dégagée de la toile de fond philosophique constituée par l'éclectisme et le spiritualisme.

Après Royer-Collard et Cousin, Jouffroy revendique à son tour l'influence de la philosophie écossaise. Il est significatif que deux de ses écrits majeurs sur la psychologie soient ses préfaces à ses traductions des écossais les plus représentatifs : il publia ainsi les *Esquisses de philosophie morale* en 1826, deux ans avant la mort de Dugald-Stewart leur auteur, puis les *Œuvres complètes* de Th. Reid en 1836.

Empruntant les termes mêmes de Reid, Jouffroy affirme à son tour que nous ne connaissons que deux espèces dans « la variété des êtres contenus dans ce vaste univers » et donc que « la science se divise en deux grandes branches, celle qui a pour objet l'étude des corps et celle qui a pour objet l'étude des esprits »[59]. Une fois de plus ce dualisme s'enracine dans les modalités de la connaissance

58. Voir, par exemple, l'article de Jouffroy dans *Le Globe*, vol. 5, n° 1, Avril 1827, p. 6-9.

59. Th. Jouffroy, « Préface du traducteur », dans *Œuvres complètes de Thomas Reid, chef de l'école écossaise,* Paris, 1836, p. X.

humaine. S'appuyant donc sur la structure de l'esprit, la pensée de Jouffroy, comme celle de Cousin, se revendique comme philosophie fondée sur l'expérience humaine mais rejettant l'empirisme de Locke et Condillac. Jouffroy ne manque d'ailleurs pas de rappeler que « ce n'est pas une des moindres gloires de l'école écossaise d'avoir renversé en Angleterre cette philosophie inexacte, et cinquante ans plus tard, par l'intermédiaire de M. Royer-Collard, de l'avoir renversée chez nous »[60]. Ce renversement, précise-t-il, serait légitimé par le fait que l'esprit a la propriété de « nous forcer de croire » en certaines « vérités premières » par suite d'une « nécessité de notre constitution qui [...] nous oblige à croire à certaines choses et à certains rapports invisibles à l'observation »[61]. Jouffroy déplore cependant que cette nécessité de l'esprit, qu'il rapproche de la doctrine de Kant sur notions et jugements *a priori*, ne trouve pas, chez les Ecossais, de dénomination stable. Faculté d'inspiration et de suggestion chez Reid, sens commun chez Beattie, intuition pour Stewart, les uns parlent de *croyances primitives*, les autres de *lois fondamentales de l'intelligence*, de *lois* ou de *principes de la croyance humaine*, de *vérités premières*, ou encore de *croyances du sens commun*.

En 1823, Jouffroy publie dans l'*Encyclopédie moderne* un article proposant une définition de la psychologie et affirmant des thèses décisives. Existe d'abord en nous un « principe intelligent » qui « va saisir hors de nous les réalités que le monde contient, et en conçoit des notions plus ou moins complètes, plus ou moins distinctes »[62]. Mais la portée de ce principe ne se limite pas à « la superficie des choses », aux phénomènes, car « il pénètre plus avant, et s'introduit dans un monde caché que notre œil ne voit point, que notre main ne saurait toucher ». Contrairement à l'avis de Biran, ce n'est pas une faculté volitive qui caractérise ici le *moi* mais une faculté intellective.

Il n'empêche que l'existence de ce principe est indubitable. Faisant ici implicitement appel au *sens commun* – sens partagé par tout un chacun – Jouffroy affirme que « rien au monde ne pourrait

60. *Ibid.*, p. CXXVI.

61. *Ibid.*, p. CXLV.

62. Jouffroy, « Objet, certitude, point de départ et circonscription de la psychologie », *Mélanges philosophiques*, Paris, 1833, p. 270-286.

nous persuader que nous ne pensons pas, que nous ne voulons pas, que nous ne sentons pas, quand nous avons la conscience que nous pensons, que nous voulons et que nous sentons »[63]. Il ajoute que « la plus absurde des suppositions serait celle qu'un homme pût penser, vouloir, sentir, sans être informé ». Cette dernière thèse ne tardera pas à être largement controversée

L'existence de ce principe assure la possibilité de la psychologie : « l'objet de la science psychologique, c'est le principe intelligent ». Mais c'est une importante caractéristique méthodologique qui en assure l'autonomie par rapport à toute observation externe, en particulier de type physiologique : « ce qui en est l'instrument, c'est ce principe même. Il y a donc cela de spécial dans la psychologie, que son instrument et son objet sont identiques »[64].

En 1826, dans la préface aux *Esquisses de philosophie morale* de Dugald Stewart, Jouffroy tente de positionner et de démarquer de façon décisive la psychologie par rapport à la physiologie, discipline alors en vogue et conquérante et qu'il juge « sœur » de la sienne. A cette fin, il joue de leurs similitudes et de leurs différences. La similitude majeure est celle des méthodes : les deux sciences procèdent par observation; en revanche, leur différence cruciale est dans leurs objets : à l'une les faits externes, à l'autre les faits internes. On retrouve donc chez leur jeune disciple la position de Biran et de Cousin dénonçant comme abusivement restrictive toute conception de l'observation postulant un champ d'examen limité à un seul type de faits ou, ce qui revient au même, niant une différence d'origine ou de nature entre faits externes et faits internes.

En effet, passé l'hommage convenu à Bacon et à la fécondité générale de la méthode d'observation, la préface des *Esquisses* souligne que le consensus sur les vertus heuristiques de l'observation s'effrite dès qu'est soulevée la question de l'observable. Jouffroy défend la thèse d'une démarcation stricte entre les « faits extérieurs » ou « faits sensibles » ou encore « phénomènes de la nature extérieure » et les « faits internes » ou « faits de conscience » ou « faits d'une autre nature ». Contre les naturalistes, il affirme l'existence de faits autres que ceux « qui tombent sous les sens » :

63. Jouffroy, « Objet, certitude », p. 274.

64. *Ibid.*, p. 273.

> […] Nous croyons qu'il y a des faits d'une autre nature, qui ne sont point visibles à l'œil, point tangibles à la main, que le microscope ni le scalpel ne peuvent atteindre, si parfaits qu'on les suppose, qui échappent également au goût, à l'odorat et à l'ouïe, et qui cependant sont très observables et très-susceptibles d'être constatés avec une absolue certitude [65].

Comme chez Biran, cette thèse se double aussitôt de celle sur la pluralité des méthodes : « Admettant des faits d'une autre nature que les faits sensibles, nous sommes forcés d'admettre aussi une autre observation que celle qui s'opère par les sens ». Ainsi, bien qu'en Allemagne le primat du constat par observation ne soit plus un principe méthodologique sacré, du moins si l'on en croit Cousin, il se perpétue en France, et peut être proprement considéré comme un lieu commun dans la mesure où il n'est pas l'apanage d'une chapelle philosophique, en particulier positiviste. Il n'empêche que le consensus sur le caractère fondateur de l'observation pourrait bien reposer sur une équivoque puisque les « psychologistes » admettent une ramification que les naturalistes refusent.

En concédant une identité de méthode, la différence d'objet d'étude pourrait ne pas suffire à distinguer nettement la psychologie de la physiologie. Jouffroy demande alors si les faits d'un certain type ne seraient pas mieux établis, plus sûrs, plus fiables que d'autres ? Auquel cas il pourrait y avoir prétexte à ne pas mettre les deux sciences sur un pied d'égalité. Dans une démarche illustrant le parti pris de modération et de compromis de l'éclectisme, Jouffroy prend la défense de la science des faits internes en décrétant extrémiste l'attitude de quiconque prétendrait que les faits de l'un ou l'autre type seraient plus évidents que les autres. D'où sa thèse capitale de « l'égale autorité » des deux types de faits :

> Les choses que voient nos yeux, que touchent nos mains, ne nous semblent pas d'une réalité plus assurée que les faits dont nous avons conscience. Nous ne chercherons pas, comme on l'a tenté plusieurs fois, à élever l'autorité du sens intime au-dessus de celle des sens ;

65. Jouffroy, « Préface du traducteur », dans D. Stewart, *Esquisses de philosophie morale*, Paris, Johanneau, 1826, p. v. Voir aussi la réédition dans S. Nicolas, *La Psychologie de Th. Jouffroy*, Paris, L'Harmattan, 2003.

> mais nous poserons au moins comme un fait hors de doute et que personne ne contestera, l'égale autorité de ces deux perceptions [66].

Et pour assurer que cette égale autorité est factuellement fondée, il fait appel au « sens commun ». Cette décision d'égale autorité qui est aussi une impression d'égale réalité n'est pas une spéculation éthérée de philosophe mais une observation accessible à tout le monde, une certitude du sens commun. Nous sentons, explique Jouffoy, que nous n'avons pas plusieurs intelligences, chacune dédiée à un type de phénomènes ou d'objets. Nous avons conscience que le principe intelligent est un et que c'est lui qui perçoit *in fine* tous les phénomènes, externes comme internes, et qu'il les perçoit d'une seule et même façon. Par conséquent, nous accordons la même confiance au témoignage de notre conscience qu'à celui de nos sens. C'est une sorte de principe d'indifférence qui légitime l'égalité de crédit accordée aux deux types de témoignages : faute de raison privilégiant l'un plutôt que l'autre ils sont égaux : « si notre intelligence se fie à elle-même quand elle regarde au dehors, pourquoi ne s'y fierait-elle pas quand elle regarde au dedans, et comment, restant la même et voyant également dans les deux cas, pourrait-elle inégalement croire à la réalité des phénomènes qu'elle découvre ? » [67]

Partant de cette égalité on pourrait arguer qu'il n'est pas besoin de deux sciences puisqu'un fait est toujours un fait perçu et que le principe intelligent est un. Jouffroy insiste cependant sur l'irréductibilité d'un type de fait à l'autre, irréductibilité enracinée dans l'altérité des domaines de perception. « Rien de ce que nous sentons au dedans de nous n'est perceptible pour les sens ; rien de ce que les sens peuvent saisir n'est perceptible à la conscience. » Et cette altérité se fonde à son tour sur l'hétérogénéité des modes de perceptions, les procédés de l'un s'avérant incapables de saisir les objets de l'autre :

> La nécessité de l'action d'une cause extérieure sur l'organe, et de la transmission de cette action au cerveau, par l'intermédiaire des nerfs pour que le sentiment et l'idée soient produits en nous est une donnée de l'observation sensible ; mais toute l'attention possible, aidée des meilleurs instruments, ne pourrait lui révéler ni le senti-

66. Jouffroy, « Préface du traducteur », p. XIV.

67. *Ibid.*, p. XV.

> ment, ni l'idée, ces faits échappent aux sens. D'un autre côté la conscience sent parfaitement le plaisir ou la douleur, perçoit très-bien l'idée mais elle ne reçoit aucune notion ni de l'organe, ni du nerf, ni de l'impression faite sur l'un, ni de la transmission opérée par l'autre [68].

Le juste milieu éclectique triomphe donc en renvoyant dos à dos les extrémistes que sont les « philosophes » et les « physiologistes », aucun argument ne permettant d'accorder une plus grande certitude aux objets privilégiés des uns qu'à ceux des autres, leurs options étant opposées mais symétriques. La « science de l'homme » sera donc mixte ou ne sera pas :

> On voit par là combien il est impossible et par conséquent absurde, de prétendre faire la science de l'homme, soit comme les philosophes le veulent avec la seule conscience, soit comme les naturalistes le prétendent avec la seule observation sensible [69].

Malgré cette élévation en position d'arbitre, Jouffroy prend parti, sinon du côté des « philosophes », du moins de celui des « psychologistes ». Ses adversaires ne seront d'ailleurs pas dupes de sa prétendue posture de médiateur impartial. De même que l'introspection façon Cousin révélait une dyade d'abord symétrique mais finalement orientée par une relation causale engendrant une triplicité et même une trinité, les faits externes et internes de Jouffroy sont sur un pied d'égalité mais devant le troisième œil du principe intelligent, à la fois juge et parti de cette égalité. L'activité de la conscience prend dès lors une indiscutable prééminence dans la question de la plus grande évidence de tel ou tel type de fait et hiérarchise les recherches à entreprendre.

Encore faut-il d'abord s'assurer que la suprématie de la conscience est sans faille et son activité sans intermittence. D'autant qu'en son absence la physiologie pourrait reprendre le dessus et avoir un mot décisif à dire. Il est donc capital pour le projet de Jouffroy que la conscience veille constamment avec, à la rigueur, des phases de plus ou moins grande activité. D'où sa thèse de la permanence de l'activité consciente. Jouffroy peut alors récuser prudem-

68. *Ibid.*, p. XVIII-XIX.

69. *Ibid.*, p. XX.

ment l'objection s'appuyant sur le phénomène du sommeil en faisant valoir que « toutes les fois que l'on nous éveille subitement nous sentons qu'on vient d'interrompre en nous une suite de pensées ». Ceci confirme que l'activité de la conscience n'est pas suspendue, même dans le sommeil le plus profond ou dans l'évanouissement. Le corps n'est donc jamais seul maître à bord et la physiologie ne peut prendre pied dans le royaume de la psychologie et de l'âme.

A ce point, la science des faits internes se trouve donc dotée d'une sorte de double statut consécutif à l'identité de son instrument et de son objet. Elle est, d'une part, l'égale de la science des faits externes, d'autre part science première puisque le principe intelligent est juge de toute perception, interne ou externe, et que ce processus de jugement est lui même un fait interne.

Forte du soutien populaire du bon sens, s'ensuit une définition de la psychologie, maintenant démarquée de la physiologie et même de l'idéologie :

> Cette science des faits de conscience, distincte de la physiologie par son instrument et son objet doit porter un nom qui exprime et constate cette différence. Celui *d'idéologie* est trop étroit; car il ne désigne que la science d'une partie des faits internes. Celui de *psychologie*, consacré par l'usage, nous paraît préférable, car il désigne les faits dont la science s'occupe, par leur caractère le plus populaire, qui est d'être attribués à l'âme; et comme le principe de ces phénomènes est encore indéterminé, il importe fort peu qu'on l'appelle *âme* ou autrement : le mot ne préjuge rien sur la question, même dans l'opinion publique, qui sait bien que c'est une question. Nous nous en tenons donc à cette dénomination, désirant qu'elle représente bientôt une science aussi cultivée, et d'une manière aussi méthodique et aussi rigoureuse, que la physiologie sa sœur [70].

Objet et méthode maintenant spécifiés, il reste à préciser le but de cette science désormais indépendante : il s'agit de chercher des lois puis de « tirer des inductions pour toutes les questions qui s'y rapportent ». De plus, comme dans toutes les sciences d'observations, l'objectif n'est pas l'étude de faits particuliers ou même de lois relatives à tel ou tel homme, mais de parvenir à l'homme en général,

70. Jouffroy, « Préface du traducteur », p. CXXXVII.

à l'espèce humaine. A ce sujet, sans reculer devant le risque d'une certaine circularité de l'argument, Jouffroy fait encore appel au sens commun, à un « caractère populaire », ou à « l'opinion publique », pour étayer la certitude de l'existence de faits de conscience généraux et de lois communes à tous les hommes. C'est le ressort de la question rhétorique suivante :

> Qui ne s'est pas aperçu, pour nous borner à des exemples bien simples, que jamais nous ne prenons une détermination sans un motif compris ou entrevu d'avance ; que jamais un souvenir ne s'éveille en nous qui n'ait été suscité par une idée antérieurement parente dans notre esprit, et qui avait quelque rapport avec l'idée rappelée ; que jamais notre attention ne s'applique à un objet à moins que nous n'en ayons déjà acquis quelque notion ? [71]

La psychologie semble dès lors une science dont la pratique est accessible à tout un chacun, d'autant que, comme nous venons de le voir, l'assentiment du bon sens ou de l'opinion publique a été décisif pour la démarquer de la physiologie. Mais est-ce à dire que quiconque peut s'autoproclamer psychologiste ?

La réponse doit être nuancée, car l'un de ses enjeux est le statut même de l'observation qui n'a de valeur scientifique qu'approuvée par ce « sens commun » dont Jouffroy, comme ses maîtres, fait manifestement jouer toutes les acceptions. Or si ce sens n'est pas « commun », à savoir partagé par tous, la valeur de l'observation peut être remise en question. Aussi Jouffroy prévient-il l'objection qui ferait fond d'une divergence des observations en soulignant que toutes ne se valent pas. Le soutien du sens commun et de l'opinion publique sont acceptés, mais non sans conditions. Et Jouffroy aura l'habileté de montrer que la clause restrictive apportée à la qualité d'une observation n'est pas propre à l'introspection – ce qui pourrait être un handicap pour cette jeune science – mais vaut pour tous les types d'observations, à commencer par celles portant sur des faits externes.

Tout homme a la capacité d'observer, mais seul le savant le fait scientifiquement. Jouffroy va s'appuyer ici sur ce véritable lieu commun pluriséculaire de la philosophie qu'est la thèse d'une différence dans le mode de connaissance, voire dans la capacité de

71. *Ibid.*, p. XXXIX

connaissance, du paysan et du philosophe, le rôle de celui-ci étant tenu ici par le naturaliste. Officiellement réévaluée par Laromiguière et enrôlée par les éclectiques dans leur croisade contre la philosophie de Condillac, c'est l'attention qui fait la différence. Les sens de l'un et de l'autre, écrit Jouffroy, sont également affectés par les choses extérieures, mais le paysan « voit sans regarder » tandis que le naturaliste « fait attention aux choses », peut ainsi en « démêler tous les éléments » et « dépasse la connaissance vague et imparfaite que le commun des hommes a des choses extérieures et parvient à une connaissance plus distincte et plus complète de leur nature »[72]. Ici, la psychologie est bien la sœur des sciences naturelles : ce qui est vrai des phénomènes extérieurs l'est aussi des phénomènes intérieurs. Jouffroy rejoint Cousin : les découvertes de la psychologie introspective ne sont, de fait, accessibles qu'à des personnes qualifiées. Aussi, malgré le plaisir et l'instruction que quiconque peut retirer de cette pratique, « elle ne produira des résultats vraiment scientifiques qu'autant qu'elle sera maniée par des hommes familiarisés avec les procédés, les méthodes et la rigueur des sciences d'observation »[73]. En somme, chez les éclectiques l'appel au sens commun n'a de valeur universelle qu'en droit et non pas en fait : l'étude de la psychologie ne va pas de soi.

Ce point est capital pour Jouffroy dans sa défense de la nouveauté de la psychologie, science nouvelle parce qu'irréductible à toute autre. En effet, le penchant général de l'attention humaine pour les faits extérieurs et, inversement, nécessaire à l'observation des faits internes expliquent pourquoi l'apparition de cette discipline est récente et se produit ici plutôt qu'ailleurs. Du point de vue historique, la fascination qu'exercent les faits extérieurs rendrait compte de l'espèce d'oubli ou de négligence dont auraient jusqu'alors pâti les faits de conscience, plus difficiles à mettre en évidence, plus profonds, plus fugaces. Un tempérament « froid, lourd, et peu sensible aux impressions intérieures », un cadre naturel « triste et monotone » expliquent déjà pourquoi « les peuples du Nord ont plus d'inclination et de capacité pour les études méta-

72. Jouffroy, « Préface du traducteur », p. XXV *sq.*

73. *Ibid.*, p. XXXIV.

physiques que ceux du Midi »[74] et pourquoi leur poésie privilégie l'âme alors que celle des méridionaux privilégie la nature. En revanche, le caractère universel des deux types de faits se manifeste en de multiples occasions où l'activité des sens extérieurs est amoindrie. Cousin l'enseigne lui aussi : silence et solitude sont propices à un retour vers le sentiment de ce qui se passe en nous.

Bien que légitimée par un appel au sens commun et à l'opinion publique, la psychologie n'est-elle pas cependant en passe de devenir aristocratique, ainsi que certains critiques le feront valoir non sans ironie ? Il semble que Jouffroy ait anticipé la critique en examinant le mode d'administration de la preuve en psychologie, étant entendu que ce qu'elle observe ne peut pas être exposé aux yeux du grand public dont la capacité d'attention, on le sait, est sujette à caution. Le psychologue doit donc bien se prémunir contre le soupçon d'allégations arbitraires et ne pas prendre ses désirs pour des réalités, ce que certains ne manqueront pas d'insinuer.

Dans ce processus de communication scientifique que Jouffroy qualifie de « transmission et démonstration des notions de conscience », le qualificatif de « kanto-platonicien », dû à Broussais, ne paraît pas totalement déplacé. En effet, Jouffroy explique que le psychologiste va s'adresser à un public ignorant des résultats de l'enquête et qu'il va s'en gagner l'assentiment par appel à la réminiscence. Encore faut-il qu'elle soit possible. Or ceci ne pose pas de problème puisque, assez loin de ce que prétendait Biran, « rien ne se passe en nous dont nous n'ayons la conscience ». En particulier, pour ce qui est, non pas des impressions variables d'un individu à l'autre, mais des « phénomènes constitutifs de notre nature » – ceux censés relever de lois psychologiques – « il n'en est pas un [...] que le dernier paysan comme le plus grand philosophe n'ait éprouvé et senti plusieurs fois ». Or ce fait interne laisse une trace « fidèle quoique vague et confuse », fût-il même mal observé et de plus oublié. Eût-il laissé une idée précise, « la science des phénomènes intérieurs serait faite dans toutes les consciences »[75]. Comme ce n'est pas le cas, « démonstration et transmission » propres à la psychologie procèdent donc par rappel d'un souvenir enfoui,

74. *Ibid.*, p. XXX.

75. Jouffroy, « Préface du traducteur », p. LIII.

procédé que nous employons constamment, précise Jouffroy, rarement à propos des faits extérieurs mais fréquemment pour des faits internes. C'est à ce souvenir que s'adresse le psychologiste qui en a une idée « distincte », alors que l'auditeur en a une idée « confuse ». L'activité communicationnelle du philosophe consiste donc à établir, et du même coup à prouver l'identité de ses idées et de celles de ses auditeurs. S'adressant à un parterre de psychologistes, Jouffroy écrit :

> Votre notion précise n'est donc que l'analyse de leur notion confuse; c'est le même mot, mal écrit dans leur intelligence, distinctement écrit dans la vôtre. Il suffit donc, pour amener vos auditeurs ou vos lecteurs à la notion précise que vous voulez leur transmettre, de leur faire remarquer les élémens de leur notion confuse, élémens que cette notion contient, mais que, faute d'attention, ils n'ont jamais remarqués; et pour y parvenir, il faut partir de leur impression, et peu à peu démêler avec eux les circonstances du fait dont elle est l'empreinte, de manière à ce qu'ils se retrouvent toujours, de manière à ce qu'ils reconnaissent toujours l'identité de ce que vous dites, avec ce qu'ils sentaient; jusqu'à ce que enfin leur notion vague et concrète se trouve transformée en une idée précise et analytique qui est précisément celle que vous vouliez leur communiquer[76].

Le succès de la preuve sera d'autant mieux assuré que la description sera plus précise et complète, étant entendu que c'est toujours du public que viendra la reconnaissance de la justesse de l'analyse d'une impression. On le constate nettement, insiste Jouffroy, dans le cas des romans et des représentations théâtrales où lorsque « le peintre de la nature humaine la marque et la signale par ces traits, tout le monde reconnaît la vérité de l'imitation, et l'atteste par ses applaudissements ».

Ainsi, considérations d'objet et de méthode ont montré que la psychologie est une science irréductible à toute autre, qu'elle est une science nouvelle parce que l'attention du commun est en général versatile ou défaillante, mais que la possibilité de dépasser ce défaut devrait permettre des découvertes propres à cette discipline.

76. *Ibid.*, p. LV.

Sont donc maintenant assurés l'indépendance de la psychologie mais aussi le parallélisme avec la physiologie, parallélisme légitimant le transfert des vertus scientifiques de celle-ci à celle-là. La préface des *Esquisses* va maintenant faire jouer la symétrie dans l'autre sens afin de montrer que, dans ses principes méthodologiques, la physiologie ne procède pas autrement que la psychologie dans la mesure où elle se fonde sur l'observation de quelque chose d'interne. D'abord, souligne Jouffroy, les vérités précédemment exposées seraient « actuellement reconnues et plus ou moins explicitement avouées par les physiologistes » même si, par un trait curieux de l'esprit humain, ils ne se rendent pas compte « qu'ils sont guidés dans cette étude [*des phénomènes de la vie*] par une idée supérieure et antérieure à leurs recherches »[77]. Entre physiologistes existe ainsi un inéluctable consensus méthodologique dans l'étude des fonctions vitales, consensus reconnaissant l'importance des notions de cause, de but, d'opération et de raison suffisante. En somme, l'accord entre métaphysiciens et physiologistes est presque parfait, en particulier à propos de l'existence et de l'unicité d'un « principe » qui « sent, veut et pense ». Demeure une seule pomme de discorde : les physiologistes prétendent que ce principe est un organe, le cerveau, alors que « les métaphysiciens prétendent que ce principe n'est point le cerveau, qu'il en est distinct, bien qu'il y ait probablement son siège, et que cet organe soit certainement son instrument »[78].

Mais cette divergence où se joue, bien sûr, la question de la vie éternelle relèverait de l'opinion et non des faits : aussi Jouffroy invite-t-il les deux disciplines sœurs à coexister et à travailler ensemble. Il prend même le pari qu'elles peuvent prospérer en laissant de côté la question de l'âme dont la résolution est hors de portée de l'observation et en appliquant la méthode positive partagée par les deux sciences.

REACTIONS

Malgré l'irénisme revendiqué par Jouffroy dans la préface aux *Esquisses* de Dugald Stewart, la polémique fait rage ; et si l'on assiste

77. *Ibid.*, p. LXXVII-LXXVIII.

78. *Ibid.*, p. CXX.

à l'accouchement de la psychologie, il a lieu dans la fureur. Dans une série de trois articles publiés dans *Le Globe* en 1828 et 1829, Jouffroy constate ainsi que « la querelle du matérialisme et du spiritualisme vient de se rallumer avec tant de vivacité »[79] et se propose d'en ébaucher une solution – favorable au point de vue éclectique – à l'aide d'un parcours de l'histoire de la philosophie de la connaissance de Descartes à Cabanis et d'un appel au bon sens. En effet, « tout homme de bon sens distingue facilement, et ne saurait refuser d'admettre comme choses incontestables, ces deux vues de l'intelligence, l'une sur le dehors par l'intermédiaire des sens, l'autre sur le dedans par le sentiment, et indépendamment de tout intermédiaire »[80]. Le lecteur se trouve alors entraîné à la découverte des deux positions strictement symétriques et également excessives prônées par des penseurs « qui ont environné des prestiges du génie deux systèmes si évidemment faux, et, si nous osions le dire, si puérils aux yeux du bons sens »[81]. Mais ces génies qui ont pour nom Descartes, Gassendi, Malebranche, Hobbes, Leibniz, Locke, Berkeley, Hume, Condillac et Cabanis s'avèrent quasiment « infirmes » car finissant par ne plus voir qu'un seul type de faits. Leur erreur majeure est de vouloir expliquer l'esprit exclusivement par la matière ou la matière exclusivement par l'esprit. Heureusement, nous savons déjà que le sens commun a résisté à ces vues partiales car partielles, comme le montre le peu d'influence qu'elles ont eu sur le peuple.

Annonçons déjà que dans la vague de critiques suscitées par les doctrines éclectiques il est parfois délicat de dissocier celles visant explicitement les doctrines de Cousin, dont l'éclectisme, de celles adressées à la nouvelle science psychologique. En revanche, il est clair que la plupart d'entre elles ont pour cible tout le courant de pensée, toute l'école, comme le montrent souvent les allusions à Cousin de critiques adressées plus spécifiquement à Jouffroy ou à la psychologie éclectique.

A la fin de son *Cours*, Cousin rend d'ailleurs bien compte de la provenance et de l'orientation de ces critiques lorsqu'il présente l'éclectisme comme un dépassement – partiellement conservateur –

79. Jouffroy, « Philosophie du matérialisme et du spiritualisme », *Le Globe*.

80. *Ibid.,* vol. 6, p. 926.

81. *Ibid.,* p. 927.

des doctrines passées et souligne qu'il est « vivement attaqué par le double passé philosophique ». Et en effet, l'origine des critiques françaises peut être sommairement rapportée à deux pôles, l'un conservateur, clérical et monarchiste, l'autre libéral, constitutionnel et non sans sympathies pour la philosophie du siècle passé.

Ayant pris note du caractère souvent global des objections faites à Cousin et à Jouffroy, nous allons nous concentrer désormais principalement sur les critiques visant la psychologie et la prétention d'en faire une nouvelle science [82].

Critiques catholiques

Publié par le baron d'Eckstein, le journal *Le Catholique* commente avec sévérité le projet de Jouffroy, sa nouvelle science « paraissant être la non-science par excellence » [83]. Le critique apprécie qu'en réponse à « l'abaissement » de la philosophie en France allant de pair avec « la prépondérance des sciences physiques » Jouffroy ait eu le souci de s'éloigner de l'école naturaliste. Toutefois, la dénonciation par Jouffroy de l'aveuglement des physiologistes sur la composante *a priori* de leur doctrine demeure bien trop modérée, car elle-même sous-estimerait ce qui est antérieur à toute activité scientifique. Jouffroy resterait trop fidèle à l'esprit des « physiciens » du siècle par son insistance sur le primat de l'expérience et de l'observation, trahissant ainsi le véritable « esprit de système un et scientifique » [84]. L'objectif du projet psychologiste serait foncièrement erroné dans la mesure où il « prétend analyser ce moi intellectuellement, ainsi que le chimiste analyse matériellement les objets physiques » [85].

Quant à la prétendue observabilité du *moi* et à l'assentiment que son observation est censée entraîner, il n'y a là rien de commun ou de banal. Est-il d'ailleurs bien sûr que « l'on puisse jamais tirer un ensemble d'idées du sens de ce *moi*, approfondi par l'observation de cette conscience ainsi analysée » ? Est-il également « possible de procéder sur notre intelligence comme on procède en physique sur

82. Sur les réactions à l'éclectisme en général, voir Vermeren, *Victor Cousin*, chap. 4.

83. D'Eckstein (dir.), *Le Catholique*, A. Mesnier, 1828, tome 3, 1826, p. 538-546.

84. *Ibid.*, p. 540.

85. D'Eckstein (dir.), *Le Catholique*, p. 541.

notre corps »? Inaugurant toute une vague de critiques portant sur la possibilité même du libre exercice de la pensée quand on prétend s'observer penser, *Le Catholique* demande « quelle vérité peut-il résulter de l'étouffement provisoire du génie de l'homme, tandis que l'on est péniblement aux aguets de la formation de sa pensée? »[86] Si jamais cette observation aboutissait à quelque chose – ce que conteste *Le Catholique* – il ne s'agirait de rien de scientifique : tout au plus « une collection, comme en physique, une suite d'observations et de phénomènes isolés, constatés par l'analyse »[87]. Le parallélisme systématique que Jouffroy s'est efforcé d'établir entre physiologie et psychologie pour apporter à celle-ci une légitimité scientifique n'est donc en rien un atout selon *Le Catholique.* Lui, voit se profiler derrière tout cela des atomes – en morale comme en physique – et surtout la répétition de l'erreur de Descartes qui, oubliant la philosophie antérieure, avait voulu « enfanter seul, et par son seul esprit, la science de l'absolu ».

Selon Jouffroy « métaphysiciens » et « physiologistes » seraient d'accord sur tout sauf sur un point indécidable, le rapport entre le cerveau et le principe intelligent. *Le Catholique*, lui, affirme qu'en s'attaquant aux physiologistes, Jouffroy et les Ecossais « font une guerre beaucoup trop facile » car leurs adversaires « déclarent de prime à bord [*sic*] qu'ils ne pensent point, et s'avouent hautement les ennemis de la méditation »[88]. Finalement, le véritable adversaire des éclectiques c'est « l'école intellectuelle », puisque selon la doctrine catholique, les idées seraient les seuls faits réellement existants, les seuls faits primitifs, la nature n'étant que « la forme de la nature intellectuelle ». Loin de rejeter une philosophie d'observation et d'expérience dont il reconnaît l'utilité, *Le Catholique* souligne toutefois que cette méthode est sans « nécessité philosophique » et que le raisonnement, toujours déductif, ne doit pas être confondu avec la raison qui est « toute de principe ». En bref, il fait « dépendre les observations de l'idée, au lieu de faire dériver les idées de l'observation »[89].

86. *Ibid.*

87. *Ibid.,* p. 542.

88. *Ibid.,* p. 544.

89. *Ibid.,* p. 545-546.

D'Eckstein reprendra cette ligne critique dans son analyse du *Cours* de Cousin, mais en distinguant les illusions et prétentions démesurées du maître de celles de disciples plus tempérants et embarrassés. En effet, « en s'élevant dans la région de l'ontologie, M. Cousin fait dresser les cheveux à tous les psychologues qui, comme MM. Jouffroy et Damiron, restent au bas de la montagne »[90].

Apprécier et comprendre les deux points de vue d'Aristote et de Platon semble possible à D'Eckstein. En revanche, le tort du parti de la Sorbonne est de vouloir unir et identifier les deux méthodes : impossible, écrit-il, de prétendre simultanément « embrasser la réalité des idées et l'abstraction des notions », impossible de « faire découler l'idée de la notion et la notion de l'idée »[91]. Or c'est sur cette impossibilité que se fonde la contestation de la structure de l'âme humaine telle que Cousin prétend l'observer en lui et telle qu'il invite ses auditeurs à la constater par introspection : comment, demande D'Eckstein, l'éclectisme parvient-il à concevoir spontanéité et abstraction comme une seule et même force, si bien que, dans la conscience, tout s'avère à la fois « un et distinct, absolu et spécifié, identique et classé »[92].

Le Catholique dénonce donc non seulement l'architecture de l'âme humaine façon Cousin, la prétention et le projet de parvenir à l'ontologie par la psychologie, mais aussi la plus arrogante des conséquences de ce rationalisme « modifié par une science expérimentale », à savoir sa prétention à « l'infaillibilité historique et philosophique ». Selon D'Eckstein, cette dernière thèse embarrasserait d'ailleurs particulièrement Jouffroy qui, après avoir abandonné le « gallicanisme politique » de Royer-Collard, puis tenté de concilier le « déisme protestant » de la « modeste école écossaise » avec un peu de « jansénisme frondeur et de gallicanisme ministériel », doit maintenant, en 1829, accepter la thèse des « nécessités de dévelop-

90. D'Eckstein, « Variétés », *Le Catholique*, tome 15, 1829, p. 177.

91. D'Eckstein, « Cours de philosophie, par M. Victor Cousin », *Le Catholique*, tome 11, p. 309-359.

92. *Ibid.*, p. 312.

pement » du genre humain, rendant toutes les doctrines optimales en leur temps et en leur lieu[93].

De façon générale, *Le Catholique* dénonce toutes les alliances contradictoires, partielles ou inavouées, que le syncrétisme éclectique est amené à nouer pour essayer d'obtenir l'unanimité. Outre la conciliation de Platon et d'Aristote, Cousin a essayé de se faire théologien en tant que philosophe et physicien également en tant que philosophe. De même que Jouffroy fait de la psychologie comme on fait de la chimie, Cousin prétend faire de la théologie comme on fait des mathématiques, espérant « *trouver* Dieu et la nature, sinon comme on trouve une quantité inconnue dans les mathématiques, en la supposant donnée, du moins comme on découvre cette quantité cachée, au moyen de l'observation ou de l'analyse, laquelle n'est qu'une observation réfléchie ». Une fois encore, la transposition brutale des sciences de la nature au domaine de l'âme n'a pas les faveurs de D'Eckstein. Surtout, ce procédé n'offre aucune garantie quant à l'authenticité de l'objet trouvé : il pourrait n'être qu'une illusion fabriquée par l'homme. En particulier, la méthode de Cousin ne peut tenir sa promesse d'atteindre l'absolu à partir de l'observation psychologique : elle permettra peut-être « la connaissance de l'homme en tant qu'homme » mais ne peut ouvrir sur la connaissance « de l'homme futur, de l'homme céleste, ni de l'homme physique et purement terrestre ».

Dans la même veine, c'est à partir d'une critique des thèses historiques de l'éclectisme que l'abbé de Riambourg, dans les *Annales de philosophie chrétienne*[94], dénonce la thèse selon laquelle la psychologie, en tant que sœur siamoise de l'histoire, serait, selon Cousin, aussi nécessaire que celle-ci. Insistant, à l'inverse, sur le fait que les enseignements de l'histoire sont du même type que ceux de l'expérience, Riambourg en maintient le caractère seulement probable et inductif : « la méthode *a posteriori* empêche la métamorphose du fait en droit et du contingent en nécessaire ».

« Expulsé des sciences d'observation » et servi par des « hommes impatients et présomptueux qui voudraient prendre des raccourcis »,

93. D'Eckstein, « Variétés », *Le Catholique*, tome 15, 1829, p. 174.

94. Riambourg, « Théorie nouvelle sur l'histoire », *Annales de philosophie chrétienne*, 1re partie, n° 39, sept. 1833, p. 107-208 ; 2e partie, n° 40, oct. 1833, p. 346-362.

le rationalisme prétendrait maintenant « faire une histoire déductive ». Cousin est pointé comme étant l'homme ayant « transplanté » en France des doctrines importées d'Allemagne et qu'il aurait exposées dans ses « faibles leçons ». Comme « l'omniscience est l'attribut exclusif de la divinité », la tentative de Cousin pour concilier méthode *a posteriori* et méthode *a priori*, tout en engageant à commencer par celle-ci, se solde par l'incapacité de prédire quoi que ce soit, en histoire comme en psychologie. En effet, même si sa prétendue « loi de l'identité de la psychologie et de l'histoire » était vraie, une loi ne travaille jamais seule et ses prédictions ne sont pas assurées. En passant de l'ordre physique à l'ordre moral, on peut donc conclure qu' « il n'y a rien de nécessaire dans la constitution humaine, ni dans son développement ». Ainsi que le montre l'histoire de l'astronomie, la justesse d'une prédiction ne prouve pas la nécessité de son accomplissement dans un monde où Dieu peut toujours intervenir directement. Comme « seules les lois morales sont immuables » il est vain de concevoir l'histoire ou la psychologie comme une sorte de « géométrie inflexible ». Cousin n'est pas Dieu : il ne connaît donc ni la totalité de l'âme humaine, ni l'avenir et ne peut assumer le fatalisme que sa doctrine implique. Surtout, il aurait dû laisser à d'autres le soin d'importer et de commenter Hegel.

Le cercle de Schelling

D'Allemagne, et plus précisément de Schelling, l'un des « deux illustres amis » revendiqués par Cousin, viendra une critique courtoise mais ferme. Apparentée à celle du *Catholique* par sa dénonciation de l'association de la psychologie à l'ontologie, l'objection se fonde sur un soupçon de raisonnement circulaire [95].

Notant la volonté de Cousin de rompre avec une certaine forme d'empirisme et de s'élever vers une philosophie rationnelle, Schelling souligne que le philosophe français se rapproche encore des allemands en admettant que « la racine de la psychologie est dans l'ontologie ». Il reconnaît aussi la légitimité de la démarche de Cousin qui se demande comment il en est venu à découvrir cet enracinement. Son erreur est malheureusement de croire trouver

95. Schelling, *Jugement de M. de Schelling sur la philosophie de M. Cousin*, trad. fr. J. Willm, Levraut, Paris, 1835, p. 27.

une réponse dans une expérience censée ouvrir la voie vers la connaissance absolue de ce qui est, alors que le rationalisme a pour caractéristique de se fonder sur une certitude n'ayant pas besoin de se fonder sur autre chose pour être légitime et pouvoir progresser. Selon Schelling, au moins depuis Kant les allemands admettent que la connaissance commence avec l'expérience et que toute philosophie doit être précédée de certaines considérations et principes formels. Ceci posé, il n'est pas nécessaire de « descendre » jusqu'à des faits psychologiques qui ne pourront en aucun cas « servir de fondement ». La rupture de Cousin avec l'empirisme n'est pas aussi nette qu'il l'annonce puisqu'il prétend que la généralité de l'idée de cause serait établie par induction à partir de l'expérience de la volonté, et qu'ainsi « la raison nous découvre ce qui n'est pas nous, des objets autres que le sujet lui-même ». Mais, demande Schelling, d'où nous vient l'idée d'existence, idée antérieure et plus générale puisque nous l'appliquons à celle de cause ? Cette idée, nous l'avons antérieurement à l'introspection. D'où le cercle : « par la voie de son analyse psychologique, Cousin ne saurait arriver à la raison qu'à l'aide de ces mêmes notions et de ces mêmes principes universels que la raison doit seulement lui fournir. »

Dans la suite de son *Jugement*, Schelling ne revient pas sur la question de la psychologie, alors qu'il aborde d'autres aspects de la doctrine cousinienne dont il apprécie la dimension historique. Du coup, il ne prend pas position sur le statut scientifique et disciplinaire de la psychologie, et *a fortiori* sur sa nouveauté. Toutefois, il lui accorde au moins une relative indépendance dans la mesure où il ne la cantonne pas au statut de « vestibule » de la quête philosophique.

Industrialisme et psychologie

Dans un article de 1826 paru dans *Le Producteur*[96] et consacré aux *Fragments philosophiques* de Cousin, le saint-simonien Laurent s'inquiète du sort que l'éclectisme fait à l'« industrialisme » et s'inscrit en faux contre l'accusation de vouloir « entraîner les esprits hors des voies larges et impartiales de la science ». Plus sévère envers ses disciples trop zélés qu'envers Cousin dont il célèbre

96. P. M. Laurent, « Fragmens philosophiques, par M. Victor Cousin », *Le Producteur*, tome III, juin 1826, p. 325-338.

l'éloquence et « la profondeur philosophique », Laurent note que Jouffroy, dans un article du *Globe,* prétend renvoyer dos à dos deux doctrines qu'il oppose : la théocratie qui n'aurait de solutions que « spiritualistes et théologiques » et l'industrialisme qui n'aurait de solutions que « physiques et positives ». Ainsi, l'industrialisme rejetterait « toute idée psychologique et morale » pour promouvoir deux physiologies, l'une individuelle, l'autre sociale. La première aurait pour but « d'expliquer d'une manière positive les mêmes phénomènes dont la psychologie rend compte par voie rationnelle » alors que la seconde, « s'occupant du développement de l'intelligence collective, embrasse nécessairement la science des rapports sociaux, ou la morale même, considérée sous le point de vue le plus élevé et dans ses perfectionnements successifs ».

Ayant dénoncé l'« incohérence » de Jouffroy quand il prétend que l'industrialisme souhaite rejeter « toute idée psychologique et morale » et promouvoir une physiologie individuelle et sociale, Laurent impute cette erreur à une négligence de disciple qu'il prévoit de ne pas retrouver chez le maître. Il craint pourtant de voir cousin reprendre à son compte les griefs injustes adressés aux industrialistes dont celui de vouloir « rapetisser la science » et de « la dépouiller de son impartialité » en l'entraînant sur « un sentier étroit ».

Non seulement l'école positive ne chercherait pas à « parquer l'esprit humain dans le domaine de l'industrie », mais elle n'a pas « rétréci le cercle scientifique puisqu'elle s'efforce d'arracher les spéculateurs transcendans à l'étude exclusive de l'individu pour les amener à s'occuper de l'espèce ». Comme nous le verrons dans la critique plus systématique de Pierre Leroux, Laurent met surtout en garde les psychologues contre une psychologie menant à une morale nécessairement « abstraite et incomplète » puisque négligeant les rapports de l'homme à la société. Finalement, ce serait bien plutôt les éclectiques qui devraient être soupçonnés de « resserrer les limites de la science » en transportant l'homme « sur un roc désert, pour l'interroger là, dans l'isolement [...] comme si sa destinée était de vivre en stylite [...] ».

Laurent n'établit donc pas de distinction radicale entre psychologie et physiologie – science dont nous avons rappelé le statut encore indécis à cette époque où la sociologie est, elle aussi, en gestation et non encore baptisée. Et même, l'incohérence décelée par Laurent révèle non seulement qu'à ses yeux les dénominations de « psychologie » et de « physiologie » reviennent sensiblement au même mais que la distinction pertinente pour asseoir une science de l'homme passe entre les approches isolant l'individu – approches toujours trop partielles qu'elles se disent psychologique ou physiologique – et l'approche globale ou sociale. De plus entre psychologie éclectique et physiologie individuelle existerait au mieux un rapport d'inclusion puisque la psychologie éclectique serait « un système tout aussi incomplet, et moins riche de données positives, que celui des physiologistes qui veulent puiser les fondements de la vraie doctrine sociale dans le seul examen de l'organisation individuelle »[97]. Dans le meilleur des cas, la psychologie individuelle prônée par Jouffroy doit s'inscrire dans le projet plus vaste d'une science globale. Laurent ne conteste donc pas l'intérêt d'une étude de l'individu, étant entendu que s'il y a accord entre une physiologie individuelle et une psychologie ce sera sur des phénomènes observables, sur des faits, la physiologie étant nécessairement plus riche car ne procédant pas à un isolement de son objet d'étude.

Dans un deuxième article[98], considérant que débattre de toutes ces vaines questions échappe à la ligne éditoriale du *Producteur* dont le but est l'utilité et l'application, Laurent accepte cependant de se prêter au jeu du débat philosophique sous réserve que ce soit en son nom propre. Selon lui, Cousin, bien que se revendiquant de la méthode expérimentale, serait tombé dans le travers dont ont été victimes bon nombre de ses prédécesseurs, c'est-à-dire d'« avoir abandonné trop tôt la voie expérimentale et de s'être perdu dans les hypothèses ontologiques ». Une philosophie du type de celle de Destutt de Tracy semble à Laurent plus propice à une science de l'homme que la psychologie cartésienne ou platonicienne, parce que « si la pensée humaine n'est que la sensation transformée, l'homme intellectuel et l'homme moral, se résolvant dans l'homme sensible, pouvaient être étudiés et compris par voie physiologique »[99]. Contre Jouffroy qui fait valoir la diversité des objets d'étude et des

97. P. M. Laurent, « Fragmens philosophiques, par M. Victor Cousin », p. 331.

98. Laurent, « Fragmens philosophiques par Victor Cousin (Deuxième article) », *Le Producteur*, tome IV, Juillet 1826, p. 19-37.

99. *Ibid.,* p. 27.

méthodes afférentes, Laurent souligne la vacuité d'investigations non soutenues par des faits positifs et, du coup, plaide pour une subordination de la psychologie à la physiologie. Le désaccord avec Cousin et ses disciples psychologues est finalement double : d'une part leur méthode n'est pas aussi expérimentale qu'ils le prétendent mais relève de spéculations rationalistes, d'autre part elle étudie l'homme dans cette condition artificielle et extraordinaire qu'est l'isolement.

Enfin, Laurent dénonce à son tour le prétendu « pont » que Cousin pense établir entre psychologie et ontologie sous couvert de l'objectivité de la raison : selon lui, cette induction d'une discipline à l'autre n'est pas fiable et l'appel au caractère nécessaire de l'attribution d'une cause à un phénomène n'est pas convaincant puisque l'existence de celle-ci restera supposée tant qu'elle ne sera pas positivement observée. La méthode psychologique ne paraît donc pas « destinée à combler l'abîme qui sépare l'idéologie de l'ontologie ».

L'éclectisme réfuté par Leroux

Porteuse de certaines des valeurs politiques et épistémologiques de la philosophie du XVIIIe siècle, la critique de Laurent va trouver un écho amplifié chez deux adversaires implacables de l'éclectisme, Leroux et Broussais qui, l'un et l'autre, ne se satisfont pas de cette philosophie officielle trop prompte à dépasser le meilleur de la philosophie et de la politique du siècle passé.

Co-fondateur en 1824 du *Globe*, revue d'abord plutôt libérale, puis saint-simonienne après 1830, Pierre Leroux (1797-1871) est, contrairement aux éclectiques, un homme extérieur à l'administration française et en particulier au corps enseignant. Bien que reçu à l'École Polytechnique, sa situation matérielle le pousse à y renoncer et à se faire ouvrier, principalement dans l'imprimerie. Cet homme, contrairement à Cousin, s'avoue insatisfait de son sort et prétend avoir forgé le mot « socialisme » en 1834 pour contrer l'« individualisme » cher aux libéraux. Il va, sa vie durant, concilier condition ouvrière, production littéraire et politique. Aussi retrouve-t-on cet ouvrier ami de l'humanité aussi bien parmi les proches de Sainte-Beuve, George Sand ou Victor Hugo qu'avec les défenseurs de la République, en particulier comme membre de l'Assemblée

Constituante de 1848 [100]. En 1833 et 1838, il publie trois importants articles critiques visant Cousin et son école et, en particulier, ses divers projets psychologiques. Ces articles furent regroupés en un seul ouvrage, *Réfutation de l'éclectisme* [101], édité en 1839, où les questions relatives à la psychologie occupent presque un tiers de l'ensemble.

Bien que le statut de cette science soit étroitement lié à l'ensemble du projet éclectique, nous évoquerons principalement le versant psychologique de cette ample critique où Leroux expose également des thèses qui lui sont propres. De plus, bien qu'il distingue les positions du maître de celles de l'élève qu'il trouve parfois contradictoires, lorsqu'il est question de psychologie il se tourne en général vers les thèses de Jouffroy, le plus psychologue des deux, et cela même lorsque Cousin est visé. Un autre trait général de cette réfutation est son caractère polémique ainsi qu'en témoigne l'accumulation de qualificatifs dépréciatifs. Alors que le disciple appliqué, « calme et méditatif » remporte la palme de la « clarté artificielle » et de l'absurdité, le maître est plutôt dénoncé pour ses opinions adoptées à la légère, « ses oscillations perpétuelles, ses étonnants paradoxes remplacés bientôt par de plus étonnants encore » [102], et ses autres virevoltes rhétoriques.

Tout d'abord Leroux voit dans l'emphase mise sur la psychologie le résultat du dévoiement sectaire du projet de Biran, homme admirable et moins soucieux d'introspection directe que d'éclaircissements sur les modalités de la co-présence, dans toute perception, du *moi* et du *non-moi*. Comprendre ce dévoiement et le rôle assigné à la psychologie demanderait d'en revenir moins aux doctrines de la Sorbonne qu'à celles de l'École normale dont l'éclectisme serait une « émanation ». L'interprétation sociologique de l'origine de la doctrine est d'une sévérité radicale :

> De cette école officielle et réactionnaire sortirent, non des philosophes, mais des psychologues, des savants sans tradition et

100. Sur Leroux, voir par exemple, J. Peignot, *Pierre Leroux, inventeur du socialisme*, Paris, Klincksieck, 1988 ; G. Navet, *Pierre Leroux, Politique, socialisme et philosophie*, Paris, Publications de la Société P.-J. Proudhon, 1994.

101. P. Leroux, *Réfutation de l'Eclectisme*, Paris, Gosselin, 1839 ; réédition, Genève, Slatkine, 1979.

102. *Ibid.*, p. 280.

> sans but, étrangers à l'esprit émancipateur du XVIIIe siècle, et pour qui la révolution française n'était pas plus que tout autre événement historique[103].

L'éclectisme et ses avatars, dont le projet de constituer la psychologie comme science nouvelle et indépendante, ne seraient ainsi qu'une conséquence nécessaire des conditions de formation de la nouvelle génération de « philosophes » français. L'enjeu politique et institutionnel de cette situation est d'importance. En effet, vu les prétentions des éclectiques sur la psychologie et « l'importance démesurée qu'on lui donne aujourd'hui », vu que ces psychologues ont « le monopole de l'enseignement de la philosophie en France » et qu'ils ont tenu à en faire commencer l'étude par cette psychologie fondée sur de grossières erreurs, l'enseignement dispensé est nécessairement faux[104]. De plus, si jamais Cousin change une fois de plus d'avis à la suite de nouvelles lectures ou rencontres, en France ou à l'étranger, c'est l'ensemble du programme scolaire qui devra encore être modifié.

Quant à la nouveauté revendiquée pour cette prétendue science, Leroux s'inscrit en faux. Selon lui, Cousin et Jouffroy ont surtout pour souci de rompre avec la philosophie du siècle passé et, du moins pour Cousin, de se faire historiens des doctrines passées[105]. Mais ils font de bien piètres historiens car ce n'est pas seulement Biran qu'ils ont mal lu, mais aussi Bacon, Descartes, Locke et Wolff qui, eux, étaient sans aucun doute de bons psychologues. Selon Leroux, la question de l'origine et de la nouveauté de la psychologie ne se pose pas puisqu'il s'agit d'« une science cultivée dans tous les temps par les plus profonds esprits »[106].

Quand il s'agit pas de frivolité intellectuelle ou d'opportunisme, Leroux ramène presque systématiquement l'égarement des éclectiques à des questions de méthode et, en particulier, à ce qu'il qualifie de « principe (ou critérium) de certitude ». Cinq critères permettant de garantir chacun un type de certitude auraient été dégagés au fil de

103. *Ibid.* p. 280. Voir aussi p. 62-70.

104. *Ibid.*, p. 163.

105. P. Leroux, *Réfutation de l'Eclectisme,* p. 71.

106. *Ibid.,* p. 282.

l'histoire[107] et « la vraie méthode, en toute science, consiste à discerner celui de ces critériums de certitude qui convient à la matière en question et à s'y rapporter »[108]. De ce point de vue, que valent les principes des éclectiques ?

Une première erreur est déjà de prendre comme critérium de certitude ce sens commun emprunté aux Ecossais et interprété « plutôt en psychologue qu'en philosophe ». Il ne s'agirait là en effet, que de l'une des nombreuses versions de ce « *consensus* universel » revendiqué de tout temps par toutes les écoles, mais laissé dans le vague d'un « demi-jour obscur ». Lamennais, entre autres, l'adopterait comme « principe rationaliste » pour combattre le rationalisme et ses méthodes au nom du catholicisme. Faute d'une caractérisation plus rigoureuse, le sens commun ferait surtout office d'« une espèce de contrôle » destinée à confirmer ou rejeter les dire des philosophes. De plus, il est notoire que parmi les thèses des éclectiques, nombreuses sont celles qui défient le sens commun. Ainsi, la thèse de Jouffroy prétendant que la conscience reste éveillée au cours du sommeil paraît une contre-vérité manifeste. Et pourtant, ce « roman sur le sommeil »[109] censé conforter la thèse de l'activité permanente de l'âme et de la perception réflexive de la pensée par l'âme est un moment majeur du plaidoyer visant à distinguer la psychologie de la physiologie. La question de la veille perpétuelle de l'âme est d'autant plus cruciale que l'état dans lequel prétend se placer le psychologue s'adonnant à l'introspection paraît très proche du sommeil. Jouffroy brave ici et le sens commun, et l'avis de Locke qu'il aurait mieux fait de ne pas mépriser, et les résultats des travaux récents des physiologistes[110]. L'appel au sens commun ne serait donc finalement qu'un accessoire *ad hoc*.

Une deuxième erreur touche à l'observation. Leroux prend note que les éclectiques y font allégeance en l'élevant au rang de principe de certitude. L'erreur consiste alors non pas à l'adopter en psychologie mais à s'en remettre uniquement à elle. Par cette option

107. A ce sujet, voir l'article « Certitude » dans Leroux et Reynaud, *Encyclopédie Nouvelle*, tome 3, Paris, 1840, p. 582-587.

108. Leroux, *Réfutation de l'Eclectisme*, p. 109.

109. *Ibid.*, p. 284.

110. Voir à ce sujet l'article de Bertrand dans *Le Globe*, tome 5, p. 150.

méthodologique, Cousin et ses disciples trahiraient la philosophie en faisant un pas décisif dans le sens de sa réduction à la physique. Chercher à se gagner une respectabilité scientifique en s'en remettant exclusivement à la méthode propre à une discipline reine n'est pas la voie à suivre, note Leroux. Pourtant Cousin s'y engage en oubliant la pluralité des formes et des procédés de l'observation ; et Jouffroy s'engouffre dans son sillage quand il tente de montrer que la psychologie est – à la nature de son objet près – la sœur jumelle de la science physique qu'est la physiologie. Selon Leroux, la philosophie n'a nul besoin de se travestir sous les traits d'une psychologie qui n'en est pas une et doit rester fidèle au principe d'une pluralité méthodologique : « Le philosophe emploie l'observation, mais la philosophie n'est pas une science d'observation »[111]. Croire que la philosophie, et donc la psychologie, ne se distinguent de la physique que par une différence d'objet est illusoire. Et lorsque Cousin invite à joindre le raisonnement à l'observation, le pas accompli vers l'affranchissement de l'aliénation à la physique est ruiné par son insistance à prétendre que philosophie et physique ne diffèrent que par leur objet[112]. La critique de Leroux rejoint ici celle de d'Eckstein soupçonnant les éclectiques de ne pas avoir vraiment pris leurs distances par rapport aux sciences de la nature.

Leroux insiste encore sur le fait que dans l'étude du *moi*, dont il précise, comme Laurent, qu'elle doit aussi être une étude du *nous*, la psychologie peut avoir l'observation pour « principe de certitude » mais ne doit s'en remettre exclusivement à celui-ci. En effet, tout un pan de la psychologie relève de l'âme vivante, traite du jeu de l'ensemble de ses facultés, et constitue donc une « physiologie de l'âme ». L'enjeu de cette qualification est de taille car nous savons que la physiologie est, à l'époque, une discipline en pleine effervescence et aux contours encore fluctuants[113] comme en témoigne des ouvrages tels que *Physiologie du flâneur* ou *Physiologies parisiennes*. Si, comme Richerand en 1801 avec ses *Nouveaux éléments de physiologie*, on la définit comme « science de la vie », le sens de tous ces titres

111. Leroux, *Réfutation de l'Eclectisme*, p. 114.

112. *Ibid.*, p. 116.

113. Braunstein, *Broussais et le matérialisme*, Paris, Méridiens-Klincksieck, 1986, p. 53-55.

s'éclaire mais on comprend aussi que parler, avec Leroux, de physiologie de l'âme n'implique pas forcément une « réduction » naturaliste ou matérialiste.

La psychologie a donc non seulement partie liée avec la physiologie, mais son exercice mobilise l'ensemble des facultés humaines et pas seulement l'observation [114]. En ne s'en remettant qu'à celle-ci, les éclectiques manquent d'avance l'essentiel. Ainsi, plutôt que d'opter pour un dualisme radical dissociant corps et esprit « il fallait suivre la voie ouverte par Descartes dans son traité des *Passions* » et « enter » la psychologie « sur la physiologie » [115]. A l'inverse, l'oubli du corps et la volonté de bannir le matérialisme de la philosophie révèlent les psychologues « bien plus spiritualistes que ne le furent les théologiens ». Leur projet de psychologie équivaut à ce qui resterait de la physiologie si l'étude en était menée « indépendamment de la respiration et de la nutrition, de l'influence de la lumière, de la chaleur, de l'électricité [...] » [116]; autrement dit, si elle n'était qu'une anatomie limitée au cadavre. Rejoignant encore Laurent dans sa critique d'une psychologie désincarnée et hors du monde, Leroux voit dans la psychologie éclectique quelque chose se réduisant tout au plus à la logique.

L'erreur première des éclectiques et surtout de Jouffroy, est de commencer par une pétition de principe posant un dualisme corps/esprit radical. Leroux suggère de s'en tenir à la considération de l'être complexe esprit-corps. Cette erreur de principe commise, Jouffroy peut développer son « sophisme fondamental » rompant avec toute la tradition philosophique incluant aussi bien Bacon et Locke que Wolff. Il consiste à « soutenir qu'il existe deux sortes d'observations radicalement différentes, essentiellement distinctes, et d'égale importance » [117]. La prétendue observation interne sur laquelle Jouffroy prétend fonder sa psychologie et censée lui donner une garantie scientifique n'est qu'un simulacre puisqu'elle porte sur un monde inexistant. Elle révèle seulement l'illusion consistant à attribuer à l'âme seule des propriétés qui sont celles du complexe

114. Leroux, *Réfutation de l'Eclectisme*, p. 120-122.

115. *Ibid.*, p. 292.

116. *Ibid.*, p. 290.

117. *Ibid.*, p. 283.

corps-esprit. En somme, elle fait une totalité de ce qui n'est qu'une partie. Jouffroy a alors beau jeu de faire de la conscience une espèce de télescope ou de lunette qu'il braque « vers un point où aucun objet ne serait visible » alors qu'il croit la braquer sur le moi afin que le moi lui-même l'observe. Pire, puisque la conscience ne saurait être autre chose que le moi, Jouffroy prétend donc que « le *moi*, par le moyen du *moi*, connaît le *moi* » ou, ce qui revient au même, que « la conscience, par le moyen de la conscience, connaît la conscience ». Cette manière absurde de « tripler notre être », « non-sens qui fait aujourd'hui la base de l'enseignement de la philosophie en France »[118], pourrait être renversée par « un enfant de dix ans » faisant remarquer que « si l'on pense à quelque chose, on pense à cette chose, et l'on ne s'observe pas penser »[119]. Leroux prend donc nettement parti sur cette épineuse et antique[120] question relative à la possibilité de l'auto-observation de la conscience alors même qu'elle est prise par une autre pensée. Sur ce point, il rejoint aussi bien D'Eckstein que Comte dont le *Cours de philosophie positive*, dénoncera « cette prétendue méthode psychologique radicalement nulle dans son principe » car appelant à un « sommeil intellectuel » pour observer « les opérations qui s'exécuteront dans votre esprit lorsqu'il ne s'y passera plus rien ! »[121]

A propos de la facile réfutation de la thèse de Jouffroy par un enfant, soulignons que cette thèse va pourtant trouver le soutien de J.S Mill déclarant à son tour à propos de celle de son ami A. Comte qu'« il n'est pas bien nécessaire de faire une réfutation élaborée d'un sophisme à l'égard duquel la seule chose surprenante serait qu'il en imposa à quelqu'un. ». Selon le philosophe anglais, des expériences menées aussi bien par le français De Cardaillac que par son compatriote Sir W. Hamilton ont montré que « l'esprit peut non seulement avoir conscience de plus d'une impression à la fois, et

118. *Ibid.,* p. 132.

119. *Ibid.,* p. 152.

120. Voir la discussion de Canguilhem sur l'éventuelle filiation aristotélicienne de cette thèse dans « Qu'est-ce que la psychologie ? », *Études d'histoire et de philosophie des sciences*, Paris, Vrin, 1968 ; réédition, 1993, p. 365-381.

121. A. Comte « Première leçon » du *Cours de philosophie positive*, Paris, Hermann, 1998, p. 34.

même en percevoir un nombre considérable, mais encore y prêter attention », une attention toutefois affaiblie [122].

Nous avons vu quels présupposés et quels sophismes ont, selon Leroux, permis à Jouffroy de s'égarer dans des métaphores faisant de la conscience une espèce de théâtre où le moi se produit à volonté devant le moi. Ici, le disciple serait tout à fait l'égal de son maître pour ce qui est des vertiges du style figuré et des tournures équivoques. Mais un autre travers général se révèle dans les abus où excelle l'éclectisme : une prédilection excessive pour l'analyse au détriment de la synthèse que Jouffroy semble abhorrer. Alors que Leroux s'accorde encore avec Laurent pour dire que nous ne vivons « que dans la relation avec l'humanité et l'univers » [123], que « la vie est dans le tout ensemble » [124], Jouffroy, lui, serait vecteur de mort en privilégiant l'analyse, c'est-à-dire la décomposition des phénomènes à étudier. Victime de l'abstraction qu'il opère en ne retenant qu'un aspect ou qu'une partie du phénomène à étudier, il entoure artificiellement « de barrières bien solides et bien closes » un objet d'étude qu'il croit réel alors qu'il n'est qu'abstraction, et compte lui appliquer une méthode scientifique prétendue générale alors qu'elle n'est qu'une caricature.

En somme, l'erreur de l'éclectisme est totale : la nouvelle science de Jouffroy n'est ni nouvelle, puisque la psychologie est ancienne, ni science puisque son objet et sa méthode ne sont que des fantasmagories engendrées par abus de l'analyse.

Riposte de Broussais

Avec Broussais (1772-1838), la psychologie éclectique va trouver un autre contradicteur radical et systématique. C'est d'ailleurs lui qui aurait inspiré la fameuse critique d'A. Comte dans le *Cours de philosophie positive*, aussi sévère que celle du *Catholique* pour ce qui est de la remise en cause de la méthode introspective et de sa duplicité.

Fils d'officier, François-Joseph Broussais débute sa carrière médicale comme chirurgien navigant puis rejoint la Révolution en

122. J. S. Mill, *Auguste Comte et le positivisme*, Paris, L'Harmattan, 1999, p. 79.

123. Leroux, *Réfutation de l'Eclectisme*, p. 303.

124. *Ibid.*, p. 294.

1791. En 1803, après des études de médecine à Paris où il subit l'influence de Pinel, Bichat et Cabanis, il s'engage dans la Grande Armée et sillonne l'Europe. En 1808, à l'occasion d'une convalescence à Paris, il publie son *Histoire des phlegmasies chroniques.* Après six années passées en Espagne, il revient à Paris où il est nommé professeur en second au Val-de-Grâce. Il commence alors à développer ses doctrines sur la dépendance entre phénomènes physiologiques et température extérieure ainsi que sur la transmission de la maladie entre organes. En 1816, il publie un *Examen de la doctrine médicale généralement adoptée et des systèmes modernes de nosologie* qui expose sa théorie de la médecine physiologique où les notions d'irritation et d'inflammation tiennent un rôle central. Les cours publics qu'il donne alors drainent un auditoire toujours plus nombreux : son éloquence, sa pugnacité dans la polémique et la nouveauté de ses thèses médicales se conjoignent à des opinions philosophiques – au sens large du terme – qui en font l'un des plus héritiers les plus en vue de cette philosophie du siècle passé que la Restauration et ses philosophes souhaiteraient définitivement révolue.

Médecin-chef du Val-de-Grâce en 1820, il fonde deux ans plus tard les *Annales de la médecine physiologique.* Personnage en vue, soupçonné de républicanisme et d'athéisme, son *Traité de l'irritation et de la folie*, ouvrage polémique paru en 1828, lui vaudra de vives réactions souvent critiques. Trois ans plus tard, Broussais occupe la nouvelle chaire de pathologie générale à la faculté de médecine, mais son influence commence à décliner, surtout avec le démenti que l'épidémie de 1832 apporte à ses théories médicales, en particulier sur les bienfaits de la saignée. Il se tourne alors vers la phrénologie, à laquelle il s'intéresse de plus en plus, et qu'il défend jusqu'à sa mort en 1838[125].

Le *Traité de l'irritation et de la folie*, ouvrage dans lequel les rapports du physique et du moral sont établis à partir de la médecine physiologique, se revendique comme plaidoyer pour l'empirisme et pour la défense d'une « éducation par les sens, dépréciée et menacée

125. Sur Broussais et son œuvre, voir Braunstein, *Broussais et le matérialisme.*

de tomber dans le discrédit »[126]. Se réclamant d'une lignée allant de Descartes et Bacon jusqu'à Destutt de Tracy et Cabanis, sa visée est aussi explicitement politique : il s'agit de défendre la jeunesse de France contre les abus d'une philosophie venue d'Ecosse et d'Allemagne, d'un « kanto-platonisme » dont les zélateurs prétendent s'appuyer sur « une prétendue observation qu'ils appellent *intérieure* ». A leurs yeux, tous les autres philosophes seraient des « monomaniaques » ou des esprits bas et étriqués alors qu'eux auraient le monopole de ce qui est haut et large.

Broussais consacre plusieurs chapitres à défendre la « science des facultés intellectuelles », mollement revendiquée par les physiologistes, mais que « des hommes qui n'ont point fait une étude spéciale des fonctions veulent s'approprier sous le nom de psychologie »[127]. La critique principale est annoncée d'emblée et s'apparente à celle de Leroux : la psychologie éclectique s'enracine dans un vice méthodologique consistant à ne se fonder que sur le seul témoignage de la conscience, baptisé « observation », pour en faire « la base unique d'une véritable science ».

Il importe alors de caractériser la conscience afin de montrer qu'elle n'est ni ne peut être indépendante de la sensation externe. Broussais ne remet cependant pas en question l'idée que l'activité de cette faculté relève de l'observation, mais souligne qu'observer c'est sentir. Par conséquent il y a dans le processus même d'introspection un effet de réflexion pouvant aller à l'infini : quand je m'observe, « je sens que je m'observe, et ainsi de suite ». Il n'y a donc pas de faculté première, ultime, devant laquelle viendraient comparaître les observations, fussent-elles externes ou internes.

L'un des arguments les plus constamment employés par Broussais non seulement dans l'*Irritation* mais aussi dans les articles qui viendront ultérieurement réaffirmer son point de vue, peut être envisagé comme la généralisation du fameux « principe de Broussais », attitude nominaliste de remise en cause de la réalité des catégories et des concepts médicaux. Placer sur une seule et même

126. Voir la préface de F.J.V. Broussais, *De l'irritation et de la folie, ouvrage dans lequel les rapports du physique et du moral sont établis sur les bases de la médecine physiologique*, Paris, 1828.

127. *Ibid.*, p. 128.

échelle régime normal (la santé) et régime pathologique (la maladie) au lieu de les dissocier au nom d'une différence de nature, lui a permis de remettre en cause ces catégories et d'en relativiser les limites. Cette stratégie, déjà adoptée dans la critique de la nosographie de Pinel, va être mobilisée à plusieurs reprises dans la guerre menée contre ce qu'il appelle les « abstractions » et « l'ontologie » des éclectiques.

Une première étape met ainsi en question les limites de la catégorie d'être humain dès lors qu'on la fonde sur la notion de conscience. Les animaux en sont-ils dépourvus ? Si l'on accorde que la conscience n'est pas seulement la faculté de pouvoir s'observer « par le secours des sens », mais de pouvoir « observer sa pensée », on ne peut, selon Broussais, refuser la conscience aux animaux. Quelques anecdotes pittoresques rappellent que les animaux, du moins ceux « dont l'organisation se rapproche le plus de la nôtre » se souviennent, peuvent apprendre, prévoient, etc. Ainsi, puisque l'animal peut observer sans utiliser ses sens, il peut sentir qu'il sent : il a donc une conscience. Par conséquent, la conscience n'est pas un critère acceptable pour distinguer l'homme des autres espèces animales. En 1838, Broussais développera d'ailleurs un argumentaire tout à fait similaire dans son mémoire sur le sentiment personnel, mémoire écrit en réponse à l'importance que le *moi* aurait prise, écrit-il, « de nos jours ».

Si l'on en croit les psychologistes, le *moi* serait « l'esprit par excellence » et se manifesterait comme « sentiment de la personnalité » ou de l'individualité. Broussais, quant à lui, refuse d'envisager une intelligence privée de la faculté de « réfléchir sur soi-même », faculté typiquement perfectionnée dans l'espèce humaine, ou encore, comme il l'écrira en 1838, une intelligence « dépourvue de tout sentiment d'individualité »[128]. De plus, des exemples lui ont permis de montrer que les animaux supérieurs sont manifestement dotés de ce sentiment[129]. Quelle raison les psychologistes ont-ils

128. F.J.V. Broussais, « Du sentiment personnel, du sentiment d'individualité, du Moi, considérés chez l'homme et chez les animaux », *Mémoires de l'Académie des Sciences Morales et Politiques*, 1841, vol. 3, p. 96.

129. Voir *De l'irritation et de la folie,* p. 130-132, mais aussi « Du sentiment personnel, du sentiment d'individualité, du Moi, considérés chez l'homme et chez

d'accorder à l'homme « un principe de plus qu'aux animaux » alors qu'il arrive que l'animal fasse même mieux que l'homme ? [130] Selon Broussais il existe, sinon une continuité, du moins une parenté entre l'animal et l'homme, et l'intelligence n'est pas un miracle de l'humanité : « l'intelligence n'est que l'instinct perfectionné, *sous certains rapports*, par le développement de l'encéphale dans certaines directions faciles à déterminer » [131]. S'il faut donc établir une différence de nature entre l'homme et l'animal, ce n'est pas le sentiment d'individualité qui peut en être un critère.

Broussais va maintenant mettre en œuvre son procédé de brouillage catégoriel au sein même de la principale espèce concernée ici : l'homme. Dans l'argumentaire de Jouffroy nous avons vu le rôle décisif que joue le « principe intelligent », lot commun de tous les hommes même si certains en font un usage plus appliqué que d'autres. Broussais conteste ce point. Il se justifie en remettant en question l'unité de l'espèce humaine si on l'envisage à l'aune de la conscience. En pratique, le phénomène de conscience est d'abord un « phénomène d'innervation intra-cranienne ». On a pu croire qu'il nous distinguait de l'animal alors que « nous ne pouvons l'admettre chez aucun être vivant que lorsqu'il parvient à nous faire entendre qu'il en est doué. Il nous le fait entendre par ses actes ou par ses discours » [132]. Accepter comme critère non seulement le discours mais aussi l'acte est un point crucial, car c'est bien d'après leurs actes que Broussais a jugé certains animaux doués de conscience et ce n'est aussi que d'après leurs actes que l'on peut juger doués de conscience certains êtres humains incapables de discourir, en particulier les embryons et les sourd-aveugles. Or il semble arbitraire de leur accorder, sur la base de leurs actes, une conscience qu'on refuserait aux animaux malgré leurs actes. De plus, on ne leur refusera pas la qualification d'être humain sous prétexte qu'ils ne manifestent pas de conscience ou, du moins, manifestent une conscience moindre que celle de certains animaux exclus de l'espèce.

les animaux », *Mémoires de l'Académie des Sciences Morales et Politiques*, 1841, vol. 3, p. 92-98.

130. Broussais, *De l'irritation et de la folie*, p. 176.

131. *Ibid.*, p. 166-167.

132. *Ibid.*, p. 128.

En somme, si l'on prend la conscience telle que la définit Broussais comme critère, on peut être amené à définir une nouvelle classe d'êtres englobant certains humains, mais pas tous, et certains animaux.

L'étape suivante de l'argumentaire de Broussais consiste à remettre en question l'irréductibilité des phénomènes de conscience à des phénomènes physiologiques. On se souvient que la distinction entre faits internes et faits externes est l'une des conditions légitimant, chez Jouffroy, l'autonomie de la psychologie par rapport à la physiologie. D'où l'importance de la section intitulée, dans l'*Irritation* : « S'il est possible de faire une science avec les seuls phénomènes de conscience »[133]. Ce thème de la réductibilité des faits de conscience à des faits observables par les physiologistes – crucial pour décider de l'autonomie de la psychologie – reviendra d'ailleurs dans les réponses de Broussais aux critiques et aux thèses développées ultérieurement par Jouffroy.

C'est dans sa critique de l'irréductibilité des faits de conscience à des faits externes que se dévoile nettement le point de vue strictement empiriste de Broussais. Sa théorie de la connaissance repose en effet sur deux notions caractéristiques : sensation et mémoire. Selon lui, les introspections des psychologistes ne révèleront au mieux que deux types de choses. Il y aura d'abord des sensations provenant directement des viscères en relation avec le cerveau, ainsi que :

> […] une foule de sensations vagues, indéterminées, qui tantôt les porteront à la tristesse, tantôt à la joie, quelquefois à l'action, d'autres fois au repos, un jour à l'espérance, l'autre jour au désespoir et même à l'horreur de l'existence. Ils y trouveront tout cela sans se douter d'où cela vient; car les physiologistes […] sont les seuls qui puissent le leur apprendre. S'ils prennent toutes ces sensations intérieures pour des révélations de la divinité qu'ils nomment conscience, ils peuvent augmenter leur richesse en prenant, à la manière des Orientaux, une certaine dose d'opium, combiné avec des aromates. Ils se trouveront alors, comme Mahomet, en rapport avec tout ce qu'il y a de plus extraordinaire dans l'empyrée[134].

133. *Ibid.,* p. 133.

134. Broussais, *De l'irritation et de la folie*, p. 134.

Quant à l'autre genre de découverte que pourra faire le psychologiste, ce sera :

> [...] le souvenir des impressions faites sur les sens ; je ne dirai pas qu'il y verra des images, ou des empreintes, ou des idées considérées comme des entités, mais je dirai qu'en s'observant il percevra des sensations tellement associées avec les corps qui ont impressionné les sens quand on les a reçues la première fois, qu'elles ne peuvent se renouveler sans que l'on pense à ces mêmes corps [135].

La conscience se trouve donc peuplée par ces deux types d'entités et par des combinaisons composées à partir d'elles. Broussais reste donc au plus près des grandes lignes de la théorie génétique de la connaissance défendue par Condillac puis par les Idéologues. Il s'en démarque cependant comme l'expose son *Mémoire sur l'association du physique et du moral* lu en 1834 devant l'Académie, où il juge que « la réciprocité d'influence entre le cerveau et les viscères est le point qui n'a pas été convenablement développé par Cabanis, [*car*] la part de l'influence cérébrale est restée trop faible dans ses ouvrages » [136]. Et c'est d'ailleurs cette influence régulatrice complexe que la phrénologie est censée réévaluer, sans pour autant concéder quoi que ce soit à l'espèce de personnification de la conscience faite par les psychologistes.

> [...] le sentiment du *moi*, la volonté, la volition, [...] la raison, les sentiments divers [...] les impulsions aveugles [...] qui constituent les instincts relatifs ou à l'individu ou à l'espèce ne sont pas plus des sensations transformées que des actes d'un principe indépendant du système nerveux ; et Condillac en ce point est aussi bien dans l'erreur que les psychologistes. Ceux qui ont inventé cette transformation ont fait une hypothèse que la phrénologie détruit. Ceux qui ont admis le principe indépendant ont supposé dans le cerveau un être intelligent qui se décide à agir ou à rester au repos, suivant qu'il aime ou qu'il hait la sensation ou sa cause [...] Mais ce principe n'est qu'une personnification arbitraire ; les sensations existent lorsque le cerveau agit à l'occasion de l'action des organes des sens ;

135. Broussais, *De l'irritation et de la folie*, p. 135.

136. Broussais, « Mémoire sur l'association du physique et du moral », *Mémoires de l'Académie des Sciences Morales et Politiques*, vol. 1, 2e série, 1837, p. 113-199, citation p. 116.

> la sensation n'est que cela. Tout le reste se compose d'actions du cerveau qui n'auraient point existé sans la sensation, mais qui ne sont pas la sensation [137].

Une chose est donc sûre : l'introspection n'est pas en mesure de faire surgir le moindre fait qui ne soit dérivé d'une sensation externe. C'est donc dans ce type d'expérience que s'enracine toute connaissance et même toute action, puisque « c'est par les impressions faites sur les sens externes que les sensations internes ont quelque valeur pour l'individu » [138].

Par conséquent, la prémisse permettant à Jouffroy de plaider la cause d'une psychologie indépendante de la physiologie, à savoir l'irréductibilité des objets de la première à ceux de la seconde est fausse. Et le psychologiste a tort de prétendre pouvoir « construire avec ces faits l'édifice d'une science particulière, indépendante des faits observés par les sens. Il est impossible qu'il affirme, d'après cette inspection intérieure, un seul fait qui n'ait besoin d'être vérifié par les sens » [139].

Il ne s'agit pas de remettre en cause le sentiment de certitude éprouvé par les psychologistes mais de dénoncer leurs illusions : d'abord que certitude vaut preuve, ensuite que la conscience pourrait juger seule, sans la médiation de l'expérience externe, sans l'apprentissage (comme le montre le cas des sourds-aveugles « nécessairement idiots ») et sans l'usage des signes du langage. Les psychologistes ne font qu'accumuler des métaphores imagées (la simplicité de la conscience, le principe d'intelligence analogon d'un homme agissant sur une machine) et leur « effort continuel d'expression » n'aboutit qu'à « dépraver la langue » [140].

La psychologie ne sera donc pas une science indépendante. Au contraire, seul le concours des sciences du corps et de la conscience permettra la « confection de la science de l'homme sentant et pensant ». En principe d'accord sur les bienfaits de ce que l'on pourrait appeler une interdisciplinarité, Broussais et Jouffroy jugent

137. *Ibid.*, p. 145-146.

138. Broussais, *De l'irritation et de la folie*, p. 136.

139. *Ibid.*, p. 137-138.

140. *Ibid.*, p. 143.

cependant exorbitantes les revendications du parti adverse et s'opposent quant à la forme que devrait prendre cette collaboration.

Broussais ne conteste donc pas l'existence de faits de conscience mais en conditionne les modalités d'apparition. Ceci confirme de nouveau le caractère illusoire de l'entreprise des psychologistes et invalide maintenant le principe même du mode spécifique « de transmission et de démonstration » des vérités psychologiques décrit par Jouffroy. On se souvient, en effet, que la preuve de la justesse de l'analyse accomplie par le psychologiste était apportée par l'unanimité de l'assentiment de l'auditoire, par ses applaudissements. Malheureusement, cet assentiment ne peut, selon Broussais, être universel pour un motif déjà évoqué. Si l'on peut accorder aux métaphysiciens leur certitude quant à ce qu'ils observent, on peut difficilement leur concéder l'universalité à laquelle ils prétendent. Il sera toujours douteux que ce qui vaut pour eux vaille pour autrui :

> Vous dites que l'homme sent dans son intérieur tout ce que vous venez d'exprimer. Je réponds : oui, l'homme adulte, éveillé, bien portant, ayant longtemps exercé ses sens, peut sentir tout cela. Non : l'embryon, le fœtus, l'enfant, l'homme dépourvu des sens de la vue et de l'ouïe, ne sentent pas tout cela ; non, l'homme idiot de naissance, par le défaut de développement de la partie antérieure du cerveau, ne sent point tout cela [141].

La thèse de l'indépendance de l'activité de la conscience était étayée, chez les psychologistes, par celle de la permanence de sa vigilance, même pendant le sommeil. Or selon Broussais, elle se perd « dans le premier sommeil, dans l'apoplexie, dans l'asphyxie » ; bonne raison de ne pas croire « en la continuelle existence d'un principe différent de la matière nerveuse » [142]. Dans son *Mémoire sur l'association du physique et du moral*, Broussais reviendra longuement sur l'argument du sommeil en soulignant surtout la diversité de ses régimes et en brouillant, encore une fois, les contours de la notion concernée : ce que l'homme baptise sommeil n'est pas un état nettement circonscrit. Il escompte ainsi venir à bout du soutien que les « métaphysiciens », à commencer par Maine de Biran, comptent tirer

141. Broussais, *De l'irritation et de la folie*, p. 149.

142. *Ibid.*, p. 151.

du sommeil, du rêve ou du somnambulisme, pour arguer d'une dualité de natures dans l'homme.

Broussais s'amuse à prendre à la lettre les prescriptions des psychologistes quand ils préconisent le silence, l'obscurité et la solitude pour faire taire les sens externes et se livrer alors à une introspection attentive. C'est l'occasion d'ironiser sur l'ingénuité et les velléités aristocratiques de ces prétendus savants, pourtant ignorants de la physiologie, qui accordent au commun des mortels une capacité d'observation dont l'excellence n'existerait cependant que chez eux :

> Ils affirment sérieusement que lorsque l'on s'est long-temps exercé à ce genre de rêverie, on découvre une perspective incommensurable, un monde nouveau, peuplé d'une foule de faits, chacun des plus admirables, et liés entre eux par des rapports naturels dont on peut saisir les lois ; des faits surtout qui n'ont rien de commun avec ceux que nous procurent les sensations, des faits enfin dont la contemplation assidue élève le psychologiste fort au-dessus des autres hommes, sans excepter les naturalistes et les physiologistes, qui ne s'occupent que d'idées fournies par les sens [143].

Broussais soulignera encore dans son mémoire de 1834, que les prétentions des psychologistes dépassent le cadre des controverses académiques : des enjeux moraux et politiques se profilent par-delà la psychologie. En effet, « certains psychologistes ont pensé que le sentiment de conscience, de personne, ou le *moi*, place l'homme méditatif au-dessus de la matière, et crée pour lui une science d'observation intérieure, d'où dérive toute idée première de religion, de morale, de politique et par conséquent de gouvernement » [144].

Jouffroy avait défendu le caractère primordial de certains faits internes et donc, en un sens, l'antériorité logique de la psychologie sur la physiologie. On se souvient ainsi de son insistance sur le fait que dans l'exercice de son activité le physiologiste fait appel à des notions et à des relations *a priori*, dont celle de causalité. Broussais ne conteste pas cet usage mais nie le caractère *a priori* de l'attribution d'une cause à tout phénomène. Il prétend au contraire qu'il s'agit

143. *Ibid.*

144. Broussais, « Mémoire sur l'association du physique et du moral », p 125.

là de la conséquence d'une multitude d'expériences et d'actions humaines :

> [...] c'est parce que l'homme est accoutumé depuis ses plus tendres années, à voir des causes produire des effets ; c'est parce qu'il s'est lui-même constitué cause un grand nombre de fois ; parce qu'il s'y sent porté continuellement ; parce qu'il a du plaisir à se faire obéir, à voir céder à son impulsion les choses inanimées ; c'est parce que toujours il a une intention, un but, une fin en exécutant ces sortes d'actes dont ses semblables d'ailleurs lui donnent l'exemple à chaque instant ; c'est parce qu'il voit s'opérer des changements dans les corps qu'il soumet à son action ; en un mot, c'est parce que la modification intentionnelle de tout ce qui l'entoure constitue à peu près l'éducation de sa vie entière, qu'il transporte, et qu'il est vraiment forcé, n'ayant d'autre modèle, de transporter cette modification dans tous les phénomènes de la nature [145].

Enfin, à propos de « la cause des phénomènes intellectuels », Broussais reconnaît ne pas être plus avancé que les psychologistes. Il ne sait, ni ne peut, expliquer « le comment ou la cause première ». Les physiologistes ne font pas d'hypothèses tant qu'ils se contentent de constater et d'étudier la faculté de produire la pensée et ne s'aventurent pas à en expliquer le mode de production par le cerveau. En revanche, les psychologistes sont forcément amenés à faire des hypothèses hasardeuses quand ils localisent le principe intelligent dans l'homme mais refusent de le placer dans la matière nerveuse. De plus, Broussais ne parvient pas à comprendre pourquoi ses adversaires s'obstinent à personnifier le *moi* alors qu'il n'est qu'un phénomène, et à croire que cette « conscience », mise à la mode par des « philosophes du Nord », serait d'une autre nature que le cerveau et antérieure à lui. Or ceci contredit ce que l'on sait par ailleurs des rapports entre le corps et la conscience, et ne peut que laisser perplexe puisque revenant à admettre que quelque chose qui n'est pas un corps puisse agir sur un corps.

La lecture des écrits publiés ultérieurement par Broussais et Jouffroy dans les années 1830 et même jusqu'à leur mort ne révèle pas de développement notoire de la polémique par rapports aux

145. Broussais, *De l'irritation et de la folie*, p 158.

textes de la décennie précédente, chacun restant sensiblement sur ses positions.

Début septembre 1838, Jouffroy lit à l'Académie des Sciences Morales et Politiques un mémoire où il insiste de nouveau sur le bien fondé de la dissociation de la psychologie et de la physiologie et propose un nouveau défi aux physiologistes. Broussais y répond à la fin du mois par son mémoire sur le sentiment d'individualité que nous avons déjà évoqué. Ces textes constituent leurs derniers échanges répertoriés.

Le mémoire de Jouffroy, reprenant son cours de décembre 1830, procède cependant à plusieurs ajustements par rapport à la Préface des *Esquisses* de Dugald Stewart. Ainsi, bien le terme de « principe intelligent », très présent dans cette Préface, est quasiment absent du mémoire de 1838 où le « moi » occupe une place de premier plan comme synonyme de « conscience ». Mais c'est l'insistance sur la notion de cause, plutôt que sur celle d'intelligence ou de connaissance, qui constitue l'apport central de ce mémoire. En réponse aux disputes sur la division des sciences, l'objectif de Jouffroy est ici d'apporter une démonstration rigoureuse et décisive de la légitimité de la distinction des deux sciences concernées, distinction dont il précise qu'elle n'a de légitimité qu'à la condition de refléter une division naturelle.

Abordant la question de la causalité, il fait de nouveau valoir une certitude qui ne serait pas propre aux psychologistes mais à tout homme : « Chacun de nous a conscience d'être une cause [...] identique à elle-même pendant toute la durée de la vie, conscience que nous n'aurions pas si nous étions l'agrégation matérielle qui n'est qu'un effet, qui est multiple, et qui ne reste pas deux moments de suite identique à elle-même »[146]. Cette cause est, de plus, la seule dont nous soyons indubitablement sûrs, les divers phénomènes ou effets que nous observons dans la nature étant, certes, immanquablement rapportés à une cause mais demeurant hypothétiques. De plus, une cause étant nécessairement simple, le *moi* l'est donc aussi puisqu'il est un agent causal. L'unité et la simplicité du principe des phénomènes psychologiques rendent également impossible que ces

146. Jouffroy, « Légitimité de la distinction de la physiologie et de la psychologie », *Mémoires de l'Académie des sciences morales et politiques*, 1838, vol. 2, p. 8.

phénomènes dérivent du corps ou d'aucun de ses organes. Par conséquent, cet agent et ses effets, bien circonscrits, forment un ensemble susceptible de faire l'objet d'une seule et unique science car « la psychologie est l'étude du *moi* », « l'âme n'est autre chose que le *moi* », et les phénomènes dont nous avons conscience sont ce que l'on entend par « phénomènes de l'âme ». L'unité des phénomènes psychologiques ne relève pas d'une induction et ce mode de raisonnement « n'a que faire là où l'observation s'applique immédiatement »[147]. Depuis son principe jusqu'au but où elle aspire, nous « embrassons la vie psychologique toute entière [...] et cela perpétuellement, à chaque heure, à chaque minute de notre vie ». Il n'y a là aucune obscurité. Et c'est pourquoi « [...] les hommes les plus vulgaires, ceux-là même qui jamais ne s'étudient, et qui n'ont de la vie psychologique qu'une connaissance involontaire, en savent cependant plus sur cette vie que le plus savant physiologiste n'en saura jamais sur la vie physiologique »[148].

Selon Jouffroy, il est vain de contester que la conscience permette d'établir un critère de distinction entre deux types de principes vitaux, les uns relevant de son activité, les autres d'une « force vitale » produisant les phénomènes corporels lui échappant. En effet, l'homme

> [...] a conscience en lui d'autre chose que les phénomènes, [...] il atteint le principe qui les produit, la cause qui le constitue et qu'il appelle *moi*; [*et* ...] en même temps qu'il a conscience de cette cause, il a conscience de tous les actes qui en émanent, et que ces actes ne comprenant que les phénomènes psychologiques et point du tout ceux qui produisent les phénomènes physiologiques, il lui est démontré par là d'une manière irréfragable que ces derniers phénomènes [...] dérivent d'un autre principe qui coexiste dans l'homme avec le moi [...][149]

Toute activité vitale échappant à la conscience relève désormais du champ de la physiologie : « Les limites de la conscience sont celles de la psychologie; tout ce qu'elle ne saisit pas en nous est du

147. Jouffroy, « Légitimité de la distinction de la physiologie ... », p. 28.

148. *Ibid.,* p. 35-36.

149. *Ibid.,* p. 38-39.

domaine de la physiologie »[150]. Distinctes par leurs processus causaux et par leurs objets, psychologie et physiologie forment donc deux systèmes foncièrement distincts relevant de sciences différentes. Toutefois, ces deux sciences se doivent un secours mutuel. En effet, bien que les deux vies à l'œuvre dans l'homme diffèrent profondément – l'une étant animale et physique dans ses fins alors que l'autre est intellectuelle et morale – elles ne sont pas étrangères l'une à l'autre. L'intervention du *moi* est indispensable pour assurer la satisfaction des besoins du corps et, réciproquement, la réussite de l'activité du *moi* demande la médiation du corps. Un lien est donc encore à établir entre ces deux sciences pour éclaircir le mystère de l'homme.

Découvrir « au premier coup d'œil », deux éléments dans l'homme – la matière du corps et la vie – ne suffit pas pour légitimer la distinction des deux sciences. Mais il est abusif de soutenir, comme le font les physiologistes, que « la vie est une et que les différents groupes de phénomènes qui se manifestent dans l'homme ne sont que les fonctions diverses de cette vie et les opérations variées du principe dont elle émane »[151] et il est également abusif d'en conclure que la psychologie est réductible à la physiologie. L'irréductibilité des phénomènes psychologiques à la vie organique devrait inciter à admettre que malgré l'action des organes lors des processus vitaux il est douteux que cette « action émane des molécules mêmes qui composent l'organe ». Il se peut même que les physiologistes aient tort de considérer que les phénomènes physiologiques dérivent du corps, car il y a tout lieu de penser que l'inverse est souvent vrai.

QUELQUES DECENNIES PLUS TARD

Ribot, héraut de la psychologie expérimentale

Lorsque l'on évoque l'émergence d'une psychologie « scientifique » vers le milieu du XIXe siècle, le nom de Théodule Ribot en est parfois considéré comme l'emblème, du moins pour le

150. *Ibid.*, p. 24.

151. *Ibid.*, p. 21.

domaine français. Il se trouve que sa biographie est elle-même à l'image de sa conception d'une psychologie scientifique, affranchie de la philosophie et non plus simple « vestibule » comme dans le cas de Cousin.

Breton d'origine, philosophe de formation, Ribot (1839-1916) passe par l'École normale dont il ressort agrégé. En 1866 il commence à enseigner la philosophie à Vesoul puis à Laval pendant sept années. C'est pendant cette période qu'il publie son premier ouvrage, *La Psychologie anglaise contemporaine* (1870), où s'affirme sa vision de la place de la psychologie parmi les sciences. Lassé par l'enseignement, il revient à Paris où il se consacre à la psychologie dans des laboratoires d'histologie et de physiologie tout en préparant une thèse le menant au doctorat en 1875. Il ne rompt cependant pas avec la philosophie puisqu'il publie un ouvrage sur Schopenhauer en 1874, puis fonde et commence à diriger, en 1876, la *Revue Philosophique de la France et de l'étranger*. Trois ans plus tard il publie un deuxième ouvrage synthétique : *La Psychologie allemande contemporaine*. Ses travaux vont lui permettre d'ouvrir la voie de l'enseignement de la psychologie expérimentale à la Sorbonne et de publier divers ouvrages consacrés à des thèmes psychologiques dont la mémoire, la volonté, l'attention, les sentiments. En 1889, il obtient un poste au Collège de France où est créée pour lui une chaire de psychologie expérimentale et comparée.

Dans l'introduction de *La Psychologie anglaise contemporaine*[152], Ribot expose une conception de la dynamique des disciplines scientifiques dont l'inspiration peut être apparentée au positivisme français si l'on en juge par la présence de thèmes caractéristiques. Selon lui, les sciences particulières se détacheraient de la philosophie lorsque seraient réunies un certain nombre de conditions maintenant satisfaites dans le cas de la psychologie. Tout d'abord il faut qu'ait lieu une accumulation de faits, requerrant pour eux-mêmes une concentration de l'analyse et induisant une spécialisation. Il retrouvera d'ailleurs cet effet caractéristique d'accumulation et de concentration dans la psychologie allemande, ce qui lui permet de prévoir et d'annoncer un temps « où l'on sera exclusivement psycho-

152. Th. Ribot, *La Psychologie anglaise contemporaine*, introduction, Paris, 1881, p. 10-14.

logue »[153]. Une deuxième condition est que la discipline considérée accepte de renoncer à s'interroger sur un certain type de questions telles que celles relatives aux « natures », aux « origines », aux « fins » et aux « causes premières ». De même que la physique ne s'interroge pas sur la nature de la matière, la biologie sur celle de la vie[154], la psychologie n'est devenue, selon Ribot, véritablement scientifique que lorsqu'elle a renoncé à s'interroger sur « l'âme ». Epuiser le génie humain à « résoudre l'insoluble et à chercher l'introuvable » serait donc une perte de temps si l'on en croit cet ancien professeur de philosophie. La mise à l'écart de toutes ces questions qui relèvent de ce qu'il identifie comme « métaphysique » se traduirait immédiatement par une libération amenant un progrès remarquable.

« Les systèmes passent, les expériences demeurent » écrit Ribot qui, à propos de nouveauté dans l'ordre des disciplines scientifiques, estime que celles-ci apparaissent « au hasard, comme elles peuvent », que l'on ne sait « ni d'où elles viennent, ni où elles vont » mais qu'elles se fondent sur quelques vérités expérimentales ou rationnelles[155]. Une discipline ou une activité ne pourra même être qualifiée de « purement scientifique » qu'à cette condition et lorsqu'elle aura renoncé à la métaphysique et à l'esprit de système abandonnés à la philosophie qui est désormais « en dehors de la science » bien que demeurant une discipline spécialisée à part entière. La science de Ribot est foncièrement laïque, la pratique scientifique n'ayant pas à traiter des questions « métaphysiques » dont la solution introuvable est laissée à l'appréciation de chacun en fonction de ses inclinations[156].

Maintenant, qu'en est-il de la psychologie ? Ribot établit à son sujet une ligne de partage nette, mais ne passant ni entre psychologie et physiologie, ni entre interne et externe, mais entre « l'ancienne » et « la nouvelle », étant entendu que celle-ci est plus récente que la psychologie que les éclectiques prétendaient nouvelle. Et pourtant, l'orientation positiviste de la philosophie des sciences de Ribot n'empêche pas qu'en un sens que l'on va préciser, il fasse preuve

153. Ribot, *La Psychologie allemande contemporaine*, Paris, 1879, p. XXVI.

154. Ribot, *La Psychologie anglaise contemporaine*, p. 33.

155. *Ibid.*, p. 13.

156. *Ibid.*, p. 33-35.

d'éclectisme puisqu'il prétend garder le meilleur des orientations antagonistes dont Jouffroy et Broussais sont devenus les emblèmes.

L'ancienne psychologie, pétrie de métaphysique, n'est pas sans mérite puisqu'elle se caractérise par « un assemblage de remarques ingénieuses, de fines analyses, d'observations de sens commun déguisées sous une exposition élégante, d'hypothèses métaphysiques érigées en vérités précieuses qui ont le droit de s'imposer »[157]. On peut retrouver dans cette rapide description l'importance accordée par les éclectiques au sens commun, mais surtout deux autres traits majeurs de leur méthodologie : l'observation intérieure et le raisonnement, principalement sous la forme d'une analyse. Défiante de la physiologie, l'ancienne psychologie « ne demande qu'à se restreindre, à rester en paix chez elle » et fait du psychologue une sorte de « poète », un « romancier » dont l'exercice est proche de « la critique littéraire » bien que d'une « simplicité » gardant quelque chose d'« enfantin » malgré un mode de traitement rappelant la scolastique et ses ratiocinations. Toujours plus subtile dans ses raffinements, l'ancienne psychologie perd tout contact avec la réalité, n'agit plus que « sur des signes » et se perd en hypothèses sur des « facultés hypothétiques » renvoyant à des « substances » tout aussi hypothétiques. On l'a compris, au lieu de se cantonner à l'étude des seuls phénomènes psychiques, l'objet de l'ancienne psychologie est l'âme. Il suffit pour s'en persuader d'ouvrir « les traités les plus accrédités » définissant cette psychologie. Ribot choisit justement les *Mélanges philosophiques* de Jouffroy où il lit « La psychologie [...] est la science du principe intelligent, de l'homme, du moi ». Quête du principe au lieu d'une étude des phénomènes, telle est l'erreur. Jouffroy est ici accusé de confondre « les phénomènes psychiques et leur substratum » ou « comme dirait Kant, les phénomènes et les noumènes » et de se fourvoyer en ne distinguant pas « l'étude des faits qui est féconde » et des « spéculations ontologiques » se soldant par l'échafaudage de théories et de systèmes oiseux.

La nouvelle psychologie fait des choix radicalement différents. Plus nettement dans l'ouvrage plus tardif sur la psychologie allemande que dans celui sur la psychologie anglaise, Ribot affirme

157. Ribot, *La Psychologie allemande contemporaine,* p. IV.

que la psychologie scientifique sera « purement expérimentale »[158] : science fondée sur l'observation de faits elle laissera donc à la « métaphysique » qui lui est associée toutes les questions dont la résolution échappe à l'expérience. Cette science se méfiera aussi de l'abus des mots et des raisonnements. En effet, pour le psychologue : « Ce qui doit être n'est pas ; ce qui est inféré n'est pas vérifié ; où la logique dit oui l'expérience dit non »[159]. La question cruciale est alors de savoir de quel type sont ces faits puisque le désaccord entre éclectiques et physiologistes s'articulait principalement autour d'une typologie des faits et des méthodes leur convenant. Sur ce point Ribot est net : bien qu'en psychologie, comme dans toute science positive, on puisse poser des questions métaphysiques, c'est bien une base factuelle propre qui lui permet de se constituer comme science autonome. Sur ce point Jouffroy n'avait donc pas tort : « Ce sont des faits d'une nature spéciale, difficiles à observer, plus difficiles encore à classer, mais qui n'en constituent pas moins la partie la plus solide et la plus indiscutable de la science »[160]. Evidemment, on pourrait s'étonner de voir, d'une part, les questions de « nature » laissées à la philosophie alors que, d'autre part, l'autonomie de la psychologie est fondée sur la reconnaissance, par le psychologue, de faits d'une « nature spéciale ». En quoi consiste cette spécialité, qui est en mesure de l'apprécier ? Ribot ne répond pas ici à ces questions. Il est vrai que dans le contexte de l'époque, et c'est tout particulièrement vrai de Ribot, le psychologue se double souvent d'un philosophe.

Jouffroy envisageait une science universelle dont la généralité s'appuierait sur le consensus humain. Ribot, lui, vise une science plus large, intégrant l'objection de Broussais sur le caractère restreint de la psychologie éclectique ne comptant étudier que l'âme humaine. Il s'agit bien maintenant de faire une science du psychisme en général, y compris animal, et de ne pas se restreindre à « l'homme adulte, blanc et civilisé ».

Pour ce qui est de la méthode, Ribot perpétue le primat de l'observation, attitude de principe ayant une saveur très française si

158. Ribot, *La Psychologie anglaise contemporaine*, p. 33.

159. Ribot, *La Psychologie allemande contemporaine.*, p. VII.

160. Ribot, *La Psychologie anglaise contemporaine*, p. 22.

l'on se souvient des objections de Schelling à Cousin. Cette méthode :

> Elle consiste tout entière dans la réflexion ou observation intérieure. Assurément, personne ne croit plus que nous à la nécessité de ce mode d'observation : elle est le point de départ, la condition indispensable de toute psychologie, et ceux qui l'ont nié, comme Broussais et Aug. Comte, ont si bien pris le contre-pied de toute évidence et donné si beau jeu à leurs adversaires, que leurs plus fidèles disciples ne les ont pas suivis jusque là. Il est certain que l'anatomiste et le physiologiste pourraient passer des siècles à étudier le cerveau et les nerfs sans se douter de ce que c'est qu'un plaisir ou une douleur, s'ils ne les avaient point ressentis [161].

Mais cette méthode n'est pas exclusive. Ce point est surtout net dans *La Psychologie allemande* où les choix méthodologiques de Ribot ont un penchant plus marqué vers les sciences d'observation disons externe et en particulier pour la physiologie. Il y écrit en effet que :

> l'observation intérieure est sans doute un premier pas ; elle reste toujours un procédé nécessaire de vérification et d'interprétation ; mais elle ne peut pas être une méthode. Pour le soutenir, il faut totalement oublier ou méconnaître les conditions d'une méthode scientifique. Croire qu'avec elle on constituera la psychologie, c'est supposer que, pour faire de la physiologie, il suffit de bons yeux et de beaucoup d'attention [162].

Le temps de « l'esprit de finesse » est donc passé et alors qu'aujourd'hui elle consiste surtout en un amas de faits attendant son Képler ou son Newton [163], il n'est pas exclu qu'un jour, « la psychologie *entière* sera physiologique, ce qui sera pour elle un grand bien » [164]. En attendant, le Ribot de 1879 souhaite que ses procédés, « elle les emprunte autant que possible aux sciences biologiques » [165] étant entendu que « c'est un tort de l'ancienne psychologie d'avoir confondu la connaissance naturelle des faits de conscience, qui est

161. Ribot, *La Psychologie anglaise contemporaine*, p. 26.

162. Ribot, *La Psychologie allemande contemporaine,* p. IV.

163. Ribot, *La Psychologie anglaise contemporaine*, p. 33.

164. Ribot, *La Psychologie allemande contemporaine,* p. XXIII.

165. *Ibid.,* p. VIII.

directe, avec leur connaissance scientifique qui est indirecte »[166] et que « l'étude expérimentale des phénomènes purement internes (causes et effets internes) est éliminée »[167]. Ce tort expliquerait aussi les affinités de cette psychologie dépassée avec le sens commun.

De plus comme il s'intéresse particulièrement à la psychopathologie, il est clair pour Ribot que la méthode introspective ne permettra pas de « pénétrer dans l'esprit d'un autre »[168] et qu'une pluralité de méthodes s'impose donc. A ce sujet, il revient sur le passé de sa discipline dans un registre qui n'est pas sans rappeler procédés et conclusions de l'éclectisme : Jouffroy est présenté (à tort selon nous) comme exclusivement partisan de l'introspection et Broussais (également à tort selon nous) comme ne reconnaissant que « l'observation extérieure ». Selon Ribot, ils se sont affrontés en un « combat indécis », chacun ne comprenant le problème qu'à demi. Maintenant la synthèse serait faite, la vérité étant que les méthodes se complètent. Du même coup s'annonce peut-être une psychologie hybride dont nous avons vu, en introduction, qu'elle demeure encore familière à ses praticiens plus d'un siècle après Ribot.

Jugement d'un philosophe fin de siècle

Alors que Ribot admet d'abord pleinement la présence d'une psychologie disons subjective au sein de la psychologie scientifique puis affirme que cette admission ne devrait être que provisoire, Paul Janet, dans un article rétrospectif de 1892 intitulé « La Psychologie et ses modernes critiques »[169] maintient non seulement le droit de cité de la psychologie subjective dans la psychologie scientifique, mais aussi son rôle fondateur.

Après son passage par l'École normale, Paul Janet (1823-1899) commence par enseigner la philosophie dans différentes villes de province avant d'en continuer l'enseignement pendant six années à Louis-le-Grand jusqu'en 1863. Membre de l'Académie des sciences

166. *Ibid.*, p. XV.

167. *Ibid.*, p. XX.

168. Ribot, *La Psychologie anglaise contemporaine*, p. 26.

169. P. Janet, « La Psychologie et ses modernes critiques », *Revue des deux mondes*, 1892, p. 413-442.

morales et politique en 1864, l'essentiel de sa carrière va se poursuivre à la Sorbonne. Auteur prolifique, il se revendique du courant spiritualiste et explicitement de Cousin, même après le déclin de l'influence de celui-ci. D'ailleurs Janet maintient la thèse que « la conscience n'atteint pas seulement des phénomènes, mais qu'elle pénètre jusqu'à la cause et à la substance, c'est-à-dire jusqu'à l'âme »[170].

Dans l'article auquel nous nous référons où il cherche à faire le point sur la question controversée de l'objet et des méthodes de la psychologie, Janet prend avec fermeté la défense de la position de Jouffroy. La définition que celui-ci donne en 1826 – la psychologie est la science des faits de conscience – est elle encore défendable en 1892? Selon Janet, la réponse est affirmative même si depuis Jouffroy la psychologie s'est intéressée en plus à un type de faits apparentés aux précédents mais qui ont été qualifiés de « phénomènes inconscients ». La définition de Jouffroy serait incontournable, inébranlable et, d'ailleurs, acceptée aussi bien par le philosophe que le physiologiste « éclairé et compétent », d'autant qu'elle ne fait pas explicitement appel à la notion d'âme qui, provisoirement, doit être maintenue à l'écart. La psychologie est-elle une science nouvelle? Prenant acte que philosophie et psychologie sont entremêlées depuis l'Antiquité, Janet voit en tout cas Locke et Jouffroy comme deux acteurs décisifs dans sa marche vers l'indépendance. La contribution du Français serait surtout cruciale pour la montée au premier plan des questions relatives à son objet et à ses méthodes.

Depuis, le débat sur son statut se diviserait en trois périodes. Il y aurait d'abord celle où se manifeste la tentation de réduire la psychologie à la physiologie : le représentant le plus radical de cette période et le critique le plus radical de Jouffroy serait, selon Janet, Auguste Comte affirmant l'impossibilité même de l'observation intérieure et dénonçant la psychologie subjective. Vient ensuite le temps où les deux approches furent jugées nécessaires pour constituer la psychologie totale, « mais elles sont encore soigneusement distinguées, et même la prépondérance est assurée à méthode subjective, non seulement parce qu'elle est une introduction nécessaire

170. P. Janet, « La Psychologie et ses modernes critiques », p. 416.

à l'autre science, mais encore parce qu'elle constitue à la psychologie un cachet et un caractère propres d'indépendance »[171]. Cette deuxième étape serait typiquement exemplifiée par la contribution de H. Spencer. Soulignons que le point de vue défendu par Ribot en 1870 dans la préface de sa *Psychologie anglaise contemporaine* – dont un chapitre est consacré à Spencer – nous semble tout à fait représentatif de ces thèses. Enfin, une troisième période serait caractérisée par les thèses du Ribot de la préface de *La Psychologie allemande contemporaine* (1879). Assez justement selon nous, Janet remarque dans cette préface un retournement qui serait constitutif de cette troisième époque : les deux psychologies restent séparées, mais il y a un renversement de valeur puisque la subjective serait « un simple vestibule ou passage » vers l'objective qui serait finalement la seule véritablement scientifique.

Dans toutes ces périodes, Janet privilégie quant à lui les points de vue cherchant à assurer la préséance de la psychologie subjective car elle demeure, selon lui, primordiale puisque c'est elle qui éclaire tout ce que peut apporter l'autre branche.

Concernant la première période, les critiques furent sans doute fécondes mais inévitablement sans effet sur la psychologie « faite par le dedans, et qui est la psychologie proprement dite ». L'argument dénonçant une psychologie qui ne serait que celle de l'adulte ne tient pas car, selon Janet, toute science se fonde sur la description d'une situation typique permettant ensuite d'aborder les autres. C'est le principe même de la démarche comparative dont Comte lui-même a pu apprécier la fécondité. Et la distinction que celui-ci a également développée entre « sciences abstraites », visant lois et phénomènes fondamentaux, et « sciences concrètes » proches des circonstances particulières vaut parfaitement en psychologie : la psychologie animale ne prendra de sens que par rapport à la psychologie de l'homme. En revanche, faire de la psychologie une branche de la physiologie ou de la zoologie, ce que Destutt de Tracy visait pour son idéologie, ne présente aucune fécondité.

Distinguer entre l'âme et les opérations de l'âme, comme le suggéra Leroux, est sans doute important et l'on peut faire grief à Jouffroy de ne pas s'être exprimé avec assez de précision. Mais ceci

171. *Ibid.*, p. 436-437.

ne réfute pas pour autant son point de vue. Et contester l'introspection directe en faisant valoir que l'observation n'est possible qu'indirectement, via la mémoire, s'avère paradoxal puisque cette critique de l'analyse intérieure procède par le procédé qu'elle est censée interdire.

Il y a donc selon Janet un malentendu persistant, car nul ne contesterait que l'observation objective soit indispensable pour confirmer ou rectifier les résultats de la méthode subjective, « mais que par elle-même et réduite à elle seule, elle soit incapable de donner aucun résultat, c'est ce qui est évident »[172].

Pourquoi, lors de la deuxième phase de l'histoire de la psychologie, le débat persiste-t-il alors que son enjeu semble avoir disparu, la légitimité des deux voies d'étude étant unanimement reconnue ? Janet envisage la possibilité que, sous couvert d'un débat méthodologique, s'affrontent en sourdine école matérialiste et école spiritualiste. Bien que Jouffroy ait, selon lui, essayé de dissocier le problème de l'âme de celui de l'étude psychologique, chacune des deux écoles se refuserait à des concessions même raisonnables de crainte que ce soit céder sur la question de « l'existence indépendante de l'esprit » ou, à l'inverse, sur celle de « la substantialité de la matière à l'égard de l'esprit »[173].

Affirmant le peu de différence qu'il y aurait entre Jouffroy faisant de la psychologie introspective et de la physiologie deux sciences distinctes mais devant se compléter et Spencer jugeant que psychologie subjective et objective sont fédérées au sein d'une même science, Janet récuse l'idée que serait apparue vers le milieu du XIXe siècle une nouvelle psychologie, celle dite objective. Alors qu'il maintient que revient à Jouffroy le principal apport novateur du siècle, il souligne qu'il est abusif de considérer comme nouvelle la psychologie objective dont la dimension physiologique n'est qu'un aspect puisqu'elle compte aussi tout ce qui relève d'études comparées comme l'avaient justement souligné les Ecossais. Cette psychologie existe « depuis longtemps » et elle est manifeste dès le XVIIe siècle dans une œuvre telle que le *Traité des passions* de Descartes dont la moitié est un traité de physiologie.

172. Janet, « La Psychologie et ses modernes critiques », p. 429.

173. *Ibid.*, p. 432-433.

La troisième phase de l'histoire de la psychologie selon Janet aurait pour trait caractéristique la tendance à voir dans la psychologie subjective « comme un vestibule ou passage à la psychologie objective et physiologique »[174]. Cette tendance serait manifeste dans la préface de Ribot à sa *Psychologie allemande contemporaine*. De nouveau, Janet met ici en avant le principe capital de son argumentaire : la psychologie subjective a, seule, les clefs de toute psychologie. Ainsi, Ribot a tort de penser que la psychologie subjective n'est qu'un outil provisoire au service d'une psychologie objective seulement naissante : il semble oublier que celle-ci n'est pas une science de faits, mais « une science de *signes* qui n'atteint les faits qu'indirectement »[175]. Cette étude indirecte ne peut donc pas être plus féconde que l'étude directe qui conditionne l'interprétation des résultats indirects et qui, seule, assure à la psychologie « un cachet et un caractère propres d'indépendance ».

Aussi Ribot se fourvoie-t-il lorsque, parlant de la psychologie subjective à qui manquerait la dimension explicative typiquement scientifique, il amalgame description, considérations littéraires et même connaissance vulgaire. D'abord le caractère explicatif n'est pas nécessaire dans toute science : certaines, telle la minéralogie, ne le présentent pas. Ensuite, même en admettant que la psychologie subjective ne soit pas explicative mais seulement descriptive on ne peut conclure qu'elle n'est que « considérations littéraires et de sens commun » : il existe des descriptions savantes et difficiles à établir et ce n'est pas parce que l'une d'elles porterait sur une psychologie dite commune ou vulgaire qu'elle se trouverait elle-même commune ou vulgaire. Surtout, Ribot a tort de contester les moyens explicatifs mis en œuvre par la psychologie subjective et le « mental » dans deux principaux processus : l'association d'idées, procédé que Janet juge « mécanique », et la prise en compte de l'intervention de l'esprit dans les phénomènes passifs. Mieux, la psychologie objective non seulement n'explique rien, mais traduit en caractéristiques objectives et attribue à la matière nerveuse des traits importés de l'analyse subjective : ainsi attribue-t-on à des cellules une faculté de réminiscence ou au cerveau le pouvoir de travailler, ainsi Wundt juge-t-il que les

174. *Ibid.*, p. 437.

175. *Ibid.*, p. 430.

sensations sont des raisonnements. Il n'est pas jusqu'à la structuration même du cerveau qui ne se fonde sur une catégorisation propre à la psychologie subjective. En somme, lorsqu'il écrit que « la psychologie physiologique a besoin de la psychologie normale » Janet signifie non seulement que la psychologie subjective fournit une assise commune à toute la psychologie, mais qu'elle est normative pour la psychologie physiologique qui « aujourd'hui, n'est que topologie : elle ne fait que constater le siège des faits »[176]. La psychologie objective étant une science de signes de faits et non pas une science de faits, une solution serait peut-être qu'elle crée des hypothèses explicatives qui lui soient propres et *ad hoc*. Mais Janet en appelle ici à Helmholtz qui, dans son *Optique* physiologique, juge plus « sûre » la voie consistant à adosser les explications physiologiques à des faits en attente d'explication, mais familiers, plutôt qu'à des hypothèses n'ayant pas pour elles le bénéfice d'une telle situation.

En somme, Janet adopte une position analogue à celle de Jouffroy. Rappelons que celui-ci mettait psychologie et physiologie sur un pied d'égalité parce que les faits étudiés par l'une et l'autre dont dotés d'une même certitude devant le jugement de la conscience. Mais cette situation gagnait finalement à la conscience, et donc à la psychologie, une préséance herméneutique. Il nous semble reconnaître ce même mouvement chez Janet quand il insiste sur le fait qu'une explication portant sur le psychisme doit s'enraciner dans la psychologie « normale ». Contrairement à Ribot, il maintient donc que le gage de la nouveauté scientifique est apportée par la psychologie dont Jouffroy aurait mis en évidence, sinon la nouveauté, du moins la préséance méthodologique. Ou, comme il l'écrit, que « c'est l'ancien qui est la garantie du nouveau et le gage de l'avenir »[177].

CONCLUSION

L'exemple de la psychologie semble propre à tempérer toute théorie peu circonstanciée sur les conditions d'apparition d'une nouvelle discipline scientifique. Concernant ce moment du XIXe siècle français souvent jugé décisif puisqu'on a pu y voir les débuts d'une

176. Voir l'ensemble de ces arguments dans *ibid.*, p. 437- 440.

177. Janet, « La Psychologie et ses modernes critiques », p. 442.

psychologie scientifique, l'étude précédente devrait d'abord inciter à une certaine circonspection.

Empruntons déjà à Ribot un motif pouvant justifier l'embarras suscité par la thèse du XIXe siècle français foncièrement novateur : il ne suffit sans doute pas de se tourner vers la France, ou uniquement vers la France, pour voir nettement s'amorcer les débuts d'une psychologie prétendue scientifique. Mais nous avons déjà admis, en introduction, la possibilité d'un essor distribué en plusieurs lieux à une même époque, et nous avons ensuite pris acte d'une multiplication à l'échelle européenne des publications se réclamant de la psychologie ainsi que du fort contraste institutionnel existant entre début et fin du siècle. Toutefois, si succès littéraire et institutionnalisation constituent sans doute de bonnes raisons pour parler de nouveauté, ils ne suffisent pas pour marquer l'apparition d'une nouvelle discipline scientifique. En tout cas, les pages précédentes ont confirmé que dans le cas de la psychologie la radicalité de ce commencement est sujette à caution.

Le problème des critères permettant d'assigner la nouveauté scientifique et de qualifier sa radicalité est comme démultiplié dans l'étude précédente dans la mesure où la question de l'émergence d'une psychologie scientifique se démarquant de toute psychologie antérieure se doublait alors du souci de choisir ou de concilier des candidates se prétendant toutes scientifiques. Dans ce contexte, décider paraît d'autant plus embarrassant que la situation actuelle de la psychologie incite même à se demander s'il y a un sens à parler de « la » psychologie scientifique. N'y aurait-il pas, au moins pour cette discipline, plusieurs façons d'être scientifique et, du coup, plusieurs psychologies scientifiques ayant peut-être autant d'histoires différentes et autant de phases ou de modes d'apparition distincts ? Cette suggestion, qui pourrait déjà présenter l'intérêt de démêler l'écheveau du XIXe siècle, semble en tout cas modérer l'attitude convenue privilégiant, parfois implicitement, la psychologie expérimentale considérée comme étant « la » psychologie scientifique ou du moins « la plus scientifique ». Il suffit alors de faire valoir, comme Ribot, l'ampleur quantitative de son développement au XIXe siècle pour conclure à l'apparition de la psychologie scientifique à cette époque.

Il est remarquable qu'au fil de cette étude nous ayons entendu presque autant d'avis différents sur les débuts de la psychologie que sur ce qui la constitue comme discipline indépendante. En particulier, nous avons retrouvé les origines présumées encore mentionnées aujourd'hui dans les ouvrages introductifs : l'Antiquité ou la nuit des temps, l'œuvre d'un philosophe de l'âge classique (Descartes, Locke) et le XIXe siècle (qu'il s'agisse de la psychologie éclectique ou de la « nouvelle psychologie » de Ribot). De plus, tous les intervenants ont prétendu « scientifique » la psychologie qu'ils défendaient. Cette pluralité d'avis relevait peut-être, comme on dit, du manque de recul historique. Mais les témoignages d'aujourd'hui confirment la persistance de clivages qui, même s'ils ne recoupent pas exactement ceux du XIXe siècle, laissent penser que nous pourrions bien ne pas être plus avancés sur ce qui rend la psychologie scientifique et permet alors d'en marquer l'apparition.

Il est banal de caractériser l'unité d'une discipline à partir d'un présupposé réaliste ou d'un idéal épistémique ayant tous deux une fonction normalisatrice et pouvant alorss'accommoder l'un avec l'autre. Le présupposé réaliste peut se décliner de multiples façons. Au nom de l'existence et de l'unicité d'un objet même de la nature, en général, on dira que la science qui l'explique doit être une. Posant la réalité de l'objet – pourtant mystérieux – d'une discipline, on postule alors qu'elle sera d'autant plus scientifique qu'elle sera plus en adéquation avec cet objet ou, du moins, avec ses manifestations. Quant à l'idéal épistémique, il se manifeste souvent par l'exigence de consistance logique des connaissances concernées. Rappelons qu'il est banal de passer d'un point de vue à l'autre. Dans un sens le présupposé réaliste peut venir justifier l'unité épistémique dans la mesure où l'unité de l'objet serait garante de la consistance de la connaissance y afférant. Dans l'autre, l'unité ou la consistance théoriques sont mises à contribution pour fournir des critères délimitant un objet et permettant alors l'assignation de moments historiques de commencement ou de rupture. En somme, les articulations historiques seraient légitimées par des articulations épistémiques, éventuellement sous-tendues par un réalisme quant à l'objet d'étude.

Le cheminement historique accompli ici suggère un autre regard. Soulignons d'abord deux traits saillants. Le premier est le consensus académique sur la valeur primordiale de l'observation : seuls le parti de la revue *Le Catholique* et Schelling ont rompu l'harmonie. Alors que la possibilité ou la fécondité de l'observation « interne » étaient au cœur de la dispute, aucune réflexion n'a été iconoclaste en demandant, plus généralement, ce qui constitue une observation ou un fait. Le second trait remarquable concerne le statut de l'objet de la psychologie, « l'âme » pour reprendre la formulation de Reuchlin. Enjeu problématique et litigieux car trop chargé d'intérêts religieux ou politiques apparemment impossibles à départager par la démonstration ou l'observation, il se trouve comme mis entre parenthèses d'un commun accord rassemblant même les points de vue antagonistes. La psychologie serait-elle une science sans objet, une sorte d'orpheline ? Notre étude montre en tout cas, non pas une marche vers la constitution unanime d'un problème nouveau ou la clôture d'une énigme ancienne mais, pour pasticher la boutade de Le Ny, l'élaboration d'un modus vivendi entre gens raisonnables et à peu près pacifiques en réponse à un état de choses qui n'est pas que potentiellement conflictuel. L'objet présumé de la psychologie se trouve ainsi relégué vers d'autres champs de batailles dont les ombres planent largement sur l'espace de la psychologie académique. Mais ce n'est là au fond que la thèse de Janet lorsqu'il prétend que les débats méthodologiques académiques sur la psychologie se déroulent sur la toile du désaccord radical opposant spiritualistes et matérialistes.

Ainsi, en écho à l'idée d'une nouveauté assignable en raison de la cohérence d'une discipline, profitons du constat, non pas de cette cohérence disciplinaire mais d'une dispersion tolérable, pour suggérer que l'absence d'unité théorique et méthodologique empêche l'assignation unanime de nouveauté scientifique. Dans leur quête d'unité, aussi bien Jouffroy attendant un plébiscite universel des observations des psychologistes que Ribot espérant fédérer les psychologues scientifiques par l'évacuation de la « métaphysique » ont été trop optimistes. A défaut de l'émergence de la psychologie scientifique, ce que nous avons montré est peut-être surtout qu'à leur époque se mettent en place les conditions de la situation actuelle qui, à son tour, faute d'une vision unifiée, empêche l'assignation de moments historiques unanimement reconnus comme marquants. Un vote de la république fédérale des psychologues pourrait bien se solder par un ballottage, rappelant au passage que l'autorité des experts sur leur discipline peut conduire à une aporie, en particulier quant à son acte de naissance. Quant au « sens commun », quelle que soit la latitude que l'on veuille bien accorder à ce terme, il semble lui aussi bien en peine pour trancher et assigner un « moment de nouveauté » à la psychologie.

Enfin, nous avons pu également apercevoir qu'au moins dans la période concernée le statut de la psychologie n'était pas seul en cause. Aussi bien intellectuellement qu'institutionnellement, les « psychologistes » se cherchaient une place – que certains auraient voulue indépendante – parmi d'autres disciplines aux confins eux aussi fluctuants. La critique saint-simonienne, comme celle de Leroux, avait tendance à tirer la psychologie vers une sociologie encore dans les limbes, alors que les objections de Broussais visaient à la subordonner à une physiologie aux contours encore indécis. Situer et conditionner l'apparition d'une nouvelle discipline n'est pas répondre seulement à la question « Quand? » mais aussi à d'autres, dont un « Où? » qui n'est pas qu'institutionnel ou géographique mais aussi disciplinaire. Or, une des difficultés supplémentaires apparue ici est bien que les lieux intellectuels possibles pour situer ou encadrer la psychologie étaient alors eux-mêmes fluctuants ou indécis. Du coup, le plus prudent est peut-être de prendre acte de la situation de la psychologie et de considérer qu'elle n'est pas l'exception mais la règle. Envisageons alors de réexaminer l'état présent d'une discipline d'après ce qu'elle dit de son origine que l'on fera bien de présupposer plurielle et différenciée.

BIBLIOGRAPHIE

Sources

BERTRAND, Article « Rêve », *Le Globe*, vol. 5, p. 150.

BROUSSAIS F.J.V., « Du sentiment personnel, du sentiment d'individualité, du Moi, considérés chez l'homme et chez les animaux », *Mémoires de l'Académie des Sciences Morales et Politiques*, vol. 3, 1841, p. 91-146.

– « Mémoire sur l'association du physique et du moral », *Mémoires de l'Académie des Sciences Morales et Politiques*, vol. 1, 2ᵉ série, 1837, p. 113-199.

– *De l'irritation et de la folie, ouvrage dans lequel les rapports du physique et du moral sont établis sur les bases de la médecine physiologique*, Paris, Delaunay, 1828.

CABANIS P.J.G., *Rapports du Physique et du Moral de l'Homme*, 1802, dans *Œuvres Philosophiques de Cabanis*, tome XIV/1 du Corpus Général des Philosophes Français, Paris, P.U.F, 1956.

COMTE A., « Première leçon » *Cours de philosophie positive,* Paris, 1830, nombreuses rééditions, ici Hermann, Paris, 1998.

COUSIN V., « Préface à la première édition (1826) », *Fragments philosophiques*, 2 e édition, Paris, Ladrange, 1833.

– « Préface à seconde édition (1833) », *Fragments philosophiques*, 2 e édition, Paris, Ladrange, 1833.

– *Cours de philosophie, Introduction à l'histoire de la philosophie*, Pichon et Didier, Paris, 1828, réédition Fayard, Paris, 1991.

D'ECKSTEIN, « Cours de philosophie, par M. Victor Cousin », *Le Catholique*, A. Mesnier, 1828, tome 11, p. 309-359.

– *Le Catholique*, « Variétés », A. Mesnier, tome 15, 1829, p. 169-187.

– *Le Catholique*, tome 3, 1826, p. 538-546.

GARNIER A., Entrée « Jouffroy », *Dictionnaire des sciences philosophiques,* A. Frank (dir.), 2 e éd, Paris, Hachette, 1875.

JANET P., « La Psychologie et ses modernes critiques », *Revue des deux mondes*, vol. 112, 1892, p. 413-442.

JOUFFROY Th., « Légitimité de la distinction de la physiologie et de la psychologie » (1838), *Mémoires de l'Académie des sciences morales et politiques*, vol. 2, p. 1-41.

– « Objet, certitude, point de départ et circonscription de la psychologie », *Encyclopédie moderne,* XIX, réédité dans *Mélanges philosophiques*, Paris, Paulin, 1833.

– « Préface du traducteur », dans Dugald Stewart, *Esquisses de philosophie morale*, Paris, Johanneau, 1826, réédité dans S. Nicolas, *La Psychologie de Th. Jouffroy* (Voir cette entrée).

– « Préface du traducteur », *Œuvres complètes de Thomas Reid, chef de l'école écossaise,* Paris, Victor Masson, 1836, p. X. Cette préface ainsi que la plupart des œuvres de Jouffroy relatives à la psychologie ont été rééditées dans S. Nicolas, *La Psychologie de Th. Jouffroy.*

– Article publié dans *Le Globe*, vol. 5, n° 1, Avril 1827, p. 6-9.

– Trois articles intitulés « Philosophie du matérialisme et du spiritualisme » et publiés dans *Le Globe,* vol. 6, p. 926-929 ; vol. 6, p. 933-935 ; vol. 7, p. 3-6.

LAURENT P.M., « Fragmens philosophiques par Victor Cousin (deuxième article) », *Le Producteur*, tome IV, Juillet 1826, p. 19-37.

– « Fragmens philosophiques, par M. Victor Cousin », *Le Producteur,* tome III, juin 1826, p. 325-338.

LEROUX P., Article « Certitude » dans Leroux et Reynaud, *Encyclopédie Nouvelle*, tome 3, Paris, 1840.

– *Réfutation de l'Eclectisme*, Paris, Gosselin, 1839, ici réédition Slatkine, Genève, 1979. Les deux textes en appendice ont été d'abord publiés dans la *Revue encyclopédique* et concernent surtout Jouffroy; le texte principal est la réimpression de l'article « Éclectisme » publié dans l'*Encyclopédie nouvelle*, tome IV, Paris, Gosselin, 1838.

MAINE DE BIRAN, « Rapports des sciences naturelles avec la psychologie ou la science des facultés de l'esprit humain (1813) » dans *Science et psychologie. Nouvelles œuvres inédites de Maine de Biran,* publiées par Alexis Bertrand, Paris, Ernest Leroux, 1887.

– *Journal intime*, tome II, édité par A. de Valette-Monbrun, Paris, Plon, 1931.

– « Promenade au Luxembourg avec M. Royer-Collard », dans *Mémoire sur les perceptions obscures*, réédition P. Tisserand, Paris, A. Colin, 1920.

– *Œuvres de Maine de Biran,* tome XII : « Défense de la philosophie », Paris, Alcan, 1939.

MILL J.S., *Auguste Comte et le positivisme*, trad. fr. par G. Clemenceau, Paris, 1868, ici L'Harmattan, Paris, 1999.

REID Th., « Essais sur les facultés de l'esprit humain », tome III, essai VI, chapitre 2 : « Du sens commun », *Œuvres complètes,* tome V, trad. fr. par Th. Jouffroy, Paris, 1829.

– « Essais sur les facultés de l'esprit humain », tome III, essai VI, chapitre 1 : « Du jugement en général », *Œuvres complètes,* tome V, trad. fr. par Th. Jouffroy, Paris, 1829.

RIAMBOURG, « Théorie nouvelle sur l'histoire », *Annales de philosophie chrétienne*, première partie, n°39, sept 1833, p. 197-208, seconde partie, n°40, oct 1833, p. 346-362.

RIBOT Th., *La Psychologie anglaise contemporaine*, Paris, 1881, 3e édition, Germer-Baillière, 1881.

– *La Psychologie allemande contemporaine* (École expérimentale), Paris, Germer-Baillière, 1879.

ROYER-COLLARD P.P., « Cours de la deuxième année (1812-1813) : De la substance : Origine des erreurs des philosophes sur la substance », réédité dans Schimberg, *Les Fragments philosophiques de Royer-Collard.*

– « Cours de la deuxième année (1812-1813) : Origine et conséquence de la confusion de la sensation et de la perception », *in* Schimberg, *Les Fragments philosophiques de Royer-Collard.*

– Discours d'ouverture du cours de 3e année », réédité dans Schimberg, *Les Fragments philosophiques de Royer-Collard.*

– « Discours d'ouverture du Cours de l'Histoire de la philosophie », 1811, réédité dans Schimberg, *Les Fragments philosophiques de Royer-Collard.*

– « La Folie de l'incrédulité », *Journal des Débats*, 24 mai 1806.

– « Les Déformations introduites par l'esprit philosophique dans les études historiques », *Journal des Débats*, 14 mars 1806 et 18 mars 1806, réédité dans Schimberg A, *Les Fragments philosophiques de Royer-Collard.*

SCHELLING, *Jugement de M. de Schelling sur la philosophie de M. Cousin*, trad. fr. par J. Willm, Levraut, Paris, 1835.

TRACY Destutt de, « Mémoire sur la Faculté de Penser », 1796, *Mémoire sur la Faculté de Penser – De la Métaphysique de Kant*, Fayard, Paris, 1992.

Littérature secondaire

BENJAFIELD J.G., *A History of Psychology*, Needham Heights, Alkyn & Bacon, 1996.

BRAUNSTEIN J.F., *Broussais et le matérialisme*, Paris, Méridiens-Klincksieck, 1986.

— PEWZNER E., *Histoire de la psychologie*, Paris, A. Colin, 2001.

BRETT G.S., *A history of Psychology*, London, Thoemmes Press, 1998.

CANGUILHEM G., « Qu'est-ce que la psychologie ? », *Études d'histoire et de philosophie des sciences*, Paris, Vrin, 1968 ; réédition 1983.

FREULER L., *La Crise de la philosophie au XIXe siècle*, Paris, Vrin, 1997.

HUOT R., *Introduction à la psychologie*, Québec, Gaëtan Morin Editeur, 1994.

KRSTIC K., « Marko Marulic – The Author of the Term "Psychology" », *Acta Instituti Psychologici Universitatis Zagrabiensis*, n°36, 1964.

LAGACHE D., *L'Unité de la psychologie*, Paris, P.U.F, 1949, ici 3e éd., 1990.

LE NY J.F., « La psychologie est durablement duale », *Bulletin de psychologie*, tome 52/2, 440, mars-avril 1999, p. 273-280.

NAVET G., *Pierre Leroux, Politique, socialisme et philosophie*, Paris, Publications de la Société P.-J. Proudhon, 1994.

NICOLAS S., *Histoire de la psychologie française*, Paris, InPress, 2002.

– *Histoire de la psychologie*, Paris, Dunod, 2001.

– *La Psychologie de Th. Jouffroy*, Paris, L'Harmattan, 2003.

PEIGNOT J., *Pierre Leroux, inventeur du socialisme*, Paris, Klincksieck, 1988.

REUCHLIN M., *Histoire de la psychologie*, « Que-sais-je ? », Paris, P.U.F., 1959, ici 14e édition, 1989.

SCHIMBERG A., *Les Fragments philosophiques de Royer-Collard*, réunis et publiés pour la 1re fois à part, avec une introduction sur la philosophie écossaise et spiritualiste au XIXe siècle, Paris, Alcan, 1913. Les textes philosophiques et certains articles journalistiques de Royer-Collard ont été d'abord publiés sous le titre de *Fragments philosophiques* par Jouffroy à la fin du tome III des œuvres complètes de Thomas Reid puis réédités par A. Schimberg.

VERMEREN P., *Victor Cousin, le jeu de la philosophie et de l'État*, Paris, L'Harmattan, 1995.

Comment naît un instrument? l'invention de l'actinomètre électrochimique[1]

Jérôme FATET

Le cheminement conduisant à la construction d'un appareil destiné à comprendre un nouveau phénomène et à en expliquer les mécanismes est un évènement singulier dans l'histoire des sciences lorsque cet instrument ne s'inscrit pas *a priori* dans un cadre théorique stabilisé. En effet, dans ces conditions, il n'est pas possible de justifier du fonctionnement de l'appareil par des références à des connaissances maîtrisées. La correspondance des premiers résultats obtenus grâce à celui-ci avec un savoir déjà accepté semble alors le seul moyen de donner un certain degré de fiabilité aux principes avancés par son inventeur pour en justifier l'usage.

La question de la validation de l'instrument dans l'élaboration des connaissances scientifiques a opposé Alan Franklin[2] à Harry Collins[3]. Le premier, soutenant que l'activité scientifique présente la

1. Nous tenons à remercier les relecteurs de cet article. Soraya Boudia nous a permis de structurer plus efficacement ce texte. Olivier Darrigol nous a communiqué des références qui nous ont été très utiles. Ses remarques et ses interrogations, ainsi que celles de Friedrich Steinle, nous ont donné l'occasion de faire évoluer notre vision de la situation étudiée, et ainsi d'enrichir l'article. L'œil critique de Sophie Roux nous a permis d'améliorer la cohérence et la précision de ce texte.

2. A. Franklin, *Can that be right ?*, Dorchdrecht, Kluwer academic publishers, 1999.

3. C. Collins, *Changing order*, University of Chicago Press, 1992.

particularité de devoir expliquer le réel, met l'accent sur la correspondance entre les résultats obtenus et le monde sensible dans les procédures de validation. Le second considère que seuls les critères sociaux (autorité et pouvoir entre autres) valident une expérience, un instrument ou un résultat. Il n'est pas ici question pour nous de participer à ce débat. Toutefois, Edmond Becquerel, lorsqu'il recoupe ses résultats avec des résultats déjà connus adopte une des stratégies de validation identifiées par Franklin. Il nous semble donc que, dans le cas qui nous occupe, le positionnement de Franklin est justifié. Nous montrerons cependant que certains facteurs plus sociaux ont pu jouer un rôle dans le travail d'Edmond Becquerel, comme sa formation, sa maîtrise de la photographie et les positions sociales des autres acteurs intervenant dans son travail, en particulier Jean-Baptiste Biot. C'est dans ce cadre que nous nous proposons ici d'étudier le parcours qui conduit à la construction d'un appareil, et amène la communauté scientifique à accepter les résultats obtenus avec ce dernier. Nous pensons qu'identifier les compétences techniques nécessaires à son élaboration et les conséquences que ses résultats entraînent peut apporter un éclairage nouveau sur une pratique scientifique, en révélant en particulier les positionnements théoriques qu'elles supposent.

Le travail d'Edmond Becquerel entre 1839 et 1843 dont on traitera dans cet article, centré sur la construction d'un appareil au fonctionnement nouveau, « l'actinomètre électrochimique », s'inscrit de plusieurs manières dans l'histoire de son époque. De manière purement scientifique tout d'abord, cet appareil permet d'apporter des éléments nouveaux au débat concernant la nature de la lumière et ses effets sur la matière. Ensuite, de manière technique : cet appareil s'appuie dans son fonctionnement sur les principes purement empiriques utilisés dans la toute nouvelle photographie. Cette dernière, qui est à l'époque l'objet d'un véritable engouement, pourra progresser à son tour grâce aux travaux d'Edmond Becquerel. Nous sommes ainsi à l'interface entre l'histoire des sciences et l'histoire des techniques, puisqu'il s'agit ici d'étudier la naissance d'un appareil destiné à l'investigation scientifique.

Si le champ lexical de la naissance que nous utiliserons dans ce texte pour traiter de la mise au point de l'actinomètre électrochimique peut paraître trop empreint de spontanéisme biologique, il correspond mieux à la situation étudiée que celui d'émergence. En effet, il renvoie à la fécondité des rapports entre les sciences et les techniques ; de plus il intègre une notion de développement et d'évolution présente dans notre analyse.

Dans un premier temps nous présenterons le personnage d'Edmond Becquerel, afin de mettre en perspective ses compétences scientifiques aussi bien que ses compétences techniques en matière de photographie. Nous pensons en effet que les relations qu'il a su établir entre ces deux domaines sont essentielles dans le parcours intellectuel qui l'a mené à la construction de l'actinomètre électrochimique.

Dans un second temps nous montrerons les différentes étapes techniques aboutissant à cette construction, qui correspondent aux présentations successives à l'Académie des sciences de nouveaux appareils. Nous nous attacherons, au fil de ces descriptions, à montrer les implications théoriques qui sous-tendent les principes et l'utilisation de ces appareils. Celles-ci peuvent être identifiées de différentes manières. L'utilisation d'un appareil met parfois elle-même en évidence les hypothèses sur lesquelles il est construit, puisque l'analyse des résultats ne peut être interprétée qu'au sein d'un cadre théorique. Mais l'un des moyens les plus efficaces d'identifier ces implications théoriques est la relation qui en est faite à l'Académie des Sciences, et en particulier les réactions de la communauté scientifique.

L'actinomètre électrochimique produit en particulier des réactions vives, et argumentées d'un membre de cette académie, Jean-Baptiste Biot. Ces réactions, essentiellement centrées sur l'aspect purement physique et expérimental des travaux de Becquerel, nous permettent de comprendre les implications de ces appareils qui n'avaient pas été explicitées par leur inventeur. Que Jean-Baptiste Biot, connu comme un fervent et indéfectible défenseur de la théorie corpusculaire et newtonienne de la lumière s'implique fortement dans ce débat concernant les effets de la lumière sur la matière, a-t-il un lien avec son positionnement théorique ? Ressent-il les travaux de Becquerel comme dangereux pour ses considérations théoriques, même si ce dernier ne prend pas explicitement parti, dans ses mémoires, pour une des deux théories concernant la nature de la lumière ? Pour répondre à ces questions, nous utiliserons différents types de sources primaires : nous nous appuyons surtout sur les communications de Becquerel et Biot dans les comptes-rendus de l'Académie des Sciences, qui nous permettent de faire apparaître la dimension temporelle indispensable à la compréhension de la controverse que nous étudions. En effet, celle-ci prend forme dans l'immédiateté des réponses qu'adresse Biot aux communications de Becquerel, souvent lors de la même séance, et au plus tard lors de la séance suivante. Nous utilisons, de plus, les mémoires publiés par Becquerel dans la période étudiée, ainsi que quelques documents manuscrits que nous avons pu identifier.

Nous présenterons enfin les résultats obtenus grâce à ces appareils, les conclusions qu'ils permettent de tirer, et les développements que l'actinomètre électrochimique connaîtra. Cet appareil dans ses évolutions successives aura en effet un destin étonnant : originellement issu des techniques photographiques, permettant de développer de nouvelles connaissances scientifiques, il aura des utilisations diverses et des adaptations multiples dans ces deux domaines.

En conclusion nous reviendrons sur les différents facteurs ayant permis la naissance de l'actinomètre électrochimique.

EDMOND BECQUEREL (1820-1891), UNE FORMATION, DES COMPÉTENCES

Une formation construite, des ambitions affichées

Le parcours professionnel d'Alexandre-Edmond Becquerel est quasiment tracé dès sa naissance. Deuxième fils du célèbre académicien Antoine-César Becquerel, premier d'une dynastie qui atteindra les sommets de la reconnaissance scientifique quand Henri, fils d'Edmond obtiendra le prix Nobel de physique, Edmond Becquerel porte en partie la responsabilité de la réussite sociale de sa famille. Son père, issu d'un milieu relativement modeste, parvenu aux prix de lourds efforts et de grands sacrifices à s'élever dans l'échelle sociale, enseigne très tôt à ses descendants le goût de la réussite et de l'ascension sociale. Les acquis de la famille doivent être conservés et renforcés ; la voie scientifique est le moyen dont il dispose pour que ses fils y parviennent [4]. Antoine n'a pas seulement des ambitions sociales : il a des parti-pris scientifiques et méthodologiques marqués. Il estime en effet qu'il n'est pas possible de travailler dans le domaine de la physique de manière purement théorique, et plus encore, que le travail expérimental est primordial. Pour lui, rien ne sert d'élaborer des hypothèses discutables si elles ne sont pas inspirées par l'expérience. Les écoles, principales pourvoyeuses à l'époque de scientifiques, et en particulier les Écoles Normales et Polytechniques ne forment pas à cette pratique expérimentale. Elles apprennent, selon lui, à imaginer des hypothèses complexes, à élaborer des théories douteuses, mais n'apprennent pas à interroger la nature par l'intermédiaire de l'expérience ou, lorsqu'elles le font, ne font pas de l'expérience un fondement de la connaissance scientifique [5]. Ce point de vue, en particulier à propos de l'École Polytechnique, semble partagé par un certain nombre de scientifiques [6].

Par cette école paternelle, Edmond est préparé à se construire un parcours professionnel particulier, et en tout cas assez éloigné des habitudes du milieu du XIXe siècle. D'abord brillant élève du collège Bourbon, il obtient en 1836 le premier prix de mathématiques et premier accessit de physique de ce collège. Il poursuit son parcours studieux en réussissant en 1837 les baccalauréats ès lettre et ès sciences mathématiques. Il passe alors les concours d'entrée des écoles réputées dans les formations à caractères scientifiques, et est cette même année reçu au concours d'entrée à l'École Normale. Il en démissionnera immédiatement. L'année suivante, en 1838, il est reçu quarantième au concours d'entrée de l'École Polytechnique. De nouveau, il en démissionne immédiatement.

Nous pouvons nous interroger sur ces deux démissions, et en particulier sur l'intérêt de s'investir dans la préparation difficile de ces concours, pour en refuser ensuite la récompense, c'est-à-dire l'autorisation d'assister aux cours qui sont professés dans ces Écoles. Les opinions de son père sur les formations qui y sont

4. S. Lemartin de Raspide, *Une Continuité lignagère, les Becquerels au XIXᵉ siècle et au début du XXᵉ siècle*, Paris, p. 189.

5. Becquerel, *Traité de physique*, p. 6-7.

6. B. Belhoste, « Un modèle à l'épreuve. L'École polytechnique de 1794 au second empire », *La Formation polytechnicienne, 1794-1994*, Dunod, Paris, 1994.

dispensées expliquent certainement le refus de les suivre, mais pas la participation aux concours. La place qu'occupent ces écoles dans la communauté scientifique de l'époque le peut. En effet, un grand nombre de scientifiques, parmi les plus éminents, sont issus de ces écoles, y enseignent, ou y ont enseigné. Y être accueilli représente une véritable reconnaissance, et certifie les compétences et les connaissances d'un scientifique[7]. Pour un étudiant, la situation est semblable. Être reçu dans ces écoles et obtenir l'autorisation d'y suivre les cours est la reconnaissance de la qualité, du moins scolaire, d'un étudiant. Il est donc important, même pour Antoine Becquerel que son fils y soit admis. Cela prouve qu'il a la valeur nécessaire pour être un scientifique de qualité. Il n'est pas pour autant nécessaire qu'il y suive des cours et en obtienne les titres. Il démissionne donc deux fois et, en application des principes de son père, devient en 1839 son assistant au Muséum National d'Histoire Naturelle, où Antoine Becquerel occupe la chaire de physique appliquée. Cette même année, il obtient une licence ès sciences physiques à la faculté des sciences de Paris.

Devenir assistant de son père présente de multiples intérêts pour lui et pour la dynastie. D'une part, il pourra recevoir une formation parfaitement conforme aux exigences de son père : il sera formé à la pratique expérimentale avant toute considération théorique. D'autre part, devenir l'assistant d'un professeur le place en excellente position pour lui succéder à la chaire de physique appliquée au Muséum. Antoine assure ainsi l'avenir professionnel de son fils. Cette pratique, que l'on peut apparenter à du népotisme, sera prolongée par Edmond, qui accueillera quelques années plus tard son fils Henri comme assistant. D'autres scientifiques font de même, en particulier au sein du Muséum. Par exemple plusieurs générations de la famille Chevreul se succéderont au même poste. Toutefois, déjà à cette époque, cette méthode de recrutement est vue comme une pratique inacceptable, et le ministère de l'Instruction Publique demandera à Antoine, lors de la proposition d'Edmond comme éventuel successeur à la chaire de physique, de justifier qu'il est le meilleur

7. Belhoste, « Un modèle à l'épreuve. L'École polytechnique de 1794 au second empire ».

candidat à ce poste[8]. La justification est évidente, Antoine ne recrute pas son fils, mais son assistant, qui est par définition le plus compétent pour poursuivre son œuvre[9].

Des compétences particulières

Dès l'obtention de sa licence, et accompagné dans sa pratique par son père, Edmond Becquerel se lance dans l'analyse des effets de la lumière, et en particulier de la lumière solaire, sur la matière. Il soutient en 1840 une « double thèse » de doctorat en physique et en chimie à la faculté des sciences de Paris, devant Claude Pouillet, Jean-Baptiste Dumas et Victor Regnault, intitulée « Des effets chimiques et électriques produits sous l'influence de la lumière »[10]. Dans ce travail, il cherche un moyen de caractériser physiquement ces effets, et propose, en se basant sur les travaux de son père, qui s'est illustré en travaillant sur l'électrochimie, de les analyser par le moyen des courants électriques.

En parallèle avec ses activités scientifiques, Edmond Becquerel se passionne dès sa publication pour une technique toute nouvelle, la photographie. En 1839, après un travail collaboratif entre Nicéphore Niepce[11] et Louis Daguerre[12], ce dernier vend à l'état Français le brevet du Daguerréotype. Les principes de cette invention sont très vite diffusés par le secrétaire perpétuel de l'Académie des Sciences, François Arago, au sein de l'Académie et de l'Assemblée Nationale[13]. La presse s'en fait l'écho, et les principes de la photographie se répandent très vite. Edmond Becquerel, qui a dix-neuf ans et appartient à la bourgeoisie parisienne, dispose des moyens sociaux et financiers nécessaire à la pratique de cette

8. Lettre de l'Instruction Publique à M. Becquerel, dossier Becquerel n°1, Archive de la bibliothèque du muséum National d'histoire naturelle, Paris.

9. Lemartin de Raspide, *Une Continuité lignagère.*

10. Becquerel, *Des Effets chimiques et électriques produits sous l'influence de la lumière solaire thèse de physique présentée et soutenue à la faculté des sciences de Paris août 1840*, Paris, typographie Firmin Didot frères, 1840.

11. Niepce, *Notice sur l'héliographie*, Paris, 1839.

12. Daguerre, *Historique et description des procédés du daguerréotype et du diorama*, Paris, 1839.

13. Arago, « Le Daguerréotype », *CRAS*, tome 9.

technique nouvelle. Il apprend à en maîtriser les procédés et réalise dès cette date de nombreux daguerréotypes. Jamais cette passion ne le quittera [14]. Il sera d'ailleurs l'un des membres fondateurs de la première société de photographie en 1851.

LA NAISSANCE DE L'ACTINOMÈTRE ÉLECTROCHIMIQUE

Dans sa double thèse de physique et de chimie, Becquerel tente de comprendre, d'expliquer et même d'évaluer les effets de la lumière sur la matière. Pour parvenir à évaluer ces effets de manière objective, et en dehors de toute interprétation liée à la perception visuelle, il utilise les effets électriques produits lors des réactions photochimiques. Il pense qu'en mettant au point un appareil permettant de mesurer ces effets électriques, il pourra sinon quantifier, au moins évaluer ceux-ci.

La première réalisation technique d'Edmond Becquerel

Le cheminement intellectuel de Becquerel n'est pas directement explicité dans ses publications. Cependant, les principes de fonctionnement du premier appareil qu'il décrit peuvent nous permettre de le reconstruire.

Antoine Becquerel a montré, quelques années plus tôt, que toute réaction chimique peut produire des effets électriques mesurables, et que ces effets sont directement liés à l'intensité de la réaction qui se produit. Le fonctionnement de son appareil fait comprendre qu'Edmond Becquerel pose comme première hypothèse implicite, qu'une réaction chimique se produisant sous l'effet de la lumière, c'est-à-dire photochimique au sens actuel du terme, est une réaction chimique classique, et que de ce point de vue, elle doit produire de la même manière des effets électriques mesurables. Il serait donc possible, si ces effets électriques étaient mesurés à l'aide d'un galvanomètre, d'évaluer la quantité de matière qui entre en jeu dans la réaction, lors de l'éclairement des réactifs. La seconde hypothèse plus explicite d'Edmond Becquerel est que les courants électriques mesurés lors de ces réactions peuvent lui permettre de tirer des

14. Becquerel, « Note sur un papier impressionnable », *CRAS*, tome 10.

conclusions directes sur la quantité de lumière intervenant dans la réaction. Il ne s'agit pas ici d'intensité lumineuse, mais plutôt, comme il le dit lui-même de « nombre de rayons actifs ». Il postule que la quantité de substance qui réagit lors d'une réaction photochimique est directement proportionnelle à la quantité de rayons que reçoivent ces substances. Nous pouvons schématiser son raisonnement de la manière suivante :

Quantité de rayons
|
proportionnelle à
↓
Quantité de substance réagissant
|
proportionnelle au
↓
Maximum de déviation du galvanomètre

Si la première hypothèse que nous identifions n'a pas besoin d'être explicitée, puisqu'elle semble découler de l'observation simple de divers types de réactions photochimiques, la seconde hypothèse en revanche, lourde de conséquences, a des implications théoriques fortes concernant la nature de la lumière et déclanchera une véritable controverse [15].

Le physicien Jean-Baptiste Biot, alors doyen de la faculté des sciences de Paris, réagit très vivement dès la première publication d'Edmond Becquerel sur les effets de la lumière. Une telle réaction, qui engagera pendant plusieurs années entre ces deux hommes une polémique essentiellement axée sur des questions expérimentales, peut au premier abord apparaître comme une querelle d'expérimentateurs. Mais plusieurs éléments, en particulier dans les comptes-rendus de l'Académie des sciences, nous amènent à supposer qu'il existe un désaccord théorique entre Edmond Becquerel et Jean Baptiste Biot.

Bien que les fameuses expériences de Foucault et Fizeau consacrant la théorie de Fresnel aux dépens de la théorie corpus-

15. Nous choisissons ici d'attribuer à ce point le statut d'hypothèse, dans la mesure où il sera démontré vérifiable, puis vérifiée en 1872, par Egoroff.

culaire newtonienne n'aient pas encore eu lieu en 1839, la théorie ondulatoire semble avoir pris le pas sur sa rivale : elle est enseignée et utilisée par nombre de physiciens [16]. Cependant, quelques défenseurs de la théorie corpusculaire, et parmi eux des membres de l'Académie des Sciences, sont extrêmement actifs. C'est le cas de Jean-Baptiste Biot, qui cherche à formuler des explications dans le contexte de la théorie newtonienne pour les nouveaux phénomènes observés. Il cherche en particulier à cette époque à utiliser les phénomènes de polarisation pour évaluer la concentration de certaines molécules en phase liquide. Il tente, de plus, de présenter une théorie complexe de la polarisation de la lumière basée sur l'introduction de nouveaux corpuscules aux effets spécifiques. Théoricien chevronné, il est aussi reconnu par ses contemporains comme un expérimentateur de talent. C'est probablement en partie cet attachement à la théorie newtonienne qui le conduit à s'impliquer aussi vigoureusement dans cette controverse. Ce point sera détaillé plus loin dans l'analyse du contenu théorique de la controverse.

Ces considérations théoriques ne sont pas au centre du travail d'Edmond Becquerel. Que ce soit parce qu'elles sont implicitement admises par lui, ou parce qu'elles ne concernent pas le fond de ses préoccupations, ce que la démarche méthodologique paternelle impose, il concentre son attention sur les résultats expérimentaux et sur la précision et la multiplication des analyses et des observations. Ses mémoires soumis à l'Académie des sciences et sa thèse sont pour l'essentiel des descriptions d'expériences et des listes de résultats accompagnées de peu de commentaires.

Il présente, dans le cadre de sa thèse, les résultats d'un premier appareil qu'il construit pour parvenir à évaluer par l'intermédiaire des courants électriques la quantité de rayons qui agissent sur la matière et ainsi comprendre les effets qu'ils y produisent. Il donne de son appareil la description suivante :

> Deux liquides d'inégales densités, conducteurs de l'électricité, étant superposés l'un sur l'autre dans un vase, si l'un des liquides renferme une substance capable de réagir sur une autre qui se

16. J.Z. Buchwald, « The battle between Arago and Biot over Fresnel », *J. Optics*, vol. 20, n°3, 1989.

> trouve dans le second liquide, sous l'influence de la lumière, dès l'instant où l'on fera pénétrer dans la masse la radiation chimique, ils réagiront l'un sur l'autre à la surface de séparation, en produisant un courant électrique qui sera accusé par un galvanomètre, dont les deux extrémités sont terminées par deux lames de platine plongeant dans chaque liquide [17].

Il s'agit donc ici de faire réagir deux substances dont on sait qu'elles interagissent sous l'effet de la lumière, de manière à pouvoir mesurer les effets électriques que cette réaction produit. Nous pouvons représenter cet appareil de la manière suivante (fig. 1) :

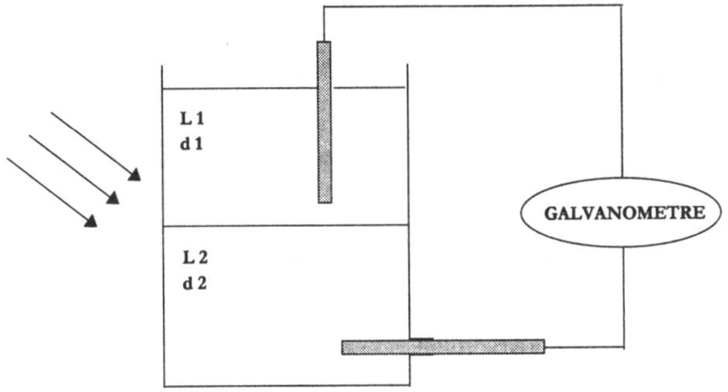

Fig1 : *Premier appareil à deux phases liquides (1839)*

À l'aide de cet appareil, Edmond Becquerel étudie un grand nombre de réactions sensibles à la lumière. Le galvanomètre réagit lors de l'exposition du vase à la lumière solaire, et réagit de manière différente en fonction des substances étudiées. La première hypothèse implicite de Becquerel est validée : les réactions photochimiques se comportent comme des réactions chimiques classiques. Il procède ensuite à l'analyse des effets des écrans, ou filtres au sens actuel, placés sur le parcours de la lumière. Cet appareil nécessitant des réactifs sous forme liquide ou soluble, transparents, avec des densités particulières, est cependant limité dans la variété des réactions qu'il peut permettre d'étudier. Becquerel cherche alors un autre moyen technique, basé sur les mêmes principes pour pour-

17. Becquerel, « Recherche sur les effets de la radiation », *CRAS*, tome 9, p. 146.

suivre ses travaux. C'est l'influence de Jean-Baptiste Biot, et la nécessité de répondre à certaines de ses objections expérimentales qui lui permettront d'y parvenir.

L'actinomètre électrochimique

L'appareil qu'il utilisait jusque-là transmettait le courant électrique produit lors de la réaction par l'intermédiaire d'électrodes de platine. Biot signale qu'il est possible, en dehors de toute considération sur la nature de la lumière, qu'une partie des effets mesurés soit directement due aux effets de la lumière sur le métal lui-même, et vienne s'additionner aux effets sur la réaction chimique, sans qu'il soit possible d'identifier quelle part provient de l'un et de l'autre [18]. Il faut donc que Becquerel vérifie si des effets se produisent sur le métal seul.

Pour cela il doit construire un nouvel appareil. En effet, puisqu'il n'y a plus de réaction, et qu'il n'y a qu'une seule phase réactive concernée, il n'est plus possible de mesurer des courants électriques entre deux milieux entrant en jeu dans la réaction. Le seul procédé possible est donc d'effectuer des évaluations de ces effets en comparant deux éléments identiques, ici deux plaques de platines, l'un subissant les effets de la lumière et l'autre non. Ce procédé différentiel sera celui utilisé dans l'actinomètre électrochimique.

Le nouvel appareil est constitué d'une « boîte en bois noircie intérieurement et divisée, au moyen d'une membrane très mince en deux compartiments » [19] remplie d'eau légèrement acidulée, dans laquelle plongent deux électrodes de platine, reliées chacune à une borne d'un galvanomètre. L'équilibre entre les électrodes s'effectuant dans l'obscurité, il éclaire ensuite une seule des deux électrodes. Si une réaction se produit, il devrait apparaître un déséquilibre électrique et donc l'aiguille du galvanomètre devrait être déviée. Il s'agit donc, en utilisant toujours le principe d'une mesure d'un courant, d'évaluer les effets de la lumière sur la matière. La membrane décrite permet de protéger l'une des plaques de la lumière, lorsque l'autre est éclairée. Ses caractéristiques permettent de laisser

18. J. B. Biot, « Remarque de M. Biot sur la note lue par M. Becquerel », *CRAS*, tome 9, p. 171.

19. Becquerel, « Mémoire sur les effets électriques », *CRAS*, tome 9, p. 562.

le liquide des deux compartiments en contact, et ainsi de permettre l'équilibre permanent entre ceux-ci. Ainsi le procédé mis en place peut fonctionner sur le principe de la mesure différentielle.

Réalisant des mesures avec des plaques de platine nues, Edmond Becquerel mesure dans un premier temps des courants, mais reproduisant ces expériences avec les mêmes plaques décapées et chauffées au rouge, il ne mesure plus rien. Il en conclut, d'une part que les résultats obtenus avec l'appareil précédent n'étaient pas faussés par les effets de la lumière sur le métal puisque les plaques étaient parfaitement propres. D'autre part il en conclut que les premiers effets mesurés avec ce procédé différentiel étaient dus à une couche d'impuretés, ou de poussière présente à la surface des plaques avant chauffage.

Mais la présence d'effets électriques mesurables lorsqu'une couche très fine de substance recouvre les plaques l'amène à imaginer d'utiliser cet appareil de manière différente. En effet, il utilise, dans sa pratique du daguerréotype, des plaques d'argent recouvertes d'une fine couche d'halogénure d'argent réactif à la lumière. Il imagine donc de remplacer dans son appareil les plaques de platine par des plaques dont il dit lui-même qu'il les prépare de la même manière que les plaques daguerréotypes. Les mesures qu'il effectue avec ce système le conduisent à présenter les conclusions suivantes à l'Académie des Sciences :

> 1) Des rayons qui accompagnent les rayons les plus réfrangibles de la lumière solaire, font éprouver à des lames métalliques plongées dans un liquide, une action telle, qu'il en résulte des effets électriques auxquels on ne peut attribuer une origine calorifique.
> 2) La décomposition du chlorure, du bromure et de l'iodure d'argent sous l'influence de la lumière, produit des effets électriques qui peuvent servir à déterminer le nombre de rayons chimiques actifs [20].

Il envisage donc dès ce moment d'utiliser les résultats de cet appareil pour « déterminer le nombre de rayons actifs », c'est à dire d'analyser de manière quantifiée la lumière, par l'intermédiaire des effets qu'elle produit sur les halogénures d'argent. Nous pouvons noter que, à partir de ce moment, même si les principes expérimen-

20. *Ibid.*, p 566.

taux restent identiques, le fondement même de ses travaux s'inverse. Il s'agissait en effet pour Edmond Becquerel, jusque-là, d'étudier les effets de la lumière sur la matière, en faisant varier les substances analysées. Dorénavant, la substance étant fixe, il va étudier la lumière elle-même.

Cet appareil subira quelques modifications, pour être présenté en 1841 son le nom d'actinomètre électrochimique [21].

Le terme actinomètre est utilisé à l'époque pour désigner les appareils permettant de faire des mesures de l'activité de la lumière. L'actinomètre électrochimique permet donc d'effectuer ces mesures par l'intermédiaire d'un procédé électrochimique. Il en publie, accompagnant sa description, les schémas suivant en 1841 (fig. 2 et fig. 3) :

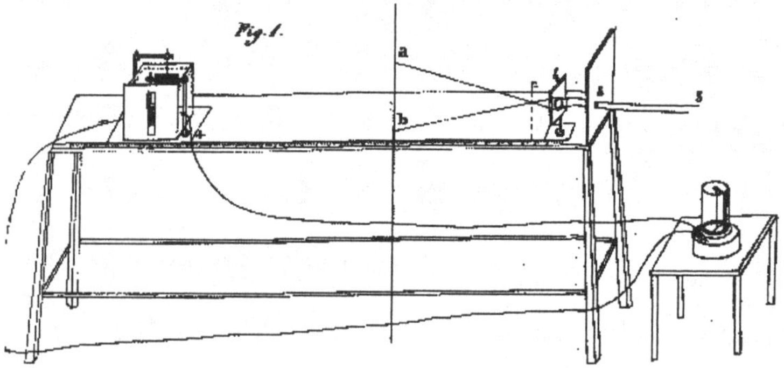

Fig. 2 : *Actinomètre électrochimique d'après le mémoire de 1841* [22]

Il est constitué d'une table, au bout de laquelle on reçoit la lumière solaire à travers un petit trou percé dans un écran. La lumière traverse ensuite un prisme qui décompose la lumière, afin que l'on puisse envoyer sur la cuve de l'actinomètre la lumière monochromatique souhaitée. La cuve dont nous présentons un schéma plus détaillé plus loin est constituée d'une boîte opaque, remplie d'eau acidulée dans laquelle plongent deux plaques d'argent recouvertes de bromure d'argent. Chacune de ces plaques est reliée à l'une des bornes d'un galvanomètre placé loin de la table. On peut,

21. Becquerel, « Sur le rayonnement chimique », *Bibliothèque universelle de Genève*, 1841.

22. *Ibid.*, planches.

par l'intermédiaire d'une trappe mobile, éclairer l'une des deux plaques avec la lumière décomposée par le prisme.

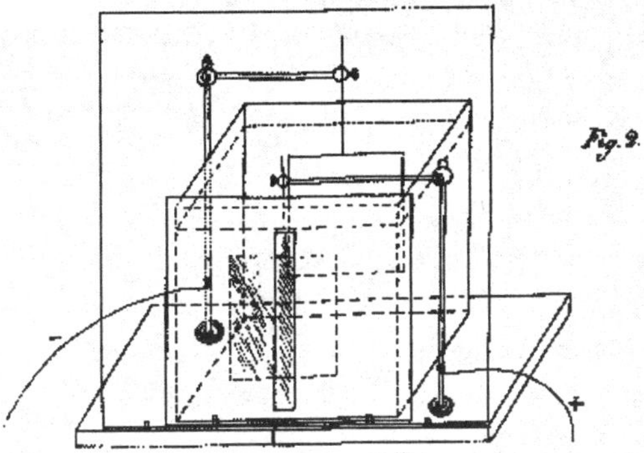

Fig. 3 : *Cuve de l'actinomètre d'après le mémoire de 1841* [23]

Cet appareil a selon Edmond Becquerel plusieurs avantages. D'une part, si l'on a soin de refermer la trappe dès qu'on a effectué la mesure, on peut l'utiliser plus d'une dizaine d'heure avec les mêmes plaques, ce qui permet d'obtenir des résultats comparables entre eux, et donc de tirer des conclusions sur les effets différents des différentes lumières étudiées. D'autre part, il est possible pour tout laboratoire qui possède un galvanomètre assez sensible de construire un actinomètre électrochimique, puisqu'il est possible d'utiliser des plaques daguerréotypes disponibles dans le commerce. La seule précaution à prendre est d'utiliser deux moitiés d'une même plaque plutôt que deux plaques, afin de s'assurer de l'équilibre chimique entre elles. Avec un tel appareil, il est possible d'analyser la lumière solaire, en utilisant comme indicateur les effets qu'elle produit sur une substance photosensible déterminée.

LES RÉSULTATS, L'AVENIR DE L'ACTINOMÈTRE

À l'aide de l'actinomètre, il analyse de manière très précise les effets de la lumière solaire. Il affine de plus en plus les portions de spectre qu'il fait entrer dans la cuve de l'actinomètre, afin d'étudier les effets

23. *Ibid.*, planches.

de chacune des portions, et mesure par l'intermédiaire du galvanomètre les courants produits par chacune d'elles. À la fin de 1841, il observe qu'il y a des zones du spectre solaire qui ne produisent pas d'effet sur le galvanomètre. Il en déduit donc qu'il n'y a pas de lumière dans ces zones. Parcourant l'ensemble du spectre visible à l'aide de l'actinomètre électrochimique, il identifie plus de 500 de ces zones, et les compare avec les raies sombres, actuellement identifiées comme des raies d'absorption, que Fraunhofer avait mesuré, à l'aide d'un appareil utilisant l'œil comme détecteur, une vingtaine d'année plus tôt. Il vérifie ainsi les positions de plus de 500 des raies répertoriées par Fraunhofer. Pour lui, et malgré les remarques persistantes de Jean-Baptiste Biot, cette concordance de résultats, par des moyens très différents, prouve l'efficacité de son appareil. L'actinomètre électrochimique est devenu un appareil efficace pour analyser la lumière solaire [24].

Vers des connaissances nouvelles

La preuve de son efficacité étant faite, Edmond Becquerel va pouvoir diriger ses recherches dans une direction nouvelle. Il a observé depuis longtemps que des effets importants se produisaient sur le bromure d'argent dans l'extrémité violette du spectre. Il se lance donc dans l'analyse de celle-ci, et de la zone au-delà du violet. En 1843, il mesure grâce à l'actinomètre la présence de trois raies sombres dans cette zone invisible. Ce résultat sera essentiel pour déterminer l'étendue de ce qu'on nomme lumière. En effet, d'une part, la présence de ces raies prouve, par l'identité des propriétés, que ce qui est analysé est bien de la lumière, même si elle est invisible pour l'œil humain. D'autre part, le fait que physiquement, cette analyse se fasse en déplaçant simplement le spectre pour envoyer dans la cuve ce qui se trouve au-delà du violet prouve que cette lumière invisible se situe dans la continuité du spectre solaire visible. Il conclut d'ailleurs en 1843 l'un de ses articles en disant que les ultraviolets « existent, et ce qui le prouve, ce sont les raies que l'on trouve dans cette partie du spectre » [25].

24. Becquerel, « Sur le rayonnement », *Bibliothèque universelle de Genève*, 1841.

25. Becquerel, « Des effets produits sur les corps par les rayons solaires », *Annales de chimie et de physique*, tome 9, 1843.

Des observations semblables sont faites à la même époque par Drapper, qui par un moyen totalement différent identifie des raies sombres dans la zone au-delà du rouge. Cet argument est important pour l'époque et ces résultats apporteront des points essentiels pour l'acceptation de l'existence des ultraviolets, et pour la définition même de ce qu'est la lumière.

L'avenir de l'actinomètre électrochimique.

Comme nous l'avons montré, l'actinomètre électrochimique a pu voir le jour grâce à la double compétence d'Edmond Becquerel, en photographie d'une part, et en physique expérimentale d'autre part. Il paraît donc logique que ses développements aient pu nourrir des progrès dans ces deux domaines. Dans le domaine scientifique, on trouve des actinomètres électrochimiques chez plusieurs physiciens tels que Egoroff ou Gouy, qui les utilisent et les modifient pour développer des travaux d'analyse spectrale. Egoroff en associera deux, afin, à l'aide d'un procédé en double différentiel de vérifier l'hypothèse la plus lourde d'Edmond Becquerel sur la proportionnalité entre la quantité de lumière et la quantité de substance réagissant. Dans le domaine de la photographie, cet appareil sera modifié et simplifié, afin d'évaluer, pour un lot de plaque daguerréotype donné, les temps de poses nécessaires pour une bonne exposition. Dans cet usage, il devient l'un des premier sensitomètre.

UN POSITIONNEMENT THÉORIQUE IMPLICITE ?

Bien qu'Edmond Becquerel ne prenne pas parti de manière explicite pour l'une ou l'autre des théories concernant la nature de la lumière encore débattues à l'époque, certains éléments permettent de faire apparaître dans son travail un positionnement implicite en faveur de la théorie ondulatoire de la lumière, sous la forme que lui avait donné Fresnel.

Pour imaginer une proportionnalité entre la quantité de rayons qui agissent sur les réactifs et la quantité de réactifs qui participent à la réaction photochimique, il n'est pas, dans un premier temps, nécessaire de penser qu'il n'existe qu'un seul type de cause qui produise ces effets. Mais si l'on souhaite, par l'analyse de ces effets, tirer des conclusions sur leurs causes, et mesurer celles-ci, l'unicité de la cause semble essentielle.

Si l'on observe un effet, qu'on l'évalue et que, posant que cet effet est directement proportionnel à la cause qu'on lui attribue, on veut remonter de l'évaluation de l'effet l'évaluation de la cause, il est nécessaire que la cause soit unique.

Mais qu'implique, dans le cadre de la controverse sur la nature de la lumière, l'hypothèse de l'unicité de cette cause, c'est-à-dire dans le cas qui nous préoccupe, l'unicité de la constitution de la lumière, dans tout l'espace de son spectre, même au-delà du visible ?

Dans la théorie corpusculaire, défendue et développée par Biot, il existe une grande variété de corpuscules ayant chacun des propriétés particulières, telles que la polarisation et, comme Biot l'affirme lui même, plusieurs éléments peuvent être à l'origine des effets chimiques étudiés. L'unicité de la cause supposée par le raisonnement de Becquerel conduit donc à penser qu'il s'inscrit dans une conception ondulatoire de la lumière.

Biot écrit en effet dès 1839 que les effets que souhaite évaluer Becquerel peuvent être produit « par un élément congénère compris dans la radiation totale »[26]. Les méthodes proposées ne peuvent alors jouer selon lui que le rôle d'évaluateur, et pas de mesureur des effets concernés. Cette distinction vise, sous couvert de critiquer le procédé expérimental, les hypothèses sur lesquelles il repose. C'est ici la relation de proportionnalité qui est mise en cause, et elle l'est sur des arguments concernant la nature même de la lumière.

Becquerel utilise pourtant lui aussi un certain nombre d'appellation pour les rayons qu'il étudie, et peut ainsi laisser penser que ce positionnement théorique n'est pas aussi clair. Il écrira en 1843, afin de préciser cette question :

> J'ai employé les noms de rayons lumineux, chimiques et phosphorogéniques pour désigner, dans chaque cas, la portion des rayons solaires qui agit pour produire, en particulier, les effets lumineux, chimiques et phosphorogèniques ; mais cela est sans préjudice de l'opinion que je viens d'émettre touchant l'existence d'un seul et même rayonnement. J'ai dû d'abord supposer ces rayonnements,

26. Biot, « Remarque de M. Biot sur la note lue par M. Becquerel », *CRAS*, tome 9, p. 172.

> des agents distincts, afin de montrer leur dépendance mutuelle, et d'arriver ensuite à la conclusion que je viens d'énoncer [27].

Il utilisera aussi les expressions de « rayon excitateur » et de « rayon continuateur » pour désigner certaines zones du spectre solaire qui facilitent l'impression des images, puis leur apparition sur les plaques photographiques [28].

Là encore, il n'est pas fait mention explicitement du cadre théorique dans lequel il s'inscrit, mais l'expression « l'existence d'un seul et même rayonnement » permet, nous semble-t-il, de lever le doute sur cette question. Seule la théorie ondulatoire considère la lumière comme étant constituée d'un seul type de rayonnement, alors que la théorie corpusculaire multiplie le nombre de rayons en fonction du nombre d'effets identifiés.

Il apparaît donc que, si la controverse engagée entre ces deux hommes semble au premier abord centrée sur des préoccupations d'ordre purement expérimental, l'origine du débat peut être vue sous un angle plus théorique. Jean-Baptiste Biot déclare d'ailleurs qu'il apprécie la qualité de ces travaux, mais qu'il « regrette de ne pas pouvoir partager les idées théoriques qu'il renferme » [29]. Cette remarque appuie selon nous l'idée qu'au-delà des divergences d'ordre expérimental, il existe bien, pour Biot, des oppositions théoriques.

Il est probable qu'elles ne sont que très peu apparente parce que ces questions sont pour une bonne part tranchées à l'époque. Jean Baptiste Biot défend toujours son point de vue, et cherche à préserver les derniers remparts de sa théorie, mais ne peut le faire qu'en remettant en cause la valeur des résultats apportés dans le cadre de l'autre théorie. Il ne s'agit déjà plus pour lui de renforcer ses propres conceptions, mais de ralentir les évolutions des conceptions adverses.

Inversement, deux éléments peuvent expliquer qu'Edmond Becquerel ne fasse mention à aucun moment de sa conception de la

27. Becquerel, « Des effets produits sur les corps par les rayons solaires ».

28. Nous pourrons noter, même si ce n'est pas le lieu de le développer ici, que là encore, Edmond Becquerel a su mettre en application son travail de recherche pour l'amélioration des procédés photographiques. Toutefois, ce phénomène n'ayant pas été découvert par l'intermédiaire de l'actinomètre électrochimique, nous ne le détaillerons pas ici.

29. Biot, « Sur les effets électriques qui se produisent », *CRAS*, tome 9, p. 713.

nature de la lumière. Tout d'abord la formation que lui a donnée son père l'incite à ne pas s'impliquer dans ce type de débat, et à rester autant que possible au plus près de l'expérience. Ensuite, Edmond Becquerel, né en 1820, a probablement suivi, dans le cadre de sa formation, des cours de physique concernant la lumière. Or, comme le remarque Buchwald[30], excepté certains enseignants convaincus par la théorie corpusculaire, et Biot est de ceux-là, dès 1830 la très grande majorité des cours sur ce sujet enseigne la théorie ondulatoire de la lumière. Edmond Becquerel a probablement suivi ce type d'enseignement et conçoit la lumière, consciemment ou non, dans ce modèle théorique.

Ces différents points nous semblent permettre d'appuyer l'hypothèse d'un désaccord théorique profond entre les deux hommes, expliquant en partie la vigueur de la controverse qui les oppose.

Nouveauté et facteur de nouveauté dans l'invention de l'actinomètre

Après avoir exposé de manière détaillée le cheminement et les conditions nécessaires à l'invention et au développement de l'actinomètre électrochimique, nous pouvons maintenant présenter les différents éléments associés à la naissance de cet appareil.

Quoi de neuf dans l'actinomètre ?

Dans un premier temps, nous pouvons identifier plusieurs points permettant de qualifier cet appareil de nouveau. Son rôle d'abord, comme outil d'analyse de la lumière solaire est novateur. En effet, jusqu'à l'apparition de l'actinomètre électrochimique, l'analyse de cette lumière se limitait à une simple observation, et à une interprétation de ses effets sur l'œil humain comme le faisait Fraunhofer. Cet appareil a pour rôle, dans les travaux d'Edmond Becquerel, de donner un aspect objectif à ces analyses, en utilisant une substance chimique photosensible comme capteur et intégrateur des rayons étudiés. Ainsi, les réactions dues à cette lumière, et les effets produits par elle deviennent indépendants de l'expérimentateur. Les résultats sont donc reproductibles.

30. Buchwald, « The battle between Arago and Biot over Fresnel ».

L'exploitation de ces effets est, elle aussi radicalement nouvelle. La traduction du phénomène étudié en grandeurs mesurables et comparables entre elles y est complètement séparée de l'interprétation de l'œil humain. En effet jusqu'à ce moment, les rares travaux utilisant les substances photosensibles comme outils d'étude avaient comme moyen d'évaluation des effets produits le noircissement de la substance. Les différences d'évaluation et d'interprétation étaient donc inévitables. Becquerel utilise les courants électriques produits par les réactions pour évaluer l'intensité de ces effets. La méthode d'analyse sort donc la mesure de ceux-ci du domaine de la sensation humaine. Le raisonnement qu'il adopte, imaginant d'utiliser les courants électriques produits par les réactions photochimiques pour évaluer les effets produits par la lumière sur la matière est donc complètement novateur. Il permet d'aborder les problèmes étudiés concernant la nature de la lumière en effectuant des mesures de courants produits, plutôt qu'en les évaluant visuellement.

Toutefois, il ne s'agit pas pour Edmond Becquerel, en effectuant ces mesures, de réaliser une quantification stricte du phénomène étudié. Il s'intéresse au phénomène physique lumineux, et cherche à en comprendre les mécanismes et les variations en fonction de la source de lumière utilisée. Les mesures obtenues par la lecture du cadran du galvanomètre ne peuvent pas, pour lui, être considérées comme des quantités absolues, liées aux effets étudiés. S'il y a mesure, elle n'a pour objet que d'obtenir une relation d'ordre sur l'importance des effets de la lumière sur le dispositif, en fonction de sa position spectrale. Les valeurs obtenues sont strictement dépendantes des conditions expérimentales et de l'instrument. La reproduction en modifiera nécessairement les valeurs absolues, mais conservera cet ordre. C'est ce classement qui intéresse Becquerel. Ne maîtrisant pas le phénomène étudié, il cherche seulement à établir des relations de covariance entre la position spectrale et les déviations obtenues.

Toutefois, ce classement ordinal des effets ne tient pas compte des variations d'intensité lumineuse des différentes zones du spectre solaire. À aucun moment dans ses travaux, Becquerel ne fait d'ailleurs la proposition de rapporter l'intensité des effets mesurés à une unité, quelle qu'elle soit, d'intensité lumineuse. Nous savons actuellement que cette grandeur joue un rôle important dans les effets étudiés. La relation d'ordre que tentait d'établir Becquerel n'a donc plus de sens sans procédé prenant en compte cette intensité. Elle en avait pour lui.

Des facteurs influençant cette nouveauté

Nous pouvons identifier plusieurs facteurs ayant influencé les travaux de Becquerel, intervenant dans l'apparition de ces nouvelles connaissances et de ces nouvelles pratiques.

D'une part, l'invention et la diffusion des procédés photographiques suscitent au sein de la communauté scientifique un grand intérêt pour l'analyse des phénomènes de photosensibilité, et plus largement pour les recherches sur la nature de la lumière. Cette nouvelle technique se diffuse largement, en particulier dans la classe bourgeoise à laquelle appartient Becquerel, classe suffisamment aisée pour acquérir les produits et le matériel nécessaires à la réalisation. Le contexte social dans lequel il vit lui permet de se familiariser avec les principes de la photographie. La maîtrise qu'il acquiert de ces procédés en rend possible l'usage pour ses recherches.

D'autre part, le contexte scientifique de l'époque, dans lequel le débat sur la nature corpusculaire ou ondulatoire de la lumière n'est pas encore totalement résolu, ouvre le champ à toutes les recherches pouvant élucider de manière définitive cette question. Becquerel propose un moyen nouveau d'investigation dans ce domaine. Que ce soit parce que ses travaux ne l'engagent pas dans un modèle particulier, ou au contraire parce que les nombreux utilisateurs de la théorie ondulatoire voient en lui un allié, Becquerel est bien accueilli par la communauté.

Ce débat joue dans notre cas un autre rôle, par l'intermédiaire de Biot. Newtonien convaincu, il défend la théorie corpusculaire. Mais la situation de cette théorie est de plus en plus précaire, et dès 1839, Biot ne cherche plus à apporter des arguments la soutenant. Il s'oppose fermement à toute nouvelle découverte renforçant la théorie ondulatoire, cherchant à ralentir sa stabilisation ; c'est ainsi qu'il procède avec Becquerel. La controverse qui s'engage entre eux est l'un des éléments moteurs dans le cheminement qui amènera Becquerel à ses découvertes. C'est en particulier pour répondre à l'une des objections de Biot qu'il est conduit à mettre en place un système différentiel pour l'analyse de la lumière.

CONCLUSION

Nous avons souhaité montrer, dans ce texte les cheminements à la fois technique et théorique qui ont pu amener Edmond Becquerel à la construction d'un appareil, l'actinomètre électrochimique, et par son intermédiaire à une meilleure connaissance de la lumière, de sa nature, de son étendue et de ses effets.

L'étude de ce cas permet en premier lieu de faire apparaître des positionnements théoriques que nous pensons présents dans la construction d'un appareil. Ceux-ci sont souvent implicites, ou masqués par les aspects purement techniques.

En second lieu, nous avons mis en évidence l'importance des connaissances techniques, en matière de photographie, qui ont été nécessaires à Becquerel pour parvenir à ces résultats. Il lui fallait connaître ses principes et les maîtriser, pour imaginer les utiliser dans cette direction, et y parvenir avec une telle précision.

Enfin, nous avons voulu montrer qu'un appareil, à travers ses améliorations successives, ici en partie permises par le travail de critique systématique de Biot, peut apporter des résultats confortant expérimentalement les principes de sa propre construction, et ensuite amener des considérations théoriques sur l'objet étudié, en l'occurrence la lumière.

BIBLIOGRAPHIE

Sources

ARAGO F., « Le Daguerréotype », *Comptes rendus des séances de l'Académie des Sciences*, séance du lundi 19 août 1839, tome 9, p. 250-267.

BECQUEREL A. C. et BECQUEREL E., *Traité d'électricité et de magnétisme et des applications de ces sciences à la chimie, à la physiologie et aux arts*, Paris, typographie Firmin Didot frères, 1855.

BECQUEREL E., « Recherche sur les effets de la radiation chimique de la lumière solaire, au moyen des courants électriques », *Comptes rendus des séances de l'Académie des Sciences*, séance du mardi 30 juillet 1839, tome 9, p. 145-149.

– « Mémoire sur les effets électriques produits sous l'influence des rayons solaires », *Comptes rendus des séances de l'Académie des Sciences*, séance du lundi 4 novembre 1839, tome 9, p. 561-567.

– *Des Effets chimiques et électriques produits sous l'influence de la lumière solaire thèse de physique présentée et soutenue à la faculté des sciences de Paris août 1840*, Paris, typographie Firmin Didot frères, 1840.
– « Note sur un papier impressionnable à la lumière, destiné à reproduire les dessins et les gravures », *Comptes rendus des séances de l'Académie des Sciences*, séance du lundi 16 mars 1840, tome 10, p. 469-471.
– « Sur le rayonnement chimique qui accompagne la lumière et sur les effets électriques qui en résultent », *Bibliothèque universelle de Genève*, 1841, p. 136-159.
– « Des effets produits sur les corps par les rayons solaires », *Annales de chimie et de physique*, 3 e série, tome 9, 1843, p. 257-322.
– « Note relative aux effets électrochimiques produits sous l'influence de la lumière solaire », *Annales de chimie et de physique*, 3 e série, tome 32, 1851, p. 176-194.
BIOT J. B., « Remarque de M. Biot sur la note lue par M. Becquerel », *Comptes rendus des séances de l'Académie des Sciences*, séance du lundi 5 août 1839, tome 9, p. 169-172.
– « Note de M. Biot sur le compte-rendu de la dernière séance », *Comptes rendus des séances de l'Académie des Sciences*, séance du lundi 11 novembre 1839, tome 9, p. 579-581.
– « Sur les effets électriques qui se produisent sous l'influence de la lumière-Lettre de M. Edmond Becquerel », *Comptes rendus des séances de l'Académie des Sciences*, séance du lundi 25 novembre 1839, tome 9, p. 711-713.
DAGUERRE L. J., *Historique et description des procédés du daguerréotype et du diorama*, Paris, Susse Frères Editeurs, 1839.
NIEPCE N., *Notice sur l'héliographie*, Paris, Susse Frères Editeurs, 1839.

Littérature secondaire

BELHOSTE B., « Un modèle à l'épreuve. L'École polytechnique de 1794 au second empire », *La Formation polytechnicienne, 1794-1994*, Dunod, Paris, 1994, p. 9-30.
BUCHWALD J. Z., « The battle between Arago and Biot over Fresnel », *J. Optics*, vol. 20, n°3, 1989, p. 109-117.
COLLINS H., *Changing order*, Chicago, University of Chicago press, 1992.
FRANKLIN A., *Can that be right*, Dorchdrecht, Kluwer academic publishers, 1999.
LEMARTIN DE RASPIDE S., *Une Continuité lignagère, les Becquerels au XIX e siècle et au début du XX e siècle*, Thèse de doctorat soutenue à Paris 4, Paris, 2000.

Découvertes multiples en chimie pharmaceutique et analytique

Philippe JAUSSAUD

Les découvertes multiples, simultanées ou successives, représentent un phénomène bien connu en histoire des sciences, dans le cadre des processus d'accès à la nouveauté. Thomas Kuhn a donné la définition suivante de la découverte simultanée : « Dans le cas idéal, une découverte simultanée a lieu quand deux personnes, ou plus, annoncent la même chose en même temps, et ce, dans la plus complète ignorance du travail de l'autre »[1]. De nombreux exemples d'un tel phénomène peuvent être cités. Ainsi, en physique, c'est à quelques mois près, au cours de l'année 1928, que le savant indien Chandrasekhara Venkata Raman (1888-1970) d'une part et les scientifiques russes Grigory Samuilovich Landsberg et Leonid Isaakovich Mandelshtam d'autre part mirent en évidence l'« effet Raman »[2]. De même, les américains Edward Purcell (1912-1997) et Felix Bloch (1905-1983) découvrirent simultanément la résonance magnétique nucléaire en 1945, le premier à Harvard et le second à Stanford. En chimie, « la stéréochimie naquit en 1874 de la

1. T.S. Kuhn, *La Tension essentielle. Tradition et changement dans les sciences*, Paris, Gallimard, 1991, p. 115. Nous tenons à exprimer nos plus vifs remerciements à Nadia Walchshofer et Rémi Franckoviak, qui ont accepté de relire notre article et de nous faire bénéficier de leurs remarques et suggestions.

2. F. Miller et G. Kauffman, « C. V. Raman and the discovery of the Raman effect », *Journal of Chemical Education,* tome LXVI, n°10, 1989.

formulation, à deux mois près et indépendante, du carbone asymétrique par le Français Joseph Achille Le Bel (1847-1930) et le Néerlandais Jacobus Henricus Van't Hoff (1852-1911) »[3]. Les deux exemples cités obéissent au schéma idéal de Kuhn, malgré la mise en œuvre de méthodologies, voire de concepts fondamentaux différents pour arriver au même résultat. Ainsi, Raman et ses collègues russes n'employèrent pas le même dispositif expérimental, et Van't Hoff modélisa le carbone asymétrique en s'appuyant sur un point de vue purement chimiques, tandis que Le Bel construisait un raisonnement de nature mathématique.

Mais, on peut aussi faire varier le schéma kuhnien en substituant à la découverte simultanée une succession chronologique de découvertes identiques. Est-il alors légitime d'évoquer des « redécouvertes », ce qui supposerait une identité de la chose découverte en dépit de variations méthodologiques, conceptuelles et même chronologiques ? Une redécouverte aurait alors lieu, lorsque deux personnes, ou plus, annoncent la même chose à deux moments différents, dans la plus complète ignorance des résultats antérieurs. Dans ce cas, bien loin de suivre la route droite du progrès, les disciplines scientifiques connaîtraient des oublis et des redondances. Si l'étude de cas précis permet de répondre à cette question par l'affirmative, il reste à expliquer pourquoi et comment, sous leur prétention universelle, les sciences demeurent sujettes aux contingences historiques des problèmes de communication.

Même dans des champs disciplinaires relativement étroits, comme la chimie pharmaceutique (recherche de nouveaux principes actifs par extraction ou synthèse) et la chimie analytique (mise au point et application de nouvelles méthodes de séparation ou d'identification des molécules), les découvertes multiples simultanées ne sont pas rares. Leur fréquence s'explique par le fait qu'elles se trouvent presque mécaniquement liées aux périodes de forte progression des connaissances : durant ces phases cruciales, bien repérées par les historiens, tout scientifique peut théoriquement bénéficier de l'essor de sa discipline pour faire une découverte. D'où, par contrecoup, l'importance qualitative des découvertes multiples simultanées, dont la multiplicité même (associée à des

3. P. Laszlo, *La Découverte scientifique*, Paris, P.U.F., 1999, p. 31-32.

facteurs humains, comme les rivalités individuelles ou nationales) complique le processus d'attribution. Au contraire, la succession suppose, au sein de la communauté scientifique, des dysfonctionnements qui expliquent pourquoi, à deux moments différents, un chercheur re-découvre ce qu'un autre auparavant a déjà identifié.

Nous analyserons ici deux cas particulièrement démonstratifs, relevant chacun de l'un des deux domaines chimiques envisagés. Le premier, celui de l'aspirine (chimie pharmaceutique), concerne les redécouvertes d'une synthèse restée ignorée de son premier artisan. Le second, celui de la chromatographie sur colonne (chimie analytique), met en scène les découvertes quasi-simultanées d'une même technique par deux auteurs, dont chacun ignora probablement toujours les travaux de l'autre. La confrontation de ces deux situations exemplaires de la nouveauté en sciences (l'une successive, l'autre simultanée) permet de montrer que la notion de découverte suppose certes une dimension chronologique, mais qu'elle ne s'y réduit pas, puisque le facteur temps peut être à loisir réduit ou allongé. Pour qu'il y ait invention scientifique, il faut aussi concilier la double exigence de la reconnaissance communautaire et de la vérification objective : telle est la spécificité du savoir scientifique qui, sur ce point, se distingue de toute autre forme d'activité humaine. Cette spécificité explique le pouvoir « autocatalytique » (pour employer une terminologie familière aux chimistes) de fabrication de la nouveauté. À cet égard, le rapprochement que nous effectuons ici entre synthèse et analyse en chimie n'est en effet pas anodin, car ces deux opérations sont complémentaires l'une de l'autre pour apporter des preuves expérimentales[4]. Découvrir une nouvelle méthode de synthèse ou une nouvelle technique d'analyse constitue donc non seulement du nouveau en soi, mais revêt aussi une importance toute particulière dans la reconnaissance et la validation d'une future nouveauté. Par exemple, la structure d'une molécule naturelle jusque-là inconnue sera décryptée grâce à une méthode spectrale innovante. L'organicien mettra ensuite au point une méthode de synthèse originale, qui permettra d'obtenir pour la première fois au laboratoire le composé initial et de confirmer les

4. B. Bensaude-Vincent, *Faut-il avoir peur de la chimie ?*, Paris, Les Empêcheurs de penser en rond, 2005, p. 105-119.

données de l'analyse. Sur sa lancée, le chimiste pourra aussi préparer des dérivés appartenant à la même famille chimique que l'« archétype » ou le « modèle » naturel. La thèse de cet article suggère donc :

– que cette fonction autocatalytique de la découverte repose sur la nature spécifique de la nouveauté scientifique,

– que l'examen des découvertes scientifiques, simultanées ou successives, interdit de réduire le développement de la science à sa seule dimension sociologique, mais oblige à prendre en considération la valeur gnoséologique de ce qui est découvert.

LA DÉCOUVERTE DE L'ASPIRINE

La substance médicamenteuse connue sous le nom trivial d'aspirine (autrefois marque déposée, cf. *infra*) est l'acide acétylsalicylique (Dénomination Commune Internationale). Ce principe actif de synthèse appartient à la famille chimique des salicylés, qui regroupe aussi des hétérosides d'origine végétale (telle la salicine) ou leurs dérivés. L'histoire complexe de l'étude (faisant appel à la pharmacognosie, à la phytochimie et à la chimie organique) des nombreuses substances en cause a été retracée par ailleurs [5]. Il suffira de rappeler que la salicine, objet de découvertes multiples, fut isolée de l'écorce de saule entre 1825 et 1829 par plusieurs chimistes. Quant à l'acide salicylique ou « acide spiréique » (ainsi baptisé car retrouvé dans l'ulmaire *Spiraea ulmaria*), cet acide-phénol extrait dans les années 1835-1840 fut synthétisé pour la première fois en 1852 [6]. Il trouva une utilisation thérapeutique comme analgésique et antipyrétique

5. F. Chast, *Histoire contemporaine des médicaments*, Paris, La Découverte, 1995, p. 56-61. H. Collier, « The story of aspirin », *in* Parnham M. et Bruinvels J. (eds.), *Discoveries in Pharmacology,* Amsterdam, Elsevier, 1984, tome II, p. 555-593. P. Jaussaud, « Histoire des salicylés. Première partie », *Actualités Pharmaceutiques,* n°305, 1993 ; S. Jourdier, « A miracle drug », *Chemistry in Britain*, tome XXXV, n° 2, 1999 ; N. Kuhnert, « Hundert Jahre Aspirin », *Chemie in unserer Zeit*, tome XXXIII, n°4, 1999 ; K. Rainsford, M. Path, *Aspirin and the salicylates*, London, Butterworths, 1984, p. 1-12.

6. S. Jourdier, « A miracle drug », *Chemistry in Britain*, tome XXXV, n° 2, 1999, p. 33, Kuhnert, « Hundert Jahre Aspirin », p. 214-215.

dès 1877, puis comme antirhumatismal en 1890[7]. La triple action pharmacologique ainsi décrite (antipyrétique, analgésique, anti-inflammatoire) s'observe avec tous les autres médicaments salicylés, particulièrement l'aspirine. Celle-ci passa, en une quarantaine d'années et à la faveur de deux redécouvertes, du statut de simple produit de laboratoire à celui de médicament industriel majeur.

Période chimique : l'acide acétylsalicylique

En 1852, le pharmacien chimiste Charles Frédéric Gerhardt (1816-1856)[8], qui effectuait des recherches sur la synthèse des anhydrides d'acides, pensa avoir préparé l'anhydride mixte acéto-salicylique (nommé par lui « salicylate acétique »), alors qu'il avait obtenu en réalité un ester de phénol : l'acide acétylsalicylique[9]. Ceci s'explique par un réarrangement moléculaire de l'anhydride, très instable[10]. Gerhardt présenta les 17 mai et 14 juin 1852, devant l'Académie des sciences, des mémoires dans lesquels, curieusement, le lecteur trouve mentionné le salicylate benzoïque, mais pas le fameux salicylate acétique[11]. Ce dernier produit fut évoqué par le pharmacien dans deux articles de 1853[12] et dans son traité de chimie

7. F. Chast, *Histoire contemporaine des médicaments*, Paris, La Découverte, 1995, p. 56-61 ; O. Robert et B. Vargaftig, « L'aspirine », *La Recherche*, tome XVII, n°182, 1986 ; J. Vane, R. Flower et R. Botting, « History of aspirin and its mechanism of action », *Stroke*, tome XXI, suppl. IV, 1990.

8. E. Grimaux et C. Gerhardt, *Charles Gerhardt, sa vie, son œuvre, sa correspondance (1816-1856)*, Paris, Masson, 1900.

9. G. Dillemann, « Acide acétylsalicylique et Aspirine », *Revue d'Histoire de la Pharmacie*, tome XXIV, n°233, 1977 ; O. Lafont, « Mise au point sur les publications relatives à la synthèse de l'acide acétylsalicylique », *Revue d'Histoire de la Pharmacie*, tome XLIII, n°310, 1996 ; D. Weitz et P. Julien, « Gerhardt et l'aspirine », *Revue d'Histoire de la Pharmacie*, tome XVIII, 1966.

10. Lafont, « Mise au point sur les publications relatives à la synthèse de l'acide acétylsalicylique », p. 271-272.

11. C. Gerhardt, « Recherches sur les acides organiques anhydres », *Comptes Rendus Hebdomadaires de l'Académie des Sciences*, tome XXXIV, 1852.

12. Gerhardt, « Recherches sur les acides organiques anhydres », *Annales de Chimie et de Physique*, tome XXXVII, 1853 ; « Untersuchungen über die wasserfreien organische Säuren », *Annalen der Chemie und Pharmazie*, tome LXXXVII, 1853.

de 1854[13]. Par ailleurs, Gerhardt étudia l'« éthérification » (notre moderne estérification) des éthers salicyliques en 1854, montrant le caractère bifonctionnel de l'acide salicylique, mais sans avoir l'idée de faire réagir l'acide acétique sur la fonction phénolique[14]. On peut donc dire que le pharmacien avait découvert l'acide acétylsalicylique sans le savoir, par hasard et par erreur, pour paraphraser le titre d'un ouvrage de Kohn. Cet auteur résume ainsi son point de vue :

> Au nombre de tous ceux qui sont passés à côté d'une découverte, il en est beaucoup qui n'ont simplement pas su saisir l'occasion, soit que l'importance de leurs résultats ne leur apparût pas pleinement, soit que leur audace leur fît défaut pour imposer des conclusions qui allaient à l'encontre des idées reçues[15].

Le travail de Gerhardt constitue un cas représentatif d'une telle « occasion manquée ». Pensant avoir synthétisé un nouveau produit, ce qui était vrai, le pharmacien se trompait en revanche sur la nature exacte du composé obtenu, d'où l'attribution d'un nom et d'une formule chimique erronés. De plus, il passait à côté d'une autre nouveauté (que les connaissances mécanistiques insuffisantes de l'époque interdisaient d'imaginer) : le fameux réarrangement moléculaire. Le hasard ne s'étant pas allié, en l'occurrence, à la sagacité du chercheur (c'est-à-dire son aptitude à analyser correctement les résultats expérimentaux et à les interpréter), il est difficile de parler de « serendipité »[16].

C'est en 1859, à Innsbruck, que von Gilm prépara sciemment l'acide acétylsalicylique, selon une méthode différente de celle de Gerhardt. Il décrivit la forme cristalline du produit obtenu, ses caractères de solubilité, et vérifia sa formule brute[17]. Dix ans plus tard, Prinzhorn effectua des recherches sur les « combinaisons contenant les radicaux salicyl et acétyl ». Il constata alors que

13. Gerhardt, *Traité de chimie organique*, Paris, 1854, tome III, p. 319.

14. Gerhardt, « Recherches sur de nouvelles combinaisons salicyliques », p. 32-34.

15. A. Kohn, *Par hasard ou par erreur ?*, Paris, Eshel, 1990, p. 14-16.

16. J. Jacques, *L'Imprévu ou la science des objets trouvés*, Paris, Odile Jacob, 1990, p. 103-116.

17. H. Von Gilm, « Acetylderivate der Phloretin- und Salicylsaüre », *Annalen der Chemie und Pharmazie*, tome CXII, 1859.

l'anhydride d'acide acéto-salicylique était très fugace. Utilisant le procédé de Gerhardt, il obtint un produit possédant les mêmes propriétés que celui préparé par von Gilm. Kraut rapporta en 1869 les travaux de Prinzhorn : il confirma dans son article, l'identité des produits obtenus par Gerhardt et von Gilm [18].

Dans le processus de découverte que nous venons de décrire apparaît nettement la notion, annoncée en introduction, de complémentarité entre analyse (établissement d'une formule élémentaire) et synthèse. Celle-ci doit d'ailleurs être répliquée et pas seulement répétée (mise en œuvre des méthodes de von Gilm et Prinzhorn), puisqu' « en chimie comme ailleurs, répliquer est la condition nécessaire pour établir la vérité, c'est-à-dire stabiliser les résultats au point que les collègues, même les plus hostiles, finissent par désarmer » [19].

L'attribution de la paternité de la synthèse de l'acide acétylsalicylique donna lieu à des discussions très nombreuses. Ainsi, Oskar Schlenk contesta, dans des ouvrages publiés en 1947 et en 1950, le mérite de Gerhardt, attribuant la découverte à von Gilm et Kraut : mais alors, pourquoi pas à Prinzhorn, puisque Kraut ne fut que « rapporteur » [20] ? Quoi qu'il en soit, l'acide acétylsalicylique n'était en 1869 qu'un produit chimique parmi tant d'autres.

Période pharmaceutique : l'aspirine

Selon certains auteurs, le jeune chimiste Félix Hoffmann (1867-1946), employé par la firme Bayer, aurait préparé en 1897 l'acide acétylsalicylique pour soulager son père rhumatisant, qui ne supportait plus le traitement par l'acide salicylique [21]. Le nouveau médicament fut baptisé ASPIRINE R (nom déposé dérivant d'« acide

18. K. Kraut, « Über Salicylverbindungen; nach Versuchen von Ad. Schröder und Ad. Prinzhorn, mitgetheilt von K. Kraut », *Annalen der Chemie und Pharmazie*, tome CL, 1869.

19. Bensaude-Vincent, *Faut-il avoir peur de la chimie ?* p. 107-108.

20. Dillemann, « Acide acétylsalicylique et Aspirine ».

21. Anonyme, *The amazing story of aspirin*, Aspirin Foundation, London, 1981, p. 6. K. Florey, « Aspirin » *in* Florey, K., (ed.) *Analytical profiles of drug substances*, tome VIII, London, Academic Press, 1979 ; P. Jaussaud, « Histoire des salicylés. Deuxième partie », *Actualités Pharmaceutiques*, n°306, 1993 ; K. Rainsford. et M. Path, *Aspirin and the salicylates*, London, Butterworths, 1984, p. 8.

acétylspiréique »)[22]. Mais, la version d'une découverte propre au seul Hoffmann tient probablement de la légende, car elle est incompatible, d'après Sneader[23], avec deux faits. D'abord, le poids de la hiérarchie régnant à l'époque dans une entreprise allemande : Hoffmann ne pouvait agir sans l'accord de son patron Arthur Eichengrün (1867-1949), directeur du département pharmaceutique Bayer de 1895 à 1908[24]. Ensuite, comme semble l'indiquer l'examen de son cahier de laboratoire, Hoffmann ne connaissait pas le but exact de son travail. Cette piste (rejetée par Bayer) mène directement vers Eichengrün. Cherchant à modifier le goût désagréable de certains médicaments par acétylation (une réaction dont il était depuis longtemps un spécialiste et qu'il avait déjà appliquée à la cellulose), ce dernier aurait donné des instructions à Hoffmann. D'où la mise en œuvre de la fameuse estérification de l'acide salicylique.

Hoffmann ne proclama d'ailleurs sa découverte qu'en 1934, alors qu'Eichengrün (ayant fondé sa propre entreprise) se trouvait en fâcheuse posture sous le régime nazi, à cause de ses origines juives : l'ancien directeur du département pharmaceutique Bayer n'était pas en mesure de contredire son collègue[25]. Après avoir été spolié de tous ses biens, puis subi quatorze mois de déportation dans le camp de concentration de Theresienstadt, Eichengrün publia en 1949 ses mémoires, où il rétablissait les faits en sa faveur. Fait étrange, il avait souligné en 1913, dans un ouvrage consacré à la firme Bayer, le rôle prépondérant d'Heinrich Dreser (1860-1924), directeur du laboratoire des essais pharmacologiques[26]. Ce dernier auteur aurait

22. Chast, *Histoire contemporaine des médicaments*, p. 61.

23. Anonyme, « Research casts doubt on the father of Aspirin », *Chemistry and Industry*, 20 septembre 1999, p. 692.

24. E. Escales, « A. Eichengrün 50 jähriges Doktorjubiläum », *Kunststoff*, tome XXXVII, 1947, p. 24 ; « A. Eichengrün 80 Jahre », p. 180 ; H. Stadlinger, « Dr. Ing. E. h., Dr. Phil. Arthur Eichengrün 80 Jahre », *Pharmazie*, 1947 ; E. Vaupel, « Artur Eichengrün – Tribute to a forgotten chemist, entrepreneur, and german jew », *Angewandte Chemie International Edition*, tome XLIV, 2005.

25. Anonyme, « Research casts doubt on the father of Aspirin », p. 692 ; Vaupel, « Artur Eichengrün ... ».

26. H. Meyer, « Heinrich Dreser », *Naunyn-Schmiedebergs Archiv für Experimentelle Pathologie und Pharmakologie*, tome CVI, 1925 ; E. Vaupel, Artur Eichengrün –

incité les chimistes à trouver de nouveaux produits, afin de concurrencer le salicylate de sodium. Mais, en 1949, Eichengrün était octogénaire : sa mémoire l'a-t-elle trahi ? [27]. Précisons enfin que l'on doit à l'inventivité lexicale de Dreser le nom déposé d'ASPIRINE [28], un détail confirmant l'importance du rôle joué par le pharmacologue dans la genèse industrielle et commerciale du produit.

Bayer déposa en 1899 non pas un brevet (car la molécule n'était pas nouvelle) mais la marque ASPIRINE BAYER [R] en Allemagne, en France et en Suisse. La même mesure de protection fut mise en œuvre en 1900 aux États-Unis. Puis, la marque tomba dans le domaine public, avant même la première guerre mondiale dans certains pays. Une légende tenace affirma cependant que l'entreprise allemande Bayer s'était trouvée dépouillée de sa marque-phare par les alliés victorieux, grâce à une clause particulière du traité de Versailles. Cette hypothèse a été démentie [29].

En résumé, s'il est acquis que Gerhardt est bien le découvreur (involontaire) de l'acide acétylsalicylique, la paternité de l'ASPIRINE BAYER [R] n'est pas actuellement attribuable à un seul individu, mais à une équipe de chercheurs. Aucune pièce des archives Bayer n'a encore permis d'étayer l'hypothèse inverse (reposant sur les revendications d'Eichengrün).

D'autres exemples de découvertes multiples en chimie pharmaceutique, liés aux périodes de forte progression des connaissances mentionnées plus haut, pourraient être cités. Ainsi la caféine, première méthylxanthine végétale isolée, fut obtenue quasi-simultanément en 1820 par l'allemand Friedlieb Ferdinand Runge (1794-1867) et en 1821 par le français Pierre Robiquet (1780-1840) [30]. L'époque concernée, parce qu'elle vit la chimie extractive prendre un essor considérable, marqua une phase de découverte intense de

Tribute to a forgotten chemist, entrepreneur, and german jew, *Angewandte Chemie International Edition*, tome XLIV, 2005, p 3346.

27. Florey, « Aspirin, », p. 3-6.

28. Rainsford et Path, *Aspirin and the salicylates,* p. 8. Anonyme, « Research casts doubt on the father of Aspirin », p. 6.

29. Dillemann, « Acide acétylsalicylique et Aspirine », p. 102-104. Anonyme, « Research casts doubt on the father of Aspirin », p. 13-14.

30. P. Lebeau et M.-M., Janot, *Traité de pharmacie chimique,* tome IV, Paris, Masson, 1955-1956, p. 3311-3312.

principes actifs végétaux (acaloïdes, hétérosides, dérivés xanthiques, etc.). Il est à peine besoin de souligner l'intérêt à la fois thérapeutique et alimentaire de la caféine, structuralement très proche de l'acide urique. Quant à la pénicilline, découverte (comme substance antibactérienne) en 1928 par Alexander Fleming (1881-1955), elle fut d'une certaine manière redécouverte (comme médicament antibiotique) à la fin des années 1930 grâce aux travaux d'Howard Florey (1898-1968) et d'Ernst Chain (1906-1979) à Oxford. Ce dernier cas fut analysé par plusieurs auteurs, tant du point de vue des aspects heuristiques (on le considère comme un cas typique de « serendipité »)[31], qu'économiques, sociologiques ou même politiques. Ainsi, la reprise de la découverte de Fleming par l'équipe d'Oxford transforma l'extraction de petites quantités de pénicilline en une préparation à grande échelle, donc l'accession d'un modeste réactif de laboratoire au statut de médicament disponible pour tous. Mais, qui devait être crédité du plus grand mérite ? Et était-il légitime de se poser cette question ? Le gouvernement anglais conservateur de l'époque choisit de favoriser la reconnaissance de Fleming (britannique de pure souche) au détriment de ses collègues d'origines étrangères (australienne pour Florey, autrichienne pour Chain). Dans le même ordre d'idées, un chercheur isolé convenait davantage à l'appartenance politique du premier ministre, qu'une équipe susceptible de véhiculer une image « socialiste » de la science. Le comité Nobel choisit sagement de n'accorder aucune préséance, puisqu'il partagea son prix de médecine entre Fleming, Chain et Florey[32].

LA DÉCOUVERTE DE LA CHROMATOGRAPHIE SUR COLONNE

À la différence du cas de l'aspirine, qui relève des découvertes multiples successives, la naissance de la chromatographie sur colonne constitue un exemple typique de découverte multiple simultanée. Elle a suscité par ailleurs (et continue de susciter) de très nombreuses réflexions *a posteriori* sur la nature et l'acceptation par la

31. Kohn, *Par hasard ou par erreur ?*, p. 94-114.

32. W. Chen, *Comment Fleming n'a pas inventé la pénicilline*, Le Plessis-Robinson, Synthelabo, 1996 ; R. Roberts, *Serendipity. Accidental discoveries in science*, New York, Wiley & Sons, 1989, p. 159-164.

communauté scientifique de son caractère innovant. Toutes ces raisons font du cas que nous allons maintenant aborder une question particulièrement éclairante pour notre propos.

La chromatographie sur colonne est une technique physique d'analyse immédiate très largement utilisée en chimie analytique ou préparative. Elle permet de séparer et d'identifier les constituants d'un mélange, à la faveur d'échanges qui s'établissent entre une phase fixe (ou stationnaire) contenue dans une colonne de verre ou de métal et une phase mobile (ou éluant)[33]. D'abord, les molécules présentes dans le mélange à analyser subissent un phénomène d'adsorption : elles se fixent de manière réversible sur la phase stationnaire, grâce à des forces (de faible énergie) de diverses natures (électrostatiques, de liaisons hydrogènes, de transfert de charge, etc.). Puis, la phase mobile provoque une désorption en rompant les liaisons précédentes : les molécules d'analytes se trouvent alors remplacées par celles de l'éluant, sur les sites d'adsorption. D'autres méthodes chromatographiques que celle sur colonne existent, comme la chromatographie sur papier ou sur couche mince. Elles reposent aussi sur des adsorptions sélectives.

Divers travaux précurseurs annonçant la chromatographie sur colonne, comme ceux de Hieronymus Brunschwig en 1512 (purification de l'éthanol à travers des éponges), ceux de Karl Wilhelm Scheele au XVIIIe siècle (adsorption des gaz) ou ceux de Lester Reed en 1893 (séparation de sels sur du kaolin) peuvent être cités. De plus, certaines pratiques professionnelles courantes aux XVIIIe et XIXe siècles, telles la purification du saccharose ou de l'acide tartrique sur du charbon finement pulvérisé, se rattachent au même champ d'investigations[34].

Deux ensembles de travaux parallèles[35] firent émerger, entre la fin du XIXe et le début du XXe siècle, la technique de chromatographie sur colonne : ceux de David Talbot Day (1859-1925)[36] d'une

33. P. Jaussaud, *L'Exploration des molécules*, Paris, Nathan, 1996, p. 11.

34. *Ibid.*, p. 11-12.

35. V. Heines, « Chromatography – A history of a parallel development », *Chemistry and Technology*, tome I, 1971.

36. E. Noble Shor, « Day, David Talbot », *in* C. Gillispie (ed.), *Dictionary of scientific biography*, New York, Charles Scribner'Sons, tome III, 1971.

part, ceux de Mikhail Semionovitch Tswet (ou Tsvet) (1872-1919)[37] d'autre part.

Les travaux de Day

Chimiste de formation, Day prit en 1886 la direction d'un département de l'American Geological Survey. Il s'intéressa alors aux ressources minérales et adopta, pour expliquer les transformations l'un en l'autre des différents types de pétroles (de l'Ohio, pennsylvanien, etc.) une théorie élaborée par des géologues et des ingénieurs américains : il s'agissait de l'« hypothèse de la filtration », impliquant un passage des hydrocarbures de strate en strate à travers l'écorce terrestre. Day décida en 1897 de reproduire expérimentalement ce phénomène dans son laboratoire[38]. Son collaborateur Engler ne venait-il pas d'obtenir de la vaseline en injectant des huiles lourdes dans des colonnes de charbon ? Par ailleurs, Christian Friedrich Schönbein (1799-1868) avait mis au point en 1861 une chromatographie « capillaire » sur papier[39] et Day pensait que la « filtration » des pétroles reposait sur le phénomène physique de capillarité.

Day et ses collaborateurs firent passer du pétrole pennsylvanien, sous basse pression, à travers de longs tubes remplis de terre à

37. C. Dhéré, « Michel Tswett. Le créateur de l'analyse chromatographique par adsorption. Sa vie, ses travaux sur les pigments chlorophylliens », *Candollea*, tome X, novembre 1943 ; L. Ettre, « The development of chromatography », *Analytical Chemistry*, tome XLIII, n°14, 1971 ; L. Ettre et K. Sakodynskii, « M. S. Tswett and the discovery of chromatography. – I : Early work (1899-1903) », *Chromatographia*, tome XXXV, n°3-4, 1993 ; « M. S. Tswett and the discovery of chromatography. – II : Completion of the development of chromatography (1903-1910) », tome XXXV, n°5-6, 1993 ; Robinson, « Michael Tswett », *Journal of Chemical Education*, tome XXXVI, n°3, 1959 ; H. Sakodynskii, « M. S. Tswett – His life », *Journal of Chromatography*, tome XLIX, 1970 ; « The life and scientific works of Michael Tswett », tome LXXIII, 1972 ; « New data on M. S. Tswett's life and work », tome CCXX, 1981.

38. D. Camin et A. Raymond, « Chromatography in the petroleum industry », *Journal of Chromatographic Science*, tome XI, 1973 ; E. Heftmann, « Liquid chromatography – Past and future », *Journal of Chromatographic Science*, tome XI, 1973 ; Heines, « Chromatography – A history of a parallel development ».

39. Ettre, « Evolution of liquid chromatography : a historical overview », ; Ettre et Sakodynskii, « M. S. Tswett and the discovery of chromatography … ».

foulon ou de calcaire pulvérisé. Ils parvinrent ainsi à séparer plusieurs fractions de densités et de viscosités différentes : la transformation réciproque des pétroles semblait donc confirmée et expliquée[40]. En 1900, Day présenta ses résultats durant le premier congrès international sur le pétrole à Paris[41]. Engler et Albrecht perfectionnèrent ensuite la technique en Allemagne, tandis que Day continuait sur la même voie[42].

Mais, dès 1909 le physicochimiste Ubbelohde contesta l'interprétation de Day : le phénomène mis en évidence par ce dernier n'était ni une « filtration », ni une « diffusion capillaire », mais une « adsorption »[43]. Ubbelohde confirmait ainsi, sans le savoir, les théories du second découvreur de la chromatographie sur colonne, Tswett.

Les travaux de Tswett

Fils d'un haut fonctionnaire russe, Tswett poursuivit en Suisse des études supérieures de botanique, avant de rejoindre la Russie où il dut repasser ses examens diplômants pour accéder à une carrière universitaire. Celle-ci s'avéra difficile : après avoir enseigné au sein de diverses institutions, à Saint Petersbourg, à Varsovie, puis à Tartu en Estonie, Tswett fut contraint de fuir plusieurs fois devant les armées d'invasion au cours de la première guerre mondiale. Sa santé ne résista pas à de tels évènements et il mourut à l'hôpital en 1919[44].

Dans sa première thèse de doctorat ès sciences, soutenue en Suisse et relative à la physiologie des cellules végétales, Tswett s'était intéressé aux chloroplastes ou « corpuscules chlorophylliens », des organites responsables de la photosynthèse chez les plantes. Il poursuivit des travaux dans la même direction, se focalisant plus particulièrement sur la chlorophylle et les pigments végétaux,

40. D. Day, « A suggestion as to the origin of Pennsylvania petroleum », *Proceedings of the American Philosophical Society*, tome XXXVI, 1897, p. 112.

41. Day, « Communication au 1er Congrès International sur le Pétrole de Paris. 20 août 1900 », tome I, 1900, p. 53.

42. Day, « Experiments on the diffusion of crude petroleum through Fuller's earth », *Science*, tome XVII, 1903, p. 1007.

43. Heines, « Chromatography – A history of a parallel development », p. 281.

44. Dhéré, « Michel Tswett. Le créateur… » ; Robinson, « Michael Tswett » ; Sakodynskii, , « M. S. Tswett – His life ».

lorsqu'il dut préparer de nouveau en Russie un mémoire de maîtrise ès sciences. Ce dernier, publié en 1902, porta sur « la structure physico-chimique des corpuscules chlorophylliens » et leur rôle [45]. Désireux d'obtenir de la chlorophylle « native » pour réaliser correctement son étude, Tswett observa que les capacités extractives de certains solvants se trouvaient neutralisées par le phénomène d'adsorption (cf. *supra*) : celui-ci entraînait la rétention des pigments au sein des feuilles (et des chloroplastes) des plantes. Par ailleurs, d'autres solvants pouvaient entraîner une désorption des substances colorantes et les solubiliser. Tswett s'aperçut qu'il était capable de reproduire le phénomène d'adsorption foliaire avec du papier filtre. De plus, les changements de couleurs observés lors de l'adsorption-désorption sur le papier, permettaient de détecter différents pigments végétaux : le vert uniforme des plantes masquait du jaune et de l'orangé sous-jacents. Tswett se demanda alors s'il pourrait reproduire expérimentalement le « phénomène papier » avec des substances pulvérulentes [46], son but étant d'« élucider la nature de l'adsorption et de découvrir une nouvelle méthode physique de séparation des substances basée sur l'adsorption » [47].

C'est ainsi qu'en 1903, le botaniste sépara des pigments végétaux (placés au préalable en solution dans l'éther de pétrole) à travers des colonnes de verre remplies de composés adsorbants (au nombre d'une centaine, l'inuline se révélant la plus efficace). L'élution (la « libération ») des substances colorantes à partir de la phase fixe pulvérulente s'effectuait avec différents solvants. Le 21 mars 1903, Tswett présenta une communication en russe sur ses travaux, devant la Société des Sciences Naturelles de Varsovie [48]. Un désaccord avec le botaniste Hans Molisch sur la nature des pigments

45. M. Tswett, *La Structure physico-chimique des corpuscules chlorophylliens. Étude expérimentale et critique,* Mémoire de maîtrise ès-sciences, Kazan, 1902.

46. Ettre et Sakodynskii, « M. S. Tswett and the discovery of chromatography. – I ... ».

47. *Ibid.*

48. Tswett, « Sur une nouvelle catégorie de phénomènes d'adsorption et leur application à l'analyse biochimique », *Proceedings of the Warsaw Society of Natural Sciences, Biological Section,* tome XIV, n° 6, 1905.

des algues brunes [49] l'incita ensuite à décrire sa technique dans deux articles publiés en allemand [50], où il introduisit les termes de « méthode chromatographique » et de « chromatogramme ». À ce propos, les spécialistes s'interrogent encore sur l'origine exacte du mot « chromatographie ». L'étymologie classiquement proposée dans les manuels unit deux mots grecs : *chroma* (couleur) et *graphein* (écrire), donc « écrire en couleurs ». Mais, le terme de « couleur » se traduisant en Russe par « tsvet », Mikhail Tswett (ou Tsvet) aurait pu faire un jeu de mot avec son nom, décidant de baptiser sa technique « tswettographie » [51]. Il se référa peut-être également aux travaux de l'anglais Henry Clifton Sorby (1826-1908), qui avait étudié les pigments végétaux plusieurs dizaines d'années auparavant et avait publié en 1873, dans les *Proceedings of the Royal Society*, un mémoire intitulé « On comparative vegetable chromatology » [52].

Dès 1906, Tswett indiqua que sa méthode s'appliquait à des composés incolores, soulignant ainsi le caractère très général de sa découverte en chimie analytique. Sa seconde thèse de doctorat, écrite en russe et intitulée « Les chromophylles dans le monde végétal et animal » [53], fournit une description très poussée de la chromatographie sur colonne, accompagnée d'une interprétation théorique des faits expérimentaux. Il faut souligner, à cet égard, que Tswett (à la différence de Day) attribua d'emblée l'efficacité de sa technique à un phénomène décrit en 1891 par Wilhelm Ostwald (1853-1932) : l'adsorption. Dans son article de 1906, le botaniste insiste sur la différence entre adsorption et capillarité, citant à ce propos Schönbein et Sorby. Il connaît par ailleurs les travaux de

49. Ettre, « M. S. Tswett and the invention of chromatography », *LC-GC Europe*, Septembre 2003.

50. Tswett, « Physikalisch-chemische Studien über das Chlorophyll. Die Adsorption », *Bericht der Deutsche Botanische Gesellschaft*, tome XXIV, 1906 ; « Adsorptionanalyse und chromatographische Methode. Anwendung auf die Chemie des Chlorophylls », *Bericht der Deutsche Botanische Gesellschaft*, tome XXIV, 1906.

51. Sakodynskii, « The life and scientific works… », p. 357.

52. Heftmann, « Liquid chromatography… », p. 296. Heines, « Chromatography – A history of a parallel development », p. 283.

53. Tswett, *Les Chromophylles dans le monde végétal et animal,* Varsovie, Karbasnikov, 1910.

Herbert Freundlich (1880-1941) sur la tension superficielle (« chimie capillaire »), de même que les théories de Josiah Willard Gibbs (1839-1903) sur la thermodynamique de l'interface solide-liquide et sur l'interaction entre tension superficielle et adsorption. Dans sa thèse russe, Tswett propose de compléter la théorie thermodynamique de l'adsorption par des éléments de cinétique moléculaire. Il étudie ainsi l'équilibre d'adsorption, le système adsorbat-adsorbant-solvant et les lois de distribution des substances adsorbées au sein de la colonne [54].

Tswett fut donc le premier théoricien de la chromatographie sur colonne. Par ailleurs, sur un plan strictement technique, sa méthode possédait une valeur supérieure à celle de Day. En effet, Tswett utilisait pour ses élutions des solvants purs, lui permettant de réaliser des séparations chromatographiques meilleures que celles du chimiste américain [55].

Il est intéressant de noter que les deux découvertes de la chromatographie sur colonne furent à la fois ignorantes l'une de l'autre (au sens de la simultanéité « idéale » de Kuhn) et ignorées des autres. D'abord, ignorantes l'une de l'autre : le caractère séparé des travaux de Day et de Tswett a déjà été mentionné. Il ne doit pas surprendre car, à la fin du XIXe siècle, la chimie du pétrole et la botanique formaient deux mondes complètement distincts. Malgré tout, certains auteurs ont émis l'hypothèse selon laquelle Tswett aurait pu avoir connaissance de l'article d'Engler publié en 1901. Ensuite, ignorées des autres : durant plus de vingt ans, la chromatographie sur colonne resta lettre morte pour la plupart des scientifiques, hormis quelques pionniers, tel Charles Dhéré (1876-1955) [56]. La renaissance de la méthode se produisit au début des années

54. Ettre et Sakodynskii, « M. S. Tswett and the discovery…II … », p. 333 ; Sakodynskii, « The life and scientific works… », p. 355.

55. Ettre, « The development of chromatography », p. 27A ; Heines, « Chromatography – A history of a parallel development », p. 283.

56. L. Laszt, « Charles Dhéré (1876-1955) », *Bulletin de la Société fribourgeoise de Sciences naturelles*, tome XLIV ; Lederer, « The early days of chromatography », *New Journal of Chemistry*, tome 12, n°5, 1988 ;. V. Meyer et L. Ettre, « Early evolution of chromatography : the activities of Charles Dhéré », *Journal of Chromatog*raphy, tome DC, 1992.

1930 : c'est seulement à cette époque que, selon l'expression d'Edgar Lederer, « la belle endormie fut réveillée »[57]. Les spécialistes ont évoqué, pour tenter d'expliquer l'éclipse de la chromatographie sur colonne, divers arguments, comme l'obstacle linguistique. Mais, si Tswett rédigea ses mémoires universitaires en russe, il publia ses articles majeurs en allemand, langue officielle des chimistes de son temps. Ce sont en réalité certaines « autorités »[58] chimiques, travaillant de leur côté sur la chlorophylle, qui portent la plus grande responsabilité dans le coup d'arrêt infligé à l'essor de la jeune chromatographie sur colonne : Richard Willstätter (1872-1942), son élève Arthur Stoll (1887-1971), Léon Marchlewski (1869-1946) et Edward Schunck (1820-1903) ignorèrent ou tentèrent de discréditer dans leurs écrits la technique, qu'ils jugeaient responsable d'une altération des pigments végétaux et impropre à l'obtention de quantités suffisantes de substances pures. À ces raisons d'ordre pratique s'en ajoutaient probablement d'autres moins avouables, comme des rivalités de savants. Notons au passage un détail prouvant la non-validité de l'argument linguistique précédemment évoqué : Willstätter s'était fait traduire l'ouvrage sur les « chromophylles » publié en 1910 par Tswett[59]. Celui-ci, dont la crédibilité scientifique se trouvait mise en cause, réfuta point par point (mais en vain) les arguments de ses contradicteurs[60]. Nous aurons l'occasion de revenir plus tard sur l'attitude de Willstätter, qui évolua au cours du temps.

En guise de conclusion, nous discuterons le caractère de nouveauté qui s'attache aux deux exemples étudiés. La synthèse de l'aspirine, tout d'abord, est incontestablement plus innovante que la découverte de substances actives au sein des végétaux (caféine, salicine) ou des champignons (pénicilline), car la préparation au laboratoire d'une molécule jusque-là inconnue de la communauté scientifique traduit mieux la fertilité expérimentale de la chimie que

57. E. Lederer, « The early days of chromatography », *New Journal of Chemistry*, tome XII, n°5, 1988, p. 249.

58. Meyer, « Michael Tswett and his method », p. 284A.

59. Ettre et Sakodynskii, « M. S. Tswett and the discovery… – II …», p. 336.

60. Dhéré, « Michel Tswett. Le créateur… », p. 53 ; Heines, « Chromatography – A history of a parallel development », p. 283 ; Robinson, « Michael Tswett », p. 146.

l'isolement d'un produit déjà existant dans la nature. Il convient donc de hiérarchiser les découvertes selon leur valeur épistémologique. Dans le premier cas seulement, en effet, une discipline crée véritablement son objet, pour reprendre l'observation de Berthelot, récemment commentée par Bernadette Bensaude-Vincent[61]. Balzac ne s'y trompa pas, qui fit dire dans son roman philosophique « La peau de chagrin » au baron Japhet (inspiré de Thénard ou de Vauquelin) : « Rien de neuf ! … L'Académie a cependant reconnu l'existence de la *Salicine* … Mais la salicine, l'asparagine, la vauqueline, la digitaline, ne sont pas des découvertes … »[62]. Enfin, la remarque revêt encore plus de force si l'on songe qu'en chimie pharmaceutique (excepté l'acide salicylique, de bien moindre importance), l'aspirine fut le premier principe médicamenteux préparé par synthèse. Au contraire, dans le second cas, les découvertes expérimentales ne font que mettre en évidence l'existant sans réformer fondamentalement la discipline. La hiérarchisation des découvertes suppose donc bien, comme le soulignait déjà Kant dans une perspective critique, la prise en compte du double aspect objectif et subjectif de la découverte : le degré d'innovation dépend non seulement de la chose découverte, mais aussi de sa valeur épistémologique, c'est-à-dire de la révolution méthodologique et conceptuelle qu'elle implique.

Évaluons maintenant, selon les mêmes critères, la nouveauté de la chromatographie sur colonne, second exemple développé dans cet article. De manière indiscutable, la chimie analytique crée ici son propre objet, à savoir une méthode jusque-là inconnue. Et qui plus est, selon le processus « autocatalytique » mentionné en introduction, une méthode capable de reconnaître ou de fabriquer du nouveau : la chromatographie ne permet-elle pas d'isoler, de purifier, de révéler des molécules synthétisées pour la première fois au laboratoire ou restées longtemps (comme la chlorophylle) inaccessibles à l'observation, car séquestrées dans les matrices biochimiques complexes du vivant ? Nous rejoignons ici la chimie pharmaceutique, l'histoire des salicylés et de l'aspirine, la problématique de l'analyse complétée par la synthèse. Car, comme le précise

61. Bensaude-Vincent, *Faut-il avoir peur de la chimie ?* p. 111-131.

62. Balzac, *La Peau de chagrin*, Le Livre de Poche, Paris, Librairie Générale Française, 1984, p. 299.

Dagognet, « la Nature n'offre que des mélanges disparates et incohérents (…). En toute hypothèse, trois moments marquent l'émancipation et la constitution du principe réel : le pharmacologue brise le *totum* énergétique (et par les moyens les plus divers, la chromatographie, l'électrophorèse, le relargage, les échangeurs d'ions, les centrifugations, les adsorptions, etc., qui partout dissocient et fractionnent). Le principe, une fois séparé, doit ensuite être analysé et moléculairement reconstruit. Enfin, dernier stade évolutif, sur la formule, le pharmacologue essaie toutes les transformations, les additions, toutes les variations qui améliorent le remède »[63]. On peut donc passer de l'acide salicylique *naturel*, chromatographiquement *isolé*, à l'acide salicylique *synthétisé*, puis finalement à l'acide salicylique *amélioré* grâce à une acétylation qui le transforme en aspirine.

Si nous prenons en compte les critères sociaux de la nouveauté analysés par Augustine Brannigan, force nous est de constater que la découverte de Tswett y répondait : cohérente avec les connaissances de l'époque, elle permettait de résoudre « certains problèmes jusqu'alors restés sans réponse »[64]. La majeure partie de la communauté scientifique refusa pourtant, dans un premier temps, de reconnaître non pas sa réalité (Willstätter ne contesta jamais les mérites du botaniste russe[65]) mais son intérêt, occultant ainsi son statut de découverte. Les facteurs sociologiques ne suffisent donc pas à expliquer la validation de la nouveauté, puisqu'ils nécessitent parfois un certain délai avant de s'appliquer. Il faut y ajouter des facteurs proprement scientifiques (à la fois expérimentaux et théoriques), qui correspondent à la logique interne d'une pratique disciplinaire déterminée par son temps[66]. Heureusement, le retard pris dans la validation sociologique de cette innovation indiscutable que constituait la chromatographie sur colonne, se trouva comblé par le phénomène de « redécouverte » ou de « renaissance » observé

63. F. Dagognet, *La Raison et les remèdes*, Paris, P.U.F., 1964, p. 98-99.

64. Brannigan, *Le Fondement social des découvertes scientifiques*, p. 127.

65. Dhéré, « Michel Tswett. Le créateur… », p. 53.

66. Cette remarque rejoint la conclusion de H. Chabot dans ce volume, qui mentionne « une forme d'épistémologie en acte, avec ses passages obligés pour les opérations intellectuelles et gestuelles associées à la pratique chimique ».

vingt ans plus tard. Nous avons mentionné l'opposition initiale de Willstätter, un savant de très grande notoriété, récipiendaire du prix Nobel de chimie en 1915 : ce dernier revint sur son avis et participa même, selon Dhéré, au renouveau de la chromatographie sur colonne en incitant l'un de ses collègues à employer la méthode [67]. Un autre retard de validation, dû à des facteurs non seulement sociologiques, mais aussi épistémologiques et historiques, a été analysé dans notre étude : celui qui diffère toujours l'attribution précise de la découverte pharmaceutique de l'aspirine. En l'occurrence, nous ne pouvons que patienter et attendre la fin des travaux en cours. L'enjeu est loin d'être négligeable, car l'étude des salicylés constitue un chapitre important de l'histoire de la pharmacie.

CONCLUSION

Les deux exemples analysés permettent de cerner les mécanismes essentiels des découvertes multiples, considérées comme facteurs de nouveauté en sciences. En ce sens, la simultanéité ou la succession de la re-découverte ne modifie pas le fait qu'une même nouveauté puisse faire l'objet de plusieurs travaux dirigés selon des méthodes et des hypothèses théoriques différentes. En outre, une analogie intéressante se dégage de la comparaison entre l'histoire de l'aspirine et les débuts de la chromatographie sur colonne. En effet, dans les deux cas se manifeste une démarche scientifique basée sur l'interdisciplinarité : la chimie (analytique ou organique) progresse aussi bien grâce à la pharmacie (travaux de l'équipe Bayer) qu'à la botanique (travaux de Tswett) ou à la géologie (travaux de Day). Le développement de la chimie analytique (incluant des techniques chromatographiques de plus en plus performantes) va rapidement constituer, en retour, un outil commun aux diverses disciplines relevant des sciences de la nature. Ce que nous appelions, dans l'introduction, le processus « autocatalytique » de la science. A cet égard, il convient de discuter des césures traditionnelles entre disciplines. L'autocatalyse des découvertes scientifiques suppose en effet une interaction entre disciplines, entre chercheurs, entre science théorique et science appliquée, entre recherche fondamentale et

67. Dhéré, « Michel Tswett. Le créateur … », p. 54.

industrie. Dans l'exemple analysé, le terme de « chimie analytique » mérite d'être nuancé à propos des découvertes de Day et de Tswett. Ne vaudrait-il pas mieux parler de « physique analytique », puisque le principe de la chromatographie met en jeu des phénomènes purement physiques? Effectivement, la nouveauté que nous avons étudiée annonce (après la découvertes de la spectroscopie en 1861 par Robert Bunsen et Gustav Kirchoff), une phase évolutive importante de l'analyse : l'entrée en force des méthodes physiques (optiques, spectrales, électriques), dont l'efficacité va bientôt supplanter les méthodes purement chimiques (réactions colorées, titrimétries). Une transformation profonde du travail de laboratoire en résultera. Comme le remarque Jacques en 1981, « en moins de deux décennies les appareils des physiciens – modifiés en fonction de leurs nouveaux buts et mis à la portée des laboratoires par d'astucieux commerçants – sont devenus indispensables aux chimistes. Non seulement en rendant inutiles des opérations chimiques aux résultats parfois ambigus, mais en apportant des renseignements que la chimie eût été incapable de fournir, ou mieux, d'espérer »[68]. Cette collaboration interdisciplinaire entre physique et chimie s'est trouvée à l'origine de nombreuses nouveautés. Dans le même ordre d'idées, la biologie moléculaire s'est étendue depuis la microbiologie jusque vers la zoologie, la botanique, la pharmacologie et la toxicologie, dont elle a fortement influencé l'évolution, après que la radiocristallographie se soit exportée hors du domaine des sciences physiques pour féconder la biologie. Mais, il faut se garder de vouloir produire toujours plus de nouveauté par un accroissement excessif de l'interdisciplinarité : l'effacement des frontières entre les disciplines risquerait de gommer les originalités propres à chacune et de conduire à l'instauration d'une « grisaille » générale de la science, rendant celle-ci moins attractive.

68. Jacques, *L'Imprévu ou la science des objets trouvés*, p. 105.

BIBLIOGRAPHIE

Sources

BALZAC H., *La Peau de chagrin*, Le Livre de Poche, Paris, Librairie Générale Française, 1984.

DAY D., « A suggestion as to the origin of Pennsylvania petroleum », *Proceedings of the American Philosophical Society*, tome XXXVI, 1897.

– « Communication au 1er Congrès International sur le Pétrole de Paris, 20 août 1900 », tome I, 1900.

– « Experiments on the diffusion of crude petroleum through Fuller's earth », *Science*, tome XVII, 1903.

GERHARDT C., « Recherches sur les acides organiques anhydres », *Comptes Rendus Hebdomadaires de l'Académie des Sciences*, tome XXXIV, 1852, p. 755-758 et 902-905.

– « Recherches sur les acides organiques anhydres ». *Annales de Chimie et de Physique*, tome XXXVII, 1853, p. 285-342.

– « Untersuchungen über die wasserfreien organische Säuren », *Annalen der Chemie und Pharmazie*, tome LXXXVII, 1853, p. 149-179.

– *Traité de chimie organique*, Paris, Firmin Didot, 1854.

– « Recherches sur de nouvelles combinaisons salicyliques », *Comptes Rendus Hebdomadaires de l'Académie des Sciences*, tome XXXVIII, 1854, p. 32-34.

KRAUT K., « Über Salicylverbindungen ; nach Versuchen von Ad. Schröder und Ad. Prinzhorn, mitgetheilt von K. Kraut », *Annalen der Chemie und Pharmazie*, tome CL, 1869, p. 1-20.

TSWETT M., *La Structure physico-chimique des corpuscules chlorophylliens. Étude expérimentale et critique*. Mémoire de maîtrise ès-sciences, Kazan, 1902.

– « Sur une nouvelle catégorie de phénomènes d'adsorption et leur application à l'analyse biochimique », *Proceedings of the Warsaw Society of Natural Sciences, Biological Section*, tome XIV, n° 6, 1905, p. 20-39.

– « Physikalisch-chemische Studien über das Chlorophyll. Die Adsorption » *Bericht der Deutsche Botanische Gesellschaft*, tome XXIV, 1906, p. 316-323.

– « Adsorptionanalyse und chromatographische Methode. Anwendung auf die Chemie des Chlorophylls », *Bericht der Deutsche Botanische Gesellschaft*, tome XXIV, 1906, p. 384-393.

– *Les Chromophylles dans le monde végétal et animal*, Karbasnikov, Varsovie, 1910.

VON GILM H, « Acetylderivate der Phloretin- und Salicylsaüre », *Annalen der Chemie und Pharmazie*, tome CXII, 1859, p. 180-182.

Littérature secondaire

ANONYME, *The amazing story of aspirin*, Aspirin Foundation, London, 1981.

ANONYME, « Research casts doubt on the father of Aspirin », *Chemistry and Industry*, 20 septembre 1999.

BRANNIGAN A., *Le Fondement social des découvertes scientifiques*, Paris, P.U.F., 1996.

BENSAUDE-VINCENT B., *Faut-il avoir peur de la chimie ?*, Paris, Les Empêcheurs de penser en rond, 2005.

CAMIN D. et RAYMOND A., « Chromatography in the petroleum industry », *Journal of Chromatographic Science*, tome XI, 1973, p. 625-638.

CHAST F., *Histoire contemporaine des médicaments*, Paris, La Découverte, 1995.

CHEN W., *Comment Fleming n'a pas inventé la pénicilline ?*, Le Plessis-Robinson, Synthelabo, 1996.

COLLIER H., « The story of aspirin », *in* M. Parnham et J. Bruinvels (eds.), *Discoveries in Pharmacology*, tome II : *Haemodynamics, hormones and inflammation*, Amsterdam, Elsevier, 1984.

DAGOGNET F., *La Raison et les remèdes*, Paris, P.U.F., 1964.

DHÉRÉ C., « Michel Tswett. Le créateur de l'analyse chromatographique par adsorption. Sa vie, ses travaux sur les pigments chlorophylliens », *Candollea*, tome X, novembre 1943, p. 23-73.

DILLEMANN G., « Acide acétylsalicylique et Aspirine », *Revue d'Histoire de la Pharm*acie, tome XXIV, n°233, 1977, p. 99-105.

ESCALES E., « A. Eichengrün 50 jähriges Doktorjubiläum », *Kunststoff*, tome XXXVII, 1947.

– « A. Eichengrün 80 Jahre », *Kunststo*ff, tome XXXVII, 1947, p. 80.

ETTRE L., « The development of chromatography », *Analytical Chem*istry, tome XLIII, n°14, 1971, p. 20A-31A.

– « Evolution of liquid chromatography : a historical overview », *in* C. Horvath (ed.), *High performance liquid chromatography. Evolution and perspectives*, New York, Academic Press, 1980, p. 1-74.

– « M. S. Tswett and the invention of chromatography », *LC-GC Europe*, Septembre 2003, p. 633-638.

— et SAKODYNSKII K., « M. S. Tswett and the discovery of chromatography. – I : Early work (1899-1903) », *Chromatographia*, tome XXXV, n°3-4, 1993, p. 223-231.

— et SAKODYNSKII, K., « M. S. Tswett and the discovery of chromatography. – II : Completion of the development of chromatography (1903-1910) », *Chromatographia*, tome XXXV, n°5-6, 1993, p. 329-338.

FLOREY K., « Aspirin » *in* Florey, K., (ed.) *Analytical profiles of drug substances*, tome VIII, London, Academic Press, 1979, p. 3-6.

GRIMAUX E. et GERHARDT C., *Charles Gerhardt, sa vie, son œuvre, sa correspondance (1816-1856)*, Paris, Masson, 1900.

HEFTMANN E., « Liquid chromatography – Past and future », *Journal of Chromatographic Science*, tome XI, 1973, p. 295-298.

HEINES V., « Chromatography – A history of a parallel development », *Chemistry and Technology*, tome I, 1971, p. 280-285.

JACQUES J., *Les Confessions d'un chimiste ordinaire*, Paris, Seuil, 1981.

– *L'Imprévu ou la science des objets trouvés*, Paris, Odile Jacob, 1990.

JAUSSAUD P., « Histoire des salicylés. Première partie », *Actualités Pharmaceutiques,* n°305, 1993, p. 63-67.

– « Histoire des salicylés. Deuxième partie », *Actualités Pharmaceutiques,* n°306, 1993, p. 57-61.

– *L'Exploration des molécules*, Paris, Nathan, 1996.

JOURDIER S., « A miracle drug », *Chemistry in Britain*, tome XXXV, n° 2, 1999, p. 33-35.

KOHN A., *Par hasard ou par erreur ?*, Paris, Eshel, 1990.

KUHN T.S., *La Tension essentielle. Tradition et changement dans les sciences, Paris*, Gallimard, 1991.

KUHNERT N., « Hundert Jahre Aspirin », *Chemie in unserer Zeit,* tome XXXIII, n°4, 1999, p. 213-220.

LAFONT O., « Mise au point sur les publications relatives à la synthèse de l'acide acétylsalicylique », *Revue d'Histoire de la Pharmacie*, tome XLIII, n°310, 1996, p. 269-273.

LASZLO P., *La Découverte scientifique*, "Que sais-je ?" Paris, P.U.F., 1999.

LASZT L., « Charles Dhéré (1876-1955) », *Bulletin de la Société fribourgeoise de Sciences naturelles*, tome XLIV, p. 304-313.

LEBEAU P. et JANOT M.-M., *Traité de pharmacie chimique*, tome IV, Paris, Masson, 1955-1956.

LEDERER E., « The early days of chromatography », *New Journal of Chemistry*, tome XII, n°5, 1988, p. 249-252.

MEYER H., « Heinrich Dreser », *Naunyn-Schmiedebergs Archiv für Experimentelle Pathologie und Pharmakologie*, tome CVI, 1925, p. I-VII.

MEYER V., « Michael Tswett and his method », *Analytical Chemistry News and Features*, tome LXIX, n°9, 1997, p. 284A-285A.

— et ETTRE L., « Early evolution of chromatography : the activities of Charles Dhéré », *Journal of Chromatography*, tome DC, 1992, p. 3-15.

MILLER F. et KAUFFMAN, G., « C. V. Raman and the discovery of the Raman effect », *Journal of Chemical Education,* tome LXVI, n°10, 1989, p. 795-801.

NOBLE SHOR E., « Day, David Talbot », *in* C. Gillispie (ed.), *Dictionary of scientific biography,* New York, Charles Scribner'Sons, tome III, 1971, p. 609-610.

RAINSFORD K. et PATH M., *Aspirin and the salicylates*, London, Butterworths, 1984.

ROBERT O. et VARGAFTIG, B., « L'aspirine », *La Recherche*, tome XVII, n°182, 1986, p. 1322-1331.

ROBERTS R., *Serendipity. Accidental discoveries in science*, New York, Wiley & Sons, 1989.

ROBINSON T., « Michael Tswett », *Journal of Chemical Education*, tome XXXVI, n°3, 1959, p. 144-147.

SAKODYNSKII K., « M. S. Tswett – His life », *Journal of Chromatog*raphy, tome XLIX, 1970, p. 2-17.

– « The life and scientific works of Michael Tswett », *Journal of Chromatography*, tome LXXIII, 1972, p. 303-360.

– « New data on M. S. Tswett's life and work », *Journal Chromatogaphy,* tome CCXX, 1981, p. 1-28.

STADLINGER H., « Dr. Ing. E. h., Dr. Phil. Arthur Eichengrün 80 Jahre », *Pharmazie*, tome II, 1947, p. 383-384.

VANE J., FLOWER R. et BOTTING R., « History of aspirin and its mechanism of action », *Stroke*, tome XXI, suppl. IV, 1990, p. IV-12-IV-23.

VAUPEL E., Artur Eichengrün – Tribute to a forgotten chemist, entrepreneur, and german jew, *Angewandte Chemie International Edition*, tome XLIV, 2005, p. 3344-3355.

WEITZ D. et Julien, P., « Gerhardt et l'aspirine », *Revue d'Histoire de la Pharmacie*, tome XVIII, 1966, p. 247-248.

Les nouveautés de Stahl et Lavoisier vues par Kant[1]

Mai LEQUAN

LE CONTEXTE HISTORIQUE ET PHILOSOPHIQUE

Kant a toujours été très attentif à la nouveauté en général, en philosophie, la nouveauté de sa propre philosophie critique annonçant et préparant, à titre de « propédeutique », une autre philosophie nouvelle, la philosophie transcendantale (système de toutes les connaissances rationnelles pures), dans les beaux-arts, avec le génie qui crée des règles absolument nouvelles, ou encore en sciences. La nouveauté en sciences constitue un possible modèle de la nouveauté en philosophie. Dans la Seconde Préface de 1787 à la *Critique de la raison pure*, Kant pense en effet la nouveauté radicale de sa propre révolution critique en philosophie, ayant pour but d'élever enfin la métaphysique au rang de science, sur le modèle de la révolution copernicienne en astronomie, qui opère un décentrement similaire de l'univers physique, de la Terre (système géocentriste hérité de Ptolémée) vers le Soleil (système héliocentriste). Kant conçoit sa propre révolution critique sur le modèle du décentrement méthodologique novateur initié par Copernic. Il interprète ainsi la nouveauté copernicienne (passage du géocentrisme à l'héliocen-

1. Remerciements à Bernadette Bensaude-Vincent et Rémi Franckowiak pour leur connaissance de l'histoire de la chimie et à Claude Piché pour sa connaissance de l'œuvre de Kant.

trisme) comme un analogue du décentrement, novateur dans son domaine, qu'opère sa propre philosophie critique, de l'objet connu vers le sujet transcendantal connaissant.

La Seconde Préface de 1787 illustre la nouveauté radicale, la révolution méthodologique en sciences par plusieurs exemples empruntés à la mathématique et à la physique. Kant n'y mentionne pas seulement l'exemple copernicien, sans doute le plus connu de tous, mais aussi les révolutions méthodologiques scientifiques de Thalès, inventeur de la géométrie pure et de sa méthode de construction des concepts (des figures géométriques) dans l'intuition pure de l'espace, de Bacon de Vérulam, inventeur dans le *Novum organum* d'une méthode expérimentale en science physique, fondée sur l'*inductio vera*, de Galilée, qui théorise le premier l'expérience consistant à faire descendre des boules sur un plan incliné, de Torricelli[2], et, pour finir, du chimiste allemand Georg Ernst Stahl (1660-1734), inventeur non certes du *mot* « phlogistique » (qui existait depuis l'Antiquité grecque), mais du *principe* phlogistique, c'est-à-dire de la *théorie* de la combustion des corps comme déphlogistication. Parmi tous ces exemples de révolutions scientifiques, celui de Stahl est le moins étudié dans la philosophie kantienne. Ceci s'explique essentiellement par trois raisons, toutes intrinsèques à l'œuvre de Kant.

La *première* est que, aux dires mêmes de Kant, le principal paradigme d'une révolution scientifique est fourni par la physique (Bacon, Galilée, Torricelli cités dans la *Critique de la raison pure*[3], Archimède cité dans l'*Anthropologie du point de vue pragmatique*[4]), et en particulier par l'astronomie, avec Copernic, puis Kepler et Newton[5], qui, dans l'*Idée d'une histoire universelle d'un point de vue cosmopolitique*

2. « Qui fit porter à l'air un poids qu'il avait d'avance pensé égal à celui d'une colonne d'eau à lui connue », *Critique de la raison pure*, Seconde Préface, Ak III, 10; Pl. I, 737.

3. *Ibid.*

4. Ak VII, 326; Pl. III, 1137.

5. Newton est cité à maintes reprises, par exemple dans l'*Histoire générale de la nature et théorie du ciel* (1755), les *Remarques sur les observations touchant le sentiment du beau et du sublime* (1764), la *Doctrine du droit* (1797), l'*Anthropologie du point de vue pragmatique* (1798) ou l'*Opus postumum* (1804).

(1784) [6], sont, selon Kant, les premiers à énoncer les lois universelles régissant la trajectoire des planètes. A ce titre, ils constituent un modèle, dont le philosophe de l'histoire doit s'inspirer, s'il veut ordonner les actions humaines libres et les soumettre à des lois, ou du moins à un fil directeur cohérent. Comparée à la physique en général et à l'astronomie en particulier, paradigmes de la révolution scientifique, la chimie n'incarne, pour Kant même, qu'un exemple parmi d'autres de révolutions scientifiques, et par conséquent, dans l'économie de son œuvre, qu'un exemple secondaire par rapport à l'astronomie, à la physique ou à la mathématique.

La *seconde* raison qui explique la relative éclipse de la chimie est que Kant non seulement accorde une importance secondaire (qualitativement) à la révolution chimique, mais encore cite peu (quantitativement) la chimie, qu'il considère non pas tant comme une science à part entière que comme une branche appliquée (empirique) de la science physique dynamiste. De plus, Kant cite la chimie dans des œuvres le plus souvent mineures. A l'exception de la *Critique de la raison pure*, il est question de chimie dans des œuvres non systématiques, comme par exemple dans les *Reflexionen zur Physik und Chemie* du volume XIV de l'édition de l'Académie Royale de Prusse, qui forment un ensemble fragmentaire et rhapsodique de remarques rédigées par Kant à la lecture de manuels de physique et de chimie de son temps ainsi que de recensions parues dans des revues scientifiques contemporaines.

Enfin, *troisième* raison du peu d'intérêt accordé par les commentateurs de Kant à la chimie en général et aux différentes figures de la nouveauté en chimie (révolution, réforme) : pour Kant jusqu'à la Préface de 1786 aux *Premiers principes métaphysiques de la science de la nature*, la chimie ne constitue pas encore une science propre au sens fort, c'est-à-dire une science pure, reposant sur des principes entièrement *a priori* et indépendants de l'expérience et dont les concepts sont mathématisables ou susceptibles d'être construits dans l'intuition pure de l'espace ou du temps. Jusqu'en 1786, la chimie incarne seulement pour Kant, au mieux, une science propre au sens faible (c'est-à-dire une science à la fois pure, dans sa partie métaphysique dynamique, et appliquée dans sa partie empirique), au pire, un

6. Ak VIII, 18; *Opuscules sur l'histoire*, p. 71.

simple art empirique systématique, incertain, tâtonnant, dépourvu de lois universelles, nécessaires, objectives et *a priori*, c'est-à-dire dépourvu de principes apodictiques.

Pourtant, Kant a des connaissances chimiques, quoique souvent indirectes, de seconde main. Il se tient régulièrement au courant des découvertes de la communauté chimique allemande, et notamment des néo-phlogisticiens, dont il emboîte souvent le pas. Il a lui-même suivi à l'Université de Königsberg, avant d'y devenir Professeur, des cours de chimie. Et Jérémias Benjamin Richter[7], fondateur de la stoechiométrie ou chimie des proportions, étude des rapports déterminés de masse entre constituants (acides et basiques) des sels neutres, fut l'un de ses élèves à l'Université de Königsberg[8]. Kant a lu de nombreux ouvrages de chimie[9], qu'il utilise pour la plupart dans le cadre des cours de physique qu'il donne à l'Université de Königsberg. Parmi tous ces chimistes connus de lui, Stahl joue un rôle prépondérant, quoiqu'aucun ouvrage de Stahl ne figure dans la bibliothèque personnelle de Kant. Kant n'avait probablement pas lu Stahl directement. Ceci explique que, le plus souvent, il résume, en la transformant considérablement, la doctrine de Stahl[10], qu'il ne cite jamais explicitement. Pour Kant néanmoins, la nouveauté révolutionnaire de la chimie phlogistique de Stahl incarne par excellence, comme il l'affirme dès 1787 dans la Seconde Préface de la première *Critique*, l'avènement d'une science en tant que science, d'une science nouvelle rompant avec le passé pré-scientifique de l'art alchimique, fantaisiste et dépourvu des critères de rigueur méthodique exigés par la scientificité[11]. A partir de 1787 en effet, Kant considère que la révolution chimique stahlienne est doublement

7. Chimiste allemand (1762-1807).

8. K. Hufbauer, *The Formation of the German Chemical Community, 1720-1795*, Berkeley, Los Angeles and London, University of California Presse, 1982.

9. Certains figurent dans sa bibliothèque personnelle (cf. *Immanuel Kants Bücher*, Berlin, Verlag von Martin Buslauer, 1922), d'autres ont été empruntés par Kant à la bibliothèque du château de Königsberg. Cf. en bibliographie, la liste d'ouvrages de physique et de chimie consultés par Kant.

10. Tout ce qui suit concernant Stahl correspond donc non pas tant à la doctrine stahlienne réelle qu'à l'interprétation qu'en donne Kant, parfois simplifiée, voire erronée, et fortement influencée par les post-stahliens.

11. M. Lequan, *La Chimie selon Kant*, Paris, P.U.F., 2000, p. 39 *sq*.

nouvelle, par le principe phlogistique d'explication des combustions *et* par la méthode, à la fois rationnelle pure et expérimentale, qui contribue à créer une nouvelle science. Selon Kant, la chimie, qui n'était avant Stahl qu'un art empirique, devient avec lui une science à part entière, dont la nouveauté révolutionnaire est comparable à celle de Copernic, Galilée et Torricelli en physique ou de Thalès en mathématiques. Kant associe toujours la genèse d'une science, en tant que telle, à une unique figure d'instauration révolutionnaire, absolument novatrice. Mais paradoxalement, le nom du révolutionnaire de génie qui fait basculer, à un moment donné, par un changement radical de la méthode ou manière de penser, l'art dans la science, importe peu. Par exemple, dans l'évaluation kantienne de la nouveauté en science, le nom du fondateur de la géométrie pure importe moins que la nature de la méthode révolutionnaire qu'il a mise au point[12]. Le nom de l'inventeur d'un principe (plus que d'un mot), d'une théorie, voire, dans certains cas comme l'astronomie, la mathématique ou la chimie, le nom du fondateur d'une science, n'est pas le plus essentiel pour Kant. L'important est bien davantage la nouvelle méthode scientifique inventée (plus que découverte), c'est-à-dire la forme de pensée mise en œuvre pour la première fois, et qui, forgeant un principe explicatif nouveau, parvient à élever un

12. « La mathématique, dès les temps les plus reculés où puisse remonter l'histoire de la raison humaine, a suivi, chez l'admirable peuple grec, la route sûre d'une science. Mais il ne faut pas penser qu'il lui a été aussi facile qu'à la logique [...], de trouver cette route royale, ou plutôt de se la frayer. Je crois plutôt qu'elle en est restée longtemps aux tâtonnements (chez les Egyptiens avant tout), et que cette *transformation* est à attribuer à une *révolution*, que produisit l'heureuse idée d'*un seul homme*, dans un essai après lequel il n'y avait plus à se tromper sur la voie à suivre, et le chemin sûr d'une science se trouvait ouvert et *tracé pour tous les temps et à des distances infinies*. L'histoire de cette *révolution de la façon de penser* [invention d'une méthode qui n'existait pas auparavant], qui était beaucoup plus importante que la découverte du chemin par le fameux Cap [mise au jour de quelque chose qui préexistait], et de l'homme qui eut le bonheur de l'accomplir n'est point parvenue jusqu'à nous. Cependant la tradition que nous transmet Diogène de Laërte, en nommant le prétendu *inventeur* des plus petits éléments des démonstrations géométriques [...], prouve que le *souvenir du changement opéré par le premier pas où se découvrait cette nouvelle route* doit avoir paru *extrêmement important* aux mathématiciens et devint pour cela *inoubliable*. *Le premier* qui démontra le triangle isocèle (*qu'il s'appelât Thalès ou de tout autre nom*) eut une *illumination* [...] », *Critique de la raison pure*, Seconde Préface, Ak III, 9; Pl. I, 736; nous soulignons.

art empirique incertain au rang de science rationnelle (que celle-ci soit entièrement pure, comme la mathématique, ou composée d'une partie pure et d'une partie empirique, comme la physique ou la chimie, qui est, selon Kant, une branche ancillaire de la science physique).

En ce qui concerne la chimie, on note une *hésitation* de Kant, qu'on peut interpréter comme une *évolution*, voire comme une *conversion* de sa part. En effet, le chimiste qui incarne pour Kant le tournant révolutionnaire de la méthode et le passage innovant de l'art empirique à la science moderne, rationnelle, méthodique, rigoureuse, est *tantôt Stahl*, *tantôt Lavoisier*. Cette hésitation de Kant à accorder sa préférence soit à un chimiste allemand, soit à un chimiste français s'inscrit plus généralement dans le cadre de son évaluation anthropologique des différents caractères des peuples. Dans l'*Anthropologie du point de vue pragmatique*, Kant distingue, entre autres, le caractère moral de la nation allemande et celui de la nation française. Cette différence de caractère se traduit dans le rapport que ces deux peuples entretiennent à la nouveauté scientifique. Le Français a une conversation courtoise, un air communicatif, commerce avec les femmes du grand monde. Il est aimable, brillant et philanthrope. Mais, aspect négatif de son caractère, il a un esprit de liberté contagieux, il est frivole, inconstant, coquet, étourdi, superficiel, volontiers enthousiaste, rebelle et enclin aux extrêmes. En matière de science, le caractère français s'enthousiasme promptement pour des nouveautés superficielles et éphémères (l'oxydation-combustion de Lavoisier ?). L'Allemand au contraire est, selon Kant, modeste, timide, réservé, profond, loyal, d'une moralité rigoureuse, tourné vers la vie intérieure. Il ignore la soif de nouveauté et rechigne à révolutionner l'ordre établi sans raisons. « *C'est l'Allemand* […] *le plus éloigné de la fièvre d'innovation et de l'indocilité à l'ordre établi*. Son caractère est un flegme associé à l'entendement ; il s'abstient d'ergoter à propos de l'ordre existant et tout autant d'en imaginer un autre ». L'Allemand a un « tempérament de froide réflexion et de persévérance dans la poursuite de son but ainsi que d'endurance ». Doté d'une raison « profondément méditative », capable d'un haut degré de civilisation (sauf en matière de goût spirituel et de création artistique), il se caractérise par une « application soutenue » qui ne réclame pas nécessairement du génie (« talent d'invention de ce qui ne peut être enseigné ou appris »). Kant loue donc « l'application allemande jointe au valide talent de l'entendement ». Le scientifique allemand ne recherche pas la nouveauté pour la nouveauté. Mais, quand il innove, c'est de façon révolutionnaire, durable, profonde, irréversible. Il ouvre alors une voie sans précédent aux autres. L'Allemand « *découvre, dans le champ des sciences, bien des pistes que d'autres ensuite utilisent à grand bruit* ». Le scientifique allemand (Stahl et son principe phlogistique ?) creuse un sillon nouveau et profond, que d'autres (le Français Lavoisier ?) utilisent ensuite avec grand tapage. Toutefois, il reste que le caractère allemand, « suivant son penchant pour l'ordre et la règle, acceptera le despotisme *plutôt qu'il ne s'engagera dans des innovations* ». L'Allemand, méthodique, fuit la nouveauté éphémère et superficielle. Il incline à l'imitation docile, voire servile, de modèles existants, et a « une piètre opinion de lui-même *quant à sa capacité à être original* »[13]. Cette hésitation de Kant entre caractère français et caractère allemand fera débat longtemps après lui, dans les années 1870 lors de la guerre de la France contre la Prusse, où la question du mythe fondateur de la science chimique moderne sera de nouveau posée, cette fois en termes de *rivalité* franco-prussienne. La question de l'origine allemande ou française de la chimie sera alors l'objet d'une dispute patriotique[14].

Comment Kant conçoit-il ces deux innovations que sont, dans l'histoire de la chimie, la révolution phlogistique de Stahl, puis la révolution antiphlogistique de Lavoisier ? Longtemps favorable à l'ancienne chimie phlogistique allemande, Kant se convertit progressivement, quoique tardivement et timidement, à la nouvelle chimie antiphlogistique française. Son évolution – de Stahl à Lavoisier – est intéressante non en elle-même, mais *dans la mesure où* elle révèle sa conception du statut scientifique de la chimie et, plus généralement, du devenir téléologique de la science en son rapport à un moment révolutionnaire d'instauration, d'innovation. Si Kant s'intéresse aux chimies de Stahl et Lavoisier et au passage historique de l'une à l'autre, c'est essentiellement dans le cadre de sa réflexion sur

13. *Anthropologie du point de vue pragmatique*, IIe Parie, § C « Le caractère du peuple », Ak VII, 311-320 ; Pl. III, 1123-1132 ; nous soulignons.

14. B. Bensaude-Vincent, *Lavoisier, mémoires d'une révolution*, Paris, Flammarion, 1993 ; P. Duhem, *La Chimie est-elle une science française ?*, Paris, Hermann, 1916.

l'instauration des sciences à partir d'une révolution originaire dans leur manière de penser. Toute science véritable n'advient comme telle et ne s'arrache à l'empiricité fantaisiste de l'art que dans et par une révolution de sa méthode. La Seconde Préface de 1787 montre que toute science véritable commence par une *révolution*, changement brutal, total, irréversible, inoubliable, radical et profond, qui se distingue d'une simple *réforme*, changement doux, progressif, partiel, réversible et superficiel. Mais pourquoi la révolution scientifique en chimie est-elle chez Kant *d'abord* incarnée par *Stahl*, *puis* par *Lavoisier?* Comment Kant interprète-t-il, en chimie, ces deux innovations méthodologiques successives, dont il est témoin ? Les place-t-il au même rang ? Fait-il entre Stahl et Lavoisier une différence de nature ou seulement de degré ? Pourquoi, après avoir longtemps admiré Stahl comme *la* figure de l'instauration révolutionnaire de la chimie scientifique, figure de transition de l'art empirique à la science rationnelle, Kant loue-t-il, fût-ce de façon nuancée, Lavoisier, dont il finit par reconnaître, dans la *Doctrine du droit* et l'*Anthropologie du point de vue pragmatique*, qu'il représente, au moins pour les chimistes de son temps, la seule vraie science chimique moderne ? Pourquoi ce changement de paradigme, selon le terme kuhnien, concernant la révolution scientifique en chimie ? Et comment Kant s'est-il converti, si le terme est adéquat, de l'ancienne chimie phlogistique allemande à la nouvelle chimie antiphlogistique française, de Stahl à Lavoisier, c'est-à-dire d'une nouveauté à une autre ?

Afin de répondre à ces questions, nous examinerons successivement chez Kant I) la figure révolutionnaire, inaugurale et centrale, du chimiste Stahl, génial inventeur d'un nouveau principe rationnel *a priori* (le phlogistique) et par conséquent d'une nouvelle science (la chimie), distincte de l'alchimie des commencements[15], puis II) la figure, seconde et périphérique, du chimiste réformateur Lavoisier, qui n'est, selon Kant, que le découvreur de talent d'une théorie de la combustion pseudo-innovante.

15. Alchimie qui, à l'instar de l'astrologie et de la métaphysique dogmatique, n'est qu'une « fausse science antique et sophistique », *Prolégomènes à toute métaphysique future*, § 60, « Solution de la question générale des *Prolégomènes* : comment la métaphysique comme science est-elle possible ? », Ak IV, 366 ; Pl. II, 152.

LA FIGURE RÉVOLUTIONNAIRE DE STAHL, GÉNIAL INVENTEUR D'UN NOUVEAU PRINCIPE (LE PHLOGISTIQUE) ET D'UNE NOUVELLE SCIENCE (LA CHIMIE) : LA SECONDE PRÉFACE À LA *CRITIQUE DE LA RAISON PURE*

Pour Kant, le scientifique (le *Naturforscher*) formule les lois de la nature en interrogeant les phénomènes à l'aide de l'expérience et de principes de la raison pure théorique. La Seconde Préface de 1787 décrit ce procédé consistant pour la raison scientifique à soumettre la nature à la question, à l'aide d'outils *a posteriori* et *a priori*. Kant cite quelques exemples de réussites majeures de cette méthode d'interrogation de la nature par la raison, exemples de scientifiques révolutionnaires ayant eu le mérite non seulement de faire progresser leur discipline dans la route sûre de la science, mais de l'y faire entrer *pour la première fois*. Ces savants géniaux n'ont pas seulement apporté d'importantes contributions quantitatives aux connaissances de leur discipline, mais ont fait passer, par une révolution méthodologique qualitative, leur discipline du rang d'art empirique incertain au rang de science rationnelle. C'est dans une révolution méthodologique qu'a consisté leur nouveauté. Kant loue ainsi le chimiste Stahl pour sa nouvelle théorie révolutionnaire de la combustion comme déphlogistication.

Stahl se réapproprie le concept grec de *phlogiston* (inflammable, de *phlogos*, la flamme) et considère que la combustion d'un corps, par exemple d'un métal, s'accompagne d'une libération de phlogistique. Pour Stahl [16], le *phlogistique* désigne un fluide inhérent à tout corps inflammable, qui produit la combustion du corps lorsqu'il l'abandonne. Or comme l'expérience prouve que, lors de la combustion, les métaux deviennent plus lourds, Kant en déduit, à la suite des partisans tardifs du phlogistique stahlien, que le poids du phlogistique est négatif et que donc, pour les métaux, brûler, perdre du phlogistique, c'est s'alourdir. Kant hérite en effet la thèse du poids négatif du phlogistique non de Stahl lui-même, mais de ses épigones tardifs des années 1770-1790 [17]. L'opération inverse de la

16. *Chymia rationalis et experimentalis*, Leipzig, 1729. Il est possible que Kant ait consulté cet ouvrage, bien qu'il ne figure pas dans sa bibliothèque personnelle.

17. B. Joly, « La question de la nature du feu dans la chimie de la première moitié du XVIIIe siècle », dans *Jean-Jacques Rousseau et la chimie* et J. R. Partington et D. Mac Kie, « Historical studies on the phlogiston theory », *Annals of science*.

combustion, la transformation d'une chaux en métal, consiste pour le métal à capter du phlogistique, c'est-à-dire à s'alléger. Kant interprète donc le phlogistique stahlien comme une matière hypothétique inflammable, de poids négatif, principe de combustibilité des corps, notamment des métaux.

Mais cette référence kantienne à Stahl n'aurait rien d'original, si elle n'était en contradiction apparente avec des textes postérieurs, où Kant loue Lavoisier, autre figure de la nouveauté méthodologique en chimie. Si en 1787, Kant place la chimie phlogistique de Stahl au même rang que la géométrie pure de Thalès ou que les révolutions de Galilée ou Torricelli, en revanche, dans les années 1790, prenant acte des derniers progrès de la chimie, il loue désormais la nouvelle école française antiphlogistique de Lavoisier. Concernant les révolutions scientifiques, la chimie offre donc l'exemple d'un changement de paradigme méthodologique, la philosophie de Kant s'appuyant *d'abord* sur la nouveauté première, fondatrice, de *Stahl*, *puis* sur la nouveauté seconde, dérivée, de *Lavoisier*. Il n'y a nulle contradiction entre ces deux éloges kantiens d'une nouveauté méthodologique en chimie, mais plutôt évolution de Kant.

En 1787, Kant loue Stahl[18], qui, selon lui, a le mérite non de découvrir, d'isoler expérimentalement la matière phlogistique, ni même d'inventer le mot « phlogistique », qui existe depuis la physique grecque, mais d'inventer un *principe* ou une *théorie*, et partant de fonder une nouvelle *science*. Stahl serait doublement novateur, incarnant à la fois la nouveauté d'un principe (non d'un mot) et celle d'une science (non d'une discipline, puisque l'alchimie existait avant la chimie). Il n'est pas seulement l'auteur d'une « découverte » (*Entdeckung*), mais d'une authentique « invention » (*Erfindung*), selon la distinction établie par l'*Anthropologie du point de vue pragmatique*[19]. Il fait du principe rationnel de phlogistication-déphlogistication le principe unique, minimal, économique d'explication de la combustion et de la transformation inverse. C'est la nouvelle utilisation que fait Stahl du mot « phlogistique » qui semble à Kant proprement révolutionnaire. Comme les révolutions de

18. Cet éloge n'est pas original en soi. Fourcroy, par exemple, loue Stahl pour la même raison. Il voit en Stahl celui qui a unifié la chimie comme science.

19. § 56-59, Ak VII, 223-227 ; Pl. III, 1040-1044.

Thalès ou Copernic, l'invention stahlienne est une nouveauté absolue, que Kant décrit dans le vocabulaire de l'« illumination ». La révolution du phlogistique stahlien n'éclaire pas seulement le champ étroit de la chimie, mais plus largement toute la physique, c'est-à-dire toute la philosophie de la nature. Kant décrit en ces termes l'invention géniale de Stahl.

> Lorsque [...] Stahl transforma des métaux en chaux et celle-ci à son tour en métal, en y retranchant ou en y restituant certains éléments [le phlogistique], alors ce fut une illumination pour tous les physiciens. Ils comprirent que la raison n'aperçoit que ce qu'elle produit elle-même d'après son projet [...]. Par là, la physique a été mise d'abord sur le chemin sûr d'une science, alors que pendant tant de siècles elle n'avait été rien d'autre qu'un pur tâtonnement [20].

Pour Kant, le principe stahlien de la combustion-déphlogistication (et de la transformation inverse des chaux en métaux) est invention géniale, révolution-illumination, non pas tant dans la mesure où il est *confirmé par* l'expérience, que dans la mesure où il *fonde* l'expérience. Ce principe *a priori* de la raison consiste à réduire une classe d'opérations chimiques (les combustions) au transfert (perte ou captation) d'une unique matière (le phlogistique). En effet, la chimie stahlienne, par l'interprétation nouvelle et économique qu'elle donne de la combustion, confirme la thèse de la Seconde Préface, selon laquelle une discipline ne peut entrer dans la voie sûre de la science que par une révolution de sa méthode *et* par l'interaction de la raison et de l'expérience, selon le titre même de l'ouvrage de Stahl, *Chymia rationalis et experimentalis*. L'exemple de Stahl, génie scientifique allemand radical et durable en sa nouveauté (selon l'*Anthropologie*), illustre non le fait que les sciences progressent se réformant peu à peu, mais le fait qu'elles se révolutionnent en naissant ou naissent en se révolutionnant pour la première fois, grâce aux apports combinés de la raison pure et de l'expérience (ici de la calcination des métaux). Mais Kant ne loue pas tant l'aspect *expérimental* de la théorie stahlienne de la combustion, que l'aspect rationnel *a priori* du principe phlogistique, réajusté au contact de l'expérience de l'augmentation du poids des métaux calcinés. Pour Kant, ce qui est nouveau, révolutionnaire et génial chez Stahl, qui ne

20. *Critique de la raison pure*, Seconde Préface, Ak III, 10; Pl. I, 737-738.

mentionne pas explicitement cette augmentation du poids des métaux lors de la combustion, ce n'est donc pas le constat expérimental de cette augmentation, mais l'invention du principe rationnel *a priori* du phlogistique, qui consiste à réduire un type de phénomènes chimiques au transfert d'une unique matière [21]. En note, Kant précise qu'il ne suit pas le détail du protocole expérimental par lequel Stahl a mis au jour le phlogistique et ses mouvements de transfert lors de la combustion des métaux : « Je ne suis pas ici exactement le fil de l'histoire de la méthode expérimentale » [22]. Kant ignore la dimension positive de la doctrine phlogistique et la façon dont historiquement Stahl est parvenu, *via* des expériences sur des métaux déterminés, à confirmer son principe rationnel phlogistique. Pour Kant comme pour les post-stahliens, l'existence du phlogistique ne saurait être prouvée *directement* par expérience, mais seulement *indirectement* et à condition de lui supposer un poids négatif. L'expérience directe de la combustion prouve que les métaux calcinés s'alourdissent, alors que le principe rationnel *a priori* identifie la combustion à une perte de matière. L'expérience directe semble donc contredire le principe rationnel d'une combustion comme déphlogistication. Kant est ainsi amené à corriger le principe rationnel *a priori* du phlogistique stahlien au contact de l'expérience. Il en conclut, à l'instar des phlogisticiens tardifs, que le phlogistique a un poids négatif. L'ignorance de Kant quant au détail des expériences menées par Stahl et l'incompatibilité qui paraît d'abord entre données expérimentales (augmentation du poids des métaux calcinés) et principe rationnel *a priori* (combustion = déphlogistication) expliquent que l'éloge kantien porte plus sur la dimension *a priori* du principe stahlien, en tant qu'invention de la raison, que sur la dimension empirique indirecte de sa méthode expérimentale. La nouveauté révolutionnaire et géniale se trouve ici du côté du principe *a priori* du phlogistique, véritable invention de la raison pure, plus que du côté de l'expérience de l'augmentation du poids des métaux calcinés.

21. Selon E. Meyerson, dans *De l'explication dans les sciences* (Paris, Corpus-Fayard, 1995), la chimie de Stahl reposerait en fait sur un principe *a priori* : le principe de conservation de la matière.

22. *Critique de la raison pure*, Seconde Préface, note, Ak III, 10 ; Pl. I, 737.

Ailleurs dans la *Critique de la raison pure*, on trouve une autre trace, implicite, de l'admiration qu'éprouve Kant pour la nouveauté de la chimie stahlienne, concernant, cette fois, la classification des éléments simples ou principes purs, que Stahl ré-invente à partir de la doctrine aristotélicienne du feu, de l'eau, de l'air et de la terre, et de ses multiples reformulations dans l'alchimie médiévale et renaissante, notamment celle de Paracelse. Dans l'« Appendice à la dialectique transcendantale » de la *Critique*, il est possible que Kant emprunte à un stahlisme vague, mêlé d'autres influences, l'idée selon laquelle les corps complexes se composent d'éléments purs ou plus exactement de principes qualitativement (et non quantitativement) simples. Kant s'inspire vraisemblablement à la fois d'Aristote, de Paracelse (doctrine des matrices) et de Stahl, qui lui-même s'inspire de J. J. Beccher[23]. Pour ces deux derniers, il existe deux principes : l'eau et la terre, qui est elle-même de trois sortes : terre vitrifiable, terre mercurielle et terre inflammable, que Stahl nomme phlogistique. Par la suite, certains chimistes assimileront cette terre inflammable ou phlogistique à l'élément du feu. Kant admet quant à lui, en lointain héritier de Stahl, qu'il réinterprète et transforme fortement, cinq éléments-principes : la terre, le sel, l'eau, l'air (ces deux derniers étant tous deux considérés par Kant comme de simples véhicules) et le feu ou phlogistique (inhérent aux corps combustibles et inflammables), qui acquiert ainsi le statut de « quinte essence », c'est-à-dire de cinquième élément-principe. Mais ici encore apparaît le travestissement que Kant fait subir à la lettre de la doctrine stahlienne, car pour Stahl, l'eau est un véritable constituant des corps (et non, comme pour Kant, un simple véhicule de la matière) et l'air a un rôle plus mécanique que chimique (alors que pour Kant, il a un rôle à la fois mécanique et chimique, d'où l'idée d'un mécanisme chimique); enfin, le sel est pour Stahl un mixte composé de terre et d'eau (alors qu'il est pour Kant un principe simple). La classification kantienne des cinq éléments-principes chimiques (feu, eau, air, terre et sel) s'inspire ainsi, plus que de Stahl lui-même, d'une libre réinterprétation du stahlisme, postérieure aux

23. Que les chimistes du XVIIIe siècle s'accordent en général à considérer comme le fondateur de la science chimique moderne. Au XVIIe siècle, la chimie des quatre éléments s'inspire aussi de Joseph du Chesne (théorie des écorces).

années 1740 et qui se déploie en Allemagne beaucoup plus qu'en France ou en Angleterre. L'allusion de Kant au phlogistique comme feu est la preuve qu'il s'inspire ici plus d'un stahlisme tardif que de Stahl même.

On trouve la même admiration de Kant pour un mixte de classification stahlienne, paracelsienne et aristotélicienne dans ses *Reflexionen zur Physik und Chemie*. Dans ces *Réflexions* comme dans l'« Appendice à la dialectique transcendantale » de la première *Critique*, Kant fait sienne la thèse stahlienne qui superpose le phlogistique et le sel (lui-même hérité de la chimie paracelsienne) à la quadripartition aristotélicienne des éléments. Mais autant le phlogistique stahlien est, pour Kant, une innovation, une révolution, une invention de la raison, autant la classification (post-)stahlienne des éléments-principes chimiques n'est pas proprement ni absolument inventive. Elle constitue un réaménagement et une synthèse des classifications aristotélicienne et paracelsienne. Si l'explication stahlienne de la combustion-déphlogistication est innovante, la classification (post-)stahlienne des éléments-principes reste traditionnelle, même si elle modifie et complexifie les schémas quaternaire d'Aristote et ternaire de Paracelse.

S'il y a quelque chose de novateur, *selon Kant*, dans la classification stahlienne, ce n'est pas le nom des éléments-principes, mais le statut théorique double que Stahl leur confère. En effet, chez Stahl, phlogistique (nommé plus tard feu), eau, air et terre sont *à la fois* des matières réellement existantes *et* des abstractions, des vues de l'esprit, ou, en termes kantiens, des Idées régulatrices de la raison pure. Kant voit dans les cinq éléments-principes, dont il emprunte la liste aux (post-)stahliens, non pas tant des matières réelles quantitativement ni même qualitativement simples, que des Idées rationnelles régulatrices de pureté élémentaire.

> On avoue qu'il se trouve difficilement dans la nature de la *terre pure*, de l'*eau pure*, de l'*air pur* etc. ; pourtant, on a besoin des concepts de ces choses (lesquels par conséquent [...] n'ont leur origine que dans la raison) [...]. C'est ainsi que l'on réduit toutes les matières aux terres (en quelque sorte le simple poids), aux sels et aux substances combustibles (qui sont comme la force), et enfin à l'eau et à l'air comme à des véhicules (comme à des machines au moyen desquelles agissent les éléments précédents), afin d'expliquer les

actions chimiques des matières entre elles suivant l'idée d'un mécanisme [24].

Pour Kant, le génie innovant de Stahl n'est pas de reprendre, en la complétant et l'enrichissant, la liste aristotélicienne des éléments-principes, c'est de conférer à ceux-ci un double statut : réel (pour l'expérience) et idéal (pour la raison pure), constitutif et régulateur. Pour Kant, la classification lointainement héritée de Stahl a le mérite d'expliquer des types d'opérations, phénomènes ou fonctions chimiques par des types d'éléments-principes, qui ne sont pas tant des *corps* que des *Idées*. 1) L'élément-principe *terreux* est une Idée rationnelle pure qui régule les phénomènes chimiques où la matière apparaît comme pesante, inerte et passive [25]. 2) L'élément-principe *salin* est une Idée rationnelle pure qui régule les phénomènes chimiques où la matière apparaît comme résistant au feu et à la combustion. 3) L'élément-principe *igné* (équivalent du feu aristotélicien, du soufre paracelsien et du phlogistique post-stahlien) est une Idée rationnelle pure qui régule les phénomènes chimiques où la matière apparaît comme combustible ou phlogistiquée. 4) L'élément-principe *aérien* et 5) l'élément-principe *aqueux* sont les Idées rationnelles pures qui régulent les phénomènes faisant intervenir de simples véhicules chimiquement passifs ou de simples milieux de transmission pour les forces et mouvements entre corps.

A quelques variantes près, la *Réflexion* n° 45 [26] reprend cette typologie (post-)stahlienne des réactions chimiques et des éléments-principes exposée dans l'« Appendice », en soulignant toujours l'élément novateur, qui n'est pas tant la classification de ces cinq éléments-principes, que le statut d'Idées régulatrices de la raison pure qu'ils revêtent dans la chimie que Kant attribue à Stahl [27]. On

24. *Ibid.*, « Appendice à la dialectique transcendantale », Ak III, 428-429 ; Pl. I, 1249.

25. Kant vise ici vraisemblablement le concept stahlien de « terre vitrifiable ».

26. Ak XIV, 371-409.

27. En réalité, le statut ambigu des éléments-principes de la chimie, à la fois matières réelles et idées abstraites, n'est pas une invention, ni même une découverte de Stahl. Elle apparaît bien avant lui. Elle est du moins revendiquée par certains manuels de chimie du XVIIe siècle qui distinguent les principes *premiers*,

peut à ce sujet dégager au moins trois points communs entre Kant et le stahlisme :

1) Tous deux associent la *terre* au poids (que la *Réflexion* n° 45 nomme du terme latin *onus*), c'est-à-dire à la *passivité chimique*. En toute réaction chimique, l'élément-principe terreux, qui se distingue des terres effectivement existantes, désigne le moment passif du poids, la matière inerte, privée de force motrice propre et de pouvoir actif de dissolution sur les autres corps. Dès l'« Appendice », Kant rend hommage aux chimistes (Stahl ?) qui ont cherché à « ramener à trois, puis enfin à deux les diverses espèces de terres (qui forment la matière des pierres et même des métaux) »[28]. Plus loin, Kant mentionne la réduction des terres à deux espèces, elles-mêmes contenues dans un unique genre supérieur, celui des terres absorbantes. « Pour découvrir qu'il y a des terres absorbantes de diverses espèces (les terres calcaires et les terres muriatiques[29]), il a fallu une *règle antérieure de la raison* qui proposât à l'entendement la tâche de chercher la variété »[30]. Ici encore, le génie novateur de la chimie stahlienne est de fonder la classification des terres – notamment en trois espèces – sur une Idée régulatrice de la raison pure, fiction euristique, « *focus imaginarius* » servant à guider le travail de classification des genres et espèces naturels.

2) Tous deux identifient l'air à un véhicule mécanique chimiquement passif (dans l'« Appendice ») ou à un « *hypomochlion* », terme grec désignant (dans la *Réflexion* n° 45) un véhicule en forme de catapulte qui, lors des combustions, permet les transferts de phlogistique d'un corps vers un autre. Pour Stahl et Kant, lors de la combustion, l'air n'est pas *chimiquement actif*[31]. Il transporte seulement le phlogistique, mais sans s'unir intimement (par intussusception) ni avec le phlogistique, ni avec le corps calciné.

inaccessibles, et les principes *seconds*, sur lesquels travaille le chimiste expérimentateur.

28. *Critique de la raison pure*, « Appendice à la dialectique transcendantale », Ak III, 432-433 ; Pl. I, 1254.

29. Ou chlorures.

30. *Ibid.*, Ak III, 435 ; Pl. I, 1257 ; nous soulignons.

31. Comme ce sera le cas chez Lavoisier, pour qui l'oxygène est la partie chimiquement active de l'air.

3) Enfin, l'« Appendice » et la *Réflexion* n° 45 associent *les sels* et *les corps combustibles* au *phlogistique.* Pour Kant, il existe une parenté chimique entre principe *salin*, principe combustible *phlogistique* et principe *acide.* Pour la plupart des chimistes des XVIIe et XVIIIe siècles de même, le sel est un principe acide. Mais ici encore, on mesure la distorsion par rapport à la thèse de Stahl, selon laquelle le sel, qui est un mixte, est de l'acide vitriolique universellement répandu dans l'air. Alors que Stahl se contente d'identifier principe salin et principe acide, en les dissociant du phlogistique [32], Kant pose une équation plus large : principe salin = principe acide = principe phlogistique, courante chez les chimistes. On la trouve chez Pierre-Joseph Macquer, Johann Joachim Beccher [33], Hermann Boerhaave [34], Karl Wilhelm Scheele [35], Joseph Black [36] ou Torbern Olof Bergman [37], pour qui les sels et acides sont diverses formes d'un unique acide fondamental ou air igné phlogistiqué. Pour Kant, le phlogistique s'apparente au principe salin universel ou acide fondamental, qu'il nomme aussi « principe acide universel » ou « fluide vitriolique ». Il affirme dans l'une de ses *Réflexions* : « Le *principium salinum* semble ne faire qu'un avec le phlogistique et semble être répandu dans l'air » [38]. Mais ce qu'il y a, toujours selon Kant, d'original, chez Stahl, c'est le statut d'Idée rationnelle qu'il accorde au principe salin ou acide. Ce qui est novateur, c'est la façon dont il réinvente la classification des éléments-principes de la chimie traditionnelle (depuis Aristote, Paracelse), en la fondant sur un statut théorique nouveau et particulier, celui d'Idée régulatrice de la raison pure. Dans ses *Réflexions* comme dans l'« Appendice », Kant montre donc que ce qui est proprement nouveau chez Stahl, c'est de faire, conformément à la double dimension rationnelle *et* expérimentale de sa chimie (selon le titre de l'ouvrage de 1729), des cinq éléments-

32. Pour Stahl par exemple, l'acide vitriolique auquel on ajoute du phlogistique, qui s'en distingue absolument, donne du soufre minéral.

33. Alchimiste allemand (1635-1682).

34. Médecin et chimiste hollandais (1668-1738).

35. Chimiste suédois (1742-1786).

36. Physicien et chimiste écossais (1728-1799).

37. Chimiste suédois (1735-1784).

38. *Réflexion* n° 45 a, Ak XIV, 402.

principes *à la fois* des corps effectivement existants, expérimentables *et* des Idées régulatrices de la raison, sans trancher entre les deux.

Selon Kant, il y a deux points de vue sur les éléments chimiques chez Stahl, du moins tel qu'il le revisite : l'un, selon lequel les *éléments* chimiques en nombre infini sont des corps simples indivisibles existant dans la nature et susceptibles d'être isolés expérimentalement par le chimiste en laboratoire ; l'autre, selon lequel les *principes* au sens propre sont en nombre limité (trois pour Stahl [39], cinq pour les post-stahliens dont s'inspire Kant) et désignent des abstractions, des idées de la raison [40]. D'un côté, Stahl exige de l'analyse chimique qu'elle rende ses *éléments* accessibles à l'expérience. De l'autre, il pense que les *principes* de la chimie ne peuvent être isolés de fait, mais seulement pensés de droit, abstraitement, comme libres de toute liaison. Le principe est alors plus une abstraction de l'esprit qu'une réalité expérimentable. Selon Kant, Stahl reconnaîtrait au simple chimique une existence tantôt *a posteriori*, tantôt *a priori*. L'*élément a posteriori* est la partie de matière quantitativement simple à laquelle parvient l'analyse chimique, au moins relativement et provisoirement. Le *principe* (qui est l'élément considéré *a priori*) est l'essence qui explique les propriétés des corps, sans être lui-même accessible à l'expérience. C'est l'équivalent de ce que Kant nomme dans l'« Appendice » les Idées des éléments purs, ou de ce qu'il nommera plus tard, dans l'*Opus postumum*, les éléments chimiques simples ou « *stoïcheia* », les « bases » fondamentales ou « substrats » sous-jacents aux phénomènes chimiques. Ainsi, pour Kant comme pour le stahlisme tardif qu'il revisite, l'élément simple ou principe pur désigne en chimie *à la fois* une matière sensible relativement et provisoirement indivisible, qualitativement et quantitativement, que le chimiste isole expérimentalement, *et* une hypothèse euristique, une fiction explicative, un « *focus imaginarius* », une Idée régulatrice de la raison, guidant la compréhension de l'expérience.

Si Kant hérite de Stahl ce double statut du simple chimique, il en ajoute un troisième et juxtapose en fait trois points de vue sur la simplicité élémentaire en chimie :

39. La terre, le sel et le phlogistique.

40. Cette distinction entre *élément* et *principe* n'est pas nouvelle en chimie. On la trouve également, par exemple, dans le *Cours de chymie* de Lémery (1675).

1) Selon le premier point de vue *empirique*, les *éléments* chimiques sont des corps concrets, expérimentables, effectivement existants et relativement *simples quantitativement*. Ce point de vue, qui correspond en partie à la thèse stahlienne, est présent dans certaines *Reflexions* et passages de l'*Opus postumum*, où Kant considère que les éléments simples sont, par exemple, le carbone, l'oxygène, l'hydrogène, l'azote etc.

2) Selon le deuxième point de vue *philosophique* ou *métaphysique*, les *principes* chimiques *purs* (comme la terre, l'air etc.) sont, non plus des corps réellement existants et expérimentables, mais des Idées régulatrices de la raison, des fictions euristiques guidant la recherche empirique. On trouve ce point de vue, issu en partie de la chimie stahlienne des principes, dans l'« Appendice », où Kant tire les leçons de la « Deuxième antinomie de la raison pure », à savoir qu'aucune simplicité absolue ne saurait être connue, expérimentée, mais seulement pensée comme Idée de la raison [41].

3) Selon le troisième point de vue, proprement *transcendantal*, synthèse des deux précédents, point de vue qui articule le métaphysique (*a priori*) à l'empirique (*a posteriori*), les éléments chimiques simples, les « *stoïcheia* », n'ont plus un sens quantitatif, mais qualitatif. On trouve ce point de vue dans l'*Opus postumum*, où Kant se situe au carrefour ou « passage » (*Übergang*) transcendantal entre métaphysique de la nature *et* physique empirique. C'est dans ce contexte de « passage » qu'il considère, par exemple, l'acide chlorhydrique comme un élément qualitativement simple. Ici, l'élément désigne le support matériel pour l'action de causes efficientes immatérielles (forces d'attraction et de répulsion) produisant des effets chimiques visibles.

Si Kant mêle à ses essais de classification chimique diverses doctrines (De Luc [42], Macquer, Erxleben, Gehler, Karsten etc.), il

41. *Critique de la raison pure*, « Deuxième conflit des Idées transcendantales », Ak III, 301 *sq.*; Pl. I, 1092 *sq.*

42. Chimiste et météorologue suisse de langue française, auteur des *Idées sur la météorologie* (2 volumes), dont Kant a lu une recension. Dans sa *Réflexion* n° 65 (Ak XIV, 484), Kant cite un extrait de la recension parue en 1788 dans les *Göttingenschen Anzeigen von gelehrten Sachen* de l'ouvrage de météorologie de De Luc, relatif à la classification des corps atmosphériques en quatre classes : 1) les vapeurs (composées de feu et d'eau), 2) les corps hygroscopiques (composés d'eau et d'air), 3) les corps mêlés à la matière lumineuse et 4) les fluides aériformes (composés d'un fluide déférent et d'une matière pesante).

n'éclipse jamais totalement la référence à Stahl, ou à un certain stahlisme, du moins jusqu'en 1790. Jusqu'à cette date, il reste très favorable au modèle chimique stahlien, modèle unilatéral qu'aucun autre ne vient concurrencer, tant en ce qui concerne la classification des éléments-principes qu'en ce qui concerne la combustion. En revanche après 1790, Kant, enregistrant les progrès récents de la chimie, reconnaît que le vrai et seul représentant de la science chimique moderne est Lavoisier, ou plutôt, Lavoisier réinterprété dans l'horizon de la terminologie stahlienne.

LA FIGURE PÉRIPHÉRIQUE DE LAVOISIER, RÉFORMATEUR ET DÉCOUVREUR DE TALENT

En réalité, à la fin de sa vie, Kant refuse de choisir entre chimie allemande et chimie française. Il n'opte ni pour Stahl, ni pour Lavoisier, mais pour une synthèse de leurs deux systèmes. Ce faisant, il se contente d'adopter les positions, alors dominantes en Allemagne, des chimistes néophlogisticiens, partisans d'une reformulation de la découverte de Lavoisier (combustion = oxydation) dans le cadre de la théorie stahlienne (combustion = déphlogistication). La synthèse qu'opère Kant dans les dernières années de sa vie (1790-1804), de la nouveauté de Stahl et de celle de Lavoisier en chimie, illustre plus généralement sa compréhension de l'histoire téléologique des sciences, où, à une « révolution subite », instauratrice d'une nouvelle science, succèdent des réformes ponctuelles et périphériques, éphémères et superficielles, selon le caractère propre aux Français (*Anthropologie*).

Si la chimie kantienne est, durant toute la période précritique et critique (1754-1790), plus favorable à Stahl qu'à Lavoisier, dont Kant ignore alors presque tout, en revanche, la chimie kantienne des dernières années (1790-1804) est plus favorable à la nouvelle chimie de Lavoisier, ou du moins, tente une synthèse réconciliant Stahl et Lavoisier dans un unique corps cohérent de doctrines. Mais cette conversion du dernier Kant à la nouvelle chimie de Lavoisier ne signifie nullement un abandon des doctrines stahliennes, comme si celles-ci devaient perdre leur caractère de nouveauté originale et fondatrice. La synthèse néophlogisticienne kantienne consiste à maintenir à Stahl et à Lavoisier leur caractère de nouveauté, mais en les hiérarchisant, en intégrant l'un à l'autre. Kant établit en effet entre Stahl et Lavoisier non pas tant une différence de nature que de degré. *Stahl* serait seul véritablement et *absolument novateur*, dans la mesure où il incarne une *révolution-illumination* radicale, qui ne se contente pas de parfaire la chimie existante, mais crée pour la première fois la chimie comme science. C'est un *génie créateur* et *inventeur*, autant qu'on puisse parler de génie en science, par analogie avec le génie proprement créateur des beaux-arts. En revanche, *Lavoisier* apparaît à Kant comme un *réformateur de talent découvrant* un nouveau principe, plus que comme un révolutionnaire de génie inventant, créant *ex nihilo* une théorie. *A travers les exemples de Stahl et Lavoisier, Kant distingue ainsi révolution et réforme, génie et talent, invention et découverte.* Il fait de la nouveauté stahlienne une nouveauté de puissance 2, intégrant en elle la nouveauté postérieure, atténuée, affaiblie, de puissance 1, de Lavoisier. C'est en termes d'intégration de puissances que Kant interprète les nouveautés respectives de Stahl et Lavoisier.

Le principal changement d'attitude de Kant à l'égard de la chimie stahlienne concerne la théorie de la combustion, elle-même adossée à la chimie pneumatique et calorique. Pour autant, Kant n'adhère pas totalement à la nouvelle chimie antiphlogistique de Lavoisier. 1) D'abord pour des raisons historiques et scientifiques : Lavoisier n'est ni le premier, ni le seul à repenser (si ce n'est à dénoncer) la doctrine stahlienne de la combustion comme déphlogistication. En France, dès les années 1750[43], Guillaume François Rouelle[44] et Venel considèrent que, lors de la combustion, l'air n'est pas un simple véhicule mécanique (comme pour Stahl) ou *hypomochlion* (comme pour Kant) du phlogistique libéré par le corps, mais bien une matière chimiquement active, au moins dans l'une de ses parties. Rouelle et Venel font en effet de l'air un élément chimique constitutif des corps mixtes, même s'ils continuent à admettre le concept stahlien de déphlogistication des corps. 2) Ensuite, pour des raisons propres à la philosophie kantienne et à sa conception du

43. Venel, article « Chymie » (1753) dans l' *Encyclopédie ou Dictionnaire raisonné des sciences, des arts et des techniques*, Diderot et d'Alembert, Stuttgart, Friedrich Fromann Verlag, 1966, et Fourcroy, article « Chymie » de l'*Encyclopédie méthodique*.

44. Chimiste et apothicaire français (1703-1770).

devenir téléologique des sciences : Kant, même converti à Lavoisier, reste fidèle si ce n'est à Stahl même, du moins à un stahlisme tardif et revisité. Chez lui, chaque éloge de Lavoisier est nuancé, de sorte qu'on ne peut parler de vrai « enthousiasme » de Kant pour Lavoisier[45]. Si les derniers textes de Kant témoignent de son ouverture aux nouvelles doctrines de Lavoisier, ils soulignent aussi la fidélité continue de Kant à Stahl. A la fin de sa vie, Kant considère encore que Stahl fut le *premier*, à défaut d'être le *seul*, à révolutionner la chimie et à la faire entrer sur la voie sûre de la science. Il s'est bien converti de Stahl à Lavoisier, mais timidement et tardivement, comme en témoignent les deux textes suivants.

La Préface à la Doctrine du droit *de 1797*

La Préface à la *Doctrine du droit* est l'un des premiers textes à louer Lavoisier, allant jusqu'à en faire l'unique représentant (non le fondateur) de la science chimique moderne. Ici comme dans les *Prolégomènes à toute métaphysique future*[46], Kant associe révolution chimique et révolution critique et prolonge le parallèle, esquissé dès 1783, entre histoire de la chimie et histoire de la philosophie. La question du statut scientifique de la chimie est ici posée dans le cadre plus vaste de la question de l'unicité de la science et de la philosophie.

> Comme objectivement il ne peut y avoir qu'*une* raison humaine, il ne peut pas non plus y avoir plusieurs philosophies, c'est-à-dire qu'il n'est possible qu'un seul vrai système de la raison à partir de principes [...]. C'est ainsi que le moraliste a raison de dire : il n'y a qu'*une* [...] doctrine de la vertu [...] ; le chimiste : il n'y a qu'*une* chimie (celle de *Lavoisier*) ; le *professeur de médecine* : il n'y a qu'*un* principe au système de classification des maladies (celui de *Brown*), sans toutefois pour autant, sous prétexte que le *nouveau système* exclut tous les autres, rabaisser le mérite des Anciens (moralistes, chimistes et professeurs de médecine), parce que, sans leurs découvertes ou

45. Comme le fait M. Friedman dans *Kant and the exact Sciences*, Cambridge University Press, 1992.

46. § 60, « Solution de la question générale des prolégomènes », Ak IV, 366 ; Pl. II, 152.

même leurs tentatives ratées, nous ne serions pas parvenus à l'unité du vrai principe constituant toute la philosophie en un système [47].

Kant reconnaît ici à Lavoisier le mérite d'incarner la seule vraie chimie scientifique existante. Toutefois, la supériorité historique de Lavoisier ne signifie pas qu'on doive renier l'ancienne chimie de Stahl. Les découvertes, voire les erreurs de Stahl ont été nécessaires à l'avènement de la chimie scientifique moderne. Elles ont fait progresser la chimie sur la voie sûre de la science. Si, à un moment donné, il n'y a qu'une seule vraie chimie, ceci n'invalide pas les anciennes formes de savoir qui l'ont précédée et rendue possible. Les étapes antérieures de la chimie, loin d'être caduques, apparaissent nécessaires à la lumière du *telos* qu'elles ont révélé : la naissance d'une science, puis l'amélioration de son degré de scientificité. La gloire des premiers chimistes n'est donc nullement ternie par celle de leurs successeurs. Au contraire, il faut qu'il y ait Aristote, Paracelse, Stahl pour que le mérite de Lavoisier éclate. Leurs doctrines, fussent-elles erronées, sont indispensables au progrès de la chimie. *Kant ne minimise donc nullement le mérite des anciens chimistes lors même qu'il loue Lavoisier.* A l'instar de Pascal, dans la Préface au *Traité du vide*, louant la continuité de la communauté scientifique unie dans son effort vers le vrai, il propose une solution nuancée à la querelle des Anciens et des Modernes. Kant ne prend parti unilatéralement ni pour les premiers, ni pour les seconds, car, selon lui, les Modernes ne seraient rien sans les Anciens, les Anciens rien sans les Modernes. Tous contribuent, chacun à leur tour et au niveau d'investigation qui leur est propre, à l'édification téléologique de la seule vraie philosophie et de la seule vraie science. Ainsi, les recherches, même infructueuses, des anciens chimistes sont nécessaires aux découvertes des chimistes modernes, qui les dépassent seulement provisoirement et qui seront un jour eux-mêmes dépassés par d'autres. Le progrès de la connaissance est conquête de l'unité du principe. Dans le cas de la chimie de la combustion, Kant reconnaît implicitement que l'unité du principe explicatif de Stahl (la phlogistication) est moindre que l'unité du principe explicatif de Lavoisier (l'oxydation). La quasi-totalité des opérations chimiques se ramenant

47. *Doctrine du droit*, Préface, Ak VI, 207; Pl. III, 451-452.

à des oxydations et réductions[48], le principe de Lavoisier est plus unifiant, économique et fécond que le principe phlogistique, qui n'explique que la combustion. De plus, la doctrine de Lavoisier est directement vérifiée par l'expérience, puisqu'il est possible d'isoler l'oxygène, par exemple au moyen de la pile électrique[49], alors que celle de Stahl ne peut être vérifiée qu'indirectement par l'expérience au moyen d'un artifice de pensée (hypothèse du poids négatif du phlogistique chez les phlogisticiens tardifs). Mais pour autant, le phlogistique ne doit pas être abandonné au profit de l'oxygène. Il doit plutôt être intégré harmonieusement à la nouvelle chimie de l'oxygène. *L'ancien, qui fut en son temps nouveau, doit intégrer en lui, s'amalgamer à la dernière nouveauté.* Kant reconnaît que si l'entrée de la chimie dans la voie sûre de la science a été marquée par l'unique et fondamentale révolution stahlienne, le progrès de la chimie sur la voie ascendante de la scientificité est ensuite jalonné par de multiples réformes, dont celle de Lavoisier. Mais il n'y a pas de rupture épistémologique en dehors de la première révolution de Stahl, instauratrice d'une nouvelle science (par la méthode plus que par l'objet ou le champ étudié). La supériorité relative d'un système scientifique tient seulement au pouvoir unificateur de son principe explicatif fondamental. Chaque réforme apporte ensuite plus d'unité à la science. Tout se passe comme si, pour Kant, la chimie de Stahl continuait à vivre dans celle de Lavoisier, comme si la chimie de

48. Termes forgés après la chimie de Lavoisier.

49. Sur la découverte de l'oxygène et les querelles de priorité qu'elle a pu susciter, cf. T. S. Kuhn, *La Tension essentielle. Tradition et changement dans les sciences*, Paris, Gallimard, 1991, chap. VII : « La structure historique de la découverte scientifique », p. 234-239. Kuhn souligne la structure complexe, stratifiée, médiate, étendue dans le temps, et non instantanée, de la découverte de l'oxygène, qui comprend en réalité trois étapes. 1) Grâce aux travaux antérieurs de Black, Bayen ouvre la voie à la découverte de l'oxygène, en découvrant, en mars 1774, que le précipité rouge du mercure (HgO) produit, lorsqu'il est chauffé, un gaz, que Bayen identifie comme étant de l'air fixe (CO_2). 2) En août 1774, Priestley, reproduisant l'expérience de Bayen, découvre que le produit gazeux issu du précipité mercuriel favorise la combustion et en conclut que ce gaz est de l'air nitreux (N_2O). 3) Enfin, Lavoisier en novembre 1774, puis en février 1775, réitérant l'expérience, découvre que l'air ainsi dégagé n'est ni de l'air fixe, ni de l'air nitreux, mais « l'air lui-même entier sans altération » ou air pur, meilleur que l'air commun, ou encore « air déphlogistiqué ».

l'oxygène était contenue en germe dans la chimie phlogistique, à travers l'hypothèse, commune à Lavoisier et Stahl, du gain ou de la perte d'une certaine matière. Pour Stahl, le corps brûlé *perd* du *phlogistique*. Pour Lavoisier, il *capte* de l'*oxygène*. Leurs chimies de la combustion sont inverses quant au sens de la relation et diffèrent quant à la nature de la substance véhiculée, mais elles ne sont pas incompatibles.

La conversion kantienne de Stahl à Lavoisier implique ainsi plus largement sa conception du progrès téléologique des sciences et de la philosophie et sa réflexion sur l'intégration de nouveautés de degrés différents dans une seule et même histoire de la science. La conversion kantienne de Stahl à Lavoisier n'est donc pas liée à l'évolution contingente des connaissances chimiques qu'avait Kant. Elle illustre sa conception du devenir systématique unifiant des sciences. Le fait que la vérité (relative et plurielle, non absolue et une) apparaisse médiatement, au terme d'une recherche laborieuse, ne signifie pas la complète fausseté des systèmes antérieurs. Bien plutôt, ceci conduit à les réhabiliter. Il n'y a aucune raison de mépriser ni d'encenser unilatéralement Stahl ou Lavoisier. Tous deux trouvent place dans le devenir scientifique de la chimie. Pour Kant, tous deux incarnent un progrès vers plus d'unité systématique en chimie. Chacun à sa façon rapproche la chimie existante de la chimie idéale, qu'est l'Idée de la science chimique unique, totalité architectonique parfaitement organisée et unifiée par un principe rationnel vrai. La vérité de Lavoisier ne peut apparaître que dans et par le moment antérieur historiquement, non inférieur conceptuellement, de Stahl. Ceci explique que l'éloge kantien de Lavoisier soit, dans la Préface de 1797, triplement nuancé. 1) Kant ne formule pas cet éloge en son nom propre ; il ne fait que reprendre ce que les chimistes de son temps affirment. 2) Le nom de Lavoisier, finalement interchangeable, n'est cité ici qu'entre parenthèses. Kant distingue l'affirmation générale portant sur l'unicité de la science, liée à l'Idée rationnelle pure de toute science (« il n'y a qu'*une* seule chimie »), et l'affirmation historique, relative, contingente, susceptible de changer avec le temps (la chimie s'incarne aujourd'hui dans la figure de Lavoisier). 3) Lavoisier n'est rien sans Stahl, en vertu de la téléologie qui préside au devenir des sciences.

Ces trois nuances permettent à Kant de rester fidèle à un certain stahlisme, de ne pas désavouer explicitement le phlogistique, alors même qu'il loue Lavoisier. Si la Préface de 1787 à la première *Critique* considérait, à la limite, comme secondaire le nom de l'inventeur génial qui révolutionne une science en la créant comme telle [50], la Préface de 1797 considère *a fortiori* comme secondaire le nom du découvreur de talent qui réforme cette discipline, une fois celle-ci entrée dans la voie de la science. En fait, la question de savoir *qui* incarne, à une époque, le point culminant de l'unité d'une science et sa plus grande vérité historique, importe peu. A la limite, peu importe que Kant reconnaisse ici à Lavoisier plus qu'à Stahl le mérite d'incarner la seule vraie chimie scientifique. Ceci n'intéresse que le chimiste ou l'historien des sciences, non le philosophe. La chimie de Lavoisier n'est qu'une réforme parmi d'autres. Ceci permet à Kant d'admettre sans contradiction plusieurs réformes (ou révolutions au sens faible) en chimie, comme celle de Lavoisier, tout en préservant une unique révolution inaugurale, celle de Stahl. Si le chemin qui conduit à l'unique vraie chimie scientifique, comme Idée rationnelle pure, est unique en son commencement et en sa fin, il passe par diverses étapes.

Kant fait donc une différence entre Stahl et Lavoisier. Stahl incarne la première et unique révolution (au sens fort) qui fait passer la chimie du rang d'art au rang de science, qui crée la science chimique. Lavoisier incarne la deuxième révolution (au sens faible), qui ne fait que porter plus loin la chimie dans la voie de la science. Stahl est un révolutionnaire au sens fort, Lavoisier, un révolutionnaire au sens faible, ou plus exactement un réformateur, un découvreur de talent plus qu'un inventeur de génie [51]. Si la Préface de 1787

50. « Le premier qui démontra le triangle isocèle (qu'il s'appelât Thalès *ou de tout autre nom*) », *Critique de la raison pure*, Seconde Préface, Ak III, 9; Pl. I, 736; nous soulignons.

51. Venel également attribuait à Stahl le « génie chimiste » (et à Newton le « génie physicien »), mais il en appelait à une nouvelle révolution, après celle de Paracelse, qui placerait enfin la chimie au rang qu'elle mérite, une révolution opérée par un « chimiste habile, enthousiaste et hardi » (Lavoisier ?), qui, bénéficiant de circonstances favorables, saurait réveiller l'attention des savants par une ostentation bruyante, un ton décidé et des raisons bien fondées, cf. Venel, article « Chymie » de l'*Encyclopédie*, tome 3 de 1753.

à la première *Critique* loue le *génie* de Stahl, l'*Anthropologie* loue seulement le *talent* de Lavoisier.

L'Anthropologie du point de vue pragmatique (1798)

> Quelle masse de connaissances, quelle invention de méthodes nouvelles seraient déjà emmagasinées, si un Archimède, un Newton ou un Lavoisier, avec leur *application* et leur *talent*, avaient reçu de la nature, sans que leur force vitale fût diminuée, la faveur d'une longévité plusieurs fois séculaire ? [52].

D'un côté, Kant reconnaît à Lavoisier ce qui fait le génie, la faculté d'inventer des systèmes de connaissances ou de nouveaux principes d'explication, et il le place au même rang qu'Archimède et Newton. *De l'autre*, il ne lui reconnaît que talent et application. Kant souligne ici à la fois l'immensité du talent de Lavoisier, qui confine au génie, et le fait que Lavoisier, par son talent, est plus un réformateur-découvreur qu'un révolutionnaire-inventeur. Kant distingue en effet, dans les arts surtout mais aussi dans les sciences, découverte et invention, réforme et révolution, talent et génie.

> Pour *découvrir* une chose [...], il faut en bien des cas un talent particulier à être au fait de la manière de bien chercher : un don naturel de juger par avance du lieu où trouver peut-être la vérité, de dépister les choses, d'utiliser les moindres motifs d'affinité, pour découvrir ou inventer ce que l'on cherche [...]. *Inventer* une chose est tout autre que la *découvrir*. Car la chose que l'on *découvre* est admise comme préexistante, à cette différence qu'elle était encore inconnue [...] ; ce que l'on *invente*, ainsi la *poudre*, était encore pleinement ignoré avant l'homme de l'art qui en fit la réalisation. La poudre à canon fut utilisée bien avant le temps du moine allemand *Schwarz*, dès le siège d'Algésiras, et son invention semble revenir aux Chinois. Il se peut cependant que ce même Allemand, dans les mains de qui vint cette poudre, ait fait des essais d'analyse (ainsi par lessivage du contenu de salpêtre, par lavage du charbon, par combustion du soufre) et qu'il en ait fait, par cette voie, la *découverte*, mais non l'*invention* [...]. Le talent d'invention porte le nom de *génie*.

52. *Anthropologie*, IIe Partie, § E, Ak VII, 326 ; Pl. III, 1137.

> Cependant, on ne l'attribue jamais qu'à un *artiste*, c'est-à-dire à celui qui s'entend à *créer* quelque chose [53].

Pourtant, quoiqu'on ne doive parler de génie au sens propre que dans les beaux-arts [54], l'invention du principe phlogistique par Stahl

53. *Anthropologie*, IIe Partie, § 57 « De l'originalité de la faculté de connaître ou du génie », Ak VII, 224; Pl. III, 1041.

54. « Le *génie* est le talent (le don naturel) qui permet de donner à l'art ses règles [...]. Le *génie* est la disposition innée de l'esprit (*ingenium*) *par le truchement de laquelle* la nature donne à l'art ses règles [...]. Les beaux-arts ne sont possibles qu'en tant que productions du génie. Il en ressort 1) que le génie est un talent qui consiste à produire ce pour quoi on ne saurait donner de règle déterminée : il n'est pas une aptitude à quoi que ce soit qui pourrait être apprise d'après une règle quelconque; par conséquent sa première caractéristique doit être l'*originalité*; 2) que [...] les productions du génie doivent être également des modèles, c'est-à-dire être *exemplaires*; sans être elles-mêmes créées par imitation, elles doivent être proposées à l'imitation des autres, c'est-à-dire servir de critère ou de règle au jugement; 3) que le génie n'est pas lui-même en mesure de décrire ou de montrer scientifiquement comment il crée ses productions [...]; par conséquent, le créateur d'un produit qu'il doit à son génie ignore lui-même comment et d'où lui viennent les idées de ses créations; il n'a pas non plus le pouvoir de concevoir ces idées à volonté ou d'après un plan, ni de les communiquer à d'autres sous forme de préceptes qui lui permettraient de créer de semblables productions (c'est sans doute la raison pour laquelle le mot génie vient de *genius* qui désigne l'esprit que reçoit en propre un homme à sa naissance pour le protéger et le guider, et qui est la source d'inspiration dont proviennent ces idées originales); 4) qu'à travers le génie la nature prescrit ses règles non à la science, mais à l'art, et dans le cas seulement où il s'agit des beaux-arts », *Critique de la faculté de juger*, § 46 « Les beaux-arts sont les arts du génie », Ak V, 307-308; Pl. II, 1089-1090. Ces quatre caractéristiques du génie artistique – originalité, exemplarité, inexplicabilité ou intransmissibilité et naturalité – valent aussi, *mutatis mutandis*, à un degré moindre, en sciences, où l'on peut parler seulement d'un *analogue de génie*. Le génie scientifique est un analogue par défaut, un pâle équivalent du génie artistique, seul véritable. Ceci autorise, au sein de cette acception faible et dérivée du génie scientifique (Stahl), comparée à l'acception première et forte du génie artistique (Homère, Wieland), une hiérarchisation de talents secondaires (Lavoisier). Kant développe ici une conception exigeante et étroite du génie proprement dit, qui n'existe que dans les beaux-arts. Ce qu'on a coutume d'appeler, en science, le génie de Newton n'est pas un génie au sens propre, au sens du génie créateur dans les beaux-arts, car dans les travaux de Newton tout est explicable, à défaut d'être expliqué. "Même lorsqu'on pense par soi-même ou compose en suivant sa propre inspiration et que l'on ne se contente pas d'appréhender ce que d'autres ont pensé, voire que l'*on invente dans les domaines de l'art et de la science bien des choses*, ce n'est pourtant pas là une raison suffisante pour

relève *davantage* du génie créateur et révolutionnaire, alors que la découverte du principe d'oxydation par Lavoisier relève *davantage* du talent, de l'application et de la réforme. Stahl crée la fonction, le principe, la théorie du phlogistique (qu'aucune expérience directe ne peut isoler). Au yeux de Kant, Stahl invente – par analogie avec l'artiste de génie – un principe *a priori* de la raison, selon lequel 1) *la matière se conserve*[55] et 2) les combustions s'expliquent par un simple *transfert de matière* d'un corps vers un autre. En revanche, selon Kant, Lavoisier ne découvre pas la substance oxygène, ni n'invente une explication radicalement nouvelle de la combustion. De même, dit Kant, le moine allemand Schwarz ne crée pas la poudre à canon, déjà inventée par les Chinois[56]. Lavoisier ne fait que souligner les propriétés (oxydantes et acides) d'un gaz (l'oxygène), après que Priestley, Bayen et Scheele en ont établi l'existence[57]. Toutefois, reconnaît Kant, Lavoisier n'a pas pour autant un simple talent scolaire d'imitation, contraint par des règles reçues de l'extérieur et passivement appliquées. Comme tout découvreur scientifique, il possède les qualités innées (qui ne s'enseignent pas) de juger par avance, l'art inexplicable et intransmissible de dépister la vérité, de

qualifier un tel *cerveau* (souvent puissant) de génie [...]. C'est ainsi qu'*on peut fort bien apprendre tout ce qu'a exposé Newton* dans son œuvre immortelle, les *Principes [mathématiques] de la philosophie de la nature*, si puissant qu'ait dû être le cerveau nécessaire à de telles *découvertes*; mais on ne peut apprendre à composer des poèmes avec esprit [...]. La cause en est que *Newton eût pu montrer de façon tout à fait claire et précise*, non seulement pour lui, mais pour tout autre et pour ses successeurs, toutes les étapes qu'il eut à franchir depuis les premiers éléments de géométrie jusqu'à ses grandes et profondes *découvertes*; en revanche, aucun Homère, aucun Wieland ne peuvent montrer comment dans leur esprit surgissent et s'assemblent leurs idées pleines de poésie et néanmoins tout aussi riches de pensée; parce qu'ils l'ignorent eux-mêmes, et donc ne peuvent l'enseigner à personne d'autre. *Dans le domaine scientifique, il n'y a donc que des différences de degré entre les plus grands inventeurs et les plus laborieux imitateurs et épigones*; en revanche, c'est une différence spécifique qui les sépare de celui que la nature a doué pour les beaux-arts », *ibid.*, § 47, Ak V, 308-309; Pl. II, 1090-1091; nous soulignons.

55. Principe repris plus tard par Lavoisier : « rien ne se crée, rien ne se perd, tout se transforme ».

56. *Anthropologie*, § 57, Ak VII, 224; Pl. II, 1041.

57. Par ailleurs, la chimie postérieure à Kant montrera que Lavoisier s'était fourvoyé en attribuant à l'oxygène une fonction acide, ce que Kant ne pouvait savoir à son époque. Cf. T. S. Kuhn, *loc. cit.*

conduire sa recherche avec bonheur. Il possède le « flair » de découvrir ou d'inventer ce qu'il cherche. Si ce don naturel (à la fois euristique et zététique) de dépister le vrai n'est pas encore chez lui un génie créateur et exemplaire au sens propre, il constitue une sorte de « baguette magique » détectant infailliblement les « trésors de la connaissance »[58], sans que rien n'ait été en cela appris.

> Pour *découvrir* une chose [...], il faut en bien des cas un talent particulier à être au fait de la manière de bien chercher, un don naturel de juger par avance du lieu où trouver peut-être la vérité, de dépister les choses, d'utiliser les moindres motifs d'affinité pour découvrir ou inventer ce que l'on cherche. La logique d'école n'apprend rien à ce sujet ; mais un Bacon de Vérulam donna avec son *Organon* un brillant exemple de la méthode susceptible de mener par l'expérience au dévoilement de la disposition cachée des choses de la nature[59].

Le talent inné de Lavoisier serait donc plus que le talent mécanique et scolaire imitant stérilement des règles données, mais il est moins que le génie créateur d'un Vinci ou d'un Homère dans le domaine des arts et beaux-arts. Lavoisier, à défaut d'être un analogue d'inventeur de génie, comme l'est Stahl, est un *découvreur de talent et de génie*, une figure médiane entre talent au sens faible (scolaire, mimétique) et génie au sens fort (créateur, inventif), capable d'inventer et/ou de découvrir quelque chose de relativement nouveau, sans être absolument original. C'est un talent génial, supérieur au talent mécaniquement cultivé de l'artiste qui se contente d'imiter des modèles, mais inférieur au génie artistique de Vinci, voire au génie scientifique par analogie de Stahl. En chimie, les talents géniaux comme Lavoisier sont nombreux. Kant cite, dans l'*Anthropologie*, l'exemple des chimistes qui découvrirent la force magnétique ou l'électricité atmosphérique. Le découvreur n'invente pas quelque chose, comme dans le cas de l'invention de la boussole ou de l'aérostat. Il met au jour quelque chose de préexistant, en lui conférant seulement un statut nouveau, qu'il n'avait pas auparavant. L'originalité très relative de la découverte de Lavoisier ne consiste

58. *Anthropologie*, B « De la sagacité ou du don de recherche », § 56, Ak VII, 223-224 ; Pl. III, 1041.

59. *Ibid.*, Ak VII, 223-224 ; Pl. II, 1040-1041.

pas à établir l'existence de l'oxygène, en l'isolant, mais à conférer à ce gaz un rôle explicatif unifiant dans toutes sortes de phénomènes. Ainsi la *Critique de la faculté de juger* et l'*Anthropologie* développent-elles une conception exigeante du génie, limitée au sens propre à la seule sphère des beaux-arts, mais susceptible d'être étendue, par analogie, à la sphère scientifique. En chimie, seule l'invention stahlienne du phlogistique se rattache, *per analogiam*, au génie créateur, original et exemplaire des beaux-arts. Le phlogistique stahlien, en tant que fiction euristique réduisant les combustions métalliques au transfert d'une unique matière, est donc ce qui, en science, ressemble le plus à l'invention de génie dans les beaux-arts, révolution, innovation au sens fort.

Pourtant, le fait que Kant nomme désormais Lavoisier, et non plus Stahl, pour incarner le talent génial en chimie est nouveau par rapport aux textes d'avant 1790. Kant accorde de plus en plus d'importance à Lavoisier, même si celui-ci ne supplante jamais totalement Stahl. Mais si Kant accepte peu à peu les doctrines de Lavoisier, c'est au prix de leur insertion, et donc de leur dilution, dans le cadre théorique du phlogistique stahlien. Kant n'adhère pas d'un seul coup à la nouvelle chimie. Il s'agit en fait d'une lente et progressive *évolution*, plus que d'une *conversion-révolution* radicale par laquelle il abandonnerait définitivement toute référence au phlogistique stahlien[60]. On peut reconstituer les trois moments (en un sens non chronologique, mais logique) de la conversion-évolution de Kant à la chimie de Lavoisier.

1) *Premier moment* : Kant adopte la chimie pneumatique anglaise de Black, Priestley[61], Cavendish[62] ou encore du Suédois Scheele. Cette nouvelle chimie établit l'existence d'un grand nombre d'airs, gaz ou fluides aériformes jusqu'alors inconnus. Mais pour autant, l'air atmosphérique peut être considéré soit comme simple, soit comme composé de ces différents gaz. C'est précisément l'un des enjeux de la controverse du phlogistique Stahl-Lavoisier. Par

60. En fait, Kant se refuse à reconnaître à la chimie antiphlogistique de Lavoisier le caractère d'une nouvelle *science*, mais se contente de lui reconnaître celui de nouvelle *chimie* (parmi d'autres chimies).

61. Joseph Priestley, chimiste anglais (1733-1804).

62. Henry Cavendish, physicien et chimiste anglais (1731-1810).

exemple, Macquer, Priestley et Kirwan admettent une pluralité de gaz, mais les considèrent comme dérivés d'un unique air atmosphérique, d'où leurs noms : « *air* phlogistiqué », « *air* déphlogistiqué », « *air* fixe », « *air* inflammable » etc. En revanche, pour Lavoisier, héritier plus audacieux de la nouvelle chimie pneumatique, l'air, ou du moins l'un de ses composants, l'air vital ou pur (oxygène), cesse d'être un simple véhicule passif, comme chez Stahl, pour devenir chimiquement actif et capable de se lier par combinaison ou « intussusception »[63] à d'autres corps. Cette double découverte de Lavoisier (l'air est composé de divers gaz, dont certains, comme l'oxygène, peuvent entrer dans des combinaisons chimiques avec d'autres corps) pousse Kant à rompre avec la chimie stahlienne. Mais la position kantienne des années 1775-1786 reste ambiguë. Kant soutient alors à la fois la doctrine stahlienne de la simplicité et de la passivité chimique de l'air (dans sa première *Critique*) *et* la nouvelle doctrine pneumatique de Lavoisier reconnaissant une diversité de gaz et un rôle actif à l'oxygène (dans ses deux opuscules *Des Différentes races humaines* de 1777[64] et *Définition du concept de race humaine* de 1785[65]).

2) *Deuxième moment* : Kant adopte la doctrine du calorique (de Black, Wilcke, Laplace[66], Lavoisier et Gehler), dont l'*Opus postumum* et sa théorie de l'éther calorique et lumineux portent trace. Entre 1757 et 1764, Black distingue chaleur spécifique et chaleur latente, cette dernière étant responsable de la liquéfaction et de la vaporisation des corps, indépendamment de l'augmentation de la température extérieure, mesurable au thermomètre. Puis Wilcke en 1772, Lavoisier en 1777 et Laplace en 1783 théorisent ces acquis sur la chaleur latente (interne) et la chaleur libre (thermométrique). Pour Lavoisier, la chaleur latente est une matière calorique fluide et subtile, qui se combine chimiquement avec le corps selon des lois

63. Selon l'expression que Kant dit emprunter au langage habituel des chimistes de son temps (*Premiers principes métaphysiques de la science de la nature*, « Remarque générale sur la dynamique », Ak IV, 531 ; Pl. II, 448).

64. Ak II, 440.

65. Ak VIII, 98-104.

66. Pierre Simon Laplace, physicien, astronome et mathématicien français (1747-1827).

d'affinité, qui est responsable du réchauffement ou du refroidissement du corps, mais qu'on ne peut isoler expérimentalement. La chaleur spécifique définit la capacité qu'a un corps à absorber de la chaleur latente. Lavoisier, dans ses *Eléments de chimie* de 1789, synthétisant la doctrine mécaniste (héritée de Newton) et la doctrine du calorique comme matière (héritée de Euler), explique les changements d'état du corps par l'augmentation ou diminution de la quantité de calorique interne, fluide logé dans les interstices du corps. Sur ce point, Kant est d'accord avec lui, même s'il s'inspire aussi d'autres chimistes, tels Black, Hube, Wilcke, Boerhaave, Kästner, Bergman, Scheele, Musschenbroek, Gehler, Eberhard, Baader[67] ou Aepinus[68]. La conversion de Kant aux nouvelles doctrines de la chaleur date des années 1776-1783. Dans les *Réflexions* antérieures à ces dates, Kant reste fidèle aux anciennes doctrines de Crawford et Irvine et à la loi des équilibres thermiques fondée sur la chaleur libre (un corps qui se réchauffe refroidit son environnement, et inversement un corps qui se refroidit réchauffe son environnement). A cette époque, il rejette, comme Crawford et Irvine, l'idée que la matière calorique latente puisse se combiner chimiquement avec le corps. Mais il évolue au gré de ses lectures, de plus en plus influencé par Lichtenberg, partisan de la nouvelle chimie calorique. Lichtenberg, s'inspirant de Lavoisier, admet une combinaison chimique affine entre le corps et la matière calorique liée (interne). Mais c'est surtout à partir de 1794, date de la parution de la sixième édition des *Anfangsgründe der Naturlehre* d'Erxleben, que Lichtenberg, qui en rédige la préface, proclame le triomphe de Lavoisier et convertit durablement Kant.

Cette conversion progressive de Kant (*via* des chimistes comme Lichtenberg) à Lavoisier s'accompagne aussi d'une confiance croissante dans le statut scientifique de la chimie. Après les doutes de 1786 sur le caractère proprement scientifique de la chimie, Kant reconnaît de plus en plus à celle-ci le statut de science rationnelle au sens propre, en dépit de sa partie empirique appliquée. Ce revirement, Kant l'emprunte ici encore à Lichtenberg, qui revalorise le

67. Franz Xaver von Baader, théologien et philosophe allemand de la nature (*Naturphilosoph*) (1765-1841), auteur entre autres de *Vom Wärmestoff*.

68. Franz Ulrich Hoch Aepinus, physicien et médecin allemand (1724-1802).

statut scientifique de la chimie par rapport aux mathématiques et à la physique, traditionnellement jugées plus scientifiques. Lichtenberg remet en cause la subordination classique de la chimie à la physique, dont Kant était encore prisonnier dans ses *Premiers principes métaphysiques* de 1786. Il émancipe la chimie de la tutelle de la physique. Un signe du nouvel optimisme kantien à l'égard de la chimie comme science est l'évolution des exemples entre la première et la seconde édition de la *Critique de la raison pure.* Alors que Kant, dans la première édition de 1781, illustrait la catégorie de causalité, dans la « Deuxième analogie de l'expérience », par l'exemple mécanique du bâteau descendant un fleuve, dans la seconde édition de 1787, il le remplace par l'exemple chimique du changement d'état d'un corps, passant de l'état fluide à l'état solide (congélation de l'eau).

3) Enfin, *troisième moment* de la conversion kantienne à la nouvelle chimie : Kant adopte les deux thèses de Lavoisier, que sont la combustion-oxydation et la décomposition de l'eau en oxygène et hydrogène. Plus exactement, il fait sienne la position des chimistes néophlogisticiens, tels que Cavendish ou Kirwan[69]. Comme eux, il tente une synthèse de Stahl et de Lavoisier : le corps brûlé capte de l'oxygène, mais libère du phlogistique. Le phlogistique de Stahl, principe combustible qui s'échappe du corps calciné, devient l'air inflammable des nouveaux chimistes. Les néophlogisticiens, auxquels Kant se rattache, partagent aussi avec Stahl l'idée selon laquelle les métaux sont composés de *phlogistique* et d'une base (chaux ou *oxyde* métallique). Lavoisier même utilise le mot « phlogistique », courant parmi les chimistes d'alors, au moins jusqu'en 1777, date à laquelle il rédige ses *Réflexions sur le phlogistique*, où il montre que la chaleur dégagée lors de la combustion ne vient pas du métal calciné, mais de l'oxygène qui libère son calorique interne pour s'unir au corps métallique combustible (phlogistiqué). Cette synthèse néophlogisticienne de Lavoisier et Stahl, qui caractérise la dernière chimie kantienne des années 1790-1804, s'inspire des manuels de chimie d'Erxleben (*Anfangsgründe der Naturlehre* de 1772), de Karsten (*Anleitung zur gemeinnützlichen Kenntnis der Natur* de 1783), de Baader (*Vom Wärmestoff* de 1786), de Gehler (articles « Phlogis-

69. B. Bensaude-Vincent et F. Abbri (éd.), *Lavoisier in european Context. Negotiating a new Language for Chemistry*, Science History Publications, 1995.

tique », « Chaleur » et « Système antiphlogistique » de son *Physikalisches Wörterbuch* de 1787-1793), de Girtanner (*Anfangsgründe der antiphlogistischen Chemie* de 1792) et de Lichtenberg (notes à la sixième édition de 1794 des *Anfangsgründe der Naturlehre* d'Erxleben).

Fin 1780 (*Réflexion* n° 64), début 1790 (*Critique de la faculté de juger*, § 58), Kant amorce sa conversion à la nouvelle chimie des gaz, du calorique, de la combustion-oxydation et de la décomposition de l'eau. Il admet désormais la thèse de Lavoisier sur la combinaison chimique de la matière calorique avec les corps. Mais même en 1790, l'éloge kantien de la nouvelle chimie antiphlogistique de Lavoisier reste nuancé. La *Réflexion* n° 66 datée de 1790 propose, dans la lignée des néophlogisticiens, une synthèse du phlogistique de Stahl et de l'oxygène de Lavoisier, *sans trancher entre les deux*. Kant ne nie pas le système de Stahl au profit de celui de Lavoisier, comme si celui-ci pouvait se substituer purement et simplement à celui-là. Il les maintient côte à côte comme deux manières différentes, mais complémentaires, d'expliquer le phénomène de combustion. La *Réflexion* n° 66 est historiquement capitale pour évaluer l'ultime position de Kant à l'égard de la chimie phlogistique de Stahl et de la chimie antiphlogistique de Lavoisier. Elle illustre la façon dont Kant conçoit, en les juxtaposant, voire en les intégrant l'un à l'autre, les deux types de nouveautés qu'incarnent en chimie Stahl et Lavoisier. Kant désormais admet la doctrine de Lavoisier, mais en la juxtaposant à celle de Stahl, sans l'y substituer. Comme les néophlogisticiens Gehler ou Girtanner, que Kant a lus et dont il subit l'influence, il identifie déphlogistication et oxydation.

> D'après Lavoisier, lorsque quelque chose est, selon Stahl, déphlogistiqué, il s'y ajoute quelque chose qui est de l'air pur [l'oxygène] ; lorsqu'il est phlogistiqué, quelque chose en est retiré qui est l'air pur [70].

Kant transcrit ici la découverte de Lavoisier (tout corps qui brûle capte de l'oxygène) dans l'ancienne terminologie stahlienne (tout corps qui brûle perd du phlogistique). Inversement, la désoxydation est interprétée dans le vocabulaire de Stahl comme une phlogistication. Le phénomène de combustion est le même ; seule change la

70. *Réflexion* n° 66, Ak XIV, 489.

manière de le décrire. Mais en établissant une correspondance entre les deux terminologies, Kant atténue les différences entre ces deux systèmes et vide celui de Lavoisier de son originalité propre. La synthèse néophlogisticienne de Kant le conduit *de facto* à atténuer, voire à nier, la nouveauté scientifique du Français Lavoisier, conformément à la dénonciation, opérée dans l'*Anthropologie*, du goût du peuple français pour des découvertes et nouveautés superficielles et éphémères, qui ne sont pas de vraies innovations. De même, la *Réflexion* n° 73, intitulée « *Über das antiphlogistische Prinzip* », tente de concilier la théorie antiphlogistique de Lavoisier et la théorie phlogistique de Voigt, héritier de Stahl. Ces deux *Réflexions* (n° 66 et 73) témoignent donc de la fidélité de Kant au stahlisme par delà son éloge de Lavoisier. Le phlogistique de Stahl est compatible avec l'oxygène de Lavoisier. Il l'accueille en lui, ce qui est, pour Kant, le vrai critère d'une nouveauté absolue, révolutionnaire, géniale, irréversible, définitive, indépassable, à l'image du caractère allemand. Kant réduit ainsi la querelle Stahl-Lavoisier au sujet de la combustion à une divergence terminologique, finalement mineure, ce qui revient à résorber la nouveauté de Lavoisier dans l'unique et fondamentale nouveauté de Stahl qui sert, ici encore, de référence. La nouveauté de Lavoisier est une nouveauté de degré moindre par rapport à celle de Stahl, qui elle-même n'est une nouveauté révolutionnaire et géniale que par analogie avec le seul vrai génie créateur de l'artiste. Stahl est un révolutionnaire inventif de génie, alors que Lavoisier est seulement, dans la lignée de Stahl, un réformateur-découvreur de talent.

De même, concernant la décomposition de l'eau, après avoir longtemps hésité entre ancienne et nouvelle chimie, entre Allemagne et France, Kant opte finalement pour Lavoisier, quoique tardivement et timidement. Les *Réflexions* n° 72 et 73 datant des années 1793-1794 affirment que l'eau peut être transformée en deux gaz (l'air vital ou air pur déphlogistiqué *et* l'air combustible ou inflammable ou phlogistiqué) par le procédé électro-chimique. Mais à cette époque, Kant ne considère pas encore cette transformation de l'eau en deux gaz comme une décomposition proprement dite de l'eau. Il pense que ces deux gaz (air vital et air combustible) contiennent de l'eau, plus que l'eau ne les contient. L'eau serait la partie pondérale de ces deux gaz, un état d'équilibre électrique entre les pôles, positif et négatif, représentés par les deux électrodes. En s'alliant à certaines particules du calorique, l'eau donnerait tantôt de l'oxygène, tantôt de l'hydrogène. Près de dix ans après que Cavendish a réussi à composer l'eau à partir d'hydrogène et d'oxygène (1783), Kant doute encore. Il faut attendre 1795 pour que sa conversion à la doctrine de Lavoisier soit pleinement achevée et pour que Kant admette, pour la première fois, que l'eau, considérée jusqu'alors par Stahl comme un élément pur, simple, qualitativement homogène et comme un véhicule chimiquement passif, se dissocie en deux gaz (oxygène et hydrogène). C'est cette fois à l'influence du chimiste Gren qu'on doit le ralliement de Kant à la nouvelle théorie de la décomposition de l'eau.

CONCLUSIONS

Kant connaît donc bien les doctrines chimiques d'alors, même s'il en a le plus souvent une connaissance indirecte, de seconde main, *via* des manuels de vulgarisation et des recensions tirées de revues scientifiques. Son abondante documentation en matière de chimie (dont témoignent les ouvrages de sa bibliothèque personnelle et les ouvrages qu'il emprunte à la bibliothèque du château de Königsberg) atteste qu'il a conscience d'être le témoin historique privilégié d'une *double nouveauté* en chimie : celle de *Stahl*, révolution au sens fort, signe d'un génie créateur et inventif (analogue au génie artistique), puis celle de *Lavoisier*, révolution au sens faible, que Kant interprète comme une découverte intermédiaire entre talent et génie, comme une réforme ne bouleversant pas radicalement le cadre théorique et terminologique de la chimie phlogistique de Stahl. Ainsi, Kant se pense lui-même comme témoin d'une seule vraie révolution (celle de Stahl) et d'une réforme interne à cette révolution, qui la prolonge sans la contredire (celle de Lavoisier). Mais pourquoi Kant atténue-t-il l'écart entre Stahl et Lavoisier, au point de résorber, dans ses *Réflexions*, la nouveauté de Lavoisier dans la seule vraie nouveauté de Stahl, fondatrice de la science chimique ? Il ne faut pas y voir seulement l'influence de ses lectures néophlogisticiennes, ni une préférence pour la chimie allemande et pour le caractère national allemand, mais plus profondément une marque de sa conception continuiste et téléologique du devenir des sciences, où nul moment ne supplante définitivement les moments antérieurs, et où le savoir se construit par stratifications successives. Pourquoi inversement, *malgré* sa conception téléologique de l'histoire des sciences, Kant maintient-il jusqu'au bout une différence (si ce n'est de nature, du moins de degré) entre la révolution géniale et inventive de Stahl *et* la réforme-découverte talentueuse de Lavoisier ? Pourquoi *la* vraie révolution chimique est-elle celle de Stahl plus que celle de Lavoisier, contrairement à ce que pensent ordinairement les chimistes et historiens de la chimie ? C'est que, comme l'atteste la Seconde Préface de 1787, Stahl incarne la figure d'une révolution *inaugurale*, la plus importante dans la série en droit infinie des révolutions que traverse cette science. Stahl n'est pas seulement un réformateur-révolutionnaire parmi d'autres au sein d'une chimie déjà constituée comme science. Pour Kant, il est *le créateur* de la science chimique, qui, avant lui, n'était qu'un art.

Si l'on voulait esquisser, pour finir, quelques parallèles avec des thèses épistémologiques plus contemporaines, on pourrait retenir les cinq caractéristiques suivantes de la nouveauté révolutionnaire du phlogistique stahlien, telle que Kant se la représente.

1) Cette nouveauté est *instauration*, voire *émergence* d'une *science nouvelle*, la chimie, et d'une méthode nouvelle (synthèse d'éléments *a priori* et empiriques). La nouveauté du phlogistique stahlien, c'est, selon Kant, de créer une nouvelle science (non une nouvelle discipline), *irréductible aux autres sciences* existantes ou antérieures (comme l'alchimie[71]), et dont l'objet (les modifications qualitatives internes aux matières) est irréductible aux niveaux de réalité antérieurs ou inférieurs (par exemple, les phénomènes chimiques de combustion qu'étudie Stahl sont irréductibles à des phénomènes mécaniques)[72]. La chimie que crée Stahl, par l'invention du principe phlogistique, ne ressemble en effet à aucune discipline antérieure (comme l'alchimie), ni même contemporaine (pour Kant qui subit ici

71. Même si cette distinction entre chimie et alchimie n'existe pas au XVIIe siècle. Elle date du XVIIIe siècle. Cf. les ouvrages de B. Joly, cités en bibliographie.

72. Sur l'émergence comme mode d'apparition de la nouveauté et sur les sens relativement récents du mot « émergence » dans le vocabulaire des sciences, cf. A. Fagot-Largeault, « L'émergence », *Philosophie des sciences*, Paris, 2001, p. 939-1048.

l'influence de Lichtenberg, elle se distingue notamment de la physique et de la mathématique).

2) La révolution stahlienne, telle que la comprend Kant, constitue non une simple modification dans une science chimique déjà constituée comme telle, mais une *crise*, à la fois rupture négative avec le passé *et* solution, libération salutaire, puisqu'ici la crise se résout, littéralement trouve sa solution dans la *naissance*, dans l'*enfantement* d'une nouvelle science, la chimie. La métaphore de l'*accouchement*, de la venue au monde d'une nouvelle science, utilisée au XVIIe siècle plus volontiers que la métaphore politico-juridique plus inquiétante de la *révolution*, laquelle ne triomphera qu'aux XVIIIe et XIXe siècles[73], semble pouvoir s'appliquer à la lecture que fait Kant de la crise phlogistique stahlienne. Ici, le mot « crise » désigne tout autant, selon la définition de Littré, « un changement qui survient dans le cours d'une maladie », que sa résolution heureuse, qui peut être (selon Jean de Gorris, *Definitiorum medicarum*, 1622) de trois sortes : a) par *solutio* (au terme de laquelle la maladie est résolue sans grande perturbation), b) par *permutatio* (du meilleur vers le pire ou du pire vers le meilleur) ou c) par *depulsio* (par laquelle la nature se débarrasse de ce qui la gêne, en l'expulsant hors d'elle, comme lors d'un accouchement)[74]. Dans ce dernier sens, la crise stahlienne du phlogistique, telle que la voit Kant, se dénouerait donc par une *dépulsio*, synonyme ici de naissance d'une nouvelle science : la chimie moderne.

3) La nouveauté de l'invention stahlienne du phlogistique vue par Kant est semblable à ce que sera plus tard, dans un autre domaine, selon Canguilhem[75], la création d'une nouvelle science, la biologie ou science du vivant, avec la publication révolutionnaire, irréductible aux thèses antérieures, par Darwin en 1859 de l'*Origine des espèces*. La description par Canguilhem de l'invention darwinienne

73. Après la réhabilitation de la Révolution française de 1789. Cf. B. Cohen, *Revolution in science*, The Belknap Press of Harvard University Press, 1987, Préface, p. XI-XX et Introduction, p. 3-25.

74. B. Balan, « Introduction », dans *Les Crises de la pensée scientifique et leur résolution historique*, p. 7.

75. G. Canguilhem, *Idéologie et rationalité dans l'histoire des sciences de la vie*, chap. II « Sur l'histoire des sciences de la vie depuis Darwin », Paris, Vrin, 1993, p. 101-119.

(qui, comme toute authentique invention, est sans « précurseurs »[76]) d'une nouvelle science de la vie, comme « changement d'échelle de l'objet d'étude » et « nouvelle façon d'interroger » (comparable à la création de la science psychanalytique par Freud ou astronomique par Galilée) correspond à la description par Kant de la nouveauté de la méthode stahlienne.

4) En revanche, si pour Kuhn, une découverte scientifique suppose une structure ternaire (anomalie, crise et changement de paradigme) et un développement spatio-temporel complexe, comme en témoignent, par exemple, les découvertes de l'oxygène (par Scheele, Bayen, Priestley et Lavoisier), de la planète Uranus (par Herschel et Lexell) ou encore des rayons X (par Roentgen), si elle nécessite des étapes[77], Kant fait, quant à lui, abstraction, dans sa lecture de la chimie stahlienne, de cette dimension construite et médiée de la découverte. Il laisse volontairement de côté le détail de la méthode expérimentale de Stahl, pour y voir davantage une invention-illumination subite, fonctionnant selon le schéma de la création originale du génie artistique.

5) Enfin, Kant admet que l'invention de Stahl, pour être subite, n'est pas pour autant purement fortuite, accidentelle, inattendue. L'alchimiste, cité dans l'*Anthropologie*, qui découvrit le phosphore par hasard n'est pas un véritable révolutionnaire. De même, pour A. Brannigan[78], une découverte scientifique n'est jamais faite par hasard. Elle répond toujours à une attente et s'inscrit dans un programme de recherche préalable. On reconnaît la découverte scientifique essentiellement à quatre critères. Elle doit être a) reconnue par le grand public, par la société, mais aussi par la communauté scientifique elle-même ou, au XVIIIe siècle, par les savants ou le public éclairé, b) vraie, valide, efficace, confirmée par l'expérience, c) motivée par une programme de recherche et d) faire l'objet d'une communication première et originale, sans antécédent. Or

76. G. Canguilhem, *Études d'histoire et de philosophie des sciences*, « Sur l'objet de l'histoire des sciences », Paris, Vrin, 1983, p. 20-23.

77. Kuhn, *La Structure des révolutions scientifiques*, Paris, Champs-Flammarion, 1983, chap. « Anomalie et apparition des découvertes scientifiques » et *La Tension essentielle*, chap. VII « La structure historique de la découverte scientifique ».

78. Brannigan, *Le Fondement social des découvertes scientifiques*, chap. 5 « Découverte et production de sens », p. 124-135.

l'invention par Stahl du principe phlogistique, telle que Kant la présente, répond à ces quatre critères sociologiques : a) elle est reconnue comme telle par ses contemporains ; b) elle est tenue pour vraie et valide, même encore à l'époque de Kant par la plupart des chimistes allemands ; c) elle est le fruit de dispositifs expérimentaux (calcination des métaux) et d) elle est sans équivalent dans le passé, le principe phlogistique n'ayant jamais été formulé de cette manière avant Stahl.

Après avoir salué le choc violent, profond, inoubliable et irréversible que fut l'entrée révolutionnaire avec Stahl de la chimie dans la voie de la science, Kant loue ensuite, mais avec moins d'ardeur, la réforme progressive, plus faiblement innovante, de Lavoisier. Il intègre ainsi à un sens fort de la nouveauté scientifique, comme révolution inaugurale (tranchant avec l'esprit conservateur du caractère allemand), un sens faible, celui de simple réforme (correspondant au goût français pour des nouveautés apparentes, éphémères, superficielles). La chimie de Lavoisier, dans la façon dont elle se qualifie elle-même d'*anti*-phlogistique, dont elle se construit *contre* l'ancien système de Stahl, prouve qu'elle est plus une réforme qu'une vraie révolution. La progressive conversion kantienne de la chimie phlogistique de Stahl à la chimie antiphlogistique de Lavoisier illustre ainsi l'attachement profond de Kant, par delà la grandeur des révolutions, à la voie douce des réformes et son effort pour intégrer différents degrés de nouveauté dans le devenir téléologique d'une science. Ce que la chimie apporte à la démonstration, que n'apportent pas aussi nettement l'astronomie, la physique ou la mathématique, c'est un exemple de hiérarchisation de plusieurs types de nouveauté, d'intégration d'une nouveauté de faible puissance dans une nouveauté de puissance supérieure. Si Kant ne hiérarchise pas explicitement les génies révolutionnaires de la physique entre eux (Bacon, Torricelli, Galilée, Archimède, Copernic, Kepler, Newton), il hiérarchise explicitement les chimistes, permettant ainsi de distinguer au moins deux styles de nouveauté en science : la nouveauté faible de la réforme, simple découverte de talent, *et* la nouveauté forte de la révolution-illumination, manifestation d'un analogue de génie proprement inventeur et créateur.

BIBLIOGRAPHIE

Sources

KANT, *Œuvres philosophiques*, « Bibliothèque de la Pléiade », Paris, Gallimard, 1980-1986, 3 tomes et *Kants gesammelte Schriften*, hrsg. von der Preussischen Akademie der Wissenschaften zu Berlin, Berlin, 1902.
– *Opuscules sur l'histoire*, Paris, GF-Flammarion, 1987.

Ouvrages de physique et de chimie consultés par Kant :

BATSCH (August Johann Georg Carl), *Versuch einer historischen Naturlehre oder einer allgemeinen und besonderen Geschichte der körperlichen Grundstoffe. Erster chemischer Teil* (1789).
BOYLE (Robert) [79], *Opera varia* (1677).
CAVALLO (Tiberio) [80], *Abhandlung über die Natur und Eigenschaften der Luft und der übrigen beständig elastischen Materien nebst einer Einleitung in die Chemie (1783)* et *Vollständige Abhandlung der theoretischen und praktischen Lehre von der Electricität nebst einigen Versuchen* (1783).
CRONSTEDT (Axel Fredrik von) [81], *Versuch einer Mineralogie* (1770),
EBERHARD (Johann August) [82], *Erste Gründe der Naturlehre* (1753),
ERXLEBEN (Johann Christian Polycarp), *Anfangsgründe der Naturgeschichte* (1768) ; *Anfangsgründe der Naturlehre* (1772) ; *Anfangsgründe der Chemie* (1773-1775) ; *Physikalisch-chemische Abhandlungen* (1776) et *Grundriß der Experimentalchemie* (1786).
GEHLER (Johann Samuel) [83], *Physikalisches Wörterbuch oder Versuch einer Erklärung der vornehmsten Begriffe und Kunstwörter der Naturlehre* (1787-1798).
GMELIN (J. F.), *Einleitung in die Chemie zum Gebrauch auf Universitäten* (1780).
GIRTANNER (Christoph), *Anfangsgründe der antiphlogistischen Chemie* (1792).
GREN (F. A. K.), *Grundriß der Chemie* (1796).
HAGEN (Karl Gottfried), *Grundsätze der Chemie durch Versuche erlaütert* (1796).
HALES (Stephen) [84], *Statik der Gewächse oder angestellte Versuche mit dem Saft in Pflanzen und ihrem Wachstum, nebst Proben der in Körpern befindlichen Luft. Zum Annehmen und Verbesserung der Chemie* (1748).

79. Physicien et chimiste irlandais (1627-1691).
80. Physicien italien (1749-1809).
81. Chimiste suédois (1722-1765).
82. Philosophe et scientifique allemand (1739-1809), adversaire de Kant.
83. Physicien et chimiste allemand (1751-1795).

HANOV (Michael Christoph), *Philosophiae naturalis sive physicae dogmaticae,* notamment le tome 2 continens *aerologiam et hydrologiam vel scientiam aeris et aquae* (1765).

HARTMANN (Johann Friedrich), *Abhandlung von der Verwandschaft und Lehnlichkeit der electrischen Kraft* (1759).

KARSTEN (Wenceslaus Johann Gustav), *Anfangsgründe der Naturlehre* (1780).

KICHTENBERG (Georg Christoph)[85], *Vermischte Schriften* (1801).

MACQUER (Pierre-Joseph)[86], *Dictionnaire chimique,* que Kant connaît dans la traducion allemande qu'en a donnée en 1782 Johann Gottfried Leonhardi, sous le titre *Chemisches Wörterbuch oder allgemeine Begriffe der Chemie nach alphabetischer Ordnung.*

MUSSCHENBROEK (Peter von), *Grundlehren der Naturwissenschaft* (1747).

NEWTON (Isaac), *Optice sive de reflexionibus, refractionibus, inflexionibus et coloribus lucis* (1719)[87].

RIEFSCH (Johann Gottfried), *Abhandlung von der Erzeugung des Salpeters* (1750).

TEICHMEYER (Hermann Frideric), *Institutiones chemiae dogmaticae et experimentalis in quibus chimicorum principia instrumenta, operationes et producta* (1729).

WAIK (Jacob Heinrich Siegmund), *Abhandlung von der Electricität und deren Ursachen* (1745).

WALLERIUS (Johann Gottschalk), *Der Physischen Chemie erster Teil, welcher von der Natur und Beschaffenheit der Chemie überhaupt von ihrer Geschichte, Zeichen, sowohl leidenden als wirkenden Werkzeugen und endlich von den Arbeiten und hervorgebrachten chemischen Körpern auf systematische Art handelt* (1761) et *Mineralogie oder Mineralreich* (1763).

Littérature secondaire

BACHELARD G., *Le Nouvel esprit scientifique,* Paris, P.U.F., 1999.

– *La Formation de l'esprit scientifique,* Paris, Vrin, 1989.

BALAN B., « Introduction », dans *Raison présente,* Paris, n° 131 « Les crises de la pensée scientifique et leur résolution historique (XVIIe-XXe siècles) », 3e trimestre, 1999.

84. Chimiste et naturaliste anglais (1677-1761).

85. Physicien allemand (1742-1799).

86. Chimiste et médecin français (1738-1784), auteur également des *Eléments de chymie théorique* (1749) et des *Eléments de chymie pratique* (1751).

87. Cet ouvrage de Newton concerne une branche bien particulière de la chimie, à savoir la théorie de la lumière et des couleurs.

BEDEL C., « L'avènement de la chimie moderne », *Revue d'histoire des sciences*, 1951.

BRAKEL J. van, « Kant's legacy for the philosophiy of chemistry », in *Philosophy of Chemistry. Synthesis of New Discipline*, D. Bairs, E. Scerri, Lee McIntyre éd., Springer, 2006.

BENSAUDE-VINCENT B., *Lavoisier, mémoires d'une révolution*, Paris, Flammarion, 1993.

— et STENGERS I., *Histoire de la chimie*, « Histoire des sciences », Paris, La découverte, 1995.

— et BERNARDI B., *Jean-Jacques Rousseau et la chimie*, Paris, revue "Corpus", Centre d'Étude d'Histoire de la Philosophie Moderne et Contemporaine, 1999, n° 36.

— et ABBRI F. (éd.), *Lavoisier in european Context. Negotiating a new Language for Chemistry*, Science History Publications, 1995.

BRANNIGAN A., *Le Fondement social des découvertes scientifiques*, « Sciences modernités philosophies », Paris, P.U.F., 1981-1996.

BUCHDAHL G., « Gravity and intelligibility : Newton to Kant », *in* R.E. Butts, J. W. Davis (ed.), *The Methodological Heritage of Newton*, Toronto, University of Toronto Press, 1970.

CALINGER R., « Kant and Newtonian Science. The Pre-critical Period », *Isis*, 1979, n° 70.

CAPEILLÈRES F., *Kant, philosophe newtonien*, « Passages », Paris, Cerf, 2004.

CARRIER M., *Atome und Kräfte. Die Entwicklung des Atomismus und der Affinitätstheorie im 18ten Jahrhundert*, Münste, Lüdenscheid, 1984.

COHEN B., *Revolution in science*, The Belknap Press of Harvard University Press, 1987.

CONANT J. B., *The Overthrow of the Phlogiston Theory. The chemical revolution of 1775-1789*, Harvard Case Histories in experimental Science, Case 2, Cambridge, Harvard University Press, 1950-1957.

COUTURAT L., « La philosophie des mathématiques de Kant », *Revue de métaphysique et de morale*, 1904.

CUILLERON J., *Histoire de la chimie*, Paris, P.U.F., 1957.

DAUMAS M., *Lavoisier, théoricien et expérimentateur*, Paris, Gallimard, 1941-1955.

DIDEROT et D'ALEMBERT, *Encyclopédie ou Dictionnaire raisonné des sciences, des arts et des techniques*, reprint, Stuttgart, Friedrich Fromann Verlag, 1966, article « Chymie » de Venel.

DONAVAN A., *Antoine Lavoisier. Science, Administration and Revolution*, Oxford-Cambridge, Blackwell, 1993.

DUHEM P., *Le Mixte et la combinaison chimique*, Paris, Corpus-Fayard, 1902-1985.

– *La Chimie est-elle une science française ?*, Paris, Hermann, 1916.

DUMAS J. B., *Leçons sur la philosophie chimique*, Paris, M. Bineau, 1837.

DUNCAN H., « Kant's Methodology : progress beyond Newton ? », *in* R. E. Butts (ed.), *Kant's Philosophy of Physical Science*, Dordrecht, Reidel Publishing, 1986.

DUNCAN Alistair W., *Laws and Order in the Eighteenth-Century Chemistry*, Oxford, Clarendon Press, 1996.

EKLUND J., *Chemical Analysis and the phlogiston Theory*, Yale University, 1972.

ENGEL M., *Chemie im 18ten Jahrhundert auf dem Weg zu einer internationalen Wissenschaft G. E. Stahl (1659-1734) zum 250ten Todestag*, Berlin, Staatsbibliothek Preußischer Kulturbesitz, 1984.

FAGOT-LARGEAULT A., « L'émergence », *Philosophie des sciences*, Paris, 2001.

FERRARI J., RUFFING M., THEIS R., VOLLET M. (éd.), *Kant et la France*, « Europea memoria », Hildesheim, Olms, 2005.

FICHMAN M., « French stahlism and chemical studies of air », in *Ambix*, 1971, tome XVIII.

FIERZ-DAVID H. E., *Die Entwicklungsgeschichte der Chemie. Eine Studie*, Basel, 1952.

FRIC R., « Contribution à l'étude de l'évolution des idées de Lavoisier sur la nature de l'air et sur la calcination des métaux », *Archives internationales d'histoire des sciences*, 1959, n° 12.

FRIEDMAN M., *Kant and the exact Sciences*, Cambridge University Press, 1992.

HAHN R., « Kant's Newtonian Revolution in Philosophy », *Journal of the History of Philosophy Monographs*, Southern Illinois University Press, 1988.

GOUGH J. B., « Lavoisier and the fulfillment of the Stahlian revolution », *Osiris*, 1988, n° 4.

GUERLAC H., *Antoine Laurent Lavoisier : Chemist and Revolutionary*, New York, Charles Scribner's Sons, 1975.

– *Lavoisier. The crucial Year*, Ithaca, Cornell University Press, 1961.

– « Some french antecedents of the chemical revolution », *Chymia*, 1959, tome V.

– *Essays and Papers in the History of Modern Science,* Baltimore, John Hopkins University, 1977.

HANKINS T. L., *Science and the Enlightenment*, G. Basalla, W. Coleman (ed.), « History of Science », London-New York-Melbourne, Sydney, Cambridge University Press, 1985.

HINTIKKA J., *La Philosophie des mathématiques chez Kant*, « L'interrogation philosophique », Paris, P.U.F., 1996.

HOLMES F., *Lavoisier and the Chemistry of Life*, Madison-London, University of Wisconsin Press, 1985.

– *Eighteenth-Century Chemistry as an investigative Enterprise*, Berkeley, Office for the History of Science and Technology, University of California, 1989.

HUFBAUER K., *The Formation of the German Chemical Community, 1720-1795*, Berkeley, Los Angeles and London, University of California Presse, 1982.

JOLY B., *Rationalité de l'alchimie au XVIIe siècle*, « Mathesis », Paris, Vrin, 1992.

« L'édition des *Cours de chymie* aux XVIIe et XVIIIe siècles : obscurités et lumières d'une nouvelle discipline scientifique », Actes du colloque *La Diffusion du savoir scientifique du XVIe au XIXe siècle*, M. T. Isaac et C. Sorgeloos (éd.), Université de Mons-Hainaut, 1995, Bruxelles, Archives et bibliothèques de Belgique, numero spécial 51, 1996.

« Quelle place reconnaître à l'alchimie dans l'histoire de la chimie ? », *Sciences et techniques en perspective*, Université de Nantes, Centre François Viète d'Histoire des Sciences et des Techniques, vol. 25 "Problèmes actuels de la physique et de la chimie", 1993.

KAHN O. et Matton S., (éd.), *Alchimie. Art, histoire et mythes*, Actes du colloque international de la Société d'Étude et d'Histoire de l'Alchimie, Collège de France, 1991, Paris, Chrisopéïa, 1995.

KUHN T.S., *La Structure des révolutions scientifiques*, Paris, Champs-Flammarion, 1983.

– *La Tension essentielle. Tradition et changement dans les sciences*, Paris, Gallimard, 1991.

LAVOISIER A. L., *Réflexions sur le phlogistique*, Paris, Académie des sciences, 1762.

LEQUAN M., *La Chimie selon Kant*, « Philosophies », Paris, P.U.F., 2000.

LIPPMANN E. O. V., *Studien zur Geschichte der Chemie*, Berlin, J. Rueka, 1927.

MAC KIE D., *Antoine Lavoisier. The Father of modern Chemistry*, Philadelphia, J. B. Lippincott, 1936.

MAJER U., STUHLMANN-LAEISZ R., « Das Verhältnis von Mathematik und Metaphysik in Kants Theorie der Naturwissenschaft », *Grazer philosophische Studien*, 1, 1975.

MARTIN G., *Arithmetik und Kombinatorik bei Kant*, Berlin, W. de Gruyter, 1972.

MELDRUM A. N., *The Eighteenth Century Revolution in Science : The first Phase*, Calcutta, 1930.

METZGER H., *Newton, Stahl, Boerhaave et la doctrine chimique*, Paris, Albert Blanchard, 1930-1974.

– « La chimie », *La Civilisation européenne moderne*, tome IV, Paris, Boccard, 1930.

– *La Philosophie de la matière chez Lavoisier*, Paris, 1935.

MEYER F. et OLMER L. J., *Les Étapes de la chimie*, Paris, P.U.F., 1948.

MEYERSON E., *De l'explication dans les sciences*, Paris, Corpus-Fayard, 1995.

MILLET J.-P., *Mathématisation de la chimie. Théorie et histoire*, Lyon, Université Lyon 3, Thèse de 3 e cycle, F. Dagognet (dir.), 1985.

MORETTO A., *Dottrina delle grandezze e filosofia transcendantale in Kant*, Padoue, « Il polifrafo », 1999.

OLDROYD D., « An examination of G.-E. Stahl's philosophical principles of universal chemistry », *Ambix*, 1973, tome XX, n° 1.

PARTINGTON J. R., *A History of Chemistry*, London, Mac Millan-New York, Saint Martin's Press, 1970.

— and Mac Kie D., « Historical studies on the phlogiston theory », *Annals of science*, vol. 2, 1937, n° 4 ; vol. 3, n° 1 et n° 4 ; vol. 4, n° 2.

PERRIN C. E., « Lavoisier's thoughts on calcination and combustion », *Isis*, Chicago, University of Chicago Press, 1988, n° 4.

« Research traditions, Lavoisier and the chemical revolution », *Osiris*, 1988, n° 4.

POPPER K., *La Logique de la découverte scientifique*, Paris, Payot, 1973.

RAPPAPORT R., « Rouelle and Stahl. The phlogistic revolution in France », *Chymia*, tome VII, 1961.

SADOUN-GOUPIL M., *Du Flou au clair. Histoire de l'affinité chimique*, Paris, Éditions du C.T.H.S., 1991.

SCHÜSSLER I., *Philosophie und Wissenschaftspositivismus. Die mathematischen Grundsätze in Kants Kritik der reinen Vernunft und die Verselbständigung der Wissenschaften*, Francfort, Klostermann, 1979.

SCHWEDT G., *Chemie zwischen Magie und Wissenschaft (1500-1800)*, Hannover, V. C. H. Acta humaniora, 1991.

STROECKER E., *Theoriewandel in der Wissenschaftsgeschichte : Chemie im 18ten Jahrhundert*, Frankfurt-am-Main, 1982.

TONELLI G., « Kant's ethics as a part of metaphysics : a possible Newtonian suggestion ? », *in* C. Walton et J. Anton (ed.), *Philosophy and the Civilizing Arts*, Ohio University Press, 1974.

TROMMSDORF J. B., Lettre à Van Mons du 22 février 1798, *Annales de chimie ou recueil de mémoires concernant la chimie et les arts qui en dépendent*, Paris, Fuchs et Guillaume, tome 26, 1798.

VELLUZ L., *Histoire brève de la chimie*, Paris, Maloine, 1956.

VUILLEMIN J., *L'Héritage kantien et la Révolution copernicienne. Fichte, Cohen, Heidegger*, Paris, P.U.F., 1954.

WALDEN P., *Geschichte der Chemie*, « Geschichte der Wissenschaften », Bonn, Athenaüm Verlag, hrsg. von E. Rothacker, 1950.

WETTSTEIN R., « Kant et le paradigme newtonien », *Revue internationale de philosophie*, 1980.

Poincaré, Précurseur du « chaos » ?[1]

Loïc PETITGIRARD

Quelle est l'origine de la conception scientifique de chaos ? Très souvent la réponse à cette question se résume aux travaux du mathématicien français Henri Poincaré (1854-1912). Poincaré est même cité comme « précurseur » dans ce domaine[2]. Un examen historique nous apprend cependant que la conception de chaos (parfois appelé « chaos déterministe ») à laquelle on se réfère n'a été proposée qu'après 1975. Cette conception de chaos, à distinguer du sens commun du terme, Poincaré ne la construit pas explicitement dans ses publications.

A l'évidence, limiter l'origine du chaos à Poincaré pose question. Cela ne masque-t-il pas des anachronismes que des analyses historiques approfondies n'ont pas su dissiper ? Est-ce satisfaisant ? Peut-on donner un sens à cette idée de « précurseur »[3] ? L'unicité de

1. Je remercie chaleureusement tous ceux qui ont relu patiemment ce texte et m'ont fait part de leurs suggestions, en particulier Christophe Letellier, Bernard Bru, Pierre Crépel et Sophie Roux.

2. Pour des exemples, nous renvoyons au paragraphe ci-dessous « La perception des travaux de Poincaré au XXe siècle » et aux notes correspondantes.

3. Pour fixer les idées, rappelons qu'un précurseur serait une personne dont les conceptions annoncent ou préparent la voie à d'autres conceptions qu'elles ont précédées dans le temps. La racine latine du terme est *praeccurrere* « courir en avant », qui donne *praecursor* « éclaireur, avant-coureur ». Voir le *Nouveau dictionnaire étymologique et historique*, Larousse, 4e édition, 1971 par A. Dauzat, J. Dubois,

l'origine est également douteuse : pourquoi imaginer une origine unique alors qu'elle pourrait être multiple ? Plus radicalement encore : y a-t-il véritablement une origine au concept de chaos ?

En arrière-plan de ces interrogations il y a naturellement la question de la nouveauté dans ce développement conceptuel du (ou des) chaos qui conduit du XIXe siècle aux années 1980, à la constitution d'un champ de recherche autonome. Quelles innovations Poincaré a-t-il apportées et quels développements a-t-il permis ? Peut-on localiser des ruptures et des continuités dans le cheminement intellectuel depuis Poincaré ?

En réalité, il est bien difficile de donner une origine singulière à ce développement conceptuel. L'ensemble des travaux qui seront évoqués ici nous montreront que la fin du XIXe siècle est bien un « moment d'origine ». Cette fin de siècle est marquée par des débats au carrefour de la philosophie, des mathématiques et de la physique, concentrés notamment sur deux thématiques, la mécanique céleste et la mécanique statistique. Les développements de ces débats, au cours du XXe siècle, feront éclore les concepts de chaos.

Dans le présent article centré sur Poincaré, nous ferons ressortir la place toute particulière qu'il a prise dans cette histoire. Certains points du contexte de la fin du XIXe siècle seront esquissés, mais nous renverrons souvent le lecteur à des études plus exhaustives [4].

Avant d'entrer dans le vif du sujet, il nous paraît important d'apprécier le caractère « précurseur » attribué à Poincaré au travers des allégations trouvées dans différents opuscules de scientifiques, historiens, ou encore journalistes. Nous analyserons ensuite les travaux de Poincaré, son approche et ses résultats, pour les replacer dans le contexte intellectuel de la fin du XIXe siècle.

H. Mitterand. L'idée de précurseur en science a été analysée en particulier par Georges Canguilhem dans son texte célèbre « Sur l'objet… ».

4. Beaucoup d'éléments présentés dans cet article ont été détaillés dans mon travail de thèse (Petitgirard, *Le Chaos*) et tout particulièrement le contexte intellectuel au tournant de 1900 au niveau des débats philosophiques, des interrogations en physique statistique et des mathématiques des équations différentielles (*Ibid.*, chapitre 1 et 2). Les travaux de Poincaré sur les équations différentielles sont analysés en particulier dans J. Barrow-Green, *Poincaré and the three body problem*, Providence, American Mathematical Society, 1997.

Les lectures de ses textes sont particulièrement importantes car il existe une variété de lectures, qui ont aussi leur historicité. Ces lectures, d'historiens comme de scientifiques, au fil du temps constituent un point d'entrée très pertinent dans l'analyse historique, comme l'a montré Catherine Goldstein dans son analyse de deux textes de Fermat et Fernicle [5]. Cela nous rappelle que l'attribution d'un sens à un texte mathématique ne va pas de soi. Les articles de Sophie Roux et Jérôme Viard dans ce volume montrent également comment les relectures sont susceptibles de transformer le sens des textes.

Par ces analyses, nous mettrons en avant l'originalité des méthodes de Poincaré en matière d'équations différentielles par rapport à ses contemporains. Par ailleurs, Poincaré participant également aux débats philosophiques sur le hasard et le déterminisme ainsi qu'aux interrogations sur la mécanique statistique, nous donnerons quelques éléments d'analyse de cette conjugaison d'intérêts qui n'a pas été suffisamment prise en compte. Le texte « Le hasard » aux côtés des *Méthodes nouvelles de la mécanique céleste* de Poincaré apparaîtront alors comme les meilleures illustrations de ce « moment » d'origine que constitue la fin du XIXe siècle. Ces éléments mettront en lumière les nouveautés et les liens qui existent entre les travaux de Poincaré et l'émergence des conceptions de chaos.

LA PERCEPTION DES TRAVAUX DE POINCARÉ AU XXe SIÈCLE

Du début du XXe siècle à nos jours, le panthéon façonné par les scientifiques accorde une place plus ou moins importante aux travaux de Poincaré sur les équations différentielles. L'historiographie classique du chaos construit également des filiations entre ses travaux et les développements plus récents en matière de « théorie du chaos », contribuant au mythe du « père fondateur ». Signalons que la « théorie du chaos » est à distinguer des conceptions de chaos ; nous nous bornerons à remarquer qu'il ne s'agit pas d'une théorie au sens classique mais de l'ensemble des outils et des méthodes mobilisables pour l'étude d'un système chaotique.

5. C. Goldstein, *Un Théorème de Fermat et ses lecteurs*, Saint-Denis, PUV, 1995.

Ce sont des premiers éléments de réponse à nos interrogations, des lignes directrices par rapport auxquelles nous nous situerons. Une catégorisation rapide de ces affirmations sur la place de Poincaré dans l'émergence de la notion de chaos conduit à en distinguer trois types.

1) Les travaux mathématiques de Poincaré sur les équations différentielles (et les bifurcations) ont été utilisés et appliqués dans d'autres domaines de la science. De manière générale, après la seconde guerre mondiale, les spécialistes de mécanique non linéaire [6] trouvent dans les *Méthodes nouvelles de la mécanique céleste* des outils [7] pour leurs travaux.
2) Pour d'autres, certains scientifiques ont véritablement succédés à Poincaré. En se bornant aux mathématiques, des filiations assez directes peuvent être établies avec George Birkhoff [8] (1884-1944), Stephen Smale [9] (né en 1930) ou

6. La mécanique non linéaire est un jalon de l'histoire du chaos (les deux articles Dahan Dalmedico, « La renaissance » et Aubin, Dahan Dalmedico, « Writing the history » suffisent à resituer cet épisode).

7. A l'occasion du centième anniversaire de la naissance de Poincaré en 1954, Nicolas Minorsky prononce par exemple une allocution intitulée « Influence d'Henri Poincaré sur l'évolution moderne de la théorie des oscillations non linéaires ». En substance, et d'après lui, cette théorie avait été guidée principalement pendant les années 1930-1940 par les trois œuvres de Poincaré : « Sur les courbes définies par une équation différentielle » (cela renvoie à quatre mémoires publiés entre 1881 et 1886 : Poincaré, « Mémoire sur les courbes » et « Sur les courbes », le premier tome des *Méthodes nouvelles de la mécanique céleste* et « Les figures d'équilibre d'une masse fluide animée d'un mouvement de rotation »). Pour mémoire, l'ingénieur Minorsky, féru de mathématiques, a joué un rôle très important dans la reconnaissance, hors d'URSS, de l'importance des mathématiques de Poincaré pour les oscillations. Il est l'auteur de l'ouvrage *Nonlinear oscillations*, encore considéré comme une référence en la matière et dont la première édition en 1947 a eu un impact déterminant. Ajoutons que Solomon Lefschetz, avec qui il a collaboré pendant la guerre, sera un relais et un catalyseur déterminant de la dynamique scientifique sur ce thème, aux États-Unis. Second exemple, le physicien soviétique Yuri Mitropolsky, au Congrès International d'Histoire des Sciences, en 1968, fait part de remarques similaires, qui sont loin d'être anecdotiques : elles émanent cette fois de l'École de Kiev, en pointe en matière de mécanique non linéaire, en parallèle de l'École constituée par le physicien A. Andronov à Gorki.

8. De Poincaré à Birkhoff, la parenté sur le plan des mathématiques est grande et bien connue. La célèbre théorie des systèmes dynamiques construite par Birkhoff

encore Andreï Kolmogorov (1903-87) [10]. En un mot, et même si tout n'est pas réductible à une histoire linéaire, Poincaré est très clairement l'initiateur de problèmes élaborés ou résolus par ses « successeurs » mathématiciens. Pour autant, le terme de « précurseur » n'est pas *a priori* adapté à la situation : Poincaré n'a pas anticipé, mais construit, lancé, initié ce type de recherche [11]. A ces exemples on pourrait ajouter des filières connexes aux théorisations des systèmes dynamiques, comme les travaux de l'École de Kolmogorov [12] en URSS (eux-mêmes parallèles aux travaux de mécanique non linéaire).

3) D'autres enfin s'attachent tout simplement à faire de Poincaré le découvreur du chaos, dont on aurait oublié un temps la découverte. Pour ce qui concerne la vulgarisation, l'ouvrage assez répandu de Ian Stewart, *Dieu joue-t-il aux dés ?*, constitue un bon exemple de cette interprétation :

> Dans sa grille de nappes d'intersection, connue maintenant sous le nom d'*entrelacements isoclines (sic)*, Poincaré observait les traces de pas

(notamment dans son *Dynamical Systems* de 1927) est, en effet, un aboutissement du programme de Poincaré. Certes, Birkhoff inclut des éléments nouveaux, parachève l'œuvre du maître avec une vision topologique très poussée, mais l'esprit est le même, les résultats de Poincaré sont parfaitement intégrés à l'édifice. Marston Morse (1892-1977), élève de Birkhoff, affirmait que « Poincaré était le vrai professeur de Birkhoff », alors qu'il ne l'a jamais rencontré en personne (cf. M. Morse, « George David Birkhoff and his mathematical work », 1946, *in* G. D. Birkhoff, *Collected Mathematical Papers*, USA, Dover, 1968, p. XXIII).

9. Les travaux du mathématicien américain S. Smale (né en 1930) s'inscrivent en ligne directe de cette tradition, avec son article « Differentiable Dynamical Systems » de 1967.

10. Cette « optique systèmes dynamiques » a été étudiée par Dahan et Aubin.

11. Qu'il a baptisée « étude qualitative des équations différentielles » et qui est devenue, en s'élargissant avec Birkhoff et Smale, « étude des systèmes dynamiques ».

12. Lors du congrès international des mathématiciens en 1954, il brosse un rapide historique des mathématiques des équations différentielles et de la mécanique, voir Kolmogorov, « The general theory ». Il souligne que le rôle de la topologie dans les problèmes d'intégration des équations différentielles est apparu très nettement grâce à Poincaré. Il inscrit ses propres résultats, dont celui à la base du célèbre théorème KAM (des noms de ses auteurs Kolmogorov-Arnold-Moser), dans une perspective qu'il fait remonter à Poincaré.

> du chaos. Comme Robinson Crusoé, observant cinq orteils soigneusement imprimés dans le sable, il savait l'importance de ce qu'il avait vu. Comme Robinson Crusoé, il était rien moins qu'enthousiaste devant ce que cela laissait présager [13].
> […] il est clair que Poincaré, en particulier, a vu plus que ses contemporains n'ont pu apprécier [14].

Cette dernière affirmation s'appuie sur la citation du texte de Poincaré, « Le hasard », de 1907. Dans leur ouvrage *Celestial Encounters*, les mathématiciens-mécaniciens Philipp Holmes et Florin Diacu insistent eux sur le rôle de la mécanique céleste et de Poincaré en particulier. Les courbes homoclines (isoclines dans la citation précédente de Stewart) sont au centre des débats [15]. Dans *Hasard et chaos*, David Ruelle, un mathématicien important dans les développements des années 1970, préfère quant à lui privilégier la notion de « sensibilité aux conditions initiales » qui reposerait sur les travaux de Hadamard, Duhem et Poincaré (en particulier son texte « Le hasard »). Et il s'interroge sur le fait que ces travaux soient passés sous silence jusque dans les années 1970 [16].

13. I. Stewart, *Dieu joue-t-il aux dés? Les Nouvelles mathématiques du chaos*, Paris, Flammarion, 1998, p. 110. La traduction française appropriée voudrait que ce fût « homocline », mais, en anglais, le terme « isocline » est parfois utilisé à la place d'« homocline ». Il a sans doute été trop rapidement francisé ici.

14. *Ibid.*, p. 545.

15. « Much more remained to be uncovered, but Poincaré's *homoclinic tangle* appears to have been the first mathematical manifestation of the phenomenon now called *chaos* […] Poincaré was so struck by his discovery that it was some time before he could accept the idea that a homoclinic tangle might exist. […] it was hard to accept the idea of chaos. Such a concept went counter to the philosophy of his epoch. […] He was a mature, well-established researcher, reluctant to open this Pandora's box. He had found it and that was enough. His philosophy would permit him to go no further. » (en italique dans le texte) dans F. Diacu, P. Holmes, *Celestial encounters : the origin of chaos and stability*, Princeton University Press, 1996, p. 42-43.

16. « Je vois une autre raison à l'oubli où sont tombées les idées d'Hadamard, Duhem et Poincaré : ces idées sont venues trop tôt, les moyens de les exploiter n'existaient pas. Poincaré n'avait pas à sa disposition ces outils mathématiques de base que sont la *théorie de la mesure* ou le *théorème ergodique*, et ne pouvait donc pas exprimer ses brillantes idées intuitives dans un langage précis. », dans D. Ruelle, *Hasard et Chaos*, Paris, Odile Jacob, 1991, p. 65. Il paraît incohérent d'interpréter des résultats de Poincaré dans le cadre de la théorie de la mesure et de la théorie

On le voit, les variations sont nombreuses et ces affirmations sont autant discutables qu'intéressantes. Discutables car elles sont parfois empreintes de raccourcis. Lorsque les travaux de Poincaré sont présentés comme des outils, pourquoi négliger le travail d'adaptation de ces outils mathématiques aux questions de la physique des oscillations, réalisé par l'École soviétique? Eriger Poincaré en initiateur de la mécanique des oscillations balaye ce travail. Diacu et Holmes privilégient un point de vue sur le chaos, celui de la mécanique et des homoclines, dont Holmes est un spécialiste. Ruelle insiste sur la théorie ergodique et la sensibilité aux conditions initiales, c'est lui-même qui va développer ces perspectives dans les années 70 au sujet de la turbulence et du chaos. L'idée d'un Poincaré en avance sur son temps est gênante, tout comme l'affirmation de Stewart selon lesquelles, à la fin du XIXe siècle, l'« époque n'était pas tout à fait adéquate et la culture encore moins »[17].

Malgré ces anachronismes évidents, ces affirmations sont intéressantes : elles sont riches d'informations et alimentent la réflexion des historiens en insistant sur des points précis, parfois très techniques, qui sont une clé pour comprendre la nouveauté des travaux de Poincaré. Elles émanent de scientifiques au fait des aspects techniques, mais appellent une recontextualisation par l'historien. Elles posent au moins deux questions de base[18] : de quel chaos parlons-nous? que faut-il entendre par « théorie du chaos »? Il est important de donner des définitions indispensables et d'ajouter des précisions sur les homoclines et la sensibilité aux conditions initiales.

CHAOS : QUELQUES NOTIONS SIMPLES

L'ambition de ce paragraphe est simple : notre intention est de donner des éléments simplifiés, volontairement heuristiques, à

ergodique pour proclamer qu'il a eu telle ou telle idée, puis d'affirmer qu'il lui manquait ces théories pour pouvoir l'exprimer effectivement.

17. Stewart, *Dieu*, p. 91.

18. On trouvera dans l'étude de Sophie Roux dans ce volume une même préoccupation, celle de revenir à des questions fondamentales (de quoi parle-t-on?) avant de valoriser le travail de tel ou tel auteur.

propos du chaos, en sachant qu'ils ne sauraient rendre compte de la problématique dans son ensemble.

Précisons tout d'abord qu'il n'y a pas une définition unique de chaos, mais plusieurs définitions, qui ont elles-mêmes varié au cours du temps : le (ou les) chaos de 1976 est différent de celui (ou ceux) des années 1990.

Les notions de chaos rassemblent divers éléments. Sans chercher à les hiérarchiser, nous en donnons ici quelques-uns. En premier lieu, on parle de chaos à propos de certains systèmes dits *déterministes* (par opposition aux systèmes stochastiques) ; typiquement cela correspond en mathématiques à des systèmes d'équations différentielles ou encore des itérations, dont le comportement est déterminé par les conditions initiales. Les systèmes chaotiques se caractérisent par une grande instabilité, ou *sensibilité aux conditions initiales* : des trajectoires issues de deux conditions initiales très proches divergent pour donner deux comportements qui diffèrent à long terme (ce qui est vulgarisé de façon un peu trompeuse par l'expression « Effet papillon »). Par le terme chaos, un certain nombre de scientifiques entendent de surcroît le comportement *non périodique* généré par un système instable. L'*imprévisibilité* et l'impression d'avoir à faire à un *comportement aléatoire* sont dès lors des propriétés souvent reprises pour caractériser le chaos.

Dans les variétés de chaos on distingue également (comme en physique de manière générale) ceux qui sont liés à des systèmes dissipatifs et ceux qui sont liés à des systèmes conservatifs, ces derniers étant seuls au rang des préoccupations de Poincaré et, en général, des chercheurs en mécanique céleste. Un système physique (ou mathématique) dans lequel une quantité se conserve (par exemple, l'énergie, le moment cinétique…) est appelé système conservatif. A l'opposé, un système dissipatif ne possède aucune propriété de ce genre [19].

Dans tous les cas il s'agit d'étudier le comportement asymptotique, c'est-à-dire sur des temps longs (des temps « infinis »). On utilise l'espace des phases pour représenter l'évolution du système :

19. Parmi les systèmes conservatifs, il existe une classe de systèmes importants pour la physique : les systèmes hamiltoniens, qui sont régis par des équations canoniques, et pour lesquels la quantité appelée Hamiltonien se conserve.

chaque dimension de cet espace correspond à une variable (degré de liberté) du système [20].

Lorsque la trajectoire du système dans l'espace des phases est attirée vers un ensemble, une forme donnée, cette forme est appelée attracteur. Cela ne peut se produire que dans le cas des systèmes dissipatifs. Quand l'attracteur a une forme suffisamment complexe (par exemple, fractale) il s'agit d'un attracteur étrange. Un phénomène chaotique est souvent associé à un attracteur étrange.

Ajoutons qu'il existe un mécanisme de génération de chaos, considéré comme essentiel, l'étirement-repliement (qui correspond aussi au « fer à cheval » décrit par S. Smale). Dans l'espace des phases, la sensibilité aux conditions initiales a pour effet d'écarter les trajectoires les unes des autres. Afin que le comportement reste borné et oscillant, les trajectoires sont repliées sur elles-mêmes. Sur les figures ci-dessous, on comprend comment ce mécanisme produit un chaos et un attracteur étrange : l'attracteur étrange est un ensemble de trajectoires ayant subies les opérations 1) et 2). Graphiquement, on peut voir la figure 2) comme un prototype, très schématique, de l'attracteur étrange.

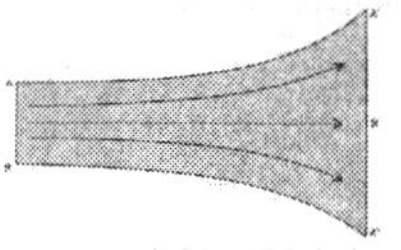

1. Etirement

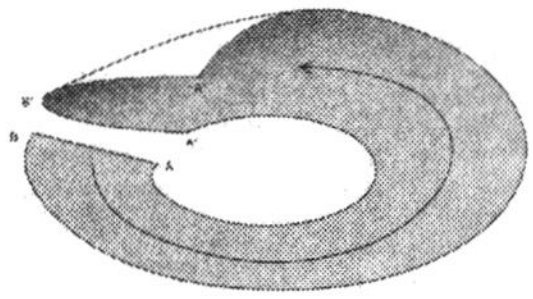

2. Repliement

20. Dans un système décrit mathématiquement, on ne considère qu'un nombre limité de variables d'état du système. Par exemple pour une particule classique la position et la vitesse sont les deux paramètres pertinents. L'espace des phases est l'espace où évoluent ces variables : pour une particule, c'est un plan (2 variables : position en abscisse, vitesse en ordonnée). Pour un ensemble de deux particules, les 4 variables parcourent un espace à 4 dimensions, etc. Une coordonnée de l'espace des phases d'un système correspond à un degré de liberté. La notion de degré de liberté est à peu près claire pour les systèmes dissipatifs, mais parfois ambiguë quand il s'agit de systèmes hamiltoniens : dans ce cas, un degré de liberté correspond à une paire de variables dites canoniques.

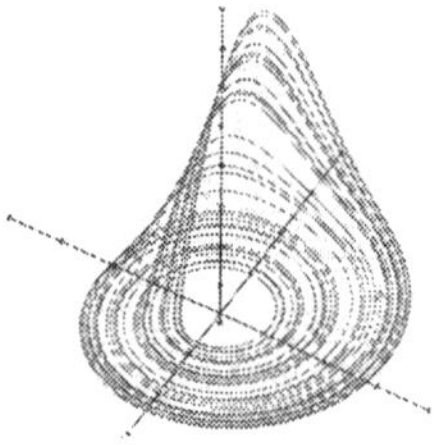

3. Attracteur étrange

Derrière ce terme de chaos se profilent donc de nombreuses notions, auxquelles il conviendrait d'ajouter les propriétés statistiques et probabilistes associées. Nous ne développerons pas ces aspects car de telles propriétés nous entraîneraient hors du propos de cet article.

LES TRAVAUX DE POINCARÉ, DANS LEUR CONTEXTE

Il s'agit maintenant de préciser les rapports entre ces éléments et les travaux de Poincaré, en soulignant ses innovations et en les inscrivant dans le contexte scientifique et intellectuel de la fin de XIXe siècle.

L'élément clé des travaux de Poincaré pour le développement de la science du chaos au XXe siècle est certainement la perspective nouvelle qu'il a inaugurée en matière d'étude des équations différentielles, que l'on qualifiera de qualitative, géométrique, locale et globale. Tel est l'esprit traversant les études mathématiques des systèmes dynamiques et du non linéaire au fil du XXe siècle. Il constitue l'approche privilégiée dans la théorie du chaos. Ainsi, l'étirement-repliement est une propriété de la géométrie de la trajectoire d'un système chaotique dans son espace des phases.

Les travaux de Poincaré en ce sens ont débuté avec sa thèse de 1879, dirigée par Charles Hermite, et traitant de l'étude des intégrales des équations différentielles partielles au voisinage d'un point singulier. Mais la suite d'articles intitulée « Sur les courbes définies par les équations différentielles », publiée en quatre temps, en 1881-82 et en 1885-86, constitue sa première publication véritablement essentielle[21] car elle contient les éléments de base de sa théorie qualitative des équations différentielles. En considérant les courbes représentant les solutions des équations plutôt que les fonctions mathématiques, il produit une analyse géométrique novatrice. Son approche est qualitative au sens où elle s'intéresse à la forme des courbes et à leur arrangement relatif; elle ne nécessite pas la détermination exacte de la solution de l'équation, ce qui constitue le propre de l'approche quantitative. Les deux approches ne sont pas exclusives, bien au contraire, elles sont complémentaires dans l'étude des équations différentielles. Dans un premier temps, son analyse est locale, limitée aux points remarquables et à leur voisinage.

Le concours Oscar II de 1889 sera l'occasion pour Poincaré d'approfondir ses méthodes en relation avec la mécanique céleste. Le mémoire victorieux du concours (publié en 1890) lui servira de base pour son célèbre ouvrage les *Méthodes nouvelles de la mécanique céleste* publié en trois volumes (1892-1893-1899) et donnant l'essentiel de son approche qualitative et géométrique. On peut considérer que cet ensemble de travaux initie la théorie mathématique des systèmes dynamiques.

Cependant, si ces travaux ont marqué l'histoire et le cadre élargi des théories du chaos, ils sont surtout liés à un contexte et à des interrogations particulières. Pour comprendre les innovations de Poincaré, son approche générale qualitative ainsi que ses résultats concernant les orbites périodiques et les orbites doublement asymptotiques, il est donc important de souligner les liens très forts avec des questions essentielles en mécanique céleste : le problème des trois corps, la stabilité du système de trois corps, et la stabilité du système solaire.

Pourquoi une approche qualitative ?

On peut tout d'abord rappeler que l'approche est innovante parce qu'elle ne connaît pratiquement aucun antécédent. Le mathématicien français Charles Sturm (1803-1855) avait produit quelques

21. Voir l'article Gilain, « La théorie qualitative » pour une présentation plus exhaustive de ces mémoires. Le premier de ces mémoires est cité par Minorsky à propos de la mécanique non linéaire, cf. note 7.

résultats dans le cadre des équations différentielles du second ordre mais ils sont bien plus modestes que ceux de Poincaré et ne l'ont pas influencés directement [22].

Par ailleurs, dans les années 1870, les travaux sur les équations différentielles se partagent encore entre les calculs explicites de solutions et l'étude approfondie du cas (plus simple) des équations linéaires. Ces travaux sont parallèles aux besoins de la mécanique céleste où les développements en série constituent une approche dominante, permettant d'obtenir des solutions approximatives mais surtout quantitatives. La voie qualitative suggérée par Poincaré témoigne de son grand doute dans la capacité de ces méthodes analytiques à produire des résultats généraux et globaux sur les équations différentielles. Il prend conscience qu'il faut les dépasser et il s'inscrit ainsi dans la perspective d'une étude plus complète des équations, incluant une double approche qualitative et quantitative.

En outre, la question des trois corps et de la stabilité du système solaire est, déjà en 1881, très importante dans l'esprit de Poincaré :

> [...] cette étude qualitative aura par elle-même un intérêt du premier ordre. Diverses questions fort importantes d'Analyse et de Mécanique peuvent en effet s'y ramener. Prenons pour exemple le problème des trois corps : ne peut-on pas se demander si l'un des corps restera toujours dans une certaine région du ciel ou bien s'il pourra s'éloigner indéfiniment ; si la distance de deux des corps augmentera, ou diminuera à l'infini, ou bien si elle restera comprise entre certaines limites ? [23]

Plus tard, en 1884, Poincaré soulignera que ces problèmes, la stabilité surtout, justifient en grande partie l'intérêt accordé au point de vue qualitatif :

> On a dû voir en lisant les lignes qui précèdent que les questions de stabilité, analogues à celles que l'on rencontre en Astronomie,

22. Sturm a en effet proposé, en 1836, des théorèmes relatifs au comportement des solutions de ces équations, obtenus sans intégration explicite des équations (c'est-à-dire sans calcul des fonctions solutions). Nous partageons les doutes de C. Gilain à propos des liens entre Sturm et Poincaré, voir Gilain, « La théorie qualitative », p. 225.

23. Poincaré, « Mémoire sur les courbes définies par une équation différentielle », *Œuvres Complètes*, Paris, Gauthiers-Villars, 1952-1956, tome 1, p. 4.

> étaient ma préoccupation constante. C'est qu'en effet j'attendais de l'application des principes que je viens d'exposer la solution de cette question si intéressante de la stabilité du système solaire [...] [24].

Dans cette approche, il faut souligner le renfort apporté par l'*Analysis Situs*[25] (ou géométrie de situation, ou encore topologie pour utiliser un terme plus contemporain). Comme le rappelle Gilain[26], la géométrisation dans l'étude globale des solutions des équations différentielles ne se réduit pas à une simple illustration géométrique de raisonnements analytiques. L'introduction de la géométrie au niveau des objets et de leurs relations a permis de dégager des propriétés topologiques des objets en question. Au sujet du chaos, la topologie intervient également de manière décisive et son utilisation s'est considérablement diversifiée depuis la fin du XIXe siècle : approche qualitative rime depuis avec topologie.

Le XIXe siècle a été marqué par le recours massif aux théories analytiques en géométrie, mais il faut bien mesurer le rôle réciproque de la géométrie et de l'*Analysis Situs* dans le développement des théories analytiques. Poincaré en donne une illustration exemplaire.

Le concours Oscar II et une confirmation de l'approche qualitative

Le mémoire du concours Oscar II de 1890, dont la première version de 1889 contenait des erreurs et a du faire l'objet d'un travail de correction important de la part de Poincaré[27], s'inscrit dans le prolongement de ses études sur les équations différentielles. Il leur donne une dimension nouvelle et apporte des résultats concernant

24. Voir C. Gilain, « La théorie qualitative de Poincaré et le problème de l'intégration des équations différentielles » dans H. Gispert-Chambaz, *La France Mathématique : la Société Française de Mathématique 1872-1914*, Paris, SFHST-SMF, 1991, p. 221. Cette citation de Poincaré de 1884 fait suite à un paragraphe concernant les courbes définies par les équations différentielles.

25. De manière générale, les développements de Poincaré reposent sur une intuition géométrique de la situation, analysée grâce à cette théorie. Le passage du local au global notamment, s'appuie sur une intelligence de la surface géométrique à la base du travail, sans laquelle il est impossible de réaliser le passage.

26. Gilain, « La théorie qualitative », p. 236-237. Voir aussi A. Dahan, J.-L. Chabert, K. Chemla, *Chaos et déterminisme*, Paris, Seuil, 1992, p. 287-288.

27. Cet épisode du concours et toutes les conséquences que cela a pu avoir sont relatés dans l'ouvrage Barrow-Green, *Poincaré and the three body problem.*

spécifiquement les deux « grands » problèmes qu'il a déjà abordés : celui des trois corps et celui de la stabilité.

Le problème général étant très complexe, Poincaré étudie plus spécifiquement le problème restreint des trois corps [28]. Il prouve en particulier qu'il n'y a pas de nouvelle intégrale analytique dans le problème restreint des trois corps et qu'il est donc illusoire de chercher une solution exacte de ce problème. Poincaré ruine ainsi l'espoir qui avait animé les recherches jusqu'alors et son approche qualitative en devient d'autant plus légitime. D'une certaine manière ce résultat s'apparente à la démonstration de l'impossibilité de résoudre par radicaux les équations algébriques de degré supérieur à *5*.

Les orbites périodiques

Le mémoire du concours met en avant une seconde innovation de Poincaré, qui est aussi la clef de sa réussite : la « théorie des solutions périodiques », troisième chapitre du mémoire corrigé, réunit les résultats et les techniques qui en constituent le cœur. Inspiré par le mathématicien américain G.W. Hill, Poincaré apporte un cortège de résultats, dont les premiers concernent l'existence de solutions périodiques, à savoir celles qui correspondent à des évolutions (de trois ou plusieurs corps massiques par exemple) revenant de manière cyclique (selon des cycles identiques) à leur situation initiale.

Il soulignera l'importance des solutions périodiques dans ses *Méthodes nouvelles* en 1892 :

> [...] on peut toujours trouver une solution périodique (dont la période peut, il est vrai, être très longue), telle que la différence entre les deux solutions [générale et périodique] soit aussi petite qu'on le veut, pendant un temps aussi long qu'on le veut. D'ailleurs ce qui nous rend ces solutions périodiques si précieuses, c'est

28. Pour le problème restreint on se place dans un référentiel tournant, avec deux masses au repos (m et 1-m), sur l'axe des abscisses, et un troisième corps qui se déplace dans le plan. Il y a donc quatre équations différentielles pour décrire le mouvement, mais avec l'existence d'une intégrale (l'énergie totale), l'espace des phases est réduit à trois dimensions.

> qu'elles sont, pour ainsi dire, *la seule brèche par où nous puissions essayer de pénétrer dans une place jusqu'ici réputée inabordable*[29].

Cette propriété d'approximation qui correspond à la densité des trajectoires périodiques dans l'ensemble des trajectoires du système est la clef de voûte de sa démarche (même s'il ne le démontre pas dans l'immédiat). Les orbites périodiques permettent d'approcher les solutions générales et de contourner les impossibilités du calcul explicite des solutions.

L'étude du voisinage des solutions périodiques et de leur stabilité le conduit aux notions d'exposants caractéristiques, qui lui permettent de préciser la stabilité des solutions périodiques, et les solutions asymptotiques définies comme étant celles qui approchent asymptotiquement les solutions périodiques instables. Poincaré parvient à démontrer l'existence de cette toute nouvelle classe de solutions et applique ces résultats dans le cas d'un système conservatif autonome.

Sur ce point déjà on peut faire une analogie avec des démarches plus actuelles car les orbites périodiques jouent un rôle particulier dans certaines conceptions de chaos (et dans la théorie du chaos). En effet, certains scientifiques considèrent que le squelette d'un comportement chaotique est constitué par l'ensemble des orbites périodiques instables de l'équation différentielle correspondante[30]. Le meilleur moyen d'accéder à une connaissance du système est d'analyser les orbites périodiques. Il est particulièrement tentant de relier cette démarche à celle de Poincaré lorsqu'il percevait les orbites périodiques comme une « brèche » pour pénétrer la citadelle réputée imprenable.

29. Cette place inabordable est le problème des trois corps, sur lequel nombre de savants se sont penchés depuis Newton. Poincaré, *Les Méthodes nouvelles de la mécanique céleste*, 1892, tome 1, p. 82 (nous mettons en évidence).

30. Il faudrait distinguer les systèmes conservatifs des systèmes dissipatifs pour être plus rigoureux. Dans les premiers, dont les systèmes de mécanique céleste sur lesquels Poincaré travaille, l'utilisation des orbites périodiques est proche des préconisations de Poincaré. Pour les seconds les orbites périodiques jouent le rôle de squelette de l'attracteur (qui, rappelons-le, n'existe que dans le cas dissipatif) ; nous renvoyons par exemple à l'article de Pedrag Cvitanovic justement intitulé « Periodic Orbits as the Skeleton of Classical and quantum chaos ».

Les homoclines

Troisième point de nouveauté à souligner, Poincaré parvient à dégager une troisième série de solutions, non sans quelques rebondissements puisqu'elles lui sont apparues après la correction du mémoire de 1889 : les orbites doublement asymptotiques, celles qui sont asymptotiques à l'orbite périodique dans le passé et dans le futur. Nous touchons aux aspects les plus techniques des mathématiques de Poincaré, mais ils sont indispensables pour comprendre ce qui est en jeu[31]. Poincaré établit même que l'existence d'une telle solution assure l'existence d'une infinité d'entre elles. Il décrit leur ensemble, et sa complexité, par ces mots :

> Que l'on cherche à se représenter la figure formée par ces courbes et leurs intersections en nombre infini dont chacune correspond à une solution doublement asymptotique, ces intersections forment une sorte de treillis, de tissu, de réseau à mailles infiniment serrées ; chacune des deux courbes ne doit jamais se recouper elle-même, mais elle doit se replier sur elle-même d'une manière très complexe pour venir recouper une infinité de fois toutes les mailles du réseau. [...] On sera frappé de la complexité de cette figure, que je ne cherche même pas à tracer. Rien n'est plus propre à nous donner une idée de la complication du problème des trois corps et en général de tous les problèmes de Dynamique où il n'y a pas d'intégrale uniforme et où les séries de Bohlin sont divergentes[32].

C'est le réseau dont parlent Stewart, Diacu et Holmes. Poincaré distingue les homoclines (doublement asymptotiques à la même orbite) et hétéroclines (asymptotiques dans le passé et le futur à deux orbites distinctes) dans son troisième tome des *Méthodes nouvelles*. Ces notions sont cruciales au sens où elles ont été réactivées au XXe siècle par Birkhoff, et Smale en a montré toute l'importance en dynamique en les reliant au mécanisme de fer à cheval et à la dynamique symbolique. Pour certains aujourd'hui (dont Smale) une structure homocline est la structure fondamentale du chaos.

31. Pour davantage de détails cf. L. Petitgirard, *Le Chaos : des questions théoriques aux enjeux sociaux. Epistémologie, histoire et impact sur les institutions*, Thèse de Doctorat d'Histoire, 2004, chapitres 1 et 2 ; Barrow-Green, *Poincaré and the three body problem.*

32. Poincaré, *Les Méthodes nouvelles*, p. 389.

On peut ajouter que Poincaré s'inscrit dans l'histoire d'une question connexe au domaine du chaos, la théorie des bifurcations, qui s'est considérablement développée au XXe siècle. Poincaré a laissé une trace plus mineure, dans deux contextes différents : le problème des figures d'équilibre de masse fluide en rotation et dans le cadre de l'étude des solutions périodiques du problème des trois corps [33]. Ses résultats confirment aussi la portée d'un point de vue qualitatif et global en mathématique.

On peut comprendre ainsi les raccourcis qui ont pu être pris sur le thème « Poincaré et le chaos ». Plusieurs précisions s'imposent néanmoins et il est indispensable pour cela d'indiquer la perspective adoptée par Poincaré au moment de ses découvertes.

LA POSITION DE POINCARÉ

Si la description du réseau et de sa complexité peut s'interpréter comme une vision « géniale » de Poincaré, elle est aussi, avec l'introduction du mémoire de 1890 [34], une tentative de justification de son erreur. La complexité du problème, soulignons-le, nous renvoie aussi au long et fastidieux travail de démonstration auquel Poincaré a du se résoudre : il s'est lancé dans ce travail parce que ses conclusions relatives à la stabilité proposées dans le mémoire (erroné) ne sont plus justifiées [35].

33. Études citées par Minorsky, cf. note 7.

34. « J'établis par exemple que le problème des trois corps ne comporte, en dehors des intégrales connues, aucune intégrale analytique ou uniforme. Bien d'autres circonstances nous font prévoir que la solution complète, si jamais on peut la découvrir, exigera des instruments analytiques absolument différents de ceux que nous possédons et infiniment plus compliqués. » Poincaré, « Sur le problème », p. 264-265. Il affirme aussi que le « problème présente des difficultés inouïes, que l'insuccès des efforts antérieurs avait bien fait pressentir, mais dont je crois avoir mieux encore fait ressortir la nature et la grandeur », *ibid.*, p. 265. Au passage il remercie Phrägmen pour lui avoir « signalé les points où des explications complémentaires lui semblaient nécessaires », *ibid.*, p. 264.

35. Et sous la pression de Mittag-Leffler, organisateur du concours, souhaitant que le problème soit réglé discrètement et rapidement. Poincaré a également pris à sa charge tous les frais occasionnés par la republication du mémoire suite aux corrections. Cf. Barrow-Green, *Poincaré and the three body problem.*

Ajoutons que, par la suite, Poincaré n'a que très peu développé la question des orbites doublement asymptotiques (on peut imaginer qu'il est mobilisé sur de nombreux autres sujets, d'une actualité plus pressante). En 1899, dans le troisième tome il s'avance timidement dans la théorie des hétéroclines pour une raison bien précise : l'existence des hétéroclines prend sens parce que leur existence conditionne, selon Poincaré, la stabilité du système. Il démontre alors l'existence d'hétérocline dans quelques cas très particuliers, mais sans conclusions ni résultats généraux, il laisse planer le doute :

> Le résultat est donc bien incomplet ; j'espère cependant qu'on me pardonnera la longueur de cette digression, car la question que j'ai posée [l'existence d'hétéroclines], plutôt que résolue, paraît se rattacher directement à la question de la stabilité, comme je l'ai montré au n° 400 [citation précédente] [36].

Contrairement aux études du chaos (pris au sens des homoclines), les orbites doublement asymptotiques ne sont pas objet d'analyse pour elles-mêmes, mais du fait de leur importance dans la question de la stabilité.

« Résoudre » le problème des trois corps

Pour préciser encore les intuitions et la pensée de Poincaré il faut les rapporter à ce qu'il entend par « résoudre » le problème des trois corps et la question de la stabilité. Il y a une ambiguïté à ce sujet, car la résolution selon le mathématicien et la résolution selon l'astronome n'ont pas le même sens. L'astronome cherche des développements en série lui permettant de déterminer l'évolution du système, en des temps aussi longs que possibles. Le mathématicien a une problématique différente, il cherche d'abord à opérer des classifications. Il définit différents types de trajectoires d'une part, et détermine leur agencement dans l'ensemble des trajectoires, d'autre part, en espérant être le plus exhaustif possible. Ce ne sont que des moyens pour parvenir à une fin : l'étude de la stabilité.

36. Poincaré, *Les Méthodes nouvelles*, 1899, p. 410.

La classe principale est la classe des orbites périodiques, qu'il suppose denses[37] et sur lesquelles il s'appuie pour construire d'autres classes. La seconde classe, celle des orbites asymptotiques, est nouvelle. La troisième classe est celle des solutions doublement asymptotiques, séparées en homoclines et hétéroclines. Il établit l'existence des homoclines dans le problème des trois corps restreints, puis s'intéresse à leur répartition.

Même s'il n'est pas question de réduire le travail de Poincaré a une simple classification, c'est bien la perspective choisie dans son traitement du problème des trois corps. Poincaré ne rentre pas dans le détail d'une homocline en particulier parce que cela n'a pas d'intérêt relativement à la résolution du problème.

A l'appui de ces affirmations, outre les tendances qu'on peut trouver dans les *Méthodes nouvelles*, il est intéressant de mentionner les affirmations de Poincaré au sujet de la question des géodésiques, telle que Hadamard l'a traitée en 1898[38]. Hadamard a proposé une classification exhaustive des géodésiques des surfaces à courbure négative, en conséquence de quoi Poincaré considère le problème comme « entièrement résolu »[39]. Ainsi l'étude des orbites périodiques et homoclines dans la perspective de Poincaré n'a pas le sens qu'on lui attribut aujourd'hui dans les analyses du chaos.

Poincaré n'est pas un incompris

Ajoutons que Poincaré n'est pas non plus un personnage totalement incompris, isolé, qui aurait fait une découverte « hors de

37. Poincaré consacre beaucoup de temps à préciser des sous-classes, correspondant à des comportements périodiques variés (par exemple, les orbites périodiques de second genre, dont il précise les propriétés de « bifurcation »). Peu de temps avant sa mort, en 1912, il indique les grandes lignes d'un dernier résultat directement lié à ces questions d'orbites périodiques : son dernier théorème géométrique vise à démontrer la densité des orbites périodiques et assurer ainsi la cohérence de l'ensemble de sa démarche. Ce résultat sera démontré en 1913 par George Birkhoff, « Proof of Poincaré's geometric theorem », *Transactions of the American Mathematical Society*, 14, 1913.

38. J. Hadamard, « Les surfaces à courbures opposées et leurs lignes géodésiques », dans *Œuvres de Jacques Hadamard*, Paris, CNRS, 1968.

39. Poincaré, « Rapport ». Il n'existe que trois classes de géodésiques d'après Hadamard ; le problème est beaucoup plus simple que celui abordé par Poincaré.

son temps ». Le rapprochement avec les travaux d'Hadamard nous permet d'insister sur le fait qu'il existe des interactions entre les mathématiques de Poincaré et des mathématiciens contemporains de celui-ci. La perspective qualitative est importée dans la théorie des géodésiques par Hadamard. Un tel effort reste circonscrit mais il faut rappeler que les résultats quantitatifs dominent les préoccupations des mathématiciens et astronomes parce qu'ils sont plus directement efficaces en termes de résultats pratiques. En outre, les mathématiques de Poincaré sont assimilées par le mathématicien russe Alexander Lyapounov, des astronomes-mathématiciens comme le français Jean Chazy et quelques années après (à partir de 1912) par le mathématicien américain Birkhoff.

Si les homoclines ne donnent pas lieu à de nouvelles théories spectaculaires, c'est qu'il faut peut-être admettre qu'elles sont déjà intégrées dans une problématique donnée, liée aux questions de la mécanique céleste, et non pas parce qu'elles sont incompréhensibles aux mathématiciens de la fin du XIXe siècle. Il faudra de nombreux développements mathématiques et le renfort de l'ordinateur pour développer l'approche qualitative naissante et métamorphoser cette théorie mathématique en théorie du chaos.

« LE HASARD » : ENTRE PHILOSOPHIE ET MÉCANIQUE STATISTIQUE

A travers les passages extraits d'historiques de la notion de chaos, on a pu constater que le thème des équations différentielles est souvent relayé par celui des probabilités. Le texte « Le hasard », de 1907, est d'ailleurs cité régulièrement pour soutenir que Poincaré aurait déjà compris une grande partie des enjeux liés au chaos en matière d'instabilités et de probabilités. Rappelons que Poincaré a eu l'occasion de s'y intéresser en tant que professeur de probabilités. Il a publié un traité de calcul des probabilités [40] et a produit une réflexion philosophique, dont fait partie le texte « Le hasard ».

La problématique première est centrée sur une question : qu'est-ce que le hasard ? Poincaré apporte des éléments de réflexion, en critiquant le hasard selon Laplace, ce hasard pensé comme la conséquence de notre ignorance dans un monde déterministe. Cette réfé-

40. Poincaré, *Calcul des probabilités*, Paris, Gabay, 1912

rence générale à « notre ignorance » lui paraît trop vague. Poincaré veut préciser et propose notamment un mécanisme rappelant la « sensibilité aux conditions initiales », ce pourquoi le texte est si souvent cité :

> Une cause très petite, qui nous échappe, détermine un effet considérable que nous ne pouvons pas ne pas voir, et alors nous disons que cet effet est dû au hasard. Si nous connaissions exactement les lois de la nature et la situation de l'univers à l'instant initial, nous pourrions prédire exactement la situation de ce même univers à un instant ultérieur. Mais, lors même que les lois naturelles n'auraient plus de secret pour nous, nous ne pourrons connaître la situation initiale qu'approximativement. Si cela nous permet de prévoir la situation ultérieure avec la même approximation, c'est tout ce qu'il nous faut, nous disons que le phénomène a été prévu, qu'il est régi par des lois ; mais il n'en est pas toujours ainsi, il peut arriver que de petites différences dans les conditions initiales en engendrent de très grandes dans les phénomènes finaux ; une petite erreur sur les premières produirait une erreur énorme sur les derniers. La prédiction devient impossible et nous avons le phénomène fortuit [41].

A l'ignorance laplacienne se substitue notre incapacité à la connaissance parfaite de « conditions initiales » (Poincaré ne se prononce pas sur la connaissance des lois de la nature). A cela, Poincaré ajoute une série d'exemples, dont le plus frappant est celui de la chute d'un cône posé sur sa pointe. La direction de la chute de ce cône dépend de l'écart minime à la stricte verticale. Cet écart est la « petite cause » du « grand effet », la chute selon telle ou telle direction. L'impossibilité de connaître ce trop faible écart nous laisse penser que la direction de la chute est aléatoire. Il propose également d'autres mécanismes de hasard dans un monde toujours déterministe : l'instabilité, la complexité des systèmes, le grand nombre de chocs dans le cas d'un gaz sont à l'origine du hasard observé.

Ces mélanges d'aléa et de déterminisme rappellent les images les plus souvent reprises au sujet du chaos. Les rapprochements entre « Le hasard » et la question des trois corps ou les orbites homoclines

41. Poincaré, « Le hasard », *L'Analyse et la recherche. Choix de textes et introduction de G. Ramunni*, Paris, Hermann, 1991, p. 138 (en italique dans le texte).

se comprennent aisément. Nous voulons démontrer maintenant qu'ils sont en fait trop simplistes; ils trahissent même l'esprit du texte de Poincaré et en occultent l'originalité. « Le hasard » mériterait une longue analyse (développée dans ma thèse) mais une courte discussion suffit à dessiner les grandes lignes des problématiques sous-jacentes.

Pour comprendre la pertinence des propositions de Poincaré il s'agit d'abord de les resituer dans les débats philosophiques, physiques et mathématiques.

En premier lieu, « Le hasard » s'inscrit dans les débats philosophiques sur le déterminisme, dans ses relations au hasard en insistant sur les phénomènes instables (tel que le cône sur sa pointe), entamés bien avant Poincaré par plusieurs philosophes français. Pour fixer un début à ce mouvement, on peut retenir l'année 1878 et la publication du texte de Joseph Boussinesq (1842-1929) « Conciliation du véritable déterminisme mécanique avec l'existence de la vie et de la liberté morale »[42]. Ce mémoire est lui-même hanté par les idées de Claude Bernard (1813-1878), défenseur du déterminisme et opposant au vitalisme. Adhémar Barré de Saint-Venant (1797-1886) a proposé en 1877 des notions de « travail décrochant » inspirant Boussinesq. Les philosophes Paul Janet (1823-1889) (qui rédige l'introduction au mémoire), Alfred Fouillée (1838-1912)[43], Charles Renouvier (1815-1903), Ernest Naville (1816-1909), Joseph Delbœuf (1831-1896), Alphonse Darlu (1849-1921), pour n'en citer que quelques uns, participent aux débats. De manière plus révélatrice, un examen de la *Revue philosophique de la France et de l'étranger* dans les années 1876-1900[44] suffit à montrer l'ampleur que

42. Le mémoire est publié dans J. Boussinesq, *Conciliation du véritable déterminisme mécanique avec l'existence de la vie et de la liberté morale*, Paris, 1878. Une note à l'Académie des Sciences a été publiée deux années auparavant, sur le même thème (Boussinesq, « Sur la conciliation de la liberté morale avec le déterminisme scientifique », *Comptes rendus de l'Académie des Sciences*, tome 84, 1877) : elle est présentée par Saint-Venant. Boussinesq complète son mémoire en 1879, dans Boussinesq, *Étude sur divers points de la philosophie des sciences*, 1879.

43. Nous avons consulté la troisième édition de son traité *La Liberté et le déterminisme*, Paris, 1872.

44. Dans la série de revues 1878-1900, il n'est quasiment pas une année sans qu'une note, un article ou un débat ne soit publié à ce sujet. Les années précédentes

prend cette discussion qui reprend les idées de travail décrochant et d'instabilité pour tenter des conciliations du libre arbitre, de la vie avec le déterminisme. Poincaré, lui même partie prenante dans le débat philosophique, a très certainement eu connaissance de ces réflexions et « Le hasard » peut être vu comme une actualisation du débat en 1907 en fonction d'une nouvelle théorie physique : la mécanique statistique. Le texte n'est pas une énième réflexion philosophique; il est empreint de cette préoccupation scientifique majeure de ce début de siècle [45].

La proximité avec les débats précédents sur le déterminisme apparaît d'emblée dans cette juxtaposition des termes « mécanique » (renvoyant au déterminisme) et « statistique » (renvoyant à l'aléatoire, pour rester très concis). La mécanique statistique se heurte en effet aux positions déterministes. Elle signe l'incursion de la statistique et surtout des probabilités en physique suite aux propositions du physicien viennois Ludwig Boltzmann (1844-1906), atomiste convaincu et probabiliste résolu.

La problématique de la mécanique statistique est très clairement en arrière-plan de « Le hasard ». Soulignons que Poincaré écrit ce texte après les lectures de l'ouvrage de Josiah W. Gibbs *Elementary principles in statistical mechanics* de 1902 (qui s'imposera comme la référence en mécanique statistique), commenté par Hadamard (1906), et le texte d'Emile Borel sur la théorie cinétique des gaz (1906) [46].

Poincaré tire plusieurs exemples de la théorie cinétique des gaz pour illustrer ses réflexions; il évoque les travaux de Léon Gouy (sur un sujet qui est aujourd'hui appelé « mouvement brownien »). Ajoutons qu'un des promoteurs de la statistique en physique, James

(1876 étant la première année de publication de la revue) ne consacrent aucun article : 1878 est un tournant, ce dont on ne s'étonnera pas, puisqu'il s'agit de l'année de publication du mémoire de Boussinesq.

45. On consultera en particulier S. G. Brush, *Statistical physics and the atomic theory of Matter, from Boyle and Newton to Landau and Onsager*, Princeton series in Physics, 1983, Brush, *The kind of motion we call Heat*, Amsterdam, North Holland Personel Library, 1986 et A. Barberousse, *La Physique face à la probabilité*, Paris, Vrin, 2000.

46. W. Gibbs, *Elementary principles in statistical mechanics*, London, Arnold, 1902 ; Hadamard, « La mécanique statistique », *Bulletin of the American Mathematical Society*, E. Borel, « Sur les principes de la théorie cinétique des gaz », *Œuvres de Emile Borel*, Paris, Editions du CNRS, 1972. Nous renvoyons à Petitgirard, *Le Chaos*, p. 116-9.

Clerk Maxwell (1831-1879) est lui aussi engagé dans une réflexion sur le déterminisme et proposa en 1873 des idées similaires à celles trouvées dans « Le hasard »[47].

Comme physicien et mathématicien, Poincaré s'est lui aussi intéressé de près à la mécanique statistique. En analysant ses textes à la fois techniques et plus philosophiques, on peut d'ailleurs reconnaître que ses positions sur la place des probabilités dans ces théories a évolué entre 1889 (son premier article est peu informé sur l'actualité du sujet) et 1912[48] : dans la seconde édition de son *Calcul des probabilités*, il détaille et cherche alors à accréditer les raisonnements probabilistes des théories de Maxwell-Boltzmann.

Mécanique statistique et théorie des probabilités sont donc naturellement liées dans les travaux de Poincaré. « Le hasard » est une illustration de ses préoccupations, un état de sa réflexion en 1907. Ce n'est pas tout. La théorie des probabilités s'appuie aussi sur ses travaux de mécanique céleste et la méthode des fonctions arbitraires implicites en particulier. La question du battage des cartes, abordée par Poincaré est, selon Hadamard une version probabiliste du principe ergodique de la mécanique. De façon encore plus naturelle, mécanique et mécanique statistique sont associées, pas seulement chez Poincaré. Le paradoxe de Zermelo-Planck montre à quel point les nouveautés des théories de Poincaré en mécanique céleste intègrent facilement les débats de la mécanique statistique. Afin de démontrer que les conceptions atomistes sont en contradiction avec le second principe de la thermodynamique, Ernst Zermelo et Max Planck ont en effet construit un argumentaire reposant sur le théorème de récurrence de Poincaré (démontré dans son mémoire du concours Oscar II, à propos des problèmes de dynamique). Cet exemple montre aussi à quel point les idées de Boltzmann sont peu orthodoxes et difficilement acceptées.

47. J. C. Maxwell, « Does the progress of physical science tend to give any advantage to the opinion of necessity (or determinism) over that of the contingency of events and the freedom of will? », *in* L. Campbell, W. Garnett, *The life of James Clerk Maxwell*, New York, Johnson reprint corporation, 1969.

48. Il s'agit des textes de Poincaré : « Sur les tentatives », « Sur la théorie cinétique », « Réflexions sur le calcul des probabilités » et « Réflexions sur la théorie cinétique des gaz ». Voir Petitgirard, *Le Chaos*, chapitre 2, p. 104-110, pour une analyse plus complète de ces textes.

En d'autres termes, mécanique céleste, mécanique statistique et théorie des probabilités sont naturellement liées, et ces débats sont animés par un dialogue entre trois « spécialistes », mathématiciens, Hadamard, Borel et Poincaré [49]. Le texte « Le hasard » est donc au carrefour de plusieurs problématiques, liées entre elles au niveau philosophique par la notion de hasard, au niveau des théories physiques par celle de l'introduction des probabilités, bien avant les bouleversements de la mécanique quantique. Fruit de la culture étendue d'un savant au fait de l'actualité scientifique de son temps, le texte résume les principaux enjeux philosophiques et scientifiques de 1907 derrière cette question apparemment anodine : qu'est-ce que le hasard ? Peu de scientifiques ont été capables de traduire sur le vif le fond d'une problématique aussi complexe. L'interdisciplinarité de l'auteur lui permet de respecter cette complexité. C'est ce qui fait son originalité et son importance.

En tous cas, lier la citation du texte « Le hasard » à propos des « petites causes – grands effets », aux homoclines n'est pas tout à fait opportun et même assez réducteur : le problème des trois corps ne peut pas être la seule source des réflexions de Poincaré sur les probabilités. En outre, la « sensibilité aux conditions initiales » a assez peu d'importance dans les travaux plus techniques de Poincaré.

QUELQUES CONCLUSIONS

En définitive, le début du XXe siècle peut être considéré comme une origine des conceptions de chaos, car plusieurs nouveautés essentielles dans le développement de ces conceptions ont émergé à ce moment-là. En premier lieu, les méthodes mathématiques se renouvellent : la théorie des équations différentielles et la mécanique céleste évoluent sous l'influence de Poincaré auquel il faudrait ajouter Lyapounov pour les théories mathématiques de la stabilité. Sur le plan philosophique et scientifique le déterminisme est discuté, difficilement remis en question, mais un certain assouplissement s'engage. Hasard et probabilités sont au cœur du débat. Les travaux

49. Merci à Bernard Bru pour ses commentaires et m'avoir incité à souligner ce point. Cf. Petitgirard, *Le Chaos*, chapitre 2, pour une vue d'ensemble de ces dialogues et problématiques.

sur les probabilités et les statistiques sont en plein essor; la mécanique statistique en est un stimulant essentiel. Les théories mathématiques des probabilités s'élaborent et aboutiront aux travaux fondateurs de Kolmogorov en 1933. La théorie ergodique prolongera les réflexions issues de la mécanique statistique et débattues par Poincaré, Hadamard et Borel. L'incursion des statistiques et des probabilités en physique pose question : doit-on accepter une théorie physique où interviennent les probabilités et renoncer à une théorie physique purement déterministe, à l'image de la mécanique classique ?

Ces nouveautés feront germer la mécanique quantique et leurs prolongements conduiront aux notions de chaos. Tout ce mouvement ne peut donc pas se réduire aux seules réflexions de Poincaré. Néanmoins, « Le hasard » et les *Méthodes nouvelles* de Poincaré sont les meilleures illustrations des problématiques de l'époque et, pour cette raison, ils sont de bons représentants des origines des notions de chaos. Cela confirme à la fois l'ancrage de la pensée de Poincaré dans son temps et le fait qu'il soit une des sources majeures des développements des conceptions de chaos et de la théorie du chaos (et, dans une moindre mesure, des théories des bifurcations).

Alors Poincaré est-il un précurseur du chaos ? Dans un passage resté célèbre, l'historien des sciences et épistémologue G. Canguilhem a stigmatisé cette tendance à la recherche de précurseur, trop fréquente dans le domaine de l'histoire des sciences. Nous avons insisté ici sur les raccourcis implicites dans ce genre d'affirmation et il est certainement plus approprié de parler d'« initiateur ». En effet, le développement effectif des conceptions de chaos et de la théorie du chaos a demandé bien d'autres évolutions en mathématique, en matière de système dynamique par exemple. Les ordinateurs ont été des instruments indispensables à l'émergence du chaos car ils ont permis de développer la perspective qualitative grâce aux calculs plus quantitatifs qu'ils autorisent. Le météorologue Edward Lorenz, le mathématicien Ruelle ont su l'utiliser pour mettre en évidence des comportements qui ont ensuite été appelés chaotiques. La théorie ergodique des systèmes dynamiques, les fondements de la mécanique statistique, en se développant, ont apporté des éléments essentiels pour l'émergence d'un domaine de recherche sur la thématique du chaos, dans les années 1970. Les travaux de Poincaré ont, en ce sens, participé à lancer une dynamique, qui a suivi des chemins largement hors de pensée de ce mathématicien disparu en 1912.

Si toutefois on se limitait aux résultats mathématiques, par exemple pour les homoclines ou l'utilisation des orbites périodiques, la notion de « précurseur » peut être défendue. Au fond la question est de savoir quelle est l'historicité des concepts mathématiques ? Or le parcours qui joint les homoclines de Poincaré aux notions récentes n'est ni simple, ni linéaire : la notion a traversé des changements de cadre mathématique assez radicaux, avec Smale notamment.

De manière générale, est-on certain que le cheminement des résultats mathématiques passe exclusivement par les mathématiques? Il faudrait savoir ce qui relève effectivement d'un développement mathématique continu et ce qui résulte d'une reconstruction *a posteriori*. Mentionnons simplement que les théories des bifurcations se sont développées en physique autant qu'en mathématiques, et que les notions de sensibilité aux conditions initiales et d'étirement-repliement ont été reconnues suite à des conjonctions entre mathématiques et résultats numériques-informatiques.

Il convient d'ajouter à cette série de remarques que la pensée des mathématiciens, en tant qu'êtres humains, est une dimension à ne pas négliger. D'une part, il y a les théorèmes et d'autre part la manière dont les mathématiciens perçoivent leurs résultats, la portée qu'ils leurs attribuent, le sens qu'ils leurs donnent. D'où cette double question : que pense Poincaré de ses homoclines et ont-elles nécessairement été appréhendées de la même manière au fil du temps? Nous en revenons aux lectures des théorèmes de Poincaré et à leur historicité.

Nous avons déjà montré que, dans l'esprit de Poincaré, homoclines et hétéroclines sont des classes particulières, qui ont de l'importance en tant qu'ensembles de trajectoires et non en tant que trajectoires individuelles. Le détail de l'évolution d'une trajectoire ne servirait pas à « résoudre » le problème tel qu'il l'envisage et il n'a pas de moyens de calcul à disposition pour ce genre d'étude. Mais alors, s'il a été saisi par la difficulté proposée par les homoclines, dans quelle mesure a-t-il anticipé tout ce que le calcul permettra de découvrir, d'imaginer et de penser? On pourrait également poser la question au sujet des orbites périodiques : dans quelle mesure les moyens de calcul ont-ils modifié les perspectives?

Affirmer que Poincaré est un précurseur renvoie donc, selon nous, à une conception des mathématiques et de leur place dans la science. Notre discussion, loin de proposer une réponse définitive à la question, montre deux choses. Tout d'abord que l'on peut donner un sens à l'affirmation selon laquelle Poincaré est un précurseur d'un chaos conçu sur la base des homoclines. Sauf à être un relativiste aveugle, il faut bien admettre qu'il y a une certaine a-historicité dans les résultats mathématiques. Les cadres théoriques persistent plus longtemps que les cadres des sciences physiques. Les objets mathématiques et les résultats, les théorèmes et les conjectures ont une durée de vie très longue, comparée au reste des résultats scientifiques. En un sens, une théorie mathématique n'est jamais remise en cause, elle est seulement limitée.

Admettre que Poincaré a été confronté à la première « manifestation mathématique » du chaos peut donc prendre sens, à condition de considérer les homoclines comme un élément de chaos, ce qui nous renvoie aux notions de chaos en jeu. Cela montre aussi que les relations construites par les scientifiques entre leurs travaux et le passé sont pour le moins intéressantes, souvent significatives et de bons stimulants pour les historiens. Nos critiques à propos d'affirmations souvent réductrices restent, nous semble-t-il, valables. Les tenants du discours faisant de Poincaré un précurseur n'hésitent pas à sortir ses travaux de leur contexte, à rapprocher artificiellement des arguments, et à faire, inconsciemment, un certain nombre d'anachronismes car les mathématiques ne sont pas seules en jeu. L'analyse que nous avons faite du texte « Le hasard », même si elle est très brève dans le cadre de cet article, a permis, nous l'espérons, de l'illustrer.

BIBLIOGRAPHIE

Sources

BIRKHOFF G.D., « Proof of Poincaré's geometric theorem », *Transactions of the American Mathematical Society*, 14, 1913, p. 14-22.

BOREL E., « Sur les principes de la théorie cinétique des gaz », *Annales de l'École Normale Supérieure*, 3e série, tome 23, 1906, dans E. Borel, *Œuvres de Emile Borel*, Paris, Editions du CNRS, 1972, p. 1669-1692.

BOUSSINESQ J., « Sur la conciliation de la liberté morale avec le déterminisme scientifique », *Comptes rendus de l'Académie des Sciences*, tome 84, 1877, p. 362-364.

– *Conciliation du véritable déterminisme mécanique avec l'existence de la vie et de la liberté morale*, Paris, Gauthier-Villars, 1878. Extrait des Mémoires de la Société des Sciences, de l'Agriculture et des Arts de Lille, tome VI, 4 e série.

– *Étude sur divers points de la philosophie des sciences*, Paris, Gauthier-Villars, 1879. Extrait des Mémoires de la Société des Sciences, de l'Agriculture et des Arts de Lille, tome VII, 4 e série.

CVITANOVIC P., « Periodic orbits as the Skeleton of classical and quantum chaos », *Physica D*, 51, 1991, p. 138-151.

FOUILLEE A., *La Liberté et le déterminisme*, Paris, Ladrange, 1872.

GIBBS J.W., *Elementary principles in statistical mechanics*, London, Arnold, 1902.

HADAMARD J., « Les surfaces à courbures opposées et leurs lignes géodésiques », *Journal de maths pures et appliquées*, 4, 1898, p. 27-73, dans Hadamard J., *Œuvres de Jacques Hadamard*, Paris, CNRS, 1968, tome 2, p. 729-775.

– « La mécanique statistique », *Bulletin of the American Mathematical Society*, XII, 1906, p. 194-210.

KOLMOGOROV A.N., « The general theory of dynamical systems and classical mechanics », *Proceedings of the International Congress in Mathematics*, vol 1, 1954, p. 315-333, reproduit dans V.M. Tikhomirov, *Selectd Works of A.N. Kolmogorov,* tome 1 : *Mathematics and mechanics*, Dordrecht, Kluwer Academic Pub., 1991, p. 355-374.

LI T.-Y., YORKE J., « Period three implies chaos », *American Mathematical Monthly*, 82, 1975, p. 985-992.

MAXWELL J.C., « Does the progress of physical science tend to give any advantage to the opinion of necessity (or determinism) over that of the contengency of events and the freedom of will? », 1873, *in* L. Campbell, W. Garnett, *The life of James Clerk Maxwell*, New York, Johnson reprint corporation, 1969, p. 434-444.

MAY R.M., « Biological Populations with Nonoverlapping Generations : Stable points, Stable cycles, and Chaos », *Science*, 186, November 1974, p. 645-647.

MINORSKI N., « Influence d'Henri Poincaré sur l'évolution moderne de la théorie des oscillations non linéaires », Conférence aux ingénieurs civils, 18 Mai 1954, dans H. Poincaré, *Œuvres Complètes*, Paris, Gauthier-Villars, 1954, tome XI, 3 e partie, p. 120-126.

MINORSKY N., *Introduction to Non-linear Mechanics*, J.W. Edwards, Ann Arbor, 1947.

MORSE M., « George David Birkhoff and his mathematical work », 1946, *in* G.D. Birkhoff, *Collected Mathematical Papers*, USA, Dover, 1968, p. XXIII-LVII.

POINCARÉ H., « Mémoire sur les courbes définies par une équation différentielle », *Journal de Mathématiques* (3), 7, 1881, p. 375-422, dans Poincaré H., *Œuvres Complètes*, Paris, Gauthiers-Villars, 1952-1956, tome 1, p. 3-44).

– « Mémoire sur les courbes définies par une équation différentielle », *Journal de Mathématiques* (3), 8, 1882, p. 251-296, dans H. Poincaré, *Œuvres Complètes*, Paris, Gauthiers-Villars, 1952-1956, tome 1, p. 44-84.

– « Sur l'équilibre d'une masse fluide animée d'un mouvement de rotation », *Acta Mathematica*, VII, 1885, dans H. Poincaré, *Œuvres Complètes*, Paris, Gauthiers-Villars, 1952-1956, tome VII, p. 40.

– « Sur les courbes définies par les équations différentielles », *Journal de Mathématiques* (4), 2, 1885, p. 167-244, dans H. Poincaré, *Œuvres Complètes*, Paris, Gauthiers-Villars, 1952-1956, tome 1, p. 90-161.

– « Sur les courbes définies par les équations différentielles », *Journal de Mathématiques* (4), 2, 1886, dans H. Poincaré, *Œuvres Complètes*, Paris, Gauthiers-Villars, 1952-1956, tome I, p. 167-222.

– « Sur les tentatives d'explication mécanique des principes de la Thermodynamique », *Comptes rendus de l'Académie des Sciences*, 108, 1889, p. 550-553.

– « Sur le problème des trois corps et les équations de la dynamique », 1890, dans H. Poincaré, *Œuvres Complètes*, Paris, Gauthiers-Villars, 1952-1956, tome VII, p. 262-479.

– *Les Méthodes nouvelles de la mécanique céleste*, Paris, Gauthiers-Villars, tome 1, 1892.

– « Les formes d'équilibre des masses fluides en rotation », *Revue générale des sciences*, tome 3, 1892, dans H. Poincaré, *L'Analyse et la recherche. Choix de textes et introduction de G. Ramunni*, Paris, Hermann, 1991, p. 43-59.

– *Les Méthodes nouvelles de la mécanique céleste*, Paris, Gauthiers-Villars, tome 2, 1893.

– « Sur la théorie cinétique des gaz », *Revue générale des Sciences*, tome 5, 1894, dans H. Poincaré, *L'Analyse et la recherche. Choix de textes et introduction de G. Ramunni*, Paris, Hermann, 1991, p. 92-113.

– « Rapport sur un mémoire de M. Hadamard : Sur les courbes géodésiques de surfaces à courbures négatives », *Comptes rendus de l'Académie des Sciences*, 2, 1897, p. 589-591.

– *Les Méthodes nouvelles de la mécanique céleste*, Paris, Gauthiers-Villars, tome 3, 1899.

– « Réflexions sur le calcul des probabilités », *Revue Générale des Sciences*, tome 10, 1899, dans H. Poincaré, *L'Analyse et la recherche. Choix de textes et introduction de G. Ramunni*, Paris, Hermann, 1991, p. 115-134.

– « Réflexions sur la théorie cinétique des gaz », *Journal de Physique*, 4 e série, tome 5, 1906, p. 369-403

– « Le Hasard », La revue du Mois, 19 Mars 1907, dans H. Poincaré, *L'Analyse et la recherche. Choix de textes et introduction de G. Ramunni*, Paris, Hermann, 1991, p. 135-156.

– *Calcul des probabilités*, Paris, Gabay, 1912, 336 p. « Les grands classiques Gauthiers-Villars ».

Litterature secondaire

AUBIN D., DAHAN DALMEDICO A., « Writing the History of Dynamical Systems and Chaos : Longue Durée and Revolution, Disciplines and Cultures », *Historia Mathematica* 29, 2002, p. 273-339.

BARBEROUSSE A., *La Physique face à la probabilité*, Paris, Vrin, 2000.

BARROW-GREEN J., *Poincaré and the three body problem*, Providence, American Mathematical Society, 1997, « History of Mathematics », vol. 11.

BRUSH S.G., *Statistical physics and the atomic theory of Matter, from Boyle and Newton to Landau and Onsager*, Princeton, Princeton series in Physics, 1983.

– *The kind of motion we call Heat*, Amsterdam, North Holland Personel Library, 1986, (2 vol.).

CANGUILHEM G., « Sur l'objet de l'histoire des sciences », dans *Études d'histoire et de philosophie des sciences*, Paris, Vrin, 1983 ; 5 e édition.

DAHAN A., CHABERT J-L., CHEMLA K., *Chaos et déterminisme*, Paris, Seuil, 1992.

DAHAN DALMEDICO A., « La renaissance des systèmes dynamiques aux USA après la seconde guerre mondiale : l'action de S. Lefschetz », *Supplemento al Rendiconti del Circolo Matematico di Palermo*, 1994, p. 133-166.

DIACU F., HOLMES P., *Celestial encounters : the origin of chaos and stability*, Princeton, Princeton University Press, 1996.

GILAIN C., « La théorie qualitative de Poincaré et le problème de l'intégration des équations différentielles » dans H. Gispert-Chambaz, *La France Mathématique : la Société Française de Mathématique 1872-1914*, Paris, SFHST-SMF, 1991, p. 215-242.

GOLDSTEIN C., *Un Théorème de Fermat et ses lecteurs*, Saint-Denis, PUV, 1995.

PETITGIRARD L., *Le Chaos : des questions théoriques aux enjeux sociaux. Epistémologie, histoire et impact sur les institutions*, Thèse de Doctorat d'Histoire (Université Lyon 2), G. Ramunni (dir.), 26 novembre 2004.

POUR LA SCIENCE, *Poincaré, philosophe et mathématicien*, (dirigé par U. Bottazini), Hors-série collection « Les génies de la science », n° 4, août-nov. 2000.

RUELLE D., *Hasard et Chaos*, Paris, Odile Jacob, Collection Sciences, Septembre 1991.

STEWART I., *Dieu joue-t-il aux dés ? Les Nouvelles mathématiques du chaos*, Paris, Flammarion, 2ᵉ éd., 1998.

Découvrir le principe d'inertie[1]

Sophie ROUX

Ce qu'on appelle aujourd'hui le principe d'inertie peut être formulé de la manière suivante : un corps au repos reste au repos, un corps en mouvement garde sa vitesse rectiligne uniforme, tant que rien ne vient modifier cet état de repos ou de mouvement rectiligne uniforme[2]. Au début du XVIIIe siècle, Cotes déclare dans la préface qu'il rédigea pour la seconde édition des *Principia mathematica* qu'il s'agit d'une loi de la nature universellement admise par tous les

1. Les questions qui sont au cœur de cette étude ont été l'objet d'un exposé intitulé « Descartes a-t-il formulé le principe d'inertie ? » lors des Journées « Descartes et les principes de conservation », ENS-Fontenay, décembre 1996. Une seconde version de cet exposé a été présentée en décembre 1998 au séminaire que Catherine Chevalley organisait alors à Tours. C'est avec plaisir que je remercie Egidio Festa, Alan Gabbey et Carla-Rita Palmerino, qui ont bien voulu en relire l'avant-dernière version : leurs remarques m'ont permis de clarifier quelques points qui devaient l'être.

2. L'appellation « principe d'inertie » n'existe pas au XVIIe siècle et ne semble pas s'imposer avant la seconde moitié du XIXe siècle : auparavant, on trouve différentes expressions, par exemple, chez d'Alembert « principe de la force d'inertie », *Traité de dynamique*, Paris, Gabbay, 1990, p. XI, p. XVI. Cette question terminologique n'interférant cependant pas avec les problèmes soulevés dans notre étude, nous n'avons aucune raison de ne pas employer l'appellation usuelle aujourd'hui. Pour des raisons de simplicité, nous laissons par ailleurs de côté le rapport entre principe d'inertie et principe de relativité (pour une analyse des tentatives de démonstration du principe d'inertie à partir de la relativité du mouvement, voir E. Meyerson, *Identité et réalité*, Paris, Vrin, 1951, p. 133-145).

philosophes[3]. De fait, c'est cette loi qui ouvre les traités que Newton et Huygens consacrent à la science du mouvement. La première des « lois ou axiomes du mouvement » des *Principia mathematica* est que tout corps persévère dans son état de repos ou de mouvement rectiligne uniforme, à moins que des forces imprimées ne le contraignent à changer cet état[4]. Cartésien sur ce point, Huygens emploie une formule qui lui permet de ne pas recourir à la notion de force ; sa première « hypothèse » est qu'un corps, une fois qu'il a été mis en mouvement, continue à se mouvoir toujours avec la même vitesse et de manière rectiligne, si rien ne s'y oppose[5]. Le principe d'inertie constituait cependant un nouveau principe, que n'avait admis aucun philosophe avant le XVIIe siècle : les notions de matière et de mouvement qu'on trouve dans la physique d'inspiration aristotélicienne, y compris dans ce qu'on appelle parfois la « théorie de l'*impetus* », conduisent à penser que, naturellement, le mouvement des corps qui nous entourent va s'épuisant petit à petit. De manière élémentaire, l'étude qui suit a pour objectif de déterminer quel est le processus historique qui a conduit à la formulation de ce nouveau principe qui sera un des fondements que Newton et Huygens choisiront pour la science du mouvement.

D'un point de vue historiographique, l'étude du principe d'inertie a longtemps été parasitée par une interprétation générale de la Révolution Scientifique, trop générale pour être vraie. Selon Rosenberger, Tannery et Painlevé, le principe d'inertie fait le partage entre physique ancienne et physique moderne ; or, raisonnaient-ils en gros, le partage entre physique ancienne et physique moderne est aussi celui qu'on trouve entre géocentrisme et héliocentrisme : il y

3. R. Cotes, « Editionis Praefatio », *in* Newton, *Philosophiae naturalis principia mathematica*, Cambridge, Mass., Harvard University Press, 1972, tome I, p. 22.

4. *Philosophiae naturalis principia mathematica*, lex 1, tome I, p. 54 : « *Corpus omne persevarare in statu suo quiescendi vel movendi uniformiter in directum, nisi quatenus illud a viribus impressis cogitur statum suum mutare* ».

5. « *Corpus quodlibet semel motum, si nihil obstet, perget moveri eadem perpetuo celeritate et secundum rectam* », *De Motu corporum ex percussione*, hyp. 1, dans *Œuvres complètes de Christian Huygens*, La Haye, 1888-1950 (désormais citées SHS), XVI, p. 31.

aurait donc une solidarité conceptuelle entre la découverte du principe d'inertie et le passage du géocentrisme à l'héliocentrisme [6].

Rapidement, un certain nombre d'historiens, à commencer par Meyerson, remarquèrent que, Copernic et Kepler n'ayant en réalité rien formulé qui ressemble au principe d'inertie, cette reconstruction rationnelle était une vue de l'esprit [7]. Cette reconstruction a néanmoins déterminé un schème interprétatif qu'on trouve dans une grande partie de la littérature sur la Révolution Scientifique : la révolution commencée dans les cieux par Copernic aurait appelé une révolution terrestre; cette dernière aurait supposé l'avènement d'une nouvelle mécanique fondée sur le principe d'inertie et amenant à sa suite l'idée que la matière est passive, le mouvement relatif, ou qu'il s'agit d'un état et non d'un processus. En somme et en simplifiant, le principe d'inertie serait un complément logiquement nécessaire du geste copernicien, même s'il n'a pas été historiquement formulé par les premiers coperniciens [8].

Qu'on adopte ou non ce schème interprétatif général, Galilée et Descartes sont les principaux champions en lice pour la découverte du principe d'inertie. Un certain nombre de travaux, désormais classiques, permettent d'évaluer ce que chacun a accompli [9]. En ce

6. F. Rosenberger, *Die Geschichte der Physik in Grundzügen mit synchronistischen Tabellen der Mathematik, der Chemie und beschreibenden Naturwissenschaften sowie der allgemeinen Geschichte*, Hildesheim, G. Olms, 1965, I, p. 47 ; P. Tannery, « Galilée et les principes de la dynamique », *Revue générale des sciences*, 13, 1901, p. 332, p. 335-337 ; P. Painlevé, « Les axiomes de la mécanique et le principe de la causalité », *Bulletin de la Société française de philosophie*, p. 32-37.

7. Meyerson, *Identité et réalité*, p. 528-540.

8. Pour quelques textes illustrant ce schème dans le cas déterminant de Galilée, voir E. Wohlwill, « Die Entdeckung der Beharrungsgesetzes », *Zeitschrift für Völkerpsychologie und Sprachwissenschaft*, 1884, bd. 15, p. 81-87 ; Tannery, « Galilée et les principes de la dynamique », p. 332 et p. 338 ; A. Koyré, *Études galiléennes*, Paris, Hermann, 1966, p. 75, p. 165-166, p. 205, p. 211 ; M. Clavelin, « Le copernicianisme padouan de Galilée », in *Tribute to Galileo in Padua. Atti delle celebrazioni galileiane (1592-1992)*, Trieste, Lint, 1995, p. 149-166 ; M. Bucciantini, *Galileo e Keplero*, Torino, Einaudi, 2003, p. 62-66.

9. Les travaux les plus marquants ont été pour nous Meyerson, *Identité et réalité* ; Koyré, *Études galiléennes* ; M. Clavelin, *La Philosophie naturelle de Galilée*, 1 re éd., 1968 ; 2 e éd., Paris, Albin Michel, 1996 ; A. Gabbey, « Force and Inertia in the Seventeenth Century : Descartes and Newton », in *Descartes : Philosophy, Mathematics*

sens, la nouveauté de l'étude qui suit ne consiste-t-elle pas dans les matériaux présentés, ni même parfois dans les commentaires qui en seront donnés, mais bien dans les questions qui seront posées à propos de ces matériaux et de ces commentaires. L'avantage d'un objet aussi familier que le principe d'inertie est en effet qu'il permet de poser clairement des problèmes inhérents à la pratique de l'histoire des sciences et décisifs lorsqu'on pose la question de l'assignation de la nouveauté dans les sciences.

Se demander qui a découvert un élément chimique et se demander qui a découvert un principe comme le principe d'inertie, cela pose des problèmes d'ordre différent. Dans le premier cas, étant donné la révolution opérée par Lavoisier, le problème est qu'on peut qualifier de découverte soit l'identification d'une chose naturelle, soit sa description conceptuelle ou son intégration à un système théorique [10]. Dans le second cas, on semble se placer d'emblée dans un système d'énoncés théoriques : en ce sens, on pourrait penser qu'il n'y a pas vraiment de problème, et que découvrir un principe d'inertie, c'est en donner pour la première fois une formulation correcte ou adéquate. Mais, justement, qu'est-ce que formuler correctement ou adéquatement un principe ?

En fait, toute enquête sur la découverte d'un principe est subordonnée à une question méthodologique préjudicielle : quels critères permettent de déclarer que c'est bien le même principe qui se trouve dans deux textes ? Et, qu'on nous pardonne cette trivialité, si un historien des sciences juge cette question inévitable, ce n'est pas qu'il ignore quel sera le comportement d'un corps laissé à lui-même : c'est qu'il a suffisamment de lumières pour savoir qu'il

and Physics, S. Gaukroger (ed.), Brighton, The Harvester Press/ Barnes and Noble Books, 1980, p. 230-319 ; J.-P. Séris, *Machine et communication*, Paris, Vrin, 1987 ; D. Garber, *Descartes' Metaphysical Physics*, Chicago, Chicago University Press, 1992.

10. T.S. Kuhn, *La Structure des révolutions scientifiques*, trad. fr., L. Meyer, Paris, Flammarion, 1983, p. 83-88 et « La structure historique de la découverte scientifique », dans *La Tension essentielle. Tradition et changement dans les sciences,* trad. fr., M. Biezunski, P. Jacob, A. Lyotard-May et G. Voyal, Paris, Gallimard, 1990, p. 235-238, abordent exemplairement ce problème dans le cas de la découverte de l'oxygène; voir également R.G. Hudson, « Discoveries, When and By Whom? », *British Journal for the Philosophy of Science*, 52, 2001, et, dans ce volume, l'étude d'Hugues Chabot.

existe différentes manières de juger de l'équivalence de deux énoncés physiques. Par exemple, on peut dire que l'énoncé d'un principe dans un texte est équivalent à l'énoncé d'un principe dans un autre texte si : 1) ils prédisent qu'un corps, dans une situation donnée, a le même comportement, 2) ils s'appliquent au même ensemble de phénomènes, 3) ils mettent en jeu le même réseau de concepts. Ces trois critères d'équivalence ne sont vraisemblablement pas les seuls qu'on puisse imaginer, et il n'est pas sûr qu'ils soient toujours distincts l'un de l'autre. Il devrait cependant être clair que, selon qu'on privilégie l'un ou l'autre, le verdict ne sera identique ni quant à l'équivalence de deux énoncés, ni quant au lieu où un principe apparaît pour la première fois.

Prendre au sérieux cette question méthodologique préjudicielle peut conduire à la conclusion qu'il est *stricto sensu* impossible de déclarer identiques deux énoncés qui apparaissent dans deux traités différents et, conséquemment, que la question de la découverte d'un principe n'a littéralement aucun sens, puisque ce à quoi on a affaire, ce sont toujours des énoncés différents par leur contexte, « incommensurables » comme on pouvait dire autrefois. Un des enjeux de cette étude sera de montrer que cette conclusion n'est pas acceptable, tout simplement parce qu'elle ne correspond pas au travail effectif d'articulation et d'identification des énoncés qui est au cœur du développement des sciences. Autrement dit, si en tant qu'historiens, nous sommes amenés à replacer des énoncés dans leur contexte et, ainsi, à distinguer ce qui semble identique en première lecture, nous devons tout aussi bien prendre en compte les identifications qui ont eu lieu dans l'histoire et la capacité qu'ont les savants à déplacer un énoncé d'un contexte dans un autre et, ainsi, à le détacher de son lieu d'apparition pour l'intégrer à l'édifice anonyme des sciences.

C'est à tout cela que seront consacrés les trois actes et l'épilogue qui suivent. Dans un premier temps, nous rappelons brièvement la manière dont Galilée a été amené à poser qu'un corps continue naturellement de se mouvoir une fois qu'il a acquis un certain mouvement, pourquoi ce n'est pas le principe d'inertie, mais que, en pratique, il s'en sert comme d'une approximation de ce qui est, pour nous, le principe d'inertie. Dans un deuxième temps, nous montrons, de manière plus détaillée car il nous semble qu'il s'agit de choses moins connues, que Descartes formule des lois de la nature qu'on pourrait considérer comme équivalentes au principe d'inertie, mais que cette lecture suppose qu'on laisse de côté le contexte théorique dans lequel les lois en question sont formulées, ce contexte incluant les applications qui en sont faites par Descartes. Dans un troisième et dernier temps, nous donnons quelques éléments indiquant ce que fut historiquement le travail d'articulation de la formulation cartésienne et des analyses galiléennes, en particulier chez Newton et Huygens, mais pas seulement chez eux. Dans l'épilogue enfin, nous reprenons toutes ces questions en termes un peu plus généraux.

GALILÉE

Genèse

Dans des textes de jeunesse, Galilée se demande quelle est la force nécessaire pour mettre en mouvement un corps sur un plan horizontal. Ainsi, le traité *De Motu* (*circa* 1690) s'efforce de démontrer géométriquement que cette force est aussi petite qu'on veut; la version longue des *Mecaniche*, usuellement datée de la fin des années 1590, qualifie cette proposition d'« axiome indubitable » et l'associe à ce qui est alors appelé l'incertitude ou l'indifférence d'un corps sur un plan horizontal eût égard au repos et au mouvement[11]. On sait par ailleurs qu'en 1607, Galilée soutenait que le mouvement, une fois qu'il a été acquis, se conserve : « pour commencer le mouvement, un moteur est bien nécessaire, mais, pour le continuer, il suffit qu'il n'y ait pas d'obstacle »[12]. Dans la lettre à Welser du 14 août 1612, il articule pour la première fois l'indifférence des corps eu

11. Sur les antécédents de ces propositions, leur fonction dans les écrits de jeunesse de Galilée et, partiellement, dans le *Dialogo*, voir E. Festa et S. Roux, « La moindre petite force peut mouvoir un corps sur un plan horizontal. L'émergence d'un principe mécanique et son devenir cosmologique », *Galileiana,* 3, 2006.

12. Benedetto Castelli à Galilée : « *Dalla dottrina poi di V.S., che a principiar il moto è ben necessario il movente, ma a continuarlo basta il non haver contrasto, mi vien da ridere quando essaltano questa dottrina come quella che mi faccia venir nella cognitione dell'essistentia di Dio; conciosiachè se fusse vero che il moto fosse eterno, io potrei doventar ateista e dire che di Dio non havemo bisogno, bestemia scelerata* », 1er avr. 1607, dans G. Galilei, *Le Opere di Galileo Galilei*, Edizione Nazionale, Firenze, Barbèra (désormais citées EN), X, p. 170.

égard au repos et au mouvement et la conservation du mouvement; de plus, étendant au soleil ce qui avait initialement été élaboré à propos des corps terrestres, il attribue alors à cette conservation une portée cosmologique [13].

A ce degré de généralité, on pourrait être tenté de penser que Galilée, en parlant d'indifférence du corps au mouvement et au repos et en affirmant que le corps conserve le mouvement une fois qu'il l'a acquis, avait compris le principe d'inertie, même s'il n'en a jamais fait une hypothèse fondamentale qu'on formulerait *ab initio*, mais l'a seulement formulé au passage, à l'occasion de certaines démonstrations particulières [14]. Reste à y voir d'un peu plus près. On procédera à cet effet en trois temps : on rappellera pourquoi Galilée n'est généralement pas dit avoir formulé le principe d'inertie; on montrera ensuite que certaines de ses analyses peuvent être vues comme contenant « en germe » ou « implicitement » le principe d'inertie; on décrira enfin les décalages qui peuvent affecter l'interprétation du corpus galiléen.

Le principe de conservation du mouvement circulaire de Galilée

Le principe de conservation du mouvement a dans le *Dialogo sopra i due massimi sistemi del mondo* un enjeu cosmologique que n'avait pas nécessairement le principe que la moindre petite force peut mouvoir un corps sur un plan horizontal. Le copernicien déclaré qu'est Galilée dans le *Dialogo* se doit de montrer que le mouvement se conserve une fois qu'il a été imprimé à un corps pour répondre à une objection contre l'héliocentrisme. Si la terre se meut, disaient les partisans de Ptolémée, alors une pierre qu'on lance en l'air ne devrait pas retomber au point d'où elle a été lancée. Si on peut montrer que le mouvement se conserve, alors cette pierre,

13. EN V, p. 134 : « *rimossi tutti gl'impedimenti esterni, un grave nella superficie sferica e concentrica alla Terra sarà indifferente alla quiete ed a i movimenti verso qualunque parte dell'orizonte, ed in quello stato si conserverà nel qual una volta sarà stato posto; cioè se sarà messo in stato di quiete, quello conserverà, et se sarà posto in movimento (...), nell'istesso si manterrà* ».

14. Que Galilée ne présente pas la conservation du mouvement comme un principe a été très tôt noté; voir ainsi Wohlwill, « Die Entdeckung des Beharrungsgesetzes », bd. 14, p. 131-135. K. Lasswitz, *Geschichte der Atomistik vom Mittelalter bis Newton*, Hildesheim, G. Olms, 1984, tome II, p. 36, p. 85, p. 153. Meyerson, *Identité et réalité*, p. 125-126.

conservant le mouvement qu'elle a acquis quand elle était en contact avec la terre qui se meut, et lui ajoutant le nouveau mouvement qu'on lui imprime lorsqu'on la jette, retombe nécessairement là où elle a été lancée. C'est pourquoi Salviati, porte-parole de Galilée dans le *Dialogo,* entreprend de convaincre Simplicio qu'un mouvement, une fois qu'il a été acquis, peut se conserver.

Mais pourquoi le mouvement d'un corps ne se conserverait-il pas ? C'est que, pour un aristotélicien, le mouvement qu'un corps terrestre a acquis en vient toujours à s'épuiser. Qui dit matière dit en effet, toujours pour un aristotélicien, lourdeur, pesanteur, résistance, inertie, quasiment au sens psychologique que peuvent avoir ces termes quand ils s'appliquent à un individu qui, souhaitant retourner à la torpeur de sa sieste, rechigne toujours plus à la tâche. Ainsi le mouvement s'épuise-t-il à vaincre cette résistance. Pour montrer que le mouvement se conserve, il faut donc réfuter l'idée que la matière résiste par définition au mouvement. A cet effet, Salviati-Galilée fait intervenir le plan horizontal comme un dispositif où disparaissent aussi bien la résistance que l'appétence au mouvement : sur un plan horizontal en effet, la gravité naturelle est neutralisée [15].

Si un corps placé sur un plan incliné descend et accélère, fait-il remarquer à Simplicio, c'est que sa gravité agit continûment sur lui comme force motrice : à chaque instant, elle lui fait gagner naturellement un degré de vitesse. Si un corps lancé vers le haut le long d'un plan incliné décélère progressivement, c'est que sa gravité agit continûment sur lui, mais en sens inverse pourrait-on dire, à chaque instant elle enlève un degré de vitesse à son élan initial. Autrement dit, dans les deux cas, la gravité agit, dans un cas pour produire des degrés de vitesse, dans l'autre pour en consommer. Par continuité ou par symétrie, on en déduit que, sur un plan qui ne monte ni ne descend, la gravité comme force motrice sera neutralisée, qu'elle n'agira ni dans un sens ni dans un autre, donc que, quelque soit le corps considéré, toute cause d'accélération ou de décélération aura disparu. Un corps sur un plan horizontal devra donc demeurer éternellement dans l'état qui est le sien, soit de

15. Le paragraphe qui suit synthétise l'argumentation de EN VII, p. 171-174 en introduisant la notion de gravité motrice. Pour d'autres énoncés du principe de conservation dans le *Dialogo*, voir *ibid.*, p. 53, p. 201.

repos, soit de mouvement uniforme. On a donc bien un principe de conservation du mouvement ou du repos, et, contrairement à la dérivation directe de ce principe à partir du principe de causalité, dont on verra un exemple chez Beeckman, l'argumentation de Salviati comble notre intuition. Toute tentative pour dériver directement le principe d'inertie du principe de causalité est en effet vouée à l'échec : qu'il n'y ait pas de changement sans cause de changement ne permet de tirer aucune conclusion si l'on ne sait pas par rapport à quoi il y a changement, autrement dit si l'on ne définit pas ce que c'est qu'un état, une absence de changement. L'argumentation de Salviati dans notre passage est en revanche intuitivement satisfaisante : elle est enracinée dans l'expérience des corps de notre monde et conforme à une exigence de symétrie ou de continuité que nous tenons pour rationnelle[16].

C'est ce passage qui avait conduit un historien de la physique aussi notable que Mach à soutenir que Galilée avait « aperçu » le principe d'inertie, à défaut de l'avoir conçu dans toute sa clarté[17]. A condition de lire les textes, il était difficile d'aller plus loin[18]. En effet, comme l'avait montré Wohlwill avant Mach, et comme le reconnaissent la plupart des historiens des sciences aujourd'hui, ce qu'on trouve en fait chez Galilée, c'est un principe de conservation du mouvement circulaire[19]. La gravité étant en effet pour Galilée

16. E. Mach, *La Mécanique. Exposé historique et critique de son développement*, trad. fr., E. Bertrand, Paris, A. Hermann, 1904, « Note, § 3 », p. 482-487, critique également la dérivation du principe d'inertie à partir du principe de causalité. La première démonstration géométrique que Galilée donne dans le *De Motu* du principe que la moindre petite force suffit à mettre un corps en mouvement sur un plan horizontal repose elle aussi sur un passage à la limite (pour son analyse, voir Festa et Roux, « La moindre petite force »).

17. Mach, *La Mécanique*, chap. II, p. 131-133, et « Note, § 3 », p. 482-487.

18. E. Cassirer, *Das Erkenntnisproblem in der Philosophie und Wissenschaft der neueren Zeit*, Berlin, B. Cassirer, 1906-1907, tome I, p. 394 *sq.*, est bien allé plus loin : c'est qu'il construit un Galilée à la mode néo-kantienne sans lire le texte de Galilée. Pour une analyse de cette construction, ou si l'on préfère de cette rationalisation, voir M. Fichant, « Cassirer et les commencements de la science classique », *Science et métaphysique dans Descartes et Leibniz*, Paris, P.U.F, 1998, p. 391-397.

19. Wohlwill, « Die Entdeckung des Beharrungsgesetzes », bd. 15, p. 387 ; Meyerson, *Identité et réalité*, p. 125-127. Koyré, *Études galiléennes*, p. 208-209 ;

une propriété naturelle, inamissible et essentielle des corps, le mouvement ne se conserve pas n'importe comment : il se conserve quand il est celui d'un corps qui se trouve sur un plan (autrement, le corps irait vers le centre des graves), tel que l'action de la gravité soit neutralisée (autrement, le corps accélérerait ou ralentirait). Mais un plan de ce genre, que Galilée appelle « horizontal », c'est un plan à égale distance du centre vers lequel tendent tous les graves, autrement dit, en fait, une surface circulaire. Aussi, lorsqu'il prend l'exemple d'un bateau qui se meut sur une mer plate comme exemple de mouvement inertiel, ce n'est pas une approximation qui serait possible parce que le rayon de la terre serait assez grand pour que sa surface, en fait circulaire, soit assimilée à un plan, c'est l'illustration exacte de ce qu'est le principe de la conservation du mouvement, une conservation circulaire [20]. En effet, c'est seulement sur une surface qui ne s'éloigne ni ne se rapproche du centre des graves, c'est-à-dire sur une sphère, que la gravité motrice est neutralisée. Une des prémisses cosmologiques exposées dans le *Dialogo* est d'ailleurs que, dans un monde bien ordonné comme l'est notre cosmos, le mouvement circulaire est le seul possible pour les corps élémentaires qui le constituent, à savoir les planètes [21].

Nous avons maintenant de quoi comprendre la célèbre conclusion de Koyré : « Ainsi, nous venons de le voir, *Galilée n'a pas formulé de principe d'inertie.* Sur la route qui, du Cosmos bien ordonné de la science médiévale et antique, mène à l'Univers infini de la science classique, il n'est pas allé jusqu'au bout » [22]. Galilée n'est pas allé

M. Clavelin, *La Philosophie naturelle,* p. 216-218, p. 260-267. Dans le *De Motu*, Galilée décrit le mouvement circulaire comme « neutre », c'est-à-dire ni naturel ni violent.

20. L'exemple du navire se trouve en particulier dans la lettre à Welser du 15 août 1612, EN V, p. 134-135, et dans le *Dialogo*, EN VII, p. 174.

21. *Dialogo*, EN VII, p. 44-45, puis p. 56-57 : « *Possiamo dunque ragionevolmente dire che la natura, per conferire in un mobile, prima costituto in quiete, una determinata velocità, si serva del farlo muove, per alcun tempo e per qualche spazio, di motto retto. (...) Il moto circolare non s'acquisterà mai senza il moto retto precedente* ». Cette prémisse est commentée par Koyré, *Études galiléennes*, p. 209, et par Clavelin, *La Philosophie naturelle*, p. 217. J.A. Coffa, « Galileo's Concept of Inertia », *Physis*, 10, 1968, p. 280, estime qu'on ne doit pas la prendre au sérieux : comme Cassirer, quoiqu'avec moins d'ampleur de vue, il fait les partages qui lui conviennent et construit un texte galiléen imaginaire.

22. *Études galiléennes*, p. 276.

jusqu'au bout : il juge que le mouvement se conserve, mais cette conservation concerne le mouvement sur un plan circulaire. Galilée ne pouvait aller jusqu'au bout : la gravité étant selon lui essentielle aux corps, elle ne leur laisse pour ainsi dire aucune chance d'échapper à leur trajectoire circulaire. Galilée devait ne pas aller jusqu'au bout : son cosmos n'étant pas un espace isotrope et infini, le mouvement inertiel, c'est-à-dire un mouvement sans but et sans terme, est tout simplement inconcevable[23].

La pratique de la physique

A ce point cependant, il est inévitable de se demander pourquoi, malgré tout, on voit dans les textes de Galilée quelque chose comme un principe d'inertie – comme le dit Koyré lui-même dans un autre contexte, l'erreur est parfois aussi instructive que la réussite, et la concordance dans l'erreur doit avoir quelque explication. La réponse à cette question est que la pratique galiléenne de la physique excède sa théorie, pourrait-on dire en première approximation. L'analyse de passages canoniques nous permettra de préciser cette idée et de voir que notre jugement sur la présence ou l'absence d'un principe d'inertie chez Galilée engage un certain protocole de lecture.

Lorsque Salviati se trouve sommé dans le *Dialogo* de décrire la trajectoire d'un projectile, il entreprend, conformément au principe de conservation du mouvement circulaire qu'il a exposé, de composer un mouvement circulaire et un mouvement naturellement accéléré. On le sait, il échoue devant la complexité mathématique du problème : tantôt il décrit vaguement la trajectoire résultante comme « transversale », tantôt il l'assimile à un cercle[24]. Mais l'emprise du

23. Koyré, *Études galiléennes*, p. 258, lie « l'impossibilité, pour Galilée, de formuler le principe d'inertie » à « son refus (…) d'admettre franchement l'infinité de l'espace ». En fait, si le principe d'inertie consiste à poser qu'un corps conserve, à tout instant, son état de mouvement ou de repos, sa formulation ne suppose en rien l'existence d'un espace actuellement infini. Et si l'on soutenait que le principe d'inertie ne peut être formulé à moins de supposer l'espace infini, il faudrait tout aussi bien dire qu'il ne peut être formulé à moins de supposer un espace vide, et donc qu'il ne se trouve pas chez Descartes.

24. EN VII, p. 180-181, p. 188-191, p. 200-203. Sur l'histoire de ce problème, voir A. Koyré, *Chute des corps et mouvement de la Terre de Kepler à Newton*, trad. fr., J. Tallec, Paris, Vrin, 1973.

principe de conservation circulaire n'est pas totale dans le *Dialogo*[25]. Comment par exemple comprendre l'énoncé que, au sortir du canon, un boulet se mouvrait en ligne droite dans la direction donnée par la bouche du canon si sa gravité ne l'écartait de cette direction pour l'incliner vers la terre[26] ? Et, si, au commencement du mouvement, le poids intervient pour dévier le mouvement du boulet, n'est-ce pas qu'il le fait dévier à tous les instants de sa trajectoire, et donc que le mouvement du boulet est intrinsèquement rectiligne ? Enfin, comment Galilée peut-il à la fois penser que le mouvement circulaire est naturel et prendre au sérieux l'objection anti-copernicienne, selon laquelle le mouvement circulaire de la terre devrait conduire à la dispersion de tous les corps terrestres[27] ? Prendre en compte l'effet centrifuge, c'est, d'une certaine manière et quand bien même on n'en aurait pas tiré toutes les conséquences, avoir en pratique l'idée que le mouvement circulaire n'est pas un état au même titre que le repos et, donc, qu'il ne se conserve pas naturellement. En ce sens, s'il est faux de dire que le *Dialogo* contient le principe d'inertie, ne pas être troublé par l'ambivalence de ces passages et ne pas sentir ne serait-ce que la possibilité d'en pratiquer une lecture récurrente, c'est exiger de tout savoir qu'il s'énonce avec la clarté d'un principe, faire disparaître les clairs-obscurs qui vacillent

25. Je reprends ici sous forme interrogative des arguments avancés plus dogmatiquement par Coffa, « Galileo's Concept of Inertia » et S. Drake, « Galileo Gleanings XVII », *Physis*, 10, 1968.

26. EN VII, p. 201 : « *[una palla di cannone] uscita del pezzo seguiterebbe il suo moto per la linea retta che continua la dirittura della canna, se non in quanto il proprio peso la farebbe declinar da tal dirittura verso terra* ». Voir également EN VII, p. 219.

27. N. Copernic, *Des Révolutions des orbes célestes*, trad. fr., A. Koyré, Paris, Alcan, 1934, I 7, p. 88, attribuant à tort à Ptolémée l'objection centrifuge, avait cherché à y répondre en disant que les corps terrestres ne se dispersent pas car le mouvement qu'ils partagent avec la terre leur est « naturel ». Pour une analyse de la stratégie copernicienne dans ce passage, voir M.-P. Lerner, *Le Monde des sphères,* Paris, Les Belles Lettres, 1997, vol. 2, p. 96-101. Clavelin, *La Philosophie naturelle*, p. 244-253 dégage les apories de la réponse de Galilée à l'objection centrifuge. Voir également, dans la masse d'études consacrées à l'analyse galiléenne de la force centrifuge, A. Chalmers et R. Nicholas, « Galileo and the Dissipative Effects of a Rotating Earth », *Studies in the History of Science*, 14, 1983, et M. Finacchiaro, « Physico-mathematical Reasoning : Galileo on the Extruding Power of Terrestrial Rotation », *Synthese*, 134, 2003.

entre la lumière et l'ombre, ne pas admettre qu'outre l'être et le non-être, il y a des possibles gros d'avenir – et alors, peut-être, perdre de quoi expliquer l'avancement des sciences[28].

On peut donner une analyse assez semblable du célèbre théorème 1 de la quatrième journée du *Discorsi e dimostrazioni matematiche intorno a due nuove scienze*, où Galilée énonce qu'un projectile, animé d'une part d'un mouvement horizontal et uniforme et, d'autre part, d'un mouvement naturellement accéléré de chute verticale, décrit une trajectoire parabolique. A cet effet, il commence par rappeler qu'un mobile sur un plan horizontal poursuivra uniformément et éternellement son mouvement pourvu qu'on prolonge ce plan à l'infini[29]. Un résultat géométrique connu depuis Apollonius (les carrés des segments menés perpendiculairement de la parabole à des points A et B de son axe sont entre eux comme les segments menés du sommet de la parabole aux susdits points A et B) et la loi de la chute des corps (les espaces parcourus par un corps animé d'un mouvement accéléré sont entre eux comme les carrés des temps) lui permettent d'arriver immédiatement au théorème en question[30].

28. Dans « L'Actualité de l'histoire des sciences », dans *L'Engagement rationaliste*, Paris, P.U.F., 1972 et dans *L'Activité rationaliste de la physique contemporaine*, Paris, P.U.F, 1951, chap. 1, p. 21-49, Bachelard déduit du progrès des sciences la nécessité d'écrire leur histoire de manière « récurrente », c'est-à-dire en trouvant dans les sciences d'aujourd'hui des normes partageant la science « périmée », devenue ineffective, et la science « sanctionnée », dont les acquis sont de l'ordre du pour toujours. Ces textes ont été abondamment paraphrasés ou critiqués, mais on n'a pas assez souligné que les historiens inspirés par Bachelard infléchirent ses thèses à propos de deux questions. Comment, en premier lieu, choisir un bon point de récurrence ? N'y a-t-il pas, en second lieu, une dialectique historique du périmé et du sanctionné ? Nous revenons sur ces deux questions plus bas, notes 42 et 116.

29. *Discorsi*, EN VIII, p. 268 : « *Mobile quoddam super planum horizontale proiectum mente concipio, omni secluso impedimento : jam constat, ex his quae fusius alibi dicta sunt, illius motum aequabilem et perpetuum super ipso plano futurum esse, si planum in infinitum extendatur* (…) ». On trouve un autre énoncé du principe de conservation dans *ibid.*, p. 245.

30. EN VIII, p. 272-273. Comme Koyré, *Études galiléennes*, p. 274-275, Clavelin, *La Philosophie naturelle*, p. 378, semble voir un progrès dans l'emploi du terme « horizontal », mais ce terme est ambivalent à cette époque en général et chez Galilée en particulier : il peut se rapporter à l'horizon réel de la sphère terrestre comme à l'horizon rectiligne idéal.

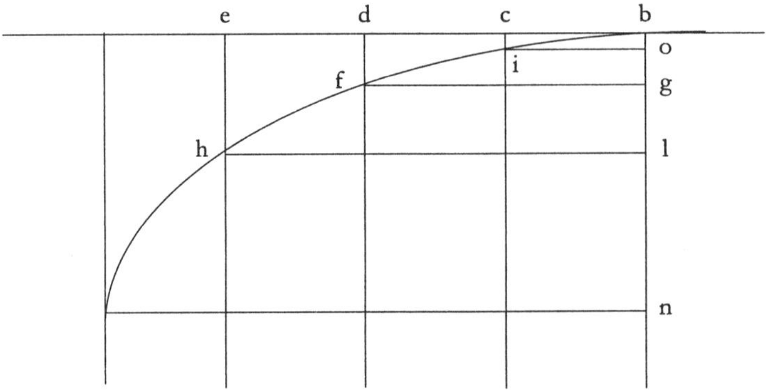

Sur le dessin, le mouvement uniforme se fait selon *bc* et est représenté par les intervalles égaux *bc, cd, de*, etc.; le mouvement accéléré se fait selon *bn* et est représenté par les intervalles *bo, bg, bl*, etc., qui croissent comme les carrés des temps, par exemple si *bo* = 1, *bg* = 4, *bl* = 9, etc. : de la composition de ces deux mouvement résulte la demie-parabole *bifh*. Non seulement un principe de conservation est énoncé, mais, en pratique, on voit le mouvement rectiligne uniforme qui se fait selon *bcde*. Alors quoi? Ce coup-là, Galilée n'a-t-il pas utilisé, et de surcroît dans une démonstration géométrique, le principe que le mouvement rectiligne se conserve avec une vitesse uniforme?

C'est ce que nous penserions si, lisant ce passage hors de son contexte, nous le faisions spontanément passer du côté de la science sanctionnée; supposons par exemple qu'il s'agisse d'un fragment écrit par Straton de Lampsaque : nous commencerions peut-être par dire que Straton avait le principe d'inertie; et nous nous en étonnerions, au point, et nous y reviendrons vers la fin de cette étude, de douter que notre affirmation soit pertinente. Mais, en fait, nous savons que ce texte fut écrit par Galilée qui, dans la situation scientifique qui était la sienne, en était venu à mettre en place un principe de conservation circulaire. En historiens, nous disons donc : la réalité physique exigerait selon Galilée qu'un mouvement circulaire soit composé avec un mouvement uniformément accéléré; mais il n'est pas capable d'effectuer cette comparaison[31]. Poussé par la

31. Nous suivons ici Clavelin, *La Philosophie naturelle*, p. 377-379. Rien n'indique que Galilée avait cessé de croire que le seul mouvement naturel pour les corps constituant le cosmos est le mouvement circulaire; au contraire, il rappelle quelques

nécessité de simplifier les opérations géométriques, il assimile donc le mouvement circulaire à un mouvement rectiligne. Il justifie physiquement cette approximation : Archimède lui-même n'avait-il pas supposé, dans ses œuvres statiques, que les poids pèsent perpendiculairement au fléau de la balance[32] ? Elle n'a pas pour autant le statut d'un fondement physique : c'est seulement une supposition mathématique, que la nature même des corps graves interdit.

Cette divergence entre une réalité physique et la supposition mathématique qui doit en rendre compte n'est d'ailleurs pas sans conséquence lorsqu'on se demande si la Quatrième Journée des *Discorsi* accomplit effectivement ce qu'elle prétend faire. Le fait d'être sur un plan horizontal étant la condition *sine qua non* de la neutralisation de la gravité et donc de l'uniformité du mouvement, un mouvement oblique uniforme est une contradiction dans les termes et ne saurait *a fortiori* être composé avec un autre mouvement; or, composer des mouvements rectilignes obliques uniformes avec le mouvement uniformément accéléré de chute libre, c'est ce dont Galilée a besoin s'il veut, comme il prétend le faire dans cette Quatrième Journée, rendre compte du mouvement des projectiles en général et, en particulier, des tirs d'artilleurs. Descartes l'avait noté : pour échapper à ce problème, Galilée passe implicitement du résultat qu'il a de fait démontré (un corps qui ajoute à un mouvement horizontal et uniforme un mouvement accéléré de chute verticale décrit une trajectoire parabolique vers le bas) à sa converse (la trajectoire d'un corps lancé vers le haut selon une inclinaison quelconque verra, étant donné sa gravité naturelle, sa trajectoire infléchie en une parabole)[33]. Ce passage va de soi géométriquement,

pages plus loin, EN VIII, p. 283-284, la fiction « platonicienne » que lui avait déjà inspirée dans le *Dialogo* la distinction entre le mouvement rectiligne, qui permet d'acquérir de la vitesse, et le mouvement circulaire, qui permet de la conserver une fois qu'elle est acquise (voir plus haut, note 21).

32. EN VIII, p. 274-275.

33. Descartes à Mersenne, 11 octobre 1638 : « Il est à remarquer qu'il prend la converse de sa proposition sans la prouver ni l'expliquer, à savoir que si le coup tiré horizontalement de B vers E suit la parabole BD, le coup tiré obliquement suivant la ligne DE doit suivre la même parabole DB; ce qui suit bien de ses suppositions. Mais il semble n'avoir osé l'expliquer, de peur que leur fausseté parût trop évidemment. Et toutefois il ne se sert que de cette converse en tout le reste de son quatrième discours, lequel il semble n'avoir écrit que pour expliquer la force des

mais non pas physiquement, si on ne détermine pas ce que peut être ce mouvement rectiligne oblique. Un fragment rédigé en vue de la deuxième édition des *Discorsi,* mettant dans la bouche de Simplicio ce qui sera l'objection de Descartes, atteste que Galilée se rendit compte de la lacune de sa démonstration, mais qu'il ne résolut pas le problème physique [34].

Décalages

On a donc un cas de figure qui, pour être fréquent en histoire des sciences, n'en garde pas moins toute sa saveur épistémologique. Ce cas de figure peut être décrit comme un décalage entre la vérité de Galilée dans l'histoire et la vérité de Galilée selon l'histoire. Une analyse comme celle de la trajectoire parabolique d'un projectile s'intégrera ultérieurement sans difficulté à la science du mouvement qui est en train de naître, voire contribuera à sa constitution ; même là où Galilée se trompe, comme lorsqu'il évalue les effets de la force centrifuge, il a montré le chemin, et, en ce sens, on dira, pour reprendre une formule initialement employée par Koyré, que, sans dire le vrai, il était dans le vrai [35]. Il n'en reste pas moins que le

coups de canon tirés selon divers élévations » dans *Œuvres de Descartes*, C. Adam et P. Tannery (éd.), Paris, Vrin, 1964-1974, (désormais citées AT), II, p. 387. Sur le bien-fondé de la critique cartésienne et pour une analyse de la manière dont les fol. 171v et 175v des manuscrits galiléens analysent la trajectoire d'un projectile lancé obliquement, voir P. Damerow *et al.*, *Exploring the Limits of Preclassical Mechanics*, New York-Berlin-Heidelberg, Springer-Verlag, 1992, p. 128-129, p. 205-212, p. 252-254.

34. EN VIII, p. 446-447 : « *Fatemi restar capace in qual modo si verifichi quel converso che l'Autore suppone come chiaro e indubitato : dico che, venendo il proietto da alto a basso descrivendo la semiparabola, cacciato per il converso da basso ad alto, ci debba ritornare per la medesima linea, ricalcando precisamente le medesimo vestigio* ».

35. Cette formule, originairement employée dans Koyré, *Études galiléennes*, p. 155, à propos de l'idéalisation de l'expérience chez Galilée, eut une fortune notable : on la retrouve chez G. Canguilhem, « Galilée : la signification de l'œuvre et la leçon de l'homme », *Études d'histoire et de philosophie des sciences*, Paris, Vrin, 1968, p. 46, à propos de l'engagement héliocentrique de Galilée, puis chez M. Foucault, *L'Ordre du discours. Leçon inaugurale du Collège de France*, Paris, Gallimard, 1971, p. 35-36 à propos de la manière dont fut historiquement différée la réception de l'œuvre de Mendel. Pour une analyse des différences entre l'usage de cette formule chez Canguilhem et chez Foucault, voir E. Balibar, « Science et vérité dans la

Galilée selon l'histoire, parce qu'il concevait la pesanteur comme une propriété essentielle des corps, et sans doute aussi parce qu'il n'avait pas totalement abandonné l'idée d'un cosmos bien ordonné, n'a pas cessé de penser que le seul mouvement à pouvoir se conserver était le mouvement circulaire.

Ce décalage n'est pas le seul, ou, si l'on préfère, il pourrait être également décrit non pas historiquement mais structurellement, comme un décalage entre des analyses locales et une théorie globale. On trouve chez Galilée un certain nombre de prédictions empiriques locales identiques à celles que nous ferions en recourant, entre autres choses, à notre principe d'inertie : le palet sur une table soufflante a une vitesse rectiligne uniforme, le caillou sort tout droit de la fronde, le boulet de canon trace une demi-parabole. Celui qui juge que la physique n'est pas seulement une affaire de description locale, mais une entreprise de théorisation, qui doit établir en général ce qu'il en est pour tous les corps, hésitera cependant à attribuer à Galilée une connaissance, même confuse, du principe d'inertie. En effet la théorisation galiléenne, en particulier concernant la gravité, n'est pas la nôtre, et il existe conséquemment certains phénomènes à propos desquels cette différence conceptuelle éclate au grand jour : nous ne pensons pas que les planètes se meuvent naturellement en cercle.

C'est parce que ces décalages existent qu'il est nécessaire d'expliciter quel est notre protocole de lecture quand nous lisons Galilée, ou, si l'on préfère, comment nous avons construit notre grille épistémologique. Si nous envisageons les analyses concrètes qu'il a proposées en matière de science du mouvement dans l'histoire, alors il n'est pas aberrant de dire qu'il avait « en pratique » ou « implicitement » le principe d'inertie ; comme nous le verrons, c'est ainsi qu'il fut lu par ses successeurs. En revanche, si nous le replaçons dans la situation scientifique qui était la sienne, prenant en compte la théorie globale qu'il a mise en place, alors il faut dire qu'il avait un principe de conservation du mouvement circulaire différent du principe d'inertie ; cette lecture ou cette interprétation est usuellement celle des historiens qui, comme on dit, « replacent les choses

philosophie de Georges Canguilhem », dans *Georges Canguilhem, philosophe, historien des sciences. Actes du colloque (6-7-8 décembre 1990)*, Paris, Albin Michel, 1993, p. 62-65.

dans leur contexte ». Mais, nous y reviendrons, la tâche des historiens des sciences est sans doute, aussi, d'analyser les effets de décontextualisation, les transferts, les déplacements ou les méprises qui font l'avancement des sciences.

DESCARTES

Partons encore une fois de Koyré. Selon lui, c'est à Descartes que revient l'honneur d'avoir formulé le principe d'inertie pour l'éternité et dans toute sa généralité : « Le plus beau titre de gloire de Descartes-physicien est, sans doute, d'avoir donné du principe d'inertie une formule « claire et distincte »; et de l'avoir mis en place »[36]. Comme on sait, il se réfère alors à deux des trois lois de la nature que Descartes donne dans le *Monde* (rédigé vers 1633 mais non publié de son vivant), puis dans les *Principia philosophiae* (1644 pour la version latine, 1647 pour la traduction française)[37]. Rappelons ces deux lois, en citant non seulement les intitulés des articles qui se rapportent à ces lois, mais les énoncés plus précis que contiennent le corps du texte :

Première loi, ou loi de conservation :

> *Que chaque chose, pour autant qu'il est en elle, persévère toujours dans le même état; et ainsi ce qui a commencé une fois de se mouvoir, s'efforcera toujours de se mouvoir.* (...) chaque chose, en tant qu'elle est simple et indivise,

36. *Études galiléennes*, p. 161. C'est contre l'idée que Galilée aurait implicitement ou obscurément possédé le principe d'inertie que Koyré souligne la présence d'une formule claire et distincte chez Descartes.

37. En règle générale, les références qui suivent se rapportent au texte latin des *Principia philosophiae*, avec d'éventuelles précisions sur les différences qui le séparent du *Monde* et du texte français des *Principes de la philosophie*. Pour faire bref, nous parlons, malgré la différence entre l'ordre des lois dans le *Monde* et dans les *Principes*, de « première loi » et de « deuxième loi ». En effet, cette différence n'est pas signifiante conceptuellement. L'ordre du *Monde* est celui des raisons et des causes : les deux lois données en premier dépendent directement de l'immutabilité de Dieu; la loi qui vient en troisième dépend de surcroît de la manière simple dont il conserve les mouvements. L'ordre des *Principes* est, plus scolairement, celui des phénomènes : les deux premières lois décrivent le comportement d'un seul corps, la troisième examine ce qu'il advient à deux corps lorsqu'ils se rencontrent. N'en déplaise à Koyré, *Études galiléennes*, p. 334, l'ordre des *Principes* n'est pas plus « logique ».

> demeure, pour autant qu'il est en elle, toujours dans le même état, à moins que des causes extérieures ne la changent[38].

Deuxième loi, ou loi de persistance de la tendance rectiligne :

> *Que tout mouvement est par lui-même droit; et ainsi, ce qui se meut en cercle, tendra toujours à s'éloigner du centre du cercle qu'il décrit.* (...) Chaque partie de la matière, considérée en elle-même, ne tend jamais à continuer son mouvement selon une ligne oblique, mais selon une ligne droite[39].

Si nous appliquons un critère faible d'équivalence, selon lequel deux principes sont équivalents pourvu que leurs formulations soient identiques, alors ces deux lois réunies constituent bien quelque chose comme le principe d'inertie qu'on trouve chez Huygens et Newton. C'est la lecture que bien des historiens des sciences font des lois de la nature cartésiennes : ils soulignent que le principe de conservation galiléen est un principe de conservation du

38. *PP* II 37, AT VIII-1, p. 62 : « Quod unaquaeque res, quantum in se est, semper in eodem statu perseveret; sicque quod semel movetur, semper moveri pergat. (...) *unamquamque rem, quatenus est simplex et indivisa, manere, quantum in se est, in eodem semper statu, nec umquam mutari nisi a causa externis* ». Il n'est pas anodin de préciser que la chose se conserve à condition d'être « simple » et « indivise ». Son caractère indivis signifie qu'elle n'est pas animée de mouvements divers, autrement dit qu'elle constitue *un* corps (*PP* II 25, AT VIII-1, p. 53-54). Garber, *Descartes' Metaphysical Physics*, s'appuyant sur la lettre à Mersenne du 26 avril 1643, AT III, p. 649, remarque à juste titre que l'exigence de simplicité permet de ne pas faire jouer cette loi pour des états complexes de la matière comme le chaud et le froid. La simplicité s'oppose ici à une composition ontologique, et elle se distingue donc de la simplicité mathématique dont il sera question plus bas note 58. Pour l'expression « *quantum in se est* », que nous avons ici rendue très littéralement, I.B. Cohen, « "Quantum in se est" : Newton's Concept of Inertia in Relation to Descartes and Lucretius », *Notes and Records of the Royal Society of London*, 19, 1964, p. 145-147, a montré que, avant Newton, elle était équivalente à « *sua vi* », « *sua sponte* », « *naturaliter* », « *ex natura sua* ».

39. *PP* II 39, *ibid.*, p. 63 : « Quod omnis motus ex se ipso sit rectus; et idea quae circulariter moventur, tendere semper ut recedant a centro circuli quem describunt. (...) *unamquamque partem materiae, seorsim spectatam, non tendere unquam ut secundum ullas lineas obliquas pergat moveri, sed tantummodo secundum rectas* ». F. de Buzon et V. Carraud *Descartes et les* Principia II, Paris, PUF, 1994, p. 102-103, remarquant que l'obliquité désigne la divergence d'une droite par rapport à une autre droite donnée, soulignent que l'opposition n'est pas ici entre un cercle et une droite, mais entre le fait de modifier une direction initiale et le fait de la conserver.

mouvement circulaire, puis remarquent que, en mettant bout à bout les deux lois de Descartes, on a « notre » principe d'inertie [40]. L'interprétation que nous avons donnée des textes galiléens suffirait cependant à montrer qu'on ne peut se contenter de ce critère faible : ne nous sommes-nous pas alors efforcés de retrouver leur trame fine et complexe ? De manière similaire, il nous faut remettre les deux lois de la nature cartésiennes dans leur contexte théorique, c'est-à-dire, en particulier, les replacer dans leur réseau conceptuel et nous demander comment elles s'appliquent aux phénomènes concrets [41].

Dans un travail de ce genre, il est cependant impossible de supposer qu'on sait ce que « veut dire » le principe d'inertie, puisque cela reviendrait à supposer qu'on a accès à sa signification indépendamment de tout énoncé. Il est en revanche légitime de se demander si l'énoncé des lois cartésiennes est ou n'est pas équivalent à un énoncé qui est usuellement appelé « principe d'inertie »; c'est ce qu'on fera ici en prenant comme point de récurrence la première loi du mouvement des *Principia mathematica philosophiae naturalis*. Le choix qui est ici fait de Newton plutôt que de Huygens peut se justifier par l'histoire, car c'est l'œuvre du premier, et non celle du second, qui deviendra le canon de la nouvelle mécanique, mais aussi eu égard à la conclusion visée, qui sera plus directement atteinte à partir de Newton qu'elle ne le serait à partir de Huygens [42].

Cette conclusion est que, quoique pour d'autres raisons, le principe d'inertie ne se trouve pas plus chez Descartes que chez Galilée. Il n'y a là rien d'étonnant pour celui qui admet que la signification d'un énoncé est en partie contextuelle : deux énoncés qui sont les mêmes dans leur formulation littérale peuvent ne pas avoir

40. L'exception notable est A. Gabbey. Les développements qui suivent le retrouvent plus d'une fois.

41. L'ignorance du contexte théorique est une des circonstances favorables à la production d'artefacts repérées par Caveing, « Qu'est-ce qu'un artefact en histoire des sciences », dans *Hommage à Jean-Toussaint Desanti*, Mauvezin, T.E.R., 1991.

42. Sur la décision épistémologique qu'implique le choix d'un point de récurrence, voir M. Fichant, « L'idée d'une histoire des sciences », *Sur l'Histoire des sciences*, Paris, Maspero, 1968, p. 136-138. Suzanne Bachelard, « Épistémologie et histoire des sciences », « Épistémologie et histoire des sciences », dans *Rapport du* XIIe *congrès international d'histoire des sciences*, Paris, Blanchard 1971, p. 48-51.

la même signification dans deux contextes théoriques différents, et donc n'être en ce sens pas vraiment « les mêmes ». Pour atteindre cette conclusion générale dans le cas qui nous occupe, après avoir fait le point sur la dette de Descartes à l'égard de Beeckman, nous examinerons les différences notables entre la théorisation qu'il propose et celle de Newton : non seulement il existe deux lois et non pas une chez Descartes, mais la loi de conservation du mouvement et la loi de persistance de la tendance rectiligne n'expliquent pas les mêmes phénomènes et ne mettent pas en œuvre les mêmes concepts que la loi de Newton. La nature de cet examen nous conduira à laisser de côté des questions qui auraient leur place dans un commentaire systématique des lois cartésiennes; ainsi en est-il par exemple de l'argumentation qui les soutient, de leur fondement métaphysique, de leur rapport avec le principe général de conservation ou avec les règles spécifiques du mouvement, et, en grande partie, du statut ontologique de la force[43].

Genèse

La première mention dans l'œuvre cartésienne d'un principe de conservation du mouvement dans le vide remonte aux *Cogitationes privatae*, c'est-à-dire vers 1619. Descartes attribue alors ce principe à Beeckman, avec lequel il vient de se lier, et s'en sert dans l'analyse de la chute des corps[44]. Une dizaine d'années plus tard, il s'est approprié le principe de Beeckman[45], l'utilise comme ce dernier dans

43. Pour une introduction claire à toutes ces questions, voir Garber, *Descartes*, p. 197-301.

44. *Cogitationes Privatae,* AT X, p. 219 : « *Contigit mihi ante paucos dies familiaritate uti ingeniosissimi viri (...). Quod (...) in vacuo movetur, semper moveri existimabat* ». De son côté, Beeckman note : « *Haec ita demonstravit M*[r] *[Du] Perron (...) secundum mea fundamenta, viz.* quod semel movetur, semper movetur, in vacuo », *Journal tenu par Isaac Beeckman de 1604 à 1634*, Cornélis de Waard (éd.), La Haye, Martinus Nijhoff, 1939-1953 (désormais cité JB), I, p. 263.

45. A Mersenne, 13 nov. 1629, AT I, p. 71-72 : « Je suppose que le mouvement qui est une fois imprimé en quelque corps y demeure perpétuellement, s'il n'en est ôté par quelque autre cause, c'est-à-dire que *quod in vacuo semel incoepit moveri, semper et aequali celeritate movetur* ». Il est précisé que la grandeur se conservant est la vitesse; c'est tardivement que Beeckman donne cette précision (5 janv.-10 fév. 1631, JB III, p. 184-185).

l'explication de différents phénomènes[46], et note dans la marge d'une lettre à Mersenne qu'il s'efforcera d'en donner une démonstration dans son traité[47]. Pour la tendance que les corps ont à conserver un mouvement rectiligne, alors qu'ils sont en fait animés d'un mouvement circulaire, la seule mention qu'on en trouve chez Descartes avant le *Monde* est un passage des *Cogitationes privatae* où il rapporte la manière dont Beeckman, toujours lui, explique « pourquoi, en ce qui concerne le mouvement des corps qu'on projette, ceux qui sortent de la main par une force circulaire se détournent aussitôt vers le mouvement droit »[48]. Dans les deux cas, la dette à l'égard de Beeckman semble grande, et il importe donc de l'évaluer. Ce qui est souvent répété après Koyré est que Beeckman avait un principe de conservation du mouvement, mais qu'il étendait à tort cette conservation au mouvement circulaire[49]. Une analyse systématique de son *Journal*, ou du moins des entrées qui ne sont pas rédigées en hollandais, montre que le problème se posait un peu autrement pour lui.

46. Ainsi Descartes attribue-t-il le rebond des ballons à l'élasticité de l'air et, surtout, à la continuation du mouvement : « *ex hoc ipso quod una res capit moveri, ideo pergit moveri, quamdiu potest; atque si non possit recta pergere, potius in contrarias partes reflectitur quam quiescat* », Descartes à Mersenne, 25 fév. 1630, AT I, p. 117. Voir également janv. 1630, AT I, p. 107. Beeckman fait de même (13 déc. 1616-16 mars 1618, JB I, p. 117 et p. 122-123). Contrairement à Beeckman, Descartes juge que ce principe ne suffit pas à expliquer les vibrations d'une corde (Beeckman à Mersenne, sept. 1629, dans *Correspondance du P. Marin Mersenne, religieux minime*, P. Tannery, C.de Waard, et A. Beaulieu (éd.), Paris, CNRS, 1932-1988, II, p. 230 (désormais citée TWB) ; Descartes à Mersenne, 8 oct. 1629, AT I, p. 29.

47. Descartes à Mersenne, 18 déc. 1629, AT I, p. 90, note a : « *Oportet meminisse nos supponere illud quod semel motum est, in vacuo semper moveri, et in meo tractatu demonstrare conabor* ». Descartes dit avoir consacré les neuf premiers mois de son séjour hollandais à un traité de métaphysique (A Mersenne, 15 avril 1630, AT I, p. 144) ; sa démonstration consiste donc vraisemblablement à dériver cette loi à partir de l'immuabilité de Dieu.

48. *Cogitationes privatae,* AT X, p. 224 : « *Idem advertit quare, in motu projectorum, quae e manu exeunt per vim circularem, statim ad motum rectum deflectant* ». Dans la lettre du 25 février 1630 citée plus haut note 46, Descartes écrit que le mouvement se poursuit en ligne droite (« *recta pergere* »), mais l'alternative n'est pas celle du droit et du courbe, mais celle de ce qui continue devant soi et de ce qui rebrousse chemin.

49. *Études galiléennes*, p. 108, n. 2, qui se réfère seulement à quelques passages du *Journal* de Beeckman.

Dès 1613, Beeckman pose que le mouvement se conserve s'il n'y a pas d'obstacle [50]. Cette conservation est justifiée non par l'idée que le moteur, au moment de son contact avec le mobile, lui imprimerait une force qui se conserverait ensuite, mais par l'application nue du principe de causalité au mouvement : « on concevra très facilement par la pensée que ce qui est mû dans le vide ne se repose jamais, parce qu'aucune cause n'intervient pour changer le mouvement : en effet, rien ne change sans une cause de changement » [51]. Ceci vaut en particulier du mouvement des astres : s'ils se meuvent dans le vide, ils ne rencontrent aucun obstacle et se meuvent perpétuellement. Mais quoi s'ils sont entourés d'air ou de quelque autre milieu qui leur fait obstacle ? Etant de très grands corps, doués initialement par Dieu d'une très grande vitesse, du moins se meuvent-ils quasi-perpétuellement et mettront très longtemps à épuiser leur mouvement [52].

Beeckman pense-t-il cependant que le mouvement circulaire se conserve comme le mouvement rectiligne ? Cela ne serait guère conciliable avec le passage des *Cogitationes privatae* où Descartes rapporte que, selon Beeckman, un corps animé d'un mouvement circulaire se détourne dès qu'il le peut vers un mouvement droit. Il est impossible de reconstituer quelque chose comme une théorie à partir des entrées du *Journal*, mais du moins peut-on essayer de comprendre comment le problème se posait à Beeckman. D'une part, il pose que rien ne se meut circulairement, à moins de tourner sur son centre, comme le fait par exemple le soleil ; aussi une pierre, détachée subitement d'une roue en mouvement dont elle était solidaire, « ne se mouvra pas circulairement, mais en ligne droite

50. JB I, p. 24 : « *Mota semel numquam quiescunt nisi impediantur* ». Les occurrences de ce principe sont trop nombreuses dans le *Journal* pour être toutes citées.

51. Juil. 1613-avr. 1614, JB I, p. 25 : « *Quod (...) Philosophici dicunt vim lapidi imprimi, absque ratione videtur. Quis enim potest concipere quid sit illa, aut quomodo lapidem in motu contineat, quave in parte lapidis sedem figat ? Facillime autem mente quis concipiat, in vacuo motum numquam quiescere, quia nulla causa mutans motum occurrit : nihil enim mutatur absque aliqua causa mutationis* ».

52. Juil. 1613-avr. 1614, JB I, p. 24. 6 fév.-23 déc. 1616, JB I, p. 104-105. 23 nov.-26 déc. 1618, JB I, p. 266-267. 7 et 8 août-10 sept. 1628, JB III, p. 75-76. 8 oct.-1er fév. 1629, JB III, p. 101. Beeckman avait exposé à Descartes le problème et sa solution (*Cogitationes privatae*, AT X, p. 224).

vers le lieu où elle regardait au moment où elle a été détachée »[53]. C'est pourquoi il se demande, comme d'autres coperniciens avant lui, la raison pour laquelle le mouvement circulaire de la terre ne conduit pas à l'éjection de tous les corps qui sont posés sur elle[54]. D'autre part cependant, c'est pour lui un fait primitif que les corps célestes sont animés d'un mouvement circulaire et au moins quasi-perpétuel; or, comme par ailleurs il récuse la distinction entre les sphères sublunaire et supralunaire, ce fait a besoin d'une explication, que Beeckman cherche, entrée après entrée. Est-ce parce que le mouvement des corps célestes se fait autour d'un centre, entendons par là d'un centre cosmologique absolu? Est-ce parce qu'il se fait dans le vide? Est-ce parce que le mouvement circulaire serait aussi naturel que le mouvement rectiligne, étant donné qu'on peut géométriquement superposer deux segments d'un même cercle, comme on superpose deux segments d'une même droite? Ou bien est-ce qu'il faudrait distinguer différentes espèces de mouvements circulaires, de sorte que, même sur terre, il y aurait certains mouvements circulaires qui se conserveraient[55]? Beeckman envisage ces différentes possibilités, et on a pour tout dire le sentiment que, ayant à la fois le modèle de la fronde et la conviction qu'il n'y a pas de

53. 16 mars 1618, JB I, p. 167 : « *Nihil circulariter movetur, nisi, si super centro circumdatur, ut Sol, qui naturaliter non poteste longius a suo centro recedere. (...). Si lapidem rotae extrinsecus annectas unaque circumvolvas aliquoties, atque inter motum subito solvas, non movebitur circulariter, sed in rectum ad locum, ad quem eo momento quo solvebatur, spectabat. Unde etiam fit lapidem, in rota positum, e motu non excidere, quia semper rectitudinem spectat, premitque latera rotae intrinseca* ». Le modèle de la fronde se trouve aussi chez Benedetti, *Diversarum speculationum Liber*, cap. 14 et cap. 25, p. 159 et p. 184, tr. angl. *in* S. Drake et I.E. Drabkin, *Mechanics in Sixteenth-Century Italy. Selections from Tartaglia, Benedetti, Guido Ubaldo and Galileo*, London, The University of Wisconsin Press, 1969, resp. p. 186-187 et p. 217. Ce qui n'est pas dire que Beeckman l'emprunte à Benedetti, d'abord parce qu'il ne semble pas l'avoir lu avant 1633, ensuite parce que Copernic avait attiré l'attention sur les effets centrifuges et les modèles terrestres qu'on pouvait en donner (voir plus haut note 27).

54. 25 mars-2 avr. 1619, JB I, p. 282. 21 nov. 1629, JB III, p. 140. 10 oct. 1631, JB III, p. 217. 15-22 mai 1633, JB III, p. 279-280. 2 mai-7 juil. 1634, JB III, p. 344. *Passim.*

55. Juil. 1613-avr. 1614, JB I, p. 24. 23 nov.-26 déc. 1618, JB I, p. 253-257. 23 avr.-15 mai 1633, JB III, p. 272-273. Les entrées les plus importantes sont celles de l'hiver 1618, lors de la rencontre de Beeckman et de Descartes.

différence entre sublunaire et supralunaire, il n'avait que la conclusion à tirer – mais, justement, obsédé par le fait primitif qu'est pour lui le mouvement circulaire des astres, il ne la tire pas.

Nous sommes maintenant en mesure de conclure sur la dette de Descartes à l'égard de Beeckman. Il est vraisemblable que Descartes a trouvé chez Beeckman l'idée que le mouvement se conserve s'il n'y a pas de cause de changement et le modèle de la fronde, montrant que des corps mus circulairement s'échappent selon la tangente. Dès le *Monde* cependant, Descartes modifie le statut de ces énoncés. En premier lieu, il leur trouve un fondement métaphysique plus absolu selon lui que le principe de causalité, en les enracinant dans la nature immuable de Dieu. D'autre part, il en fait des lois de la nature, c'est-à-dire des propositions universelles auxquelles on doit en principe pouvoir réduire tous les phénomènes, y compris ce qui était chez Beeckman un fait primitif, le mouvement circulaire perpétuel des astres. En ce sens, il a tiré les conclusions que Beeckman n'avait pas tirées en leur donnant toute la généralité qui s'imposait.

Deux lois n'en font pas une

Identifier les deux lois de la nature cartésiennes à notre principe d'inertie, c'est commencer par passer sous silence un fait élémentaire : ce que nous considérons comme une seule et même loi se présente chez Descartes sous forme de deux lois distinctes et séparées. On pourrait y voir une anomalie formelle, une bizarrerie sans signification conceptuelle. En réalité, l'existence de deux lois est révélatrice d'une structure caractéristique de la conceptualisation cartésienne du mouvement, qui consiste à distinguer la « grandeur » du mouvement et sa « détermination » et qui intervient jusque dans l'explication de certains phénomènes concrets.

A la suite de Newton, c'est parce que nous considérons que le mouvement rectiligne uniforme est un état ontologiquement équivalent à l'état de repos que nous affirmons qu'un corps animé d'un mouvement rectiligne uniforme conserve ce mouvement exactement comme un corps au repos demeure au repos[56]. En termes plus actuels, l'existence d'une loi et une seule chez Newton correspond au fait que la grandeur qui se conserve est une vitesse caractérisée à la fois par sa norme et par sa direction, l'une de ces grandeurs ne pouvant pas se conserver indépendamment de l'autre. Or, si c'est bien parce qu'il fait du mouvement un état (*status*) que Descartes proclame, dans la première loi de la nature, que le mouvement se conserve comme le repos, ce mouvement qui se conserve n'est aucunement déterminé en direction. La deuxième loi vient bien préciser que le mouvement tend à se faire en ligne droite, mais cette tendance n'est pas conceptuellement liée à l'idée que le mouvement est un état[57]. Autrement dit, l'existence de deux lois chez Descartes correspond à deux fondements conceptuels distincts : c'est bien parce qu'il est conçu comme un état que le mouvement se conserve, mais il s'agit d'un mouvement indéterminé en direction. Aussi faut-il un autre fondement pour garantir la persistance rectiligne, c'est la persistance de ce qui est donné dans l'instant ou de ce qui est mathématiquement simple. Si le mouvement rectiligne est simple, c'est qu'il est totalement défini dans l'instant : connaissant la direction d'un corps animé d'un mouvement rectiligne à un instant, on sait dans quelle direction il va à tout instant. En revanche, connaître la direction d'un corps animé d'un mouvement circulaire à un instant donné ne donne pas le mouvement dans sa totalité : si on se donne un point et une droite, on peut construire une infinité de cercles passant par ce point et ayant pour tangente cette droite[58].

56. L'idée développée dans ce paragraphe se trouve aussi dans A. Gabbey, « Force and Inertia ».

57. Nous avons pris l'habitude d'attribuer à Koyré le mérite de la distinction entre le mouvement-processus et le mouvement-état (voir ainsi *Études galiléennes*, p. 20-21, p. 102, p. 131, p. 162-163). Elle était déjà parfaitement claire dans Meyerson, *Identité et réalité*, p. 156-160.

58. La simplicité dont il est question ici n'est donc pas la simplicité ontologique dont il était question plus haut note 38 mais une simplicité mathématique. L'argument est pleinement développé dans le *Monde*, chap. 7, AT XI, p. 45. Les *Principia* remarquent simplement que, même si un corps a eu une trajectoire circulaire, on ne peut concevoir que quelque chose de cette courbe demeure dans ce corps quand il est en un point (*PP* II 39, AT VIII-1, p. 64). Sans doute est-ce très généralement que l'invocation de la simplicité rappelait trop les causes finales, et qu'évaluer la simplicité d'un mouvement selon le degré de l'équation de sa

L'existence de deux lois chez Descartes vient donc de ce qu'on pourrait appeler chez lui l'indétermination du mouvement comme tel : quoique tout mouvement actuel soit effectivement doué d'une direction déterminée, le mouvement en lui-même n'est pas dirigé : un mouvement peut se conserver alors que sa direction change. C'est également à cette indétermination du mouvement comme tel que renvoie la distinction que fait Descartes entre deux grandeurs, d'une part la « force du mouvement » (ou encore, sa terminologie n'étant pas fixée sur ce point, le « mouvement », la « force », la « motion », la « vitesse », la « quantité »), d'autre part la « détermination du mouvement »[59]. Or, et ce sera notre dernier pas, cette

trajectoire ne va pas de soi : pour Beeckman par exemple, le mouvement circulaire et le mouvement rectiligne sont exactement aussi simples parce qu'on peut superposer deux segments de cercle comme on superpose deux segments de droite (23 novembre-26 décembre 1618, JB I, p. 253). On notera d'ailleurs que les héritiers de Descartes se partageront sur ce point : Malebranche, *La Recherche*, VI-II chap. 4, p. 658, et 16e écl., p. 1120-1121, rattache la loi de persistance rectiligne au grand principe de la simplicité des voies ; J. Rohault, *Traité*, I, chap. 3 § 4, p. 111, et surtout P.-S. Régis, *Système de philosophie concernant la logique, la physique et la morale,* New York-London, Johnson Reprint Corporation, 1970, I-II, chap. 14, tome I, p. 337-338, la subsument sous un principe général de conservation.

59. Pour des occurrences de cette distinction, voir *Dioptrique*, disc. second AT VI, p. 94, p. 97. A Mydorge, 1er mars 1638, AT II, p. 17-18. A Mersenne, 11 mars 1640, 30 août 1640, 3 déc. 1640, 26 avr. 1643, resp. AT III, p. 37, p. 163, p. 250-251, p. 649. *PP* II 41, AT VIII-1. A Clerselier, 17 fév. 1645, AT IV p. 185. Les ambiguïtés de la notion de détermination sont analysées dans P. Costabel, « Essai critique sur quelques concepts de la mécanique cartésienne », dans *Démarches originales de Descartes savant*, Paris, Vrin, 1982, p. 141-146 ; A. I. Sabra, *Theories of Light from Descartes to Newton*, London, Oldbourne, 1967, p. 80-84 et p. 117-121. Gabbey, « Force and inertia », p. 248-261. Roux, *La Philosophie mécanique (1630-1690)*, thèse de doctorat non publiée, Paris, EHESS, 1996, p. 424-427. P. Mclaughlin, « Force, determination and impact », in *Descartes' natural Philosophy*, S. Gaukroger, J. Schuster et J. Sutton (ed.), London-New York, Routledge, 2000, p. 87-97. Sans les supprimer, on peut les résoudre par trois remarques. 1) La distinction entre force et détermination est une distinction de raison : en fait, il n'y a ni détermination sans mouvement ni mouvement sans détermination (A Mydorge, 1er mars 1638, AT II, p. 17-18. A Mersenne, 3 déc. 1640, 4 mars 1641 et 21 avr. 1641, AT III, resp. p. 251, p. 325 et p. 355). 2) Un changement de mouvement implique un changement de détermination, mais tout changement de détermination n'implique pas un changement de mouvement : c'est par exemple le cas dans la réflexion (outre les textes indiqués à la note suivante, voir A Mersenne, 21 janv. 1641, AT III, p. 284). 3) Alors que la force ou le mouvement sont soumis à une règle de

distinction rend possible les explications que Descartes donne de phénomènes concrets comme le rebond et la dureté.

Lorsqu'un corps rebondit ou qu'un rayon lumineux se réfléchit ou se réfracte, il conserve selon Descartes sa force ou puissance de se mouvoir, mais est contraint par l'obstacle à changer sa détermination : la loi de conservation s'applique alors même que la direction du corps change. Force et détermination sont alors considérées comme deux grandeurs indépendantes, en ce sens que l'une peut changer sans que l'autre soit modifiée[60]. Cette explication serait donc impossible si un mouvement était par définition un mouvement déterminé dans telle ou telle direction. En ce sens, l'explication du rebond en mécanique et de la réflexion ou de la réfraction en optique repose, *via* la distinction entre la quantité du mouvement et sa détermination, sur l'indétermination du mouvement comme tel.

Cela est peut-être encore plus net dans le cas de la dureté. Descartes affirme en effet que la force réelle qui s'oppose à la séparation des parties d'un corps (et donc explique sa dureté) est le repos de ces mêmes parties. En effet, soutient-il en substance, si deux parties sont en repos l'un à côté de l'autre, il faut pour les séparer être capable de mouvoir l'une sans mouvoir l'autre ; si par contre ces deux parties sont déjà en mouvement, il suffit pour les séparer de modifier la détermination de l'une d'entre elles. Cela revient à supposer que la contrariété entre le mouvement et le repos est plus forte que la contrariété entre deux mouvements de déterminations distinctes. Ou pour dire la même chose de différentes manières : la modification d'une détermination coûte moins de force

conservation arithmétique, la composition des déterminations se fait selon la loi du parallélogramme, soit, en termes modernes, vectoriellement (*Dioptrique*, disc. 2, AT VI, p. 94-95).

60. *Dioptrique*, disc. 2, AT VI, p. 94 : « La puissance, telle qu'elle soit, qui fait continuer le mouvement de cette balle, est différente de celle qui la détermine à se mouvoir plutôt vers un côté que vers un autre (...). Il n'est pas impossible (...) que la détermination qu'elle [une balle] avait à tendre vers B soit changée, sans qu'il n'y ait rien pour cela de changé en la force de son mouvement, puisque ce sont deux choses diverses ». Voir également : *ibid.*, p. 97. *Monde*, chap. 2, AT XI, p. 89. A Mersenne, 11 mars et 30 août 1640, AT III, resp. p. 37 et p. 163. A Mersenne pour Hobbes, 21 avr. 1641, AT III, p. 355. Comme l'indique le point 2) de la note précédente, Descartes ne considère pas toujours force et détermination comme des grandeurs indépendantes.

que la création d'un mouvement, la détermination a une moindre densité ontologique que les états de mouvement ou de repos, les changements de direction sont des pseudo-changements, c'est-à-dire des changements sans action qui produise le changement[61].

On conclura donc ce premier point en disant que trois éléments sont solidaires dans le système physique cartésien : l'existence de deux lois de la nature, un concept de mouvement conduisant à distinguer sa force et sa détermination, l'explication de certains phénomènes concrets enfin[62].

La loi de conservation du mouvement

Pour mettre en valeur la différence entre la loi de conservation cartésienne et le principe d'inertie newtonien, on commencera par rappeler brièvement que le principe d'inertie newtonien va de pair avec un certain concept de force; ensuite, on s'attardera à caractériser le concept de force propre aux *Principia philosophiae*; de la différence entre ces concepts de force, on inférera enfin que la loi de conservation cartésienne du mouvement et le principe d'inertie newtonien ne sont pas identiques[63].

Comme on l'a rappelé plus haut, la première loi des *Principia mathematica* pose que le mouvement rectiligne uniforme et le repos sont des états au sens fort du terme, qui se conservent d'eux-mêmes; en particulier, aucune force n'est nécessaire pour expliquer qu'un corps persiste dans son état de mouvement rectiligne uniforme[64]. Corrélativement, Newton détermine de manière néga-

61. A Mersenne, 11 juin 1640, AT III, p. 75 : « il ne faut proprement de force que pour mouvoir les corps, et non pour déterminer le côté vers lequel ils se doivent mouvoir, car cette détermination ne dépend pas tant de la force du moteur, que de la situation, tant de ce moteur que des autres corps circonvoisins ». Pour une argumentation détaillée, voir Roux, *La Philosophie mécanique*, p. 424-431.

62. Il est question ici seulement de deux conséquences physiques de la distinction entre force et détermination; sur la manière dont certains cartésiens l'exploitent pour ménager une place à la liberté dans un monde où le mouvement se conserve, voir Roux, *La Philosophie mécanique*, p. 431-433.

63. Ici encore, Gabbey « Force and inertia » a ouvert la voie.

64. Sur l'évolution qui a mené Newton à cette conceptualisation, voir plus bas note 115.

tive ce qu'il appelle une « force imprimée » : c'est ce qui n'agit pas sur un corps lorsque celui-ci est dans la situation de référence que constitue l'état inertiel. Par conséquent, imprimer une force à un corps, c'est le faire dévier par rapport à cette situation de référence : la deuxième loi de Newton permet de déterminer quantitativement la force imprimée en posant qu'elle est proportionnelle au changement de mouvement. Pour récapituler donc, l'état inertiel est, pour Newton, une sorte d'état neutre, de degré-zéro du mouvement par rapport auquel on peut définir la force imprimée comme déviation. Si, privilégiant ce qui est effectivement opératoire dans la physique newtonienne, on laisse de côté le problème notoire du statut ontologique des entités en jeu, on dira que le mouvement actuel d'un corps résulte de la composition de son mouvement inertiel et du mouvement que lui ont imprimé certaines forces [65].

Le concept de force que Descartes met en place dans le livre II de ses *Principia philosophiae* est bien différent [66]. Il donne une première indication sur la force à l'article 25 : la force se trouve dans ce qui meut, contrairement au mouvement, qui se trouve dans le mobile [67]. C'est en particulier dire que, lorsqu'elles sont appliquées à un corps en mouvement, les expressions « force de mouvement », « force de persister dans son mouvement », n'ont pas de signification spécifique : « force » est alors seulement un autre nom pour désigner le mouvement même de ce corps en tant qu'il se conserve d'instant en instant. Aussi faut-il se placer dans la perspective de ce qui meut et

65. Sur le problème ontologique, voir Gabbey, « Force and inertia », p. 240-243. E. McMullin, *Newton on Matter and Activity*, Notre Dame-London, Notre Dame University Press, 1978, p. 33-56.

66. Le *Monde* passant plus rapidement sur les échanges du mouvement, il ne construit pas de concept de force spécifique. Notre analyse se concentre sur *PP* II ; elle n'est pas incompatible avec la lettre à More d'août 1649, AT V, p. 403-404. Pour une énumération des usages de « force » chez Descartes, voir R. Westfall, *Force in Newton Physics. The Science of Dynamics in the 17th Century*, London-New York, MacDonald-Elsevier, 1971, p. 529-533, qui soutient à tort que le seul concept de force chez Descartes se trouve dans sa statique.

67. *PP* II 25, AT VIII-1, p. 54 : « *Et dico [motum] esse translationem, non vim, vel actionem quae transfert, ut ostendam illum semper esse in mobili, non in movente, quae haec duo non satis accurate solent distingui* ».

qui cause le mouvement si on veut comprendre ce qu'est la force à proprement parler.

C'est ce que fait l'article II 36 ; plus précisément, il distingue deux manières d'être cause du mouvement : l'une, « universelle et première, qui est la cause générale de tous les mouvements qui sont dans le monde », l'autre, « particulière, par laquelle il se produit que les parties de la matière prises une à une acquièrent des mouvements, qu'elles n'avaient pas auparavant ». La suite de l'article indique que la cause du mouvement dans le premier sens est Dieu en tant qu'il conserve tout ce qu'il a créé, autrement dit tout ce qui est. De l'autre manière de causer le mouvement, l'article II 36 ne dit rien sinon qu'elle intervient lorsqu'un corps acquiert un mouvement qu'il n'avait pas [68]. Il y a donc tout lieu de penser que cette notion a quelque chose à voir avec la troisième loi de la nature, qui statue sur la manière dont des corps qui se rencontrent échangent du mouvement et, pour certains, en acquièrent, pour d'autres, en perdent. De fait, la troisième loi, qui contient toutes les causes des changements corporels, fait dépendre la manière dont se fait un échange de mouvement entre deux corps de leur plus ou moins grande force respective [69]. De façon tout à fait conséquente, les articles spécifiant cette troisième loi reprennent de manière systématique les caractéristiques de ce qu'on appellera la notion physique de force :

– Quant à son statut ontologique. Le corps A est dit posséder une certaine force du point de vue d'un autre corps B, en tant que A modifie le mouvement de B ; mais si, oubliant le corps B, nous nous plaçons dans la perspective du corps A, cette force n'est rien d'autre que le fait que A conserve son mouvement : c'est en tant que

68. *PP* II 36, AT VIII-1, p. 61. En superposant des oppositions usuelles chez les scolastiques en matière de causalité (cause première et causes secondes, cause universelle et causes particulières, cause selon l'être et cause selon le devenir), l'article II 36 génère plus d'ombres que de lumière. En particulier, si Dieu est la cause première ou selon l'être, l'autre manière d'être cause devrait se rapporter à l'ensemble des trois lois de la nature, et non seulement à la manière dont un corps acquiert un mouvement qu'il n'avait pas auparavant, autrement dit à la troisième loi.

69. *PP* II 40, AT VIII-1, p. 65 : « Tertia lex : quod unum corpus, alteri fortiori occurendo, nihil amittat de suo motu ; occurendo vero minus forti, tantum amittat, quantum in illud transfert. (...). *Omnes causae particulares mutationum, quae corporibus accidunt, in hac tertia lege continentur* ».

chaque corps conserve son mouvement qu'il peut en venir, lorsqu'il rencontre un autre corps, à avoir la force de le mouvoir. La notion physique de force ne se réfère donc pas à un nouvel être : elle n'est que le mouvement d'un premier corps vu dans la perspective d'un second corps, au moment où le mouvement du second est modifié par le mouvement du premier [70].

– Quant à son évaluation. Si la notion physique de force ne se réfère pas à un être primitif, son évaluation doit se dériver de la mesure d'autres grandeurs ; si cette notion est définie seulement au moment de la rencontre de deux corps, son évaluation doit décrire cette relation instantanée. De fait, les quatre paramètres (grandeur, surface de contact, vitesse, direction) que Descartes met en place permettent de décrire le rapport entre les forces respectives de deux corps, à l'instant où ils sont confrontés [71].

– Quant à sa fonction. La troisième loi fait dépendre l'échange de mouvement entre deux corps de leur plus ou moins grande force respective. Il en sera de même dans les règles du mouvement qui déclinent les différents cas possibles de rencontre : c'est le rapport

70. *PP* II 43, AT IX, p. 88 : « *Hic vero diligenter advertendum est, in quo consistat vis cujusque corporis ad agendum in aliud, vel ad actioni alterius resistendum : nempe in hoc uno, quod unaqueque res tendat, quantum in se est, ad permanendum in eodem statu in quo est, juxta legem primo positam* ». Ce texte est commenté par Gabbey, « Force and Inertia », p. 293-296, et par Séris, *Machine et communication*, Paris, Vrin, 1987, p. 225-227. Nous laissons ici de côté la question du statut ontologique de la force chez Descartes soulevée par M. Gueroult, « Métaphysique et physique de la force chez Descartes et chez Malebranche », *Revue de métaphysique et de morale*, 59, 1954. Gabbey, « Force and inertia », p. 233-239. Garber, *Descartes*, p. 290-299. D. Des Chene, *Natural Philosophy in Late Aristotelian and Cartesian Thought*, Ithaca-London, Cornell University Press, 1996, p. 213-341. Pour le dire en deux mots : 1) ce problème ontologique existe seulement si l'on considère qu'il est impossible d'avoir d'un même être (la force) deux notions relevant de registres distincts (la physique et la métaphysique) ; or, selon nous, cela ne pose pas de problème à Descartes, contrairement à ce qu'il en sera pour Leibniz par exemple. 2) il y a bien un problème ontologique dans la physique cartésienne, mais c'est celui des lois de la nature et non des forces : comment des mouvements peuvent-ils se conformer à des lois qui ne peuvent pas être des causes, puisque seul le mouvement est cause de mouvement ?

71. *PP* II 43, AT VIII-1, p. 67 : « *Visque illa debet aestimari tum a magnitudine corporis in quo est, et superficiei secuundum quam istud corpus ab alio disjungitur, tum a celeritate motus, ac natura et contrarietate modi, quo diversa corpora sibi mutuo occurunt* ».

des forces des deux corps à l'instant où ils se rencontrent qui détermine la manière dont ils échangent leurs mouvements[72].

Pour récapituler, dans le livre II des *Principia philosophiae*, la force apparaît tout d'abord comme un nom ou une notion métaphysique : dans le corps en mouvement, la force est seulement un nom, l'autre nom du mouvement en tant qu'il se conserve; au-delà des corps, il y a une notion métaphysique de la force, c'est l'action par laquelle Dieu crée et conserve toutes choses. Mais il existe aussi une notion physique de la force. Celle-ci ne se réfère pas à une entité ontologiquement séparée, encore moins est-ce la manifestation du métaphysique dans le physique même, c'est l'expression du rapport instantané de deux corps en mouvement qui se rencontrent et se confrontent l'un à l'autre. Pour n'être pas un être primitif, la force n'en a pas moins une fonction physiquement décisive : elle détermine les corps à suivre telle procédure d'échange de mouvement plutôt que telle autre. La force physique chez Descartes ne correspond donc pas à une force motrice que le corps acquérerait et qui le ferait conséquemment dévier de son état de mouvement inertiel; elle ne se communique pas, elle ne meut pas les corps, elle n'agit pas sur eux[73].

Si maintenant on se demande ce qui tient le rôle de la force imprimée newtonienne chez Descartes, autrement dit ce qui fait qu'un corps dévie du mouvement qu'il avait initialement, on ne trouve rien d'autre dans les *Principia philosophiae* que la loi de conservation[74]. Ce qui veut dire que la loi de conservation cartésienne ne décrit pas comme le principe d'inertie newtonien un degré-zéro de mouvement, une situation neutre que viendrait perturber l'action d'autres entités, les forces imprimées. La loi de conservation cartésienne est la loi suprême du monde cartésien. C'est conformément à cette loi qu'un corps a la force de persister dans son état, mais aussi

72. *PP* II 45, AT IX, p. 89 : « *Et quibus ut possimus determinare, quo pacto singula corpora motus suos augeant vel minuant, vel in alias partes convertant, ob aliorum corporum occursus : oportet tantum calculo subducere, quantum in unoquoque sit virium, sive ad movendum, sive ad motui resistendum* ». Pour une présentation des règles du choc dans les *Principes*, voir par ex. Garber, *Descartes*, p. 234-243. De Buzon et Carraud, *Descartes*, p. 108-116.

73. Séris, *Machine et communication*, p. 226-232, a de belles formules sur ce thème.

74. L'énoncé de cette loi est donné plus haut, note 69.

la force de résister aux changements que voudraient lui imposer les autres corps. Et, comme on vient de le voir, l'issue d'une rencontre entre deux corps dépend du rapport instantané de leurs forces. En ce sens, la loi de conservation explique non seulement la conservation des mouvements, mais aussi leurs changements; elle rend compte non seulement du comportement individuel d'un corps, mais de son interaction causale avec d'autres corps.

Pour montrer que, ici aussi, ces considérations sur les principes ont des conséquences concrètes dans l'explication des phénomènes, on peut penser à la manière dont un cartésien, Cordemoy, utilise la loi de la conservation pour rendre compte de l'élasticité d'une lame. Il affirme tout d'abord que, lorsque la lame se déforme, les pores de sa face interne sont rétrécis, ceux de sa face externe élargis. Si maintenant, continue-t-il, la lame revient à sa forme initiale, c'est que la matière subtile qui passe continuellement dans ces pores doit, pour persévérer dans son mouvement en ligne droite, rééquilibrer la grosseur des pores[75]. Le mouvement de la matière subtile n'est pas ici un mouvement inertiel, un état neutre équivalent au repos : c'est un mouvement qui est capable non seulement de se maintenir, mais de se rétablir quand il est perturbé, voire d'agir sur les autres corps pour cela.

La loi de tendance rectiligne

La deuxième loi de la nature est que tout corps tend à se mouvoir en ligne droite; étant donné le long privilège du mouvement circulaire, c'est cela qui a été célébré comme véritablement nouveau chez Descartes. Comme on sait, pour illustrer cette loi de la nature, Descartes fait de la fronde un modèle : lorsque la pierre A

75. G. Cordemoy, *Six Discours sur la distinction et l'union du corps et de l'âme*, *Œuvres philosophiques*, P. Clair et F. Girval (éd.), Paris, P.U.F., 1968, p. 126 : « la matière subtile, qui y coule incessamment, rencontrant le côté de chaque pore, qui est le plus ouvert, s'y insinue abondamment, et trouvant l'autre côté plus étroit, elle fait un effort continuel pour écarter les parties ainsi rapprochées, et continuer son cours en ligne droite. Ce qui ne peut se faire qu'en redressant cette lame, c'est-à-dire, en remettant toutes ses parties en leur première situation ». Même si Descartes n'explique pas l'élasticité par la conservation du mouvement, ce phénomène ne l'en contraint pas moins à revenir à l'idée que les corps ont un état naturel et ordinaire (A Mersenne, 29 janvier 1640, AT III, p. 8-9. *PP* IV 132, AT VIII-1, p. 274-275).

tourne dans la fronde EA (voir la figure ci-dessous), elle est déterminée à se mouvoir selon AC, tangente au cercle EA au point A, et on fait effectivement l'expérience de ce mouvement tangentiel lorsque la pierre quitte la fronde [76]. De là résulte que tout corps qui se meut en cercle tend à s'éloigner du centre de ce cercle, et nous sentons de la main cet effort centrifuge lorsque nous faisons tourner la pierre [77].

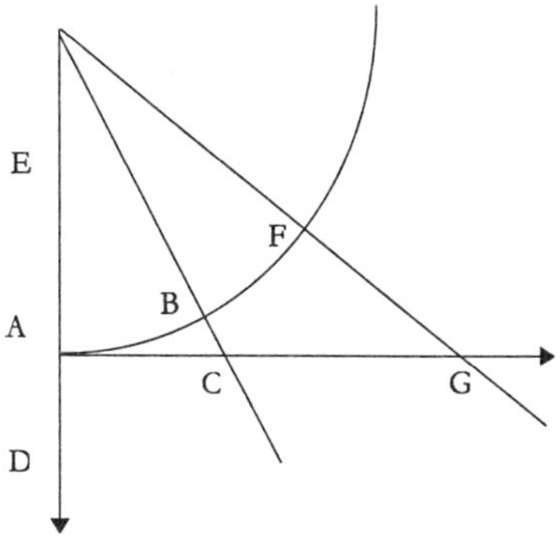

Dans ce qui suit, nous analyserons tout d'abord la différence entre la décomposition cartésienne et la décomposition newtonienne; nous attachant une fois de plus à la physique concrète de Descartes, nous montrerons ensuite que, si la loi de la persistance de la tendance rectiligne se rapporte à une tendance tangentielle, ce qui est en pratique opératif dans la physique cartésienne, c'est l'effort centrifuge.

Quand nous voyons aujourd'hui le schéma ci-dessus, nous pensons immédiatement à une décomposition vectorielle de type newtonien, $\overrightarrow{AC} + \overrightarrow{CB} = \overrightarrow{AB}$ [78]. Selon cette décomposition vectorielle, le

76. *PP* II 39, AT VIII-1, p. 64 : « *Ut exempli causa, lapis A, in funda EA per circulum ABF rotatus, eo instanti, quo est in puncto A, determinatus quidem est ad motum versus aliquam partem, nempe secundum lineam rectam versus C, ita scilicet ut linea recta AC sit tangens circuli (…). Hocque etiam experientia confirmatur, quia si tunc e funda egrediatur, non perget moveri versus B, sed versus C* ».

77. *PP* II 39, AT VIII-1, p. 64 : « *Ex quo sequitur, omne corpus quod circulariter movetur, perpetuo tendere ut recedat a centro circuli quem describit. Ut ipso manus sensu experimur in lapide, dum illum funda circumagimus* ».

78. On touche ici évidemment au cas, bien connu des historiens des mathématiques, où l'introduction d'un langage symbolique conduit à la création

mouvement effectif circulaire résulte de la composition de deux forces, l'une selon $\overrightarrow{AC}$, l'autre selon $\overrightarrow{CB}$. Si le corps n'était pas attaché à une corde, mais isolé, il se mouvrait inertiellement selon $\overrightarrow{AC}$; mais à chaque instant, une force centripète $\overrightarrow{CB}$ vient retirer le corps de sa trajectoire rectiligne : conséquemment, il se meut le long du cercle AB. Newton considère donc des forces qui, se composant, engendrent la trajectoire AB.

Pour Descartes, l'effort centrifuge ne se compose pas avec la tendance tangentielle, il en est la conséquence dans une situation de contrainte [79]. Considérant le mouvement circulaire selon AB comme donné, autrement dit considérant qu'un corps se meut dans une situation de contrainte, il raisonne en effet de la manière suivante. Lorsque le corps se meut circulairement selon AB, il est contraint à n'actualiser qu'une partie de son mouvement naturel, qui est le mouvement selon la tangente AC; mais en lui-même il n'en tend pas moins vers ce mouvement naturel : aussi lui reste-t-il une partie de son mouvement, qui se manifeste sous la forme de l'effort centrifuge BC [80]. La décomposition à laquelle Descartes procède est donc bien une décomposition quantitative, mais elle n'a rien à voir avec la décomposition vectorielle newtonienne : pour Descartes, la tendance tangentielle selon AC est composée de l'effort circulaire AB et de l'effort centrifuge BC non pas parce qu'en ajoutant proto-

d'artefacts. Pour des études exemplaires de ce cas, voir Caveing, « Qu'est-ce qu'un artefact en histoire des sciences ? » et Goldstein, *Un Théorème de Fermat.*

79. *PP* II 39, AT VIII-1, p. 64 : « *Ex quo sequitur (...)* ». « ce qui nous fait voir manifestement » dit moins nettement le français. Westfall, *Force*, p. 78-82 et p. 93-94, n. 52, semble parfois aller dans le même sens que nous.

80. *PP* II 57, AT VIII-1, p. 108-109 : « *(...) lapis A (...) tendit quidem ab A versus B, si omnes causa, quae occurunt ad ejus motum determinandum, simul spectentur (...). Sed si respiciamus ad solam vim motus quae in ipso est, dicemus illum (...) tendere versus C (...). Si denique non respiciamus ad totam istam vim motus, sed tantum ad illam ejus partem quae a funda impeditur, eam scilicet distinguentes ab alia ejus parte quae sortitur suum effectum, dicemus hunc lapidem (...) tendere tantum versus D* ». Plus clairement encore dans le *Monde*, chap. 13, AT XI, p. 85 : « Imaginez l'inclinaison qu'a cette pierre à se mouvoir d'A vers C, comme si elle était composée de deux autres, qui fussent, l'une de tourner suivant le cercle AB, et l'autre de monter tout droit suivant [BC] ». Descartes se donne le droit de décomposer à sa guise les mouvements existants (*Dioptrique*, disc. 2, AT VI, p. 94-95, *PP* II 32, AT VIII-1, p. 80-81), mais le problème est ici différent : il s'agit de décomposer une tendance non actualisée.

vectoriellement AB et BC on obtiendrait AC, mais parce que BC est la partie restante de AC, celle qui ne peut s'actualiser dans la situation de contrainte où l'on s'est initialement placé. Comme on l'a remarqué plus haut à propos de l'explication de l'élasticité proposée par Cordemoy, la tendance naturelle du corps à se mouvoir selon la droite AC n'est donc pas un état neutre, mais une situation privilégiée que le corps tend à rétablir.

On relèvera au passage ce qu'il faut bien appeler une erreur de Descartes, qui vient probablement de ce que, une fois qu'il a donné une représentation géométrique du mouvement, celle-ci prend le pas sur le mouvement même[81]. « Tendre à un mouvement tangentiel », cela signifie ici tendre vers la représentation de ce mouvement, autrement dit vers la droite AC, qui devient ainsi une sorte de référence absolue. Cela est particulièrement net en *PP* III 58 et 59, où Descartes, cherchant à décrire plus précisément et à évaluer quantitativement l'effort centrifuge, recourt à des comparaisons. Il compare ainsi l'effort centrifuge au mouvement que ferait une fourmi qui, marchant sur la règle EA alors que cette dernière tourne, réussirait à proportionner son pas au mouvement de la règle de manière à aller de A en C, puis en G, etc.[82]. Cela le conduit à remarquer que, lorsque la règle est en F, la fourmi doit marcher bien plus vite que lorsqu'elle est en B, jusqu'à, mais cela Descartes ne le dit pas, avoir une vitesse infinie lorsque la règle est parallèle à AC[83]. Comment ne pas voir qu'ici la représentation géométrique l'emporte sur l'analyse instantanée du mouvement ? En effet, la tangente au

81. En règle générale, les érudits cartésiens ont négligé l'analyse des représentations au profit de l'étude des textes ; Mclaughlin, « Force », p. 90, relève cependant l'ambiguïté de certaines représentations cartésiennes en optique.

82. Pour éviter toute connotation animiste, conformément aux recommandations de *PP* III 56, l'article 59 remplace la fourmi par une boule.

83. Les mouvements de la fourmi et de la règle sont « *contemperati* (proportionnés l'un à l'autre) ». Garber, *Descartes*, p. 223-224, remarque que cela conduit à attribuer à la fourmi une vitesse infinie sur la droite parallèle à AC, mais sans dire que c'est une conséquence de la prééminence de la représentation géométrique, et, pour barbariser, de l'absolutisation de la droite AC. Similairement, lorsque Galilée analyse la force centrifuge, son intuition physique se dégrade en représentation géométrique (Clavelin, *La Philosophie naturelle*, p. 247) ; le parallèle nous emmènerait trop loin.

point A n'a physiquement aucune raison d'être privilégiée, ce qu'il faudrait considérer, c'est la tangente en chaque point de la trajectoire.

Pourquoi maintenant Descartes attire-t-il l'attention sur cette conséquence de la loi de la persistance de la tendance centrifuge? Dans les *Principia,* il n'y a pas un seul article où il ait besoin de la tendance tangentielle comme telle pour expliquer un phénomène naturel. Il se sert en revanche d'une conséquence de la tendance tangentielle, à savoir l'existence d'un effort centrifuge, pour expliquer la formation du monde, en particulier l'apparition de tourbillons, et les phénomènes qu'on y trouve aujourd'hui : principalement la lumière, mais aussi la pesanteur et le magnétisme [84]. Pour aller directement au phénomène le plus remarquable, l'explication que Descartes propose de la lumière repose sur l'idée que les parties du soleil, étant animées d'un mouvement circulaire, ont une tendance centrifuge; comme le monde est plein, cette tendance ne s'actualise pas, elle ne devient pas mouvement effectif, mais demeure à l'état d'« effort » qui se propage de proche en proche jusqu'à nos yeux et c'est cet effort qui, selon Descartes, constitue ce que nous appelons lumière [85].

En fait, si l'on veut bien suivre le détail du texte des *Principia*, on s'aperçoit que l'explication du phénomène lumineux l'emporte sur la seconde loi, et, conséquemment, que l'effort centrifuge prend le pas sur la tendance tangentielle. L'explication du phénomène lumineux l'emporte sur la seconde loi : plus exactement, il faudrait dire que, non seulement l'analyse de l'effort centrifuge a pour contexte de découverte l'explication de la lumière, mais que la dissociation entre

84. En laissant de côté la correspondance, on trouve deux explications de la pesanteur chez Descartes : la première repose sur la notion de pression (*PP* IV 20); la seconde, sur la notion d'effort centrifuge (*PP* IV 21-23, mais également *Monde*, chap. 11). Pour leur analyse et leur comparaison, voir Roux, *La Philosophie mécanique*, p. 531-544. La force centrifuge fait sortir le premier élément d'un tourbillon par ses pôles et le fait entrer dans un autre tourbillon par ses écliptiques (*PP* III 69-71); des petites parties cannelées se forment dans ce passage d'un tourbillon à un autre (*PP* III 89); ces petites parties cannelées expliquent toutes les propriétés de l'aimant (*PP* IV 146-183).

85. Pour une analyse de l'usage de l'effort centrifuge dans l'explication de la lumière, voir Roux, *La Philosophie mécanique*, p. 496-507.

cette application particulière et la théorisation abstraite de la notion d'effort n'a jamais été totalement opérée par Descartes[86]. C'est en effet à propos de la lumière que Descartes propose en *PP* III 56-59 le petit traité de l'effort centrifuge qu'il avait annoncé en *PP* II 39, et, de l'annonce au traité, il y a identité des figures et continuité des concepts. L'effort centrifuge prend le pas sur la tendance tangentielle : conformément à ce qui vient d'être dit, l'énoncé de la seconde loi est repris et celle-ci est désignée explicitement comme une « loi de la nature » seulement deux fois, et c'est dans les articles consacrés à l'explication de la lumière[87]. Or, si, dans une de ces occurrences, c'est la tendance tangentielle qui est qualifiée de « loi de la nature »[88], dans l'autre, c'est bien l'existence d'un effort centrifuge[89].

Encore une fois, nous sommes loin de Newton : ce dernier peut bien s'intéresser au mouvement de la lumière, ses lois du mouvement n'en sont pas moins faites pour rendre compte du mouvement des projectiles, non pour expliquer l'engendrement de la lumière. Ainsi, derrière la quasi-identité de formulation, voire de description dans le cas de certains phénomènes, on découvre une différence de signification qui a pour origine le contexte théorique dans lequel les énoncés apparaissent, en entendant par « contexte théorique » d'un

86. Ceci est également noté par Garber, *Descartes*, p. 210 et p. 225.

87. Cet argument gagne du poids si on relève systématiquement les occurrences de l'expression « *lex naturae* » dans les deux derniers livres *Principia* : elle se réfère ou bien à l'idée générale d'une légalité universelle (III 41, AT VIII-1, resp. p. 98), ou bien à un énoncé spécifique, et c'est alors exclusivement à propos d'une des trois lois du livre II (outre les occurrences citées aux deux notes suivantes pour la loi 2, voir, pour la loi 1, *PP* III 22 et IV 29, *ibid.*, resp. p. 87 et p. 218, pour la loi 3, III 65-66, III 73, III 88, III 155, *ibid.*, resp. p. 117-118, p. 127, p. 144, p. 201, et, pour l'ensemble des trois lois, III 47-48, III 146, *ibid.*, resp. p. 101-103, p. 195).

88. *PP* III 57, AT VIII-1, p. 108-109 : « *dicemus illum (…) tendere versus C, juxta legem motus supra expositam* ».

89. *PP* III 55, AT VIII-1, p. 108 : « *Ea enim est lex naturae, ut corpora omnia quae in orbem aguntur, quantum in se est, a centris sui motus recedant* ». Dans le même ordre d'idée, alors que « *conatus recedendi a centro* » était l'expression technique utilisée par Descartes à propos de l'effort centrifuge (*PP* III 55-60, AT VIII-1, p. 109-112), ses successeurs écrivent parfois que l'effort tangentiel d'un corps le fait s'éloigner du centre, et veulent tirer directement de cet effort l'explication de la pesanteur (Rohault, *Traité*, I, chap. 13 § 7, tome I, p. 112 et II, chap. 28, § 7, tome II, p. 131 ; Régis, *Système*, I-II, chap. 14 et chap. 16-28, tome I resp., p. 339 et p. 436-480).

principe non seulement les concepts auxquels il s'articulent, mais aussi l'ensemble des occurrences de ce principe, ce qu'on appelle usuellement ses « applications ». Le terme « application » est d'ailleurs maladroit car il renvoie à des énoncés qui seraient déduits mécaniquement d'une série de principes établis en général, de même que, du moins dans l'image idéale qu'on a des mathématiques, les théorèmes sont déduits des axiomes. En réalité, les applications d'un principe aux phénomènes révèlent quelque chose qu'on ne lit pas immédiatement dans la formulation générale du principe, et, dans certains cas, constituent un contexte indispensable pour comprendre non seulement l'élaboration de ce principe, mais aussi sa signification. Et sans doute cela vaut-il en partie des théorèmes par rapport aux axiomes, mais ce serait une autre histoire.

GALILÉE ET DESCARTES

En prenant un peu de distance, on pourrait dire qu'on a rencontré deux cas de figure inversés : Galilée formule un principe de conservation qui n'est pas le principe d'inertie, mais certaines de ses analyses locales seront directement insérées dans la science du mouvement qui est en train de naître, quand elles ne la féconderont pas ; Descartes semble donner du principe d'inertie une formulation claire et distincte, mais le contexte théorique qui a rendu cette formule possible n'est pas conceptuellement homogène à celui de la première loi des *Principia mathematica* de Newton. Du point de vue de la structure des théories scientifiques, la condition de possibilité de telles inversions est l'existence de différents éléments dans le feuilletage des textes scientifiques. Une distinction de ce genre réveillera peut-être quelques souvenirs épistémologiques.

Un des points décisifs de l'épistémologie de Canguilhem fut en effet, dès *La Formation du concept de réflexe*, de marquer la différence entre la formation d'un concept et son inscription dans une théorie : le paradoxe du concept de réflexe, c'est en effet qu'il se forme dans un contexte vitaliste, non seulement distinct de la théorie mécaniste dans lequel il se développera ensuite, mais hétérogène à elle. Dès lors, soulignait Canguilhem, l'unité épistémologiquement pertinente pour l'épistémologue, ce n'est pas la théorie, mais bien plutôt le concept, surtout lorsqu'il s'agit d'un concept théoriquement polyvalent, c'est-à-dire susceptible de passer d'une théorie à l'autre [90]. De manière similaire, dans un des textes où il retravaille la notion notoirement ambiguë de paradigme, Kuhn met en place une distinction entre formulations symboliques et cas concrets exemplaires. Partant de la différence qui existe entre la connaissance des formules symboliques présentes dans une théorie et la capacité à les appliquer à la résolution de problèmes concrets, Kuhn soutenait que ce ne sont pas les formulations symboliques qui permettent de faire de la science, mais le maniement de ce qu'il appelait alors des « *exemplars* »; nous aurions, ajoutait-il, une capacité cognitive générale à reconnaître le semblable, qui nous permettrait d'étendre ce que nous avons compris sur des cas concrets exemplaires à d'autres cas vus comme semblables [91]. De même que Canguilhem, polémiquant contre la valorisation indue des théories, était conduit à faire du concept le lieu vif de la problématisation scientifique, de même, Kuhn, polémiquant contre l'idée qu'il existerait des règles de correspondance explicites permettant de dériver les applications des généralisations symboliques, insistait sur l'importance des cas concrets exemplaires. Pour nous, il ne s'agit pas tant de déterminer ce qui importe le plus des théories, des concepts, des formulations générales et applications locales ou des cas concrets exemplaires, et de bien d'autres choses encore, que de reconnaître que la constitution historique des sciences en passe par la mise en place et l'articulation effective de ces différents éléments.

Maintenant, dans le cas qui nous occupe, comment donc ces éléments en sont-ils venus à s'articuler? La formulation cartésienne est-elle restée enracinée dans la singularité irréductible de son réseau conceptuel ou bien a-t-elle été épurée d'applications difficilement compatibles avec la nouvelle science du mouvement? Inversement, les analyses de cas concrets exemplaires qu'on trouve chez Galilée sont-ils demeurés en l'état d'énoncés locaux, ou bien ont-ils acquis la généralité qu'on attend des principes? En un mot, comment ces

90. G. Canguilhem, *La Formation du concept de réflexe au XVIIe et XVIIIe siècles*, Paris, P.U.F., 1955, p. 3, p. 6, *passim*.

91. Kuhn, « En repensant aux paradigmes », p. 396-397 et p. 406-410. Cette acception de « paradigme » apparaît dans *La Structure des révolutions scientifiques* (1962, 1970), trad. fr. par L. Meyer, Paris, Flammarion, 1983, p. 76.

éléments en sont-ils venus à jouer historiquement ensemble – et comment se fait-il aussi que nous soyons si fortement tentés d'attribuer le principe d'inertie à Galilée et à Descartes : s'agit-il d'un anachronisme comme il y en a tant en histoire des idées ?

L'école galiléenne

La dernière de ces questions n'avait pas échappé à Koyré. Après avoir dûment exposé que le mouvement qui se conserve est circulaire selon Galilée, il s'interroge : comment se fait-il donc que la conception d'un mouvement inertiel rectiligne ait été si évidente après Galilée qu'on a cru la trouver chez lui ? La réponse n'est pas douteuse selon Koyré : puisque l'obstacle avait été pour Galilée qu'il concevait la gravité comme force interne, il serait nécessaire et suffisant, une fois le principe de la conservation acquis, de se débarrasser de cette conception pour être en mesure de formuler le principe d'inertie. Ce serait cette voie qu'auraient empruntée Cavalieri et Torricelli, et que Gassendi aurait parcourue jusqu'à son terme en posant un principe de conservation du mouvement rectiligne avant même la publication du *Monde* de Descartes [92].

De fait, on trouve chez les successeurs et disciples de Galilée une floraison d'énoncés concernant la conservation du mouvement [93]. Buonaventura Cavalieri pose, dans un ouvrage publié en 1632, qu'un corps projeté dans une direction quelconque conserverait, s'il n'y avait pas d'autre force motrice, son mouvement rectiligne uniforme [94]. Dans une lettre à Galilée de 1639, Giovan Battista

92. Koyré, *Études galiléennes*, p. 292 *sq.*, et surtout, pour Gassendi, le développement p. 304-317, qui se conclut par les phrases suivantes : « On est loin sans doute de la clarté, et de la profondeur métaphysique de Descartes. Mais on est loin également des hésitations d'un Galilée (...). L'élimination consciente de la notion de l'*impetus*, la possession d'une théorie de la pesanteur et la géométrisation définitive de l'espace permettent à Gassendi de franchir les bornes qui avaient arrêté ces deux grands esprits ».

93. Les textes signalés dans les notes suivantes sont cités ou traduits dans Koyré, *Études galiléennes*, p. 293-304. S. Moscovici, *L'Expérience du mouvement. Jean Baptiste Baliani disciple et critique de Galilée*, Paris, Hermann, 1967, p. 160-165. Damerow *et al.*, *Exploring the Limits*, p. 274-275 et p. 361-363.

94. B. Cavalieri, *Lo Speccio Ustorio, overo trattato delle settioni conice,* Bologna, Clemente Ferroni, 1632, cap. 39, p. 153 : « *considerato il mobile che da un proiciente vien*

Baliani suggère de prendre comme principe la conservation du degré de vitesse qui a été imprimé de manière indélébile à un corps, et c'est bien le statut que lui-même accorde dans la deuxième édition de son *De Motu naturali gravium* (1646) à un énoncé sur la conservation de l'*impetus*[95]. Enfin, dans son *De Motu projectorum* (1644), Evangelista Torricelli affirme que, sans la traction de la gravité, un corps projeté dans une direction quelconque conserverait son mouvement rectiligne uniforme[96].

Mais ces énoncés marquent-ils bien un progrès par rapport à ceux de Galilée ? Koyré lui-même, hésitant entre ce qu'une formule signifie objectivement (pour nous) et subjectivement (pour ceux qui avancèrent cette formule), vint à en douter[97]. Il y avait de quoi. Après tout, Galilée savait bien que, si la gravité ne tirait pas les corps vers le bas, ils se mouvraient indéfiniment suivant une ligne horizontale ; il savait parfaitement, nous l'avons rappelé, qu'un boulet au sortir du canon se meut en ligne droite quelle que soit la direction du tir. Et inversement, ni Cavalieri, ni Baliani, ni Torricelli

spinto verso alcuna parte, se non havesse altra virtù motrice, che lo cacciasse verso un'altre banda, andarebbe nel luogo segnato dal proiciente per dritta linea, mercè della virtù impressali pur per dritta linea, dalla quale drittura non è ragionevole, che il mobile si discosti, mentre non vi è altra virtù motrice, che lo rimova, e cio quando fra li duoi termini non sia impedimento; come per essempio una palla d'artiglieria uscita dalla bocca del pezzo (…) ».

95. Baliani à Galilée, 19 août 1639, EN XVIII, p. 88 : « *Con quest' occasione dirò che forse si poteva metter per principio (…) que* quicunque gradus velocitatis sit in mobili, sua natura indebiliter impressus, etc., *da cui però ne procedono tante belle consequenze, particolarmente nel moto de i proietti* ». Voir également *De Motu naturalium gravium*, p. 100-102. (L'édition de 1638 ne précise pas que le mouvement en question peut être dans n'importe quelle direction ; par ailleurs, comme le souligne l'éditrice p. xxxviii, la conservation porte sur l'*impetus* et est plus proche d'une conservation de la force que d'une conservation du mouvement.)

96. Torricelli, *De Motu gravium*, II, prop. 2, dans *Opera di Evangelista Torricelli*, G. Loria et G. Vassura (ed.), Faenza, Montanari, 1919, tome II, p. 156 : « *Proiciatur mobile ex a juxta directione utcumque elevatam* ab. *Patet quod sine tractione gravitatis procederet mobile motu recto, et aequabili per lineam directionis* ab ».

97. Koyré, *Études galiléennes*, p. 297-299 : « Le lecteur moderne sera probablement déçu. Peut-être même nous accusera-t-il d'être victime de l'illusion d'optique que nous avons parfois reproché à certains historiens de Galilée (…). Objectivement la formule de Cavalieri contient le principe d'inertie. Le faisait-elle subjectivement ? On peut en douter. (…) De même que vis-à-vis de Cavalieri, on pourrait se demander [vis-à-vis de Torricelli] : est-ce vraiment le principe d'inertie ? ».

n'affirment que la gravité est une force extérieure au corps, de sorte qu'on pourrait concevoir un corps sans gravité ; tout comme Galilée, ils disent que l'on peut neutraliser la gravité, c'est-à-dire trouver un dispositif tel qu'on puisse en faire abstraction : ils défendent bien un droit à s'abstraire de la gravité, mais, précisément, il s'agit d'un droit et non d'une effectivité.

Quant à Gassendi, le cas était plus que douteux, quasi désespéré tant il cumule les contradictions. Tout d'abord, comme le nota ultérieurement Koyré, la propension au mouvement, spontanée et inamissible, qu'il donne à ses atomes est inconciliable avec la conservation du mouvement rectiligne[98]. Ensuite, il estime que le mouvement circulaire des astres est naturel[99]. Enfin et peut-être surtout, contrairement à Galilée, il voit dans cette naturalité de quoi se débarrasser de l'objection centrifuge sans avoir besoin d'une plus ample discussion[100]. En fait, s'il fallait attribuer à quelque savant ce que Koyré attribue alors à Gassendi, c'est bien plutôt à Descartes qu'il faudrait revenir, puisque ce dernier débarrasse une fois pour toutes la physique de l'idée que la gravité serait une force interne au corps et inséparable de lui.

98. Un des passages les plus significatifs sur cette propension est le *Syntagma philosophicum*, sect. 1, lib. 3, cap. 7, *Opera Omnia* I, Stuttgart, Friedrich Fromman Verlag, 1964 (désormais citées OO), p. 273-279. La remarque de Koyré se trouve dans une discussion avec Bernard Rochot, dans *Pierre Gassendi. 1592-1655. Sa vie et son œuvre*, Paris, Albin Michel, 1955, p. 109-111. Pour des positions à peu près identiques à celle de Koyré, voir Westfall, *Force*, p. 102-103. A. Pav, « Gassendi's Statement of the Principle of Inertia », *Isis*, 57-1, n° 187, 1966. O. R. Bloch, La Philosophie de Gassendi. Nominalisme, matérialisme et métaphysique, La Haye, Martinus Nijhoff, 1971, chap. 7, p. 226-227, croit lever la contradiction en distinguant le niveau phénoménal des choses concrètes et le niveau fondamental des atomes qui seraient actifs, mais il s'agit à l'évidence d'une distinction *ad hoc*.

99. Voir par ex. *Syntagma philosophicum*, sect. 1, lib. 5, cap. 2, OO I, p. 344b-345a.

100. *Epistola prima de motu impresso a motore translato*, OO III, p. 507a. C.R. Palmerino, « Galileo's Theories of Free Fall and Projectile Motion as Interpreted by Pierre Gassendi », *The Reception of the Galilean Science of Motion in Seventeenth-Century Europe*, C.R. Palmerino et J.M.M.H. Thijssen (ed.), Kluwer Academic Publishers, Dortrecht-Boston-London, 2004, p. 150-153, commente ce passage et conclut, contre Koyré, que faire de la gravité une force extérieure est une condition nécessaire, mais pas suffisante, pour formuler le principe d'inertie.

Les correspondants de Mersenne

L'histoire de Koyré est donc idéalisée, mais elle nous a néanmoins peut-être mis sur la bonne piste : l'œuvre de Galilée a, sinon institué la science du mouvement *a nihilo*, du moins instauré les normes à respecter dans un programme de recherche qui s'impose pour ainsi dire dans l'Europe savante des années 1640. Il n'est en ce sens pas étonnant que Descartes lui-même se soit une fois au moins lu comme un héritier de Galilée et ait débarrassé ses lois de la nature de ce qui ne pouvait pas être intégré dans l'édifice anonyme des sciences. Dans une lettre adressée à Huygens en février 1643 (soit alors que Descartes travaille encore aux *Principia*, dont l'édition latine paraît en juillet 1644), il entreprend de montrer ce qu'on appelle usuellement la loi de Torricelli, c'est-à-dire que, un trou étant percé au fond d'un vase, l'eau qui en sort a une vitesse proportionnelle à la racine de la hauteur de l'eau, qu'on suppose constante. A cet effet, il commence par faire deux suppositions, dont la première est le principe de conservation du mouvement rectiligne uniforme :

> Je considère que la nature du mouvement est telle que, lorsqu'un corps a commencé à se mouvoir, cela suffit pour faire qu'il continue toujours après avec même vitesse et en même ligne droite, jusques à ce qu'il soit arrêté ou détourné par quelque autre cause [101].

Cette supposition se distingue formellement en deux points des lois des *Principes* : elle réunit en un seul énoncé deux énoncés qui étaient séparés – et qui devaient l'être pour que la physique particulière fonctionne ; Descartes s'abstient alors de les présenter comme des lois de la nature enracinées dans l'immuabilité de Dieu. Au cours de sa démonstration maintenant, Descartes utilise cette supposition de manière « presque » galiléenne, pour reprendre le titre d'un article consacré à cette lettre, c'est-à-dire en composant un mouvement rectiligne uniforme résultant de la pression de l'eau contenue dans le vase et un mouvement accéléré ayant pour cause la gravité de l'eau,

101. AT III, p. 619 ou p. 807. On peut désormais lire ce texte avec des annotations dans *The Correspondence of René Descartes. 1643*, T. Verbeek, E.-J. Bos et J. van de Ven (ed.), Utrecht, Zeno Institute for Philosophy, 2004, p. 31.

autrement dit encore en faisant l'analogue dans ce cas-là de ce que faisait Galilée quand il analysait la trajectoire d'un projectile [102].

L'articulation de la formulation cartésienne et de la pratique galiléenne est également attestée dans une lettre de Mersenne, qui, pour tout dire, met aussi Gassendi au nombre des dignes successeurs de Galilée [103]. A en juger par les documents rassemblés par les éditeurs de la correspondance de Mersenne, il est frappant qu'un principe totalement opposé à la doctrine aristotélicienne du mouvement ait été immédiatement accepté comme allant de soi. Ainsi n'y a-t-il, à ma connaissance, que deux voix pour s'y opposer dans cette correspondance. La première apparaît dans une situation conflictuelle : en 1643, deux savants non identifiés prennent Descartes pour juge et lui demandent de les départager sur trois difficultés relatives au mouvement des missiles. La troisième difficulté est de savoir « si l'impression par laquelle on jette un missile périrait peu à peu, quoique l'air n'empêchant en aucune façon le missile et que la terre ne l'attirât point à soi » : pour le premier savant, l'impression ou le mouvement fait partie des qualités qui ne périssent pas « comme celle par laquelle la pierre va vers le centre, et le cœur bat »; pour le second, « elle ne peut périr, quoiqu'elle soit *minimae entitatis*, pour parler avec les philosophes, si quelque contraire n'ôte cette impression » [104].

L'autre voix est celle de Roberval, qui soutient que ce qui a une fois commencé de se mouvoir peut s'arrêter spontanément, alors

102. A. Nardi, « Poids et vitesse, Descartes "presque" galiléen, 18 février 1643 », *Revue d'Histoire des Sciences*, 39-1, 1986. Sur cette lettre, voir aussi M. Blay, « La loi d'écoulement de Torricelli et sa réception au XVIIe siècle », dans *L'Œuvre de Torricelli : science galiléenne et nouvelle géométrie*, F. De Gandt (éd.), Publications de la Faculté des Lettres et Sciences Humaines de Nice, 1987.

103. Mersenne à Torricelli, 26 août 1646, TWB XIV, p. 419 : « (…) *nostrum illud axioma non recipiat, quum post magnum Galilaeum, Cartesius, Gassendus, etc. illud ambabus ulnis amplectantur* ».

104. A Descartes, TWB XII, p. 133. Descartes à Mersenne, 26 avr. 1643, AT III, p. 649, tranche en faveur du second, en précisant, *ibid.*, p. 653, que la preuve de ce principe est métaphysique : « Dieu, qui est auteur de toutes choses, étant tout parfait et immuable, il me semble répugner qu'aucune chose simple qui existe, et qui par conséquent dont Dieu est l'auteur, ait en soi le principe de sa destruction ».

même qu'il n'est pas empêché[105]. C'est fondamentalement au nom de l'expérience commune que Roberval s'oppose à l'idée que la conservation pourrait être un principe : cela est constant, les corps s'arrêtent[106]. Ce n'est pas qu'il considère, comme le premier des protagonistes qu'on vient d'évoquer, que le mouvement fait partie des qualités périssables. C'est que, ici comme ailleurs, il récuse tout engagement ontologique à propos de principes discutables parce qu'ils ne sont pas établis directement par les sens ou par la raison[107]. En l'occurrence, affirmer la conservation du mouvement, c'est, quoiqu'on en ait, l'assimiler à une substance; cependant, dans l'hypothèse où il s'agirait d'un mode, il placerait le corps dans un état de violence tel que celui-ci chercherait à s'en débarrasser pour revenir dans son état naturel de repos[108].

105. Outre l'échange de Roberval avec Huygens évoqué plus bas, la position de Roberval est attestée dans Descartes à Mersenne, 4 mars 1641, TWB X, p. 533 : « (…) [Pour Roberval], *quod semel motum est, sponte postea cessat moveri, etsi non impediatur* ». Mersenne à Torricelli, 26 août 1646, TWB XIV, p. 419 : « (…) *dicam primo me satis admirari non posse, quod noster Robervallus tanti vir ingenii, et judicii, fere solus negat, motum semel impressum numquam desiturum, si tollantur omnia impedimenta, vellemque te ad illum scribere, ut suas rationes, aut fundamenta, vel demonstrationem, si quam habet, promeret* ».

106. Roberval à Torricelli, janv. 1646, TWB XIV, p. 17 : « *Motu quidem recto concedimus, at motu aequabili; unde hoc? Equidem in omnibus omnino mobilibus projectis experientia constantissime huic assertationi repugnat* ». Si on explique cet arrêt par la résistance de l'air, ajoute-t-il, alors il ne faut pas prétendre, comme le fait Galilée, être utile aux artilleurs : « *Quod si quis dixerit nos aerem minime considerare, cur ergo tabulae inde constructae? Cur nova illa norma dirigendis tormentis bellicis accomodata?* ». La résistance de l'air avait été évoquée dans les *Discorsi*, EN VIII, p. 276-278. Dans sa réponse à Roberval, 7 juil. 1646, TWB XIV, p. 346-347, Torricelli répond très généralement que les objections de Roberval contre les fondements de la doctrine du mouvement sont fortes, mais pas nouvelles pour autant, et revendique comme il le fait souvent le droit à la spéculation en mécanique.

107. Pour d'autres exemples de cette attitude épistémologique, voir, à propos de la gravité, Roberval et Etienne Pascal à Fermat, 16 août 1636, dans P. Fermat, *Œuvres*, C. Henry et P. Tannery (éd.), 4 vol., Paris, Gauthier-Villars, 1891-1912, tome II, p. 36-41 ; à propos de la lumière, le libelle publié par M. Mersenne, *Optique et catoptrique*, Paris, Langlois, 1651, livre II, prop. 4, p. 89-92.

108. Roberval à Torricelli, janv. 1646, TWB XIV, p. 17 : « (…) *esto, quod medium daretur perfecte liquidum, et permeabile, quod tamen merum figmentum est : quis unquam ostendit fore, ut tunc impetus violentus nihil detrimenti patiatur, sed idem perpetuo mansurus sit? Id quidem verum futurum esse apparet, si impetus ille sit substantia quaedam, quae perire, sive*

Nous avons mentionné ces voix, mais nous les croyons isolées : on ne trouve pas dans les années 1630 ou 1640 de controverses sur la conservation du mouvement comme on en trouve sur l'existence du vide ou la division de la matière. Cette unanimité a sans doute une explication pragmatique : la solution d'un certain nombre de problèmes mécaniques et cosmologiques en passait par un principe de conservation du mouvement rectiligne uniforme[109]. Elle peut nous mener à notre thèse : les énoncés de Galilée et de Descartes ont été reçus dans un contexte tel que, malgré leur différence, ils ont été articulés l'un à l'autre.

Le tribunal de l'histoire

Le tribunal de l'histoire, qui chérit les grands hommes, a retenu les noms de Huygens et de Newton. Sans entrer dans le détail de leurs physiques respectives, on remarquera que tous deux articulent les formules cartésiennes et la pratique galiléenne, plus exactement voient dans les premières de quoi fonder la seconde. Huygens s'initie à la nouvelle science de Galilée et de Descartes vers 1646[110]. Dans les traités déductifs de mécanique qu'il commence à rédiger une dizaine d'années plus tard, il fait de la conservation du mouvement rectiligne uniforme une de ces hypothèses que l'on avance initialement, sans qu'il soit nécessaire de les justifier : ainsi en est-il, par exemple, pour le *De Motu corporum ex percussione* (1656), le *De Motu corporum ex mutuo impulsu hypothesis* (1669) ou l'*Horologium*

annihilari non possit : at si ille sit tantum modus aliquis substantiae eandem in statu violento constituens, nondum constat num ipsa se ab ejusmodi violentia sensim liberare possit, ac tandem in pristinum statum quietis redire ».

109. On sait cependant que Meyerson explique cette unanimité, et tout aussi bien l'acharnement à donner des démonstrations *a priori* du principe d'inertie, par le caractère « plausible » de ce dernier; voir *Identité et réalité*, p. 114-164, et en particulier p. 154 et p. 161-162.

110. Dans le compte rendu de la *Vie de Descartes* de Baillet, SHS X, p. 403, Huygens déclare avoir lu les *Principia philosophiae* à 15 ou 16 ans. Sa lettre à Constantijn Huygens du 3 septembre 1646, SHS I, p. 18-19, indique que c'est l'ouvrage de C. Lobkowitz, *Sublimium ingeniorum crux*, Leuwen, P. van der Hayden, 1644, qui lui fait découvrir le débat sur la loi galiléenne de la chute des corps, et donc, vraisemblablement, l'hypothèse qu'un mouvement se conserve en ligne droite.

oscillatorium (1673) [111]. Comme il le rappellera à Roberval, il n'y a pas à discuter des principes [112]; lorsque cependant il se trouve mis à demeure de justifier le principe de conservation du mouvement rectiligne uniforme, il précise que Galilée, Descartes « et bien d'autres » l'ont adopté [113].

Pas plus que Huygens, Newton ne s'embarrasse des distinctions de l'historien. C'est à Galilée qu'il attribue la découverte de ce qui est dans les *Principia mathematica* le premier « axiome ou loi du mouvement »; il lui fait crédit d'avoir été le premier à découvrir, entre autres grâce à cette loi du mouvement, que le mouvement des projectiles se fait selon une trajectoire parabolique [114]. Mais, outre que les similitudes de vocabulaire entre les énoncés de la loi newtonienne et de la loi cartésienne de conservation sont frappantes, les manuscrits antérieurs aux *Principia mathematica* montrent que la première s'inspire de la seconde : Newton a commencé par recopier les deux lois cartésiennes, puis peu de temps après, les a subsumées

111. *De Motu corporum ex percussione*, hyp. 1, SHS XVI, p. 31 et, dans les manuscrits attenants, SHS XVI, p. 105, p. 140. *De Motu corporum ex mutuo impulsu hypothesis*, hyp. 1, SHS VI, p. 336. *Horologium oscillatorium*, II, hyp. 1, SHS XVIII, p. 125.

112. *Responsa ad objectiones Robervalli contra demonstrationes nostras de motu pendulorum*, SHS XVIII, p. 452-453 : « (…) *si hoc [principium] non admittat jam non habeo quod dicam contra negantem principia nisi hoc idem a Torricello, Cartesio multisque aliis statui, vulgoque ab omnibus concedi. Principiorum vero ratio dari non solet, sed in geometria evidentia esse oportet in physicis experientiae convenientia. Tolle mihi omnia impedimenta et videbis an non duraturus sit corporis motus* ». Voir également SHS XVIII, p. 456 : « A quoi je n'ai rien à dire sinon que ce principe me semble, aussi bien qu'à tous les autres qui l'ont suivi, fort convenable à la nature et que l'expérience même, en tant qu'on a moyen de la faire, le confirme. Ne pouvant au reste empêcher que l'auteur des objections n'aie des opinions toutes différentes en ce qui regarde le mouvement (…). Ainsi n'étant pas d'accord entre nous des principes, il serait inutile de répondre aux objections qui naissent de cette diversité ».

113. Outre les textes cités à la note précédente, voir SHS XVI, p. 105 : « (…) *quod praeter Cartesium Galileus quoque et alii dicere* ». SHS XVI, p. 140 : « (…) *quod praeter Cartesium, Galileus quoque et alii multi dixerunt* ». SHS XVIII, p. 456 : « (…) ce principe de Galilée (lequel pourtant M. Descartes et bien d'autres ont suivi depuis) ».

114. *Principia mathematica*, Axiomata, corr. vi, scholium, tome I, p. 64 : « *Per leges duas primas & corollaria duo prima* Galilaeus *invenit descensum gravium esse in duplicata ratione temporis, & motum projectilium fieri in parabola* ».

sous un seul énoncé, ce qui suppose que l'état qui se conserve est celui de mouvement rectiligne uniforme[115]. Tout comme Huygens donc, Newton, parce qu'il avait lu Galilée, a vu dans les lois cartésiennes un des fondements d'une science du mouvement qui n'était pas ce que Descartes avait primitivement visé à travers elles. Pour reprendre une image célèbre, ce n'est pas seulement qu'on répare le bateau en pleine mer, c'est qu'on le construit de bric et de broc, ou même avec des planches à moitié pourries. Ou encore, *mutatis mutandis*, la science du présent étant le fruit de la science du passé, elle est aussi le fruit de ses égarements, de ses passions, de ses erreurs, voire de ses crimes[116].

115. Herivel, *The Background to Newton's Principia. A Study of Newton's Dynamical Researches in the Years 1664-1684*, Oxford University Press, 1965, p. 141 : « *1. If a quantity once move it will never rest unlesse hindered by some externall cause. 2. A quantity will always move in the same streight line (not changing the determination nor celerity of its motion) unlesse some externalle cause divert it* ». *Ibid.*, p. 153 : « *Every thing doth naturally persevere in that state in which it is unlesse it bee interrupted by some externall cause, hence axiome 1 st and 2 nd* ». Qu'il y ait là un emprunt de Newton à Descartes est établi par Cohen, « "Quantum in se est" ». A. Koyré, *Études newtoniennes*, Paris, Gallimard, 1968, p. 94-103. Herivel, *The Background*, p. 42-53. La conceptualisation de ces premiers manuscrits diffère de la conceptualisation des *Principia*. Jusqu'en 1684 au moins, Newton attribue la persistance du mouvement rectiligne uniforme ou du repos à une force, appelée « force d'inertie », « innée » ou « interne ». La force innée qui est l'objet de la troisième définition des *Principia* n'est pas seulement une force de persistance dans un état inertiel, mais aussi une force de résistance au changement de mouvement, et à ce titre elle se manifeste seulement quand une autre force est imprimée au corps en question. Deux points restent alors à déterminer : d'une part ce qu'est cette force potentielle quand elle ne s'exerce pas, d'autre part comment l'évaluer quantitativement (Herivel, *The Background*, p. 25-30 pour le commentaire conceptuel, p. 93-108 pour la datation des manuscrits, et p. 315-320 pour les premiers manuscrits où le concept de force d'inertie se modifie). Sur le rôle que pourrait avoir joué, dans la genèse des concepts newtoniens, l'analyse cartésienne de la force de mouvement et de la force de repos, voir Gabbey, « Force and Inertia », p. 273-279.

116. Ce passage des *Considérations inactuelles* est utilisé par Fichant, « L'idée d'une histoire des sciences », p. 111, contre la séparation trop radicale qu'avait instituée Bachelard entre la science périmée et la science sanctionnée. Sur ce point, voir également Canguilhem, « L'objet de l'histoire des sciences », p. 14, et surtout « Qu'est-ce qu'une idéologie scientifique », p. 44-45.

ÉPILOGUE : GALILÉE, DESCARTES, ET NOUS

A ce point, le lecteur un tant soit peu spéculatif sent vraisemblablement le doute naître en lui. Depuis le début de cette étude, nous avons fait comme si *le* principe d'inertie se trouvait effectivement chez Huygens ou Newton. Le travail de contextualisation qui a été effectué dans le cas de Galilée puis dans le cas de Descartes en prenant comme point de référence une idée commune du principe d'inertie qui se trouverait dans les œuvres de Huygens et de Newton ne pourrait-il cependant pas être effectué dans le cas de ces derniers en prenant encore un autre point de référence ? Et puis, sommes-nous vraiment prêts à dire que les principes qu'on trouve chez Huygens et chez Newton sont les mêmes, puisque l'un et l'autre sont inscrits, on s'en doute, dans deux structures conceptuelles distinctes ? Mais encore : si nous faisons une place, fût-elle minime, à cette espèce de doutes, y a-t-il encore lieu de parler, comme nous le faisons couramment, *du* principe d'inertie – il faudrait plus rigoureusement dire qu'il y a un principe d'inertie chez Newton, qui n'est pas celui qu'on trouve chez Huygens et Leibniz, et pas non plus celui qu'on trouve chez d'Alembert ou chez Lagrange ; et, derechef, que le principe d'inertie qu'on trouve dans le discours préliminaire de la seconde édition du *Traité de dynamique* (1758) n'est pas celui d'un *Mémoire* présenté à l'Académie des Sciences en 1769.

Le problème n'est pas neuf. Sans rapport avec l'histoire, mais contre une vision idéaliste des lois physiques, Hanson l'avait formulé en termes wittgensteiniens. Se demander ce qu'est *le* principe d'inertie est aussi vain que se demander quel est *l*'usage d'une corde : ce qu'on appelle « le principe d'inertie » n'existe pas en tant que proposition isolée et singulière, mais en tant que famille de propositions identiques par leur formulation et pourtant distinctes par leur contexte d'usage[117]. Il y a là aussi une transposition, à propos d'un petit objet et sur un mode mineur, des analyses qui avaient conduit Feyerabend et Kuhn à remarquer que les différences entre des concepts de part et d'autre d'une Révolution Scientifique

117. N.R. Hanson, *An Enquiry into the Conceptual Foundations of Science*, Cambridge University Press, 1958, p. 93 et p. 98. Peut-être n'aurais-je pas fait attention à ce passage s'il n'avait pas été cité dans Gabbey, « Force and inertia », p. 289-290.

peuvent être si radicales qu'il faut les dire « incommensurables »[118]. On pourrait objecter à ce rapprochement que, pour Feyerabend et Kuhn, le problème était à la fois plus radical (une révolution scientifique sépare les concepts qu'ils considèrent) et plus précis (certains concepts ne peuvent être traduits d'un langage dans un autre). D'une part cependant c'est l'incommensurabilité qui détermine la révolution scientifique, et non le contraire ; d'autre part, l'incommensurabilité entre, par exemple, le concept de mouvement chez Aristote et le concept de mouvement chez Galilée est analogue à l'incommensurabilité entre le concept de force chez Descartes et le concept de force chez Newton : dans les deux cas, il y a une différence conceptuelle résultant de ce que la signification d'un concept est sensible au contexte dans lequel ce concept apparaît. Dans tous ces cas, le problème est donc bien celui du changement conceptuel dans les sciences : comment, en particulier, concilier la variabilité historique des concepts et la stabilité des sciences, voire leur progrès[119] ? L'ancienneté du problème ne l'a pas fait disparaître et on pourrait rétrospectivement présenter le contenu de la partie centrale de notre étude, consacrée à Descartes, comme la confrontation de trois positions épistémologiques sur la question de savoir si ce dernier avait le principe d'inertie : à une première position succède une position demi-savante, finalement guère plus tenable que la première ; la position qu'on se risquera à qualifier de savante est, on s'en doute, dans l'entre-deux.

118. Pour leurs positions initiales, voir Feyerabend, « Explanation, reduction and empirism », in *Minnesota Studies in the Philosophy of Science*, H. Feigl et G. Maxwell (ed.), Minneapolis, University of Minnesota Press, 1962, p. 56-59, p. 74-76, et Kuhn, *La Structure des révolutions*, p. 147-148, p. 157-158. Quelques références ultérieures seront données au fur et à mesure.

119. Le problème n'est pas propre à l'histoire des sciences, mais a son équivalent en histoire de la philosophie ; voir par exemple C. Panaccio, « La philosophie analytique et l'histoire de la philosophie », dans *Précis de philosophie analytique*, P. Engel (éd.), Paris, P.U.F., 2001 ; P. Engel, « Retour Aval », *Les Études philosophiques*, 4, 1999 ; A. de Libera, « Le relativisme historique : théorie des complexes-questions-réponses », *Les Études philosophiques*, 4, 1999. Il semble cependant plus net en histoire des sciences : étant donné que l'histoire des sciences est celle d'un progrès, on s'y trouve toujours à faire le partage entre une lecture contextuelle et une lecture actualisante des énoncés du passé.

La première position consiste à dire que Descartes a le principe d'inertie, tout simplement parce que nous trouvons dans son œuvre une formule claire et distincte de ce qui est, pour nous, le principe d'inertie. A y réfléchir un peu, les présupposés de cette position épistémologique sont les suivants :

– Considérer que les lois de la nature cartésiennes sont équivalentes au principe d'inertie newtonien parce qu'elles conduisent à la même prédiction empirique concernant le comportement d'un corps dans certaines conditions revient à négliger la possibilité que, dans d'autres conditions, les prédictions ne soient pas identiques. Or, étant donné les différences conceptuelles entre Descartes et Newton qu'on a relevées, cette possibilité est une probabilité.

– Soutenir cette position, c'est considérer que l'historique d'un principe physique consiste à restituer les différentes tentatives faites pour arriver, sinon à trouver un équivalent dans le langage humain d'un des commandements par lesquels Dieu a instauré l'ordre de la nature, du moins à forger la formulation apte à saisir une idéalité lovée au creux des choses. Une fois la formulation canonique atteinte, il ne se passe plus rien : l'histoire n'est que la révélation de l'éternité.

– Puisqu'il suffit d'être en présence de deux énoncés pour statuer sur l'identité éventuelle de leurs significations, le cœur de cette position est sans doute l'idée que la signification d'un énoncé est indépendante de son contexte. Ce faisant, on fait des significations des petits êtres qui, comme des poissons dans leurs bocaux, se tiennent tout entiers dans leurs énoncés ; en même temps, on suppose qu'il est possible de les appréhender par simple vue, les énoncés sont transparents.

La caractérisation peu enthousiasmante qu'on vient de proposer de la première position – qu'on pourrait appeler « essentialiste » – conduit à se lancer, comme nous l'avons fait, dans l'exégèse des textes de Descartes pour déterminer de quoi ils parlent exactement. Une telle entreprise est solidaire d'une deuxième position épistémologique, qu'il est possible de caractériser à son tour.

Cette deuxième position, qu'on appellera ici « nominaliste », repose sur l'idée que des principes différents par leurs contextes théoriques ne peuvent pas être considérés comme identiques. Elle revient donc peu ou prou à faire de chaque œuvre une totalité close, sans connexion avec d'autres œuvres, ni finalement avec les choses du monde – on pourrait seulement égrener indéfiniment les énoncés scientifiques du passé, toujours différents les uns des autres, et puis constater : « dans tel passage, Galilée a dit ceci, et dans tel autre passage, il a dit cela », ou « si on prend en compte le corpus cartésien, telle est la signification de cet énoncé ». Cette position est plus subtile et plus savante que la première, mais elle est également intenable :

– Elle passe à côté de deux caractéristiques indéniables de la physique, quelque difficile que soit leur description épistémologique circonstanciée : la physique porte sur les choses du monde et son histoire est celle d'un progrès, à tout le moins en ce sens élémentaire que Descartes et Newton nous disent quelque chose du monde tel qu'il est et que Newton dit plus de choses que Descartes ou les dit mieux [120].

– Malgré les apparences, la position nominaliste ne laisse guère de place à l'histoire. Une fois entré dans une totalité close, de quelque ordre qu'elle soit, on ne voit pas bien comment en sortir; on sait que ce fut une objection récurrente contre toutes sortes de structures : épistèmè chez Foucault, paradigme chez Kuhn, structure sociale chez Bourdieu.

– Enfin, la position nominaliste repose sur une théorie radicalement contextuelle de la signification, que l'histoire de n'importe quel concept scientifique suffit à réfuter. Kuhn et Feyerabend avaient eux-mêmes été amenés à souligner que l'incommensurabilité, définie précisément comme l'impossibilité de traduire un terme d'un langage dans un autre langage, est moins menaçante qu'ils n'avaient bien voulu initialement le dire : elle n'interdit ni la compréhension d'une théorie ni la confrontation rationnelle entre théories [121]. C'est un processus de ce genre que nous avons vu à l'œuvre : les œuvres de Galilée et de Descartes ne sont pas des systèmes clos de significations, des sentiers ont bifurqué d'une œuvre à l'autre et nous ont

120. Pour une réhabilitation de la notion « naïve » de progrès scientifique comme augmentation de connaissance, voir Bird, « What is Scientific Progress ? ».

121. Feyerabend, « Putnam on incommensurability », *The British Journal for the Philosophy of Science*, 1, 1987, p. 76 et p. 80-81. Kuhn, « Commensurability », p. 670-673.

menés jusqu'au moment où le principe d'inertie s'est stabilisé dans les œuvres de Newton et Huygens. On notera de surcroît qu'une théorie contextuelle de la signification est silencieuse sur une question décisive : quel contexte doit-on prendre en compte pour comprendre un énoncé donné ? Contre la position essentialiste, on accordera que la signification d'un énoncé dépend d'un certain contexte ; mais ensuite, comment délimiter celui-ci ? S'agit-il d'une proposition ? D'un paragraphe ? D'un ouvrage ? Des œuvres d'un auteur ? Des ouvrages écrits pendant une période donnée ? Du contenu d'une bibliothèque ? De la pensée de tous les temps ? Les historiens des idées supposent assez spontanément que l'unité matérielle d'un ouvrage ou la réalité individuelle d'un auteur tranchent la question – mais comment ne pas voir la part d'arbitraire qui accompagne cette supposition ?

Notre étude a montré, sur un cas tout à fait élémentaire, que la position nominaliste comme la position essentialiste constituent des écueils pour l'historien : écueils en ce sens que, s'il adopte l'une de ces positions dans sa radicalité tout en excluant l'autre, il s'interdit de comprendre l'histoire telle qu'elle se fait. L'historien a toutefois tant à faire pour accéder aux textes dont il s'occupe, parfois même matériellement, qu'il ne peut prendre la peine d'élaborer une théorie de sa pratique : aussi navigue-t-il souvent à vue, sans carte ni boussole – et, s'il se garde de ces écueils, plus ou moins dangereux selon les mers qu'il fréquente, c'est plutôt en raison de son expérience et de son tact que d'une théorie constituée. Celui qui cependant se demanderait parfois à quoi ressemblerait une théorie qui serait adéquate à sa pratique en viendra peut-être à considérer les thèses suivantes comme des *minima moralia* sur lesquels tous ceux qui pratiquent l'histoire des textes scientifiques pourraient s'accorder.

1) Un concept scientifique a une histoire, tout simplement parce que sa signification procède à la fois de son inscription dans une langue, de son articulation à un réseau conceptuel et de sa détermination dans des cas concrets exemplaires ; et, entre ces trois éléments, il y a toujours un certain jeu, qui maintient ouverte la possibilité d'une histoire. Il est indéniable que, dans certains domaines, la substitution d'une langue formelle aux langues naturelles tend à diminuer ce jeu. Néanmoins, les transformations qui affectent inévitablement ce domaine (autrement il n'y aurait plus

d'histoire) montrent que les choses ne cessent de jouer – les concepts sont exportés, les formules, employées abusivement, les résultats, transposés analogiquement, et parfois même rendus méconnaissables, etc. La constitution d'un concept scientifique, c'est en ce sens un processus de stabilisation, au terme duquel un tel jeu en vient à se réduire provisoirement, sans jamais toutefois disparaître.

2) Ce processus de stabilisation est un processus intersubjectif. On a longtemps pensé la spécificité de l'historicité des sciences à partir d'une notion de progrès excluant la confrontation intersubjective : si « la suite des hommes doit être considérée comme un seul homme qui subsiste toujours et qui apprend continuellement », chaque individu est tour à tour seul face à la nature et tous ensemble ne constituent qu'un seul sujet connaissant. En fait, d'autres phénomènes peuvent permettre de cerner la spécificité de l'historicité des sciences : ainsi en est-il des découvertes simultanées et des querelles de priorité, des phénomènes de redécouverte ou de relecture, de la prématurité d'un résultat et de sa formulation par ce qu'on appellera, non sans provocation, un « précurseur »[122]. Or, ce qui caractérise tous ces phénomènes, c'est de renvoyer à une science qui n'est pas seulement conçue, mais reçue et partagée. Supposons par exemple que, toutes choses égales par ailleurs, la première loi des *Principia mathematica* soit présente dans un fragment de Straton de Lampsaque, personne n'y aurait vu un énoncé digne de mémoire,

122. Canguilhem, « L'objet de l'histoire des sciences » (1966), dans *Études d'histoire et de philosophie des sciences*, Paris, Vrin, 1968, p. 20-23, ayant fait de l'élimination des précurseurs la pierre de touche de l'épistémologie bachelardienne, une sorte d'anathème a été jeté sur le terme « précurseur ». On accordera qu'il faut se garder de la tendance à projeter sur les origines ce qui n'a été acquis qu'ultérieurement et que le contenu cognitif de la proposition que A fut le précurseur de B est souvent à peu près nul. Néanmoins, la notion de précurseur ne peut être dite « intrinsèquement contradictoire » (*ibid.*, p. 21) qu'à supposer le savoir d'un temps à la fois cohérent et incompatible avec le savoir des autres temps. Ce qui est au moins problématique et peut-être faux. Le cas de Mendel amena d'ailleurs Canguilhem, « Sur l'histoire des sciences », p. 108-109, à affiner ses catégories : Mendel ayant effectivement prouvé des résultats sans que ceux-ci soient reçus, Canguilhem suggère d'en parler comme de prématurés ou d'enfants mort-nés. Sur la notion de prématurité en histoire des sciences, voir le recueil d'études rassemblés dans E.B. Hook (éd.), *Prematurity in Science Discovery. On Resistance and Neglect*, Berkeley-Los Angeles-London, University of California Press, 2000.

sans doute aurait-il été immédiatement oublié : il n'y avait pas de corpus textuel ou, plus généralement, d'espace de savoir où loger un tel énoncé. Ce qui est une expérience de pensée dans le cas de cette loi ne l'est pas toujours : il existe un certain nombre de précurseurs effectifs en science, si on entend par là des individus qui ont énoncé et prouvé correctement certains résultats, sans que ceux-ci aient été immédiatement intégrés à l'édifice anonyme des sciences. L'existence de précurseurs, comme, du moins le pensons-nous, des autres phénomènes historiques que nous avons mentionnés, indique que la stabilisation d'un énoncé scientifique suppose sa réception, qu'il s'agit d'un processus non seulement historique, mais intersubjectif.

Trois précisions sont ici nécessaires. En premier lieu, entre dire ce processus « intersubjectif » et le dire « social », il y a un pas que rien ne permet de franchir sinon un état de confusion terminologique ou intellectuelle avancé : on peut soutenir que les idéalités, loin d'être des essences qu'un sujet contemplerait dans un moment d'extase, procèdent d'une construction intersubjective, sans pour autant en faire le produit de déterminations sociales. En deuxième lieu, dire ce processus « intersubjectif », ce n'est pas nier qu'il nous apprenne quelque chose de la nature : l'expérience de pensée mettant en scène Straton de Lampsaque vise à suggérer que, dans une configuration donnée du savoir, apprendre quelque chose de la nature est une condition nécessaire, mais pas pour autant suffisante. En troisième et dernier lieu, l'intersubjectivité dont il est question ne réunit pas toujours des individus proches les uns des autres dans leur historicité concrète (c'est d'ailleurs une des raisons pour lesquelles cette intersubjectivité n'a rien d'une détermination sociale) : lorsque Newton lit Descartes ou Galilée, il constitue avec eux une communauté intersubjective qui n'est pas déterminée par les lieux et les temps où ont vécu les trois individus désignés par les noms « Galilée », « Descartes » et « Newton ».

3) Récapitulant les raisons pour lesquelles nous avons renvoyé dos à dos les positions nominaliste et essentialiste, nous dirons qu'un historien des sciences attend deux choses d'une théorie de la signification : elle doit expliquer que la signification d'un énoncé soit sensible à des contextes spécifiques (de la section d'un ouvrage à un corpus constitué par les œuvres de différents auteurs) sans pour autant être totalement dépendante d'eux, et, conséquemment,

permettre des variations historiques aussi bien que des processus de stabilisation. Il ne nous appartient pas de construire une théorie de la signification de ce genre, ni d'ailleurs de déterminer s'il ne doit pas s'agir plutôt d'une théorie de la référence[123]. On remarquera cependant en guise de conclusion qu'elle n'a aucune raison d'être différente d'une théorie de la signification propre à décrire l'acquisition et la transformation des significations du langage ordinaire : le fonctionnement du langage ordinaire, tout aussi bien que celui du langage de la physique, suppose l'acquisition de concepts que l'expérience des choses comme le commerce des hommes viennent transformer.

BIBLIOGRAPHIE

Sources

BALIANI G. B., *De Motu naturalium gravium solidorum et liquidorum* (1638, 1646), Giovanna Baroncelli (ed.), Firenze, Giunti, 1998.

BEECKMAN I., *Journal tenu par Isaac Beeckman de 1604 à 1634,* Cornélis de Waard (éd.), 4 vol., La Haye, Martinus Nijhoff, 1939-1953. Abrégé JB.

BENEDETTI G.B., *Diversarum speculationum mathematicarum et physicarum liber*, Taurini, 1585.

CAVALIERI B., *Lo Speccio Ustorio, overo trattato delle settioni conice,* Bologna, Clemente Ferroni, 1632.

COPERNIC N., *Des Révolutions des orbes célestes* (1543), trad. fr. par A. Koyré, Paris, Alcan, 1934.

CORDEMOY G. de, *Six Discours sur la distinction et l'union du corps et de l'âme* (1666), *Œuvres philosophiques*, P. Clair et F. Girval (éd.), Paris, P.U.F., 1968.

D'ALEMBERT J. LE ROND, *Traité de dynamique* (1743), 2ᵉ éd., Paris, David, 1758 ; réimp. Paris, Gabbay, 1990.

123. P. Kitcher soutient que le problème ne peut être posé correctement à moins de l'être en termes de référence, et propose conséquemment une théorie de la référence sensible au contexte et historiquement déterminée (« Implications of Incommensurability », in *Proceedings in the Biennial Meeting of the Philosophy of Science Association (1982)*, University of Chicago Press, 1982, p. 520-521). Kuhn argumente contre la réduction du problème du changement conceptuel à un problème de référence et avance quelques remarques visant à l'élaboration d'une théorie de la signification propre à rendre compte du changement conceptuel (« Commensurability, Comparability, Communicability », in *ibid.*, p. 679-681).

DESCARTES R., *Œuvres de Descartes*, C. Adam et P. Tannery (éd.), nouv. prés. par B. Rochot et P. Costabel, 11 vol. Paris, Vrin, 1964-1974.

– *The Correspondence of René Descartes. 1643*, T. Verbeek, E.-J. Bos et J. van de Ven (ed.), Utrecht, Zeno Institute for Philosophy, 2004.

FERMAT P., *Œuvres de Fermat*, C. Henry et P. Tannery (éd.), 4 vol., Paris, Gauthier-Villars, 1891-1912.

GALILEI G., *Le Opere di Galileo Galilei*, Edizione Nazionale, A. Favaro e I. Del Lungo (ed.), 20 tomes en 21 vol., Firenze, Barbèra, 1890-1909 ; réimpr. 1929-1939, 1964-1968.

GASSENDI P., *Opera Omnia*, 6 vol., Lyon, 1658 ; repr. Stuttgart, Friedrich Fromman Verlag, 1964.

HUYGENS C., *Œuvres complètes de Christian Huygens*, Société hollandaise des sciences, 22 vol., La Haye, 1888-1950.

LOBKOWITZ C., *Sublimium ingeniorum crux*, Leuwen, P. van der Hayden, 1644.

MALEBRANCHE N., *De la Recherche de la vérité* (1674), *Œuvres,* G. Rodis-Lewis (éd.), 2 vol., Paris, Gallimard, 1979 et 1992.

MERSENNE M., *Correspondance du P. Marin Mersenne, religieux minime*, P. Tannery, C. de Waard, et A. Beaulieu (éd.), 17 vol., Paris, Éditions du CNRS, 1932-1988.

– *Optique et catoptrique*, Paris, Langlois, 1651.

NEWTON I., *Philosophiae naturalis principia mathematica* (1686, 1703, 1715), I. B. Cohen et A. Koyré (ed.), 2 vol., Cambridge, Mass., Harvard University Press, 1972.

RÉGIS P.-S., *Système de philosophie concernant la logique, la physique et la morale* (1690), 3 vol., Amsterdam, Huguetan, 1691 ; repr. New York-London, Johnson Reprint Corporation, 1970.

ROHAULT J., *Traité de physique* (1671), 4ᵉ éd., 2 vol., Lyon, Claude Galbit, 1681.

TORRICELLI E., *Opera di Evangelista Torricelli*, G. Loria et G. Vassura (ed.), 3 vol., Faenza, Montanari, 1919.

Littérature secondaire

BACHELARD G., « L'Actualité de l'histoire des sciences » (1951), dans *L'Engagement rationaliste*, Paris, P.U.F., 1972, p. 137-152.

– *L'Activité rationaliste de la physique contemporaine*, Paris, P.U.F, 1951.

BACHELARD S., « Épistémologie et histoire des sciences », dans *Rapport du XIIᵉ congrès international d'histoire des sciences*, Paris, Blanchard 1971, tome I-A, p. 39-51.

BALIBAR E., « Science et vérité dans la philosophie de Georges Canguilhem », dans *Georges Canguilhem, philosophe, historien des sciences. Actes du colloque (6-7-8 décembre 1990)*, Paris, Albin Michel, 1993, p. 58-76.

BIRD A., « What is Scientific Progress ? », à paraître *Noûs*, 2007, et disponible à l'adresse : http : //homepages.ed.ac.uk/ajbird/research/research.html.

BLAY M., « La loi d'écoulement de Torricelli et sa réception au XVIIe siècle », dans *L'Œuvre de Torricelli : science galiléenne et nouvelle géométrie*, F. De Gandt (éd.), Nice, Publications de la Faculté des Lettres et Sciences Humaines de Nice, 1987, p. 79-110.

BLOCH O.-R., *La Philosophie de Gassendi. Nominalisme, matérialisme et métaphysique*, La Haye, Martinus Nijhoff, 1971.

BUCCIANTINI M., *Galileo e Keplero*, Torino, Einaudi, 2003.

CANGUILHEM G., « Galilée : la signification de l'œuvre et la leçon de l'homme » (1964), dans *Études d'histoire et de philosophie des sciences*, Paris, Vrin, 1968, p. 37-50.

– « Le rôle de l'épistémologie dans l'historiographie des sciences contemporaine » (1976), dans *Idéologie et rationalité dans l'histoire des sciences de la vie*, Paris, Vrin, 1993, p. 10-29.

– « L'objet de l'histoire des sciences » (1966), dans *Études d'histoire et de philosophie des sciences*, Paris, Vrin, 1968, p. 9-23.

– « Qu'est-ce qu'une idéologie scientifique ? » (1969), dans *Idéologie et rationalité dans l'histoire des sciences de la vie*, Paris, Vrin, 1993, p. 33-45.

– « Sur l'histoire des sciences de la vie depuis Darwin » (1971), dans *Idéologie et rationalité dans l'histoire des sciences de la vie*, Paris, Vrin, 1993, p. 101-119.

– *La Formation du concept de réflexe au XVIIe et XVIIIe siècles*, Paris, P.U.F., 1955.

CASSIRER E., *Das Erkenntnisproblem in der Philosophie und Wissenschaft der neueren Zeit*, 2 vol., Berlin, B. Cassirer, 1906-1907.

CAVEING M., « Qu'est-ce qu'un artefact en histoire des sciences », dans *Hommage à Jean-Toussaint Desanti*, Mauvezin, T.E.R., 1991, p. 111-142.

CHALMERS A., et NICHOLAS R., « Galileo and the Dissipative Effects of a Rotating Earth », *Studies in the History of Science*, 14, 1983, p. 315-340.

CLAVELIN M. « Le copernicianisme padouan de Galilée », in *Tribute to Galileo in Padua. Atti delle celebrazioni galileiane (1592-1992)*, Trieste, Lint, 1995, p. 149-166.

– *La Philosophie naturelle de Galilée*, 1re éd., 1968 ; 2e éd., Paris, Albin Michel, 1996.

COFFA J. A., « Galileo's concept of inertia », *Physis*, 10, 1968, p. 262-281.

COHEN I. B., « "Quantum in se est" : Newton's Concept of Inertia in Relation to Descartes and Lucretius », *Notes and Records of the Royal Society of London*, 19, 1964, p. 131-155.

COSTABEL P., « Essai critique sur quelques concepts de la mécanique cartésienne » (1967), repris dans *Démarches originales de Descartes savant*, Paris, Vrin, 1982, p. 141-158.

DAMEROW P., FREUDENTHAL G., MCLAUGHLIN P., et RENN J., *Exploring the Limits of Preclassical Mechanics*, New York-Berlin-Heidelberg, Springer-Verlag, 1992.

DE BUZON F., et CARRAUD V., *Descartes et les* Principia II, Paris, P.U.F., 1994.

DES CHENE D., *Natural Philosophy in Late Aristotelian and Cartesian Thought*, Ithaca-London, Cornell University Press, 1996.

DRABKIN I. E., et DRAKE, S., 1969, *Mechanics in Sixteenth-Century Italy. Selections from Tartaglia, Benedetti, Guido Ubaldo and Galileo*, Madison-Milwaukee-London, The University of Wisconsin Press.

DRAKE S., « Galileo Gleanings XVII », *Physis*, 10, 1968, p. 282-298.

ENGEL P., « Retour Aval », *Les Études philosophiques*, 4, 1999, p. 453-463.

FESTA E., et ROUX S., « La moindre petite force peut mouvoir un corps sur un plan horizontal. L'émergence d'un principe mécanique et son devenir cosmologique », *Galileiana*, 3, 2006.

FEYERABEND P., « Explanation, reduction and empirism », in *Minnesota Studies in the Philosophy of Science*, H. Feigl et G. Maxwell (ed.), vol. 3, Minneapolis, University of Minnesota Press, 1962, p. 29-97.

– « Putnam on incommensurability », *The British Journal for the Philosophy of Science*, vol. 38, n° 1, 1987, p. 75-81.

FICHANT M., « L'idée d'une histoire des sciences », dans *Sur l'Histoire des sciences*, Paris, Maspero, 1968, p. 96-139.

– « Cassirer et les commencements de la science classique » (1990), dans *Science et métaphysique dans Descartes et Leibniz*, Paris, P.U.F, 1998, p. 373-402.

FINACCHIARO M., « Physico-mathematical Reasoning : Galileo on the Extruding Power of Terrestrial Rotation », *Synthese*, 134, 2003, p. 217-244.

FOUCAULT M., *L'Ordre du discours. Leçon inaugurale du Collège de France*, Paris, Gallimard, 1971.

GABBEY A., « Force and Inertia in the Seventeenth Century : Descartes and Newton », in *Descartes : Philosophy, Mathematics and Physics*, S. Gaukroger (ed.), Brighton, The Harvester Press/Barnes and Noble Books, 1980, p. 230-319.

GARBER D., *Descartes' Metaphysical Physics*, Chicago, Chicago University Press, 1992.

GOLDSTEIN C., *Un Théorème de Fermat et ses lecteurs*, Saint-Denis, Presses universitaires de Vincennes, 1995.

GUEROULT M., « Métaphysique et physique de la force chez Descartes et chez Malebranche », *Revue de métaphysique et de morale*, 59, 1954, p. 1-37 et p. 113-134.

HANSON N. R., *Patterns of Discovery : An Enquiry into the Conceptual Foundations of Science*, Cambridge, Cambridge University Press, 1958.

HERIVEL J., *The Background to Newton's Principia. A Study of Newton's Dynamical Researches in the Years 1664-1684*, Oxford, Oxford University Press, 1965.

HOOK E. B., (ed.), *Prematurity in Science Discovery. On Resistance and Neglect*, Berkeley-Los Angeles-London, University of California Press, 2000.

HUDSON R. G., « Discoveries, When and By Whom ? », *British Journal for the Philosophy of Science*, 52, 2001, p. 75-93.

KITCHER P., « Implications of Incommensurability », *in Proceedings in the Biennial Meeting of the Philosophy of Science Association (1982)*, Chicago, Chicago University Press, 1982, vol. 2, p. 689-703.

– « Theories, Theorists and Theoretical Changes », *Philosophical review*, vol. 87, n° 4, 1978, p. 519-547.

KOYRÉ A., *Chute des corps et mouvement de la Terre de Kepler à Newton*, trad. fr. par J. Tallec, Paris, Vrin, 1973.

– *Études galiléennes,* Paris, Hermann, 1966.

– *Études newtoniennes,* Paris, Gallimard, 1968.

KUHN T. S., « Commensurability, Comparability, Communicability », *in Proceedings in the Biennial Meeting of the Philosophy of Science Association (1982)*, Chicago, Chicago University Press, 1982, vol. 2., p. 669-688.

– « En repensant aux paradigmes », dans *La Tension essentielle. Tradition et changement dans les sciences,* trad. fr. par M. Biezunski, P. Jacob, A. Lyotard-May et G. Voyal, Paris, Gallimard, 1990.

– « La structure historique de la découverte scientifique » (1962), dans *La Tension essentielle. Tradition et changement dans les sciences,* trad. fr. par M. Biezunski, P. Jacob, A. Lyotard-May et G. Voyal, Paris, Gallimard, 1990, p. 231-243.

– *La Structure des révolutions scientifiques* (1962, 1970), trad. fr. par L. Meyer, Paris, Flammarion, 1983.

LASSWITZ K., *Geschichte der Atomistik vom Mittelalter bis Newton*, 2 vol., Hambourg/Leipzig, L. Voss, 1890 ; réimp. Hildesheim, G. Olms, 1963, 1984.

LERNER M.-P., *Le Monde des sphères,* 2 vol., Paris, Les Belles Lettres, 1996-1997.

LIBERA A. DE, « Le relativisme historique : théorie des complexes-questions-réponses », *Les Études philosophiques*, 4, 1999, p. 479-490.

MACH E., *La Mécanique. Exposé historique et critique de son développement*, trad. fr. par E. Bertrand, Paris, A. Hermann, 1904.

MCLAUGHLIN P., « Force, determination and impact », *Descartes' natural Philosophy*, S. Gaukroger, J. Schuster et J. Sutton (ed.), London-New York, Routledge, 2000, p. 81-112.

MCMULLIN E., *Newton on Matter and Activity*, Notre Dame-London, Notre Dame University Press, 1978.

MEYERSON E., *Identité et réalité* (1907), 5 e éd., Paris, Vrin, 1951.

MOSCOVICI S., *L'Expérience du mouvement. Jean Baptiste Baliani disciple et critique de Galilée*, Paris, Hermann, 1967.

NARDI A., « Poids et vitesse, Descartes « presque » galiléen, 18 février 1643 », *Revue d'Histoire des Sciences*, 39-1, 1986, p. 3-16.

PAINLEVÉ P. « Les axiomes de la mécanique et le principe de la causalité », *Bulletin de la Société française de philosophie*, tome V, 5 e année, p. 27-50.

PALMERINO C. R., « Galileo's Theories of Free Fall and Projectile Motion as Interpreted by Pierre Gassendi », in *The Reception of the Galilean Science of Motion in Seventeenth-Century Europe*, C. R. Palmerino et J. M. M. H. Thijssen (eds.), Dortrecht-Boston-London, Kluwer Academic Publishers, 2004, p. 137-164.

PANACCIO C., « La philosophie analytique et l'histoire de la philosophie », *Cahiers d'épistémologie*, 255, 1999, et dans *Précis de philosophie analytique*, P. Engel (éd.), Paris, P. U.F., 2001, p. 325-344.

PAV P. A., « Gassendi's Statement of the Principle of Inertia », *Isis*, vol. 57-1, n° 187, 1966, p. 24-34.

– *Pierre Gassendi. 1592-1655. Sa vie et son œuvre*, Paris, Albin Michel, 1955.

ROSENBERGER F., *Die Geschichte der Physik in Grundzügen mit synchronistischen Tabellen der Mathematik, der Chemie und beschreibenden Naturwissenschaften sowie der allgemeinen Geschichte*, 3 vol. en 2 t., Braunschweig, F. Viewieg, 1882-1890 ; réimp. Hildesheim, G. Olms, 1965.

ROUX S., *La Philosophie mécanique (1630-1690)*, thèse de doctorat non publiée, Paris, EHESS, 1996.

SABRA A. I., *Theories of Light from Descartes to Newton*, London, Oldbourne, 1967.

SÉRIS J.-P., *Machine et communication*, Paris, Vrin, 1987.

TANNERY P., « Galilée et les principes de la dynamique », *Revue générale des sciences*, 13, 1901, p. 330-338.

WESTFALL R., *Force in Newton Physics. The Science of Dynamics in the 17th Century*, London-New York, MacDonald-Elsevier, 1971.

WOHLWILL E., « Die Entdeckung des Beharrungsgesetzes », *Zeitschrift für Völkerpsychologie und Sprachwissenschaft*, 1883, bd. 14, p. 365-410, et 1884, bd. 15, p. 70-135 puis p. 337-387.

L'élaboration de la signification physique de l'entropie, les contributions de Carnot, Clausius, Boltzmann[1]

Jérôme VIARD

Contrairement au souhait de Clausius (1822-1888), en qui, rapporte Daub[2], son contemporain Maxwell « salue le fondateur d'une science nouvelle[3] », le mot « entropie » qu'il a forgé en 1865 pour désigner le concept dont il revendique la paternité, a, de fait, constitué un obstacle à une large diffusion de la connaissance constitutive de cette nouvelle science. Pour contourner l'obscurité du mot de nombreux ouvrages destinés à l'enseignement, à la vulgarisation ou même des dictionnaires de langue, proposent de substituer le terme de « désordre » à celui d'« entropie ». Un *Dictionnaire de Physique* fournit un exemple de cette équivalence :

1. Nous tenons à remercier ceux qui ont bien voulu relire ce texte, tout d'abord O. Darrigol pour nous avoir communiqué une référence importante relative à l'œuvre de Clausius et également pour des remarques qui ont permis de préciser plusieurs des points abordés dans cet article. Nous tenons à remercier également R. Locqueneux pour nous avoir évité deux oublis relatifs à la diffusion et à l'édition de l'œuvre de Carnot et S. Roux pour de nombreuses suggestions permettant, nous l'espérons du moins, d'améliorer sensiblement la lisibilité du texte.

2. E. Daub, « Clausius, Rudolf » in *Dictionary of Scientific Biography*, vol. 3, 1971, p. 303-311.

3. Il s'agit évidemment de la thermodynamique.

> L'entropie caractérise l'état de désordre d'un système et permet de préciser quantitativement le second principe de la thermodynamique : l'entropie d'un système isolé ne peut que croître, ce qui correspond au caractère spontané de l'évolution de l'ordre vers le désordre [4].

Cet essai d'élucidation du terme par la proposition d'un synonyme pose cependant plus de problèmes qu'il n'en résout : il reste à définir le désordre que l'entropie est censée mesurer et l'on est renvoyé au problème que l'on a voulu contourner. L'emploi de la métaphore du désordre dans l'enseignement de la thermodynamique, surtout à l'intention des débutants, a fait l'objet de critiques comme celle de Wright [5]. Le désordre a, en particulier dans le langage courant, une connotation essentiellement spatiale qui a tendance à restreindre fortement la signification plus large de l'entropie. L'emploi de ce terme n'est par suite, pas plus éclairant que celui d'entropie; bien au contraire, il conduit à des erreurs d'interprétation très préjudiciables analysées plus en détail ailleurs [6].

4. J.P. Sarmant, *Dictionnaire de Physique*, Paris, Hachette, 1988, p. 115. L'équivalence entropie, désordre est présentée également dans de nombreux manuels de physique, par exemple : « L'entropie d'un système [...] est une mesure de son état de désordre », B. Jancovici, « *Physique statistique et thermodynamique* », Ediscience, Paris, 1969, p. 95, ou : « L'entropie apparaît ensuite comme une mesure quantitative du degré de désordre de cet état », J. P. Faroux, J. Renault, *Thermodynamique*, Paris, Dunod, 1997, p. 158, et dans des ouvrages de vulgarisation qui traite de la question comme, par exemple, P. W. Atkins, *Chaleur et désordre. Le Deuxième principe de la thermodynamique*, Paris, Belin, 1999 et enfin dans des dictionnaires de langue comme le *Dictionnaire historique de la langue française* : « En thermodynamique, le mot désigne une fonction définissant l'état de désordre d'un système, croissante lorsque celui-ci évolue vers un autre état de désordre accru. », A. Rey, *Dictionnaire historique de la langue française*, Paris, Le Robert, 1993, p. 701.

5. P.G. Wright, « Entropy and disorder », *Contemp. Phys.* 11, (6), 1970.

6. J. Viard, « Essai d'évaluation d'un enseignement de thermodynamique en licence et maîtrise de physique » dans A. Giordan & P. Rasse (éd.), *Culture, éducation communication scientifique et évaluation, Actes des journées sur les techniques d'évaluation*, Nice, Z'éditions, 1987, p. 187-192; C. Brosseau , J. Viard, « Quelques réflexions sur le concept d'entropie issues d'un enseignement de thermodynamique », *Enseñanza de las Cientias* 10, (1), 1992; J. Gréa, J. Viard, « From Language to Concepts Appropriation in Physics », *in* C. Bernardini, C. Tarsitani and M. Vincentini (ed.), *Proceedings of the International Conference : Thinking Physics for Teaching, Roma 1994*, New York, Plenum Press, 1995.

Toujours pour tenter de dissiper l'obscurité du terme, d'autres se sont livrés à des tentatives de reconstruction étymologiques malencontreuses, comme celle-ci, fondée sur la seule homonymie du terme de Clausius avec le mot grec ἐντροπή : « Entropie. Du grec ἐντροπή (*entropê*) retour. Fonction d'état notée S baptisée en 1865 par Clausius. »[7]. La signification psychologique du terme ἐντροπή rapportée avec précision par Rey n'a de toute évidence aucun rapport avec les préoccupations physiques de Clausius relatives aux machines thermiques.

A défaut d'élucider le terme, d'autres se sont employés à souligner sa nouveauté, témoin, selon eux, de celle du concept : « Un mot nouveau pour un concept nouveau »[8]. L'entropie constituerait ainsi un contre-exemple à l'adresse de celles et ceux qui comme F. Balibar, affirment que la physique, à la différence d'autres sciences, a refusé de créer des termes propres, une taxonomie, pour désigner ses objets en se contentant des mots de la langue commune pour cet usage :

> On sait que la botanique, la chimie, la zoologie ont cherché à réduire au maximum cette ambiguïté des dénominations du langage ordinaire et ont créé des ensembles de plus en plus nombreux de signes tels que chacun corresponde à une chose et à une seule « per genus et differentiam ». La physique pour sa part n'a jamais eu ce souci de spécification. [...]. C'est qu'à l'inverse des autres sciences, elle a préféré tirer parti de l'ambiguïté du langage ordinaire plutôt que de la réduire[9].

Plusieurs raisons militent cependant à l'encontre de ce point de vue en apparence séduisant. Tout d'abord le terme date de 1865, il apparaît onze ans après la nouveauté que constitue l'introduction du

7. Sarmand, *Dictionnaire de physique.* On retrouve l'écho de cette interprétation dans le second dictionnaire cité plus haut : « *Entropie*, terme proposé par le physicien allemand R. J. Clausius en 1850 et emprunté, par analogie avec *énergie* au grec entropê. Ce mot signifie proprement « changement de disposition », « action de rentrer en soi-même » est alors interprété comme "retour en arrière" », Rey, *Dictionnaire historique de la langue française.*

8. G. Ramuni, « Un mot nouveau pour un concept nouveau : le cas de l'entropie », *Transfert de vocabulaire dans les sciences.* Paris, Editions du CNRS, 1988.

9. F. Balibar, « Les mots et les lettres de la physique », in *Le Temps des Savoirs* (1), *La dénomination*, Paris, Odile Jacob, 2000, p. 100.

concept dont il est censé témoigner. Ce fait, d'ailleurs n'a pas échappé à un lecteur attentif de Clausius comme P. Duhem, qui fait référence à son apport théorique sans mentionner le terme d'entropie :

> Si l'on divise la quantité de chaleur que dégage un système durant une certaine modification, par la température absolue à laquelle le système est porté pendant cette modification, on obtient ce que Clausius nomme la *valeur de la transformation* – ou, plus brièvement la *transformation* – éprouvée par le système ; tout changement d'état qui dégage de la chaleur correspond à une transformation positive ; toute modification qui absorbe de la chaleur correspond à une transformation négative [10].

Enfin Clausius lui-même nous confirme le bien-fondé de la lecture de Duhem. S'il a choisi de créer une forme verbale nouvelle, le mot correspondant n'est que la traduction, dans une langue indépendante des langues vivantes particulières, du mot commun de transformation qu'il a employé jusque là :

> Si l'on cherche pour S un nom caractéristique, on pourrait lui donner celui de *contenu de transformation* du corps de même que l'on a nommé U le *contenu de chaleur et d'œuvre*. Mais je préfère emprunter aux langues anciennes les noms de quantités scientifiques importantes, afin qu'ils puissent rester les mêmes dans toutes les langues vivantes ; je proposerai donc d'appeler la quantité S l'*entropie* du corps, d'après le mot grec τροπή transformation. C'est à dessein que j'ai formé ce mot entropie, de manière à ce qu'il se rapproche autant que possible du mot énergie ; car ces deux quantités ont une telle analogie dans leur signification physique qu'une certaine analogie de dénomination m'a paru utile [11].

Autrement dit, malgré les apparences, le mot entropie n'est pas issu du mot grec ἐντροπή. C'est un mot composé, issu pour partie de « *tropê* », transformation, et pour partie du préfixe « *en* », par référence au terme « énergie » et la signification attribuée par Clausius à ce préfixe est celle de l'intériorité physique, de la contenance, et non de l'intériorité psychique comme c'est le cas

10. P. Duhem, « Les Théories de la chaleur », Paris, Vrin, 1992, p. 419.

11. Clausius, « Mémoire IX », p. 411.

dans l'homonyme du grec ancien[12]. « Entropie » est ainsi pour Clausius la traduction littérale de la périphrase « contenu de transformation », « *Verwandlungsinhalt* » en allemand. Par ailleurs la nouveauté n'est que dans la forme et pas dans le contenu du mot, et nous nous retrouvons renvoyés à la situation décrite par F. Balibar, tout à fait ordinaire en physique, dans laquelle un concept donné est désigné par un terme emprunté à la langue commune.

Cet usage, en vigueur chez les physiciens, est déjà mentionné par D'Alembert à propos du concept de force dans la Préface à son *Traité de Dynamique*[13]. Il en résulte que, séparé de son contexte, ce terme n'évoque en lui-même rien de précis : « Quand on parle de la force des Corps en Mouvement [...] l'on n'attache point d'idée nette au mot qu'on prononce ». De fait, comme nous l'avons montré ailleurs[14], le même terme de force peut désigner dans cet ouvrage trois concepts physiques, correspondant à trois significations physiques distinctes du même mot. Cette polysémie ne constitue cependant pas un obstacle insurmontable pour les utilisateurs du mot. La solution retenue par D'Alembert pour s'en affranchir consiste à préciser, dans chaque emploi distinct de ce mot, les référents phénoménologiques correspondant et simultanément les expressions formelles qui traduisent dans chaque cas également, ce que D'Alembert appelle les différentes mesures de la force correspondant à chacune des situations physiques de référence. Nous nous proposons, dans une démarche similaire, de suivre pas à pas l'élaboration de la signification nouvelle qu'acquière le terme de « transformation » puis son équivalent d'« entropie » lors de son emploi par les fondateurs de la thermodynamique au XIXe siècle en analysant les contributions de trois auteurs qui nous semblent particulièrement importantes, celles de Carnot, Clausius et Boltzmann à l'élaboration du concept d'entropie. Ce choix très restrictif peut paraître arbitraire dans la mesure où il existe de nombreux autres

12. Tous les exemples d'emplois du terme fournis par Bailly ont une connotation subjective.

13. D'Alembert, *Traité de Dynamique*, 1re éd., 1743, p. XVIJ-XVIIJ.

14. J. Viard, « D'Alembert et le langage scientifique : l'exemple de la force, un malentendu qui perdure » dans U. Kölving et I. Passeron (éds), *Sciences, musiques, Lumières, Mélanges offerts à Anne-Marie Chouillet*, Ferney Voltaire, Centre international d'étude du XVIIIe siècle, 2002, p. 93-106.

contributeurs à l'élaboration du concept d'entropie pour ne citer que celle, décisive, de William Thomson. On comprendra cependant aisément qu'il ne pouvait être question dans le cadre de cet article de faire un inventaire complet de l'ensemble des contributions existantes mais alors pourquoi avoir retenu prioritairement ces trois auteurs ?

Le choix de Clausius tout d'abord, qui occupera une place prépondérante dans notre analyse, se justifie, non par le fait qu'il est à l'origine du terme « entropie », mais bien plutôt parce que les préoccupations sémantiques sont au cœur de sa problématique. Loin de se limiter à des préoccupations formelles, Clausius se soucie sans cesse de déterminer la « signification physique » des grandeurs, des principes qu'il préalablement introduits et il fait explicitement de cette détermination *a posteriori* un critère de la nouveauté de son apport relativement à ses travaux antérieurs ou à ceux de ses contemporains. On voit donc que, de ce fait, les préoccupations de Clausius anticipent en quelque sorte la question centrale de la publication dans laquelle s'insère notre analyse, consacrée au nouveau dans les sciences, tout en mettant l'accent sur l'interprétation des objets introduits, c'est-à-dire sur leurs liens, aussi bien avec les phénomènes qu'ils décrivent, qu'avec les autres éléments de la théorie, or ces questions constituent précisément l'objet même de notre étude sur le concept d'entropie. Il restera à savoir si la revendication de la nouveauté de son travail, formulée par Clausius, correspond bien à une réalité tangible, ce point sera examiné dans l'étude qui suivra. Le choix des deux autres contributions découle de celui de la première. Clausius revendique explicitement l'héritage de Carnot et indépendamment de lui tout le monde s'accorde à reconnaître en Carnot l'initiateur d'une théorisation du fonctionnement des « Machines à feu », nom sous lequel sont désignées à l'époque les machines qui utilisent la force de la chaleur pour produire de la puissance motrice, cette théorisation qu'il revendique d'ailleurs servira de fondement à l'élaboration de la thermodynamique par ses successeurs. Il n'était donc pas possible pour comprendre l'apport de Clausius d'ignorer celui de Carnot. Enfin de même que Clausius se définit comme un continuateur de Carnot, Boltzmann complète le programme, que s'était fixé Clausius en se proposant de produire une interprétation physique de l'entropie, et qu'il n'a pu conduire à son terme pour des raisons que nous analyserons plus loin.

Les sources que nous utiliserons sont également au nombre de trois, la première est constituée par les *Réflexions sur la puissance motrice du feu* publiées par Sadi Carnot en 1824 chez Bachelier et rééditées en 1878 après la mort de S. Carnot avec des notes inédites de l'auteur chez Gauthier-Villars par son frère Hyppolite, une édition critique de l'œuvre de Carnot a par ailleurs été publiée par R. Fox. La seconde est constituée par un recueil de neufs mémoires de Clausius publiés de 1850 à 1865 et réédités dans une version française en 1868 sous la forme d'un ouvrage ayant pour titre *Théorie mécanique de la chaleur* par F. Folie[15]. La troisième source est constituée par le tome I des *Leçons sur la théorie des gaz*, une traduction française par A. Galloti des *Vorlesungen über die Gastheorie* publié en 1896 par Boltzmann à Leipzig. Cet ouvrage tardif de Boltzmann ne permet pas de suivre dans le détail l'évolution des idées de l'auteur dans sa réflexion sur le concept d'entropie, mais il permet en contrepartie de situer clairement la contribution de Boltzmann par rapport à celle de Clausius, ce qui est précisément l'objet de la question envisagée dans cet article.

Le plan suivi dans l'exposé sera des plus simples, nous examinerons successivement les contributions de Carnot, Clausius et Boltzmann en soulignant autant que faire se peut les éléments nouveaux introduits par chacun dans l'élaboration du concept. Avant d'examiner en détail chacune des trois contributions, nous commençons par préciser le problème fondamental auquel sont confrontés les fondateurs de la thermodynamique.

15. Chacun des trois mémoires auxquels nous nous référerons principalement, les mémoires IV, VI et IX, publiés en allemand dans les *Annales de Poggendorf*, respectivement en 1854, 1862 et 1865, ont été publiés dans un intervalle de temps relativement court, la même année pour les deux derniers, en anglais dans *Philosophical Magazine* et en français dans le *Journal de Liouville* pour le mémoire VI et en français pour le mémoire IX toujours dans le *Journal de Liouville*. Ces trois mémoires ont été réédités en 1868 dans leur version française d'origine, sans aucune modification. Le mémoire I de 1850 dont aucune version française n'était disponible a été traduit lors de sa réédition en 1868 par F. Folie. Ce dernier précise que Clausius qui connaissait notre langue a relu cette traduction.

LE PROBLÈME FONDAMENTAL QUI SE POSE AUX PREMIERS THÉORICIENS DE LA THERMODYNAMIQUE ET LES RÉPONSES DE CARNOT ET CLAUSIUS

Le premier problème qui se pose aux fondateurs de la thermodynamique est comme pour les mécaniciens du XVIIIe siècle un problème de description. Il s'agit pour eux de caractériser sans ambiguïté les modifications qui affectent l'état du système physique que constitue la machine thermique, lors du fonctionnement cyclique de cette dernière [16]. Le mot retenu par Clausius pour désigner certaines de ces modifications est, nous l'avons vu, celui de transformation. Ce mot n'est pas propre à Clausius, Kim [17] remarque qu'il est utilisé par William Thomson, lorsqu'il commente cette remarque de Carnot dans les *Réflexions sur la puissance motrice du feu* selon laquelle :

> tout rétablissement d'équilibre [dans le calorique] qui se fera sans production de [...] puissance [motrice] devra être considérée comme une véritable perte [18].

Le commentaire de Thomson est le suivant :

> la perte mentionnée ne peut être une annihilation, mais doit être une transformation d'énergie [19].

Kim va plus loin en affirmant que le discours développé par Clausius est déjà présent chez Thomson qui fait un inventaire des

16. Dans la machine thermique idéale telle qu'elle est conçue par Carnot un gaz enfermé dans un cylindre obturé par un piston mobile qui décrit un mouvement de va et vient régulier à l'intérieur du cylindre subit une succession de phase de compression lorsque le piston se rapproche du fond du cylindre et d'expansion lorsqu'il s'en écarte. Ce gaz est également mis en contact avec une source chaude pendant une partie de sa phase d'expansion et avec une source froide pendant une partie de sa phase de compression. Ces différentes modifications s'effectuent de façon cyclique et au terme de chaque cycle, le gaz se retrouve dans son état initial. La détente du gaz prend de la chaleur à la source chaude et fournit du travail mécanique, la compression du gaz consomme du travail, mais le bilan est positif. La compression du gaz fournit de la chaleur à la source froide. Il y a donc de la chaleur qui passe de la source chaude à la source froide. Ce cycle idéal a pris le nom de cycle de Carnot.

17. Y.S. Kim, « Clausius endeavor to generalize the second law of thermodynamics », *Archives internationales d'histoire des sciences* 33, 1983.

18. Carnot, *Réflexions sur la puissance motrice du feu*, 1re éd., p. 23.

19. Thomson, cité par Kim, « Clausius endeavor... ».

différents types de transformations contenant déjà celles décrites par Clausius, lequel n'aurait fait que formaliser les intuitions de Thomson. Cependant la référence ci-dessus fait apparaître les limites de cet emprunt. Pour Thomson, l'affaire est entendue : la transformation « doit être une transformation d'énergie », cette réponse limite fortement la nouveauté de l'objet identifié qui apparaît comme un corollaire de l'énergie. Clausius ne reprend pas à son compte cette définition de Thomson. Pour lui, nous le verrons, la question de la nature de cette transformation n'est pas tranchée, cette question constitue même l'objet central de sa recherche.

Si les analyses de Clausius et de Thomson diffèrent, elles ont cependant en commun de partir toutes deux du travail de Carnot. Nous rappelons maintenant brièvement la contribution de Carnot à l'analyse de l'évolution du système physique qui constituera le point de départ de celle de Clausius.

La contribution de Carnot

Certaines des modifications analysées par Carnot qui affectent l'état d'une partie du système au cours du cycle, comme l'extension spatiale du gaz contenu dans le piston de la machine ou les variations de son énergie, peuvent être décrites au moyen de concepts physiques existants comme le volume ou la température, empruntés soit à la mécanique soit à la thermique. Ce ne sont évidemment pas ces modifications considérées séparément l'une de l'autre qui sont au cœur des *Réflexions sur la puissance motrice du feu* car chacune d'elles relèvent de disciplines déjà constituées et ne sauraient caractériser la science nouvelle qui a pour objet selon Maxwell « la recherche des relations entre les propriétés thermiques et mécaniques des corps »[20] et prendra plus tard, de ce fait, le nom de thermodynamique.

C'est donc la relation entre la production de puissance motrice et l'évolution thermique de la machine avec ses deux sources de chaleur qui est au cœur du travail de Carnot. L'établissement d'une relation entre les deux domaines disciplinaires, jusque-là distincts,

20. J. C. Maxwell, *A Theory of Heat*, London, Longmans Green and Co, 1872. *La Chaleur. Leçons élémentaires sur la thermométrie, la calorimétrie, la thermodynamique et la dissipation de l'énergie*, trad. fr. par G. Mouret, Paris, Eugène Lacroix, 1891, préface, p. 1.

passe par une analyse technologique du fonctionnement de la machine à feu. Pour faire cette analyse Sadi Carnot utilise ses compétences d'ingénieur et procède par comparaison avec des dispositifs techniques dont le principe est bien établi à l'époque, celui des machines à eau étudiées en détail par son père Lazare[21]. Si l'on suit l'exposé de Carnot, ce dernier semble d'abord partir d'un simple constat empirique relatif à une circonstance qui accompagne la production de mouvement dans les machines à vapeur :

> La production du mouvement dans les machines à vapeur est toujours accompagnée d'une circonstance sur laquelle nous devons fixer l'attention. Cette circonstance est le rétablissement d'équilibre dans le calorique, c'est-à-dire son passage d'un corps où la température est plus ou moins élevée à un autre où elle est plus basse[22].

Mais en fait il est fort possible que l'ordre d'exposition ne corresponde pas à celui de la découverte et que cette remarque lui ait été inspirée par l'analogie qui a guidé toute son analyse et qu'il dévoile ensuite :

> D'après les notions établies jusqu'à présent, on peut comparer avec assez de justesse la puissance motrice de la chaleur à celle d'une chute d'eau : toutes deux ont un maximum que l'on ne peut pas dépasser, quelle que soit d'une part la machine employée à recevoir l'action de l'eau, et quelle que soit de l'autre la substance employée à recevoir l'action de chaleur. La puissance motrice d'une chute d'eau dépend de sa hauteur et de la quantité du liquide ; la puissance motrice de la chaleur dépend aussi de la quantité de calorique employée, et de ce qu'on pourrait nommer, de ce que nous appellerons en effet la hauteur de sa chute (1), c'est-à-dire de la différence de température des corps entre lesquels se fait l'échange du calorique.

21. L'influence des travaux de Lazare Carnot sur la réflexion théorique de son fils Sadi est soulignée par R. Fox dans « L'insaisissable idéal de la machine ». R. Fox précise en particulier que l'idée d'un cycle réversible est déjà présente chez Lazare Carnot.

22. Carnot, *Réflexions sur la puissance motrice du feu*, 1re éd., p. 9.

> (1) La matière ici traitée étant tout à fait nouvelle, nous sommes forcés d'employer des expressions encore inusitées et qui n'ont peut-être pas toute la clarté désirable [23].

En raison de son entière soumission à l'analogie qu'il établit entre machine à feu et machine hydraulique Carnot exclut à ce moment [24] explicitement la possibilité de consommation du calorique dans la production de force motrice. Le calorique joue exactement pour lui le même rôle que l'eau dans la machine à eau et par conséquent il n'est pas davantage consommé que l'eau dans la machine à eau lors du fonctionnement de la machine à vapeur :

> La production de la puissance motrice est donc due, dans les machines à vapeur non à une consommation réelle du calorique, mais à son transport d'un corps chaud à un corps plus froid, c'est-à-dire à son rétablissement d'équilibre, équilibre supposé rompu par quelque cause que ce soit, par une action chimique telle que la combustion, ou par toute autre [25].

L'idée d'une nécessaire rupture d'équilibre dans le calorique, préalable à un rétablissement d'équilibre permettant la production de puissance motrice dans les machines thermiques et comparable au rétablissement de l'équilibre dans la répartition de l'eau dans les machines à eau, est donc l'idée forte de Carnot. Elle résume sa principale contribution à l'élaboration d'une réponse à la question qui nous intéresse ici de savoir quelle est la « transformation » nouvelle la plus significative permettant de décrire l'évolution du système physique au cours du fonctionnement de ces machines bien que le mot de transformation ne soit pas prononcé. Cette remarque de Carnot rencontrera un très grand intérêt de la part de Clausius dont nous examinons maintenant la contribution.

23. *Ibid.*, p. 28.

24. Carnot ne conservera pas indéfiniment ce point de vue comme en témoigne cette note inédite en 1824 et publiée en annexe de la deuxième édition de son œuvre en 1878, p. 94 : « Partout où il y a destruction de puissance motrice, il y a production de chaleur en quantité précisément proportionnelle à la quantité de puissance motrice détruite. Réciproquement, partout où il y a destruction de chaleur, il y a production de puissance motrice ».

25. Carnot, *Réflexions sur la puissance motrice du feu*, 1re éd., p. 10-11.

La contribution de Clausius

Clausius indique dans son mémoire I de 1850 que « La recherche la plus importante sur [la force motrice de la chaleur et les lois qui s'en déduisent] est due à Carnot [dont] les idées [...] ont été exposées plus tard analytiquement d'une manière très habile par Clapeyron »[26]. Dans un Mémoire de 1854 intitulé : *Sur une autre forme du second principe de la théorie mécanique de la chaleur* et republié en 1868 dans *La Théorie mécanique de la chaleur*, il reprend à son compte la remarque de Carnot sur la nécessité du passage de chaleur d'un corps chaud à un corps froid lors de la production de puissance motrice mais en donnant une nouvelle formulation et une nouvelle interprétation de ce passage :

> que nous pouvons regarder comme une transformation d'une quantité de chaleur à une température élevée en chaleur à une température plus basse[27].

Il y a donc conservation de la quantité de la chaleur mais modification de sa qualité. Plusieurs commentateurs établissent une distinction entre les deux transformations en qualifiant l'une de transformation de transmission et l'autre de transformation de conversion[28]. Il ne semble pas que cette interprétation corresponde au point de vue de Clausius qui insiste ici sur le fait que le transfert d'une quantité de chaleur d'une température à une température plus basse ou l'inverse correspond de fait en plus du transfert à un changement de forme de cette quantité de chaleur même si la nature de ce changement n'est pas explicitée[29].

26. Clausius, « Mémoire I », p. 17-18; Clausius accède d'abord indirectement au travail de Carnot par l'intermédiaire des travaux de Clapeyron dans le « Mémoire sur la puissance motrice de la chaleur », et de Thomson, puis plus tard, directement. (*Théorie mécanique de la chaleur*, p. 18 et note 1).

27. Clausius, « Mémoire IV », p. 137.

28. Voir par exemple W.H. Cropper, « Rudolp Clausius and the road to entropy », *Am. J. Phys.* 54, (12), 1986, p. 1068-1074 et I. Stengers, *Thermodynamique : la réalité physique en crise*, Cosmopolitiques III, Paris, La découverte, 1997.

29. La nature spécifique de cette transformation ne sera jamais élucidée par Clausius car elle suppose de prendre en compte la distribution des vitesses des particules qui constituent le gaz, ce que ne fera pas Clausius à la différence de ses successeurs Maxwell et Boltzmann. Objectivement le passage d'une quantité de

En outre, Clausius modifie « le principe de Carnot », pour le mettre en « harmonie avec le premier principe [de la thermodynamique] ». En plus de la première transformation évoquée ci-dessus, il introduit une transformation de « chaleur en travail »permettant d'interpréter la « production de puissance motrice[30] » de Carnot en termes de conservation d'énergie à partir de l'équivalence entre chaleur et travail mécanique établie récemment par Joule[31].

Ces deux opérations effectuées, Clausius propose une nouvelle formulation du principe de Carnot modifié qui va constituer le point de départ d'une nouvelle étape de son élaboration théorique :

> Le principe de Carnot, mis en harmonie avec le premier principe, exprime une relation entre deux espèces de transformations : la transformation de la chaleur en travail, et le passage de la chaleur d'un corps chaud à un corps plus froid, passage que nous pouvons regarder comme une transformation d'une quantité de chaleur à une température élevée en chaleur à une température plus basse[32].

Après avoir distingué phénoménologiquement « deux espèces de transformations » dans le travail de Carnot réinterprété à sa façon, Clausius entreprend d'unifier ces transformations en les considérant du point de vue de leur nature profonde. Il s'efforcera ensuite de dégager la signification physique de ces deux transformations. Il produira en particulier une interprétation moléculaire de l'expression mathématique de la deuxième transformation, introduite par ses soins qu'il nomme transformation de première espèce, la transformation de chaleur en travail.

chaleur à une température plus basse se traduit par une réduction de la vitesse maximale statistiquement accessible aux molécules du gaz et donc à une réduction de l'intervalle des vitesses accessibles à ces molécules puisque la borne inférieure de l'intervalle, correspondant à une vitesse nulle reste inchangée.

30. Les termes de « puissance motrice » chez Carnot et de « travail » chez Clausius sont ici conceptuellement équivalents.

31. Nous avons vu plus haut que cette interprétation correspond à l'évolution des idées de Carnot après la publication de son ouvrage en 1824, ce que Clausius ignorait cependant puisque la publication de la seconde édition des *Réflexions* n'est intervenue qu'en 1878.

32. Clausius, « Mémoire IV ».

L'UNIFICATION DES TRANSFORMATIONS

L'unification des transformations se fera en deux temps : d'abord au niveau de leur identité conceptuelle, ensuite au niveau de l'expression formelle de la grandeur de chaque transformation en fonction des autres quantités physiques qui décrivent l'état ou l'évolution du système.

Pour préciser l'apport de Clausius, il ne sera pas inutile de résumer celui de Carnot. Ce dernier a établi une relation entre la production de puissance motrice et ce que Clausius dénomme la transformation de seconde espèce, le passage de la chaleur d'un corps chaud à un corps plus froid. Cette relation peut être envisagée selon trois points de vue. Elle traduit d'abord une condition nécessaire : pour qu'il y ait production de puissance motrice, il faut qu'il y ait passage de chaleur d'un corps chaud à un corps plus froid. Cette relation est également de nature causale :

> tout rétablissement d'équilibre dans le calorique peut être la cause de la production de la puissance motrice [33].

enfin cette relation est aussi de nature fonctionnelle, la quantité de puissance motrice produite est une fonction de la quantité de calorique qui passe du corps chaud au corps froid et de l'écart de température entre les deux corps [34].

A ce stade, nous savons que la puissance motrice produite est une fonction croissante de la différence des températures entre lesquelles se fait la chute du calorique et également une fonction croissante de la quantité de calorique impliquée dans cette chute mais nous ignorons quelle est cette fonction. Carnot précise que si cette fonction est inconnue elle est cependant entièrement déterminée. Il y a une fonction et une seule qui détermine la quantité de puissance motrice produite pour une différence de température

33. *Ibid.*, p. 23.

34. « Dans la chute d'eau, la puissance motrice est rigoureusement proportionnelle à la différence de niveau entre le réservoir supérieur et le réservoir inférieur. Dans la chute du calorique, la puissance motrice augmente sans doute avec la différence de température entre le corps chaud et le corps froid; mais nous ignorons si elle est proportionnelle à cette différence », Carnot, *Réflexions sur la puissance motrice du feu*, 1re éd., p. 28-29.

donnée et une quantité de calorique transitant entre ces deux températures. Il établit que, si ce n'était pas le cas, il serait possible de produire de la « force motrice sans consommation ni de calorique ni de quelque autre agent que ce soit »[35].

La relation établie par Clausius ne porte pas sur les mêmes objets que celle de Carnot mais Clausius considère que ce faisant il ne modifie pas sensiblement l'apport théorique de Carnot relatif à ce qui deviendra le second principe de la thermodynamique :

> J'ai fait voir que le principe de l'équivalence de la chaleur et du travail et le principe de Carnot ne s'excluent pas mutuellement; mais qu'en apportant à ce dernier une légère modification qui le laisse intact dans son fond même, on peut les faire concorder[36].

Par ailleurs Clausius introduit, pour décrire la nouvelle transformation de chaleur en travail, des variables en tout point identiques à celles utilisées pour décrire la première transformation introduite par Carnot, à savoir la quantité de chaleur transformée en travail et la température à laquelle s'effectue la transformation. Clausius introduit ensuite une machine idéale constituée de deux corps K_1 et K_2 de températures t_1 et t_2, qui constitueront les réservoirs de chaleurs, entre lesquelles s'opérera le transfert de chaleur correspondant à la transformation de deuxième espèce et d'un corps K de température t, qui fixera la température à laquelle s'effectuera la transformation de chaleur en travail correspondant à la transformation de première espèce.

Ce point étant précisé, Clausius établit entre les deux transformations une relation de toute autre nature que celle établie par Carnot entre la production de puissance motrice et le rétablissement de l'équilibre dans le calorique, il ne s'agit plus d'une relation causale mais d'une relation d'identité.

Les deux espèces de transformations sont de nature identique

Le raisonnement de Clausius est le suivant. Lorsque la machine parcourt de façon réversible un cycle complet, le système physique revient à son état initial. L'identité de l'état final et de l'état initial se

35. Carnot, *Réflexions sur la puissance motrice du feu*, 1re éd., p. 21.

36. Clausius, « Mémoire IV », p. 130.

traduit par l'invariance de certaines grandeurs comme le volume, la température, la pression du gaz. Cette invariance est obtenue par compensation des variations respectives subies par ces quantités au cours d'un cycle. Mais la prise en compte de nouvelles modifications du système comme les transformations de première et seconde espèce implique que ces modifications doivent nécessairement se compenser, elles aussi, au cours d'un cycle pour que le système retrouve son état initial en fin de cycle :

> Des deux transformations qui surviennent dans un cycle fermé réversible, chacune, prise en sens contraire, peut remplacer l'autre; de sorte que, si une transformation d'une certaine espèce a eu lieu, elle peut être anéantie et remplacée par une transformation de l'autre espèce, sans qu'il s'introduise aucune modification permanente. Si par exemple la quantité de chaleur Q a été produite par du travail et reçue par le corps K, on pourra la soustraire à celui-ci par le cycle fermé décrit, et la retransformer en travail; mais pour cela il faudra que la quantité de chaleur Q_1 passe de K_1 à K_2; si au contraire cette quantité de chaleur Q_1 a passé d'abord de K_1 à K_2, on pourra la restituer à K_1, pourvu que l'on produise par du travail une quantité de chaleur Q à la température du corps K[37]. [...,]

mais, si ces transformations d'espèces différentes peuvent se compenser, c'est qu'elles sont de même nature :

> On voit donc que ces deux espèces de transformations peuvent être considérées comme des phénomènes de même nature; nous nommerons *équivalentes*[38] deux transformations qui peuvent se remplacer mutuellement de cette manière[39].

L'explicitation de la relation contenue dans le principe de Carnot modifié entre les deux espèces de transformation se traduit ainsi par la mise en évidence de l'identité de leur nature à partir du constat de leur capacité à se substituer l'une à l'autre d'où découle leur équivalence. Ce principe est d'ailleurs dénommé dans le chapitre que nous venons de parcourir : « Principe de l'équivalence des transformations ». L'énonciation de cette nature commune aux deux espèces de

37. Clausius, « Mémoire IV », p. 144.

38. L'italique est dû à l'auteur.

39. *Ibid.*

transformation marque l'avènement d'un nouveau concept physique et par suite celui d'une nouvelle discipline au sein de la physique[40]. Bien que l'on ne sache que très peu de choses, à ce stade de l'élaboration du concept, de cette « transformation en soi » en dehors du fait qu'elle est commune à ses deux manifestations, sa mise en évidence constitue un progrès décisif dans la description des phénomènes dont les machines thermiques sont le siège, elle ouvre la voie à leur théorisation. En particulier l'émergence du nouveau concept est associée, nous l'avons vu, à l'identification d'un nouvel invariant du système physique au cours d'un cycle fermé réversible que ce concept est censé désigner. Toutefois à ce stade aucune quantification explicite des variations de transformation ouvrant la voie à une formalisation rigoureuse de la conservation de la transformation entre le début et la fin du cycle n'est disponible. Cette quantification et la formalisation du « Principe de l'équivalence des transformations » est l'objet de la seconde partie du mémoire de 1854.

40. Cet énoncé de Clausius sur l'équivalence des transformations et les conséquences qu'il en tire ont été commentés de façon récurrente depuis plusieurs décennies. En dehors des articles de Daub (1871) et Kim (1983) déjà cités, W.H. Cropper produit une analyse très détaillée et éclairante du raisonnement de Clausius dans l'établissement de l'équivalence entre les deux types de transformation dans un article intitulé : « Rudolf Clausius and the road to entropy » en 1986. Dix ans plus tard d'autres auteurs reviennent sur ce sujet comme R. Locqueneux dans « Préhistoire et histoire de la thermodynamique classique (Une histoire de la chaleur) », *Cahier d'histoire et de philosophie des sciences* (45), 1996. I. Stengers (*Thermodynamique : la réalité physique en crise,* p. 60), insiste sur le rôle de l'équivalence dans le raisonnement de Clausius : « Bref, c'est l'équivalence qui est aux commandes et qui distribue leur identité aux termes qu'elle articule ». En fait, l'équivalence ne distribue aucune identité propre aux termes qu'elle articule comme Stenghers le reconnaît un peu plus loin : « Le signe « = », dont la fonction d'état traduit toujours le pouvoir est ici impuissant à identifier ce qu'il articule », (*ibid.,* p. 69), l'équivalence ne fait qu'expliciter une communauté de nature sans rien dévoiler de cette nature commune. Plus récemment, O. Darrigol revient également sur les raisonnements de Clausius dans deux articles : « La thermodynamica », *Storia della scienza*, 7, 2003, p. 470-481, et « The origins of the entropy concept » *in* J. Dalibard, B. Duplantier, V. Rivasseau (ed.), *Poincaré seminar 2003 : Bose-Einstein condensation, Entropy*, Basel, Birkhäuser, 2004. Enfin J. Lacki se réfère également au raisonnements de Clausius qu'il qualifie de « calcul conceptuel » dans « Pensée physique et mathématique. A propos du problème de l'adéquation », *Science et Technique en perspective*, 8, (1), 2004.

La traduction formelle de l'identité de nature des deux espèces de transformations

Pour traduire formellement l'équivalence des transformations et leur compensation rigoureuse Clausius doit d'abord définir leur valeur qu'il nomme explicitement « valeur d'équivalence de transformation » aussitôt après avoir énoncé la nécessité d'une formalisation :

> Il s'agit maintenant de trouver la loi suivant laquelle on devra représenter mathématiquement ces transformations, afin que leur équivalence résulte de l'égalité de leurs valeurs. Nous nommerons la valeur mathématique d'une transformation, déterminée de cette manière, sa *valeur d'équivalence*[41].

La définition des valeurs d'équivalence se fait *a priori*. Elle comporte deux étapes la première consiste à fixer le signe des valeurs d'équivalence et la seconde à traduire formellement les dépendances de ces quantités par rapport aux autres grandeurs physiques qui interviennent dans la description du système. Une fois les valeurs d'équivalence définies formellement il sera possible d'exprimer « mathématiquement » leur compensation au cours d'un cycle. La répétition de cette dernière opération appliquée à des cycles différents, judicieusement choisis permettra ensuite d'établir une relation entre les deux fonctions de la température, supposées *a priori* différentes qui interviennent dans l'expression des valeurs d'équivalence associée à chacune des transformations. Cette relation sera la traduction formelle de l'équivalence des transformations.

Le choix du signe de la première transformation paraît arbitraire mais sera justifié ultérieurement, le signe de la seconde transformation en découle puisqu'il faut qu'elles soient de signes opposés pour se compenser.

> Nous regarderons par la suite comme transformations positives la transformation de travail en chaleur, et, par suite le passage de la chaleur d'une température élevée à une température plus basse[42].

41. L'italique est dû à Clausius, il s'agit toujours du « Mémoire IV », p. 144-145.

42. *Ibid.*, p. 145.

Les valeurs d'équivalence sont fonction des variables qui caractérisent le système physique à un instant donné, la détermination de ces fonctions consiste à faire l'inventaire de ces variables et à établir ensuite la forme de la dépendance des valeurs d'équivalence par rapport à ces différentes variables.

En ce qui concerne les variables dont dépendent les mesures des deux espèces de transformations, elles ont été fixées pour l'une d'entre elles – celle de seconde espèce – par Carnot, la première variable est la quantité de chaleur, et les deux autres sont les deux températures entre lesquelles cette quantité de chaleur transite. Clausius fait un choix identique pour l'autre transformation, les deux variables retenues sont la quantité de chaleur transformée en travail et la température à laquelle s'effectue cette transformation.

En ce qui concerne la dépendance de la valeur d'équivalence des deux transformations par rapport aux quantités de chaleur impliquées dans chacune d'elle, Clausius fait l'hypothèse la plus simple, celle de la proportionnalité.

En ce qui concerne la dépendance par rapport à la température de chacune des valeurs d'équivalence, Clausius adopte une position plus prudente, proche du choix fait par Carnot pour déterminer la relation entre la force motrice produite et la différence des deux températures de la source chaude et de la source froide. Pour la transformation de seconde espèce, la valeur d'équivalence est une fonction déterminée mais inconnue des températures t_1 et t_2 des deux corps entre lesquels s'effectue le passage d'une certaine quantité de chaleur, il en est de même pour la transformation de première espèce qui est une fonction déterminée bien qu'inconnue de la température t à laquelle s'opère la transformation de travail en chaleur. Ces deux fonctions sont *a priori* quelconques :

> Quant à la grandeur des valeurs d'équivalence, il est clair, d'abord, que la valeur d'une transformation de travail en chaleur doit être proportionnelle à la chaleur produite et peut en outre dépendre de sa température. On peut donc représenter en général la valeur d'équivalence de la production d'une quantité de chaleur Q à la température *t* par du travail, au moyen de l'expression

$$Q.f(t),$$

dans laquelle $f(t)$ sera dans tous les cas une même fonction de la température. Si dans cette formule Q devient négatif cela indiquera que la quantité de chaleur Q ne provient pas d'une transformation de travail en chaleur, mais qu'elle est au contraire transformée en travail. De même la valeur d'équivalence de la transformation qui consiste dans le passage d'une quantité de chaleur Q de la température t_1 à la température t_2 sera proportionnelle à la quantité de chaleur Q transmise, et pourra dépendre en outre de ces deux températures. Nous les représenterons donc en général par l'expression

$$Q.F(t_1, t_2),$$

dans laquelle $F(t_1, t_2)$ est aussi, pour tous les cas une même fonction de deux températures qui jouira évidemment de cette propriété que, si l'on renverse l'ordre des températures, elle doit changer de signe sans changer de valeur ; de sorte qu'on peut poser :

$$(4) \qquad F(t_2, t_1) = -F(t_1, t_2)$$ [43].

Ces relations étant définies il reste maintenant à les appliquer au cycle fermé réversible d'une machine thermique, pour obtenir la traduction formelle de la compensation des deux espèces de transformations évoquée plus haut. Si par exemple une quantité de chaleur Q a été transformée en travail pendant qu'une quantité de chaleur Q_1 est passée de la température t_1 à la température plus basse t_2, la première transformation fournit la valeur d'équivalence $-Q.f(t)$ et la seconde la valeur d'équivalence $Q_1.F(t_1, t_2)$ et la compensation des deux transformations se traduit par le fait que leur somme algébrique est nulle :

$$(5) \qquad -Q.f(t) + Q_1 F(t_2, t_1) = 0.$$ [44]

L'égalité ci-dessus ne contient aucune information nouvelle par rapport à l'affirmation d'une compensation des transformations, elle n'est que la traduction formelle de cette compensation. L'expression ci-dessus est même en retrait par rapport à ce qui était dit en langage ordinaire puisque l'identité de nature des deux espèces de transformations n'apparaît pas dans la forme des expressions $Q.f(t)$ et $Q_1 F(t_2, t_1)$. Clausius va s'employer maintenant à corriger cette

43. Clausius, « Mémoire IV », p. 145-146.

44. *Ibid.*

lacune en utilisant les possibilités nouvelles que lui offre la formalisation qu'il vient d'effectuer pour obtenir une relation entre les fonctions f et F à partir de relations du type de l'équation (5) ci-dessus.

Il imagine d'abord un cycle fermé accompli en sens inverse du premier avec une quantité de chaleur identique Q_1 qui passe de la température la plus basse, t_2, à la température la plus haute t_1, mais avec une conversion de travail en chaleur de quantité différente Q' et effectuée à une autre température t'. La compensation des deux transformations nous donne une nouvelle égalité analogue à (5) :

$$(6) \qquad Q' f(t') + Q_1 F(t_2, t_1) = 0$$ [45].

En remarquant que $F(t_2, t_1) = - F(t_1, t_2)$, (5) et (6) nous donnent une première relation entre les valeurs d'équivalence des deux transformations de premières espèces considérées ci-dessus :

$$(7) \qquad -Q f(t) + Q' f(t') = 0.$$ (*Idem*).

Clausius propose ensuite une lecture différente des deux cycles fermés précédents, ils sont équivalents tous deux à un cycle fermé unique dans lequel le passage de la quantité de chaleur Q_1 de la température t_1, à la température plus basse t_2, compensé par l'opération inverse n'intervient plus. Les transformations résiduelles de ce cycle se résument ainsi aux deux transformations de première espèce dont la compensation est exprimée par l'équation (7) ci-dessus.

Cette première remarque ne constitue toutefois qu'une première étape, l'étape suivante consiste à reconstituer un cycle normal c'est-à-dire constitué de deux transformations d'espèces différentes auquel pourra s'appliquer une fois encore la règle de compensation des transformations d'espèces différentes. Le corps K ayant perdu la quantité de chaleur Q et le corps K' ayant gagné la quantité de chaleur Q', si par exemple, t'est supérieure à t et par suite Q', est supérieure à Q, cette quantité Q' peut être considérée comme composée d'une une partie Q qui passe de la température t à la température supérieure t' et d'une autre partie Q'-Q qui est produite par du travail à la température t'. On obtient ainsi en appliquant la règle de compensation une nouvelle relation :

45. *Ibid.*, p. 146.

Entre les deux quantités de chaleur Q et Q'-Q, nous aurons donc une relation de même forme que (6), à savoir :

$$(Q'-Q).f(t') + Q.\,F(t, t') = 0$$

Eliminant Q' au moyen de (7) nous obtiendrons :

(8) $$F(t, t') = f(t') - f(t'),$$

équation qui nous permet, t et t' étant arbitraires, de ramener la fonction de ces deux températures, qui convient à la deuxième espèce de transformation, à la fonction d'une seule température qui convient à la première espèce [46].

En exprimant la fonction F comme une combinaison linéaire de fonctions f, Clausius traduit ainsi l'identité de nature des deux transformations par une identité de forme. Il propose ensuite de remplacer la fonction f(t) par la fonction inverse d'une fonction T qu'il identifiera par la suite à la température absolue en posant :

(9) $$f(t) = 1/T,$$

et aboutit ainsi aux expressions :

$$Q\,/T,$$

et :

$$Q\,(1/T_2 - 1/T_1)$$ [47],

pour les valeurs d'équivalence des transformations de première espèce et de seconde espèce. Au moyen de ces expressions, il est facile de calculer la valeur de toutes les transformations intervenant au cours d'un cycle :

la valeur totale de toutes les transformations, que nous désignerons par N, sera représentée par la somme algébrique :

$$N = Q_1/T_1 + Q_2/T_2 + Q_3/T_3 + \text{etc.},$$

ou, en nous servant du signe sommatoire :

$$N = \Sigma Q/T$$ [48].

46. Clausius, « Mémoire IV », p. 147-148.

47. *Ibid.*, p. 148-149.

48. *Ibid.*, p. 150.

Lorsque la température varie cette expression devient :

$$N = \int dQ/T.$$

La compensation des transformations au cours d'un cycle fermé réversible s'exprime ainsi par l'équation :

$$\int dQ/T = 0$$ [49].

D'un point de vue formel, le travail de Clausius est pratiquement achevé en 1854, comme le remarque Cropper[50], Clausius est conscient du fait que l'équation (II.) implique que l'expression dQ/T représente la différentielle exacte d'une nouvelle fonction, décrivant l'état du système, voir Mémoire IV, 1854/1868 p. 155. Pour compléter le travail de formalisation il ne restera qu'un détail à régler, cette fonction n'a pas de nom et pas même un symbole comme le note aussi Cropper, mais ce point n'empêche pas les contemporains de suivre le travail de Clausius comme le montre le commentaire de Duhem cité plus haut. Clausius a accompli un pas décisif dans le programme de caractérisation des transformations thermodynamiques, intervenant dans un cycle fermé réversible, que nous évoquions plus haut. Les transformations sont de même nature, elles peuvent être décrites par une grandeur physique unique. La relation entre cette grandeur et les grandeurs pertinentes impliquées dans la description de la transformation est maintenant établie. Cette grandeur est le produit de la chaleur échangée par l'inverse de la température absolue. Cependant le programme entrepris

49. *Ibid.*, p. 153. E. Daub, « Clausius, Rudolf » in *Dictionary of Scientific Biography*, 1971, p. 305-306, note que : « La complexité de la dérivation de ce résultat apparaît étrange à un esprit moderne, car nous ne voyons pas de différence entre la chaleur produite à t, t_1 et t_2 dans le cycle original de Clausius et nous sommes étonnés qu'il les différencie. [...] Indubitablement Clausius était encore sous l'influence de la théorie du calorique, dans laquelle le travail accompli par un cycle moteur était supposé causé par la chute de la chaleur ». O. Darrigol, « La thermodynamica », reprend à son compte cette remarque et note que si on abandonne la distinction entre les sources de chaleur, le résultat obtenu ici par Clausius peut l'être beaucoup plus simplement. Il rappelle aussi le fait qu'une relation équivalente sous la forme? $\Sigma Q_i/T_i = 0$ a été obtenue pour un nombre indéterminé de source i par Thomson indépendamment de Clausius.

50. W. H. Cropper, « Rudolp Clausius and the road to entropy », *Am. J. Phys.* 54, (12), 1986.

est loin d'être achevé. Certes une nouvelle fonction qui permet de définir l'état du système[51] a été introduite. Cette fonction ne se réduit ni à l'énergie, ni à la température, ni aux caractéristiques spatiales. Elle apporte une information extrêmement précieuse sur l'évolution du système, sur sa transformation. La procédure opératoire qui permet d'accéder à la nouvelle grandeur est parfaitement définie. Par contre au niveau de l'interprétation tout reste à faire, comme le remarque encore Cropper : « [...] ce que signifiait [*en 1854*] la quantité $f(t)\ dQ$ dans le problème physique était tout sauf clair. » (*Idem*). Clausius va désormais s'employer à répondre à ces questions laissées en suspens jusque là.

UNE TENTATIVE D'INTERPRÉTATION PHYSIQUE DU PRINCIPE DE L'ÉQUIVALENCE DES TRANSFORMATIONS

Quelle est la nature de la transformation mesurée, commune aux deux espèces de transformations ? Cette question est à ce moment sans réponse. En dehors de sa définition quantitative et opératoire, la nouvelle grandeur introduite n'a pas de signification. Diviser une quantité de chaleur par une température n'a aucun sens. Un concept physique peut-il se réduire à la procédure opératoire qui permet de le définir quantitativement ? Pour être achevé, ne doit-il pas également être pourvu d'une signification dans le cadre d'une théorie ? Il est difficile de savoir si, en 1854, Clausius se posait ce genre de question. Mais il est le premier à se préoccuper huit ans plus tard de l'absence de signification physique de sa nouvelle grandeur, qui apparemment, n'a pas posé de question à ses contemporains. Il en

51. A ce point de la réflexion de Clausius, O. Darrigol, « The origins of the entropy concept », note qu'il y a un déplacement d'intérêt dans la réflexion de Clausius entre le début et la fin de son mémoire entraînant un glissement du sens du terme de transformation. « Il faut souligner que le terme "valeur de transformation", avant son terme ultérieur d'entropie, concerne les transformations d'un environnement décrit comme un système de sources de chaleur et un réservoir de travail. [...] Cependant vers la fin de son mémoire Clausius déplace son centre d'intérêt de cet environnement vers la substance à l'œuvre dans la machine qui opère dans cet environnement. ». La suite de la réflexion de Clausius sera effectivement consacrée à une tentative d'interprétation des transformations qui affectent cette substance.

fait état dans le Mémoire VI consacré à l'« application du principe de l'équivalence des transformations au travail intérieur » de1862 :

> Quoique la nécessité de ce principe [$\int dQ/T \geq 0$] puisse se démontrer mathématiquement au moyen de l'axiome énoncé plus haut [*que la chaleur ne peut pas passer d'elle même d'un corps froid à un corps chaud*], il n'en conserve pas moins une forme abstraite qui le rend difficile à saisir, et l'on se voit obligé de rechercher quelle est proprement la cause physique d'où il dérive [52].

Les intentions de Clausius sont claires ; il s'agit de justifier non plus par des arguments mathématiques (l'intégrabilité de dQ/T) mais par des arguments fondés sur la signification physique des grandeurs chaleur, température, le bien-fondé du rapport Q/T choisi comme définition de la quantité de transformation thermodynamique subie par le système. Son analyse portera sur une transformation de chaleur en travail qu'il n'identifie pas cependant à la transformation de première espèce du cycle de Carnot. Cette transformation s'effectue à l'intérieur du corps impliqué dans le fonctionnement de la machine, ce qui le conduit à introduire les notions de travail intérieur et de travail extérieur :

> Dans tout changement d'état d'un corps, il se produit en général simultanément un travail *extérieur* et un travail *intérieur* ; le premier se rapportent aux forces que des corps étrangers exercent sur le corps considéré ; le second aux forces que les molécules exercent les unes sur les autres [53].

Cela étant, c'est par l'analyse des phénomènes eux-mêmes où intervient le travail de la chaleur qu'il sera possible d'interpréter l'expression formelle qui mesure les transformations :

> Pour comprendre la signification de ce principe [celui de l'équivalence des transformations] on doit examiner de plus près les phénomènes au moyen desquels la chaleur peut produire du travail. Ces phénomènes peuvent toujours se réduire à ce que la chaleur modifie d'une certaine manière l'arrangement des parties constituantes d'un corps. Ainsi, par exemple, au moyen de la chaleur les corps se dilatent, leurs molécules sont écartées les unes des autres ; il

52. Clausius, « Mémoire VI », p. 256.

53. *Ibid.*, p. 252-253.

> faut donc qu'elle vainque d'un côté la cohésion des molécules, d'un autre côté les forces extérieures qui peuvent exister. En outre l'état d'agrégation est modifié par la chaleur en ce que les corps solides peuvent devenir liquides, et que les uns et les autres peuvent être rendus gazeux, ce qui exige également que des forces intérieures et même en général des forces extérieures soient surmontées [54].

Ce cour, texte rassemble les éléments dont la mise en relation permettra de fournir un début d'interprétation physique de l'expression *d*Q/T. Commençons par le dernier point évoqué dans le texte, la caractéristique de l'état physique du corps modifiée par l'action de la chaleur est « l'état d'agrégation » du corps décrivant l'« arrangement de [*ses*] parties constituantes ». En général, la chaleur diminue l'état d'agrégation et pour traduire ce fait Clausius invente un nouveau mot :

> L'action de la chaleur tend toujours à diminuer la cohésion des molécules et lorsque celle-ci est vaincue, à accroître leur distance moyenne. Pour pouvoir exprimer mathématiquement ce fait, nous représenterons le degré de division du corps par une nouvelle quantité que nous nommerons la *disgrégation* [55] du corps, et au moyen de laquelle nous pouvons décrire l'action de la chaleur en disant simplement *qu'elle tend à augmenter la disgrégation* [56].

Pour accroître la distance moyenne entre les molécules, il faut vaincre des forces résistantes qui s'opposent à cet accroissement et par conséquent effectuer un travail dont la valeur est égale au produit de l'accroissement de distance par la force vaincue. Le concept de travail est donc celui qui permet de relier les deux autres concepts physiques intervenant dans la caractérisation de la transformation de l'état du système, la distance et la force. Il reste maintenant à déterminer la mesure de ces trois quantités impliquées dans la transformation visée. La mesure du travail effectué est fournie par la quantité de chaleur consommée par sa transformation en travail. Avant de préciser la valeur de ce travail Clausius le situe dans le contexte plus large de l'ensemble des modifications que peut

54. Clausius, « Mémoire VI », p. 257.

55. Les italiques sont ceux de Clausius.

56. *Ibid.*, p. 258.

subir le corps, ces modifications peuvent être de deux ordres : soit une déformation dont il a déjà été question, soit un simple apport de chaleur sans modification de la structure du corps :

> Admettons que le corps subisse une modification infiniment petite, qui pourra être un changement aussi bien dans la chaleur qu'il contient que dans l'arrangement de ses parties constituantes. Soit H la quantité de chaleur qu'il contient, dH la variation de cette quantité. Soit dL le travail effectué par la chaleur pendant la modification dans l'arrangement des particules, aussi bien le travail intérieur que le travail extérieur; cette quantité étant positive ou négative selon que la force de la chaleur l'emporte sur celles qui lui sont opposées, ou leur est inférieure. Nous obtiendrons la quantité de chaleur transformée en travail, en multipliant celui-ci par l'équivalent A de chaleur pour l'unité de travail; cette quantité sera donc AdL. La somme $dH+AdL$ est la quantité de chaleur que le corps doit recevoir du dehors, et par suite d'un autre corps, pendant sa modification. Comme nous avons représenté précédemment par dQ la quantité de chaleur infiniment petite que le corps variable communique à un autre, celle qu'il lui enlève devra être représentée par $-dQ$; et nous aurons par conséquent :

$$-dQ = dH + A\,dL,$$

ou :

$$dQ + dH + A\,dL = 0 \quad (1)$$ [57].

A dL a donc pour mesure dQ, en valeur absolue dans le cas où tout la chaleur reçue par le corps est entièrement transformée en travail. La mesure des forces intervenant dans la modification ou plutôt contre la modification de l'état d'agrégation n'est pas connue, mais il existe une loi empirique qui permet de la relier à une autre grandeur connue :

> Dans tous les cas où la chaleur contenue dans un corps effectue un travail mécanique en surmontant des résistances, la grandeur des résistances qu'elle peut vaincre est proportionnelle à la température absolue [58].

57. *Ibid.*, p. 263-264.
58. *Ibid.*, p. 261.

Une seule quantité, la disgrégation, n'a pas de mesure définie dans la théorie physique existante, il ne peut en être autrement puisque cette quantité est nouvelle, il faut donc en fixer la valeur :

> Comme l'accroissement de disgrégation est le moyen par lequel la chaleur effectue du travail, la quantité de travail doit être dans un rapport déterminé avec l'accroissement de disgrégation ; nous fixerons la mesure jusqu'à présent arbitraire, de celle-ci de telle sorte qu'à une température donnée, l'accroissement de disgrégation soit proportionnel au travail que la chaleur peut effectuer par son moyen [59].

Au total, si « Z [est] la disgrégation du corps, *d*Z son accroissement infiniment petit, *d*L le travail infiniment petit correspondant […] » ce travail a pour expression $dL = KTdZ$, ou $dZ = dL/KT$, où K désigne une constante […] puis en choisissant $K = 1/A$:

$$dZ = A\,dL/T. \tag{2}$$

Puis en intégrant à partir d'un état initial Z°, il obtient :

$$Z = Z^{\circ} + A \int dL/T \tag{3}$$ [60].

Clausius revient ensuite à l'équation (1) du paragraphe précédent : « $dQ + dH + A\,dL = 0$ » qui en divisant par T lui donne :

$$dQ/T + dH/T + A\,dL/T = 0.$$

en utilisant l'équation (1) ci-dessus il obtient l'équation :

$$(dQ + dH)/T + dZ = 0, \tag{5}$$ [61]

qui lui donne en intégrant :

$$\int (dQ + dH)/T + \int dZ = 0. \tag{II}$$

Dans le cas où toute la chaleur reçue est transformée en travail, comme indiqué plus haut A*d*L a pour mesure *d*Q, en valeur absolue et par suite $dZ = dQ/T$.

L'expression dQ/T a donc désormais dans ce contexte une interprétation physique claire, elle mesure une modification de la

59. Clausius, « Mémoire VI », p. 266.

60. *Ibid.*

61. *Ibid.*, p. 267.

structure du corps considérée, l'accroissement des distances moyennes entre ses parties constituantes, elle caractérise la distribution spatiale des constituants du corps et sera donc liée directement à son volume.

Clausius est conscient de la nouveauté introduite par son analyse :

> Je crois que ce qu'il y a d'essentiellement neuf dans mon équation (II.), c'est que la quantité Z qui y entre a acquis, par mon analyse, une signification physique déterminée [62]; en ce sens que cette quantité ne dépend absolument que de l'arrangement actuel des particules [63].

De cette dernière remarque Clausius tire une autre conséquence en rapprochant « son équation (II.) » de l'équation (I.) du Mémoire de 1854 : il existe, à côté de la disgrégation, une autre quantité qui ne dépend que de la température du corps et non de l'arrangement de ses particules :

> Lorsque les changements d'état successifs forment un cycle *fermé*, la disgrégation du corps est, à la fin, la même qu'au commencement de ce cycle, et par la suite, on doit avoir :
>
> $$\int dZ = 0.$$
>
> Par là l'équation (II.) devient :
>
> $$\int (dQ + dH)/T = 0.$$
>
> Afin que cette équation concorde avec l'équation (I.) :
>
> $$\int dQ/T = 0,$$
>
> il faut que l'équation suivante ait lieu pour tout cycle fermé réversible :

62. Daub, « Clausius, Rudolf », p. 308, donne raison à Clausius sur ce point en indiquant que Rankine a dérivé une expression similaire formellement à celle de Clausius mais que Clausius « a donné une signification plus concrète aux termes impliqués en reliant Z directement à la configuration des particules ».

63. Clausius, « Mémoire VI », p. 276. Cette partie relative à la disgrétation est étudiée en détail par Y.S. Kim, « Clausius endeavor to generalize the second law of thermodynamics », p. 263-267, et également par R. Loqueneux, « Préhistoire et histoire de la thermodynamique classique », p. 233-237.

> (III) $\int dH/T=0$.
>
> C'est de cette équation que l'on déduit la conséquence [...] :
> *La quantité de chaleur réellement existante dans le corps ne dépend que de sa température, et non de l'arrangement de ses particules*[64].

Une autre variable dont dépend l'état du corps et qui est « liée à l'arrangement des particules » est le volume du corps.

En définitive, la valeur totale de transformation contenue dans un corps peut se décomposer en deux quantités distinctes, l'une représentée par l'intégrale $\int dZ$, liée à l'arrangement des particules du corps possède, outre une expression formelle, une interprétation physique et un nom : la disgrégation, l'autre représentée par l'intégrale $\int dH/T$, liée à la chaleur contenue dans le corps et donc à la température ne possède ni l'une, ni l'autre, mais seulement une appellation :

> Nous appellerons cette intégrale, prise depuis un état initial donné jusqu'à l'état actuel du corps, *la valeur de transformation de la chaleur du corps compté à partir d'un état initial donné*[65].

Si on laisse de côté les conventions de notation, la seule nouveauté du Mémoire IX de 1865, consiste à attribuer un symbole et un nom à la nouvelle grandeur physique introduite[66].

L'expression dQ change de signe en désignant la chaleur reçue par le corps et non plus la chaleur cédée comme dans le Mémoire VI. De ce fait l'équation (5) du Mémoire VI : $dQ/T + dH/T + dZ = 0$ devient : $dQ/T = dH/T + dZ$, ce qui donne en intégrant :

(61) $\int dQ/T = \int dH/T + \int dZ$[67].

L'expression dQ/T devient la différentielle totale d'une quantité désignée par la lettre S, ce qui donne :

(59) $dS = dQ/T$ (Idem),

64. *Ibid.*, p. 276-277.

65. *Ibid.*, p. 291.

66. Cette remarque doit cependant être nuancée par le fait que la fonction introduite devient désormais sans ambiguïté une fonction de l'état de la substance impliquée dans le fonctionnement de la machine et non plus de son environnement comme le note O. Darrigol, « The origins of the entropy concept ».

67. Clausius, « Mémoire IX », p. 409.

et en intégrant :

(60) $$S = S_0 + \int dQ/T$$ (Idem).

Appliquée au gaz parfait la dernière équation devient :

(67) $$S = S_0 + c \ln T/T_0 + AR \ln v/v_0$$ [68].,

T, et v, c, A, R, T_0, v_0, désignant respectivement la température absolue du gaz, son volume, sa chaleur spécifique à volume constant, le facteur de conversion du travail en chaleur et la constante des gaz parfaits, les valeurs initiales des deux premières, ce résultat traduit formellement la décomposition de l'entropie en deux parties distinctes dont l'une dépend exclusivement de la température et l'autre d'une variable liée à l'espace, le volume. Le mémoire IX n'apporte pas d'élément nouveau quant au contenu et Clausius le reconnaît dans la conclusion :

> J'ai effectué des calculs analogues dans mes Mémoires précédents, relativement à la quantité de chaleur existante dans les corps et à l'arrangement de leurs particules. Il en est résulté pour chaque corps deux quantités, la valeur de transformation de son contenu de chaleur, et sa disgrégation dont la somme constitue son entropie [69].

Le programme de travail de Clausius est donc inachevé, une partie de l'entropie, représentée par l'intégrale $\int dH/T$, demeure dépourvue d'interprétation physique, on sait seulement qu'elle ne dépend que de la température du corps. Le mérite de l'attribution d'une signification physique à cette composante de l'entropie reviendra à Boltzmann.

La contribution de Boltzmann à l'interprétation physique de l'entropie

Si Clausius considère la chaleur comme du mouvement, il ne s'est pas intéressé pour autant, dans sa recherche de la signification physique de l'entropie, à la répartition des vitesses des particules en mouvement mais seulement à leur répartition spatiale. Clausius est conscient du fait que l'hypothèse d'une vitesse uniforme pour

68. *Ibid.*, p. 414.

69. *Ibid.*, p. 419.

l'ensemble des molécules d'un gaz est « intenable »[70], mais il ne prend pas en compte cette diversité dans sa tentative de déterminer la signification physique de la composante de l'entropie. Il ignore en particulier le travail de Maxwell sur cette distribution des vitesses[71] pour ne considérer que la vitesse moyenne des molécules et c'est la raison pour laquelle il n'a pu aller au terme de son programme dans l'interprétation physique de l'entropie. La question de la répartition des vitesses des molécules sera au contraire au centre des préoccupations de Boltzmann :

> Supposons un instant qu'il y ait dans un récipient un gaz unique à molécules toutes absolument semblables. [...]. En supposant même que les molécules aient toutes la même vitesse au début, leurs vitesses ne resteront pas les mêmes après un choc. [...]
> Il s'agit donc de savoir comment sont réparties ces différentes vitesses dans l'état que prend finalement le gaz, ou, en un mot, de connaître la loi de répartition des vitesses[72].

L'analyse de cette loi de répartition des vitesses permettra indirectement de proposer une interprétation de la composante de l'entropie liée à la température du corps bien que ce ne soit pas là l'objectif prioritaire de Boltzmann. Ce dernier entreprend une étude de cette loi avec le souci de montrer que cette loi de répartition des vitesses ne peut être que celle proposée par Maxwell.

Pour étudier cette loi de répartition, Boltzmann se donne un mode de représentation des vitesses de chacune des molécules du gaz. Après avoir considéré deux types de molécules, m et m_1, il expose sa méthode :

> Pour nous représenter la répartition des vitesses des molécules m à un temps donné t, menons à partir d'une origine de coordonnées autant de droites qu'il y a de molécules m dans l'unité de volume, chacune de ces droites étant parallèle et égale à la vitesse de la

70. Voir Daub, « Clausius, Rudolf », p. 306.

71. Voir Locqueneux, « Préhistoire et histoire de la thermodynamique classique », p. 249.

72. L. Boltzmann, *Leçons sur la théorie des gaz*, Paris, Gauthier-Villars, 1902, p. 15.

> molécule correspondante. Appelons pour abréger *point de vitesse* de chaque molécule l'extrémité du segment correspondant[73].

Chaque point de vitesse dans l'« espace » considéré définit à la fois la direction et le module de la vitesse de la molécule à laquelle il correspond, la densité de points vitesse dans une région donnée de cet espace traduit par conséquent le nombre de molécules qui ont approximativement la même vitesse et cela avec d'autant plus de précision que cette région est plus petite. Cette densité est représentée par une fonction *f* des coordonnées de l'espace introduit et du temps :

> Soit maintenant au temps *t*
>
> (9) $$f(\xi, \eta, \zeta, t)\, d\xi\, d\eta\, d\zeta = f\, d\omega,$$
>
> le nombre des molécules *m* pour lesquelles les composantes de vitesse suivant les trois axes de coordonnées sont comprises entre les limites
>
> (10) $$\xi \text{ et } \xi + d \quad \eta \text{ et } \eta + d\eta, \quad \zeta \text{ et } \zeta + d\zeta\,;$$
>
> pour ces molécules, le point de vitesse est situé dans le parallélépipède dont un sommet a pour coordonnées ξ, η, ζ, et dont les arêtes, parallèles aux axes, ont pour longueur $d\xi$, $d\eta$, $d\zeta$.. Nous l'appellerons *parallélépipède* $d\omega$. […] Si la fonction *f* est connue pour une valeur de *t*, la répartition des vitesses pour les molécules m est connue au temps *t*[74].

Une fonction similaire F sera introduite pour définir le nombre des molécules m_1 dont le point vitesse sera compris dans un parallélépipède $d\omega_1$:

> (12) $$\Phi(\xi_1, \eta_1, \zeta_1, t)\, d\xi_1\, d\eta_1\, d\zeta_1 = F_1\, d\omega_1$$ [75].

puis Boltzmann prend en compte le volume du gaz :

> Nous supposons […] que le nombre de molécules *m*, qui satisfont à la condition (10), contenues dans un volume quelconque Φ, est proportionnel à ce volume et par conséquent, égal à

73. *Ibid.*, p. 15-16.

74. *Ibid.*, p. 16.

75. *Ibid.*

(14) $\Phi f d$w.

Boltzmann établit ensuite que « La loi de répartition des vitesses de Maxwell est la seule possible » et pour ce faire, il considère le logarithme des fonction f et F :

> De plus, nous désignons par l f et l F les logarithmes naturels des fonctions f et F. Si nous remplaçons dans l f, ξ, η, ζ, par les composantes de vitesse d'une molécule déterminée de masse m à un moment donné t, nous obtenons un résultat que nous appelons la *valeur* de la fonction logarithmique correspondant à cette molécule à ce moment[76].,

et introduit une nouvelle grandeur qu'il désigne par la lettre **H** :

> Nous allons maintenant calculer la somme **H** de toutes les valeurs des fonctions logarithmiques correspondant, à un moment donné, à toutes les molécules m et m_1 contenues dans l'unité de volume. Au temps t doivent se trouver dans l'unité de volume $f\, d\omega$ molécules m de l'espèce définie, c'est-à-dire dont les composantes de vitesses sont comprises dans les limites (10). Celles-ci fournissent évidemment dans la somme H le terme $f \, \mathrm{l} \, f \, d\omega$. Formons l'expression analogue pour les molécules m_1 et intégrons pour toutes les valeurs possibles des variables, il vient

(28) $$H = \int f \mathrm{l} f d\omega + \int F_1 \mathrm{l}\, F_1\, d\omega_1$$ [77]

Boltzmann établit ensuite que cette grandeur H, ne peut que décroître avec le temps et que son minimum correspond à un état stationnaire de la répartition des vitesses des molécules du gaz qui correspond à la répartition de Maxwell.

A cette étape de son calcul, Boltzmann propose une interprétation de sa grandeur H. Cette interprétation de la grandeur H est dans un premier temps produite de façon totalement autonome sans référence à l'entropie de Clausius mais par la suite Boltzmann s'emploiera à montrer qu'une correspondance peut être établie entre les deux quantités physiques.

76. L. Boltzmann, *Leçons sur la théorie des gaz*, p. 31.

77. Dans le cas d'un gaz unique, seul le premier terme de la somme intervient et l'on a : $H = \int f \mathrm{l} f d\omega$, *Ibid.*, p. 31-32.

Curieusement le paragraphe dans lequel cette interprétation est présentée est intitulé : « Signification mathématique de la grandeur H ».

La raison de ce choix est que l'interprétation proposée de la valeur de H est faite en termes de probabilité de trouver une répartition des vitesses donnée plutôt qu'une autre. Pour se faire comprendre Boltzmann commence par rappeler le mode de calcul des probabilités relatives dans un exemple classique du calcul des probabilités :

> Supposons qu'on prenne successivement, absolument au hasard, vingt boules dans une urne qui contient un très grand nombre de noires et un nombre égal de blanches, entièrement semblables d'ailleurs. Le cas où l'on ne tirerait que des boules noires est exactement aussi probable que celui où l'on tirerait d'abord une boule noire, puis une blanche, puis une noire, et ainsi de suite en alternant. Mais il y a plus de chance de tirer, sur les vingt fois, dix boules noires et dix blanches que de ne tirer que des noires : la probabilité relative de la première des éventualités par rapport à la seconde est exprimée par le nombre 20! /(10! 10!) qui représente le nombre de permutations possibles entre les éléments d'une rangée formée de dix boules blanches et de dix noires, et dans laquelle les boules d'une même couleur seraient exactement semblables. Car chacune de ces permutations correspond à un cas aussi probable que le cas unique où les boules seraient toutes noires [78].

Dans le cas plus général où le nombre de couleur n'est pas limité, Boltzmann rappelle la formule générale qui donne la probabilité relative de tirer a boules blanches, b noires, c bleues, etc :

(34) $(a+b+c \ldots)!\,/(a!\,b!\,c!)$ [79]

Boltzmann établit ensuite une analogie entre la possibilité de tirer de l'urne une répartition d'un nombre donné de boules entre différentes couleurs et la possibilité d'obtenir une répartition donnée des vitesses dans un gaz :

> Exactement comme dans cet exemple particulier, le cas où, dans un gaz, toutes les molécules auraient des vitesses égales et parallèles entre elles est précisément aussi probable que celui où chaque

78. *Ibid.*, p. 37-38.

79. *Ibid.*, p. 38.

> molécule aurait une vitesse égale et parallèle à celle qu'elle a eu en réalité à un moment déterminé dans le gaz. Mais, si nous comparons la première de ces éventualités avec celle où régnerait dans le gaz la répartition des vitesses de Maxwell, nous trouverons qu'il y a beaucoup plus de cas possibles en faveur de cette dernière [80].

Boltzmann propose ensuite une stratégie permettant d'appliquer le calcul précédent à la répartition des vitesses dans le gaz, il effectue pour cela une partition de l'espace des points de vitesse qu'il a introduit, en régions dans lesquelles les vitesses des molécules sont identiques, la vitesse d'une molécule est l'analogue de la couleur d'une boule dans l'urne :

> Pour exprimer la probabilité relative de ces deux éventualités par un nombre de permutation, nous opérerons comme il suit : [...] Divisons tout l'espace [81] en un très grand nombre (ζ) d'éléments de volume égaux ω (des cellules) ; il y a autant de probabilités pour que le point vitesse d'une molécule soit dans un de ces éléments de volume que dans tout autre, exactement comme tout à l'heure on avait autant de chance de tirer une boule blanche qu'une noire ou une bleue. A la place du nombre *a* de boules blanches que l'on tirait, nous devons mettre maintenant le nombre $n_1\,\omega$ des molécules dont les points de vitesse sont situés dans le premier de nos éléments de volume, à la place de *b* le nombre $n_2\,\omega$ de celles dont les points de vitesse sont dans le second, etc. A la place de la formule (34) nous obtenons ainsi :
>
> $$Z = n\,!/[(n_1\,\omega)\,!\,(n_2\omega)\,!\,(n_3\omega)\,!\,\ldots] \qquad (35)$$
>
> probabilité relative pour que le point de vitesse de $n_1\omega$ molécules soit dans le premier éléments de volume, celui de $n_2\,\omega$ molécules dans le second etc. $n = (n_1 + n_2 + n_3\ldots)\,\omega$ est le nombre total de molécules du gaz [82].

Ensuite en appliquant une approximation valable pour les grands nombres Boltzmann calcule le logarithme du nombre Z :

80. L. Boltzmann, *Leçons sur la théorie des gaz.*

81. Il s'agit ici de l'espace des points de vitesse et non de l'espace dans lequel se déplacent les molécules du gaz.

82. *Ibid.*, p. 38-39.

$$\mathrm{l}\,Z = -\,\omega\,(n_1 \mathrm{l}\, n_1 + n_2 \mathrm{l}\, n_2 + n_3 \mathrm{l}\, n_3 + \ldots) + C\ [\ldots]$$ [83].

Il peut maintenant conclure c'est-à-dire attribuer une signification à l Z, qu'il met ensuite en relation avec sa grandeur H :

> La répartition la plus vraisemblable des points de vitesse des molécules dans nos cellules sera celle pour laquelle l Z passera par un maximum, pour laquelle, par conséquent,
>
> $$\omega\,[n_1 \mathrm{l}\, n_1 + n_2 \mathrm{l}\, n_2 + n_3 \mathrm{l}\, n_3 + \ldots]$$
>
> passera par un minimum. Ecrivons de nouveau $d\xi\, d\eta\, d\zeta$ pour ω et $f(\xi, \eta, \zeta, t)\, d\xi\, d\eta\, d\zeta$ pour n_1, n_2, … La somme se transforme en une intégrale et devient
>
> $$\omega\,[n_1 \mathrm{l}\, n_1 + n_2 \mathrm{l}\, n_2 + n_3 \mathrm{l}\, n_3 + \ldots] = \int f(\xi, \eta, \zeta, t)\, \mathrm{l} f(\xi, \eta, \zeta, t)\, d\xi\, d\eta\, d\zeta.$$
>
> Mais cette expression est entièrement identique à celle à laquelle se réduit la grandeur H donnée par la formule (28) pour un gaz unique [84].

Boltzmann fait ici peu de commentaires sur la signification physique qu'il attribue à ce résultat en se limitant à un commentaire mathématique du résultat qui tient en trois points :
– Z représente la probabilité relative pour les différentes vitesses du gaz d'occuper une répartition donnée des vitesses par rapport à celle d'occuper une répartition très particulière dans laquelle toutes les molécules ont la même vitesse en grandeur et en direction ;
– cette probabilité est maximale lorsque le dénominateur de Z est minimum ;
– ce minimum est atteint lorsque la grandeur H qui correspond au logarithme du dénominateur est minimum, elle aussi, ce qui arrive de plus lorsque la distribution des vitesse est celle de Maxwell.

Cependant, même si Boltzmann prétend se cantonner à un point de vue mathématique comme il l'affirme, il n'en reste pas moins que ce commentaire sur les propriétés de la fonction Z s'applique à une fonction qui décrit d'une certaine manière l'état du système. Or le problème de la description de l'état du système est un problème central des fondateurs de la thermodynamique ou de la théorie

83. *Ibid.*, p. 39-40.

84. *Ibid.*, p. 40.

mécanique de la chaleur comme elle se nomme alors, les préoccupations de Clausius rapportées plus haut, relatives à l'état d'agrégation de la matière, en témoignent. En mécanique classique, on obtient une description complète de l'état d'un système physique, constitué d'un ensemble de particules comme un gaz, en l'absence de forces extérieures, lorsque la position et la quantité de mouvement – qui se réduit à la vitesse si la masse est donnée – sont connues toutes les deux à chaque instant. Cette situation est réalisée, en ce qui concerne les vitesses, dans le cas où toutes les vitesses du gaz ont même direction et même grandeur. Le nombre Z mesure donc la probabilité relative d'obtenir une configuration quelconque de répartition des vitesses par rapport à celle d'obtenir cette configuration particulière où toutes les molécules ont la même vitesse. En conséquence plus le nombre de configurations de vitesse possibles pour les molécules est grand, le maximum étant atteint pour la répartition des vitesses de Maxwell, plus l'horizon que constitue le niveau de description complet du système s'éloigne. Comme nous le verrons plus loin le minimum de la grandeur H correspond à un maximum de l'entropie de Clausius. Le maximum de l'entropie correspond à l'écart maximum entre le niveau de description atteint du gaz et une description complète de l'état du gaz. En nous exprimant ainsi nous avons adopté un point de vue subjectif en reliant le maximum d'entropie à un déficit d'information maximum pour le physicien qui souhaite décrire totalement le système auquel il est confronté. Mais il n'est pas du tout certain que ce point de vue soit celui de Boltzmann, même si les éléments qui permettent de le développer sont contenus dans l'analyse que fait ce dernier de la situation du gaz. Il est possible d'adopter un autre point de vue objectif celui-ci, en considérant que le minimum de H, où le maximum de l'entropie correspond simplement au fait que le nombre de répartitions possibles de vitesses est maximum, c'est le point de vue qui est exposé plus haut par Boltzmann lorsqu'il affirme que cette situation correspond à « l'état le plus vraisemblable du gaz » tout simplement parce la probabilité de l'obtenir est maximale par rapport à toutes les autres répartitions possibles [85].

85. Cette distinction entre les caractères subjectif et objectif de l'entropie est présentée en détail dans un article de E.T. Jaynes, « Information Theory and

Boltzmann élargit donc la signification physique attribuée par Clausius à l'entropie même s'il se refuse à considérer son interprétation probabiliste comme un élément de la théorie physique. Toutefois, en affirmant cela nous avons anticipé la relation établie par Boltzmann entre sa grandeur H et l'entropie de Clausius. Pour Boltzmann, cette mise en relation permet de préciser la « Signification physique de la grandeur H ». Ce point fait l'objet du paragraphe 8 du premier chapitre de la théorie des gaz.

Boltzmann procède de la manière suivante, il calcule l'entropie d'un mélange de gaz parfaits en partant de la définition de Clausius et montre ensuite qu'il est possible de retrouver la valeur ainsi obtenue pour l'entropie à partir de sa grandeur H.

La valeur obtenue pour l'entropie d'un gaz unique est la suivante :

$$\int dQ/T = R\, k/\mu\, l\, [(T^{3(1+\beta)/2}\, \rho^{-1}) + \text{const}$$ [86].

expression dans laquelle, R désigne la constante des gaz parfaits, k la masse totale du gaz, μ est « le poids moléculaire » (k/μ représente ainsi le nombre de moles du gaz), T la température absolue du gaz, (sa densité, β une constante qui est nulle lorsque les molécules n'ont pas de mouvement de rotation. L'entropie d'un mélange de gaz pour lesquels, la constante β est identique est par suite la somme des valeurs obtenues pour chacun des gaz :

(58) $$R\, \Sigma\, k/\mu\, l\, (T^{3(1+\beta)/2}\, \rho^{-1}) + \text{const}$$ [87].

Boltzmann en vient maintenant à ce qui fait l'objet de l'ensemble de son calcul :

> Puisque nous avons appris à connaître la signification physique de toutes les autres grandeurs, il nous reste maintenant à chercher la grandeur désignée au n°5 par la lettre H, en nous tenant naturellement au cas de molécules parfaitement sphériques [88] [...].

Statiscal Mechanics », *Physical Review*, 106, (4), 1957. Cette question est également examinée par R. Lestienne dans « A la mémoire de Ludvig Boltzmann : l'entropie est-elle objective? », *Fundamenta Scientiae* 8, (2), 1987.

86. *Idem*, p. 55.

87. *Idem*, p. 56.

88. Cette situation correspond précisément au cas où la constante de l'expression (58) est nulle, les molécules étant dépourvues de mouvement de rotation.

Nous obtenons, d'après la formule (28) pour l'unité de volume d'un gaz unique,

$$H = \int f \, l \, f \, d\omega$$ [89].

En remplaçant dans l'expression ci-dessus la fonction f par la loi de distribution des vitesses de Maxwell. Il obtient pour H, à une constante près, pour l'unité de volume du gaz, la valeur :

$$H = n \, l \, (\rho T^{-3/2})$$ [90],

dans laquelle n représente le nombre total de molécules par unité de volume.

Il reste maintenant à prendre en compte le volume du gaz, pour rapprocher la signification de la grandeur H de celle de l'entropie :

> Nous avons vu que – H représente à une constante près le logarithme de la probabilité de l'état correspondant au gaz. Or la probabilité du concours de plusieurs évènements est le produit des probabilités de ces évènements donc le logarithme de la première probabilité est la somme des logarithmes des probabilités séparées. Donc le logarithme de la probabilité d'un certain état pour un gaz de volume double est –2H, pour un volume triple, – 3 H, pour un volume Ω, – Ω H.
>
> Le logarithme de la probabilité W de la disposition des molécules et de l'état de répartition pour celles-ci est, pour plusieurs gaz,
>
> $$l\,W = -\Sigma\,\Omega\,H = -\Sigma\,\Omega\,n\,l(\rho T^{-3/2})\ [\ldots]$$
>
> En multipliant par la constante RM égale pour tous les gaz (M étant la masse d'une molécule d'hydrogène), nous obtenons,
>
> $$RM\,lW = -\Sigma\,RM\,\Omega\,n\,l(\rho T^{-3/2}) = R\,\Sigma\,k/\mu\,l(\rho^{-1}\,T^{3/2})$$ [91].

Et il conclut :

> La grandeur RM lW, dans notre cas actuel […] n'est d'ailleurs pas autre que l'entropie totale de tous les gaz.
>
> C'est ce qu'on voit d'ailleurs en posant $\beta = 0$ dans l'expression (58) [92].

89. *Ibid.*
90. *Ibid.*, p. 57.
91. *Ibid.*

En résumé, nous retrouvons chez Boltzmann une interprétation de la composante de l'entropie liée au volume déjà présente chez Clausius, mais Boltzmann construit une théorie des gaz dans la laquelle l'autre composante de l'entropie liée à la température acquièrt aussi une signification physique – bien que Boltzmann parle lui de signification mathématique – fondée sur l'idée de répartition des vitesses. Il resterait à exposer en détail les raisons pour lesquelles cette composante de l'entropie liée à la répartition des vitesses est une fonction croissante de la température comme l'autre composante est une fonction croissante du volume mais ce point sort du cadre de ce travail, nous nous contenterons de rappeler ici, cela a été indiqué plus haut (note 28) que l'accroissement de la température accroît la vitesse maximale statistiquement accessible au molécules et par suite l'intervalle des vitesses accessibles à ces mêmes molécules et par conséquent le nombre de configurations de répartitions vitesses possibles pour un même nombre de molécules de même que l'accroissement du volume accroît le nombre de positions accessibles aux molécules et par suite le nombre de répartitions spatiales distinctes accessibles à l'ensemble des molécules.

Conclusion

En conclusion de ce bref historique, nous pouvons constater que l'élaboration du concept d'entropie et de son interprétation physique, si les deux choses peuvent être séparées, a été une entreprise de longue haleine qui s'est étalée sur près d'un siècle[93]. Si l'on veut résumer à grands traits la contribution de chacun de ces auteurs à l'élaboration de la signification physique du concept d'entropie, on peut dire que l'idée d'une corrélation nécessaire entre le rétablissement d'équilibre, l'annihilation des différences (de températures ou d'altitude), et la production de force motrice constitue l'un des apports déterminants de Carnot à la signification physique d'entropie. Un nouveau pas décisif a été accompli, cette fois-ci par Clausius, lorsque ce dernier a interprété l'existence de la relation

92. *Ibid.*

93. A vrai dire, cette élaboration n'est pas achevée, loin de là, mais les fondements de cette élaboration sont solidement établis.

découverte par Carnot, en termes de compensation entre des transformations de même nature bien que phénoménologiquement différentes, conduisant à la mise en évidence d'un nouvel invariant caractérisant l'état du système physique impliqué dans le fonctionnement des machines thermiques. Une nouvelle étape est encore franchie par Clausius lorsqu'il établit que l'entropie du système en question, constitué par un ensemble de particules, se décompose en deux parties distinctes dont l'une dépend exclusivement de l'« arrangement de ces particules » c'est-à-dire de leur répartition dans l'espace et l'autre de la quantité de chaleur contenue dans cet ensemble de particules indépendamment de leur répartition spatiale. Clausius a été ensuite en mesure de produire une interprétation de l'accroissement de la première composante de l'entropie, à laquelle il a donné le nom de disgrégation, en indiquant qu'un accroissement de disgrégation correspondait à un accroissement de la distance moyenne des particules. Si le terme de disgrégation a aujourd'hui disparu, certains des successeurs de Clausius et non des moindres, lui ont reconnu le mérite d'avoir su établir l'existence de deux contributions distinctes à l'entropie d'un ensemble de particules, l'une dépendant exclusivement de la température et l'autre de la distance entre les molécules, c'est le cas en particulier de Gibbs[94]. Enfin une interprétation physique microscopique de la composante de l'entropie dépendant de la température a été rendue possible par la prise en compte de la distribution des vitesses des particules par Boltzmann, à la suite des travaux de Maxwell, un accroissement de l'intervalle des vitesses accessibles, aux particules du gaz, analogue de l'intervalle des positions accessibles à ces mêmes particules, correspond à un accroissement de l'entropie.

On ne sera pas surpris par suite que la seule évocation d'un mot ne puisse à elle seule permettre d'accéder à toute la richesse des significations auxquelles il renvoie pour qui n'a pas refait le parcours des fondateurs.

94. O. Darrigol, « The origins of the entropy concept ».

BIBLIOGRAPHIE

Sources

BOLTZMANN L., *Vorlesungen über die Gastheorie*, tome I, Leipzig, 1896. *Leçons sur la théorie des gaz*, trad. fr. par A. Galloti, tome I, Paris, Gauthier-Villars, 1902.

CARNOT S., *Réflexions sur la puissance motrice du feu et sur les machines propres à développer cette puissance*, 1re édition, Paris, Bachelier, 1824.

– *Réflexions sur la puissance motrice du feu et sur les machines propres à développer cette puissance*, 2e édition, Gauthier-Villars, Paris, 1878.

– *Réflexions sur la puissance motrice du feu et sur les machines propres à développer cette puissance*, R. Fox (éd.), Paris, Vrin, 1978.

CLAPEYRON E., « Mémoire sur la puissance motrice de la chaleur », *Journal de l'École Polytechnique* 14, cahier 23, 1834, p. 153-190.

CLAUSIUS R., « Ueber die bewegende Kraft der Wärme und die Gesetze, welche sich daraus für die Wärmelehre selbst ableiten lassen », *Annalen der Physik,* 79, 1850, p. 368-397; *Phil. Mag.,* ser. 4, II, 1851, p. 1-21, p. 102-119. « Mémoire I. Sur la force motrice de la chaleur et les lois qui s'en déduisent pour la théorie même de la chaleur. », rééd. et trad. fr. par F. Folie dans *Théorie Mécanique de la Chaleur*, Paris, Eugène Lacroix, 1868, p. 17-84.

– « Ueber eine veränderte Form des zweiten Hauptsatzes der mechanischen Wärmtheorie », *Annalen der Physik,* 93, 1854, 481-506; *Phil. Mag.* ser. 4, XII, 1856, p. 81-98; *Journal de math. pures et appliquées,* 1re série, 20, 1855, p. 63-86. « Mémoire IV. Sur une autre forme du second principe de la théorie mécanique de la chaleur », rééd. de F. Folie dans *Théorie Mécanique de la Chaleur*, Eugène Lacroix, Paris, 1868, p. 130-160.

– « Ueber die Anwendung des Satzes von der Aequivalenz der Verwandlungen auf die innere Arbeit », *Annalen der Physik,* 116, 1862, p. 73-112; *Phil. Mag.,* ser. 4, XXIV, 1862, p. 81-97, p. 201-213; *Journal de math. pures et appliquées,* 2e série, 7, 1862, p. 209-245; « Mémoire VI. Sur l'application du principe de l'équivalence des transformations au travail intérieur », rééd. dans *Théorie Mécanique de la Chaleur*, Eugène Lacroix, Paris, 1868, p. 252-293.

– « Ueber verschiedene für die Anwendung bequeme Formen der Hauptgleichungen die mechanischen Wärmetheorie », *Annalen der Physik,* 125, 1865, p. 353-400, *Journal de math. pures et appliquées,* 2e série, 10, 1865, p. 361-400. « Mémoire IX. Sur diverses formes des équations fondamentales de la théorie mécanique de la chaleur, qui sont commodes dans l'application », rééd. dans *Théorie Mécanique de la Chaleur*, Eugène Lacroix, Paris, 1868, p. 377-420.

D'ALEMBERT J., *Traité de Dynamique*, 1 re édition, Paris, Chez David l'aîné, 1743.

Littérature secondaire

ATKINS P.W., *Chaleur et désordre. Le Deuxième principe de la thermodynamique*, trad. fr. par F. Gallet, Paris, Belin, 1999.

BALIBAR F., « Les mots et les lettres de la physique », *Le Temps des Savoirs* (1), La dénomination, Paris, Odile Jacob, 2000, p. 87-103.

BROSSEAU C. et VIARD J., « Quelques réflexions sur le concept d'entropie issues d'un enseignement de thermodynamique », *Enseñanza de las Cientias* 10, (1), 1992, p. 13-16.

CROPPER W. H., « Rudolp Clausius and the road to entropy », *Am. J. Phys.* 54, (12), 1986, p. 1068-1074.

DARRIGOL O., « La thermodynamica », in *Storia della scienza*, Roma, Istituto della Enciclopedia Italiana, 2003, vol. 7, p. 470-481.

DARRIGOL O., « The origins of the entropy concept », *in* J. Dalibard, B. Duplantier, V. Rivasseau (ed.), *Poincaré seminar 2003 : Bose-Einstein condensation, Entropy*, Basel, Birkhäuser, 2004, p. 101-117.

DAUB E., « Clausius, Rudolf », in *Dictionary of Scientific Biography*, vol. 3, 1971, p. 303-311.

DUHEM P., « Les Théories de la chaleur », *La Revue des deux mondes,* 129, 1895, p. 869-901 ; 130, p. 380-415, p. 851-868, republié par A. Brenner dans P. Duhem, *L'Évolution de la Mécanique suivi de « Les Théories de la chaleur », « Analyse de l'ouvrage de Ernst Mach : La Mécanique »*, Paris, Vrin, 1992.

JAYNES E.T., « Information Theory and Statiscal Mechanics », *Physical Review,* 106, (4), 1957, p. 620-630.

JANCOVICI B., « *Physique statistique et thermodynamique* », Paris, Ediscience, 1969.

FAROUX J.P., RENAULT J., *Thermodynamique*, Paris, Dunod, 1997.

FOX R., « L'insaisissable idéal de la machine », *Cahiers de Sciences et Vie*, hors série n° 20, 1994, p. 58-67.

GREA J. et VIARD J., « From Language to Concepts Appropriation in Physics », *in* C. Bernardini, C. Tarsitani and M. Vincentini (ed.), *Proceedings of the International Conference : Thinking Physics for Teaching, Roma 1994*, New York, Plenum Press, 1995, p. 97-106.

KIM Y. S., « Clausius endeavor to generalize the second law of thermodynamics », *Archives internationales d'histoire des sciences,* 33, 1983, p. 256-273.

LACKI J., « Pensée physique et mathématique. A propos du problème de l'adéquation », *Science et Technique en perspective,* 2 e série, 8, (1), 2004, p. 199-210.

LOCQUENEUX R., « Préhistoire et histoire de la thermodynamique classique (Une histoire de la chaleur) », *Cahiers d'histoire et de philosophie des sciences* (45), 1996.

LESTIENNE R., « A la mémoire de Ludvig Boltzmann : l'entropie est-elle objective ? » *Fundamenta Scientiae,* 8, (2), 1987, p. 173-184.

MAXWELL J. C., *A Theory of Heat*, London, Longmans Green and Co, 1872 ; *La Chaleur. Leçons élémentaires sur la thermométrie, la calorimétrie, la thermodynamique et la dissipation de l'énergie*, trad. fr. par G. Mouret, Paris, Eugène Lacroix, 1891.

QUEYREL J. L., MESPLEDE J., *Précis de Physique*, Paris, Éditions Bréal, 1996.

RAMMUNI G., « Un mot nouveau pour un concept nouveau : le cas de l'entropie » dans *CNRS, Transfert de vocabulaire dans les sciences,* Paris, Editions du CNRS, 1988.

REY A., *Dictionnaire historique de la langue française*, Paris, Le Robert, 1993.

SARMAND J.P., *Dictionnaire de Physique*, Paris, Hachette, 1988.

STENGERS I., *Thermodynamique : la réalité physique en crise*, *Cosmopolitiques III*, Paris, La Découverte, 1997.

VIARD J., « Essai d'évaluation d'un enseignement de thermodynamique en licence et maîtrise de physique » dans A. Giordan & P. Rasse (éd.), *Culture, éducation communication scientifique et évaluation, Actes des journées sur les techniques d'évaluation*, Nice, Z'éditions, 1987, p. 187-192.

– « D'Alembert et le langage scientifique : l'exemple de la force, un malentendu qui perdure », dans U. Kölving et I. Passeron (éd.), *Sciences, musiques, Lumières, Mélanges offerts à Anne-Marie Chouillet*, Ferney Voltaire, Centre international d'études du XVIII e siècle, 2002, p. 93-106.

WRIGHT P.G., « Entropy and disorder », *Contemp. Phys.*, 11, (6), 1970, p. 581-588.

Table des matières

Numéros déjà publiés

Cahier n°1 – *septembre 1981 – 148 pages (épuisé)*

Présentation du Groupe de Recherches, par Janine Chêne. Lecture, lecteurs, lettrés, littérature, par Pierre Bourdieu. Les origines frégéennes de la distinction entre ce qui « se dit » et ce qui « se voit » dans le *Tractatus Logico-Philosophicus* de Wittgenstein, par Jacques Bouveresse. Valéry, Wittgenstein et la philosophie, par Régine Piétra. Essai sur la rationalité et la pensée mythique grecques, par Henri Joly. Le « Récit scientifique » à l'âge baroque : l'exemple du récit de la découverte de la circulation du sang, par Jacques Lambert.

Cahier n°2 – *juin 1982 – 180 pages*

Entre temps et récit : Concorde/Discorde, par Paul Ricœur. Le temps du conte et le non-temps de l'inconscient, par Monique Schneider. Le rôle du récit dans l'avance en âge, par M. Philibert. La notion du sujet parlant, par Oswald Ducrot. La peinture tirée du tombeau, par C. Stanislas. L'Être (et le Néant) dans sa lettre, par François Heidsieck. Le corps-langage – Inscription, parole, phantasme dans l'hystérie de conversion, par Janine Chêne. Le corps-langage – le corps anagrammatique, par Monique Broc-Lapeyre.

Cahier n°3 – *La Philosophie dans sa langue*

juin 1983 – 177 pages

Vices et vertus des cercles (pour introduire aux problèmes de l'auto-référence), par Daniel Bougnoux. La langue et le discours de la méthode, par Jacques Derrida. Rêver de ses plaisirs. Sur l'onirocritique d'Artémidore, par Michel Foucault. La philosophie entre le clair et l'obscur ou Kant et Hegel devant l'« Aufklarung », par Henri Joly. L'archipel et le signe (sur la pensée kantienne de l'historico-politique), par Jean-François Lyotard. Secret, dissimulation et art de persuader chez Pascal, par Louis Marin. L'*Aufklarung* et la problématique de la langue : Enjeux culturels et université scientifique, par Marianne Schaub.

Cahier n°4 **–** *Langage et philosophie des sciences*
juillet 1985 – 219 pages – (épuisé)

Les formes fondamentales de la prédication : un essai de classification, par Jules Vuillemin. Connaissance des mots, connaissance des choses : théorie du signe et épistémologie à l'âge classique, par Ukich Ricken. Le synthétique a *priori* et la science moderne, par G. Granger. Platon, Aristote, Descartes, sur l'espace, par Jean Largeault. Logique médicale, par Anne Fagot. Lecture et identification dans l'histoire naturelle ; Cuvier et le déchiffrement des organismes, par Jacques Lambert. La recherche contemporaine sur le mythe : une révolution pas encore conçue, par Kurt Hubner. Wittgenstein critique de Frazer, par Jacques Bouveresse. Identité, désignation et matérialisme, par Pascal Engel.

Cahier n°5 – *Pratique de langage dans l'antiquité*
2e trimestre 1985 – 175 pages – (épuisé)

La sophistique dans l'Antiquité : Grèce, Inde, Chine, par Régine Piétra. L'égalité du droit à la parole dans la démocratie grecque – la notion d'*isegoria,* par Janine Chêne. Pourquoi Baubô a-t-elle fait rire Déméter ? par Monique Broc-Lapeure. Epicure : un langage pour la sagesse, par François Heidsieck. Remarques sur la logique du changement, par Frédéric Nef. Le mot, la phrase, le roman et l'existence chez Flaubert, par Claude Boyard. Le langage des droits de l'homme, par Jean-François de Raymond

Cahiers n° 6 et 7 – *Philosophie du langage et grammaire dans l'Antiquité*
avril 1987 – 464 pages

Actes du Colloque du 3 au 6 septembre 1985. Avant-Propos d'Henri Joly. Les mots et les choses : la philosophie du langage chez Démocrite par Aldo Brancacci. Dire et savoir *(legein – eidenai)* chez Xénophane et Parménide, par Anna Kelessidou. Observations concernant *legein* et *logos* chez Héraclite, par François Heidsieck. Théorie et langage. Le langage comme *logos théorètikos,* par Georges

Antonopoulos. Comment faire des choses avec des mots grecs. Les actes de langage dans la langue grecque, par Françoise Letoublon. Les mots et les formes dans le *Cratyle* de Platon, par Charles Kain. Platon entre le maître d'École et le fabriquant de mots. Remarques sur les *grammata,* par Henri Joly. Discours des vieillards et discours sur la vieillesse chez Platon et aujourd'hui, par Michel Philibert. Isocrate et le langage de la culture, par Jean-François de Raymond. *Logos-phrase* et *logos-texte* chez Platon et Aristote, par Anna Maria Thornton. Structure sémantique et forme logique d'après l'analyse aristotélicienne des phrases d'action, par Pascal Engel. Symbole et signe dans le *De Interpretatione,* par Curzio Chiesa. *Legomenon* et *Kategoroumenon* chez Aristote, par Lambros Couloubaritsis. Paradoxes linguistiques. À propos de *lexis* chez Aristote, par Denis Zaslawsky. Pour une réinterprétation des catégories stoïciennes, par Claude Imbert. Remarques sur la classification des propositions simples dans les logiques hellénistiques, par Jacques Brunschwig. Le problème de l'expression et de la communication dans le scepticisme grec, par Françoise Caujolle-Zaslawsky. Critique de la théorie du signe et langage chez Sextus Empiricus, par Venant Cauchy. *Elementa.* Remarques sur le rôle de l'écriture dans la linguistique antique, par Francoise Desbordes. *Pecus/pecunia,* un acte de parole, par Claire Feuvrier-Prévotat. La sémantique de saint Augustin est-elle vraiment mentaliste ? par Frédéric Nef. L'électisme et le développement de la grammaire hellénistique et romaine : les unités du discours, par François Charpin. L'ordre de la langue. Observations sur la théorie grammaticale d'Apollonius Dyscole, par Jean Lallot. The Treatment of the Greek Middle Voice by the Ancient Grammarians, par A. Rijksbaron. Donat ou Priscien : Syntaxe et figure de construction dans la grammaire latine au XVIe siècle, par Bernard Colombat.

Cahier n° 8 – *Le Langage et le mental*
année 1987 – 145 pages

Épistémologie du sommeil paradoxal, par Claude Debru. Pierce, lecteur de Berkeley : L'esprit et les signes, par Claudine Engel-Tiercelin. L'individuation des états psychologiques et le statut de la psychologie populaire, par Daniel Laurier. La linguistique aux frontières de l'anthropologie et de la phénoménologie, par Françoise Letoublon. La notion de système en Philosophie, par Daniel

Parrochia. Retour aux Grecs : Réflexions sur les « pratiques de soi », dans l'usage des plaisirs, par Henri Joly.

Cahier n°9 – *La Métaphore*
année 1989 – 338 pages
Henri Joly (1927-1988). La philosophie comme métaphore, par Henri Joly. Métaphores sporadiques et linéarité du signifiant chez Gorgias de Léontinoi, par Alonso Tordesillas. *Métaphora* : le fonctionnement sémiotique de la métaphore selon Aristote, par Jean Lallot. Métaphore et *methesis,* dans la *Rhétorique* d'Aristote, par Alain Petit. L'euphorie de la langue, par Pierre Rodrigo. La question du sens figuré dans l'interprétation de l'écriture, par François Heidsieck. Métaphore et théorie des classes de noms chez Hobbes, par Martine Pecharman. Le problème de la métaphore et la controverse sur l'imagination à l'âge classique, par Ulrich Richken. La métaphore chez Nietzsche, par Monique Broc-Lapeyre. Nietzsche et le métaphorique : des métaphores, des concepts et des catégories, par Monique Dixsaut. La métaphore et les philosophes : quelques réflexions sur l'invention philosophique de la métaphore, par Silvana Borutti. Symbole et métaphore, par Lambros Couloubaritsis. La métaphore vive dans les langues mortes, par Françoise Letoublon. Le sens littéral des métaphores, par Pascal Engel. Les conditions d'acquisition de la métaphore chez l'enfant, par Joëlle Gardes-Tamine. Images et métaphores poétiques, par Régine Pietra. Dialogue de la musique et de la métaphore chez Michel Butor, par Jean Sgard. Comique et jeu métaphorique, par Michel Gilot. Le transfert à l'idiolecte : sur Paul Celan et l'antagonisme des langages, par Jean Bollack.

Cahier n°10 – *Sémantique formelle et philosophie du langage*
année 1989
Introduction : la sémantique formelle a-t-elle un intérêt philosophique ? par Pascal Engel. La sémantique kripkéenne et les doctrines logiques de Leibniz, par Maurice Boudot. Peirce ou la version sémantique-sémiotique de la logique formelle, par Claudine Engel-Tiercelin. Comparabilité et incomparabilité des théories physiques, par Jules Vuillemin. Can there be a Substantive Account of Truth ? par Thomas Baldwin. The Sorites Paradox and its Significance for the Interpretation of Semantic Theory, par Crispin

Wright. Adverbial modification and perception reports, par Martin Davies. States of affairs, *Bedeutung* and the Contingent a *priori* par Graeme Forbes. Sémantique et psychologie : la sémantique des attributions de croyance, par Pierre Jacob. The Onogenesis of Conceptual Roles, par Andrew Woodfield. Représentation du sens ou représentation des connaissances, par Daniel Kayser. Quelques propriétés formelles élémentaires des fantômes, par J. Jayez. Événements et propositions : quelques aspects de la référence anaphorique en allemand, par R. Bauerle. Conclusion sur la table ronde, par Frédéric Nef.

***Cahier n°11** – Valéry: la philosophie, les arts, le langage*
année 1989 – 281 pages

In Memoriam Henri Joly, par Régine Piétra. Avant-propos, par Régine Piétra. Paul Valéry devant les paradoxes de la philosophie, par Simon Lantiéri. « Penser ce qui n'existe pas », par Ned Bastet. Un système éclaté, par Florence de Lussy. Croisée de perspectives : Paul Valéry et Ortega y Gasset, par Monique Allain-Castrillo. Le chef d'orchestre dénubien furibond et Monsir Follerie, par Monique Broc-Lapeyre. Alain et Valéry, par Judith Robinson-Valéry. Valéry, William James et le problème de « l'Expérience Mystique », par Paul Gifford. Suivre Léonard ou la Question du récit, par Jeannine Jallat. Teste et l'Impossible réel, par Jean Levaillant. « Plus je pense, plus je pense » ou concerto pour cerveau seul, par Nicole Celeyrette-Piétri. Valéry et le Socrate de son *Eupalinos :* écrire ou ne pas écrire, par Silvio Yeschua. Valéry et le cratylisme, par Robert Pickering. Langage et inspiration poétique : le témoignage valéryen, par E. A. Moutsopoulos. Le fonctionnement théâtral du dialogue philosophique chez Valéry: *L'ldée fixe,* par Huguette Laurenti. L'autre, l'obscur, du discours, par Shushi Kao. Le Modèle valéryen de l'esprit à la lumière des sciences naturelles de nos jours, par Ulrike Heetfel. L'art de l'ingénieur et la pensée valéryenne, par A. Kaufmann. Construire, connaître, douter, par Vittorio Ugo. Le fort et le ban : Valéry ou la récusation de l'art modeme, par Jean-Charles Gateau. Valéry et l'esthétique du cinéma, par K. A. Bluher. Langage musical/Langage poétique : Valéry à la recherche de son chinois poétique, par Brian Stimpson. « Océan sonore » : la genèse du *Cimetière marin,* par M. T. Giaveri.

Cahier n°12 – *Hommage à Henri Joly*
année 1990 – 470 pages

Hommage à Henri Joly. Avant-propos, par J. C. Pariente, F. Letoublon, R. Piétra. Bibliographie d'Henri Joly. La construction sociale du sexe, par Pierre Bourdieu. De la vertu « rapetissante » d'une grande biographie. Mais comment les plus petits détails de la vie originaire font extraordinaire le destin de Nietzsche, par Monique Broc-Lapeyre. Le titre des *Indalmoi* de Timon ; d'Ulysse à Pyrrhon, par Jacques Brunschwig. La grande illusion : pour servir à une mise en scène de l'*Hélène* d'Euripide, par Barbara Cassin. La forme éponyme. Participation et éponymie chez Platon, par Curzio Chiesa. Prolégomènes à la cosmologie de Pléthon, par L. Couloubaritsis. L'enfant, le cru et le philosophe. Orthopédie et sauvagerie dans les dialogues de Platon, par Éric Debardieux. La voix de l'ami, par Jacques Derrida. Thalès ou Socrate, qui commence ? ou : De l'ironie, par Monique Dixsaut. La philosophie du langage entre le clair et l'obscur, par Pascal Engel. L'argent dans les *Topiques* de Cicéron, par Claire Feuvrier-Prévotat. L'idée de forme logique dans les Six *Essais d'un art des signes* de J. H. Lambert, par Gilles-Gaston Granger. Le naturel et l'institué. Réflexion sur deux héros-types, par Stéphan Imhoof. Plato as a Socratis, par Charles Kahn. Le renversement platonicien : *logos, épistémé, polis,* par Anna Kelessidou. Poésie, Philosophie, Politique, par Philippe Lacoue-Labarthe. Quelques remarques à propos des notions de l'espace, par Jean Largeault. Le Temps s'en va, par Françoise Letoublon. « C'est moi que je peins... ». De la figuration du langage à la figuration du moi chez Montaigne, par Louis Marin. Les états généraux de la philosophie : l'Ecole d'Athènes de Raphaël, par Régine Piétra. Prélude à une brève rencontre : la correspondance de Descartes avec la reine Christine de Suède, par Jean-François de Raymond. Du sens, de la méthode, par Dominique Sainte-Rose. Autour de l'Aufklärung, par Marianne Schaub. Lieux de parole, temps du discours dans « Sur *les sophistes* d'Alcidamas », par Alfonso Tordesillas. Le comique comme idée. De la toquade à l'extravagance et au rire déchaîné : comparaison entre Racine et Aristophane, par Jules Vuillemin. Henri Joly, professeur, par J. P. Carlet, D. Falcy, J. P. Falcy, A. Ribaud, A. Rubino, E. Buissière, V. Blanchard, I. Poulain, V. Coussedière.

Cahier n°13 – *Simone Weil et les langues*
année 1991 – 305 pages

Simone Weil et le refus de la langue de bois, par Monique Broc-Lapeyre. Langage et réflexion politique chez Simone Weil : Les années de formation (1926-1931), par Domenico Canciani. « Ma solution, si j'avais pu... : L'analogie », ou l'analectique entrevue, par Robert Chenavier. Les rapports entre la science et la politique chez Simone Weil. Le problème de la forme, par Francis Chiappone. La langue des *Upanisad* chez Simone Weil. Une herméneutique retrouvée selon l'expérience intérieure, par Alyette Degraces-Fahd. Simone Weil : le langage d'une écriture, par Gabriella Fiori. Quelques oppositions de termes obéissance/révolte, malheur/bonheur chez Simone Weil. Une démarche linguistique à rapprocher de certains principes de méthode weiliens, par Patricia Fogarty. Simone Weil, traductrice de *l'Iliade,* par Simone Fraisse. Sur quelques problèmes de traduction et d'interprétation du *Timée,* par François Heidsieck. La critique de l'algèbre à la lumière des idées de Simone Weil, par Pierre Kaplan. Grandeur et misère du langage chez Simone Weil, par Patricia Little. Le problème du « nous » entre l'individu et le collectif, par Florence de Lussy. Pensée poétisante, poésie méditante, par Adriano Marchetti. Simone Weil et la cité platonicienne, par Michel Narcy. Langage de la place publique – Langage de la chambre nuptiale. Quelques remarques sur le sens théologique d'une distinction philosophique chez Simone Weil, par Heinz Robert Schlette. Le langage des mathématiques chez Simone Weil, par Michel Sourisse. Des paroles à la parole. Ressources weiliennes pour un nouvel humanisme chrétien, par Eric O. Springsted. La recherche de l'homme par Dieu. Le sens mystique du folklore dans les écrits des derniers jours chez Simone Weil, par Mayumi Tomihara.

Cahier n°14 – *Du Dialogue*
novembre 1992 – 352 pages

Prologue, par Denis Vernant. La fonction des prologues dans les Dialogues de *Platon.* Faire l'histoire de Socrate, par Marie-Laurence Desclos. Idéal du dialogue ou idéal de la science ? Un débat entre Ugo Spirito et Guido Calogero par Évelyne Buissière. Heidegger, philosophe du dialogue par Alain Boutot. Le dialogue et l'apprentissage du langage par Sandra Laugier. Signification et fonctions du dialogue chez Galilée par Jacques Lambert. Le « dialogue » homme-nature par Marie-Dominique Popelard.. Dialogicité et subjectivité par Pierre Million. Peut-on et doit-on définir un *a priori* communicationnel ? par Francis Jacques. La volonté de s'entendre : Dialogue & intentionnalité par Éric Grillo. La violence dans le débat philosophique. La controverse Derrida/Searle par Mathieu Potte-Bonneville. La logique dialogique par Gerhardt Heinzmann. Le sens dans l'interaction par Daniel Luzzati. Modèle projectif et structure actionnelle du dialogue informatif par Denis Vernant. Attitudes cognitives et actes de langage en situation de communication homme-machine par Jean Caelen & Anne-Lise Fréchet.

Cahier n°15 – *Merleau-Ponty, le philosophe et son langage*
année 1993 – 464 pages

Avant-propos de François Heidsieck. Ouverture du Colloque de Jacques Merleau-Ponty. Le langage entre chair [Leib] et corps [Korper] par Bernard Andrieu. De la parole à l'être : le problème de l'expression comme voie d'accès à l'ontologie par Renaud Barbaras. La dicibilité du monde, la période intermédiaire de la pensée de Merleau-Ponty à partir de Saussure par Mauro Carbone. Faire parler les événements par Janine Chêne. Le processus dialectique ouvert de la chair et le problème du chiasme comme accession à l'intro-ontologie par Roger Decriem. Culture et mémoire dans Le visible et l'invisible par Jean Deprun. L'institution de l'œuvre chez Merleau-Ponty par Koji Hirose. Merleau-Ponty et Machiavel par Giovanni Invitto. Merleau-Ponty, entre Husserl et Heidegger, de la phénoménologie à la « topologie de l'être » par Arion Kelkel. Langage et signification par Jésus Martinez-Velasco. La dette symbolique de la Phénoménologie de la perception par Kasuo Masuda. L'ambiguité de la liberté, « La liberté, en particulier chez Leibniz » de Merleau-Ponty par Shoishi Matsuba. Topologie phénoménale : sur l'actualité scientifique de la phusis phénoménologique de Merleau-Ponty par Jean Petitot. L'histoire de la philosophie dans la philosophie de Merleau-Ponty par André Robinet. La possibilité de la réflexion philosophique par Urs Schällibaum. La genèse de la peinture et/ou la constitution du monde esthétique par Makato Shimizu. La démarche ontologique de Merleau-Ponty par Xavier Tilliette. La fibre poétique de la pensée de Merleau-Ponty par Anne-Marie Vidal.

Le soi incarné, Merleau-Ponty et la question du sujet par Maria Villela-Petit.

Cahier n°16 – *Stanislaw Lesniewski aujourd'hui*
année 1995 – 336 pages

Prologue par Denis Miéville et Denis Vernant. Remembering Stanislaw Lesniewski, par Czeslaw Lejewski. Lesniewski and Ontological Commitment, par Peter Simons. Les démonstrations de la non-existence des objets généraux chez Lesniewski, par Georges Kalinowski. Sémantique et ontologie : réflexions sur la théorie des objets et les propriétés, par Frédéric Nef. Stanislas Lesniewski et l'importance d'une logique développementale, par Denis Miéville. Logique et pragmatique : la genèse du concept d'assertion, par Denis Vernant. Une descendance des systèmes de Lesniewski. Le calcul de Lambek (de la grammaire logique aux grammaires de logiques des types), par Alain Lecomte. Représentations centrées objets, formalisation en linguistique et systèmes de Lesniewski, par Jacques Rouault. Implémentation des principes méréologiques, par Mounia Fredj. Anaphore associative et méréologie, par Alain Berrendonner. Le « langage méréologique » ajoute-t-il quelque chose aux descriptions psychologiques ? par Olivier Houdé.

Cahier n° 17 – *Max Weber et le destin des sociétés modernes*
année 1995 – 292 pages

Prologue, par Pierre Million. Regard sur les rationalités wébériennes, par Pierre Million. Max Weber d'après la tradition « formiste », par Michel Maffesoli. Les ambiguïtés de la sociologie compréhensive et ses conséquences sur la pratique sociologique, par Monique Hirschhorn. Les valeurs de l'homme Weber, par Henri Leroux. Max Weber et les contradictions de la modernité, par Carlo Mongardini. Max Weber, le prophète de la modernité, par Robert Motta. La discipline de soi comme base de la personnalité moderne. Différenciation, processus de civilisation, religion : aspects d'une théorie de la modernité, par Aloïx Hahn. La conception wébérienne de la discipline et le thème de la Lebensführung, par Pierangelo Schiera. L'Image de l'Europe chez Husserl et Weber. Le processus de rationalité chez Weber et l'appel à la raison chez Husserl, par Elisabeth Suzanne Kassab. L'éthique de la responsabilité et le décisionisme, par Philippe Raynaud. L'Entreprise politique de la société de masse : l'approche wébérienne du mode occidental de différenciation du politique, par Patrick Lecomte. Max Weber et les problèmes actuels du religieux, par Jean-Pierre Sironneau.

Cahier n° 18 – *Réflexions contemporaines sur l'Antiquité classique.*
Journées Henri Joly – année 1996 – 288 pages

La *Stasis* dans la démocratie par Lucio Bertelli. La notion de φθόνος chez Platon par Luc Brisson. La déconstruction du « Connais-toi toi-même » dans l'*Alcibiade Majeur,* par Jacques Brunschwig. Le mythe, une catégorie hellène ?, par Claude Calame. Ecrire dans l'âme (*Philèbe*, 38b-39c), par Curzio Chiésa. Socrate, poète et rhapsode. Quelques remarques sur l'*Ion,* par Marie-Laurence Desclos. Hérodote, les fleuves et l'histoire, par Gian Franco Gianotti. Philosophie ou science ? La question des mondes multiples chez Anaximandre, par Ada Neschke. Le « cornu » : notes sur un problème de logique éristico-stoïcienne, par Daniel Schulthess. Le *Logos* dans le *Phèdre* de Platon (265d, 266a et 270c), par Michel Fattal. L'entrelacs et la bigarrure dans la pensée grecque antique, par Anne Gabrielle Wersinger.

Cahier n° 19 – *Religiosité, religions et identités religieuses*
année 1998 – 376 pages

Religion et politique en Europe, par Pierre Brechon. L'Identité catholique dans les conflits actuels d'appartenance en France, par Mrg Gérard Defoix. La catégorisation religieuse, par Francis Jacques. Le noyau identitaire du religieux face à l'analyse compariste, par Yves Lambert. De l'identité de Dieu, par Pierre Magnard. L'Influence des auto-compréhensions religieuses sur le droit étatique, par Francis Messner. Peut-on penser un Dieu ? Réflexions sur quelques stratifications du langage religieux, par Pierre Million. *Homo religiosus* et expérience du sacré, par Julien Ries. L'Héritage d'Héra. Réflexions sur l'identité de la cité grecque et sur les syncrétismes antiques, par Pierre Sauzeau. Identité et religions séculières, par Jean-Pierre Sironneau. La mise en cause de la validité intellectuelle de la religion dans la France de Louis XIV (1661-1685), par Jacques Solé. L'oscillation de l'intention dans les métaphores religieuses : déisme ou foi chrétienne, par Antoine Vergote. Quel est le sujet de la religion ? par Jean-Louis Vieillard-Baron. Traditions, traditionalité, traditionalisme. Diversité confessionnelle des représentations et des modes de gestion de « la » tradition, par Gilbert Vincent.

Cahier n° 20 – *Esthétique : des goûts et des couleurs*
décembre 1998 – 293 pages

Présentation par Régine Piétra. Pourquoi « des couleurs » par Dominique Chateau. De la possibilité d'une révolution copernicienne en esthétique par Alain Roger. Pour une Critique impure de l'esthétique par Régine Piétra.Fin et renaissance de l'esthétique par Bernard Lafargue. Le goût à rien par Monique Broc-Lapeyre. Esthétique épidermique, critique viscérale par Michel Philippon. Art, plaisir, esthétique par Jacques Morizot. Propriétés esthétiques, force évaluative, et différences de sensibilité par Jerrold Levinson. Réalisme et anti-esthétique dans l'attribution des propriétés esthétiques par Roger Pouivet. Description ou évaluation. Sur les définitions de l'art par Jean-Pierre Cometti. Hume, *De la norme du goût* : la voie moyenne de l'expertise par Carole Talon-Hugon. Adorno, un certain goût pour la rumeur par Jean-Louis Déotte. La guerre des nomades. Controverse esthétique et rivalité des œuvres selon Adorno par Daniel Payot. Au théâtre (juger selon le goût ?) par Maryvonne Saison. La poésie relève-t-elle de l'esthétique ? par Françoise Armengaud. Le cas de l'émotion esthétique en architecture par Jean-Maurice Monnoyer. Pourquoi j'aime Lipatti par Christian Doumet.

Cahier n° 21 – *Biographie des hommes, biographie des dieux*
année 2000 – 274 pages

Avant-Propos par Marie-Laurence Desclos. La forge d'Héphaïstos ou le malheur d'être dieu par Silvia Milanezi. Une blessure d'Athéna par Renée Piettre. « Biographie divine » et aspirations de l'aède par. Une lecture de l'Hymne homérique IV à Hermès par Maria Vamvouri. Sappho sans sa vie par Martin Steinrueck. Vie et portrait d'Ésope par François Lissarague. Raconter la vie du héros ou la biographie entre mythe et histoire par Colette Annequin. Biographie historique ou roman héroïque : la Vie de Pyrrhos de Plutarque par Claude Mossé. Sur la notion de « vies parallèle » dans Plutarque par Catherine Darbo-Peschanski. Biographie et stèle funéraire attique par Geneviève Hoffmann. Ecrire la vie de Socrate : analyse de quelques biographèmes par

Marie-Laurence Desclos. Un processus de mythisation à partir de la Vie d'Apollonios de Tyane par Philippe Hanus.

Cahier n° 22 – *Fichte : Idéalisme, Politique et Histoire*
année 2003 – 190 pages

Avant-Propos par Jean-Marie Lardic. Fichte et la querelle des interprétations par Jean-Marie Lardic. La grammaire de l'effectuation par Isabelle Thomas-Fogiel. Fichte, lecteur de Kant par Jean-Michel Buée. L'unité originairement synthétique de l'aperception chez Kant, Reinhold, Maïmon, Schulze et Fichte par Martin Bondeli. L'éthique fichtéenne : autonomie ou autodétermination par Myriam Bienenstock. Fichte et la liberté de penser par Jean-François Goubet. Droit et nature : le droit naturel chez Fichte par Ives Radrizzani. Le droit pénal chez Fichte par Jean-Christophe Merle. Peuples, État, Histoire universelle par Claudio Cesa.

N° Hors-série : *La Structure du monde : Objets, Propriétés, Etats de choses*
Dirigé par Jean-Maurice Monnoyer
année 2004 – 664 pages

Combinatorialism par David Arsmtrong. 'Sur ce qu'il y a' : la question et la réponse selon Boltzmann par Jacques Bouveresse. Still Here : in Defense of Primitive Identities par John Bigelow. The Place of Relations in a Trope Philosophy par Keuth Campbell. Why There are no Tropes par Jerrold Levinson. Worldmakking made hard par Michael Devitt. Modal Problems for Australian Metaphysics par Chris Daly. Le problème des universaux : aspects historiques et perspectives contemporaines par Claudine Tiercelin. The State of the Laws par Stephen Mumford. The Causal Efficacy of Mental States par Peter Menzies. Rightness and Right-makers par Jonathan Dancy. Fictionalism about Universals par Graham Oppy. The Space of Perceptual Objects par Brian O'Shaughnessy. Geography of the Reality par Barry Smith. Individualiser les propriétés ? par Frédéric Nef. Relations, dispositions et propriétés causales par François Clémentz. Apologie du particulier par Roger Pouivet. Why Nearly – but not Quite – Everything is an Object par Peter Simons. Des premiers compas : l'origine de la théorie symplectique des groupes par Jean-Marie Souriau. Reply to Michael Devit par Paul Boghossian. Truth and Truth-makers par Paul

Horwich. Reply to Paul Horwich par David Armstrong. Reply to Jonathan Dancy par Franck Jackson.

Cahier n° 23 – *HARE et la philosophie morale*
année 2004 – 252 pages

Avant-propos par Jean-Yves Goffi, Hare en perspective. Jean-Pierre Clero, Hare et l'ontologie. Catherine Audard, Les deux niveaux de la réflexion morale : J. S. Mill et R. Hare. Philippe Saltel, L'autre versant de la philosophie morale britannique : genèse et enseignements du sentimentalisme. Brenda Almond, Hare : principes, situations et éducation morale. Alan Montefiore, Le prescriptivisme universel, l'identité personnelle et les valeurs qui ne « peuvent dire leur nom ».Stélios Virvidakis, Hare et la métaéthique contemporaine. François Clementz, Prescription, motivation et rationalité. Ruwen Ogien, Survenance : le moral et le mental. Denis Vernant, Trois remarques sur le langage et la morale ou l'apport de la pragmatique à la métaéthique. Christine Tappolet, Prescriptivisme et internalisme chez Hare. Bernard Baertschi, Du bon usage de la Règle d'Or : R. Hare et la question de l'avortement. Helena Kalokairinou, La philosophie morale de Hare et les limites de son application : la question de l'esclavage. Jean-Yves Goffi, Le principe des actions à double effet R. Hare, Une bibliographie.

ACHEVÉ D'IMPRIMER
EN DÉCEMBRE 2006
PAR L'IMPRIMERIE
DE LA MANUTENTION
A MAYENNE
FRANCE
N° 333-06

Dépôt légal : 4e trimestre 2006